중화인민공화국
형법의 탄생과 발전

중국학
총 서
18

中华人民共和国刑法的孕育诞生和发展完善（精编本）　高铭暄 著

Copyright © 2020 by Peking University Press
Korean copyright © 2025 by Minsokwon Korea
The Chinese edition is originally published by Peking University Press.
This translation is published by arrangement with Peking University Press, Beijing, China.
All rights reserved.
No reproduction and distribution without permission.

이 책의 한국어판 출판권은 Peking University Press(北京大學出版社)와의 독점 계약으로 한국 민속원에 있습니다.
저작권법에 의해 한국 내에서 보호를 받는 저작물이므로 민속원과 협의없이 무단전재와 무단복제를 금합니다.

중화인민공화국 형법의 탄생과 발전

고명훤高銘暄 지음
남옥매南玉梅·이영봉李穎峰 옮김

The Birth and Development
of the Criminal Law
of the People's Republic of China

민속원

차례

Introduction   중국형법의 탄생과 발전 과정   006

상권   중화인민공화국 형법의 탄생

총칙 _ 017

01   형법의 지도사상·임무와 적용범위   018
02   범죄   025
03   형벌   039
04   형벌의 적용   058
05   기타 규정   077

각칙 _ 085

01   반혁명죄   088
02   공공안전 침해죄   098
03   사회주의 경제질서 파괴죄   106
04   국민 인적 권리와 민주적 권리 침해죄   117
05   재산범죄   131
06   사회관리질서 방해죄   137
07   혼인·가정 방해죄   149
08   독직죄   154

하권 중화인민공화국 형법의 발전

총칙 _ 161

01	형법의 임무·기본원칙 및 적용범위	162
02	범죄	174
03	형벌	195
04	형벌의 적용	218
05	기타 규정	245

각칙 _ 255

01	국가안전 침해죄	256
02	공공안전 침해죄	267
03	사회주의 시장경제질서 파괴죄	292
04	공민 인신권리·민주권리 침해죄	381
05	재산침해죄	412
06	사회관리질서 방해죄	427
07	국방이익위해죄	509
08	횡령 및 뇌물죄	519
09	독직죄	536
10	군인 직책위반죄	555

중국형법의 탄생과 발전 과정

INTRODUCTION

1) 신 중국 형법의 탄생

1949년 10월 1일에 중화인민공화국이 성립되었다. 신 중국의 형법은 신 중국의 정치·경제 및 사회의 발전에 따라 발전한 법률이다. 신 중국 성립 초기 형법전을 제정할 조건이 미비하여, 국가에서는 사회 발전에 대비하기 위하여 여러 개의 단행법 형식의 형사법률을 제정하였다. 예컨대, 1951년에 제정한「중화인민공화국반혁명징계조례中華人民共和國懲戒反革命條例」(이하「반혁명징계조례」로 약칭함)·「국가화폐방해임시조례妨害國家貨幣治罪暫行條例」및 1952년에 제정한「중화인민공화국횡령징계조례中華人民共和國懲治貪污條例」(이하「횡령징계조례」로 약칭함) 등이 대표적이다. 단행법 형식을 취한 형법은 적용범위의 제한으로 구체적 시행차원에서 정책에 의거할 수 밖에 없었다. 이러한 이유로 국가 차원에서는 형법전의 제정에 지속적인 노력을 하였다.

1950년에 전 중앙인민정부법제위원회前中央人民政府法制委員會에서는 陳瑾昆·蔡樞衡·李祖蔭·李光燦 등 법률전문가를 모집하여 두 개의 형법전 초안을 제정하였다. 하나는 1950년 7월 25일에 제정한「중화인민공화국형법대강초안中華人民共和國刑法大綱草案」으로,[1] 총 12장 157개의 조문(총칙 33조·각칙 124조)으로 구성되었다. 다른 하나는 1954년 9월 30일에 제정한「중화인민공화국형법지도원칙초안中華人民共和國刑法指導原則初稿」으로 서문을 제외한 총 3장 76조(제1장 범죄에 관한 7조·제2장 형벌에 관한 19조·제3장 범죄양형에 관한 50조)로 구성되었다.[2] 그러나 두 개의 형법 초안은 여러 가지 이유로 정식 입법절차에 산입되지 않았다.

1954년 9월에 개최한 전국인민대표대회 제1차 회의에서 신 중국의 첫 헌법과 다섯 개의 조직법을 통과하였으며,[3] 그 후 형법의 제정 작업은 전국인민대표대

1　高銘暄·趙秉志,「中國刑法立法文獻資料精選」, 北京, 法律出版社, 2007, pp.198~226.
2　同上書, 第226-247頁.
3　구체적으로《中華人民共和國全國人民代表大會組織法》《中華人民共和國國務院組織法》《中華人民共和國人民法院組織法》《中華人民共和國人民檢察院組織法》和《中華人民共和國地方各級人民代表大會和地方各級人民委員會組織法》등 법률이 포함된다.

회 상무위원회 사무청 법률사무실에서 담당하게 되었다. 사무청 법률사무실에서는 1954년 10월부터 제정 작업을 시작하였고, 1957년 6월 28일에 제22판의 초안을 제출하였다.[4] 동 초안은 중공중앙법률위원회와 중앙서기처 심사개정을 거친 후 전국인민대표대회법안위원회의 심의 하에 제1기 전국인민대표대회 제4차 회의에서 전국 인민 대표들에게 제출하였다. 동 전국인민대표대회에서는 각 대표들의 개정 견해에 따라 다시 개정한 제22판의 형법 제정안은, 최종 초안으로 사회에 공시할 결의를 형성하였다.

비록 형법 초안에 대하여 공시 결의를 형성하였지만, 1957년 하반년에 시작한 "반우파" 정치운동으로 대외적으로 공시되지 못하였다. 따라서 정치 운동은 입법 작업에 대하여 3~4년에 거쳐 지속적인 충격을 주어, 형법전의 제정 작업은 다시 정지하게 되었다. 1961년 10월에 들어서 형법전 제정 작업을 다시 개시하였고, 중앙정법팀中央政法小組의 제정을 포함한 여러 차례의 제정 과정을 거쳐 결국 1963년 10월 9일에 형법전 제33판 초안을 제출하였다.[5] 그러나 뒷이어 "4청" 운동의 시작으로 10년간의 "문화대혁명文化大革命"이 시작되면서, 형법전 개정 작업은 다시 멈추게 되었다.

"4인방四人幫"을 숙청 한 후, 1978년 2월 26일부터 3월 5일까지 열리는 제5기 전국인민대표대회 제1차 회의에서는 입법 문제의 중요성을 제시하였다. 에쩬잉葉劍英위원장은 회의에서 「헌법 개정에 대한 보고」를 제출하였으며, 해당 보고에 의하면, "중국은 신 헌법에 의하여 법률과 조례 및 규장제도를 개정·제정하여야 한다"는 내용이 담겨 있다.[6] 이에 기초하여 1978년 10월에 열린 1차 회담에서 덩샤오핑鄧小平은 "과거 '문화대혁명'전에 형법 초안을 제정하였지만 '4청'운동으로 공시를 하지 못하였다". 그러나 "현재 상황으로 전문적인 기관을 구성하여 법률

---

4 高銘暄·趙秉志,「中國刑法立法文獻資料精選」, 北京, 法律出版社, 2007, pp. 247~274.
5 高銘暄·趙秉志,「新中國刑法立法文獻資料總覽(上冊)」, 北京, 中國人民公安大學出版社, 1998, pp. 337~365.
6 「中華人民共和國第五屆全國人民代表大會第一次會議檔」, 北京, 人民出版社, 1978, p. 132.

을 제정하여야 한다"고 하였다.7 그 후 중앙정법팀에서는 형법초안 개정팀을 구성하여, 33판 형법전에 대한 개정 작업을 개시하였으며, 결국 두 가지의 개정본이 완성되었다.8 이 과정에서 중국공산당은 제11기 3중회의를 개최하였고, 이는 다시 개혁개방의 시작으로 사회주의 민주를 부각하였으며, 사회주의 법제를 강화하는 중요한 지시를 내렸다. 1979년 2월 하순에 들어서 전국인민대표대회 상무위원회의 구성으로 법제위원회를 성립하였고, 펑전彭真의 주도로 3월 중순부터 정식적인 입법 작업을 개시하게 되었다. 형법전 초안은 제33판에 기초하여 새로운 상황・새로운 경험 및 새로운 문제점을 종합하여 중앙관련 부서의 견해를 반영하여 세 가지의 초안을 마련하였다.9 그 중 두번째 초안은 5월 29일에 중국중앙정치국의 통과로 법제위원회 회의 및 제5기 전국인민대표대회 상무위원회 제8차 회의에서 심의 절차를 거친 후 제5기 전국인민대표대회 제2차 회의에서 재차 심의한 후 7월 1일에 통과된 버전이다. 해당 버전은 1980년 1월 1일부터 시행하였다. 이로써 중화인민공화국 1979년 형법전은 탄생하였으며, 이는 중화인민공화국 성립 후 30년간 처음으로 제정된 형법전이다.

1979년 형법전과 1979년 형사소송법전은 개혁개방 후 먼저 통과된 법안이다. 양 법의 통과는 신중국의 형사법전의 탄생을 의미하는 것으로, 형사입안・형사수사・형사기소・형사심판 등 일련의 활동에 대하여 법적 기초를 마련하였다. 1979년 형사법전은 총 13장 192조로 구성되었으며, 그중에서 총칙은 5장 89조문, 각칙은 8장 103조에 해당하였다. 형법전은 사법기관이 형사사건을 처리하는 법적 무기인 동시 국민의 법적 마인드를 구축하고, 범죄행위를 예방하는 데 적극적인 작용이 있다.

---

7 高銘暄, 「中華人民共和國刑法的孕育和誕生」, 北京, 法律出版社, 1981, p.4.
8 高銘暄・趙秉志, 「新中國刑法立法文獻資料總覽(上册)」, 北京, 中國人民公安大學出版社, 1998, pp.365~434.
9 위의 책, pp.435~490, 496~524.

2) 1979년 형법의 대한 일부 개정과 보완

1979년 형법전은 국민을 보호하고, 범죄를 처벌하며, 사회질서를 유지하는 적극적인 작용이 있다. 그러므로 동법은 개혁개방을 보장하고, 국가의 현대화 건설을 추진하는 좋은 법이다. 그러나 역사적인 조건과 입법 경험의 제한으로 형법전은 체계적인 구조와 내용면에서 결함이 존재한다. 1981년부터 최고인민법원은 24개 형사법 단행본을 통과하였고, 107개 비형사법률에서 부속적인 형법규범을 설치하여, 1979년 통과된 형법전을 보충 개정하였다. 보충 개정한 내용은 주로 다음과 같다.

(1) 공간적 효력 면에서 형법전을 제외한 규정에 대하여 속지주의·속인주의 및 보호원칙 외 보편적 관할원칙을 추가하였다.
(2) 범죄주체 면에서 단위 범죄를 추가하였다.[10]
(3) 형벌의 유형 면에서 피해가 중대한 군인 범죄에 대하여 훈장·장려 및 공훈을 몰수하는 부가형을 추가하였고, 정치적 권리를 박탈하거나 3년 이사 유기징역에 처한 군관에 대하여 군인의 계급을 박탈하는 부가형을 추가하였다.[11]
(4) 양형 제도 면에서 가중처벌 경우와 개별 감형 또는 면형의 경우를 추가하였다.
(5) 집행유예제도 면에서 전시 집행유예제도를 추가하였다.
(6) 각칙의 죄명 면에서 133개의 신 죄명을 보충 규정하였다. 1997년 개정한 형법전이 통과 되기 전, 1979년 형법전은 129개의 죄명에서 262개 죄명으로 증가하였다.
(7) 각칙의 형벌 면에서 일부 범죄의 형벌을 가중하였다.

---

10 단위 범죄란 법인 범죄를 의미하는 것으로, 형법 입법과정에서 입법기관은 중국 실무에서 관습적으로 단위 범죄란 용어를 사용한 현실에 입각하여, 단위 범죄란 법률 용어로 법인 범죄를 대체하였다.
11 1997년 형법전 개정과정에서 두 가지 부가형을 채납하지 않았다.

⑻ 벌금형 면에서 일부 범죄의 벌금 액수를 보통 벌금과 배수비례벌금으로 구분하였다.
⑼ 법조문의 적용 면에서 "대비"의 입법 방식으로 형법 각칙의 일부 조항(예컨대, 1979년 「중화인민공화국 형법」 제187조·제188조)에서 범죄의 적용범위를 확대하였다.

위에서 보충 및 개정한 경우를 볼 때, 중국에서 형법전을 제정한 후 형법이 사법 실무에 대한 규범적인 작용이 점차 강화되고 있다. 그러나 형사법전 외, 단행 형법과 부속 형법의 존재로 형법의 체계성은 결여 되었다. 특히 중국공산당 제14차 전국인민대표대회에서 선언한 사회주의 시장 경제 체계를 설립하고 시행하는 목표로 인하여 경제체계와 법률체계에 많은 변화를 초래하였으며, 범죄 현상에서도 이전과 달리 새로운 문제들이 나타나기 시작하였다. 이에 따라 형법전은 다시 시장 경제에서 나타난 위법행위에 대하여 범죄 여부를 판단하는 것으로 형법의 사회 조정 기능을 발휘하고 사회와 인권을 보장한다. 이러한 형법전의 기능을 최대한 발휘하기 위하여 형법 학계와 사법 실무에서 형법전의 개정을 요구하였으며, 그들의 요구는 국가 입법기관의 중시를 일으켰다.

3) 형법의 전면적 개정: 1997년 형법전의 시행

1988년 7월 1일에 공시한 「7기 전국인민대표대회상무위원회 작업요점」에서는 형법전의 개정작업을 입법계획으로 명시하였다. 그 후 조사 연구·회의 개최·조문 편집·의견 수렴 등 작업을 거쳐 최종 형법 개정 초안을 작성하였다. 1996년 12월 입법기관은 기존 제정한 형법 개정초안을 제8기 전국인민대표대회상무위원회에 제출하여, 동 초안은 1996년 12월 26일 개최한 제23차 회의, 1997년 2월 19일에 개최한 제24차 회의의 심의를 거쳐, 1997년 3월에 개최한 제8기 전국인민대표대회 제5차회의에서 심의하였다.

1997년 3월 14일 제8기 전국인민대표대회에서 심의 통과한 「중화인민공화국 형법」(이하 1997년 「형법」으로 약칭함)은 1997년 10월 1일부터 시행하였다. 이는 신

중국 역사상 체계화와 시대적 특징을 지닌 형법전이다. 새로 통과된 형법전은 형법의 죄형법정주의·형법적용 평등주의 및 죄형균형주의를 명확히 규정하였다. 새로이 개정된 형법전은 1979년 형법전 시행 후 17년간 누적된 단행 형법과 부속 형법을 연구·개정·통합하였으며, 시장경제의 발전 과정에서 새로이 발생한 범죄행위를 형법전 각칙에 추가하는 것으로 형법전 체계를 개선하였다. 이 밖에 특정행위에 대하여 죄와 비죄의 구분을 명확히 하였으며, 법정형 간의 균형을 조화하는 것으로 법적용의 타당성을 추구하였다. 신형법전은 총 15장 452조로 구성되었으며, 그중에서 총칙은 5장 101조, 각칙은 10장 350조, 부칙은 1조를 차지한다. 포함된 죄명은 총 412개이며, 그중에서 1979년 형법전의 죄명은 116개로, 132개 단행 형법과 부속 형법의 죄명을 흡수하였으며, 신설된 죄명은 164개이다. 신형법전은 시행이래, 중국 형법의 통일성과 완비성을 구비하였으며, 형사법치 원칙을 적용하여 형법의 사회와 인권의 보장 역할을 최대한 살렸다. 신형법의 이러한 특징은 다시 사회인사, 특히 형사법학계와 실무계의 적극적인 평가를 받았을 뿐만 아니라, 국제형사법학계의 관심도 받았다.

4) 1997년 형법에 대한 일부 개정과 보완

1997년 형사법은 상대적인 것이다. 사회의 발전에 따라 국가 입법부에서는 다시 형법전에 대하여 부분적 개정 및 보충을 결정하였다. 전국인민대표대회 상무위원회에서는 1998년 12월 29일에 통과된 「외환편취·외환도피 및 외환 불법매매범죄에 관한 결정」, 1999년 12월 25일에 통과된 「중화인민공화국 형법 개정안」(이하 「형법개정안」으로 약칭함), 2001년 8월 31일에 통과된 「중화인민공화국 형법 개정안2」(이하 「형법개정안2」으로 약칭함), 2001년 12월 29일에 통과된 「중화인민공화국 형법 개정안3」(이하 「형법개정안3」으로 약칭함), 2002년 12월 28일에 통과된 「중화인민공화국 형법 개정안4」(이하 「형법개정안4」으로 약칭함), 2005년 2월 28일에 통과된 「중화인민공화국 형법 개정안5」(이하 「형법개정안5」으로 약칭함), 2006년 6월 29일에 통과된 「중화인민공화국 형법 개정안6」(이하 「형법개정안6」으로 약칭함), 2009년

2월 28일에 통과된 「중화인민공화국 형법 개정안7」(이하 「형법개정안7」으로 약칭함), 2011년 2월 25일에 통과된 「중화인민공화국 형법 개정안8」(이하 「형법개정안8」으로 약칭함), 2015년 8월 29일에 통과된 「중화인민공화국 형법 개정안9」(이하 「형법개정안9」으로 약칭함), 2017년 11월 4일에 통과된 「중화인민공화국 형법 개정안10」(이하 「형법개정안10」으로 약칭함) 등에서는 총칙과 각칙의 구체적인 죄명에 대하여 일련의 보충 및 보완을 하였다.

이 밖에 입법기관에서는 개별 조항에 대하여 문자에 대하여 기술적인 보완도 하였다. 예컨대, 「형법개정안8」에서는 문자적인 고려에 107조 국가안전위협범죄활동죄의 대상을 "경내 조직 또는 법인"을 삭제하였으며, 제109조의 배신절취죄 중의 "중화인민공화국 국가안전을 위협하는 경우"를 삭제하였다.

5) 1997년 형법에 대한 입법해석

2004년 4월부터 전국인민대표대회 상무위원회에서는 1997년 형법전에 대하여 9차례에 해당하는 법 해석을 제정하였다. 구체적으로 다음과 같다.

1. 2000년 4월 29일에 <「중화인민공화국형법」 제93조제2항에 관한 해석>
2. 2001년 8월 31일에 <「중화인민공화국형법」 제288조·제342조·제410조에 관한 해석>
3. 2002년 4월 28일 <「중화인민공화국형법」 제294조 제1항에 관한 해석>
4. 2002년 4월 28일 <「중화인민공화국형법」 제384조 제1항에 관한 해석>
5. 2002년 8월 29일 <「중화인민공화국형법」 제313조에 관한 해석>
6. 2002년 12월 28일 <「중화인민공화국형법」 제9장 독직죄에 관한 해석>
7. 2002년 12월 29일 <「중화인민공화국형법」 신용카드 규정에 관한 해석>
8. 2005년 12월 29일 <「중화인민공화국형법」 수출세금의 환불 및 공제에 관한 해석>
9. 2005년 12월 29일 <「중화인민공화국형법」에서 규정한 고대 척추동물 화석·고대 인류화석이 등록문화유산 규정을 적용하는 데 관한 해석>.

이상의 법 해석은 형법 적용의 난점을 해소하였다. 예컨대, 농어촌 주민위원회 등 조직은 국가 공무원 또는 준 국가 공무원에 해당하는 지의 여부, "토지관리법규" 및 "토지의 불법 징수·점용"의 의미, "마피아 조직"의 특징, 공공재산에 대한 "개인사용"의 의미, "인민법원의 판결을 집행할 능력이 있지만 집행을 거부하는 경우"의 의미, 「형법」각칙 제9장 독직죄의 적용 범위를 확정하는 문제, 「형법」에서 정한 "신용카드"의 구체적 의미, 「형법」에서 정한 "수출 세금의 환불과 세금의 공제를 위한 영수는 증"의 구체적 의미, 그리고 「형법」에서 정한 과학적 가치의 고대 척추동물 화석·고대 인류화석이 등록문화유산 규정을 적용하는 문제 등을 명확히 하였다.

"형법의 입법해석"은 형법에서 규정한 내용을 명확히 하는 것이지 개정하는 것은 결코 아니다. 그러므로 형법 해석은 형법 문언과 동일한 효력을 갖고 있다. 그러나 "형법 개정안"은 형법의 규정을 개정하는 것으로 그 효력은 「형법」 제12조의 규정에 따라 구법에 의한 동시 처벌강도를 낮추는 원칙從舊兼從輕原則을 채택하였다.

6) 결어

앞서 언급한 바에 의하여, 아래와 같은 결론을 얻을 수 있다.

첫째, 신중국 형법은 중국경제·정치·사회의 발전에 따라 발전되었다. 신중국 성립초기 단지 몇 개의 단행법을 제정하였지만, 1978년 중국 공산당 11기 3중회의에서 사회주의 시장경제체계를 수립하였고, 이를 계기로 사회주의 법 제정이 활발히 전게 되었으며, 선후로 1979년 형법이 제정 및 보완되었다.

둘째, 형법전의 개정·보완 방식 또한 변화·발전 하였다. 1979년 형법전 제정 이후, 이에 대한 개정·보완은 단행 형법과 부속 형법의 방식을 취하였지만, 1997년 형법전 제정 이후 「외환 편취·절취 및 불법매매 범죄의 처벌 결정」을 제외한 기타 법률은 모두 "형법 개정안"의 방식으로 개정·보완 되었다. 개정안의 방식을 취한 장점은 형법전의 체계와 조문의 순차적 배열을 파괴하지 않아, 형법전의 통일성과 완정성을 유지하는 적극적 작용이 있다. 그리고 이러한 장점은 다시 사법 실무와 법의 정확한 적용을 보완하였으며, 국민이 형법을 공부하고 준수하는 데에 적극적으로 작용하여, 형법의 안정성과 적응성 간의 관계를 해소하였다. 그러므로 "형법 개정안"의 입법방식은 중국 형사입법기술의 진보를 의미하였다.

셋째, 1997년 형법전의 개정은 「형법개정안7」까지 모두 형법 각칙의 구체적 죄명에 대하여 개정을 하였지만, 「형법개정안8」부터는 형법각칙 외 형법 총칙에 대하여도 개정 및 보완을 하였다. 예컨대, 75세 이상 노인에 대하여 양형기준을 높이거나, 미성년자 범죄에 대하여 처벌규정을 높이는 등 규정을 개정하여, 사형과 생형 간의 형사처벌 제도의 체계성을 보완하였다. 이 밖에 집행유예 제도를 대폭 개정하여 지역 교정을 정식으로 제도화 하였다. 특히 개정안은 13개 죄명을 폐지하였으며, 사형 개혁에서 시범적인 역할을 하여, 중국 형법의 발전에 큰 의의를 부여하였다.

넷째, 중국 형법의 개혁에 중대한 성과를 취득하였지만, 형법의 개혁은 결코 종료되지 않았다. 예컨대, 범죄의 경합문제에 대하여 형법 총칙에서는 명확한 규정이 결여 되었다. 그리고 관제·구역·유기징역 등 병존하는 경우, 어떻게 합병처벌하는지에 대한 규정도 명학하지 않았다. 이 밖에 정보통신망이 고도로 발달되는 경우, 새로운 유형의 범죄에 대하여 입법 기관에서 적극 대응 하여야 한다. 사형문제에 대하여도 지속적인 개혁을 하여야 한다. 이러한 문제들은 모두 형법 입법의 과제로 될 것이다.

중화인민공화국 형법은 중국 민족의 전통을 이어받은 형법 문화의 전통과 형법 중국화의 특징을 중요시하는 기초에서 외국의 입법례를 합리적으로 본받아 더 과학적이고 문명적이며 인도적인 방향으로 개정할 것을, 필자는 굳게 믿고 있다.

상권
―

중화인민공화국 형법의 탄생
- 1979년 형법전

총칙

형법의 지도사상·임무와 적용범위

01

1) "서언"의 필요성에 관한 문제

1962년과 1963년 사이 형법 초안 제22판의 개정 논의 과정에서 총칙 외에 서언을 추가하는 것, 그리고 형법 제정 근거 조항 및 임무 조항을 삭제하는 대신 표제를 "형법의 적용범위"로 개정할 것 등 두 가지 제안이 제기되었다. 동 제안의 이유는 우리 나라의 형사정책과 형사입법이 계급 투쟁에 따라 변화하고 있다는 현실적인 상황과, 형사정책을 구체적인 조문에서 규정하는 것이 아니라 서언을 통하여 서술함으로써, 판사들에게 우리 나라 형법 지도사상과 기본정신을 전달하여 형법 조문의 정확한 해석을 추구하는 것이다. 이 밖에 1919년「소련러시아형법지도원칙」을 제외한 기타 외국의 형법에서 서언을 규정하지 않았으므로, 우리 나라 형법의 특징을 살리기 위하여 서언을 추가하는 것이 타당하다는 것이다. 해당 제안에 따라 형법 개정시 서언의 추가를 시도하려는 노력이 시작되었다.

그러나 논의 과정에서 서언이 과연 필요한 것인지에 대한 의문을 제기한 학자가 있었다. 여러 논의 끝에 서언의 추가를 부정하였다. 구체적인 이유로는 1962년~1963년 사이 서언을 둘러싼 논의가 활발하게 이루어졌으므로, 1978년~1979년의 제33판에서도 일관된 태도로 서언 추가의 견해를 받아들이지 않았기 때문이다.

2) 중국 형법의 지도사상과 제정 근거(제1조)

1979년「형법」제1조에 의하면, 중화인민공화국 형법은 마르크레닌주의 마오쩌둥사상을 기본 방침으로, 헌법을 근거로, 징벌 및 선처를 결합하는 정책 하에 우리 나라 각 민족과 인민을 대상으로, 무산계급의 지도와 노동자와 농민의 연맹 工農聯盟을 기초로 하는 인민민주 정권, 즉, 무산계급정권과 사회주의 혁명·사회주의 건설의 경험과 실천에 의하여 제정된 된 것이다. 동 조항은 우리 나라 형법의 지도사상과 제정근거를 제시하였다. 동 조항은 제33회 개정안의 제1조를 기초로, 10여 년간의 발전과 경험에 근거하여 제정한 것이다. 즉, 동 법 4항의 기본원칙을 기초로, 마르크레닌주의 마오쩌둥사상과 형법간의 관계·헌법과 형법간의 관계·형사정책과 형법간의 관계 및 사법실무와 형법간의 관계를 제시하였다. 세계 각 국의 형법과 비교하면, 우리 나라 형법 제1조와 같은 입법례는 없다. 그러므로 이는 우리 나라 형법의 가장 큰 특징이라고 할 수 있다.

3) 중국형법의 임무(제2조)

1979년「형법」제2조에 의하면, 중화인민공화국 형법의 임무는, 형벌을 통하여 반혁명과 기타 형사범죄 행위와 투쟁을 하는 것으로, 무산계급 정권을 수호하고, 사회주의 인민소유의 재산과 노동자들의 집단소유 재산을 보호하여, 개인의 합법적 재산과 인적 권리·민구권리 및 기타 권리를 보호한다. 그리고 사회질서·생산질서·작업질서·교육연구질서 및 생활질서 또한 수호하여야 하며, 사회주의 혁명과 사회주의 사업 건설을 보장하여야 한다. 동 조항은 내용 면에서 제33회 개정안의 2조보다 충실하였다. 따라서 동 조는 중요한 정치적 의의와 법적 의의를 갖고 있다.

4) 중국형법의 공간적 효력(제3조~제8조)

형법의 효력발생 지역과 대상을 판단하는 것은 형법의 공간적 효력에 해당하는 문제이다. 우리 나라 1979년「형법」제3조 내지 제8조의 규정에서는 형법의 공간적 효력에 대하여 규정하였으며, 다음과 같은 네 가지 내용이 포함되어 있다.
(1) 중국 공민이 중국 국내에서 행한 범죄행위, (2) 외국인이 중국 국내에서 행한 범죄행위, (3) 중국 공민이 외국에서 행한 범죄행위, (4) 외국인이 외국에서 중국 국가 또는 중국 공민에게 행한 범죄행위.

해외 입법례를 살펴볼 때, 위에서 언급한 문제를 해결하기 위하여 속지주의 원칙·속인주의 원칙·보호원칙 및 속지주의 원칙을 기초로 기타 원칙을 보완하는 원칙 등이 있다. 전통적으로 볼 때, 영미법계는 속지주의 원칙을 채택하고 있는 반면, 유럽 대륙 법계 등에서는 속인주의 원칙을 채택하고 있다. 그러나 근대에 이르러, 각국 형법은 점차적으로 속지주의 원칙을 기초로 기타 원칙을 보완하는 방식으로 발전되었다. 우리 나라 형법 또한 이러한 추세에 맞추어 위와 같은 원칙을 채택하였다. 다음은 공간적 효력과 관련된 각 조문의 의의와 문제에 대하여 서술한다.

 1979년 「형법」 제3조 제1항의 규정에서는 속지주의 원칙을 채택하였다. 즉, 우리 나라 관할 영역에서 범죄를 행한 경우, 법에서 정한 특별한 경우 외에, 중국인과 외국인을 불문하고 본 법을 적용한다. 추가로, 제3조 제2항에서는 중화인민공화국 선박과 항공기 내에서 행한 범죄행위 또한 본 법을 적용한다. 동조 제3항에서는 범죄의 행위 또는 결과 중 어느 하나가 우리 나라 영역에서 발생하든지 모두 우리 나라 영역내의 범죄로 인정한다. 구체적으로 외국에서 시행한 범죄 행위가 우리 나라 영역 내에 범죄 결과를 초래한 경우(예컨대, 국경 외에서 국경 내로 우리 국민을 총살할 때), 또는 우리 나라 영역 내에서 시행한 범죄행위가 외국에서 범죄 결과를 초래한 경우(예컨대, 국내에서 택배로 폭탄을 운송하여 외국에서 폭발한 경우) 등을 포함한다.

 1979년 「형법」 제4조의 규정에 의하면 속인주의 원칙으로, 우리 나라 국민이 외국에서 반혁명죄 · 화폐 위조죄 · 유가증권 위조죄 · 횡령죄 · 뇌물수수죄 · 국가정보 유출죄 · 국가기관 공무원을 가장한 사기죄 · 공문증서인감 위조죄 등을 행한 경우, 우리 나라 형법을 적용한다. 따라서 제5조에서는 추가적인 규정으로, 우리 나라 국민이 외국에서 제4조에서 열거한 범죄 외의 기타 범죄를 행한 경우, 해당 범죄가 우리 나라 형법의 규정에 의하여 3년 이상 유기징역에 처한 동시 범죄지 법률에 의하여도 법적 책임을 지면, 우리 나라 형법을 적용할 수 있다. 이상 조항들은 형법의 역외적용 문제를 논의한 것이며, 외국에서 생활 · 학업을 하는 우리 나라 국민의 특수 사정을 고려하여 그들의 범죄행위가 우리 나라 형법을 적용하는 조건을 명확히 하였다.

 1979년 「형법」 제6조의 규정에 의하면, 외국인이 우리 나라 영역 외에서 우리 나라 또는 국민에게 범죄 행위를 행한 경우, 우리 나라 형법에 의하여 3년 이상 유기징역에 처한 동시 범죄지 법률에 의하여도 법적 책임을 지면 우리 나라 형법을 적용할 수 있다. 해당 조항의 논의 과정에서 동 조항 적용대상을 우리 나라 영역에서 체포된 경우로 제한하여야 한다는 견해가 있었지만, 조문의 내용에서 "~수 있다"라는 표현을 사용하여 법 적용 면에서의 구체적인 상황에 따라 유연하게 처리할 수 있는 가능성을 제시하였다.

1979년 「형법」 제7조의 규정에 의하면, 중화인민공화국 영역 외에서 행한 범죄가 본 법에 의하여 형사책임을 지는 경우, 비록 외국의 법적 심판을 거쳤더라도 본 법의 적용을 면할 수 없다. 그러나 외국에서 형사처벌을 받은 경우, 감형 또는 법적 책임을 면제할 수 있다. 해당 조항은 외국의 사법효력에 구애하지 않은, 우리 나라의 독립적인 사법권을 제시하였다. 그리고 범죄자가 외국에서 형사처벌을 집행한 구체적인 경우를 합리적으로 고려하였다. 동 조문에서 언급한 "외국에서 이미 형사처벌을 받은 경우"란, 외국에서 집행유예를 받았거나, 형사처벌의 일부 또는 전부를 집행한 경우를 의미하며, 어느 상황이든 본조를 적용하여 감형 또는 면형을 구할 수 있다.

1979년 「형법」 제8조의 규정에 의하면, 외교특권과 면제권을 받은 외국인의 형사책임문제는 외교적으로 해결하여야 한다. 동조는 외국인이 우리 나라에서 행한 범죄행위에 대한 예외적 규정이다. 다시 말하면, 외교특권과 면제권을 받은 외국인은 국제법과 국가간 동등대우원칙에 의하여 우리 나라 형법을 적용하지 않는다.

5) 중국 형법의 시간적 효력(제9조)

1979년 「형법」 제9조는 시간적 효력에 관한 규정이다. 동 조문은 다음과 같은 두 가지의 내용이 포함된다.

(1) 형법의 효력은 언제부터 발생하는가?

「형법」규정과 예짼잉葉劍英 위원장이 1979년 7월 6일에 발표한 제5호령에서 규정한 바에 따르면, 형법은 1980년 1월 1일부터 시행한다.

우리 나라 1979년 「형법」은 제정과 시행 사이에 6개월이란 시간적 차이가 존재한다. 이는 우리 나라의 구체적 상황과 외국 입법 관행을 참작하여 종합적으로 판단한 결과이다. 따라서 어떠한 방식으로 형법의 시행문제를 결정할 것인가에 대하여 대체적으로 아래와 같은 두 가지 방식이 존재한다.

(1) 전문적인 법률 또는 법령을 통하여 시행일을 규정하는 방식, (2)형법전에서 법 시행에 대하여 추가적인 규정을 하는 방식. 구체적으로 조문으로 규정하는 방식과 형법 마지막 부분에서 추가로 규정하는 방식이 있다.

각국의 규정을 볼 때, 우리 나라 1979년 「형법」 제9조에서는 형법의 시행문제를 직접적으로 규정하였을 뿐만 아니라, 제정과 시행 사이에 6개월 시간적 여유를 둔 것 또한 적합하였다.

(2) 형법은 소급력이 있는가?

형법의 소급력이란, 형법 효력발생전의 범죄행위에 대하여 본 법을 적용하여 처벌할 수 있는지 여부이다. 형법의 소급력에 대하여 다음과 같은 몇 가지의 입법 방식이 있다.

첫째, 신법에 따르는 원칙- 신법에 따라 처벌하는 것으로 신법의 소급력을 인정하였다.

둘째, 구법에 따르는 원칙- 구법에 따라 처벌하는 것으로 신법의 소급력을 부인하였다.

셋째, 신법에 따르되 처벌이 낮은 법에 따르는 원칙- 신법은 원칙적으로 소급력이 있지만, 구법에 따라 형사처벌이 낮은 경우 구법을 적용한다.

넷째, 구법에 따르되 처벌이 낮은 법에 따르는 원칙- 신법은 원칙적으로 소급력이 없지만, 신법에 따라 형사처벌이 낮은 경우 신법을 적용한다.

현재 자본주의 형법은 대체적으로 구법에 따르되 처벌이 낮은 법에 따르는 원칙을 채택하였다. 1979년「형법」제9조에서도 국제적인 입법 관행에 따라 구법에 따르되 처벌이 낮은 법에 따르는 원칙을 채택하였다.

1979「형법」제9조에서는 "과거 선처過去從寬"의 입법 정신으로 범죄 영역을 축소하였을 뿐만 아니라, 교육을 확대하고 안정과 단합을 추진하며, 소극 요소를 적극 요소로 전환하는 것으로 국가와 국민의 이익에 부합하게 하였다.

범죄

02

1. 범죄와 형사책임

1) 범죄의 개념(제10조)

　자고로 범죄는 사회의 발전에 따라 재산권과 국가 및 계급이 나타남에 의하여 발생한 것 이다. 그러므로 사회주의 국가는 자본주의 국가와 달리, 무산계급과 국민의 의지 및 이익에 따라 범죄 행위를 규정한다. 1979년「형법」제10조에 의하면, 국가 주권과 영토의 통일을 해치는 행위, 무산계급 정권을 해치는 행위, 사회주의 혁명과 사회주의 건설을 해치는 행위, 사회질서를 파괴하는 행위, 국민 소유 재산권을 해치는 행위, 노동자 집단 소유제를 해치는 행위, 국민 합법적 재산권을 해치는 행위, 국민 신체권을 해치는 행위, 민주주의 권리를 해치는 행위 및 기타 사회를 해치는 행위는 범죄에 해당하는 행위로, 법에 의하여 형사처벌을 받아야 한다. 그러나 결과가 경미한 경우에 범죄로 간주되지 아니 한다. 이는 우리 나라 형법에서 정한 범죄의 정의이다. 해당 범죄 정의는 우리 나라 사회에서 존재하는 각종 범죄 현상에 의하여 과학적으로 해석한 것이며, 범죄 여부를 구분하는 기준이다.
　위에서 언급한 범죄의 정의에 기초하면 범죄의 특징을 아래와 같은 세 가지로 나눌 수 있다.

1. 범죄는 사회에 해를 미칠 수 있는 행위이다.
행위의 사회위험성은 범죄의 중요한 특징이다. 해당 행위가 사회위험성을 지니지 않거나 범죄행위의 위험성이 크지 않은 경우 범죄로 인식하지 않아야 한다.

2. 범죄는 형법을 위반한 행위이다.
범죄는 형법을 위반한 행위를 의미하므로, 단지 정당법규·정당기율 또는 기타 법률·법령 등을 위반하거나 행위 엄중성이 형법을 초과하지 않은 경우, 범죄로 인식할 수 없다.

3. 범죄는 형사처벌을 받는 행위이다.

이상 세 가지의 특징을 구비한 행위를 범죄로 인식할 수 있다. 범죄의 정의는 실질과 형식을 모두 구비한 것으로써, 범죄의 계급성과 국가·국민 및 사회의 위험성을 지적하는 동시 범죄의 법적 특징을 나타냈다. 이는 자산계급 범죄의 특징과 확연한 차이가 존재한다.

2) 범죄의 고의와 과실(제10조~제13조)

범죄행위는 반드시 고의 또는 과실로 이루어 져야 한다. 고의나 과실 없이 단지 엄중한 결과만을 초래하는 것으로 범죄를 구성 할 수 없으며, 형사책임 또한 부담하지 아니 한다. 이는 우리 나라 형법이 "객관적 귀책"을 반대하고, 무고한 자에 대하여 처벌하지 않은 원칙을 나타낼 수 있다. 1979년「형법」제13조의 규정은 이러한 입장을 나타내고 있다.

「형법」제11조와 제12조에서는 고의와 과실에 대하여 규정하고 있다. 법에서 규정한 고의와 과실에는 이론적인 "직접 고의"와 "간접 고의"를 포함할 뿐만 아니라, "인식할 수 있는 과실"과 "무인식의 과실" 또한 포함하는 것으로 기타 국가의 형법 이론과 동일한 고의와 과실에 대한 정의에 따라 규정한 것이다. 따라서 직접적 고의와 간접적 고의 그리고 인식할 수 있는 과실과 무인식의 과실을 구분하기 어려운 경우를 감안하여 법 조문에서 특별히 구분하여 규정하지 않았다.

과실행위의 정의에 대하여, 행위자가 주관적으로 범죄 의도가 없고, 단지 착오로 엄중한 결과를 초래하는 것으로, 형사책임 추궁 면에서 널리 인정하지 않아야 한다. 1979년「형법」제12조 제2항에서는 "과실 범죄는 법률의 규정에 의하여만 형사 책임을 져야 한다"고 규정함으로, 과실 범죄의 경우를 엄격히 제한하였다. 법적 규정이 없는 한, 범죄로 추궁할 수 없다. 형법 각칙에서 규정한 과실법 또한 엄격한 조건에 충족하는 경우에 한하여 범죄로 처벌할 수 있다.

3) 형사책임연령(제14조)

우리 나라는 미성년자를 보호하는 원칙으로 미성년자가 사회에 해를 끼치는 행위를 행하는 경우 "교육과 처벌을 병존"하는 원칙에 의하여, 교육을 하되, 필요한 경우에 한하여 형사책임을 부과한다. 그러나 미성년자의 형사책임연령을 설정하는 것에 대하여 형법 제정 시 견해가 구분되었다. 1951년 11월 7일 중앙인민정부 법제위원회에서는 12세 미만의 자는 형사처벌을 하지 아니 한다. 14세 미만 범죄 상황이 엄중하지 않은 경우 처벌을 하지 않은 대신 가족·후견인 또는 소속기관에서 교육을 한다. 12세 이상의 자가 살인·중상해 또는 상습적 절도 등 공공위험성이 있는 행위를 행하는 경우 법원이 필요하다고 판단할 때 형사책임을 부과할 수 있다. 14세 이상 18세 미만의 행위자는 형사책임을 져야 하며, 18세 이상의 행위자보다 처벌을 감경할 수 있다. 1957년 6월 28일의 형법 초안 제22판에서는 형사책임연령을 세 단계로 구분하였다. (1) 13세 미만의 자는 형사책임을 지지 아니 한다. (2) 13세 이상 15세 미만의 자는 살인·중상해·방화·엄중한 절도 및 엄중한 교통 파손죄를 제외한 행위에 대하여 형사책임을 지지 아니 한다. (3) 15세 이상의 자는 형사책임을 진다. 이 밖에, 13세 이상 18세 미만의 자에 대하여 처벌을 감경할 수 있다. 15세 미만의 자를 처벌하지 않은 경우, 가족이나 후견인으로 하여금 행위자에 대하여 교육을 요구 할 수 있다.

1963년 10월 9일 제33판은 제22판과 비교할 때, 다음과 같이 개정 보완하였다. (1) "15"세를 "16세"로 변경하였다. (2) "15"세를 "16세"로 변경하는 동시, "13세"를 "14세"로 변경하여 기존 2살의 차이를 계속 유지하였다. (3) "가족이나 후견인의 교육"에 잇따라 "필요하는 경우에 한하여 정부 수용 교육"을 추가하였다.

1979년「형법」제14조의 형사책임연령과 제44조의 미성년자 범죄의 사형적용 제외에 대한 규정은 우리 나라 형법이 미성년자에 대한 보호를 구현할 수 있다. 이 밖에 제26조에서는 미성년자를 교사하여 범죄행위를 행하는 경우, 형사처벌을 과중할 수 있다. 이와 같은 조항들은 모두 미성년자에 대한 형법의 보호를 의미 한다.

4) 형사책임능력(제15조~제16조)

1979년 「형법」 제15조는 제22판과 제33판의 규정을 그대로 따랐다. 해당 조항의 논의과정에서 다음과 같은 견해 대립이 존재하였다.

(1) "정신장애"에 잇따라 "기타 질병이 있는 자"를 추가할 것인가? 조문에서 규정한 "정신장애"를 광의로 해석할 때 "기타 질병이 있는 자"를 추가할 필요가 없다는 다수설에 의하여 추가하지 않았다.
(2) 정신장애자에 대하여 강제 의료를 부과할 것인가? 다수의 견해에 따르면, 개별적인 정신장애자에 대하여 가족의 동의가 있는 경우, 강제 의료를 부과할 수 있다. 그러나 법에서 명시적으로 규정하지 않았다. 이유로는 우리 나라 의료기관(정신병원)이 부족하고, 법에서 명시적으로 규정하는 경우 정신장애자의 가족이 해당 조문에 근거하여 자신의 책임을 정부에게 전가하는 것을 방지하기 위함이다.

1979년 「형법」 제15조 제3항의 규정에 근거하면, 만취의 자가 범죄행위를 행하는 경우 형사책임을 져야 한다. 해당 규정은 만취의 자를 무행위능력자로 인정하지 않아, 일부 행위자가 만취를 이유로 형사책임을 지지 않은 것을 방지하였다. 그리고 제16조에 따르면, 농아인 또는 실명자가 범죄행위를 행하는 경우, 형사처벌을 감경하거나 면제할 수 있다. 동 조항과 제33판의 조항과 비교할 때, "실명자"를 추가하였으며, "면책"가능성을 추가하였다. 이는 우리 나라 형법의 인도주의 정신을 구현하였다.

제22판에서는 "법을 알지 못하여 범죄행위를 행하는 경우"를 추가하였다. 즉, 법을 알지 못하여 범죄행위를 행한 경우 형사책임을 면할 수 없다. 다만, 경우에 따라 처벌을 감경할 수 있다. 제33판에서는 동 조문을 삭제하였다. 구체적인 이유로는 범죄자가 법을 알 수 있는지 여부를 판단하기 어렵기 때문이다. 다만, 구체적인 경우에 따라 범죄자가 법을 알 수 없다고 입증이 될 때, 법원은 재량으로 처벌을 감경할 수 있다.

5) 정당방위(제17조)

정당방위는 국민의 합법적 권리이다. 해당 권리가 정당하게 사용된 경우, 사회에 해를 끼치는 것이 아니라 사회발전에 유리할 수 있다. 그러므로 법률에서는 행위가 정당방위에 해당하는 경우, 형사책임을 지지 않는다고 규정하였다. 그러나 법에서 정당방위 권리를 남용하는 것으로 불법행위자에 대하여 복수하는 것을 금지한다. 그러므로 법에서는 정당방위에 해당하는 조건을 규정하였다.

(1) 불법행위 면에서 정당방위에 해당하려면 행위가 불법이어야 하고, 행위가 진행중이어야 한다.
(2) 방어행위 면에서 정당방위에 해당하려면 다음과 같은 요건을 충족하여야 한다. 첫째, 법률에서 보호하는 공공이익·본인 또는 타인의 인적 및 구체적 권리가 침해하는 경우에 한하여 방어행위를 행하여야 한다. 둘째, 방어행위는 오직 침해자의 이익 손해가 발생하는 경우에 한하여 사용되어야 한다. 즉, 제3자 이익을 손해하는 목적으로 사용되어서는 아니 된다. 셋째, 방어행위는 필요한 한도를 초과하여서는 아니 된다. 방어행위가 필요한 한도를 초과하는 경우 형사책임을 져야 한다. 그러므로 정당방위 행위란 오직 불법행위자에 대한 방어행위가 타당하다고 인정하는 경우에 한하여 처벌을 감경하거나 면제할 수 있다. 따라서 무엇이 "필요한 한도"에 해당할 것인가를 판단할 때, 불법행위의 성질과 강도 및 방어 이익의 성질과 크기에 따라 구체적으로 판단할 것이다.

6) 긴급피난(제18조)

긴급피난과 정당방위는 모두 국민의 합법적 권리로서, 법에 따라 형사책임을 지지 아니 한다. 1979년 「형법」의 규정에 의하면 긴급피난의 조건은 다음과 같다.

(1) 위험면에서 볼 때, 동 위험이 객관적으로 존재하는 동시, 긴급적이어야 한다.

(2) 피난면에서 볼 때, 공공이익·본인 또는 기타 인적 및 기타 권한 등이 현실적인 위험에 처하여야 하며, 부득이한 경우에 한하여 행사하여야 한다.

동 조 제3항의 규정에서는 긴급피난의 예외 적용을 규정하였다. 즉, 행위자의 직업이나 업무 성질에 대하여 위험 감수 의무가 있는 경우, 긴급피난의 이유로 자신의 의무를 회피하여서는 아니 된다.

2. 범죄의 예비·미수 및 중지

1) 범죄 예비(제19조)

동 조는 제33판의 내용을 계속하였지만, 제22판과 비교하여 볼 때, "처벌을 면한다"라는 내용을 추가하였다.
예비범에 대하여 법 조항에서 "처벌을 면한다"라는 내용을 규정할 것인지 여부에 대하여 논쟁이 발생하였으며, 재차 논의 하에 예비범의 처벌은 미수범보다 경비하여야 한다는 입장에서 "처벌을 면한다"라는 규정을 추가하였다.

2) 범죄 미수(제20조)

본 조항은 개정시 약간의 문어 표현만을 개정하였다. 예컨대, "……의 이유로 미수한"을 "……의 이유로 목적에 달성하지 아니한"으로 조문의 문어 표현만을 개정하였으며, 기타 내용은 제33판을 그대로 유지하였다.
범죄의 미수와 범죄의 예비는 서로 다른 것으로, 범죄행위를 시행하였지만, 범죄자 개인 의지 외의 이유로 범죄 목적을 달성하지 아니한 경우를 의미한다. 여기서 언급한 "범죄행위의 시행"은 범죄 구성요건을 충족하는 행위를 의미한다. 예컨대, 살인죄 중의 살해행위, 강도죄 중의 재산 절취행위 등등이다. 그러나 예비범의 준비행위는 범죄구성요건을 충족하기 위한 단지 준비에 해당하는 것이다. 그러므로 범죄행위를 시행은 예비범과 미수범을 구별하는 중요한 기준이다. 따라서 "범죄 목적을 달성하지 못하였다"는 범죄행위는 미완성을 의미한다. 예컨대, 총기살인 과정에서 피해자를 명중하지 않은 경우, 그리고 절도 과정에서 순찰의 이유로 물건을 절취하지 못한 경우 등이 이에 해당한다. 범죄 목적을 달성하지 못한 것은 범죄 미수와 기수를 구분하는 기준이다.

앞서 언급한 바에 의하면, (기타 모든 조건을 제외한 경우) 범죄 미수는 범죄 기수보다 범죄 정도가 경미하고, 범죄 예비 및 범죄 중지보다 중하다. 그러므로 법 조문에서 미수범에 대하여 ("기수범에 대비하여 감경 처분하여야 한다")는 규정은 이에 기초한 것이다.

3) 범죄 중지(제21조)

범죄중지는 범죄자가 범죄 과정에서 자동으로 범죄를 중지하거나 범죄 결과의 발생을 능동적으로 방지한 경우를 의미한다. 범죄중지는 범죄자의 반성의 태도를 엿볼 수 있으며, 범죄의 중지로 엄중한 반사회적 결과를 초래하지 않은 이유로, 제21조 제2항에서는 "중지범에 대하여 형사처벌을 면제하거나 감경하여야 한다"라고 규정한 것이다. 중지범에 대한 선처는 범죄자로 하여금 범죄를 계속하는 것을 방지할 수 있다. 범죄의 즉시 중지는 국가와 사회적 이익을 해치는 것을 적극적으로 예방할 수 있다.

3. 공동범죄

본 절은 제33판의 내용을 수용한 것으로 총 5개 조문(제22조~제26조)으로 구성되었다. 제33판과 비교하면 두 개의 조문 내용을 개정하였다. 하나는 제24조 제2항의 내용을, 제33판의 "종범은 정범에 비하여 감형 처벌하여야 한다"로부터 "종범은 정법에 비하여 감형 또는 처벌을 면제하여야 한다"로 개정되었다. 다음으로는 제26조 제2항의 내용을, 제33판의 "교수범의 교사에 따라 범죄를 하지 않은 경우, 교사범에 대하여 감형 처벌하여야 한다"로부터 "종범에 대하여 감형할 수 있지만, 교사범은 더 엄한 처벌을 하여야 한다"로 개정하였다.

1) 공동 범죄의 정의(제22조)

1979년 「형법」 제22조 제1항의 규정에 의하면, 공동범죄는 2인 이상이 공동 고의로 범죄를 하는 경우를 의미한다. 동 조항에 의하면 공동범죄는 다음과 같은 두 가지 조건을 구비하여야 한다.

(1) 객관적 차원에서 공동범죄인은 모두 범죄활동에 참여하여야 한다. 그리고 공동 참여의 범죄 활동에 의하여 범죄결과를 초래할 수 있다. 이에 따라 공동범죄인의 범죄행위와 범죄결과 간의 인과관계는 성립된다.
(2) 주관적 차원에서 공동범죄인은 공동범죄의 고의가 있다. 다시 말하면, 범죄자들은 자신이 타인과 공동으로 범죄행위를 진행하고 있다는 사실을 알고 있으며, 범죄 결과의 발생을 적극적으로 추구하고 있는 고의가 있다.

이러한 이유로 공동 범죄자의 범죄행위는 하나의 범죄 행위로 인식되어, 단독 범죄행위보다 사회적 위험성이 강하다. 2인 이상 공동 과실 범죄에서 참여인의 과실 행위는 객관적으로 관련이 있으나, 주관적인 공동 범죄 고의가 없어, 공동 과실 범죄는 단독 범죄보다 위험성이 크다고 할 수 없다. 그러므로 공동과실범죄는 공동범죄로 인식하여서는 아니 된다. 즉, "공동과실범죄에 대한 형사처벌은 각 행위자의 단독 범죄행위로 처벌하여야 한다".

2) 공동 범죄인(공범)의 유형

공범의 유형은 20세기 50년대 및 60년대의 형법 초안에서 가장 많이 검토한 내용이다. 이에 대한 논쟁이 활발하게 이루어지게 된 이유는 각국 입법례의 쟁점인 동시 실무적으로도 복잡한 문제이기 때문이다. 그러므로 우리 나라가 입법하는 과정에서 공범의 유형에 대한 논의가 활발하였으며, 결국 제33판에서 서로간의 논쟁이 정비되었고, 이를 기초로 견해를 통일하였다.

다음은 초안의 제정과정에서 발생한 논의를 기초로 공범 유형화에 대하여 살펴보겠다.

(1) 입법례

자본주의 형사입법과정에서 공동범죄 형사책임에 관한 제정법은 1791년과 1810년의 프랑스 형법전이다. 「프랑스 형법전」은 2분법을 기초로 공범을 정범正犯과 종범從犯으로 유형화 하였다. 따라서 교사범과 방조범을 독립적인 범죄 형식이 아니라 종범으로 인식하였다.[1] 그리고 소련형사입법에서는 공동범죄를 집행범執行犯·교사범敎唆犯 및 방조범幇組犯 등 세 가지 유형으로 구분하였다.[2] 그러나 1958년 12월에 통과한「소련과 각 연방 공화국 형사입법강요」에서는 공동범죄를 집행범 조직범 교사범 및 방조범 등 네 가지 유형으로 구분하였다. 1960년「소련 러시아형법전」 및 각 가맹 공화국 형법전에서는 위와 같은 구분 방식을 받아 들였다.

몽골·체코슬로바키아·불가리아 등 국가의 형법에서는 공동범죄의 유형에 대하여 소련과 동일한 구분으로 집행범·교사범 및 방조범으로 나뉘었다. 그러나 1952년「알바니아형법전」에서는 세 가지 유형 외에 조직범을 추가하였다.

봉건 시기 중국의 율법에서는 공동범죄를 수범首犯과 종범從犯으로 구분하였

---

1 「刑法總則分解資料彙編」, 北京, 法律出版社, 1957, p.95.
2 同上書, 第90-92頁。

다. 북양정부北洋政府에서 제정한 「임시신형율暫行新刑律」에서는 독일과 일본 등의 자본주의 국가입법에 관한 3분법을 채택하여 정범正犯・조의범造意犯 및 종범從犯으로 구분하였으며, 조의범造意犯에 대하여 정범正犯에 따라 처벌할 것을 규정하였다. 1928년과 1935년에 국민당 정부는 「임시신형율」에 따라 두 개의 형법을 제정하였으며, 공동범죄를 정범・교사범教唆犯 및 종범으로 구분하였다.

중화인민공화국이 성립된 후 중앙인민정부는 공동범죄에 대하여 형식적인 차원에서 단독으로 규제하지 않았지만, 실질적인 차원에서 공동범죄에 해당하는 형사책임을 규정하였다.[3]

(2) 입법논의 과정

전국인민대표대회 상무위원회 법률실에서 제정한 형법 초안의 첫 두 개의 버전(1955년 1월 10일판과 1955년 2월 20일판)에서는 공동범죄를 정범(조직범과 범죄시행의 주요책임자를 포함함)과 교사범 및 종범으로 구분하였다. 그중에서 두 번째의 초안버전에서는 협박에 의하여 범죄에 참여한 자는 종범으로 처벌하지 않는다고 규정하였다. 따라서 각 국가의 입법례를 참조한 후 조직범組織犯의 위험성을 감안하여 제3판(1955년 3월 3일)에서는 공동범죄에 대하여 조직범 시행범實行犯(즉 正犯) 교사범 및 방조범幫助犯 등 네 가지 유형으로 구분하였고, 협박에 의한 범죄행위는 공동범죄로 처벌하지 않았다. 1962년~1963년에 제22판에 대하여 개정 논의 과정에서 공동범죄의 유형에 대하여 협박범에 대한 규정을 제외한 기타 규정에 대하여 여러 가지 견해가 있었지만, 최종 제33판에서는 "작용에 의한 구분"으로 정범主犯・종범從犯 및 협박범脅從犯으로 유형화 하였다. 이러한 구분은 우리 나라 사법실무에 부합하는 경우로 중국 공산당과 국가의 정책 의도를 체현하였을 뿐만 아니라 법인범죄의 특수성 또한 나타낼 수 있는 것이다.

---

3   1950년 《西南區禁絕鴉片煙毒治罪暫行條例》을 참조바람.

3) 정범(제23조)

본 조 제1항에서는 "범죄 집단을 조직·지도하는 것으로 범죄활동 또는 공동범죄에 참여하는 자는 정범이다"라고 정의하였다. 따라서 동 조항과 제86조의 주요범죄자首要分子의 정의를 살펴보면, 정범은 아래와 같이 두 가지로 나눌 수 있다. 하나는 범죄집단을 조직·지도하는 것으로 범죄활동에서 조직·지도 작용을 하는 주요범죄자를 의미한다. 다른 하나는 범죄집단 또는 일반 공동범죄에서 주요 작용을 일으키는 범죄자를 의미한다.

정범은 공동범죄에 대하여 주요 책임을 진다. 그러므로 본 조 제2항의 "동조의 규정 외에 정범에 대하여 가중 처벌 하여야 한다"에 의하면, 형법 각칙에서 정범에 대하여 가중 처벌을 규정한 경우에 제23조 제2항의 정범 처벌 규정을 적용하지 않고, 해당 각칙의 규정을 적용하여 처벌하여야 한다.

4) 종범(제24조)

본조 제1항의 규정에 의하면, "공동범죄에서 보조적 작용이 있는 자는 종범從犯이다." 종범은 공동범죄의 주요 시행자가 아니며, 그의 행위는 범죄 결과를 초래하는 주요 원인 또한 아니다. 종범은 공동범죄의 시행을 협조하였다. 공동범죄의 협조는 여러 가지 형식이 있다. 예컨대, 범죄도구를 제공·피해자의 행방을 감시·범죄 장애물을 제거 및 불법 자산을 처리하는 등 행위 등이 포함된다. 범죄집단의 구성원에서 주요 범죄자와 기타 정범을 제외한 나머지는 모두 종범이다. 종범은 사회 위해성이 정범보다 작으므로, 본조 제2항의 규정에 따라 "종범은 정범에 비하여 처벌을 감경하거나 면제할 수 있다."

5) 협박에 못이긴 범죄 가담자(제25조)

본조의 규정에 따르면 협박에 못이긴 범죄 가담자는 협박·기만으로 범죄 활동에 참여한 자를 말한다. "협박에 못이긴 범죄 가담자"란 타인의 폭력이나 정신적 협박에 의하여 공동범죄 활동에 참여한 경우를 의미한다. "기만"이란 인식 부족으로 사기에 의하여 공동행위에 참여하는 경우를 의미한다. 여기에서 언급한 사기는 자본주의 사상으로 금전과 미모에 현혹되어 범죄활동에 가담하는 경우와 다르다. 즉, 자본주의 사상으로 금전과 미모에 현혹되어 범죄활동에 가담하는 경우는 협박범에 해당하지 아니 한다. 협박으로 범죄활동에 가담하는 자는 범죄활동에서 작용이 미미한 것으로 공동범죄에서 위험성이 작은 자를 의미한다. 그러므로 동 조항에서는 협박범에 대하여 "종범에 대비하여 처벌을 감경하거나 면제하여야 한다"고 규정하였다.

6) 교사범(26조)

교사범은 공포·유인·부축임 등 방식으로 타인의 범죄를 교사하는 자를 의미한다. 교사범은 아래와 같은 두 가지 특징을 갖고 있다.

(1) 객관적인 차원에서 교사행위는 피교사자의 범죄의도를 부추기는 것으로 교사행위와 피교사자의 범죄행위간 인과관계가 존재하여야 한다.
(2) 주관적인 차원에서 타인을 교사하여 범죄 행위를 시행하는 고의가 있어야 하므로, 언행의 부주의로 타인의 범죄 의도를 일으키는 것은 교사범죄에 해당하지 않는다.

교사범의 처벌 원칙에 대하여 1979년 「형법」 제26조에서는 다음과 같은 세 가지 내용을 규정하였다.

(1) 피교사자가 교사 대상 범죄를 행하는 경우, 교사범에 대하여 "공동범죄에서의 역할에 해당하는 처벌을 하여야 한다." 해당 규정은 제33판에서 규정한 것으로, 제22판 "교사 대상의 범죄에 의하여 처벌"할 것을 개정한 것이다. 개정 이유로는

"역할에 근거한 처벌"이 "교사 대상의 범죄에 의하여 처벌"하는 것과 비교하여 볼 때, 공동범죄에서 실질주의 원칙에 더 부합하는 양형 기준이다. 이와 동시 "역할에 근거한 처벌"은 교사범을 정범·종범의 실질에 더 부합한 선택이다.

(2) 피교사자가 교사 대상 범죄를 행하지 아니할 때, 교사범에 대하여 교사행위의 사회위험성을 배제하여서는 아니 된다. 이는 형법 이론 "교사 미수"에 해당한다. 그렇다면, 이러한 경우 어떻게 처벌할 것인가? 이론적으로 볼 때 범죄 예비에 해당하여 범죄예비의 처벌 규정에 따라 처벌 하여야 한다. 이 밖에 범죄 미수에 대한 견해도 존재한다. 제33판에 의하면 예비범에 해당하는 경우 "처벌을 감경하거나 면제"할 수 있고, 미수범에 해당하는 경우 "감경처벌"할 수 있다.

(3) 18세 미만의 자에 대하여 범죄 교사를 하는 경우 가중 처벌하여야 한다. 그 이유로는 미성년자는 정신적인 불완전성으로 사회경험이 부족하여 타인의 교사로 인하여 범죄의 길에 들어설 수 있기 때문이다. 그러므로 미성년자를 보호하는 차원에서 미성년자를 교사하는 경우, 형법은 교사범에 대하여 가중 처벌하는 것은 당연한 것이다.

형벌

03

1. 형벌의 유형

1) 형벌의 목적을 규정할 것인지 여부

일부 학자는 본 절의 첫 조문에서 형벌의 목적조항을 신설하는 것을 제안하였다. 즉, 본 절의 명칭을 "형벌의 목적과 유형"으로 개정하거나 본 절의 앞에 "형벌의 목적"을 추가하는 것이다. 형벌의 목적 조항은 형벌의 목적성을 더 명확히 할 수 있다. 이러한 이유에 근거하여 일부 학자는 본 절의 첫 부분에 다음과 같은 조문을 신설할 것을 제안하였다. "인민법원의 형벌 적용 목적은 범죄자를 처벌하거나 범죄 가능자를 처분하는 것으로, 국민의 범죄 예방을 위한 것이다."

그러나 논의 과정에서 일부 학자는 형벌의 목적이 도대체 무엇인지에 대하여 이론적인 차원에서 통설을 형성하지 못하였다. 이론적인 구애를 받지 않기 위하여 형벌 부분의 규정에서 형벌 목적을 규정하지 않기로 의견을 통일하였고, 형벌 목적에 대하여서는 법학 연구에 맡기기로 하였다.

2) 주형과 부가형(제27조~제30조)

형벌은 법원이 범죄자를 처벌하는 경우 적용하는 형사처벌 방법이다. 인민민주법제의 역사를 살펴볼 때, 우리 나라는 여러 가지 유형의 형벌을 적용한 적이 있다.

형법 초안의 제정과정에서 우리는 과거에 적용한 적이 있는 형벌 유형에 대하여 비교 연구를 시도 하였다. 따라서 과거와 예견 가능한 범위 내에서 향후 적용할 형벌 유형을 확정하였다. 제22판에 따르면, 형벌의 유형은 총 9가지로서 관제管制·구역拘役·유기징역有期徒刑·무기징역无期徒刑·사형死刑 등 5가지의 독립 적용 가능한 주형主刑과 벌금형罰金·정치권리의 박탈剝奪政治權利 및 재산몰수沒收財産 등 3 가지의 부가형附加刑으로 구성되었다. 이 밖에 외국인에 대하여 국경외 퇴출逐出國境을 규정하였다. 제33판과 최종 확정한 버전에서 모두 위의 9 가지 형벌을 그대로 유지하였다.

1978년~1979년에서는 제33판의 개정에 대하여 아래와 같은 두 가지 문제에 대하여 논쟁이 존재하였다.

(1) 관제管制를 노역劳役으로 대체할 것인지?

일부 학자는 관제(管制)는 반혁명활동 시기 반혁명자들에 대하여 적용된 형벌로 20여년이 지난 오늘 반혁명 문제가 더 이상 존재하지 않아 관제를 노역으로 대체하여야 한다고 주장하였다. 해당 견해에 대하여 거듭 논의 하였지만, 최종 받아들이지 않았다. 받아들이지 않은 이유는 관제는 우리 나라 법제도 차원의 창조적인 방식으로 장기적으로 시행을 거쳐 유효성이 검증된 형벌이기 때문이다. 유기징역의 필요성이 낮은 범죄자들에 대하여 국민의 감독과 소속 법인의 감독을 활용한 관제를 적용하는 경우, 범죄자의 체포 수량을 낮출 수 있을 뿐만 아니라 범죄자들의 가정생활 또한 영향을 끼치지 않아 사회에 더 유익한 방식이다.

최종적으로 볼 때, 입법은 관제를 자유 제한이 낮은 주형으로 규정하였다. 이러한 법적 차원의 조율은 관제를 계속 형벌로 유지하는 것으로 노역 추가의 견해를 받아들이지 않았다.

(2) 부가형으로써의 정치 권리의 박탈의 단독 적용의 가능성 여부?

제22판과 제33판에서 모두 정치적 권리의 박탈을 독립적으로 적용할 수 있는 형벌로 규정하지 않았지만, 제33판의 개정과정에서 일부 학자는 정치적 관리의 박탈을 독립적으로 적용할 수 있는 형벌로 개정할 것을 제안하였다. 그 이유는 정치적 권리의 박탈은 적우모순敵我矛盾에도 적용가능하고 인민내부 범죄人民內部犯罪에도 적용 가능함으로써 적용 범위를 명확히 하는 것으로 임의 적용을 제한하여야 하기 때문이다. 입법 기관은 해당 견해를 받아들였다. 정치적 권리의 박탈은 독립적으로 적용가능하고, 독립 적용의 명목은 각칙에서 규정하여야 한다. 다시 말하면, 각칙에서 규정하지 않은 경우에 정치적 권리의 박탈은 단독으로 적용 될 수 없다.

3) 비형벌의 처리방법(제31조·제32조)

범죄 사실이 경미하여 형벌에 처할 필요성이 없는 범죄자들에 대하여 제22판에서는 훈제訓誡를 규정하였다. 훈제는 강제성을 지닌 교육방식으로 형벌에 해당하지 않는다. 훈제의 명칭은 다양하다. "공개비평교육公開批評教育"·"소환교육傳訊教育"·"법정훈제當庭訓誡"·"경고警告"·"비난譴責"·"질책申斥"등이 있다. 해훈제는 행방구역解放區에서 시행된 제도로 신중국 성립 후 사법 실무에서도 많이 적용되었지만, 형벌이 아니다.

제22판의 개정에서 실무 경험을 기초로 훈제 외 반성悔過 보석取保 사과賠禮道歉 및 손해배상賠償損失 등 유형의 비형벌 방식을 제안하였고, 제33판에서는 이를 제31조에 수록하였다. 비형벌 방식은 법원의 재량으로 적용할 수 있다.

1979년「형법」제32조에서는 제33판의 제31조에 대하여 다음과 같이 개정하였다. 첫 개정사항은 "형사처벌을 면제"한다는 규정을 삭제하였다. 두 번째의 개정사항은 비형벌의 처리방식에서 "보석"을 삭제하였다. 세 번째의 개정사항은 "주관부서에 의한 행정처분"을 증가하였다. 즉, 위험성이 심각하지 않은 범죄에 대하여 형사처벌 대신 노동교양勞動教養 또는 행정기율처분行政紀律處分을 가하는 것이다.

제32조의 손해배상은 형사소송에 부대한 민사적 강제처분이지만, 적용대상은 형사처벌을 면제한 자이다. 범죄자를 형벌에 처한 경우, 경제적 손해를 요구할 수 있는지? 제33판에서는 해당 문제를 언급하지 않았지만, 실무적으로 존재하는 문제이다. 따라서 해당 문제는 민법에 의하여 해결되어야 하지만, 민법을 제정하지 않은 이유로 일부 학자는 제32를 추가하여 해당 문제를 규제할 것을 주장하였다. 결국 실무적 차원의 수요를 충족시키기 위하여 제32조를 추가하는 것으로 동 문제를 해결하였다.

2. 관제管制

1) 관제의 대상

관제는 형벌의 한 유형으로 최초에는 반혁명자와 횡령자들에게 적용하였으나 점차적으로 기타 범죄자에게도 적용되었다. 1959년 3월 20일에 제정한「전국정법회의에서 결의한 적대투쟁에 관한 문제」에서 관제 대상을 "체포 가능성이 있는 반혁명자 또는 범죄자, 그리고 노동 벌칙을 제대로 수행하지 않은 지주地主와 부상富商 등을 포함한다. 이 밖에 형벌에 처할 정도가 아닌 반혁명자와 범죄자들도 관제의 대상에 해당한다"고 규정하였다. 이로써 관제를 적대모순을 해소하는 수단으로 사용하였다.

시행된「형법」과 제33판의 초안을 비교하여 볼 때,「형법」에서는 관제 대상에 대하여 전문적인 장으로 규정한 것이 아니라 여러 개의 조문에 포함하여 규정한 외에, 관제를 법정형벌의 선택 사항으로 규정하였다. 그러므로 관제는 범죄 정도가 약한 반혁명자들에게 적용할 뿐만 아니라 인민내부에 존재하는 범죄자들에게도 적용된다. 따라서 관제를 오로지 적우모순을 해소하는 수단으로 단정하여서는 아니 된다.

2) 관제의 기한과 집행기관(제33조)

과거의 관제 기한은 6개월 이상 3년 이하가 원칙이며, 범죄자의 상황에 따라 조율한다. 제22판과 제33판에서 모두 이러한 원칙에 따랐다. 현행 형법에서는 관제의 기한을 3개월 이상 2년 이하로 단축하였고, 수죄병벌數罪倂罰의 경우 3년을 초과할 수 없다. 형법 각칙에서의 관제는 구체적인 기한을 규정하지 않았지만, 형법 총칙 제33조의 규정을 적용하여 3개월 이상 2년 이하로 적용하는 것이 타당하다. 그리고 형법에서는 관제 연장 규정이 없다(관제기간 내 다시 범죄 행위를 행한 경우 제외).

형법의 규정에 따르면 관제 집행기관은 공안기관公安機關이다. 관제 집행시 공안기관은 국민과 집단 조직의 도움을 받을 수 있지만, 법 집행에 있어 자신의 책임을 소홀이 하여서는 아니 된다.

3) 관제의 내용(제34조)

제22판과 제33판 초안에서는 관제 대상에 대하여 정치적 권한도 함께 박탈하였다. 그러나 현재 관제 대상은 여전히 정치적 권한을 갖고 있으며, 관제 대상의 정치적 권한을 박탈하려면, 형법에 의하여 정치적 권한을 박탈하는 부가형을 추가하여야 한다. 「형법」제51조에 의하면, 정치적 권한을 박탈하는 기간과 관제의 기한은 동일하며 동시 집행가능하다.

관제 자체에는 정치적 권한을 박탈하는 내용이 포함되지 않으나 일정한 자유를 제한한다. 1979년 「형법」제34조에서는 관대 대상의 자유를 제한하는 기본 원칙을 규정하였다. 관제 대상에 대하여 자유를 제한하는 경우 동등한 노동에 동등한 급여를 제공하는 동시 급여를 함부로 공제하여서는 아니 된다. 이러한 기본 원칙을 규정하는 이유는 범죄자들의 가족이 관제 대상의 자유제한으로 인하여 생활이 보장되는 동시 사회의 안정에도 도움이 된다.

4) 관제의 해제(제35조)

동 조항은 시행과정에서 새로이 추가한 내용이다. 즉, "관제에 처한 범죄자의 관제 기한이 만료되는 즉시 집행기관은 본인과 이해관계인에게 관제 해제를 고지하여야 한다."(정치적 권한을 박탈한 경우 정치적 권한도 함께 회복 하여야 한다) 동 규정은 관제 기간을 함부로 연장하거나 관제로 인하여 국민의 합법적 권한을 침해하는 것을 방지하기 위한 것이다.

5) 관제 기한의 계산(제36조)

관제의 기간은 판결 집행일로부터 시작된다. 판결 집행 이전 선행 구속된 기간은 제22판 초안의 규정에 따라 구속 1일당 징역 3일로 계산되며, 이러한 규정은 제33판 초안에서 구속 1일당 징역 2일로 변경되었다. 1979년 「형법」 제36조에서는 제33판 초안의 규정에 따랐다.

3. 구역拘役

1) 구역의 기한(제37조)

구역은 단기적으로 자유를 박탈하는 형벌이다. 구역의 최장 기한은 6개월이며, 수죄병벌數罪併罰의 경우에도 1년을 초과하여서는 아니 된다. 초안의 작성과정에서 구역의 최장 기한에 대하여는 의견이 없지만, 구역의 최저 기한에 대하여서는 서로 다른 견해가 존재하였다. 제22판 초안과 제33판 초안에서는 구역의 최저기한을 모두 3일로 규정하였지만, 논의 과정에서 7일·10일·15일 및 1개월의 견해가 존재하였다. 구역의 기한을 적당히 길게 규정하는 것은 형벌로써의 효과를 추구하는 데 적극적인 작용이 있다.

구역 기한을 규정하는 데 아래와 같은 요소도 함께 규정하여야 한다.

(1) 구역은 경범죄에 적용하는 것으로 형벌의 기한을 과도로 높게 규정하여서는 아니 된다.
(2) 치안관리처벌治安管理處罰의 최장 구속拘留 기한은 15일이므로, 구역은 형벌로써 구속의 기한과 구별되어야 한다. 구역과 구속의 기한이 구별되어야만 형사처벌과 행정 처벌을 구별할 수 있다.

「형법」제37조의 제정 과정을 살펴볼 때, 구역의 형벌기한을 15일로 정하는 것이 합리적이다. 「형법」제37조의 규정에서 구역의 기한을 15일로 규정한 이유로, 형법 각칙에서 구역의 기한을 명확히 규정하지 않았지만, 구역을 사실상 15일 이상 6개월 이하로 해석하는 것이 타당하다.

2) 구역의 집행(제38조)

제33판 초안의 규정에 의하면, "공안기관은 구역에 처한 범죄자의 형벌을 집행한다." 동 조항은 단지 집행기관에 대하여 규정하였고, 집행 장소와 집행방법에 대하여 규정하지 않았다. 해당 문제를 해소하기 위하여 1979년 「형법」제38조에서는 "공안기관은 구역에 처한 범죄자에 대하여 생활하는 곳 근처에서 형벌을 집행하여야 한다"라고 규정하였다. 구역의 집행기간 범죄자는 월당 1회 내지 2회에 거쳐 귀가를 신청할 수 있고, 노동에 참여한 범죄자에 대하여 보수를 지급할 수 있다.

3) 구역 기한의 계산(제39조)

구역의 형벌 기간은 법원의 판결일로부터 시작하며, 판결 이전 선행 구속한 경우 1일당 형벌 기간을 1일로 계산한다. 초안의 논의 과정에서 동 조항에 대한 논의는 없었다.

4. 유기징역·무기징역

1) 유기징역의 기한(제40조)

유기징역의 기한은 원칙적으로 6개월 이상 15년 이하이다. 그러므로 「형법」

각칙에서 "5년 이상 유기징역"·"7년 이상 유기징역" 또는 "10년 이상 유기징역"으로 표현하는 경우 유기징역의 상한은 15년으로 이해하면 된다. 따라서「형법」각칙에서 "1년 이하 유기징역"·"2년 이하 유기징역"·"3년 이하 유기징역"·"5년 이하 유기징역" 또는 "7년 이하 유기징역"으로 표현하는 경우 유기징역의 하한을 6개월로 이해하면 된다.

유기징역은 15년을 초과할 수 있는지? 1979년「형법」에 의하면 아래 두 가지 경우에 한하여 유기징역은 15년 이상 20년으로 정할 수 있다. 즉,「형법」제64조의 수죄병벌 또는「형법」제46조의 사형유보를 유기징역으로 변경하는 경우 등이 포함된다. 이 밖에 제33판 초안에서는 무기징역을 유기징역으로 변경하는 경우에도 20년으로 양형할 수 있다. 그러나「형법」제72조에 따르면 무기징역을 유기징역으로 변경하는 경우 감형 판결일로부터 유기징역 기한을 계산하므로 감형 이전 집행된 형법은 유기징역 20년에 산입되지 않아 너무 엄격한 양형 기준으로 평가되어 최종 초안에서는 이를 삭제하였다. 그러나 사법 실무에서는 무기징역을 유기징역으로 감형할 때 여전히 15년을 초과한 경우가 종종 존재한다.

2) 유기징역과 무기징역의 집행방법(제41조)

제22판 초안에 따르면 "유기징역 또는 무기징역에 처한 범죄자는 노동개조기간勞動改造機關이 지정한 곳에서 노동개조를 받아야 한다." 이러한 규정은 제33판 초안에서 다음과 같이 개정되었다. 즉, "유기징역 또는 무기징역에 처한 범죄자는 감옥 또는 기타 장소에서 집행할 수 있다. 노동능력이 있는 범죄자에 대하여 노동개조勞動改造를 시행할 수 있다." 1979년「형법」제41조에서는 앞서 언급한 명확한 규정을 입법화 하였다.

3) 유기징역 형벌 기간의 계산(제42조)

유기징역의 형벌 기간은 판결일로부터 계산한다. 판결일 이전의 선행 구속

기간은 구속 1일당 1 형벌 기간으로 산정한다. 동 규정은 여러 차례의 논의 과정에서도 이의가 없었다.

판결 집행 이전의 구속 기간은 무기징역에 대하여 형벌 기간의 산정 문제가 없으므로 제42조에서 무기징역의 경우를 규정할 필요성이 없다. 그러나 무기징역의 범죄자에 대하여 감형 또는 보석을 하는 경우, 형벌의 집행 기간이 문제가 될 수 있다. 그러므로 무기징역에 처한 범죄자가 감형 한 후에도 형벌 집행 기간은 10년 이상 이어야 한다(「형법」제71조). 이 밖에 무기징역에 처한 범죄자에 대하여 보석을 적용하는 경우에도 형벌 집행 기간은 10년 이상 이어야 한다(「형법」제73조). 그러므로 무기징역에 처한 범죄자에 대하여 감형 또는 보석을 하는 경우, 판결 이전의 구속기간은 형벌 기간에 산정되지는 아니 한다.

4) 무기징역 집행유예 규정 여부에 관한 문제

1979년 「형법」 초안의 논의 과정에서 일부 학자는 무기징역에 대하여 집행유예를 적용할 것인지에 대하여 의문을 제기하였다. 이러한 의문이 제기된 이유는 1952년 3월 8일에 제정한 「중앙절약검사위원회의 횡령·낭비 및 관료주의 착오에 대한 처리규정」과 1952년 4월 18일 펑쩐彭眞이 제기한 「중화인민공화국횡령조례초안에 대한 설명」에서는 사형·무기징역 및 유기징역에 대하여 집행유예를 적용할 수 있다고 규정하였다. 그러나 법원은 무기징역에 대하여 집행유예를 적용한 예가 없었을 뿐만 아니라 무기징역에 감형을 허용하는 경우 무기징역은 형벌로써의 의의가 없다. 그러므로 형법 초안의 논의과정에서 무기징역에 대하여 집행유예를 적용할 것인지 여부는 문제가 되지 않았다.

5. 사형

1) 사형의 적용과 제한(제43조~제45조)

사형은 범죄 정도가 심한 범죄자에게 적용하는 엄격한 형사처벌 수단이다. 그러므로 계급투쟁의 잔혹성은 사형의 합리성 기초로 된다. 사형은 반혁명자反革命分子와 살인범殺人犯·강도범搶劫犯·강간범强奸犯 및 방화범放火犯 등 범죄 성질이 심각한 자들에게 적용한다. 이러한 이유로 사형은 반드시 존재하여야 할 형사처벌 수단이다.

형법은 사형의 적용 범위를 제한하는 원칙을 유지하였다.

(1) 사형의 적용범위를 엄격히 제한한다. 「형법」 제43조에 의하면 "사형은 범죄 정도가 엄중한 범죄자에게만 적용한다." 이러한 총칙의 규정 아래 각칙에서는 사형을 적용하는 조문을 7 가지로 제한하였고(15 가지의 죄명), 해당 조문에서 형사처벌로 무기징역과 장기징역을 함께 규정하는 것으로 사형만을 적용하는 경우는 없다.
(2) 2년의 사형의 집행유예 제도를 세부화 하는 것으로 사형을 가급적 적용하지 않는 것으로 범죄자의 반성을 추진하였다.
(3) 사형에 대하여 엄격한 인가 절차를 규정하였다. 제43조 제2항의 규정에 따르면 "최고인민법원이 판결한 사형 외에 모두 최고인민법원의 인가를 취득하여야 한다. 사형의 집행유예는 고급인민법원의 판결 또는 인가를 거쳐야 한다." 이 밖에 형사소송법에서는 사형인가절차와 사형판결절차에 대하여 더 상세한 규정으로 형법을 보완하였다.

앞서 언급한 규정에 근거하여 형법 입법에서는 사형의 적용범위를 제한하였다.

2) 사형집행유예(제43조·제46조 및 제47조)

　사형집행유예제도는 우리 나라 형사정책의 창조적인 제도로 사형의 적용을 제한하는 방법 중의 하나이다. 1951년 제1차 반혁명진압운동鎭反運動에서 처음으로 사형집행유예제도를 적용하는 계기로 수많은 범죄정도가 심한 범죄자를 보유하는 것으로 노동력을 보완하였다. 사형집행유예제도는 범죄정도가 심한 범죄자들에 대하여 제도적인 구원을 포기하지 않았다는 의도를 엿볼 수 있다. 형법의 기타 조항에서는 사형집행유예제도의 적용을 더 상세하게 규정하였다.
　「형법」제43조 제1항의 규정에 의하면 "사형판결을 받아야 할 범죄자가 사형을 즉시 집행할 필요성이 결여 되는 경우 사형 판결과 동시에 2년의 집행유예를 선고할 수 있다." 제46조에 의하면 "사형집행유예를 판결받은 범죄자가 집행유예 기간 내에 반성의도를 보이면 2년 후 무기징역으로 감형할 수 있다. 반성의도와 입공立功 표현이 있는 경우 2년 후 15년 이상 20년 이하의 유기징역으로 감형할 수 있다. 반성을 거부하는 경우 최고인민법원의 인가로 사형을 집행할 수 있다." 제47조에 의하면 "사형집행유예기간은 판결일로부터 산정한다. 사형집행유예를 유기징역으로 감형하는 경우 감형 결정일로부터 산정한다." 이상은 사형제도에 대한 형법의 자세한 규정들이다.

6. 벌금형

1) 벌금형의 원칙(제48조)

　벌금형은 법원이 법에 의하여 강제적으로 범죄자로 하여금 국가에 납입하는 금전적 형사처벌이다. 이는 해관·세무 및 경찰이 행정법규를 위반한 자에게 처벌한 벌금과는 성질이 다르다.
　1979년「형법」총칙에서는 벌금형의 일반 원칙만을 규정하였다. 즉, 제48조에서 규정한 "벌금에 처한 경우 범죄 상황에 따라 벌금의 액수를 정하여야 한다." 그리고 「형법」각칙에서 벌금형을 적용할 수 있는 죄명을 명확히 한다. 각칙에서 거론한 벌금형을 적용하는 조문은 20개에 달하며, 주로 재산과 이익의 부당취득에 초점을 두고 있다. 예컨대, 투기매매죄投机倒把 · 계획증권위조 및 매매죄僞造或倒賣計劃供應票證 · 화폐위조죄僞造貨幣 · 유가증권위조죄僞造有價證券 · 불량의약품제조죄製造販賣假藥 및 단체도박죄聚衆賭博 등이 있다. 이 밖에 범죄 정도가 약한 범죄에도 벌금형을 적용할 수 있다. 예컨대, 공공 및 사적재산손해죄故意毁壞公私財物 또는 국경위행검역 규정國境衛生檢疫規定을 위반하는 경우에도 벌금형을 처할 수 있다.

우리 나라 형법은 기타 국가와는 달리 벌금형의 처벌 한도 규정을 두지 않았다. 그러므로 벌금형의 처벌 한도는 법원의 재량사항으로 범죄 정도와 불법 이익 · 행위의 정도 · 손해의 크기 및 범죄자의 납입능력 등을 고려한 후 결정하여야 할 사항이다.

2) 벌금형의 집행(제49조)

「형법」제49조에 의하면 "벌금형은 판결에서 제시한 기한 내에 일시불 또는 할부로 납입할 수 있다. 기한만료 후 벌금을 납입하지 않은 경우 강제 납입을 하여야 한다. 불가항력으로 인하여 벌금의 납입이 어려운 경우 벌금을 감소하거나 면제할 수 있다." 여기에서 언급한 "강제납입"은 법원은 범죄자의 개인 재산 · 저축금 및 수입 등에 대하여 강제조치를 취할 수 있다는 것을 의미한다. 다만, 범죄자가 수재 · 화재 · 지진 및 가족 사망 등으로 납입 능력이 없는 경우 범죄자의 신청에 의하여 법원은 벌금을 감경하거나 면제할 수 있다. 동 조항에서는 벌금의 지연 납입을 규정하지 않았지만, 범죄자가 납입 기한 내에 납입을 하지 않은 경우 법원은 범죄자의 사정을 고려하여 납입을 연장할 수 있다.

따라서 납입 기한 내에 벌금을 납입하지 않은 경우, 노역으로 벌금을 대체할 수 있는지 여부에 대하여 기타 국가와는 달리 우리 나라는 이를 허용하지 않았다.

1960년 5월 12일 최고인민법원은 "노역으로 벌금을 대체할 수 없다"고 아래 법원에게 회신하였고, 형법에서도 이를 허용하지 않았다.

7. 정치권리의 박탈

1) 정치권리 박탈의 내용(제50조)

정치권리의 박탈은 본 조의 규정에 따라 다음과 같은 내용이 포함된다.

(1) 선거권과 피선거권
(2) 「헌법」(1978년 「헌법」을 의미함) 제45조에서 규정한 권한
(3) 국가기관 행정 직무를 담당할 권한
(4) 기업·사업기관 및 인민단체 관리자를 담당하는 권한 등이 있다. 해당 조항은 제33판 초안 내용을 개정·보완 및 정리를 한 것이다.

정치권리를 박탈하는 내용에 국가 훈장·상장 및 명예 등 권리를 추가하여야 하는지 여부에 대하여 논의가 있었다. 해당 문제의 논의 과정에서 범죄자의 해당 권리를 박탈하는 경우 박탈 기한이 만료 후 훈장·상장 및 명예 등의 반환 문제가 발생하므로 결국 정치권리 박탈 내용에 포함하지 않았다.

과거 논의 과정에서 위로금撫卹金 수령권을 정치권리 박탈 대상에 포함하여야 할 것을 주장하였다. 그러나 위로금의 발급자는 국가 뿐만 아니라 기업인 경우도 있으므로 정치권리라고 정의하는 것은 타당하지 않을 수가 있다. 따라서 위로금 수령권을 박탈하는 것은 범죄자 가족들의 생활에도 영향을 미칠 수 있어 범죄자의 범죄행위로 가족들의 생활에 영향을 미치는 것은 타당하지 않아 정치권리에 포함하지 않았다.

2) 정치권리 박탈의 적용 대상(제52조와 제53조)

「형법」제52조와 제53조에서는 정치권리를 박탈하는 대상을 규정하였다. 즉, "반혁명자의 정치권리를 박탈하여야 한다. 필요시 사회질서를 파괴하는 범죄자의 정치권리를 박탈하여야 한다." "무기징역 또는 사형에 처한 범죄자의 정치권리를 박탈하여야 한다." 비록「형법」각칙 제1장에서는 반혁명죄에 대한 규정이 있지만, 주형과 함께 반드시 정치권리의 박탈을 함께 처벌하여야 한다. 반혁명자의 정범을 사형(사형 집행유예 포함) 또는 무기징역에 처한 경우 주형과 함께 정치권리의 박탈도 함께 처벌하여야 한다. 그러나 제98조·제99조 또는 제102조 반혁명죄에 해당하지만 정도가 심각하지 않은 경우, 단독으로 정치권리의 박탈만으로 처벌할 수 있다. 즉, 정치권리의 박탈을 부가형이 아니라 법정형으로 처벌할 수 있다. 여기서 언급한 "사회질서를 파괴하는 범죄자"란 중대한 형사범죄자들을 의미한다. 예컨대, 살인범·강도범·강간범 및 방화범 등이 이에 포함된다. 해당 범죄자들에게 사형(사형 집행유예 포함) 또는 무기징역에 처한 경우 정치권리의 박탈(종신)도 함께 처벌하여야 한다. 사형(사형 집행유예 포함) 또는 무기징역이 아니라 장기 징역(5년 이상·7년 이상 또는 10년 이상)의 유기징역에 처한 경우 법원이 필요하다고 생각하는 경우 정치권리의 박탈도 함께 처할 수 있다.

형법 각칙에서는 정치권리의 박탈 대상을 규정할 수 있다. 각칙에 따라 정치권리의 박탈을 단독으로 적용할 수 있는 조항은 총 13가지가 있다.

3) 정치권리 박탈의 기한(제51조·제53조)

1979년「형법」제51조와 제53조의 규정에 따르면 정치권리의 박탈 기한은 다음과 같다.

단독으로 정치권리의 박탈을 부가하는 경우 그 기한은 1년 이상 5년 이하이다.
정치권리의 박탈을 부가형으로 처벌하는 경우 그 기한은 주형에 따라 상이하다.

⑴ 관직을 주형으로 정치권리의 박탈을 부가형으로 처벌한 경우 정치권리의 박탈 기한과 관직의 기한은 동일하며 함께 집행한다(예컨대, 관직이 6개월인 경우 정치권리의 박탈 또한 6개월이며 동시 집행한다).

⑵ 구역을 주형으로 정치권리의 박탈을 부가형으로 처벌한 경우(제98조와 제99조 및 제102조에 따라 반혁명죄로 구역에 처한 동시 제52조에 따라 정치권리의 박탈을 부가형으로 처한 경우를 의미함), 정치권리의 박탈은 1년 이상 5년 이하이다.

⑶ 유기징역을 주형으로 정치권리의 박탈을 부가형으로 처벌한 경우 정치권리의 박탈기한은 1년 이상 5년 이하이다.

⑷ 사형(사형 집행유예를 포함) 또는 무기징역에 처한 경우 반드시 정치권리의 박탈을 부가형으로 처벌하여야 한다. 다만, 사형 집행유예를 유기징역으로 또는 무기징역을 유기징역으로 감형한 경우, 정치권리의 박탈 기한을 3년 이상 10년 이하로 감형하여야 한다. 여기서 정치권리의 박탈 기한을 "1년 이상 5년 이하"가 아닌 "3년 이상 10년 이하"로 감형한 이유는 범죄의 악성이 심각(사형 또는 무기징역의 죄)하여 기타 범죄와 차별된 정치권리의 박탈 기한을 정한 것이다. 그러므로 1년 이상 5년 이하로 감형한 경우 범죄의 악성 정도를 구현하지 못하여 형사처벌 한도에서 일정한 차이점을 두어야 할 필요성을 인식하여 감형을 달리 규정하였다.

4) 정치권리 박탈의 기한 산정(제54조)

정치권리의 박탈은 기한 산정 문제가 있으며, 아래와 같은 경우에 따라 기한 산정의 기산점을 달리하고 있다.

단독으로 정치권리만을 박탈하는 경우 형법에서는 명확한 규정을 두지 않았지만 일반적인 이해에 따르면 판결 집행일이 기산일로 될 것이다. 단, 판결이전 선행 구속한 기간을 형사처벌 기간 내에 산정이 될 것인지 여부에 대하여 법에서 명확한 규정이 없어 구체적인 결론이 없다. 필자의 견해에 따르면「형법」제36조의 규정에 따르면 구속 기간은 관제 기간 내에 산정되어야 하므로 정치권리의 박탈 또한 산정되어야 할 것이다. 이 부분에 대하여 향후 입법에서 보완되어야 할 사항이다.

형사처벌 기간은 주형에 따라 다르다.

(1) 관제를 주형으로 정치권리 박탈을 부가형으로 처벌한 경우 정치권리의 박탈 기간은 관제의 기간과 동일하다. 판결 집행전 선행구속된 기간은 「형법」 제36조에 따라 1일당 형벌 기간 2일로 산정한다. 그러므로 정치권리의 박탈 또한 2일로 산정하여 형사처벌 기간과 정치권리 박탈의 동시 집행 가능성을 확보한다.
(2) 구역을 주형으로 정치권리 박탈을 부가형으로 처벌한 경우 정치권리 박탈의 기간은 구역 집행완료일로부터 계산한다. 구역 집행기간에는 정치권리를 당연히 박탈하여야 한다.
(3) 유기징역을 주형으로 정치권리 박탈을 부가형으로 처벌한 경우 정치권리 박탈의 기간은 유기징역 집행완료일 또는 가석방일로부터 계산한다. 유기징역 집행기간에는 당연히 범죄자의 정치권리를 박탈하여야 할 것이다.
(4) 사형(사형집행유예도 포함) 또는 무기징역을 주형으로 정치권리 박탈을 부가형으로 처벌한 경우 형사처벌 기간의 산정 문제가 없다. 그러나 사형집행유예 또는 무기징역을 유기징역으로 감형한 경우 정치권리의 박탈 기간을 3년 이상 10년 이하로 조정하여야 한다.

감형 경우에 정치권리 박탈의 기간을 3년 이상 10년 이하로 조정한 경우, 유기징역의 집행완료일 또는 가석방일로부터 형사 기간이 산정된다. 주형 집행기간에는 당연히 정치권리를 박탈하여야 할 것이다.

8. 재산의 몰수

1) 재산몰수의 원칙(제55조)

본 조의 규정에 따르면 "재산몰수는 범죄자 개인의 재산 전부 또는 일부를 몰수하는 경우를 말한다. 재산몰수를 하는 경우 범죄자 가족의 재산을 몰수 하여서는 아니 된다." 동 조의 제1항 규정은 제33판 초안과 제22판 초안의 내용과 동일하지만, 제2항에서는 제33판 초안과 제22판 초안의 내용을 개정하였다.[1]

재산몰수는 벌금형보다 더 무거운 재산형으로 제1장의 반혁명죄反革命罪와 제3장의 사회주의 경제질서 파괴죄·제5장의 재산침해죄 및 제6장의 사회질서방해죄 등 불법재산취득을 목적으로 시행하는 범죄에 적용된다.

법원의 범죄자의 범죄 사실과 범죄의 악성정도에 따라 범죄자 재산의 일부를 몰수 할 수도 있고 전부를 몰수할 수도 있다. 제33판 초안에서는 일부 재산을 몰수하는 경우만을 규정하였다. 즉, 형법 각칙에서 규정한 재산몰수를 단독적으로 적용하는 경우 재산의 일부만을 몰수 할 수 있다. 비록 형법 조항에서 동 내용을 명확히 규정하지 않았지만, 범죄자의 생활을 고려할 때 일부 재산을 몰수하는 것이 타당하다. 그리고 「형법」 제55조의 규정에 따르면, 범죄자의 재산만을 몰수 할 수 있고 범죄자 가족의 재산을 몰수하여서는 아니 된다. "가족 소유의 재산"이란 재산 소유권이 가족에게 있는 재산을 의미한다. 예컨대, 가족의 의류와 가족의 노동소득 등이 이에 해당한다.

법원은 재산몰수를 판시하는 경우, 판결에서 몰수 재산의 범위를 명확히 하여야 한다. 특히, 일부 재산 몰수를 판결하는 경우, 판결문에서 구체적으로 어느 재산을 몰수 할 것인지 여부를 나열하여야 한다.

「형법」 제55조의 입법취지는 자기부담과 가족연대금지의 원칙이다. 범죄자

---

1 제33판 초안과 제22판 초안의 규정에 따르면, "재산몰수를 처벌하는 경우, 범죄자 가족에게 필요한 생산자료와 생활자료를 남겨두어야 한다."

의 재산을 몰수할 때 가족을 연대하지 않은 것은 우리 나라의 일관적으로 견지하여온 정책이다. 해방초기 반혁명자의 재산을 몰수할 때에도 동일한 규정을 하였다. 1979년 「형법」 제55조에서는 자기부담원칙을 견지하였고 법 조문에서도 명확히 규정하였다.

2) 몰수 재산으로의 채무 상환문제(제56조)

본 조에 따르면 "재산 몰수 이전 범죄자가 부담한 정당한 채무에 대하여 채권자가 상환을 청구하는 경우 법원의 판결에 의하여 몰수한 재산으로 상환하여야 한다." 동 조에서는 몰수 재산으로 채무를 상환하는 조건을 제시하였다.

(1) 범죄자의 재산 몰수 이전의 채무란 국가·집단 및 개인의 채무를 의미한다.
(2) 정당한 채무란, 정당한 거래·차입·임대·도급 및 고용 등에 의한 채무를 의미한다. 도박 등으로 인한 불법채무는 상환의 대상이 될 수 없다.
(3) 채권자의 청구를 전제로 한다.

앞서 언급한 경우에 해당할 때, 법원의 재량으로 몰수 재산 한도 내에서 상환하여야 한다. 상환 청구를 제기한 채권자가 1일이상인 경우 법원은 채무상환의 원칙에 따라 상환의 순서와 방법을 결정하여야 하며, 몰수 재산의 한도 내에서 상환하여야 한다.

재산몰수 과정에서 범죄자가 과거 강도 등 불법행위로 재산 취득의 사실을 발견한 경우, 국민의 재산권을 보호하는 차원에서 기존 재산의 소유자에게 반환하여야 한다.

형벌의 적용

04

1. 양형

1) 양형의 일반원칙(제57조)

법원은 범죄 사실 조사의 기초에서 범죄자에 대한 처벌 유형과 양형을 결정한다. 범죄 유형의 결정과 양형문제는 형사 소송과정에서 중요한 두 가지 문제이다. 형사 소송의 품질로 보면 범죄 유형의 정확한 판단은 양형의 중요한 부분이다.

1979년 「형법」 제57조의 규정에 의하면, "범죄자의 형벌을 결정할 때, 반드시 범죄 사실·범죄 성질·범죄 정도 및 사회의 위험성을 충분히 고려하여 형법의 원칙에 따라 판단하여야 한다." 이는 우리 나라 사법기관의 경험에 근거한 양형 원칙이다. 따라서 이는 사법심사에서 범죄 사실에 근거하여 사법 판단을 하는 기본 원칙이기도 하다.

본 조항의 논의 과정에서 다음과 같은 사항도 함께 고려하였다.

(1) "형사정책"을 양형의 판단 근거로 제시할 것인지 여부. 범죄행위의 사회위험성을 고려하는 과정에서 "형사정책"을 양형의 요소로 고려하였으므로, 범죄사실 외에 "형사정책"을 양형근거로 고려할 의미가 없다는 견해가 제시되었다. 논의 끝에 "형사정책"을 양형근거로 제시하지 않았다.

(2) 일부 학자는 본 조항의 기초에서 양형 원칙에 대하여 추가 규정할 것을 건의하였다. 논의 끝에 본 조항의 규정 내용에서 양형 원칙을 도출이 가능하다는 이유로 중복적인 입법을 차단하는 차원에서 해당 견해는 부결되었다.

(3) 제33판 초안에서 양형 원칙에 대하여 다음과 같은 규정을 두었다. 즉, "범죄 사실·범죄 성질 및 사회의 위험 정도" 등 요소 외에 "범죄자 개인사정·자백정도 및 범죄의 회개犯罪悔改" 등 경우도 참작한다. 그러나 동 조항의 개정과정에서 일부 학자들은 재량 요소를 규정하는 것은 반대의 작용을 일으킬 수 있기 때문에 규정하지 않은 것을 제안하였고, 결국 이를 받아들여 삭제하였다.

2) 가중 처벌·경미 처벌·감경처벌 및 처벌 면제(제58조·제59조)

가중처벌從重處罰 · 경미처벌從輕處罰 및 감경처벌減輕處罰은 양형의 원칙들이다. 제58조에서 확정한 가중처벌과 경미처벌, 제59조에서 확정한 감경처벌원칙 등이 이에 해당한다. 그리고 처벌면제는 형사처벌을 면제하는 것으로 제32조에서 규정한 경우 외에 특수 적용이 불가하다.

가중처벌 · 경미처벌 및 감경처벌의 전제는 범죄 사실이 존재하는 것이다. 형법 차원에서 동 양형 원칙을 적용하는 범죄사실을 어떻게 규정할 것인가? 다시 말하면, 집중적으로 규정할 것인가 아니면 분산하여 규정할 것인가? 초안의 작성 단계에서 다양한 견해가 존재하였다. 일부 학자는 양형의 원칙으로 조문을 추가하여 구체적으로 적용할 가중 사실과 감경 사실 등을 나열할 것을 주장하였다.

구체적으로 가중처벌의 경우는 (1) 범죄자들 중의 우두머리 또는 주요 범죄자, (2) 상습범, (3) 누범, (4) 자백을 하지 않은 자 또는 타인의 자백을 저해하는 자, (5) 범죄수단이 잔혹한 경우, (6) 국가와 국민의 이익에 중대한 손해를 가한 경우, (7) 미성년자를 범죄행위에 유인 · 교사한 경우, (8) 임산부 · 미성년자를 상대로 시행한 범죄행위 등이 포함된다.

경미처벌의 경우란, (1) 자수한 경우, (2) 자백 또는 입공立功이 있는 경우, (3) 협박 또는 기만에 의하여 범죄행위에 가담한 경우, (4) 범죄 후 범죄 결과를 감경하거나 소멸한 경우, (5) 격분에 의한 범죄행위 등이 이에 포함된다.

범죄자에게 가중처벌 또는 감경처벌 등 상황이 있는 경우, 어떻게 양형할 것인가? 제22판 초안에 의하면, "법정형法定刑 한도에서 가중처벌 또는 경미처벌을 선택하여 처벌하여야 한다." 즉, 법정형 한도에서 중간점을 선택하여 중간점 이상을 가중처벌로 인식하고 중간점 이하를 경미처벌로 인식한다는 것이다. 여러 차례의 논의 하에 제33판 초안에서는 "과중較重 또는 과경較輕"을 삭제하였다. 1979년 「형법」 제58조에서는 제33판 초안의 내용을 그대로 유지하였다.

3) 가중 처벌을 규정할 것인지 여부

제22판 초안에서는 가중처벌에 대한 내용이 없었다. 제22판 초안의 개정과정에서 조문 하나를 추가하였다. 즉, 제33판 초안의 제64조를 추가하였다. 동 조의 규정에 의하면, "개별 범죄자의 범죄 정도가 극히 심각하여 최고 형벌에 처한 경우에도 양형이 경미하다고 판단될 때 최고인민법원의 허가에 의하여 법정형 이상의 형사처벌에 처할 수 있다." 동 법 조문을 추가한 이유는 계급투쟁의 특수한 수요를 충족하기 위한 것이다. 제33판 초안의 개정과정에서 동 조항은 법정형 설정의 의미를 상실하는 것으로 반대의견이 있었다. 최종 제33판 초안에서는 동 조항을 삭제하였다.

4) 불법소득의 추가납입과 범죄물의 몰수(제60조)

제22판 초안에 의하면 "범죄자에게 불법소득이 있는 경우, 형사처벌을 판시할 때 불법소득을 추가납입하여야 한다." 그리고 제33판 초안에 의하면 "범죄자의 불법소득은 추가납입 또는 배상을 하여야 한다. 범죄에 사용되는 모든 재산은 모두 몰수 하여야 한다." 제33판 초안의 내용은 제22판 초안의 내용보다 경제적 제재가 더 강화되었다. 「형법」제60조에서는 제33판 초안의 내용을 대부분 유지한 기초에서 "범죄에 사용되는 모든 재산"을 "위법품과 범죄에 사용되는 개인 재산"으로 개정하였다.

2. 누범累犯

1) 누범의 의의와 구성(제61조)

본 조의 규정에 의하면 "유기징역에 처한 범죄자는 형사처벌 집행 완료 또는 특사特赦한 후, 3년 내에 다시 범죄로 인하여 유기징역 이상의 형사처벌을 받은 자를 누범으로 확정하며, 가중 처벌하여야 한다. 그러나 과실범은 제외된다. 가석방자의 경우, 가석일로부터 앞서 언급한 기한이 기산된다." 본 조는 제33판 초안에서 정한 조문과 비교하면 누범 확정의 시간을 제33판 초안의 5년에서 3년으로 개정하였다. 이와 동시 제22판 초안 내용과 비교하면, 제33판 초안 또한 대폭 개정되었다. 구체적인 개정 내용은 다음과 같다.

(1) 무엇이 누범인가? 제22판 초안에 따르면, 형사처벌 집행 완료 또는 특사 후 일정한 기간 내에(기존 형사처벌의 정도에 따라 3년·5년·7년으로 나눔) 다시 동일한 범죄를 행하는 경우 누범으로 인정한다. 누범에 대하여 가중 처벌한다. 그러나 제33판 초안에서는 기존과 달리 "유기징역 이상의 형사처벌에 처한 범죄자는 형사처벌 집행완료 또는 특사 이후 5년 내에 다시 범죄 행위로 유기징역 이상의 형사처벌에 처한 경우 누범으로 인정하고 가중 처벌하여야 한다. 다만, 과실범죄는 제외한다."

(2) 제22판 초안의 규정에 따르면 누범의 기산점은 "집행유예 또는 가석방의 범죄자가 집행유예 만료일 또는 가석방 만료일로부터 시작한다." 그러나 제33판 초안에서는 집행유예 부분의 기산점을 삭제하였다. 삭제한 이유는 집행유예는 판결의 조건부 집행정지를 의미하는 것으로 범죄자가 형사처벌의 집행 필요성이 없다는 것을 말한다. 그러므로 집행유예 기간 만료 후 누범을 다시 인정하는 것은 누범 자체의 성질과 다르다. 따라서 가석방 기간 만료의 경우「형법」제75조에 따르면 기존 형사처벌의 집행완료를 의미하는 것으로 누범을 다시 인정할 수 있다. 가석일로부터 기간을 기산한지 않은 이유는 무엇인가? 가석방일 이후 일정한 기간의 유예기간이 있는데, 유예기간 내에 새로운 범죄행위로 유기징역 이상의 형사처벌을 받으면, 가석방을 취소한 후 수죄병벌의 원칙에 의하여 다시 처벌하여야 한다. 따라서 이는 수죄병벌의 원칙에 의하여 처벌하였으므로, 누범이 아니다.

2) 반혁명 범죄에 대한 누범(제62조)

본 조의 규정에 따르면, "형사처벌 집행유예 완료 후 또는 특사 후의 반혁명자는 언제든지 반혁명죄로 다시 판결하는 경우 모두 누범으로 인정한다." 본 조는 제33판 초안의 규정을 그대로 유지하였다. 따라서 본 조항은 입법목적은 반혁명죄에 대하여 가중 처벌하는 것이다. 구체적인 표현으로는 반혁명죄 누범은 시간적 제한이 없는 동시 형사처벌의 가중이나 감경 또한 없다. 반혁명죄는 국가안전에 대한 심각한 죄로, 국민의 적이다. 그러므로 누범의 규정 또한 반혁명죄의 특징에 근거하여 가중 처벌하는 것이 타당하다.

3. 자수自首

1) 자수의 의의와 처벌 원칙(제63조)

제22판 초안의 규정에 따르면, "범죄 발견 이전 자수한 경우 감경처벌하여야 한다. 자수와 입공이 동시에 존재하는 경우 감경처벌 또는 처벌을 면제할 수 있다." 제33판 초안에서는 이를 "범죄 후 자수한 경우 감경처벌할 수 있다. 자수와 입공이 동시에 존재하는 경우 감경처벌 또는 처벌을 면제할 수 있다. 중대한 입공이 있는 경우 소정의 장려도 할 수 있다." 1979년「형법」제63조에서는 이를 "범죄 후 자수한 경우 감경처벌할 수 있다. 다만, 범죄 정도가 경미한 경우, 처벌을 감경하거나 면제할 수 있고, 범죄 정도가 심각하지만 입공이 있는 경우 처벌을 감경하거나 면제할 수 있다"로 개정하였다.

2) "자백 선처坦白從寬"에 관한 문제

자수는 자백의 하나로 형법에서는 범죄후 자수한 경우 처벌을 감경하거나 면제할 수 있으므로 "자백 선처"의 원칙을 확정하였다. 그러나 자수는 자백의 하나로 자백의 모든 상황을 포함하는 것은 아니다. 예컨대, 일부 범죄자는 구취와 체포 후 범죄 행위만을 자백한 것이 아니라 사법기관이 장악하지 않은 기타 범죄행위도 자백하였다. 이러한 경우, 선처 하는 것이 타당한 것인가? 논의 끝에 해당 경우는 자수와 거리가 있으므로, 동일한 법정형으로 감경처벌하는 것은 타당하지 않다는 것이다. 그리고 일정한 경우에 한하여 사법기관으로 하여금 자백한 범죄행위를 이용하는 부작용을 일으킬 수 있어 형사소송법상 "증거는 자백보다 중요하다"는 원칙을 위반할 수 있다. 그러나 법에서 규정하지 않는다는 것은 결코 실무에서 중요하지 않다는 것은 아니다. 사법심사 과정에서 범죄자의 자수과정에서 기타 범죄행위를 자백하는 것은 범죄자의 범죄 사실 인정의 적극적인 태도를 의미할 수 있다. 법에서 이를 규정하지 않은 것은 향후 사법 실무 과정에서 많은 혼란을 초래하였다.

4. 수죄병벌

1) 수죄병벌의 처벌원칙

각국의 수죄병벌은 다음과 같은 처리 원칙으로 유형화 할 수 있다.

(1) 흡수원칙. 즉, 범죄자가 수종의 범죄행위를 행한 경우 엄중한 죄목이 경미한 죄목을 흡수하거나 엄중한 처벌이 경미한 처벌을 흡수하는 원칙을 의미한다.
(2) 누적원칙. 즉, 수종의 범죄행위를 각각 처벌 한 후 형사처벌을 다시 합병 집행하는 것이다.
(3) 가중제한원칙. 즉, 범죄자의 범죄행위에 대하여 엄중한 죄목에 의하여 처벌하거나 또는 총 형사처벌 기간 이하 및 죄목의 최고 형사처벌 기간 이상에서 집행기간을 결정하지만 총 처벌기간은 일정한 기한을 초과하여서는 아니 되는 원칙

이다.

(4) 절충원칙. 즉, 수종의 범죄행위에 대하여 각각 처벌한 후 구체적인 상황에 따라 흡수·누적·가중 제한 등을 적용하는 처벌 원칙이다.

우리 나라 과거의 형사법률과 사법기관의 지시에서 수죄병벌의 흔적을 엿볼 수 있다. 그러나 형법이 제정된 후 앞서 언급한 상황에 변화가 발생하였다. 형법의 제정과정에서 초안으로부터 최종 법 규정이 확정되기 전 절충주의 원칙이 지속되었다. 절충주의 원칙에 의하면 수죄에 대하여 각각 양형한 후 형사처벌의 집행을 결정하는 것이다. 형법에서 각 죄목에 대하여 양형의 폭이 존재하기 때문에 절충주의를 적용하는 데 어려움이 존재하지 않았을 뿐만 아니라 아래와 같은 장점이 존재하였다. 첫째, 판결문에서 죄명과 형사처벌을 확정할 수 있어 국민 또는 검사 및 상위 법원의 감독권 행사가 명확하였다. 둘째, 수종의 죄명 중에 잘못 판결한 죄명이 존재하더라도 모든 판결을 취소하는 것이 아니라 처벌을 조정할 수 있다. 그러므로 각각 양형하는 것은 실무차원에서 중요한 의의가 있다.

2) 수죄병벌의 상황에 따른 부동한 대우(제64조~제66조)

제3조에서는 수죄병벌의 세 가지 상황을 규정하였다. 최종 확정된 형법 조항에서는 제33판 초안 제64조의 내용을 개정한 외에는 제33판 초안의 내용을 그대로 유지하였다. 즉, 제64조에 대하여 제33판 초안에서는 "관직의 최고 기간 5년"을 최종 확정된 형법에서는 "관직의 최고 기간 3년"으로 변경하였다.

제64조에서는 판결 선고 전 발견한 범죄자의 수죄병벌 경우를 규정하였다. 그러나 제65조와 제66조에서는 판결 선고 후 범죄자의 기타 범죄행위를 발견한 경우와 형사처벌 집행완료전 새로운 범죄행위를 행한 경우 수죄병벌을 어떻게 적용하여야 할 것인가를 규정하였다. 제65조는 제64조의 보충으로 적용한 수죄병벌의 원칙은 제64조와 동일하다. 동 조항은 제22판 초안에 비하여 형사처벌 기간을 보충하였다. 즉, "이미 집행한 형사처벌 기간은 새로운 판결에서 결정한 형

사처벌기간 내에 포함하여야 한다." 동 보충 규정은 필요한 것이다. 제66조에서 언급한 범죄자와 제65조에서 의미한 범죄자와는 다르다. 즉, 범죄자는 판결 결정 후 형사처벌 집행완료 전 새로운 범죄 행위를 행한 경우를 의미하는 것으로 제64조와 제65조에서 규정한 상황과는 다르다. 이때 범죄자는 이미 법원의 판결을 받은 후 형사처벌 집행 단계에서 다시 범죄 행위를 행한 경우로 사회위험성이 크다고 판단할 수 있다. 그러므로 제64조와 제65조 보다 엄격히 처벌하는 것이 타당하다.

동 조항에 따르면, 전前 범죄행위로 인한 집행 하지 않은 형사처벌과 후後 범죄행위로 인한 형사처벌 기한을 병벌하여 처벌하는 것이다.

3) 하나의 죄목 또는 수종의 죄목에 대한 문제

제22판 초안의 "수죄병벌" 부분 세 개의 조문에서는 하나의 죄목 또는 수종의 죄목에 대한 문제에 대하여 규정하였다. 제22판 초안 제71조에 의하면 "수죄병벌은 법원 판결이 확정된 후 처분 후 면제되지 않은 범죄행위가 두 가지 이상인 경우 제68조에 따라 수죄병벌을 하여야 한다. 단, 한 개의 죄목인 경우, 원 판결에 의하여 형사 집행을 하면 된다." 제72조의 규정에 따르면, "하나의 행위가 여러 개의 죄목을 구성하거나 범죄 방식과 범죄 결과가 서로 다른 죄목을 구성하는 경우, 처벌이 엄중한 죄목으로 처벌하여야 한다." 제73조의 규정에 따르면, "연속 행위로 하나의 죄목을 구성할 때 하나의 죄로 처리하여야 한다. 다만, 가중 처벌하여야 한다." 후속 개정에서 위의 세 가지 조문을 삭제하였다. 그 이유는 다음과 같다.

(1) 1959년 특별사면령을 살펴보면, 우리 나라의 특별 사면 대상은 범죄자이지 구체적인 죄명은 아니다. 그러므로 본 초안 제71조에서 규정한 "수죄 중 특별 사면을 받은 죄가 존재"하는 경우는 우리 나라에서 존재할 수 없다. 이러한 이유에 의하여 삭제하였다.

(2) 본 초안 제72조에서 규정한 "하나의 범죄행위가 두 가지 이상의 죄명을 구성하

는 상상의 경합범想象的競合犯"과 "하나의 범죄행위의 범죄 방법과 범죄결과가 서로 상이한 죄명을 구성하는 상관범牽連犯"은 수죄병벌 결과를 초래할 수 없어 삭제하였다.
⑶ 본 초안 제73조에서 규정한 "연속범連續犯"은 인식의 차이로 적용상의 분쟁을 일으킬 수 있어 학설로 해석함이 타당하다는 견해 하에 삭제되었다.

5. 집행 유예

1) 집행 유예를 적용하는 원칙과 조건(제67조와 제69조)

집행 유예는 형사 집행 제도 중의 한 유형으로 사회위험성이 적고 구속을 하지 않아도 사회에 위험을 초래하지 않은 범죄자에게 적용한다. 집행 유예를 적용하는 법원은 기존 형사처벌을 유지하는 기초에서 범죄자에게 개정의 기회를 주는 보조적인 수단으로 사용되고 있다.

그러나 집행 유예제도의 적극적인 작용을 발휘하려면 적용조건을 명확히 하여야 한다. 다시 말하면, 집행 유예제도의 명확한 적용으로 제도의 남용을 예방하는 것이다. 집행 유예제도의 남용은 집행 유예제도의 形骸화를 초래할 수 있으므로 범죄자에게 범죄 교육의 효과를 제시하지 못한다.

제33판 초안에서는 집행 유예제도의 적용에서 정면적인 적용조건과 반면적인 적용조건을 제시하였다. 해당 조건을 정리하여 보면 다음과 같다.

⑴ 범죄자는 반드시 구역 또는 3년 이하 유기징역에 처하여야 한다.
⑵ 법원은 범죄자의 범죄 정도와 반성의 표현에 따라 사회적 영향과 국민의 불만을 참조하여 집행 유예를 적용하여야 한다.
⑶ 범죄자의 범죄는 반혁명범죄 또는 누범이 아니어야 한다.

위에서 언급한 조건 외에 아래와 같은 절차적 제한도 받아야 한다.
(1) 집행 유예를 적용하기 전 범죄자는 반드시 범죄행위에 대하여 반성의 표현이 존재하여야 한다.
(2) 집행 유예를 적용하려면 반드시 상위 인민법원의 허가 절차가 필요하다.

집행 유예제도의 개정과정에서 아래와 같은 몇 가지 규정을 삭제하였다. 첫째, "국민 불만"의 참조 사항을 삭제하였다. 둘째, 실무과정의 적용을 참작하여 두 가지의 절차적 제한을 삭제하였다. 이러한 삭제로 1979년 「형법」제67조의 내용이 제정되었다. 제69조와 제33판 초안의 조문은 동일하다.

2) 집행 유예의 관찰 기간(제68조)

집행 유예의 관찰 기간에 대하여 제22판 초안에 의하면 "기본형사처벌기간의 이상이어야 하며, 5년 이하"로 규정한 동시 "6개월을 초과하지 못한다"는 제한을 하였다. 논의 과정에서 학자들은 형사처벌에서 구역과 유기징역에 처한 범죄행위가 다르므로, 집행 유예의 관찰 기간 또한 달라야 한다고 주장하였다. 관찰기간이 너무 긴 경우 범죄자의 교양 적극성을 파괴하는 반면 관찰기간이 너무 짧으면 범죄자에 대한 교양 효과가 없다. 이 밖에 관찰기간과 기존 형사 판결 기간 또한 형평성이 있어야 한다. 즉, 최고 기한과 최저 기한의 제한에 따라야 한다. 그러므로 제33판 초안에서는 "구역 집행 유예의 관찰 기간은 기존 형사처벌 기간의 이상이어야 하며, 1년을 초과하여서는 아니 된다. 단, 한달을 초과하여야 한다." "유기 징역 집행 유예의 관찰기간은 기존 형사처벌 기간 이상 5년 이하이어야 하며 1년을 초과하여야 한다. 집행 유예의 관찰 기간은 판결 확정일로부터 계산하여야 한다." 1979년 「형법」제68조는 해당 규칙을 그대로 유지하였다.

3) 집행 유예 관찰 기간 내 집행 유예의 철회 조건(제70조)

집행 유예 관찰 기간의 관찰 기간에 대하여 제22판 초안의 규정에 따르면, "주거지 공안기관・향 인민위원회 또는 기존 근무 기관에서 감독관리를 하여야 한다." 제33판 초안에서는 사법기관의 실무과정을 고려하여 "공안기관 소재지 또는 기층조직基層組織에서 감독하여야 한다."(기존의 "감독관리"는 노동교양의 감독관리와 혼동할 가능성이 있어, 여기에서는 감독으로 개정되었다). 1979년 「형법」에서는 "감독관리"를 "고찰"로 개정하여 가석방 범죄자의 "감독"과 구별하였다. 그러므로 집행 유예를 적용하는 범죄자가 기관・단체・기업 또는 회사에서 근무하는 경우, 소재 근무 기관에서 고찰하여야 한다. 그리고 집행 유예를 적용하는 범죄자가 농촌 지역에 거주하는 경우, 향정부 또는 농어촌 위원회에서 고찰하여야 한다. 이 밖에 집행 유예를 적용하는 범죄자가 도시에 거주하는 경우 거주 지역 주민 위원회에서 고찰하여야 한다.

제22판 초안과 제33판 초안 및 1979년 「형법」 제70조에서는 모두 집행 유예를 철회하는 조건으로 "새로운 범죄행위가 없다"는 것을 규정하였다.

6. 감형

1) 감형의 조건과 한도(제71조)

감형은 우리 나라의 특유한 형사처벌 제도로 우리 나라 형사 정책의 창조이다. 감형 제도는 형사 집행 과정의 범죄자를 선처하는 제도이다. 감형 제도를 확립하는 것은 범죄자의 고양 효과를 강화하고 범죄자의 교양 적극성을 추진하는 것으로 범죄자로 하여금 자신의 잘못을 스스로 인식하게 하는 작용이 있다. 감형 제도는 형사처벌의 목적을 달성하는 데 적극적인 작용이 있다.

그러나 감형 제도는 형사처벌 유형에 동일하게 적용되는 것은 아니다. 우리 나라 형법의 규정에 따르면, 사형집행유예·무기징역·유기징역·구역 또는 관제에 처한 범죄자의 형사 집행과정에서 감형을 할 수 있다. 사형집행유예는 이미 총칙 제3장 제5절(사형부분)에서 설명하였고, 아래 부분에서는 무기징역·유기징역·구역 및 관제의 감형에 대하여 설명한다. 관제의 감형은 제22판 초안과 제33판 초안의 "관제"부분에서 "관제기한을 단축하거나 관제를 해제"하는 것으로 표현하여, 감형과 본질을 같이 하는 것으로 아래 부분에서는 논의를 생략하기로 한다. 이 밖에 벌금형에 대하여 "불가항력으로 벌금 납입이 어려운 경우 감축하거나 면제할 수 있다(1979년 「형법」 제49조)"로 규정하였지만, 이는 감형과 본질을 동일화 할 수 없으므로 감형제도와 혼동하여서는 아니 된다.

감형과 감경 처분은 동일한 개념이 아니다. 감경 처분은 양형 과정에서 감경 처분의 경우에 해당하는 범죄자에게 법정형보다 낮게 형사처벌을 하는 것을 의미한다. 그러나 감형은 형사처벌 집행 기간 내에 범죄자의 반성 여부와 입공 여부에 따라 기존 형사처벌을 감경하는 것으로 감경 처분과 다르다.

감형의 조건과 한도에 대하여 1979년 「형법」 제71조에서는 명확히 규정하였다. 즉, "관제·구역·유기징역 또는 무기징역에 처한 범죄자는 형사처벌 집행기간 내에 반성의 표현 또는 입공이 있는 경우 감형을 할 수 있다." 그러나 한번 또는 수차례의 감형으로 실제 집행의 형사처벌 기간은 기존 형사처벌 기간의 2분의 1을 초과하여야 한다. 무기징역에 처한 경우 10년 이상 이어야 한다."

2) 무기징역을 유기징역으로 감형할 때 이미 집행한 형사처벌 기간을 상계할 수 있는지 여부(제72조)

해당 문제는 초안 논의 과정에서 많이 논의된 문제이다.

1954년 6월 29일 최고인민법원·사법부에서 제정한 「무기징역과 형사처벌 기간이 긴 유기징역의 범죄자에게 판결을 변경할 때의 형사처벌기간의 산정문제에 대한 지시」에 따르면 "감형 후 형사처벌 기한의 산정은 기존 판결 확정후 집행 선고일로부터 계산하여야 한다. 즉, 기존판결이 무기징역 또는 형사처벌 기한이

긴 유기징역인 경우, 이미 집행한 처벌 기간은 감형 후의 유기징역 또는 형사처벌 기한이 단축된 유기징역의 처벌 기간 내에 산입하여야 한다. 그러므로 기존의 무기징역으로 인한 판결전 구속된 기간은 감형 후의 형사처벌 기간 내에서 공제하여야 한다. 공제방법은 구속 1일당 형사처벌 기간 1일로 하여야 한다." 이에 근거한 제22판 초안에 의하면 "무기징역이 유기징역으로 감형한 경우, 이미 집행한 형사처벌 기간은 유기징역에서 공제하여야 한다." 그러나 1959년 9월 중앙정부에서 공시한 「특별사면범죄자特赦犯의 지시」에 따르면, "사형집행유예와 무기징역에 처한 범죄자가 감형으로 유기징역에 처한 경우, 새로운 형사처벌 기간은 감형 후로부터 계산한다. 즉, 감형 전의 구속 기간은 형사처벌 기간에 산입하지 아니 한다." 1959년 10월 13일 최고인민법원에서 공시한 「무기징역이 유기징역으로 감형된 경우 형사처벌 기간의 기산문제에 대한 답변」에서는 다시 무기징역이 유기징역으로 감형된 경우 형사처벌 기간을 "감형 확정일로부터 계산된다"는 원칙을 확정하였다. 1960년 2월 18일 최고인민법원에서 공시한 「무기징역을 유기징역으로 감형하거나 사형집행유예를 유기징역으로 감형한 경우 형사처벌 기간에 계산에 대한 답변」에서는 앞서 언급한 감형 형사처벌 기간의 산정원칙에 대하여 다시 확인하였다. 앞서 언급한 규정에 근거하여 실무에서는 감형 형사처벌 기한의 산정에 있어 결국 통일된 법 적용이 시작되었다. 그러므로 제33판 초안에서는 제22판 초안에서 규정한 형사처벌 기간의 공제를 삭제한 것을 엿 볼 수 있다. 1979년 「형법」 제72조에서는 "무기징역을 유기징역으로 감형한 경우 감형 재정일로부터 형사처벌 기한이 기산된다"고 규정하였다.

7. 가석방假释

1) 가석방의 대상과 조건(제73조)

가석방은 징역에 처한 범죄자에 대하여 조건부로 미리 석방하는 것을 의미한다. 가석방 제도의 확립은 감형제도와 함께 범죄자의 유효한 교양목적을 도모하기 위한 것이다. 가석방 제도는 징역 집행과정에서 범죄자에 대한 선처제도이다. 그러나 가석방 제도와 감형 제도를 비교하면, 교양 과정에서 표현이 우수한 범죄자에 대하여 선처의 특징을 엿 볼 수 있다.

가석방의 대상과 조건에 대하여 1979년「형법」제73조에서는 아래와 같이 규정하였다. 즉, "유기징역에 처한 범죄자는 기존 형사 처분 기간 2분의 1 이상을 집행하거나 무기징역에 처한 범죄자가 10년 이상 집행 한 경우 반성의 표현과 함께 사회를 해할 위험성이 존재하지 않으면 가석방을 할 수 있다. 특수 사항이 있는 경우 집행 기간의 시간적 제한을 받지 아니 한다." 본 조항은 제22판 초안의 기초에서 약간의 개정을 거쳐 제33판 초안의 내용을 그대로 따랐다.

2) 가석방의 관찰기간(제74조)

본 조의 규정에 따르면 "유기징역 가석방의 관찰기간은 집행 완료되지 않은 형사처벌 기한이다. 무기징역 가석방의 관찰기간은 10년 이다. 가석방의 관찰기간은 가석방일로부터 계산한다." 이는 제33판 초안의 규정을 그대로 유지한 것이다. 그러나 제33판 초안의 내용에서는 "무기징역의 가석방 관찰기간은 15년"(제22판 초안에서는 10년)으로 규정되었으나 관찰기한이 10년을 초과할 필요가 없는 견해를 종합하여 최종 10년으로 확정하였다.

3) 가석방 관찰기간 내 감독과 집행유예를 철회하는 조건(제75조)

1979년「형법」제75조의 규정에 따르면 "가석방의 범죄자는 가석방 관찰기간 내에 공안기관의 감독을 받는다. 관찰기간 내에 새로운 범죄행위를 행하지 않은 경우 기존 형사처벌은 집행완료로 추정한다. 그리고 새로운 범죄행위를 행한 경우 가석방을 철회하고 기존 범죄행위의 집행하지 않은 형사처벌 기간과 새로운 범죄행위의 형사처벌을 동 법 제64조의 규정에 따라 집행한다." 본 조는 제33판 초안의 규정과 비교할 때 아래와 같은 차이점이 존재한다.

(1) 감독기관에 대하여 "인민공사관리위원회(鄕인민위원회)"를 삭제하였다.
(2) 가석방 취소 조건에 대하여 제33판 초안의 규정에 따르면, "재범再犯한 범죄자는 유기징역 이상의 죄에 처한다". 이는 집행 유예의 취소 조건인 "새로운 범죄를 행한 경우"보다 엄격하다. 가석방 조건과 집행 유예 조건의 형평성을 유지하기 위하여 결국 "새로운 범죄를 행한 경우"로 가석방 취소 조건으로 결정하였다.
(3) 제22판 초안의 동 조항 제2항의 규정에 따르면 "과실로 범죄행위를 행한 경우 가석방을 취소할 수 없다." 동 규정은 집행 유예의 규정과 동일성을 구성하지 못하여(집행 유예 고찰기간 내 고의 또는 과실로 새로운 범죄행위를 행한 경우 모두 집행 유예를 취소한다), 앞서 언급한 규정과 모순이 발생할 수 있으므로 개정이 필요하다.

4) "옥 외 집행"의 문제

중화인민공화국 성립 이전, 해방 지역에서 일부 단기 징역에 처한 범죄자에 대하여 기존 소재지에서 징역을 집행하는 방식을 채택한 적이 있다. 이러한 방식은 중화인민공화국 성립 후 일부 지역의 사법 실무에서도 계속 되었다. 판결문에서 알 수 있는 바와 같이 "옥 외 고양개조"·"관련기관에 의한 집행"·"농업단체에 의한 감독 외 집행"·"주거지 주민위원회 또는 국민에 의한 감독집행"·"사업단체 동료에 의한 감독 집행" 또는 "소재지 집행" 등은 모두 위에서 언급한 관행에 해당하는 구체적인 예이다. 이들은 모두 옥 외에서 형사처벌을 집행하는 방식으로 인민법원이 판결을 하는 즉시 결정된다. 50년대 내부 숙청 활동에서 지식인과 기술자에 대하여 징역을 처분한 기초에서 옥 외 집행을 적용하였다. 그러나 최고인민법원은 1963년 6월 15일에 제정한「옥 외 집행 문제에 대한 회신」에 의하면 내부 숙청 대상 외에는 "옥 외 집행하는 적용 대상을 보편화하지 않아야 한다". 1964년 8월 27일의 답변에서는 다시 위의 내용을 반복하였다. 이로써 옥 외 집행의 적용은 날로 적어졌다.

옥 외 집행의 다른 경우는 징역 집행 기간 범죄자의 질병으로 보석 또는 55세 이상·신체 장애 및 형사처벌 기한이 5년 이하인 범죄자 등은 사회적인 위험성이 낮아진 이유로 보석 집행이 가능하다. 동 내용은 「중화인민공화국노동교양조례」 제60조에서 규정하였다. 옥 외 집행 기간은 범죄자의 형사처벌 기간 내에 산입하여야 한다.

8. 시효

1) 시효의 의의

우리 나라 형법에서 시효제도를 규정한 이유는 무엇인가? 일부 학자들은 시효제도는 책임의 도피를 격려하는 것으로 범죄자를 선처하는 규정으로, 시효제도의 존재 자체에 대한 의문을 제기하였다. 시효제도는 범죄자의 요행 심리를 방임하는 것이 아닌가 하는 의문도 제기한 이가 있었다. 이 밖에 시효제도를 도입하는 것은 자수 제도를 무력화 한 것이 아닌가 하는 문제도 제기되었다. 그리고 시효제도는 범죄자를 처벌하는 데 부작용이 있다는 견해도 존재하였다. 이러한 문제들은 모두 우리 나라 학자들이 형법상 시효제도의 목적을 이해하지 못하고 있다는 것을 의미하였다.

모든 일이 두 가지 측면이 있는 바와 같이 시효 제도 또한 마찬가지 이다. 시효제도도 소극적인 면이 존재한다. 예컨대, 실무에서 범죄자가 시효제도를 이용하여 형사 제재를 도피하는 가능성도 있다. 그러나 시효제도의 작용을 볼 때 적극적인 부분이 소극적인 부분보다 크다. 이는 또한 세계 각 국가에서 시효제도를 도입한 큰 이유이다.

그럼, 시효제도는 어떠한 의의를 갖고 있는가? 저자의 견해는 다음과 같다.

(1) 시효제도는 우리 나라 형사처벌의 목적에 부합한 제도이다.

⑵ 시효제도는 "과거에 대한 관대함과 현행에 대한 엄격성"의 정책을 구현한 제도이다.
⑶ 시효제도는 사법기관의 실무에 유리한 제도이다.
⑷ 시효제도는 국민 내부의 안정에 유리한 제도이다.
⑸ 시효제도는 법률의 엄숙성을 해치지 않은 제도이다.

이상으로 우리 나라 형법에서 시효제도를 규정하는 것은 소극적인 측면보다 적극적인 측면이 더 크다. 시효제도는 피고인에게만 유리한 것이 아니라 국가와 국민의 이익에 근거를 둔 제도이다. 그리고 시효제도는 범죄와의 투쟁을 약화시킨 것이 아니라 범죄의 처벌을 더욱 강화한 것이다. 그러므로 시효제도의 존재는 범죄에 대한 방임이라고 생각하는 것은 잘못된 것이다.

2) 공소시효의 소멸 기한 및 그 예외(제76조~제78조)

제76조의 규정에 의하면, 법정형法定刑의 정도에 따라 기간적 차이가 있는 공소시효를 정하였다. 범죄행위의 법정형이 무거울수록 공소기효의 기간은 길고, 이와 반대로 법정형이 가벼울수록 공소기효의 기간은 짧았다. 즉, 법정최고형이 5년 미만인 유기징역의 경우 공소시효는 10년이며, 법정최고형이 10년 이상인 유기징역의 경우 공소시효는 15년이며, 법정최고형이 무기징역이나 사형인 경우 공소시효는 20년이다. 20년 지난 후 공소할 필요성이 있는 경우 최고인민검찰원의 허가를 받은 후 공소시효는 연장된다. 동 조항은 중범과 경범에 대한 차별 대우를 명확히 하였다. 그리고 범죄자에게 법적 제재의 가능성을 높이기 위하여 상대적으로 긴 공소시효를 규정하였다. 특히, 사형·무기징역의 죄에 대하여 상대적으로 엄격히 규정하였다.

제77조에서는 예외적으로 "인민법원·인민검찰원 및 공안기관이 강제적 조치를 취한 후 수사 또는 심판을 도피한 경우 공소시효의 제한을 받지 아니 한다"는 규정을 두었다. 이는 형법의 "불복에 대한 엄중한 처벌抗拒從嚴" 정책을 구현한 것이다.

제78조에서는 공소시효의 기산과 중단에 대하여 규정하였다. 즉 "공소시효는 범죄행위 발생일로부터 기산한다. 범죄행위가 연속 또는 계속적인 경우 범죄행위 종료일로부터 기산한다. 그리고 공소시효 내에 다시 범죄행위를 행한 경우 전 범죄행위의 공소시효는 후 범죄행위일로부터 기산한다." 시효 내에 다시 범죄행위를 행한 경우와 행하지 않은 경우를 달리 규정하는 것으로 형법상 차별원칙을 구현한 내용이다.

3) 집행시효에 관한 문제

이론과 실무의 경험을 바탕으로 볼 때, 형법상 시효에 대하여 두 가지 입법모델이 존재한다. 하나는 공소시효이고, 다른 하나는 집행 시효이다. 그러나 우리나나 형법은 공소시효를 채택한 동시 집행 시효를 채택하지 않았다. 그러나 제22판 초안에서는 집행 시효에 관한 규정을 둔 적이 있다. 즉, 범죄자에게 처한 형사처벌은 판결일로부터 일정한 기간 내에 집행하지 않은 경우 더 이상 집행하지 아니한다. 집행하지 않은 경우로 전쟁이나 자연재해 및 사법기관이나 집행기관의 관료주의官僚主義로 인한 집행 등이 있다. 따라서 우리 나라 사법기관에는 집행 시효에 해당하는 선례가 없을 뿐만 아니라 범죄자의 도주를 격려하는 반작용을 초래할 수 있어 최종 집행 시효 조항은 삭제되었다.

기타 규정

05

본 장은 여러 차례의 초안에서 모두 "부록"으로 구분되었지만, 최종안에서 "기타 규정"으로 명칭을 개정하였다. 다수의 학자들은 각칙 뒤에 위치하는 경우 제3편을 구성하는 것으로 현재 부록의 내용면에서 볼 내용의 양이 부족하다. 그 밖에 총칙은 각칙을 통괄하는 것으로 부칙 중의 내용은 각칙에 포함되는 부분도 존재하여 부칙을 총칙의 한 장으로 구성하는 것도 논리적으로 타당하다. 이상으로 "부칙"의 명칭은 논리적으로 총칙·각칙 및 부칙으로 연상되므로, "기타 규정"으로 변경하는 것이 타당하다는 결론으로 통일하였다.

본 장은 11개 조문(제79조~제89조)로 구성되어, 제33판 초안에 비해 제1조(제87조)를 추가하였고, 제7조(제79조·제81조·제82조·제83조·제84조·제86조 및 제89조)에 대하여 개정하였다. 개정 논의는 다음과 같다.

1) 유추적용類推 문제(제79조)

우리 나라 인민민주집권정치人民民主專政의 형법에서 유추적용의 예는 제2차 국내 혁명시기부터 흔적을 엿볼 수 있다. 1934년 4월 8일에 제정한「중국소비에트공화국반혁명징벌조례」제38조에 따르면, "본 조례에 포함되지 않은 반혁명 범죄 행위는 본 조례에서 정한 유사한 내용의 조문에 의하여 처벌한다." 중화인민공화국 성립 후 1951년 2월 21일에 제정한「중화인민공화국반혁명조례징벌법」에서 유추적용의 규정을 계속 유지하였다. 동 조례 제16조에 의하면, "본 조례에서 규정하지 않은 반혁명을 목적으로 한 범죄행위는 본 조례에서 규정한 유사한 내용의 조항에 의하여 처벌한다."

형법 초안의 수차례 개정과정에서 유추적용에 관한 규정은 "임의의 유추적용"이 아니라 제79조의 규정에 따른 "본 법 각칙에서 규정한 가장 흡사한 조항에 의한 유추적용"이어야 한다. 즉, 범죄 구성의 원칙과 기본 원리에 따른 유추적용이다.

유추적용 규정의 제정과정에서 일부 학자는 유추적용 조항은 범죄 확정의 문제에 해당하는 것으로 제10조(범죄의 개념)에 잇따라 규정할 것을 주장하였다. 이 밖에 일부 학자는 유추적용 조항은 양형의 문제에 해당하는 것으로 제57조(양형원칙)에 잇따라 규정할 것을 주장하였다. 여러 차례의 논의 하에 학자들은 유추적용조항은 범죄 확정과 양형문제의 보충적인 규정으로 특수한 문제를 해결하는 원칙적인 규정으로 "기타 규정"에 해당하는 것으로 견해를 통일하였다.

이상은 유추적용제도의 도입을 긍정하는 견해이다. 그러나 후속의 사법 실무에서 증명한 바에 따르면, 유추적용은 죄형법정주의와 모순된다. 따라서 유추적용으로 양형하는 대상은 모두 범죄 정도가 약한 범죄이지만, "죄형법정주의"를 위반하는 "악명"을 지니고 있으므로 적용대상과 적용결과간의 형평성을 유지하지 못하고 있다. 이러한 이유로 유추적용제도를 폐지할 것을 주장하는 견해도 존재하였다.

2) 민족자치지역民族自治地方에 대한 보충규정(제80조)

본 조항의 규정에 따르면, "민족자치지역은 본 법의 규정을 모두 따르는 것이 아니라 자치지역 또는 성급 국가 권력기관이 현지의 정치·경제·문화의 특징과 본 법에서 규정하는 기본 원칙에 따라 변통 또는 보충의 규정을 제정한 후 전국인민대표대회 상무위원회의 허가를 받아 해당 지역에서 시행할 수 있다." 형법의 해당 조항은 헌법원칙과 민족정책을 이어받은 것으로 중요한 의의가 있다.

3) 공공재산의 의의(제81조)

본 조항은 제33판 초안의 조항을 개정한 것이다. 개정한 내용은 다음과 같은 세 가지가 있다. 첫째, "국가소유의 재산"을 "국민소유의 재산"으로 개정하였다. 둘째, "집단소유의 재산"을 "노동자집단소유의 재산"으로 개정하였다. 셋째, "공사합영기업"을 "합영기업"으로 개정하였다. 그 중에서 첫째와 둘째의 개정 내용은「헌법」제8조의 규정에 부합하는 동시 본 법 제2조와 제10조의 규정과도 조화를 이룰 수 있다. 그리고 세 번째의 개정 내용은 신 중국 성립 초기의 공사합영기업을 중화합자경영기업으로 대체하는 추세에 맞추어 개정한 것으로 사실에 기초한 실무에 부합하는 개정이다.

4) 국민 개인소유의 합법적 재산에 대한 문제(제82조)

본 조항은 제33판 초안에서 아래와 같이 개정하였다.

(1) "국민소유의 합법재산"을 "국민 개인 소유의 합법재산"으로 개정하는 것으로, "개인"을 도출하여 림뺘林彪 및 "사인방四人幇"시기 "사유제도의 꼬리를 잘라내기"와 비교하기 위한 것이다.

(2) "국민 개인 또는 가정 소유의 생활자료"를 "국민의 합법적 수입·저축·부동산 및 기타 생활 자료"로 개정하였다. 이는「헌법」제9조의 규정과 조합을 이루었을 뿐만 아니라 규정 내용이 더 구체적이었다.

(3) "법에 의하여 개인 또는 가정 소유의 생활 자료"를 "법에 의하여 개인·가정 소유 또는 사용 중인 토지·가축·나무 등 생산자료"로 개정하였다. 자기 사용의 토지의 소유권은 개인 또는 가정에 귀속되지 않고 사용권만을 보유하고 있어 조문 내용에서 "사용"이란 단어를 추가하여 규정의 명확성을 추구하였다.

5) 국가공무원의 의의(제83조)

제33판 초안에서 규정한 "본 법에서 말하는 국가 공무원은 국가기관 · 기업 · 사업기관事業單位 · 인민단체人民團體 및 그 부속기구에서 법률에 관한 공무에 종사하는 사람을 의미한다." 이와 대비하여 1979년「형법」제83조에서는 "본 법에서 말하는 국가 공무원은 국가 기관 · 기업 · 사업기관 및 기타 법에 의하여 공무에 종사하는 사람을 말한다"고 규정하여 "기타"를 민주당과 · 인민단체로 해석하였다. 그리고 "법에 의하여"란 공무에 종사하는 법적 근거를 의미하여,「중화인민공화국전국인민대표대회조직법」·「중화인민공화국국무원조직법」·「중화인민공화국지방각급인민대표대회 및 지방각급인민정부조직법」·「중화인민공화국인민법원조직법」·「중화인민공화국인민검찰원조직법」·「중화인민공화국해방군군관병역조례」및「중화인민공화국인민경찰조례」등이 해당한다. 선거를 통한 임명 또는 추천을 통한 임명 및 상임 또는 겸임 등을 불문하고, 공무에 종사하는 모든 자를 의미한다. 그리고 "공무에 종사"한다는 것은 국가 정치·법률·재정·경제·외교·국방·문화·교육 및 과학기술 등 사무에 종사하는 경우를 의미한다. 공무는 국가 관리활동에 포함하는 것으로 직접적인 생산작업 또는 운송작업은 "공무"의 범위에 포함되지 아니 한다. 생산활동에 종사하는 노동자는 "국가공무원"에 포함되지 않고, 상업에 종사하는 판매원 또는 구내식당에 종사하는 주방요리사 등 잡일을 처리하는 자는 "국가공무원"에 포함되지 아니 한다. 집단조직의 작업자(생산대의 대장·회계 및 집단법원의 관리인원 등) 또한 국가공무원에 해당하지 아니 한다.

6) 사법공무원의 의의(제84조)

제84조에 따르면 "본 법에서 말하는 사법공무원은 수사·검찰·심판·범죄자를 감독하는 자를 말한다." "사법"은 광의적으로 공소·검檢·법法·사司를 포함한 모든 법률 집행인원을 포함한다. 제33판에서는 "검찰"에 대응하여 "추소追訴"를 사용하였지만, "추소"는 범죄자의 형사책임을 추궁하는 것을 의미하기에 "기소起訴"와 구별되어 "수사偵訊"와 대응할 수 없다. 따라서 "추소"는 "수사감독"·"심판감독" 및 "수감감독" 등 검찰기관의 공무행위에도 포함되지 않아 "검찰"로 개정하는 것이 타당하다고 의견을 통일하였다.

7) 중상해의 의의(제85조)

본 조항은 제33판 초안과 제22판 초안의 조문과 동일하다. 그리고 동 조항의 "청각과 시각의 상실"은 기계적으로 실명과 실총으로 이해할 수 없으며, 시각장애와 청각장애의 존재로 충분하다. 따라서 "기타 기관장애"는 후각·미각·수관절·족관절 등 신체 관능을 의미한다. "기타 신체건강의 중대한 상해"란 상해로 인한 우둔 또는 간질癲癇 등을 의미한다.

8) 주요 범죄자犯罪首要分子의 의의(제86조)

본 조항은 각칙 중의 주요 범죄자에 대한 이해를 명확히 함으로써 주요 범죄자의 개념이 임의로 확대되는 것을 제한하기 위한 것이다. 주요 범죄자는 제23조(주범)와 밀접한 관련이 있는 조항이다. 제33판 초안에서는 주요 범죄자를 "범죄집단에서 조직·계획·지휘 작용이 있는 범죄자"로 제한하였고, 동 조항을 개정하는 과정에서 사회질서 파괴죄와 공공장소 질서 파괴죄 및 교통 질서죄交通秩序罪 등 범죄집단에 포함되지 않지만 주요 범죄자의 역할을 담당하는 자로 개정하였다. 그러므로 동 조항은 "범죄집단"에 이어 "집단 범죄"를 추가하였다.

9) 고소죄告訴才處理의 의의(제87조)

본 조항은 제33판 초안에서 새로이 추가한 것이다. 동 조항으로 인하여 각칙 제145조·제179조 및 제182조에서는 "고소죄"의 세 가지 경우를 명확히 하였다.

10) 형법 총칙과 기타 형사법률 및 법령의 관계(제89조)

형법 총칙의 규정은 범죄 유형을 확정하고 범죄행위에 대하여 양형하는 기본원칙이고, 단행 형사법률과 법령은 구체적인 범죄 행위와 문제에 대한 구체적인 규범이다. 중복적인 입법을 면하기 위하여 법률 적용에 있어 제89조에서는 "본법은 총칙은 형벌을 규정한 기타 법률과 법령에 적용한다"고 규정하였다. 그러나 기타 형사법률 또한 총칙에서 규정한 문제(예컨대 구체적인 범죄유형)에 대한 특별한 규정으로 "신법이 구법보다 우선 적용하는 원칙"·"특별법이 보통법보다 우선 적용하는 원칙" 등 법적용 원칙에 의하면 구체적인 문제는 형법 총칙보다 단행 형사법률을 적용하여야 한다. 이러한 이유로 제89조에서 "단서"를 추가 제정하였다. 즉, "그러나 기타 법률에 특별한 규정이 있는 경우는 제외된다".

상권

중화인민공화국 형법의 탄생
- 1979년 형법전

각칙

형법은 총칙과 각칙으로 구분한다. 총칙에서는 형법의 지도사상・임무 및 적용 범위를 규정하는 외에 범죄 유형을 확정하고 범죄행위에 대하여 양형을 하는 일반적 원칙이다. 이와 동시 각칙에서는 범죄의 유형 및 각 유형 범죄의 구성(범죄구성)과 양형의 범위(법정형)를 규정하였다.

각칙은 범죄 행위의 대상에 따라 범죄를 8 가지로 구분하여 한 가지당 1장으로 총 8장의 103조로 구성되었다. 즉, 제1장에서는 반혁명죄로 15개 조문을 규정하였다. 제2장에서는 공공안전을 해치는 죄로 11개 조문을 규정하였다. 제3장에서는 사회주의 경제질서 파괴죄로 15개 조문을 규정하였다. 제4장에서는 국민인적 권리・민주권리를 침해하는 죄로 19개 조문을 규정하였다. 제5장에서는 재산침해죄로 7개 조문을 규정하였다. 제6장에서는 사회질서 방애죄로 22개 조문을 규정하였다. 제7장에서는 혼인・가정 방애죄로 6개 조문을 규정하였다. 제8장에서는 독직죄로 8개 조문을 규정하였다.

각칙은 백여 개의 범죄 유형으로 구성되었다. 그중에서 극소수의 범죄 유형(예컨대 살인죄・과실살인 등)은 범죄행위의 특수한 성질로 인하여 범죄 구성요건에 대하여 자세한 규정을 하지 않았다. 그러나 각칙의 다수 범죄유형은 범죄 구성요건에 대하여 자세한 규정을 두었다.

각칙에서는 법정형에 대하여 상대적으로 확정된 법정형을 규정하였다. 즉, 구체적인 범죄행위의 법정형에 대하여 최고형과 최저형을 명확히 하는 것으로 양형의 폭을 두었는바 이것은 우리 나라 실무에 부합되는 선택이다.

다시 말하면, 형법 각칙에서 규정한 범죄 명칭과 양형의 폭은 신중국 성립 후 누적한 사법 경험에 기초한 것이며, 형사정책과 법률・법령을 연구한 동시 외국 형법 입법례를 참조한 결과이다.

따라서 해당 규정들은 입법화 되기전 중국의 사법 실무에 부합되는 지 여부에 대하여 여러 차례의 논의를 거친 결과로 시행면에서 큰 문제가 존재하지 않는다.

형법 각칙은 군인 독직죄를 규정하지 않았지만, 이는 군인의 특수성과 평시・전시 등 적용 경우의 차이도 존재하여, 입법이 어려운 부분이다. 따라서 군인 범죄의 규정은 형법전 초안 제정보다 늦게 시작한 실제 상황을 참고하여 형법전의 제정을 가속화 하기 위하여 단행법으로 처리할 것으로 의견을 통일화 하였다.

반혁명죄

01

(1) 반혁명죄反革命罪의 의의(제90조)

법에서 반혁명죄의 구성을 명확히 하는 것은 반혁명죄와 비반혁명죄를 구분하는 것으로 우리 나라 인민 민주 법제의 전통적인 관행이다. 1934년 4월 중앙 소비에트 지역에서 시행한「중화소비에트공화국반혁명징벌조례」제2조에 의하면 "소비에트 정부 및 공농민주혁명으로 취득한 권리를 뒤엎거나 파괴로, 자산계급 통치를 유지하거나 회복하려는 행위는 반혁명행위에 해당한다." 신 중국 성립 후 중앙인민정부는 1951년 2월에「반혁명징벌조례」를 제정하였고, 동 조례 제2조의 규정에 의하면 "인민민주정권을 뒤엎고 인민민주사업의 파괴를 목적으로 하는 행위는 반혁명죄의 대상으로 본 조례에 의하여 처벌한다." 여러 차례의 형법 초안의 제정과정에서 모두 반혁명죄에 대하여 정의를 하였다.

제33판 초안에서 제시한 반혁명죄에서는 역사적 반혁명죄와 현행 반혁명죄를 구분하였다. 1979년「형법」제90조에서 반혁명죄에 대하여 엄격한 정의를 내렸다. 즉, "무산계급정권과 사회주의 제도 및 중화인민공화국을 해치는 목적으로 하는 범죄행위는 반혁명죄에 해당한다." 그러므로 반혁명죄를 구성하려면 반드시 아래와 같은 두 가지 조건을 충족하여야 한다. 하나는 반혁명의 객관적인 행위는 중화인민공화국을 해쳐야 한다. 다른 하나는 반혁명의 대상은 무산계급정권과 사회주의 제도이어야 한다. 두 가지 조건을 모두 충족하여야만 반혁명죄를 구성할 수 있다.

(2) 외국과 결탁하여 음모로 조국을 해치는 죄(제91조)

본 조항은 조국을 배신하는 매국노(예컨대, 왕정웨이과 위만주국 전쟁범 등)를 징벌하는 조항이다.「반혁명징벌조례」제3조에 의하면, 반혁명죄는 "제국주의와 결탁하여 조국을 배반"하는 것으로, 제22판 초안과 제33판 초안에서는 결국 "제국주의와 결탁"이란 표현을 "외국과 결탁"으로 변경하였다. 어느 국가와 결탁하든지 "조국의 주권과 영토의 완정성 및 안전을 해치는 음모"는 반혁명죄의 기본적인 특징이다. 여기에서 말하는 "음모"란 외국과 공모한다는 의미가 내포되어 있다. 예컨대, 매국조례를 체결하거나 우리 나라를 향한 침략전쟁을 계획하는 등이 이에 해당한다. 결탁하는 행위만 있으면 충분하고 공모의 내용이 실현되었는지 여부는 반혁명죄의 구성을 차단할 수 없다.

제22판 초안에서는 「반혁명징벌조례」의 규정을 본받아 반혁명죄의 법정형을 "사형 또는 무기징역"으로 규정하였으며, 구체적인 경우에 따라 조국배신죄의 범죄 정도가 다를 수 있지만, 양형의 차이성을 제한하기 위하여 형사처벌을 10년 유기징역 이상으로 정하였다.

(3) 음모로 정부를 뒤집고 국가를 분해하는 죄(제92조)

본 조항은 「반혁명조례」에서 규정하지 않았고, 사법 실무에서도 해당 상황이 발생한 예가 없었다. 그러나 국제와 국내의 계급투쟁이 지니고 있는 특징을 감안하여, 제22판 초안과 제33판 초안에서는 본 조항을 신설하였다.

본 조항에서 규정한 죄는 당과 국가를 해치는 음모가를 규제하기 위한 것이다. 림뱌林彪와 쟝칭江青 등 반혁명집단의 행위는 반혁명죄 중에서도 본 조항의 규정을 적용할 수 있는 죄에 해당한다. 본 조항에서 규정한 "정권을 뒤집는다"란, 무력으로 우리 나라 중앙 정권 또는 지방 정권 등 당과 국가의 권력을 약탈하여 인민정부를 봉건 파시스트 정권으로 변경하는 것을 말한다. 그리고 "국가를 분해한다"란, 부분 지역을 지배하여 중앙정부와 대립되는 정권을 설립하여 우리 나라의 통일적인 다민족국가를 분해하는 것을 말한다. 따라서 정권을 뒤집거나 국가를 분해하는 행위의 심각성을 감안하여 해당 행위를 기획하거나 음모하는 경우에도 본 조항의 적용대상에 해당한다.

(4) 적에게 투항하거나 반란을 계획하는 죄(제93조)

본 조항에서 언급한 적에게 투항하거나 반란을 계획하는 죄란, 계획·유인·국가공무원을 매수·무장부대·경찰 및 민병이 적에게 투항하거나 반란을 일으키는 행위를 말한다. 동 범죄행위의 실행자는 적에게 투항하거나 반란행위의 교사범에 해당하지만, 행위의 위험성을 감안하여 별도의 조항으로 특별히 규정하는 것이다. 형법의 규정에 의하면 계획·유인 또는 매수행위가 있는 한 상대방이 받아드리는지 여부를 불문하고 범죄행위가 성립된다. 동 범죄행위의 법정형은 위에서 언급한 두 가지 범죄행위의 법정형과 동일하다.

제22판 초안에서는 "민병民兵"을 언급하지 않았지만, 제33판 초안에서 이를 보충하였다. 제33판 초안에서는 "경찰"을 언급하지 않았지만, 개정시 추가되었다. 제22판 초안과 제33판 초안에서는 투항을 규정하였지만, 반란의 계획을 규정하지 않아, 후속 개정과정에서 이를 보충하였다. 이로써 본 조항의 내용은 점차적으로 성숙되었다.

(5) 적에게 투항하는 죄投敵叛變罪(제94조)

적에게 투항하는 죄는 국가 공무원·군인·경찰·민병 또는 중국 국민이 혁명을 배신하고 적에게 투항하거나 체포·포로된 후 적에게 투항하여 조직과 동료들을 폭로하는 행위를 말한다. 제22판 초안에서는 국가공무원의 투항만을 규정하였고, 비국가공무원의 투항문제를 규정하지 않아 내용면에서 완정성이 결여되어 후속 개정과정에서 이를 보충하였다. 현행 조항에서 특별이 국가공무원과 비국가공무원을 구분하지 않아, 법 해적 차원에서 모두 포함되었다고 할 수 있다.

동 범죄행위는 단독적으로 또는 수인이 함께, 심지어 군인과 경찰 및 민병을 동원하여 행할 수 있다. 따라서 입법적 차원에서 행위의 위험정도에 따라 차이를 둘 수 있다. 제22판 초안에서는 수인이 함께 행하는 투항행위에 대하여 규정을 두지 않았지만, 제33판 초안에서 추가하였고, 현행 조항에서 더 충분히 규정하였다.

(6) 총기 소지의 집단적 반란죄持械聚衆叛亂罪(제95조)

본 조항과 제92조는 차이가 있다. 제92조에서 규정한 범죄는 "음모"만 있어도 범죄행위를 구성할 수 있는 것으로, "정권을 뒤엎고 국가를 분해"하는 가능성이 있는 자들에게 적용하는 규정이다. 그러나 본 조항의 범죄자들은 일반적인 반혁명 범죄자들로 구성되었으며, "총기 소지의 집단적 반란" 행위만으로도 범죄행위를 구성할 수 있다. 그러므로 본 조항에서 규정한 범죄행위의 계획은 단지 예비범에 해당한다.

총기 소지의 집단적 반란이란 다수의 사람을 동원하여 무장반란을 행하는 것을 말한다. 그러므로 총기의 소지持械·집단적聚衆 및 반란행위叛亂는 본 조항에서 규정한 범죄행위를 구성하는 기본적인 요소들이다. 총기의 소지持械란, 총기탄약 등 화상성 무기뿐만 아니라 타인의 생명을 위협하거나 재물을 파괴하는 흉기(칼·방망이 등이 포함)도 포함된다. 집단적聚衆이란, 반혁명범죄자 또는 협박에 의한 일반인을 포함한 범죄행위의 참가자를 동원하여 범죄행위를 가담하는 것을 의미한다. 그리고 반란叛亂이란 군사기관을 습격하거나 책임자를 살해·총기탄약 등을 강탈 및 공공재산과 사적 재산을 불태우는 등 무산계급정권을 향한 폭력 파괴 행위를 말한다.

반혁명반란행위를 진압할 때 투쟁 전략을 계획하여 차별 대우를 하여야 한다. 조문의 규정에 의하면 징벌의 대상은 반란의 주요 책임자와 범죄정도가 심각한 참여자이다. 따라서 협박에 의한 시민 참여자는 참여 정도와 경우에 따라 처리하여야 한다. 제22판 초안의 규정에 의하면, "총기 소지의 반란행위는 5년 이상 유기징역에 처한다. 그리고 주요 책임자는 사형 또는 무기징역에 처한다." 초안 개정 시 차별대우의 원칙이 명확하지 못하여 양형의 폭이 좁은 대신 처벌범위가 넓어 추가로 개정하였다.

(7) 집단적 강제탈옥 또는 조직탈옥죄(제96조)

「반혁명징벌조례」제12조에서는 해당 죄명을 규정하였다. 조직탈옥죄는「반혁명징벌조례」에서 폭동탈옥죄로 개정하였다. 제22판 초안에서는 동 범죄는 반혁명의 목적이 없다는 이유로 "공공안전 침해죄危害公共安全罪"의 부분으로 옮겼다. 따라서 동 범죄가 반혁명의 목적이 내포되어 있는 경우 총기 소지의 집단 반란죄 또는 반혁명파괴 및 살해죄로 처리할 수 있다. 감옥 또는 기타 노동교양장소勞動改造場所는 반혁명 범죄자와 기타 형사처벌 대상의 자유를 제한하는 곳으로, 노동교양장소를 집단적 강제 탈옥하거나 폭동으로 탈옥하는 것은, 정권을 파괴하고 범죄자를 방임하는 것으로 반혁명 목적과 성질이 명확하다. 그러므로 동 범죄 행위를 "반혁명죄"의 부분으로 옮기는 것은 타당하다고 생각한다.

제22판 초안에서는 동 범죄행위의 법정형을 "10년 이상 유기징역·무기징역 또는 사형"으로 규정하였다. 개정안에서는「반혁명징벌조례」를 참조하여 주요 범죄자와 범죄 정도가 심각한 자 및 범죄행위 적극 참여자를 구분하여, 집단적 강제탈옥 또는 조직탈옥죄 등 두 가지 죄로 규정하였다. 이러한 개정은 체계적으로 볼 때 전 조항의 총기 소지의 집단적 반란죄와 조화를 이루었다.

(8) 간첩 및 정보공급죄間諜·資敵罪(제97조)

「반혁명징벌조례」제6조에 의하면, 동 범죄는 아래와 같은 세 가지 내용이 포함되어 있다. 첫째, 국내외 적들에게 국가 기밀과 정보를 유출하는 행위. 둘째, 적기敵機와 적함敵艦에게 포격대상을 지시하는 행위. 셋째, 국내외 적들에게 군사무기 또는 군용 물자를 제공하는 행위 등이 포함된다. 제22판 초안에서는 동 규정을 본 받아, "국내외 적"을 "적"으로 규정하였고, "적기와 적함"을 "적"의 대상에 포함하였다.

제22판 초안의 개정과정에서 외국에 정보를 유출하거나 적대적 간첩기관과 연락하여 정보를 제공하는 반혁명 범죄자들을 대상으로 간첩 및 정보제공죄를 추가하였다. 즉, "외국과 통모하여 외국에 정보를 제공하는 경우" 및 "적들과의 연락으로 업무수행을 요구하는 경우" 등이 포함된다. 이 밖에, "적들을 위하여 포격대상을 지시하는 행위"는 반혁명파괴행위에 해당하므로, 제33판 초안에서는 본 조항에서 삭제를 하는 대신 반혁명 파괴죄의 조문으로 옮겨 규정하였다.

제33판 초안에서는 "문화대혁명"에서의 적대투쟁확대화의 교훈을 바탕으로, 반혁명 목적이 아닌 단순한 사기 또는 호기심에 의하여 잘못된 행위를 행하는 경우를 본 조항에서 개정할 것을 건의하였다. 개정 후의 동 조항은 1979년「형법」제97조이다.

(9) 반혁명집단죄反革命集團罪(제98조)

반혁명집단죄는 조직·지도 및 적극적으로 반혁명집단죄에 참여하는 것을 말한다. 본 조항에 의하면, 조직·지도 및 적극적으로 반혁명집단 행위에 참여하는 것만으로도 본 죄를 구성할 수 있다. 만약 기타 반혁명 행위도 함께 행하여 본 장에서 규정한 기타 규정에 위반하는 경우, 수죄병벌의 원칙에 의하여 처벌한다.

제22판 초안에서는 "특무와 간첩조직"을 조직·지도 및 참여만을 규정하였지만, 제33판 초안에서는 구체적인 상황에 의하여 "기타 반혁명 조직"에 조직·지도 및 참여 등 내용을 추가하였다. "기타 반혁명 조직"이란, 중국에서 나타난 특무·간첩 조직과 다른 반혁명 조직을 말한다. 사법실무에서 반혁명 조직을 반혁명집단으로 칭한다. 그러므로 제33판 초안의 개정과정에서는 본 조항에 대하여 반혁명 집단이란 명칭을 사용하였다.

반혁명집단은 일반적으로 말하는 낙후한 작은 집단을 의미하는 것도 아니고 밀수·투기행위·횡령·절도 및 양아치 등 형사범죄집단을 의미하는 것도 아니다. 반혁명 집단은 무산계급정권과 사회주의 제도를 뒤엎는 목적으로 설립된 범죄집단이다. 반혁명집단의 위험성은 일반적인 형사범죄집단보다 크므로, 법에서 별도의 조항으로 규정할 필요성이 있다.

본 조항의 징벌대상은 반혁명집단에서의 조직자·지도자 및 적극참여자를 말한다. 따라서 적극적으로 반혁명집단을 참여하는 것은 범죄행위가 엄중한 경우에 해당하고, 협박·유인으로 참여한 자는 범죄행위가 경미한 경우에 해당한다. 그러므로 구체적인 상황에 따라 처리하여야 한다.

(10) 봉건미신과 회도문을 조직하거나 이용하는 반혁명활동죄(제99조)

본 조항의 특징은 봉건미신적인 활동 또는 불법적인 봉건회도문 조직을 거점(據点)으로 반혁명활동을 행하는 것을 말한다. 「반혁명징벌조례」 제8조에서는 봉건회도문을 이용한 반혁명활동을 규정하였다. 제22판 초안에서도 「반혁명징벌조례」 제8조와 동일한 규정을 하였다. 따라서 "이용"이란 기존 존재한 봉건회도문으로 반혁명활동을 행하는 것을 의미하는 것으로, 신중국 성립 후 봉건회도문을 철거하여 "이용"의 기초가 없다. 따라서 봉건회도문이 철거된 후 새로이 나타난 본건회도문과 비슷한 조직으로 반혁명범죄활동을 개시하였다. 이러한 이유로 개정과정에서 "이용" 앞에 "조직"을 추가하는 것으로 조직과 이용등을 모두 포함한 반혁명활동을 모두 본 조항의 처벌대상으로 규정하였다. 그리고 봉건회도문과 봉건미신은 서로 다른 것으로, 일부 지역에는 봉건회도문이 없지만, 봉건미신을 조직 또는 지도하는 것으로 반혁명활동을 행하는 구체적인 사정을 감안하여, "회도문" 앞에 "봉건미신"을 추가하였다.

(11) 반혁명파괴죄(제100조)

본 조항은 「반혁명징벌조례」 제9조에 기초하여, 신중국 성립 후의 동 유형 범죄를 개괄하여 구체적인 사정에 맞게 입법하였다. 「반혁명징벌조례」에 비해, 본 조항의 내용은 더 충실하고, 규정은 더 합리적이다. 예컨대, "국가당안 강탈죄劫持國家檔案"와 "선적·항공기·기차·전차·자동차 강탈죄" 등 문제는 조례 제정 시 경험 부족으로 규정을 하지 않았지만, 개정과정에서 추가하였다. "적을 위하여 폭격 대상을 지시하는 행위"에 대하여, 「반혁명징벌조례」에서는 간첩죄에 해당하지만, 입법과정에서는 본 조항의 규제대상으로 확정하였다.

반혁명파괴죄의 파괴행위는 일반적인 형사범죄가 흡사하다. 예컨대, 폭발·방화·방수, 그리고 공공재산의 강탈, 총기와 탄약의 제조·강탈 및 절도 등이 이에 포함된다. 반혁명파괴죄와 형사범죄를 구분하는 기준은 범죄자가 주관적으로 반혁명 목적이 있는지 여부이다. 이 점을 강조하기 위하여 본 규정에서는 내용면에서 "반혁명 목적"을 명확히 하였다. 따라서 본 조종 외, 제101조와 제102조도 일반적인 형사범죄와 비범죄행위간의 구분문제가 존재하므로, "반혁명 목적"을 특별히 강조하였다. 반혁명범죄의 중요한 특징은 반혁명 목적이므로, 제90조 반혁명죄의 의의에서 이를 명확히 하는 것으로, 기타 반혁명 범죄에서도 마찬가지로 반혁명 목적이 필요하다.

(12) 반혁명 살인 및 상해죄(제101조)

「반혁명징벌조례」에서 반혁명살인죄·상해죄는 반혁명파괴죄와 하나의 조항에서 함께 규정하였다. 따라서 제22판 초안과 제33판 초안에서는 모두 이러한 선례를 본받았다. 제33판 초안의 개정과정에서 다수의 견해는 동 범죄와 반혁명

파괴죄간의 범죄대상이 다르다는 것이다. 즉, 하나는 사람이고, 다른 하나는 물건이다. 그러므로 구분하여 입법하는 것이 타당하다는 견해를 도출하였다.

본 조항의 논의 과정에서 일부 학자는 별도의 조항으로 외국의 외교대표자를 살해하는 범죄를 규정할 필요성이 있는지 여부를 제기하였다. 여기에서 말하는 "사람"은 우리 나라 국가공무원과 국민 뿐만 아니라 외국의 대표와 국민(살인죄와 과실살인 등 입법 조항에서 의미한 "사람"도 동일하게 해석함) 등이 포함된다. 그러므로 별도의 규정으로 중복할 필요성이 없다. 외교대표자를 보호하는 것은 국제관례인 동시 법적 상식이기도 한다. 별도의 조항으로 따로 규정하지 않아도 오해를 초래하지 아니 한다.

(13) 반혁명선동죄(제102조)

「반혁명징벌조례」에서 반혁명선동죄를 제10조에서 규정하였다. 제33판 초안에서는 「반혁명징벌조례」 제10조를 기초로, 반복적인 논의 하에 적용을 제한하는 것으로, 반혁명 범죄자를 방임하는 것과 잘못된 판결의 발생도 방지하였다. 그러므로 반혁명 선동죄를 적용하려면, 주관적인 반혁명 목적 외에 선동행위 또한 반드시 필요하다. 구체적으로 국민의 저항과 국가법률 및 법령의 시행을 파괴하는 선동행위가 있어야 한다. 그리고 반혁명 표시·전단지 또는 기타 방식으로 무산계급 정권과 사회주의 제도를 뒤엎는 선동행위가 있어야 한다. 동 규정은 반혁명 선동행위의 내용·방법 및 주관적인 반혁명 목적과 밀접한 관련이 있으며, 편면적인 "사상범죄"의 인정을 방지하였으며, 임의의 해석으로 문자옥文字獄 등의 발생도 방지하였다. 동 규정은 사법실무에 바탕을 두고 있는 과학적인 규정이다.

(14) "반공도산죄"와 "반혁명국경도출죄"를 규정할 것인지 여부에 관한 문제

제33판 초안에서는 "반공도산죄反攻倒算罪"를 규정하였다. 구체적인 내용으로는 "지주·부농 또는 기타 반동자反動分子 등이 반공도산 또는 복벽활동復辟活動에 참여하는 경우 1년 이상 7년 이하 유기징역에 처한다. 범죄정도가 심각한 경우 7년 이상의 유기징역에 처한다." "계급투쟁을 중심"으로 하는 시대 백라운드를 고려하여 볼 때, 해당 조항은 규정할 필요성이 있다. "반공도산"이란, "복벽행위"를 의미하는 것으로 정치적 용어에 해당한다. 그러므로 법률에서 정치적 용어를 사용하는 것은 확대적용이 용이하다. 따라서 인위적인 "계급투쟁"을 만들어 가는 것을 방지하기 위하여, 다수의 견해는 동 조항을 삭제하는 것이다. 이러한 이유로 형법에서는 동 조항에 관한 규정이 없다.

그리고 「반혁명징벌조례」 제11조에서 규정한 "반혁명국경도출죄"는 개정과정에서 여러 차례 논의 끝에 제22판 초안에서 삭제하였고, 제33판 초안에서 다시 회복하였지만, 최종 확정판에서 다시 삭제하였다.

(15) 반혁명죄에서 사형과 재산몰수에 관한 규정(제103조 및 제104조)

제33판 초안 이전, 반혁명죄에서의 사형은 여러 개의 조문에 산재되어 있다. 따라서 사회주의 건설의 새로운 역사 시기에서 "가급적 적게 사형에 처한다"는 정책 하에, 비록 반혁명죄에 해당하는 경우라 할지라도 가급적 사형의 적용을 제한하여야 한다는 견해를 제33판 초안의 개정과정에서 채택하였다. 이러한 이유로 반혁명죄에서의 사형에 대하여 기존의 산재된 규정을 통합하여 제103조에서 종합적으로 규정하였다. 동 조항에 따르면, 세 가지 반혁명죄(제98조의 반혁명집단죄 · 제99조의 봉건미신과 회도문會道門)를 조직 또는 이용하는 반혁명활동죄 및 제102조의 반혁명 선동죄)는 사형에 처하지 못한다. 이 밖의 반혁명죄들 중에서도 국가와 국민에게 심각한 해를 끼치는 경우와 범죄정도가 특별히 심각한 경우에만 사형에 처할 수 있다. 이러한 적용제한은 "가급적 적게 살해한다"는 정책에 부합한 규정이다.

반혁명죄에서의 재산몰수에 대하여, 형법에서는 「반혁명징벌조례」의 규정을 본받아 하나의 조항으로 규정을 하였고, 최종 확정본에서도 마찬가지로 규정하였다. 이렇게 규정한 이유는 어느 반혁명죄든지 필요시 모두 재산몰수를 함께 처벌할 수 있어, 하나의 규정으로 여러 조항의 중복된 규정을 회피할 수 있기 때문이다.

공공안전 침해죄

02

(1) 방화·방수·폭발·독극물 투입죄(제105조와 제106조)

해당 두 가지 조항은 위험한 방식으로 공공안전을 침해하는 범죄를 규정한 것이지만, 사실상 일련의 구체적인 범죄들이 포함된다. 예컨대, 방화죄放火罪 · 방수죄決水罪 · 폭발죄爆炸罪 · 독극물 투입죄投毒罪 · 과실방화죄失火罪 · 과실방수죄過失決水罪 · 과실폭발죄過失爆炸罪 및 과실 중독죄過失引起中毒罪 등이 포함된다. 비록 제22판 초안에서 단지 방화죄 · 과실방화죄 · 방수죄 · 과실방수죄만을 규정하였지만, 파괴대상의 차이(예컨대, 공공시설과 공공시설 외의 공공재산 등)를 고려하여 7가지 조항으로 최종 확정되었다. 그러나 재개정 과정에서 규제 내용상의 중복과 사형 조항의 과대함을 고려하여 제33판 초안에서 3가지 조문으로 다시 조정하였다. 제33판 초안의 개정과정에서 방화와 방수 등 두 가지 위험방식만을 규정하였고, 실무과정에서 많이 발생한 폭발죄 독극물 투입 등 방식은 언급되지 않았다. 이 뿐만 아니라 적용 대상 또한 제한되어, 유전油田 · 항구港口 · 하천河流 · 수원水源 및 중요한 배관重要管道 등이 포함되지 않아, 최종 개정시 일부 내용 등을 추가하여 현재의 두 가지 조문으로 결정되었다.

제106조 제2항의 과실범죄(과실방화 · 과실방수 · 과실폭발 · 과실중독죄)는 제113조 내지 제115조의 중대한 사고죄와의 차이점은 후자는 특정과정(생산 · 운송 · 관리 및 사용)에서 내부관리를 위반하여 발생한 경우에 적용하는 것으로 특정한 범죄자(교통운송인 · 기업법인의 종업자 등)에게 적용되고, 전자는 일반적인 사회생활에서 행위자의 주의미비로 발생한 사고에 적용된다.

(2) 교통수단·교통설비·전력가스 또는 기타 폭발설비죄(제107조 내지 제110조)

제22판 초안에서 규정한 해당 조항들은 제33판 초안에서 아래와 같이 개정하였다.

⑴ 체계적인 조정이 있었다. 제22판 초안에서는 심각한 결과를 초래한 경우와 과실범죄의 경우를 여러 조항에 산재되어 규정하였지만, 제33판 초안에서는 전문적

인 조항에서 집중적으로 규정하여, 기존 3개의 조문이 4개로 추가되었다.
(2) 양형의 폭에서 변동이 있었다. 특히, 동 유형의 사건이 실무에서 거의 발생하지 않아, 각칙에서의 사형 비율을 제한하기 위하여 동 조항에서 사형을 삭제하였다.
(3) 개별 범죄 대상(전차)을 보충 나열하였다.
(4) 표현에 대하여 일부 문자를 증가하거나 삭제 또는 통일하였다(예컨대 "파괴破壞"와 "훼손損毀"을 파괴로 통일함).

제33판 초안에 기초하여 아래와 같이 개정하였다.

(1) 전 3개 조항에서 "엄중한 결과를 초래하지 않음"을 추가하는 것으로 네 번째 조항과의 관계를 명확히 하였다.
(2) 나열한 교통설비에 "전력·가스" 뒤에 "터널·도로·공항·항도" 등을 추가하는 것으로 "기타 폭발설비"의 유형을 풍부히 하였다.
(3) 제33판 초안의 전 3개 조항 법정형은 서로 다르다. 첫 조항은 교통도구파괴죄로 법정형을 "3년 이상 10년 이하의 유기징역"으로 규정하였다. 두 번째 조항과 세 번째 조항에는 교통설비파괴죄와 전력·가스설비 파괴죄의 법정형을 "1년 이상 7년 이하의 유기징역"으로 규정하였다. 개정과정에서 세 가지 조항의 법정형을 "3년 이상 7년 이하의 유기징역"으로 통일하였다.
(4) 위에서 언급한 유형의 범죄가 엄중한 결과를 초래하는 경우, 제33판 초안에서는 법정형을 "7년 이상 유기징역 또는 무기징역"을 "10년 이상 유기징역·무기징역 또는 사형"으로 개정하였다. 즉, 제22판 초안에서 규정한 사형을 다시 살렸다. 사형을 다시 살린 이유는, 해당 범죄는 실무에서 많이 발생하지 않지만, 발생한 경우 결과가 극히 엄중하여 사형에 처할 필요성이 있기 때문이다.

이상의 개정은 제33판 초안의 4개 조문이 형법으로 옮겨온 상황이다.

이상 4개 조항의 기본적인 규제 대상은 교통도구파괴죄 · 교통설비파괴죄 ·

전력가스파괴죄 및 기타 폭발 가능한 설비로 공공안전을 해치는 것이다.

(3) 통신설비파괴죄(제111조)

제22판 초안과 제33판 초안에서도 통신설비파괴죄에 대하여 규정하고 있다. 그러나 제22판 초안에서는 엄중한 결과와 과실범에 대하여 규정을 하지 않았고, 나열한 통신설비 중에 단지 "전보와 전화"만을 규정하였고, "방공채널"에 대하여는 규정을 하지 않았다. 제33판 초안에서는 위 부분에 대하여 보충 규정을 하였다. 그리고 동 범죄의 법정형에 대하여, 제22판 초안에 의하면 "5년 이하 유기징역 또는 구역"으로 규정하였지만, 제33판 초안에서는 일반적인 경우에는 "7년 이하 유기징역 또는 구역"으로, 엄중한 결과를 초래하는 동시 교통도구와 교통설비·전력가스설비 등의 파괴가 있는 경우에 "7년 이상 유기징역 또는 무기징역"으로 규정하였다. 그리고 과실로 엄중한 결과를 초래하는 경우에 과실로 교통도구·교통설비·전력가스설비 훼손죄와 동일하게 "7년 이하 유기징역 또는 구역"으로 규정하였다. 1979년 「형법」에서는 제33판 초안의 규정 내용에 따라 위와 같이 조정하였다.

(4) 총기와 탄약의 불법 제조·매매·운송 또는 절도·강탈죄(제112조)

제22판 초안에서는 본 범죄에 대하여 3 가지 조문으로 규정하였다. 즉, 불법 제도·매매 및 운송에 대한 규정, 절도에 대한 규정 및 강탈에 대한 규정 등이다. 제33판에서는 이러한 세 개의 조문을 하나의 조문으로 합병한 기초에서, "민병"의 총기와 탄약을 절도·강탈하는 내용을 추가하였다. 조문의 표현에서 전반과 후반을 구분하였으며, 양형의 폭은 제22판 초안보다 높다. 이러한 개정은 제33판 초안에서 그대로 유지하였으며, "도취"를 "절도"로 용어를 변경하였고, 법정형의 기산점을 낮게 규정하였다.

본 조항은 범죄행위로 구분하여 사실상 5가지 범죄행위가 포함된다. 즉, 총기·탄약의 불법 제조죄, 총기·탄약의 불법 매매죄, 총기·탄약의 불법 운송죄, 총기·탄약의 불법 절도죄 및 총기·탄약의 불법강탈죄 등이다. 비록 그들의 위험정도는 다르고, 범죄자 역시 동시에 5가지 불법행위를 행할 수 없어, 수죄병벌의 원칙으로 처리할 필요성이 없다. 이러한 이유에 의하여 하나의 조항에서 규정하였다.

본 조항에서 언급한 총기·탄약은 군용의 권총手槍·보병총步槍·자동소총衝鋒槍·기관총機槍 및 사격용 각 유형의 총기, 그리고 사냥용의 선총有膛線槍·유탄총霰彈槍·화약총火藥槍 및 동물 마취용 주사총注射槍 등 금속 탄약을 발송할 수 있는 총기와 총기 사용의 탄약彈藥·수류탄手榴彈 및 폭탄炸彈 등이 포함된다.

본 조항에서 규정한 범죄와 총기관리규정에 위반한 총기·탄약 보유죄과는 다르다. 즉, 총기·탄약 보유죄는 제163조에서 규정하였고, 이는 사회관리질서방애죄에 해당하므로, 위험정도가 낮아, 법정형 또한 낮다.

반혁명 목적으로 총기·탄약을 제조·강도 및 절도하는 경우에 제100조 제5항에 따라 처벌하여야 한다.

(5) 교통사고죄(제113조)

본 조항은 육상교통운송·해상교통운송과 민용항공기운송과정에서 사고로 인한 범죄행위를 규제한다. 사법실무 차원에서 볼 때, 교통사고가 다수의 경우에 해당하고, 극히 드문 경우는 철도운송과 항공기 운송에서 발생한 것이다.

교통사고죄의 범죄행위자는 제22판 초안과 제33판 초안의 규정에 따라 "교통운송에 종사하는 자"이다. 예컨대, 운전기사駕駛員·전철수扳道員·순철수巡道員·조차원調車員·기장機長·선장船長·대부大副·이등 항해사二副·수로안내인引水員·설비검정인輪機士 등이 포함된다. 교통운송인은 동 범죄행위에서 중요한 역할을 지니고 있다. 그러나 실무과정에서 비교통운송인이 사고를 일으키는 경우도 종종 발생한다. 예컨대, 무면허운전자의 운전으로 교통사고가 발생하거나 행인이 치사하는 경우 등이다. 그러므로 제33판 초안에서는 동 조항에 제2항을 추가하였다. 즉, 비교통운송인이 전항의 범죄행위를 행하는 경우 전항의 규정에 따라 처벌한다. 이러한 규정은 교통안전에 대한 보호가 더 세밀화 되었다.

교통사고죄를 구성하는 데 중요한 조건은 운전과정에서 행위규범을 위반하여 사고가 발생하여, 타인의 중상·사고 또는 공공재산과 사적재산에 중대한 손해를 가한 것이다. 비록 제22판 초안과 제33판 초안에서 행위규범의 위반을 언급하지 않았고, 단지 "업무상 과실"만을 언급하였지만, 향후 개정과정에서 이를 명확히 하는 것이 타당하다고 생각된다.

제22판 초안에서는 동 조항에 대하여 단지 하나의 범죄행위만을 규정하였지만, 제33판 초안에서는 조문을 두 개의 범죄행위 유형으로 구분하였다. 일반적인 경우에는 "5년 이하 유기징역 또는 구역"을 규정하였고, "범죄정도가 심각한 경우에는 5년 이상의 유기징역을 규정하였다." 제33판 초안의 개정과정에서 다수의 견해는 법정형이 과대하게 높다는 것이다. 비록 동 범죄의 결과는 심각하지만, 과실범죄에 해당하는 것으로 처벌이 극히 과중한 것은 타당하지 않다. 이러한 이유로 법정형은 "3년 이하의 유기징역 또는 구역"으로 규정하였고, "정도가 심한 경우 3년 이상 7년 이하의 유기징역"으로 규정하였다.

(6) 공장과 광산의 대형책임사고죄(제114조)

본 조항은 제22판 초안에 없는 내용으로 개정과정에서 추가한 규정이다.

따라서 동 조항을 규정할 것인지 여부에 대하여 반복적인 논의를 거쳤다. 일부 학자들은 동 조항에 추가에 반대하였다. 그 이유는 우리 나라 국민 경제가 발달되지 않고, 생산조건이 낮을 뿐만 아니라 제도적으로 건전하지 못하여 사고 발생은 객관적인 요소와 일정한 관련이 있다. 그러므로 중대한 사고 발생 시 범죄로 처벌한다면, 과중한 처벌 결과를 초래하여 범죄 적용 대상이 확대될 위험성이 있다. 이에 기초하여 다수의 학자들은 범죄 적용 대상의 확대를 제한하는 견해를 주장하였다. 그러나 일부 학자들은 범죄 정도가 심각하거나 범죄 결과가 엄중한 사고에 한하여 형사책임을 추궁하지 않으면 국가와 국민에게 불리할 수 있다는 의견을 제시하였다. 사법실무의 경험에 비추어 볼 때, 중대한 사고가 발생한 경우, 책임자의 책임을 추궁하는 것이 일반적이므로, 사법실무자 또한 동 조항의 입법을 주장하였다. 수차례의 논의 끝에 제33판 초안에서는 상위 내용의 조항을 입법하였다. 즉, 공장·광산·삼림·건축기업 또는 기타 기업의 노동자의 부주의로 행위규범을 위반하여 사고를 초래한 경우 5년 이하 유기징역 또는 구역에 처할 수 있다. 범죄정도가 심각한 경우 5년 이상의 유기징역에 처할 수 있다. 동 조항은 1979년「형법」제114조에 기초한 규정으로, 구체적으로 아래와 같은 내용을 개정하였다. (1) "기업" 뒤에 "사업기관"을 추가하여 공장·연구소 등에서 발생한 사고에도 적용된다. (2) "엄중한 무책임"을 "관리불복"으로 개정하여, "행위규범의 위반" 뒤에 "노동자의 위험작업을 강요"를 추가하는 것으로, 일반적 생산 활동 과정에서 노동자의 과실을 생산 활동을 지도·지휘하는 자의 책임을 구분하였다. (3) "중대한 사고"를 "중대한 상해 및 사망 사고"로 개정하여, 인적사고가 생산사고 및 설비사고 보다 더 엄중하다는 것을 표현하였다. (4) 법정형을 낮게 규정하는 이유는 "교통사고죄"와 동일하다.

(7) 위험물품관리를 위반한 대형 사고죄(제115조)

제22판 초안에서는 "우편법규·교통운송법규를 위반하여 비밀적으로 폭발성·화재성 및 침식성이 있는 물건을 우송"하는 범죄를 추가하여, "관리질서방해죄"를 풍부히 하였다. 제33판 초안에서는 앞서 언급한 경우가 안전사고와 관련된 것을 인식하여, 본 장에서 집중 규정한 동시, "화재성" 뒤에 "독해성"을 추가하였고, "침식성"을 "부식성"으로 개정하였다. 그리고 제22판 초안에 비추어 볼 때, 동 범죄는 두 가지 경우로 나눈다. 즉, 첫 단락은 일반적인 경우에 적용하고, 두 번째 단락은 "심각한 결과를 초래하는 경우"에 적용된다. 제33판 초안에서는 오직 엄중한 결과를 초래하는 것만을 범죄로 처리하였고, 양형의 폭에서 이에 대응된 조정을 하였다.

제33판 초안의 논의 과정에서 동 조항의 적용에 대한 의문을 제기하였다. 예컨대, 앞서 언급한 경우는 우송 뿐만 아니라 교통운송면에서도 발생가능하고, 생산·저장 및 사용 과정에서도 역시 문제가 될 수 있다. 이 밖에 규제 위반 행위에 대하여 "혼재우송矇混郵寄" 뿐만 아니라 "비밀휴대祕密攜帶"도 포함되고, 임의 방치·봉합 미비 및 현장 흡연 등의 경우도 포함된다. 나열한 위험물품 외에 "방서성"을 추가하였다. 범죄 유형은 하나로 양형의 폭이 작아 범죄 유형을 추가하여야 한다. 이러한 견해에 기초하여 최종 초안에서는 동 조항에 대하여 일련의 개정을 하였고, 최종 1979년 「형법」 제115조를 규정하였다.

사회주의 경제질서 파괴죄

03

(1) 밀수죄(제116조·제118조·제119조)

1951년 4월 18일 정무원의 공시에 따르면, 같은 해 5월 1일에 시행한 「중화인민공화국임시해관법中華人民共和國暫行海關法」은 밀수행위와 중대한 밀수행위에 대하여 규정하였다. 임시해관법이 시행된 28년 경험에 비추어, 1979년 4월 전국 해관회의에서는 밀수행위와 중대한 밀수행위의 의의에 대하여 다시 명확히 하였다.

1979년 「형법」에서 규정한 밀수행위에 대한 조항은 해관법의 규정과 동 범죄행위의 실무경험에 비추어 제정한 것이다. 기존 제22판 초안에서 두 개의 부분으로 나뉘어 규정하였다. 즉, 해관법규를 위반한 밀수행위에 대하여 범죄정도가 심각하여 해관법규에 따라 밀수물품을 몰수하는 외에 별도로 벌금형을 추가할 수도 있고, 1년 이상 7년 이하의 유기징역에 처할 수도 있다. 밀수집단의 주요 책임자에 대하여 7년 이상의 유기징역에 처한 동시 재산의 일부 또는 전부를 몰수할 수도 있다. 그러나 제33판 초안에서는 제22판 초안의 제1항을 독립적인 조항으로 개정하여, 법정형의 마지막 부분에 "재산 몰수도 함께 처벌할 수 있다"고 규정하였다. 그리고 제2항도 독립적인 조항으로 규정하되, 투기죄와 함께 규정하였다. 즉, "상습적인 밀수와 투기, 거액의 밀수와 투기 및 밀수와 투기집단의 주요 책임자에 대하여 7년 이상의 유기징역 또는 무기징역에 처할 수 있으며, 재산 또한 몰수할 수도 있다." 이 밖에, 제33판 초안에서는 아래와 같은 조항을 추가하였다. 즉, 국가공무원은 직무상 편의를 이용하여 본 장에서 규정한 범죄행위(구체적으로 투기행위·계획공급증서의 위조와 판매행위)를 행하는 경우 과중 처벌할 수 있다. 제33판 초안 제3항은 1979년 「형법」 제116조·제118조 및 제119조를 기초로, 최종 개정한 부분은 다음과 같다. (1) 해관에서 적용하는 "벌금형"을 "과징금"으로 개정하여, 형사상 벌금형과 구별하였다. (2) 법정형을 낮추어, 형사적인 처벌보다 경제적인 처벌에 중점을 두었다. (3) 국가공무원에 대한 과중 처벌의 내용을 밀수와 투기죄에서 명시하였다.

1979년 「형법」 제116조는 밀수죄의 구성 및 처벌 문제에 관한 것이다. 구체적인 내용으로는, "해관법규를 심각하게 위반하여 밀수행위를 행한 경우"를 밀수죄의 기본 구성 요건으로 명시하였다. 여기에서 언급한 "해관법규를 심각하게 위반하여 밀수행위에 종사함"이란, 중대한 밀수행위를 의미한 것이다. 1958년 6월 국무원에서 허가한 「밀수사건 처리에 관한 10가지 원칙」에 의하면, "밀수는 사회주의 경제질서를 파괴하는 행위로, 국가이익을 해치는 위법행위이다. 중대한 밀수행위는 형사범죄이다." 동 규정은 밀수범죄와 일반적인 밀수행위를 구분하였다.

(2) 투기죄(제117조~제119조)

제22판 초안에서는 투기죄를 금융·외환관리법규를 위반한 투기죄와 시장질서를 파괴한 투기죄로 구분하였다. 제33판 초안에서는 사적으로 공장을 개설하여 투기행위를 하는 범죄 유형을 추가하였다. 따라서 내용 면에서 중복가능성을 해소하기 위하여 개정시 하나의 조항으로 합병하여, 1979년 「형법」 제117조를 구성하였다. 그러므로 1979년 「형법」 제117조에서 규정한 투기죄는 과대한 이익 취득을 목적으로, 금융·외환·금은 및 영업관리 법규를 위반하여, 불법적으로 영업활동에 종사하는 것을 말한다. 이는 사회주의 경제질서를 심각하게 위반하는 것으로 형사처벌의 대상이다.

투기죄는 밀수죄와 동일하게 범죄행위를 영업으로 하거나 투기 액수가 거대하거나 또는 투기집단의 주요책임자에게 제118조에 따라 처벌하는 것을 말한다. 국가공무원이 직무상 편의를 이용하여 투기죄를 행하는 경우 제119조에 따라 과중 처벌하여야 한다.

(3) 계획공급증서의 위조·도매죄(제120조)

1953년과 1954년부터 우리 나라는 양식粮食·면棉·기름油에 대하여 계획적으로 인수하고 계획적으로 공급하는 정책을 시행하였다. 이는 우리 나라 계획경제시기에 시장을 안정시키고 물가를 유지하여 국민의 생활을 보장하는 중요한 경제정책으로 경제건설에 큰 영향을 미쳤다. 그러나 계획공급증서의 위조·도매 행위는 이러한 경제정책을 파괴하였고, 국민의 정상적인 생활을 해쳤을 뿐만 아니라 사회주의 경제질서 또한 파괴하여 형사처벌의 대상이다.

제22판 초안에서는 동 조항을 규정하지 않았고, 동일한 내용을 투기죄에 넣어 규정하였다. 1963년 3월 국무원에서 제정한「투기행위와 상인의 먼거리 판매를 구분하는 임시규정」에서는 "위조·판매계획공급증서"를 심각한 투기죄로 인식하였다. 그러나 형법 초안의 제정과정에서 계획공급증서의 위조·판매는 범죄수단과 대상이 명확하여 조문 하나로 규제가 충분하다는 것이다. 그러므로 제33판 초안에서는 "위조·판매 계획공급증서는 7년 이하의 유기징역 또는 구역에 처한 동시 벌금 또는 재산 몰수를 병합하여야 한다. 범죄행위의 주요 책임자 또는 범죄정도가 심각한 경우 7년 이상 유기징역 또는 무기징역에 처하거나 재산몰수를 처할 수 있다." 이 밖에 1979년「형법」제120조에서는 아래와 같은 개정 내용을 추가하였다. (1) "영리목적"과 "범죄정도가 심각한 경우"를 추가한 동시, "판매"를 "도매"로 개정하여, 범죄 성질과 범죄의 내적 제한을 더 명확히 하였다. (2) 법정형을 낮추었다. 이렇게 개정한 조항이 바로 1979년「형법」제120조이다.

(4) 탈세·납세 거부죄(제121조)

1956년 이전 형법 초안에서 "탈세"와 "납세 누락漏稅"외에 "납세 거부抗稅"도 존재하였다. 논의 과정에서 "납세 거부"는 신 중국 성립 초기와 자본주의 공상업資本主義工商業에 대한 사회주의개조社會主義改造 과정에서 발생한 문제로, 소유제 문제를 해소하면 세금은 전 국문에게 귀속되는 것으로 "납세 거부"문제는 발생하지 않을 것이다. 이에 기초하여 제22판 초안에서는 "납세 거부"문제를 삭제하였다. 그러나 세금 납부 과정에서 국민이 납세를 거부하거나 세무공업원을 구타하는 행위가 종종 발생하여 제33판 초안에서는 "납세 거부"행위를 다시 추가하였다. 그러므로 후속 초안의 제정과정에서 "탈세"와 "납세거부"를 유지하는 대신 "납세 누락"을 삭제하였다. "납세 누락"을 삭제한 이유는 탈세는 기만과 숨기는 방식으로 납세를 도피하는 행위이고, "납세 거부"는 세금 납입 능력이 있는 자가 법정기한을 초과하여 세무공무원에게 폭력을 가하는 방식으로 납세를 거부하는 행위를 말한다. 그러므로 "탈세"와 "납세 거부"는 모두 고의적으로 세무납입법규를 심각하게 위반하는 범죄행위이다. 이와 반대로 "납세 누락"은 세금의 납입을 누락하는 것으로 고의가 아닐 가능성도 존재하여 범죄로 처리하는 것은 타당하지 않을 수 있다.

이 밖에 제22판 초안과 제33판 초안에서는 동 범죄의 처벌대상을 명확히 하지 않았다. 개정시 "주요 책임자"를 추가하여, 납세의무자 또는 고의로 납세의무를 이행하지 않은 개인과 납세의무자(상인・개인수공업자 등 포함), 공상업 또는 공사 人民公社의 탈세 또는 납세 거부 결정을 한 자, 그리고 부실회계에 참여한 재무담당자와 대표이사 등을 범죄행위자로 확정하였다.

따라서, 범죄 처리에 대하여 제22판 초안에서는 형사처벌만을 규정하였고, 세무법규에 따라 세금 추가납입 또는 과징금에 대하여는 언급하지 않았다. 실무과정에서 탈세정도가 경미하여 범죄에 해당하지 않은 경우, 세무기관은 세무법규에 따라 추가 납세 또는 과징금을 부여할 수 있다. 다만, 탈세 정도가 심각하여(상습적 탈세・액수의 거대 또는 수단의 열악), 범죄를 구성할 때 사법기관에 이송하여야 한다. 법원은 세무법규에 따라 추가 납세 또는 과징금에 처할 수 있지만 이는 세무기관의 기능을 대체한 것에 불과하다. 이 밖에 법원은 형사처벌로 탈세 대상에게 벌금형에도 처할 수 있다. 그러므로 제22판 초안에서 규정한 법정형에 벌금형을 포함하는 것은 논리적으로 문제가 있다. 즉, 세무법규에 따라 과징금에 처한 후 다시 형사법규에 따라 벌금형에 처하는 것은 중복처벌의 가능성이 크다. 이러한 문제를 발견한 후 제33판 초안에서는 법정형에서 벌금형을 삭제하는 대신 재산몰수를 추가하였다. 그 후의 개정과정에서 세무범죄에서 재산몰수를 규정하는 필요성이 없다고 인식하여 재산몰수를 다시 삭제하였다.

제33판 초안에서는 주요 범죄자 또는 범죄정도가 심각한 경우 법정형에서 과중처벌의 내용이 있었다. 따라서 동 규정 또한 개정시 실무상으로 볼 때 필요성이 없다고 인식하여 삭제되었다.

(5) 국가화폐위조 또는 위조화폐판매죄(제122조)

1951년 4월 19일 정무원에서 제정한 「국가화폐방해범죄임시조례妨害國家貨

幣治罪暫行條例」에서는 국가화폐방애범죄에 대하여 상세한 규정을 두었다. 동 조례에서 나열한 범죄(반혁명을 목적으로 하는 범죄를 제외)는 국가화폐위조죄 · 국가화폐변조죄, 그리고 위조 및 변조된 국가화폐를 운송 및 사용하는 범죄, 루머를 유포하여 국가화폐신용을 파괴하는 범죄, 위조와 변조된 국가화폐를 받은 후 고의로 사용하는 범죄 등이 있다. 형법의 개정과정에서 이상 범죄의 발생가능성과 사회 위험성을 기준으로 범죄 명칭을 확정되었다. 즉, 결과적으로 국가화폐위조와 위조화폐판매 등 두 가지 유형의 범죄만을 규정하였다. 이상은 본 조항의 개정과정에 대한 서술이다.

(6) 유가증권 위조죄(제123조)

형법 개정과정에서 본 조항에 관한 내용은 항상 있었고, 여러 차례의 개정안에서 대상과 명칭만을 부분 개정하였다. 예컨대, 제22판 초안에서는 "공사채 · 주식"으로 규정하였지만, 제33판 초안에서는 "공사채 · 수표 · 주식"으로 개정하였고, 최종 확정안에서는 "공사채"를 삭제하고, "수표와 주식"만을 남겼다. 기존 규정에 "기타 유가정권"이란 내용에 포함되어 있으므로, 조문의 실질적인 적용 대상은 변경되지 않았다. 이 밖에 본 조항의 법정형에 대하여, 제33판 초안의 "3년 이상 10년 이하 유기징역을 규정하였고, 벌금형 또는 재산의 몰수"를 최종 확정된 초안에서는 "7년 이하 유기징역과 벌금형 부가"로 처벌할 수 있다.

본 조에서 언급한 "수표"란 기업 · 사업기관 등 예금주의 거래 은행이 발급한 출금통지서로, 은행으로 하여금 예금주의 계좌에서 특정한 금액을 인출하여 지정인 또는 수표 소지인에게 교부하는 것이다. "주권株券"이란 투자자가 소지하는 주식 수와 이익배당 청구권을 증명하는 증서이다. "기타 유가증권"이란, 소유자가 소지하는 수표 · 주권 이외의 수익을 표창하는 증서이다. 예컨대, 국공채 · 회사채 · 예금증서 등이다. 수표 · 주권 및 기타 유가증권은 일정한 금액의 현금을 의미하므로, 유가증권의 위조행위는 화폐유통과 현금관리를 파괴한다. 이 뿐만 아니라 유가증권 위조행위는 국가재정금융제도를 파괴하는 것으로 범죄로 처벌하여야 한다.

(7) 차표·선표·우표·세표 및 화물표 위조죄(제124조)

본 조항은 제22판 초안에서 다음과 같이 두 개의 조문으로 규정하였다. 하나는 "선표 · 기차표 및 기타 교통 수단의 티켓을 위조 또는 변조 행위", 다른 하나는 "영리의 목적으로 우표 또는 인지세의 위조행위". 제33판 초안에서는 그들을 하나의 조항으로 합병하였다. 그러나 제22판 초안과 제33판 초안에서는 "화물증권"을 언급하지 않아, 제33판 초안의 개정과정에서 "화물증권"은 화물발행권 또는 화물수령권에 관한 사건이 증가함에 따라 추가하였다.

본 조항은 두 개의 죄형 단위로, 승차권 · 선표 · 유표 · 세표 · 화물표의 위조행위에 있어, "범죄정도가 심각하는 경우"(예컨대, 수차례의 위조와 대규모의 위조), 더 엄중한 법정형에 처할 수 있다.

(8) 집단생산파괴죄(제125조)

본 조항은 제22판 초안에서 규정하지 않았다. 그러나 제22판 초안의 개정과정에서 일부 학자의 견해에 따르면, 개인목적으로 가축을 해쳐 가축이 노동능력을 상실하거나, 공업기업의 기계 설비를 파괴하여 기계 자체의 재산적 가치에는 손해가 크지 않지만(기계의 중요한 부속품을 파괴함), 생산 활동을 엄중하게 파괴하는 경우 등이 해당된다. 이러한 행위는 반혁명파괴죄(반혁명목적이 없음)도 아니고, 책임사고(주관적인 고의가 없음)도 아니며, 재산침해(재산손실의 가치가 크지 않음)도 아니다. 단지, 생산활동의 파괴행위에 해당한다. 사법실무에서 종종 발생하는 생산파괴행위에 대하여 법에서 추가할 것을 제안하였다. 여러 학자의 논의 하에, 공농업 생산 보호조항을 추가하는 것은 사법실무에 부합한 결정이라고 판단하였다. 이에 기초하여 제33판 초안에서는 아래와 같은 내용을 추가하였다. "복수와 화풀이 · 이기적 또는 기타 개익 목적으로 기계설비를 파괴하거나 가축을 상해 또는 기타 방식으로 생산을 파괴하는 경우, 7년 이하의 유기징역 또는 구역에 처한다. 범죄정도가 심각한 경우 7년 이상의 유기징역에 처한다." 개정과정에서 "이기적"을 삭제하는 대신 "생산"의 앞에 "집단"을 추가하였으며, 법정형에서 "7년 이하"를 "2년 이하"로 개정하였고, "7년 이상"을 "2년 이상 7년 이하"로 개정하였다. 이는

1979년「형법」제125조의 규정이다. 따라서 가축 보호 내용이 동 조항에서 규정되어 있으므로 제33판 초안에서는 "가축보호 규정을 위반하여 가축을 살해하는 경우"의 조항을 삭제하였다. 사적으로 가축을 살해하는 행위가 생산파괴의 목적이 없으면 범죄로 인식하지 못한다.

(9) 구재금·구제물 유용죄挪用救災救濟款物罪(제126조)

본 조항은 제33판 초안 및 그 이전의 초안에서도 규정하지 않은 내용이다. 다만, 70년대 일부 지역(하남성)에서 발생한 사건에 의하여 제정된 것이다.

국가가 발급한 구재·긴급구조 방신防汛 우대위문優撫 구제물품은 재해 지역 국민에 대한 당과 국가의 배려이다. 이러한 구재금과 구제물은 국민의 생명재산 안전을 보장하고 국민정상활동을 안정시키며, 생산을 회복하고, 주거를 재건축하는데 중요한 작용이 있다. 그러므로 구재금과 구제물은 특정 목적에 사용되어야 하고, 유용하여서는 아니 된다. 유용행위는 범죄이다.

본 조항의 주체는 통상적으로 국가공무원을 의미하지만, 개별적인 생산지역 책임자도 포함된다. 조문에서 특별히 명시할 것은 책임주체는 "직접 책임자"이다. 따라서 "직접 책임자"는 구재금과 구제물의 책임자로 유용행위를 한 자, 그리고 유용을 지시·허가한 책임자 등이다. 동 범죄는 독직죄瀆職罪로 국가재정경제 관리제도를 침해하여 "사회주의경제질서파괴죄"에 삽입하였다.

(10) 상표모방죄假冒商標罪(제127조)

1950년 8월 28일 정무원에서 제정한「상표등록임시조례商標註冊暫行條例」제31조의 규정에 의하면, "법에 의하여 아래 행위를 처벌한다. (1) 이미 등록한 상표를 위조·모방하는 행위 (2) 미등록 상표를 등록 상표로 위장하는 행위 (3) 사기의 방식으로 상표를 등록하는 행위" 등이 이에 해당한다. 제22판 초안에서는 동 조항에 근거하여 상표모방죄를 규정하였다. 제22판 초안의 규정에 의하면, "기업이 기타 기업의 이미 등록한 상표를 모방하는 경우, 주관 인원에게 구역 또는 500위안이하의 벌금을 처하여야 한다." 동 조항의 개정과정에서 우리 나라의 사회주의 경제특징에 기초하여 상표모방 행위의 발생 가능성이 없다는 결론 하에 해당 조항을 삭제하였다. 그러나 공상행정부서와 연락을 취한 후 실무에서 상표모방행위가 대외 무역에서 종종 발생한다는 상황을 취득한 후 다시 입법하였다. 따라서 상표모방죄의 입법은 상품의 품질을 향상하고, 상품의 명품을 회복하는 데 적극적인 추진력이 있다. 1963년 4월 10일 국무원에서는「상표관리조례商標管理條例」를 제정하여 상표관리를 강화하였다. 제33판 초안에서는 상표관리의 구체적 경험에 근거하여 동 조항을 다시 회복하였으며, 법정형을 "3년 이하 유기징역 또는 구역 및 벌금"으로 조정하였다. 제33판 초안에서는 위에서 언급한 내용을 유지하는 외에, 아래와 같은 두 가지 내용을 개정하였다. (1) 조문의 시작 부분에서 "상표관리법규의 위반"을 추가하였고, (2) "주관 인원"을 "직접 책임자"로 개정하였다. 이는 1979년「형법」제127조의 구체적 개정과정이다.

본 조항에서 언급한 "상표"란 상품의 표기를 의미한다. 즉, 기업이 자신의 상품 신용을 유지하기 위하여 사용하는 문자로 된 이름 또는 도형을 말한다. 그리고 본 조항에서 언급한 "모방"이란, 기타 기업의 평판과 경제적 이익을 무시하고, 기타 기업이 이미 등록한 상표를 위조 또는 모방하는 행위를 말한다. 상표모방은 사기행위에 해당한다.

(11) 삼림 또는 기타 림목 도벌·남벌죄 또는 기타 림목죄(제128조)

1963년 5월 27일에 국무원에서 제정한「삼림보호조례森林保護條例」에서는 "남벌·도벌 및 기타 림목을 파괴하는 행위로 인한 삼림의 손해"를 위법행위로 확정하는 동시 "상황이 심각하여 삼림의 중대한 손해를 초래하는 경우"에 "사법기관에 의하여 처리하여야 한다"고 규정하였다. 이에 근거하여 제33판 초안에서는 도벌·남벌 삼림죄를 추가하였다. 이에 따르면, "삼림법규를 위반하여 삼림을 도벌·남벌하여, 상황이 심각한 경우에 7년 이하의 유기징역 또는 구역에 처하거나 벌금형에 처할 수 있다." 제33판 초안의 규정은 1979년 2월 23일 제5기 전국인민대표대회상무위원회 제6차 회의에서「중화인민공화국삼림법(시행)」의 시행에 따라 더 중요한 의미를 갖게 되었다. 그 후의 개정과정에서 아래와 같은 두 가지 조항을 개정하였다. (1) "삼림의 도벌·남벌" 뒤에 "기타 림목"을 추가하였다. (2) "7년 이하 유기징역"을 "3년 이하 유기징역"으로 개정하였다. 이로써 1979년 「형법」 제128조가 최종 확정되었다.

(12) 수산품 불법 어로죄非法捕撈水産品罪(제129조)

본 조항은 제22판 초안의 개정과정에서 추가된 내용이다. 일부 지역에서 함부로 수산품을 어로한 이유로 수산자원을 심각하게 파괴한 상황을 감안하여 형법에서 수산품 어로죄를 추가한 것이다. 제33판 초안의 규정에 의하면, "수산 자원 규정을 위반하여 금어지역禁漁區·금어기간禁漁期에 어로를 하거나 또는 사용 금지된 도구·방식으로 수산품을 어로하는 경우, 2년 이하 유기징역·구역 또는 벌금형에 처하여야 한다." 동 조항이 제정된 16년 후, 1979년 2월 10일 국무원에서 제정한 「수산자원번식보호조례」에서 "심각하게 자원을 해쳐 중대한 파괴 결과를 초래하거나 관리를 저항하여 타인을 상해하는 경우 형사책임을 져야 한다." 국무원의 동 조례는 제33판 초안의 규정의 필요성을 다시 확인하였다. 이는 1979년 「형법」 제129조의 제정과정이다.

(13) 야생동물자원 불법 사냥죄(제130조)

1959년 2월 13일 임업부林業部에서 제정한 「사냥사업 전개에 관한 지시」에 따르면, "희귀한 동물은 우리 나라 역사에서 중요한 의의를 갖고 있으므로, 보호를 강화하여야 한다. 예컨대, 판다熊猫·금사후金絲猴·긴팔 원숭이長臂猿·백두산 호랑이東北虎·꽃사슴梅花鹿 등은 과학연구·문화교류 및 사양으로 일부 잡을 수 있지만, 멸종을 방지하기 위하여 함부로 잡을 수 없다." 1962년 9월 14일 국무원에서 제정한 「야생동물자원의 보호와 합리적 이용에 관한 지시」에 따르면, 일부 지역에서 야생동물에 대한 보호를 소홀이 하여 희귀하고 진귀한 동물이 함부로 살해되는 심각한 결과를 초래하였다. 이를 방지하기 위하여 법규로 사냥의 양과 유형을 확정하여야 한다. 따라서 과학연구부서에서는 형법을 상대로 희귀동물보호조항을 제안하였으며, 제33판 초안에서는 제안에 따라 아래와 같은 조항을 추구하였다. 즉, "법규를 위반하여 희귀한 동물을 사냥하여 심각한 결과를 초래하는 경우 2년 이하 유기징역·구역 또는 벌금에 처할 수 있다." 제33판 초안의 개정 과정에서 동 조항을 희귀동물로 제한 적용하는 것에 반대의견이 존재하였다. 국무원이 제정한 규정에서 언급한 바와 같이 "야생돌물 자원의 결핍과 파괴가 심각한 지역에 산을 봉쇄하는 방식으로 사냥금지 지역을 설립하여 일정한 기한 내에 사냥을 금지"하거나 또는 "사냥금지기간에 사냥을 금지", "야생동물 자원을 파괴하거나 사람과 가축의 안전을 위협하는 방식으로 사냥하는 행위를 금지"하여야 한다. 10여년의 난동과 야생동물 자원의 파괴 상황을 감안하여 볼 때, 오늘의 상황은 1962년 보다 더 심각하다. 그러므로 제33판 초안에서 동 조문에 대하여 필요한 내용을 보충하였다. 이는 1979년「형법」제130조의 형성과정이다.

(14) 기타 죄명에 관한 문제

본 장의 개정과정에서 일부 학자는 죄명을 추가할 것을 주장하였다. 예컨대, 하자품·폐품으로 품질양호한 상품으로 위장하여 판매하는 행위·짝퉁을 진품으로 위장·변질된 상품을 좋은 상품으로 충당·적은 양을 많은 양으로 사기하는 등 고객을 기만하는 행위가 포함된다. 그리고 함부로 가격을 낮추거나 구매 가격을 올리는 등 물가관리를 저애하는 행위도 포함된다. 이 밖에 낭비하는 것으로 재정경제제도를 파괴하는 행위도 포함된다. 특정 사용 목적인 자금과 재료를 유용하여 불법공사(빌딩 등)를 하거나 토지를 불법점용 또는 토지개발을 저항하는 행위 등도 포함된다. 이러한 불법행위의 형성 원인이 복잡하고 우리 나라 경제관리체계가 개혁 중인 구체적 상황을 감안하여 형법에서 규정하지 않았다. 여러 가지 원인을 종합적으로 고려한 후 학자들은 적당한 시기에 단행법의 형식으로 규제하는 것이 타당하다는 결론을 내렸다. 그러므로 형법에서는 앞서 언급한 행위에 대한 죄명을 규정하지 않았다.

국민 인적 권리와
민주적 권리 침해죄

04

(1) 불법침범으로부터 국민인신권리·민주권리의 보호(제131조)

본 조항은 여러 차례 형법의 개정과정에서도 언급하지 않았지만, 제33판 초안의 개정에서 새로이 추가된 내용이다. 10년 혼란기간, 림뱌林彪와 쨩칭江青을 주요 구성원으로 한 반혁명집단은 봉건적 파쇼로, 다수의 간부와 백성의 인적 권리·민주권리 및 기타 권리를 침해하였다. 동일한 상황이 재발하는 것을 예방하기 위하여 국민의 인적권리·민주권리 및 기타 권리를 보호하는 조항을 신설하여, 타인의 불법 침해를 받지 않을 것을 명시하였다. 그리고 위법 상황이 심각한 경우 직접 책임자에게 형사처벌을 가하는 것도 필요한 것으로 인식되었다.

(2) 고의 살인죄(제132조)

고의 살인죄는 중대한 형사범죄로, 법적 규제의 중심인 동시 여러 차례 형법 개정안에서도 중요한 의의를 갖고 있다. 그러나 제33판 초안에서 동 행위에 대하여 하나의 조문으로 "고의 살인의 경우 사형·무기징역 또는 10년 이상 유기징역에 처한다"라고 규정하였다.

개정과정에서 살인죄의 범죄 상황이 다양한 현실적인 특징을 고려하여 법정형을 달리 하였다. 예컨대, 심한 압박 또는 모욕으로 타인을 살해한 경우 또는 정당방위가 필요한 한도를 초과한 경우, 불치병 환자의 요구로 고통을 제거하는 목적으로 약물 투입으로 살해한 경우 등 다양한 상황이 존재한다. 범죄 상황이 경미한 살인죄의 법정형을 10년 이상으로 하는 경우 과중 처벌에 해당하므로 총칙의 조항(제59조)으로 법정형을 감경할 수 있다. 그러나 "10년"이란 제한이 법조문에 있어, 재량기간이 적다. 그러므로 논의 하에 "범죄 상황이 경미한 경우 3년 이상 10년 이하의 유기징역"을 추가하여 법정형의 합리성을 도모하였다.

(3) 과실살인죄(제133조)

과실살인죄는 제22판 초안과 제33찬 초안에서 과실치사過失致人死亡罪라고 규정되었지만, 동일한 내용이었다. 그러나 제22판 초안에서는 하나의 법정형을 규정하였고, 제33판 초안에서는 "심각한 경우 5년 이상 유기징역에 처한다"라는 규정을 추가하여 본 조항의 적용성을 확대하였다. 제33판 초안의 개정 시 제113조 · 제114조를 참조하여 "심각한 경우"를 "특별히 심각한 경우"로 개정하였다. "특별히 심각한 경우"란, 행위 시의 구체적 상황을 볼 때, 용납하지 못할 정도이거나 또는 심각한 결과(다수인의 사망)를 초래하는 경우 등을 의미한다.

본 조항에서 말하는 "본 법에서 달리 정한 경우는 적용에 제외된다"란, 제106조 제2항 · 제110조 제2항 · 제111조 제2항 · 제113조 · 제114조 · 제115조 · 제126조 · 제164조 후단 · 제179조 제2항 · 제187조 등 조항을 의미한다.

(4) 고의 상해죄(제134조)

제22판 초안에서 고의 중상죄와 고의 경상죄를 구분하여 규정할 계획이었다. 그중 하나의 조항에서 "고의로 타인의 신체를 상해하여 중상을 초래하는 경우"란, 고의 중상죄를 의미한다. 그리고 다른 하나의 조항에서 "고의로 타인의 신체를 상해하여 경상을 초래하는 경우"란, 고의 경상죄를 의미한다. 그러나 두 가지 조항은 사실상 하나의 행위인 "고의로 타인의 신체를 상해"에 해당하고, 단지 두 가지 결과만을 초래하는 것으로, 개정시 다수의 학자는 결과에 의하여 두 가지 범죄로 구분하는 것에 반대하였다. 따라서 두 가지 범죄행위로 구분하는 경우, 범죄 구성의 충돌 또한 해소할 수 없다. 예컨대, 범죄자가 타인에게 중상해를 가할 목적으로 범죄행위를 행하였는데, 결과적으로 경상해를 초래하는 경우, 고의 중상해 미수로 인정할 것인가 아니면 고의 경상죄로 인정할 것인가? 이 밖에 범죄자가 타인에게 경상해를 가할 목적으로 범죄행위를 행하였는데, 결과적으로 중상해를 초래하는 경우, 과실중상으로 인정할 것인가 아니면 고의 중상으로 인정할 것인가? 이로부터 알수 있는 바와 같이 범죄행위의 결과에 따라 범죄를 유형화 하는 것은 법 적용면에서 불필요한 혼란을 야기할 수 있다. 그러므로 제33판 초안에서는 "고의 상해죄"로 통일하였고, 중상 · 사망의 결과를 초래하는 경우, 법정형에서 개별적으로 가중 처벌을 규정하였다. 타인의 신체를 고의 상해하여 사망을 초래하는 경우(과실치사), 제22판 초안에서는 규정을 하지 않았다. 그러나 논의 과정에서 실무상 과실치사가 많이 발생하고, 고의 살인과 과실 살인에도 해당하지 않으므로, 조문에서 보충 규정하였다. 최종 제33판 초안에서는 제2항의 법정형에 대하여 약간의 조정만을 하였다. 이는 1979년「형법」제134조의 개정 과정이다.

본 조항에서 말한 "상해"란, 타인의 신체건강에 장기臟器적 또는 기능적인 손해를 초래한 것을 의미한다. 상해행위는 일반의 구타행위와 다르다. 후자는 타인의 육체 통증을 일으키지만, 건강에는 손해가 없다. 그리고 상해를 일으키지 않은 구타행위는 형법에서 범죄로 인정하지 않고,「중화인민공화국치안관리처벌조례」에 따라 처벌하여야 한다. 그리고 "중상해"란 1979년「형법」제85조에서 나열한 몇 가지 상해를 의미한다.

본 조에서 말한 "본 법에서 달리 정한 경우는 적용에 제외된다"란 제139조제3항·제143조 제2항·제150조 제2항·제182조 제2항 등 조항을 의미한다.

(5) 과실로 인한 중상해죄(제135조)

본 범죄는 제22판 초안에서 하나의 법정형만을 규정하였으나, 제33판 초안에서 "심각한 경우"에 해당하는 법정형을 추가하였다. 제33판 초안의 개정과정에서 "심각한 경우"를 "특별히 심각한 경우"로 개정하였고, 법정형에 대하여 조정을 하였다. 이는 1979년「형법」제135조의 개정과정이다.

본 조항의 범죄결과는 반드시 중상해이어야 하며, 과실로 경상해를 초래한 경우 경제적 손실만을 요구할 수 있고, 범죄행위로 형사처벌을 추궁하여서는 아니 된다.

본 조에서 말한 "본 법에서 달리 정한 경우는 적용에 제외된다"란 제106조 제2항·제111조 제2항·제113조·제114조·제115조·제164조 후단 및 제187조 등 조항이 포함된다.

(6) 고문에 의한 자백강요죄(제136조)

제22판 초안과 제33판 초안에서는 본 조항을 "독직죄瀆職罪" 부분에서 규정하였지만, 개정시 국민 인적 권리를 침해하는 것을 고려하여 본 장으로 옮겼다.

제22판 초안의 규정에 의하면, 본 범죄행위의 행위자는 "수사 및 심판 직무를 수행하는 인원"이다. 그러나 제33판 초안에서는 "사법인원"으로 개정하였으며, 개정시 "문화대혁명文化大革命"에서 발생한 상황들을 고려하여, 비 사법인원에 의한 고문행위 또한 함께 고려하여 "국가공무원"으로 개정하였다. 그러나 여기서 언급한 "국가공무원"은 사법기관의 인원을 의미하는 경우가 다수이다. 그리고 "범인에 대한 자백강요"는 수사권한이 있는 사법인원을 의미한다.

　해방지역의 일부 법률 서류에서는 자백강요를 금지하였다. 자백강요 금지는 공산당의 일관적인 입장이며, 인민민주법제의 전통이다. 그러나 자백강요금지정책과 전통은 림뾰林彪·쨩칭江青 반혁명집단에 의하여 파괴되었다. 이를 바로잡는 역사적인 경험을 기초로 형법에서는 해당 조항을 규정하였다.

(7) 집단적 "폭행·파괴·약탈 행위"(제137조)

　본 조항은 "문화대혁명"시기 림뾰林彪·쨩칭江青 반혁명집단에 의하여 선동된 집단적 "때리고 부시는 강탈행위打砸搶"의 경험에 기초하여 새로이 제정된 것이다. 동 조항의 제정 목적은 과거의 문제를 해결하기 위한 것이 아니라, 과거를 교훈으로 동일한 범죄행위의 예방을 기하기 위한 것이다. 그러므로 조문에서 "집단적인 '때리고 부시는 강탈행위'를 금지한다"고 명시하였다. 따라서 "문화대혁명" 시기에 발생한 "때리고 부시는 강탈행위"는 1979년 8월에 제정한 법적 서류에 따라 신중하게 처리하여야 한다. 해당 법적 서류에 의하면, "때리고 부시는 강탈행위"의 적용대상은 살인범·계급 복수를 행하는 땅부자·협박 보복하는 자로 즉시 처리하지 않는 한 민분을 해소하지 못하는 자 및 "때리고 부시는 강탈행위"를 즉시 시정하지 못하는 자 등이다. 다만, "문화대혁명"시기 집단적 투쟁 현장에서 살인과 상해 행위에 가담하였지만, 주요 책임자가 아닌 자는 "살인죄의 형사범죄" 대상에 산입하지 아니 한다. 이상 네 가지 유형의 대상을 제외한 자는 비록 "때리고 부시는 강탈행위"에 가담하였더라도 개인적인 책임을 추궁하는 대신 사상적 교육으로 해결하여야 한다.

(8) 무고죄誣告陷害罪(제138조)

　제22판 초안과 제33판 초안에서는 본 범죄를 "관리질서 방해죄"에서 규정하였다. 따라서 개정 시에 국민의 인적 권리와 민주적 권리 등을 보호하기 위하여 본 장으로 옮겼다.

　제22판 초안의 조항에 따르면, "타인을 의도적으로 형사처분을 받게끔 무고하는 경우, 5년 이하 유기징역에 처한다. 결과가 심각한 경우 무고한 범죄에 따라 처벌하여야 한다. 그러나 오해로 고소하는 경우 본 조항을 적용하지 아니 한다. 타인을 의도적으로 형사처분을 받게끔 증거를 위조 또는 변조하거나 위조 또는 변조된 증거를 사용하는 경우 무고죄로 처리한다." 제33판 초안에서는 동 조항에 대하여 중대한 개정을 하였다. 첫째, "심각한 결과를 초래하는 경우 무고한 죄에 따라 처벌하여야 한다"는 "무고반좌誣告反坐"의 원칙을 취소하였다. 논의 과정에서 학자들의 견해에 의하면 무고의 결과를 초래한 것은 무고자 뿐만 아니라 사법기관의 책임도 있으므로 "무고반좌"원칙을 취소하는 것이 타당하다는 것이다. 사법기관의 세밀한 조사와 증거수집으로 무고는 해결될 수 있으므로, "무고반좌"원칙을 확정하는 것은 사법관료주의를 위한 책임 회피의 이유로 될 수 있으므로 삭제하는 것이 타당하는 견해를 취득하였다. 그러므로 제33판 초안에서는 "무고반좌" 원칙을 삭제하였다. 둘째는 동 조항의 제2항을 삭제하였다. 동 조항의 제2항을 삭제한 이유는 위증죄와 중복되기 때문이다. 이 밖에 양형의 폭을 조정하였으며 개별적인 문자 또한 변동하였다. 개정 후의 조항에 따르면 "타인을 형사처분으로 무고한 경우 3년 이하 유기징역에 처할 수 있다. 심각한 경우 3년 이상 10년 이하 유기징역에 처할 수 있다. 그러나 오해로 고발한 경우 동 조항을 적용하지 아니 한다."

　10여년 간의 동란으로 정의를 호소하는 분위기는 날로 갈수록 커졌고, 제33판 초안에서 동 조항을 상대로 중대한 개정을 하였다. 개정의 방향은 조항의 정치성과 처벌성을 엄격히 하였고, 국가공무원의 무고죄의 처벌을 강화하였다.

(9) 강간죄(제139조)

제22판 초안에서 부녀를 상대로 강간强奸하거나 또는 수인이 함께 부녀를 강간하는 경우를 세 가지 부분으로 나뉘어 법정형을 정하였고(최저 5년과 7년의 유기징역을 정하였음), 모두 사형을 규정하였다. 따라서 이러한 규정의 결함을 인식하여 제33판 초안에서는 하나의 조항으로 통일하는 동시 가중처벌의 경우와 법정형의 조정을 하였다. 제33판 초안에서는 「형법」제139조의 기초에서 아래와 같은 두 가지 면에서 개정을 하였다. 첫째, "부녀 강간" 앞에 "폭력·협박 또는 기타 수단"을 추가하였다. 둘째, "14세 이하의 유녀幼女를 강간하는 경우 반드시 가중처벌하여야 한다"는 규정을 제1항 후단의 위치에서 제2항으로 옮겼고, "반드시"를 추가하였다. 이에 대비하여 기존의 제2항과 제3항을 제3항과 제4항으로 옮겼으며, "위 범죄행위"를 "위 두 가지 범죄행위"로 개정하였다.

강간죄는 부녀 인신적 권리를 침해하고 부녀 신체건강을 해치는 중요한 형사 범죄로 인식하였다.

그리고 유녀幼女 강간을 범죄 정도가 심각한 특수 강간죄로 인식하여 유녀에게 특별한 보호를 제공하였다. 그러므로 14세 미만의 유녀와 성행위를 하는 경우 수단과 방식을 가르지 않고, 유녀의 동의 여부를 불문하고 모두 강간죄로 가중처벌하여야 한다.

(10) 부녀를 강박한 성매매죄(제140조)

본 범죄는 제22판 초안과 제33판 초안에서 모두 규정하였다. 제22판 초안의 규정인 "5년 이상 유기징역"을 제33판 초안에서는 "3년 이상 10년 이하의 유기징역"으로 개정하였고, 최종 확정판은 제33판 초안의 규정과 동일성을 유지하였다.

부녀를 강박하여 성매매를 하는 것은 불법이익 취득을 목적으로 폭력과 협박 등 수단을 사용하여 부녀의지를 위반하고 부녀와 타인의 부정당한 성행위를 강박하는 행위를 말한다. 따라서 동 행위는 부녀의 신체건강을 엄중히 해치는 것으로 법적 규제를 받아야 한다.

(11) 인구유괴죄拐賣人口罪(제141조)

　제22판 초안에서는 본 범죄를 "7년 이상 유기징역"으로 규정하였고, 일부 성省·시市의 사법기관에서는 형상 처벌 기산점이 높다는 의견을 제기하였다. 이에 따라 제33판 초안에서는 "5년 이상 유기징역"으로 개정하였다. 제33판 초안의 개정과정에서 기존 사법경험에 비추어 양형 면에서 차이를 두었다. 하나는 "5년 이하 유기징역"이고, 다른 하나는 "범죄정도가 심각한 경우 5년 이상의 유기징역"이다. 따라서 "범죄정도가 심각한 경우"란 유괴의 수 가 많은 것으로 불법소득액이 큰 경우 및 유괴로 인하여 심각한 결과를 초래한 경우를 말한다.

　인구유괴죄는 영리를 목적으로 하는 인구의 사기적 유괴와 판매의 행위를 말한다. 그러므로 본 조항에서 언급한 "인구"란 부녀·남자 또는 아동으로 한정하지 않고, 실무에서 발생한 사건들을 비추어 볼 때, 부녀·아동을 주요 대상으로 한다.

　인구유괴죄를 구성하려면, 유괴행위가 있어야 한다. 그러므로 피해자를 사기적으로 유혹하거나 또는 강요하는 것으로 "상품"으로 취급하여 타인에게 판매를 하는 행위를 말한다. 이는 국민의 신체적 자유권을 해치는 것으로 피해자의 의지와 이익을 위반한다. 그러므로 남녀 쌍방의 자유적 결합으로, 상대방에게 일정한 금액을 취득하는 것은 인구유괴죄에 해당하지 아니 한다.

(12) 선거파괴죄破壞選擧罪(제142조)

　본 조항은 제22판 초안과 제33판 초안에서 "관리질서방해죄"에 해당하는 것으로 개정시 "타인의 신체적 권리를 침해하는 범죄"의 장에서 "국민의 신체적 권리와 민주권리를 침해하는 행위"를 추가하여 선거파괴죄를 삽입하였다.

　제22판 초안과 제33판 초안에서는 1953년「중화인민공화국전국인민대표대회 및 지방 각급 인민대표대회 선거법」제62조·제63조에 따라 선거파괴죄를 두 가지 유형으로 규정하였다. 하나는 "선거법의 규정을 위반하여 폭력·위협·기만·뇌물수수 및 기타 방식으로 선거를 파괴하거나 국민의 자유선거권 행사를 방해하는 행위", 그리고 다른 하나는 "선거표수를 허위로 보고하거나 또는 기타 방식으로 투표의 정확한 결과를 방해하는 행위" 등을 의미한다. 개정과정에서 두 번째 유형의 선거파괴행위는 기만의 방식으로 선거를 파괴하는 것에 해당하므로, 첫 번째 유형으로 포함하였다. 이는 최종 1979년 「형법」 제142조를 구성하였다. 본 조항과 1979년 「중화인민공화국전국인민대표대회와 지방인민대표대회 선거법」 제43조는 서로 매칭 된다. 따라서 후자의 경우 법에 의하여 형사처분을 하는 경우에 법정형을 규정하지 않아 선거파괴로 인한 형사범죄행위는 형법에 따라 처분하여야 할 것으로 해석할 수 있다.

선거파괴죄는 실무에서 많이 발생한다. 그러나 선거는 우리 나라 정치생활에서 거사에 해당하므로, 국가 민주제도의 건정성 여부의 중요한 기준인 동시 국민이 자유로 의지를 표현할 수 있는 기존적인 정치권리를 행사하는 유효한 방식이다. 그러므로 형법에서 동 조항의 규정은 선거법의 시행을 보장하는 것으로 국민의 민주적 권리를 수호하는 것이다.

(13) 불법구금죄(제143조)

제22판 초안과 제33판 초안에 의하면 본 조항은 "사적으로 타인을 구금하거나 기타 방식으로 타인의 행동자유를 제한하는 행위"로 표현되었다. 개정과정에서 십여년 기간에 발생한 상황들을 참조하여 범죄행위자는 국가공무원 뿐만 아니라 국가공무원이 아닌 자도 포함되어야 하는 것을 인식하여 다음과 같이 개정하였다. 즉, "불법으로 타인을 구금하는 것을 금지하거나 기타 방식으로 타인의 신체자유를 박탈하여서는 아니 된다. 위반시…"으로 규정하였다.

본 조항에서 언급한 "타인을 불법 구금"이란, 공안기관·검사·법원의 결정 또는 허가 없이, 국민을 함부로 감금하는 경우를 말한다. 1979년 「형사소송법」 제51조의 규정을 위반하여 부당 체포된 자에 대하여 석방하지 않은 경우 또한 포함된다. "기타 방식으로 타인의 자유를 불법 박탈하는 경우"란, 국민을 상대로 납치를 하거나, "강습반學習班"·"격리심사隔離審查"·"후견심사監護審查" 등 명목으로 자유를 제한하는 것을 말한다. "구타·모욕의 경우"란, 타인의 자유를 불법 박탈하는 과정에서 피해자를 상대로 구타를 하거나 목패를 걸어 유행하는 등 언어와 행동으로 인격을 훼손하는 것을 말한다. 범죄 상황이 심각한 경우 가중 처벌하여야 한다. 불법구금죄는 폭력과 모욕을 동반하는 경우가 많으므로, 피해인의 중상해와 사망(자살 포함)의 위험이 존재한다. 해당 위험이 현실화 되는 경우 본 조항의 제2항 가중된 법정형을 적용하여야 한다.

(14) 타인의 불법관제·타인 신체와 주고의 불법수사·타인주거의 불법침입죄(제144조)

본 조항은 세 가지 범죄가 포함된다. 즉, 불법 관제죄 · 불법 수사죄 및 불법주택침입죄 등이다. 제22판 초안과 제33판 초안에서는 불법 수사죄만을 규정하였다. 그러나 십여년간의 동란 과정으로 볼 때 "타인의 불법관제"와 "불법투택침입" 등 두 가지 범죄를 추가하였고, "수색搜索"을 "수사搜查"로 개정하여 형사소송법과 체포구취조례에서 사용하는 용어와 매칭을 이루었다. 따라서 본 조항과 위 조항의 기초에서 제141조를 추가하여 우리 나라「헌법」에서 규정한 "국민의 신체 자유와 주택의 불거 침범" 원칙을 형법 차원에서 보장하였다.

(15) 모욕·비방죄(제145조)

제22판 초안과 제33판 초안에서는 본 조항에 대한 규정이 없었다. 그러나 림뾰 · 쨩칭江靑 등 반혁명집단 시기 비방과 같은 인격 모욕 현상이 날로 심각하여 국민의 기본적인 인격 존중의 파괴를 야기하였다. 그러므로 법을 제정하여 타인을 모욕하거나 비난하는 행위를 처벌하였다. 따라서 민주 생활의 건전성에 따라 모욕 · 비방행위의 규제 요구가 날로 커졌다. 본 조항은 이러한 사회적 배경 하에서 나타났다. 그러나 조항의 제정과정에서 우리 나라의 지역 상황과 경제문화 상황을 고려하여 모욕 · 비방의 범죄행위의 정도를 구분하지 않고 모두 범죄로 처리하는 경우 타당하지 않은 결론을 도출하였다. 그러므로 본 조항의 적용은 "범죄 경우"가 심각한 범죄 행위에 한정하고, 사회 질서와 국가이익에 위반되는 모욕 · 비방죄 외에는 "고소처리"에 의하여 해결하여야 한다고 규정하였다.

모욕은 폭력 또는 구두 · 서면의 방식으로 타인을 혐오하거나 타인의 명예 ·

인격을 파괴하는 행위를 말한다. 비방은 타인의 명예와 인격을 해할 수 있는 "사실"을 조작하는 행위를 말한다.

(16) 보복 모함죄報復陷害罪(제146조)

제22판 초안에서는 본 범죄에 대하여 규정을 하지 않았고, 개정과정에서 추가하였다. 아래와 같은 두 가지 이유에 근거하여 동 조항을 추가하였다.

(1) 신 중국 성립 후 법률법규에서 규정한 복수행위를 규제하는 조문이 많이 추가되었다. 따라서 복수행위를 규제하는 조항들은 인민민주주의 본질을 반영한 것으로 형법의 기본적인 본질에 부합하여 소홀이 하여서는 아니 된다.
(2) 실제적인 상황으로 볼 때, 일부 지역과 일부 기관에서는 고소인과 비판인에 대하여 복수를 하는 위법행위가 자주 발생하여 피해자의 신체와 정신적 및 물질적인 손해를 초래하였을 뿐만 아니라 당과 국가의 정치적 영향에도 심각한 타격을 주었다. 그러므로 법적 차원에서 규제를 가할 필요성이 제기되었다.

이러한 이유에 의하여 제33판 초안에서는 다음과 같은 내용을 추가하였다. "국가공무원이 직무를 이용하여 고소인과 비방인에게 복수를 가한 경우 7년 이하 유기징역에 처한다. 심각한 경우 7년 이상 유기징역에 처할 수도 있다." 동 조항은 "독직죄"에서 규정하였다.

1978년「헌법」제55조의 규정에 의하면, "국민은 국가공무원·기업 및 사업기관의 직원의 위법행위로 인한 직무유기에 대하여 국가기관을 상대로 청구를 제기할 수 있다. 그리고 국민는 권리침해 행위에 대하여 언제든지 국가기관에게 청구를 제기할 수 있다. 이러한 고소에 대하여 그 어느 자도 제압 또는 복수를 할 수 없다." 제33판 초안에서는 위와 같은 조문을 제정하여 새로운 입법적 기초를 형성하였다. 헌법의 경우 위와 같은 내용을 "국민의 기본권과 의무"에서 규정하여, 복수죄의 대상은 국민의 신체적 권리와 민주적 권리이다. 이러한 이유에 의하여 형법에서는 해당 내용을 "독직죄"로 옮겼다. 이와 동시 개정과정에서 해당 조문을 보충한 동시 ["고소인" 뒤에 "청구인申訴人"을 추가함]을 ["직무이용"을 "직무유기"로 개정] 하였다. 이는 1979년「형법」제146조의 개정과정이다.

(17) 종교신앙자유의 불법 박탈·소수민족습관의 불법침해죄(제147조)

본 조항은 기존의 초안에서 규정하지 않았지만 마지막 확정판(제38판)에서 새로이 추가된 조항이다. 그렇다면 어떠한 이유로 동 조항을 추가하였는가? 이유를 살펴보면, 여러 민족으로 구성된 우리 나라의 현실적 특징과 국내 존재하는 여러 유형의 종교 자유에 의한 것이다. 우리 나라 1978년「헌법」의 규정에 의하면, "국민은 종교 자유를 갖고 있다", 그리고 각 민족은 "자신의 풍속 습관을 유지하거나 개혁할 자유를 갖고 있다". 헌법의 각 규정을 시행하기 위하여 형법에서는 이에 대응한 조문을 신설하였다.

조문의 규정을 살펴보면, 본 범죄의 주체는 국가 공무원으로, (1) 국민의 정당한 종교신앙자유를 불법적으로 박탈하는 것과, (2) 소수민족습관을 침해하는 등 두 가지 행위로 구성된다.

(18) 위증죄(제148조)

제22판 초안과 제33판 초안에서는 본 범죄를 "관리질서방해죄"에서 규정하였지만, 개정시 국민의 기본권 침해에 기초하여 무고함모죄誣告陷害와 함께 본 장으로 이동하였다.

본 조항에서 규정한 "조작된 증명·감정·기록 및 번역"은 다음과 같은 두 가지 경우가 포함된다. 첫째, 진실에 기초하지 않고 사실을 조작하는 행위. 둘째는 진실을 은폐하고 제공할 사실을 제공하지 않은 행위. 범죄 의도는 타인을 해치기 위한 것이거나 또는 범죄 증거를 은폐하기 위한 것이다. 그리고 "사건과 관련된 중요한 경우"란, 사건처리에 대하여 중대한 영향을 미칠 수 있는 경우를 말한다. 즉, 범죄 구성 여부·범죄 유형 및 양형과 관련된다. 위증의 사실이 사건과 관련이 적은 경우 교육 등 적당한 방식으로 처리하되 위증죄로 처분하여서는 아니된다.

(19) 국민의 통신자유 침해죄(제149조)

제22판 초안에서는 본 범죄에 대하여 다음과 같이 규정하였다. 즉, "은닉·훼손 또는 불법으로 타인의 편지를 개봉하는 경우, 구역에 처한다. 그러나 수사기관 또는 사법기관이 반혁명자 또는 반혁명용의자의 편지를 개봉하는 경우는 제외된다." 개정과정에서 "단서"를 보류할 것인지 여부에 대하여 견해가 구분되었다. 일부 학자들은 헌법에서 규정한 국민의 통신자유에 대하여 형법에서 반혁명용의자에게 적용하지 않은 것은 법적 근거가 없다고 제기하였다. 그러나 다수의 학자들은 범죄 용의자의 편지를 허락 없이 개봉한다는 것은 수사 수단에 해당하는 것으로 형사소송법에서 규정하여야 한다는 견해를 제기하였다(1979년 「형사소송법」 제86조에서 규정하였음). 논의 끝에 "단서"를 삭제하였고, "은폐"를 "은닉"으로 개정하였다. 이는 제33판 초안의 동 조항의 제정과정이다. 따라서 제33판 초안의 개정과정에서 동 조항에 대하여 다음과 같은 두 가지 문제에 대하여 개정하였다. (1) "국민의 통신자유권을 심각히 침해하는 경우"로 적용대상을 제한하였다. (2) 법정형을 "1년 이하 유기징역 또는 구역"으로 상향하였다.

본 조항에서 규정한 범죄는 고의를 요구한다. 그러나 중대한 과실로 타인의 편지를 분실·누락 또는 폐기하거나 타인의 편지를 자신의 편지로 오인하여 개봉하는 경우 범죄 대상에 해당하지 않는다.

본 범죄의 주체는 우체국 직원이 아닌 자에 한한다. 우체국 직원이 스스로 타인의 편지를 개봉하거나 은닉 또는 폐기하는 경우 1979년 「형법」 제191조에 의하여 처분한다.

본 조항에서 규정한 "심각한 경우"에만 범죄를 구성한다. 따라서 "심각한 경우"란 타인의 편지를 여러 차례 은닉·폐기 또는 불법으로 개봉하여 심각한 결과를 초래한 경우를 말한다.

(20) 기타 범죄에 관한 문제

제33판 초안에서는 기타 범죄도 함께 규정하였다. 즉, "14세 미만의 남녀에 대하여 외설猥褻 행위를 행하는 경우"·"성병환자가 자신의 질병을 은닉하여 타인과 결혼을 한 후 타인을 감염한 경우"·"항행과정에서 선장이 해상 또는 기타 수역에서 생명위험에 처한 자를 발견시 구원이 가능하지만 구원하지 않은 경우"·"의사의 무책임으로 제도를 위반하여 타인의 중상 또는 사망 등 심각한 사고를 초래하는 경우 또는 정당한 이유 없이 환자에 대한 치료가 지체되어 사망 등 심각한 결과를 초래하는 경우" 등이 이에 해당한다. 실무에서 위와 같은 경우를 따로 규제할 규정이 존재하여 형법에서는 이에 대한 특별한 규정을 하지 않았다.

재산범죄

05

(1) 재산침해죄(侵犯財産罪)에 대하여 장章을 구분할 것인지 여부

공적 재산 침해와 국민재산 침해 범죄를 하나의 장에서 규정할 것인지 또는 두 개의 장으로 나뉘어 규정할 것인지에 대하여 논쟁이 발생하였다. 전국인민대표대회법률실에서 제정한 최초의 초안에서는 두 개의 장으로 나누어 규정하였다. 그러나 조문 내용면에서 국민 재산을 침해하는 범죄의 경우 공공 재산의 침해 범죄보다 처벌이 완화된 것을 인식하여 (그러나 상습범 등에 대한 처벌은 동일함) 입법의 중복을 면하기 위하여 하나의 장으로 통합하였다. 제22판 초안은 통합된 것으로 장의 명칭을 "재산침해죄"로 확정하였다.

제22판 초안의 개정과정에서 두 개의 장으로 구분할 것인지 또는 하나의 장으로 통합할 것인 지에 대하여 견해가 달랐다. 절도 사건에서 공공재산의 절도와 사적재산의 절도는 동시에 존재하는 것으로 구분하여 입법하는 경우 양형면에서 혼란을 야기할 수 있다. 그러므로 하나로 통합하는 것이 타당하다고 인지되어 제22판 초안의 규정을 유지하였다. 확정판에서도 통합된 입법을 그대로 유지하였다.

(2) 강도죄(제150조·제153조)

강도죄는 재산 침해죄에서 심각하고 위험한 범죄이다. 1979년 「형법」 제150조에서는 강도죄의 의의와 구성을 규정하였다. 동 조항은 제33판 초안의 규정을 그대로 유지하였고 내용 또한 개정하지 않았다.

제22판 초안의 규정에 따르면, "폭력·협박 또는 기타 방식으로 타인으로 하여금 저항하지 못하게 하는 것으로 재산을 강도하는 경우…"로 규정하였지만, 논의 과정에서 타인이 저항 할 수 있는지 여부는 강도죄의 필요적 요건으로 규정하지 않았다. 범죄자가 폭력 또는 폭력으로 위협하는 경우 강도죄에 해당한다. 그러므로 제33판 초안에서는 "타인으로 하여금 저항하지 못하는 경우"를 삭제하였다. 조문에서 언급한 "기타 방법"은 술 또는 약으로 마취하는 방식을 말한다.

제2항에서 규정한 "심각한 경우"란, 강도죄를 여러번 위반하여, 강취한 금액이 거대한 경우 또는 타인의 중상과 사망 외의 기타 심각한 경우를 말한다. 제22

판 초안의 규정에 따르면, 강도죄로 "타인의 중상을 초래하는 경우 7년 이상 유기징역에 처한다. 그리고 타인의 사망을 초래하는 경우 사형 또는 무기징역에 처한다." 개정과정에서 학자들은 "사망"과 "중상"의 결과로 양형을 확정하는 것은 현실적으로 강도죄의 여러 가지 상황을 소홀이 하는 것으로 타당하지 아니 한다고 주장하였다. 그러므로 본 조항의 마지막 부분에서 "심각한 경우"와 "사망 또는 중상의 결과"를 나열하는 것으로 법정형을 "10년 이상의 유기징역·무기징역 또는 사형"으로 확정하였다. 이와 동시에 제2항의 재산에 관한 중죄로 "재산 몰수를 함께 처벌할 수 있다"고 규정하였다.

1979년 「형법」 제153조에서는 제33판 초안의 규정을 그대로 유지한 동시 다음과 같은 몇 가지 내용만을 개정하였다. 예컨대, "도취"를 "절도"로, 그리고 "장물贓物의 은폐"를 "장물의 은닉"으로 개정하였다. 제22판 초안에서는 사기죄의 전환 문제를 언급하지 않았다. 그 이유는 사기죄는 타인의 신임을 사기하여 재물을 취득하는 것으로 강도죄로 전환할 가능성이 크지 않기 때문이다. 그러나 논의 과정에서 다수의 학자는 전환 가능성을 완전히 제외하지 않아, 결국 제33판 초안에서는 다시 추가하였다.

(3) 절도·사기·강탈죄(제151조·제152조)

제22판 초안과 제33판 초안에서는 절도·사기·강탈 등 세 가지 범죄에 대하여 각각 규정하였다. 개정과정에서 세 가지 범죄 정도가 대체로 비슷하다는 것에 기초하여 제33판 초안에서는 법정형 또한 동일하게 규정하였다. 그러나 실무차원에서 볼 때, 범죄자는 절도와 사기 및 강탈을 함께 행하는 경우가 극히 드물다. 그러므로 편의를 위하여 수죄병벌보다는 하나의 조항(1979년 「형법」 제151조)으로 규정하는 것이 타당할 것이다. 이 밖에 조문에서는 '금액이 큰 경우"를 범죄 여부의 구분기준으로 확정하였다.

절도·사기·강탈은 반드시 금액이 상대적으로 커야 한다. 따라서 "금액이 큰 경우"란 법에서 명시적으로 규정하지 않았지만, 각 지역의 실제상황에 근거하여 구체적으로 판단하여야 한다.

1979년「형법」제152조에서는 강도·사기·강탈죄의 가중 처벌 경우를 규정하였다. 조문에서 나열한 가중 처벌 경우란 구체적으로 (1) 상습범은 상습적으로 절도를 행한 자, (2) 금액이 큰 범죄자로 절도·사기·강탈로 인한 금액이 큰 자를 말한다. 제22판 초안에서는 상습범과 금액이 큰 범죄자에 대하여 "7년 이상 유기징역"을 규정하였다. 그러나 논의 과정에서 일반적인 상습범과 금액이 큰 범죄자에 대한 법정형은 합리적이지만, 범죄정도가 심각한 상습범과 금액이 큰 범죄자에 대하여 15년 유기징역으로는 아니 되고, 더 중한 형사처벌을 하여야 한다는 견해가 있다. 그러므로 제33판 초안에서는 "5년 이상 10년 이하의 유기징역에 처한다. 그리고 범죄정도가 심각한 경우 10년 이상 유기징역·무기징역 또는 사형에 처하며 재산 몰수도 함께 처하여야 한다"고 규정하였다. 제33판 초안의 개정과정에서 "가급적 사형을 적용하지 않는" 정책에 의하여 본 조항의 사형을 삭제하였다.

(4) 공갈갈취죄(제154조)

제22판 초안에서는 "타인의 재산을 공갈갈취하는 행위"만을 규정하였고, 공공재산에 대한 공갈갈취를 규정하지 않았다. 그러나 사법 실무에서 볼 때, 공공재산의 보관인을 공갈갈취하는 것으로 공공재산을 취득하는 경우가 종종 발생한다. 그러므로 제33판 초안에서는 범죄의 명칭을 "공공재산 공갈갈취죄"로 개정하였다.

(5) 횡령죄(제155조)

횡령죄는 공공재산을 침해하는 행위로 독직죄에 해당하는 범죄이다. 제22판 초안의 개정과정에서 횡령죄를 "재산침해죄"에서 "독직죄"로 이동하였다. 그러나 입법적인 차원에서 횡령죄의 공공재산 침해에 대한 본질을 인식하여 다시 "재산침해죄"로 산입하였다.

제22판 초안의 규정에 의하면, "국가공무원은 직무수행을 통하여 공공재산 절도·점유·사기 또는 기타의 방식으로 횡령하는 것을 말한다." 그러나 개정과정에서 "횡령"이 상대적으로 명확한 특징을 이용하여 "절도・점유・사기 및 기타 방식" 등 수단을 삭제하였다.

횡령죄의 행위자는 횡령죄를 구성하는 중요한 전제조건이다. 따라서 법에서 규정한 횡령죄의 행위자가 아닌한 횡령죄를 구성할 수 없다. 제22판 초안에서 규정한 횡령죄의 행위자는 국가공무원이다. 그러나 개정과정에서 국가공무원이 아닌 자(예컨대 직원・운전기사 또는 판매원 등)도 공공사무를 위임받을 권한이 있어 횡령죄의 행위자가 될 수 있다. 이러한 이유에 기초하여 제33판 초안에서는 "국가기관・기업・사업기관 및 인민단체가 공공사무를 위임한 자"도 횡령죄의 행위자로 "국가공무원의 횡령에 비추어 처벌하여야 한다"고 개정하였다. 이는 1979년 「형법」제155조 제3항의 제정과정이다.

금액 면에서 본 조항은 제151조처럼 명확한 규정이 없지만, "금액이 큰 경우"에만 범죄를 구성할 수 있다. 그러므로 금액이 작은 경우 범죄로 인정할 수 없다. 횡령금액은 양형을 좌우지 할 수 있다. 그러나 금액뿐만 아니라 기타 경우도 참작하여야 한다. 제22판 초안의 규정에 의하면, 일반적인 횡령은 "7년 이하 유기징역에 처할 수 있다. 금액이 5천위안 이상인 경우 7년 유기징역에 처할 수 있다." 개정과정에서 고정 금액으로 법정형을 확정하는 방법은 시간과 지역에 따라 다를 수 있지만, 횡령죄의 최고 법정형을 15년 유기징역으로 규정하는 것은 낮은 처벌이다. 이 밖에 「횡령징계조례懲治貪污條例」에 의하면, 특별이 심각한 횡령죄에 대하여 재산몰수를 처벌할 수 있으므로, 형법에서도 재산몰수를 법정형의 유형으로 규정하여야 한다. 이러한 이유에 의하여 제33판 초안에서는 실무에서 흔히 발생한 횡령사건의 금액과 범죄정도[예컨대 흑룡강성 빈현의 왕수신횡령사건黑龍江省賓縣王守信貪污案]을 참작하여 「횡령징계조례」에 비추어 사형을 적용할 수 있는 가능성을 유보하였다. 이에 기초하여 제33판 초안에서는 횡령죄에 대하여 적당한 보충을 하는 방식으로 개정되었다. 이는 1979년 「형법」제155조 제1항과 제2항의 개정과정이다.

(6) 고의로 공공 및 사적 재물 파괴죄(제156조)

제22판 초안의 규정에 의하면 "공공재산과 사적재산을 고의로 훼손하거나 파괴하는 경우 5년 이하 유기징역 또는 구역에 처하여야 한다." 동 규정은 제33판 초안에 이르러 "공공재산과 사적 재산을 고의로 훼손하는 경우 3년 이하 유기징역에 처한다"로 개정되었다. 그 후 다시 "공공재산과 사적재산을 고의로 훼손하여 범죄정도가 심각한 경우 3년 이하 유기징역 또는 구역 및 벌금에 처한다"고 규정하였다. 이는 1979년「형법」제156조의 제정과정이다.

(7) 점유이탈물횡령에 관한 문제關於侵佔問題

제22판 초안과 제33판 초안에서는 공공재산과 사적재산에 대한 점유이탈물횡령죄를 규정하였다. 점유이탈물횡령이란, 합법적으로 소지한 재산에 대하여 타인이 불법으로 점유한 경우를 말한다. 예컨대, 타인의 재산을 수임받은 자가 시간의 흐름으로 인하여 타인이 재산을 망각한遺忘 틈을 이용하여 자기 소유로 전환하는 것을 말한다. 개정과정에서 이를 참작하여 국가공무원·국가기관·사업기관 및 인민단체 등 공공사무를 위임받은 자가 직무 편의를 이용하여 공공재산을 자기소유로 하는 경우 횡령죄에 의하여 처분한다고 규정하였다. 기타 재산의 점유물이탈은 발생가능성이 낮아 범죄로 인정하지 아니 한다.「치안관리처벌조례」제11조를 참조]. 1998년 형법 개정시 이를 다시 형법으로 옮겼다.

사회관리질서 방해죄

06

(1) 공무방해 또는 판결·재판 집행거부죄(제157조)

본 조항은 두 가지 범죄 유형이 포함된다. 하나는 공무방해죄이다. 구체적으로 보면, "폭력·위협의 방식으로 국가공무원의 직무수행을 방해하는 행위"이다. 다른 하나는 판결·재판의 집행거부죄이다. 즉, "효력발생한 법원의 판결·재판에 대한 집행거부행위"이다. 공무방해죄는 제22판 초안과 제33판 초안에서 모두 규정하였다("위협방법"은 제33판 초안에서 보충한 것임). 판결·재판의 집행거부죄는 제33판 초안에서 새로이 추가된 것이다.

(2) 사회질서 교란죄(제158조)

본 조항은 제33판 초안의 개정과정에서 새로이 추가된 것이다. 본 조항을 설치하는 목적은 사회질서를 수호하고, 소수의 "나쁜 자"의 교란행위를 억제하며, 작업·생산·영업·교육 및 연구의 진행을 보장하기 위한 것이다. 본 조항에서는 "타인이 사회 질서를 교란하는 행위를 금지한다"는 것을 명확히 하였다.

일반적이 차원에서 볼 때, 모든 범죄행위는 사회질서를 교란하는 결과를 초래할 수 있다. 사회질서에 영향을 미치지 않는 범죄행위는 없다. 본 조항에서 규정한 "사회질서교란죄"는 특정한 내용이 내포되어 있는 협의의 범죄행위를 의미한다. 다시 말하면, 본 조항에서 규정한 "사회질서교란죄"란, 특정 수단을 이용하여 정부기관·기업·사업기관·인민단체의 작업·생산·영업·교육 및 연구 질서를 교란하는 것으로 국가와 사회에 손해를 초래하는 행위를 말한다. 예컨대, 기관·법인의 문앞과 실내에서 소음을 일으키는 것으로 기관·법인의 통로를 강행적으로 봉쇄하거나 또는 사무실·시험실·생산실 및 작업장소를 강제로 점유하는 행위 및 직원을 구타하는 행위를 말한다.

(3) 집단적 공공질서·교통질서 집단교란죄(제159조)

본 조항은 제33판 초안의 개정과정에서 새로이 증가된 내용으로, 입법취지와 처벌원칙면에서 전항의 규정과 동일성을 유지하였다.

본 조항과 위 조항을 비교시 많은 공통점을 찾을 수 있다. 예컨대, 집단적인 행위·폭력 등 수단의 사용·사회질서의 교란·"범죄정도가 심각한 경우"에만 범죄해당·징벌대상이 "주요책임자" 등 공통점이 존재하였다. 어떠한 이유로 하나의 조항이 아닌 두 개의 조항으로 규정하여야 하는가? 두 가지 조항의 구별점은 범죄행위의 장소와 대상이 다르기 때문이다. 전 조항은 당정기관·기업·사업기관 및 인민단체를 교란하는 것으로 정상적인 작업·생산·영업·수업 및 연구의 질서를 파괴하였다. 그러나 본 조항에서 규정한 범죄는 기차역·부두·민간공항·백화점·공원·영화관·전시회 및 운동장 등 공공장소 또는 공공교통에서 인원을 집합하거나 차량이 통행하는 지역에서 발생하는 것으로 공공장소의 질서 또는 교통 질서를 파괴하는 행위에 적용한다. 이 밖에 본 조항의 범죄는 공공장소 또는 교통 도로에서 발생하는 것으로 국가치안관리직원이 법에 의하여 직무수행을 저항하거나 저애하는 경우에도 발생가능하다. 그러므로 두 개의 조항으로 구분하여 규정하는 것은 사건의 성질과 구체적인 사건의 상황을 참작하는 데 더 큰 의의가 있다.

(4) 건달죄(제160조)

제22판 초안의 규정에 따르면, "집단적인 패싸움·말썽을 피우거나 또는 부녀를 모욕·공공질서를 수차례 파괴하는 행위 등에 대하여 5년 이하 유기징역·구역 또는 관제에 처하여야 한다." 법정형이 상대적으로 낮은 경우를 감안하여 제33판 초안에서는 아래와 같이 개정하였다. (1) 제1항에서 규정한 "기타 건달행위"를 "기타 건달행위를 진행"하는 것으로 개정하였다. (2) 제1항의 법정형에서 "관제"를 추가하였다. (3) 건달죄에 "건달행위"가 포함한 동시 살인·방화·중상해·강간·강도·강탈·절도 및 사기죄가 있는 경우 수죄병벌에 의하여 처리하여야 한다. 그러므로 제2항에서 규정한 "무기징역"을 삭제하였다. 이는 1979년「형법」제160조의 제정과정이다.

건달집단의 주요책임자는 본 조항의 주된 규제 대상이다. 건달집단이란 수차례 건달범죄를 목적으로 설립된 범죄조직으로, 내부적인 기율도 있을 뿐만 아니라 암호화된 연락방식도 있어 위험정도가 높다. 건달집단은 소규모의 양아치집단과 구별된다. 소규모의 양아치집단은 저속한 취미로 구성된 것으로 건달범죄활동이 없다. 그러므로 착오로 소규모의 양아치집단을 건달집단으로 인식하여 규제하여서는 아니 된다.

(5) 도주죄(제161조)

도주죄는 범죄자가 도주하는 것으로 법의 제재를 도피하기 위한 것이다. 범죄가 없는 자가 도주하는 경우, 범죄행위로 인정하여서는 아니 된다. 제22판 초안의 규정에 의하면 "법에 의하여 체포된 자 또는 감옥에 갇혀 있는 자가 도주하는 경우", 범죄여부를 불문하고 체포 또는 감옥에 있는 과정에서 도주하는 경우 도주죄로 처리한다. 착오로 체포된 자에게도 동일하게 적용한다. 제22판 초안의 규정이 합리적이지 못하여 제33판 초안에서는 "법에 의하여 체포된 자 또는 감옥에 갇혀 있는 범죄자가 도주하는 경우"로 개정하여, 범죄가 없는 자에게는 적용하지 않았다. 제33판 초안의 개정의 대체로 제33판 초안의 규정을 그대로 유지한 기초에서 법정형만을 조절하였다.

(6) 은닉죄(제162조)

본 범죄에 대하여 범죄구성과 법정형의 규정에서 모두 일련의 변화를 거쳤다.

제22판 초안의 규정에 따르면, 본 조항의 적용은 "사전 통모 없이, 사후 범죄자를 은닉하거나 범죄자를 위하여 증거를 인멸하는 경우", 또는 "사후 반혁명자를 은닉하거나 반혁명자를 위하여 증거를 인멸하는 경우"에 한한다. 그러나 제33판 초안에서는 동 조항을 "반혁명자를 은닉하는 경우"와 "기타 범죄자를 은닉하는 경우" 등 두 가지로 구분하였다. 이 밖에 "범죄정도가 심각한 경우"(예컨대, 수차례의 은닉행위 또는 다수인의 은닉행위 등)의 처리규정을 보완하였다. 그리고 제3항을 추가 규정하여 "사전 통모의 경우 공동범죄로 처리한다"고 명확히 하였다. 이것은 제22판 초안에 비해 더 과학적이다. 그 후의 개정과정에서 제33판 초안의 규정을 그대로 유지하였지만 "은닉"을 "은닉 또는 증거조작을 통한 은닉"으로 개정하였다.

제22판 초안에서는 일반 범죄자에 대한 은닉 또는 범죄자를 위한 증거 인멸의 경우, "3년 이하 유기징역 또는 구역"에 처하여야 한다. 반혁명자를 은닉하거나 반혁명자를 위한 증거를 인멸하는 경우 "3년 이상 10년 이하의 유기징역에 처하여야 한다"고 하였다. 그러나 개정과정에서 "범죄정도가 심각한 경우", 은닉죄에 대하여 "반좌反坐"원칙을 적용하는 것은 타당하지 않다. 이 뿐만 아니라 일반적인 은닉죄에 대한 법정형 또한 매우 높게 규정하여 개정시 반혁명자를 은닉하는 행위에 대하여 "3년 이하 유기징역·구역 또는 관제에 처하여야 한다. 범죄정도가 심각한 경우 3년 이상 10년 이하 유기징역에 처하여야 한다." 기타 범죄자를 은닉하는 경우 "2년 이하 유기징역·구역 또는 관제에 처하여야 한다. 범죄정도가 심각한 경우 2년 이상 7년 이하 유기징역에 처하여야 한다". 이는 1979년「형법」제162조의 제정과정이다.

(7) 총기·탄약 사장죄(제163조)

본 조항은 제22판 초안에 규정되었으나 제33판 초안에서 다시 삭제하였다. 제33판 초안의 개정시 십년 동란의 사회를 겪은 이유로 총기와 탄약문제가 사회생활에서 남발한 것이라고 인식하여 형법에서 총기와 탄약에 대하여 규제를 하지 않으면 사회의 안정에 불리한 영향을 초래할 것이라는 견해가 제기되었다. 이러한 이유로 형법 제33판 초안에서는 제22판 초안보다 총기와 탄약에 관한 문제에 대하여 더 구체적으로 규정하였다. 제22판 초안에 따르면, "총기와 탄약을 사적으로 보유하는 경우 2년 이하 유기징역 또는 구역에 처하여야 한다." 이와 대비하여 현행 규정을 살펴보면, "총기관리규정을 위반하여 사적으로 총기와 탄약을 보유하여 제출하지 않은 경우 2년 이하 유기징역 또는 구역에 처하여야 한다."

(8) 가짜 약품 제조·판매죄(제164조)

본 범죄행위는 제22판 초안과 제33판 초안에서 모두 규정을 두었다. 제22판 초안에서는 "심각한 결과를 초래한 경우"를 범죄 구성요건으로 규정하였지만, 제33판 초안에서는 이를 가중처벌의 경우로 규정하였다. 형법에서는 본 조항에 대하여 제33판 초안의 규정을 그대로 유지하였고, 문자와 양형 면에서만 약간의 조정 가능성을 두었다.

　본 조항의 적용 경우 가짜약품의 제조·판매를 민간의 처방에 의한 약품제조·판매를 구분하여야 할 것이다. 민간 처방에 의한 약품제조·판매는 가짜약품으로 인정하여서는 안 되므로 본 조항의 적용 여지가 없다.

(9) 신한·무당 루머조작 사기죄(제165조)

　제22판 초안에서 본 범죄행위를 규정한 이유는 특정지역에서 발생한 구체적 사실을 반영하기 위한 것이다. 그러나 제33판 초안의 개정과정에서 "신한·무당에 의한 사기행위"를 "신한·무당이 미신적 행위를 빌어 루머 조작을 통한 재산 사기 행위"로 개정하여, 범죄의 성질을 보다 구체적으로 명확히 하였다. 이는 바로 본 조항의 개정과정이다.

　"신한·무당"은 남쪽 지방에서 많이 사용하는 호칭으로 구체적인 직업이 있고 미신적 수단으로 국민을 현혹하여 재산을 사기치는 자를 말한다.

(10) 국가공무원을 둔갑한 사기죄(제166조)

　본 조항은 이만명李萬銘 사건을 참조로 국내외 입법을 본받아 규정한 것이다. 제22판 초안으로부터 제33판 초안 및 확정판까지 법정형만을 조정하였을 뿐 기타 변화는 크지 않았다.

　조문의 규정에 따르면 본 범죄 구성은 아래와 같은 두 가지 요건을 충족하여야 한다. (1) 국가공무원으로 둔갑하여야 한다. (2) 타인이 오인할 정도의 사기행위가 있어야 한다. 이 밖에 국가 정권의 위상과 공공이익 및 사적 이익에 손해를 초래하여야 한다.

(11) 공문서·증서·인감 방해죄(제167조)

　본 조항의 내용은 수차례의 제정과 개정과정을 거쳐 점차적으로 확정되었다. 제22판 초안에 의하면, "국가공무원과 인민단체의 인감·공문서·증서 등을 위조·변조·도용하는 경우…"라고 규정하였으나, "도용"의 경우 인감보관인이 자리를 비우는 이유로 동료가 임의로 인감을 사용하는 것은 결코 포함될 수 없으므로, "도용"의 적용범위가 명확하지 않은 문제점이 존재한다. 이 밖에 조문에서는 일반적인 상황과 특수한 상황을 고려하지 않아, 차별 대우의 정책을 충분히 고려하지 않았다. 이러한 이유에 의하여 제33판 초안에서는 "국가기관·기업·인민단체의 공문서·증서 및 인감의 위조·변조 또는 도용·인멸의 경우, 정도가 심각하면…"에 대하여 "도용" 뒤에 "강탈"을 추가하였고, "기업" 뒤에 "사업기관"을 추가하여, 법정형에 대한 조정을 하였다.

조문에서는 위조·변조·절도·강탈·멸손 등 다섯 가지 행위방식을 나열하였다. 본 범죄행위를 구성하는 데 있어 그 중 하나의 행위만을 충족하면 가능하다.

다수에 거친 위조, 대량 공문서·증서·인감의 위조, 또는 공문서·증서·인감을 위조하여 국가기관·기업·사업기관 또는 인민단체들로 하여금 정치와 물질적인 손해를 초래한 경우 본 법에서 규정한 가중 처벌에 해당한다.

(12) 도박죄(제168조)

본 조항에서 규제한 범죄 대상은 도박의 조직자와 도박군이다. 제22판 초안에서는 두 가지 범죄대상을 규정하였다. 하나는 "영리를 목적으로 도박 장소를 개설하는 자"(도박의 조직자)이고, 다른 하나는 "도박을 영업으로 하는 도박군이다"(도박군). 제33판 초안에서는 이를 "영업을 목적으로 하는 집단적 도박"으로 통합한 동시 법정형에서 "관제"를 추가하였다. 이는 본 조항의 제정과정이다.

본 조항에서 규정한 "집단적 도박"이란, 도박장소와 도박 도구를 제공하는 것으로, 집단적 도박을 조직하여 이익을 취득하는 것이다. 그 중 "도박을 영업으로 하는 자"란 도박에 올인하여 도박을 빌어 재산이익을 취득하는 것으로 생활을 유지하는 자를 말한다. 도박죄는 두 가지 행위 중에서 하나만 해당하면 범죄를 구성할 수 있다.

(13) 부녀를 유인·수용한 성매매죄(제169조)

본 조항은 제22판 초안과 제33판 초안에서 모두 규정하였다. 그러나 그 후의 개정과정에서 실무적인 상황을 참작하여 "범죄정도가 심각한 경우"를 추가하는 것으로 양형의 폭을 넓혔다.

(14) 음란서적·음란그림 제조·판매죄(제170조)

본 조항은 제22판 초안과 제33판 초안에서 없었던 것으로 70년대 발생한 구체적인 상황에 의하여 추가된 것이다.

음란서적·음란그림이란 성행위를 구체적으로 묘사하는 음란 소설·대본·그림책·사진 등을 말한다. 적용면에서 주의할 것은 음란서적·음란그림과 남녀 사이 애정을 묘사하는 서적·그림과 구별하여야 하고, 생리·성지식을 선도하는 과학서적·그림과도 구별하여야 하며, 미술가·의사들의 전공지식을 위한 나체 그림·나체조각들과도 구별하여야 한다. 후자의 경우들은 정당하고 합법적이며 사회에 유익한 것으로 간섭을 자제하여야 한다.

(15) 마약 제조·판매·운송죄(제171조)

본 조항은 제22판 초안과 제33판 초안의 내용을 대체적으로 유지하였으며, 법정형만을 개정하였다.

1950년 2월 24일 정무원에서 제정한 「아편연독을 금지할 데 관한 통령」, 1952년 5월 21일 정무원에서 다시 제정한 「아편연독을 금지할 데 관한 통령」에서는 국민에 의한 금연금독을 선언하였으며, 징벌과 교육을 결합하는 정책을 확정하였다. 본 범죄를 구성하려면 반드시 아편·헤로인·모르핀 또는 기타 마약(예컨대 고근과 금단 등)을 판매·운송 행위에 해당하여야 한다. 조문에서는 마약을 흡입하거나 주입하는 행위를 규정하지 않았다. 제22판 초안과 제33판 초안에서는 마약을 흡입하거나 주입하는 행위를 범죄로 규정하였지만, 개정과정에서 기간을 정하여 마약을 절단하는 것으로 개정하였다. 이러한 개정한 이유는 마약의 제조·판매·운송을 절단하는 한 마약의 흡입·주입행위 또한 살아 질 것이라고 인정하기 때문이었다. 그러므로 제22판 초안과 제33판 초안에서는 동 규정을 삭제하였다.

(16) 장물 은닉·판매죄(제172조)

제22판 초안에서는 장물의 은닉·판매죄를 규정하지 않았고, "고의적으로 범죄소득인 장물을 매수한 경우"만을 규정하였다. 제33판 초안에서는 "영리를 목적으로 고의로 범죄소득인 장물을 매수 또는 판매한 경우"로 개정하였다. 제33판 초안의 개정과정에서 장물의 구매를 범죄로 인정하는 것은 법적용의 확대를 초래하는 것으로 "매수"를 "은닉"으로 개정하였고, "영리 목적"을 삭제하였다.

(17) 희귀한 등록문화유산 절취 수출죄(제173조)

제22판 초안과 제33판 초안에서는 모두 동 범죄를 규정하였다. 본 조항은 제33판 초안의 규정에 기초하여 다음과 같은 두 가지 내용을 개정하였다. (1) "등록문화유산보호법규의 위반"을 추가하여 범죄의 성질을 명확히 하였다. (2) "희귀한 역사적 등록문화유산"을 "희귀한 등록문화유산"로 개정하여, 역사·예술·과학가치의 중요한 등록문화유산을 포함시켜 보호 대상의 범위를 확대하였다.

1950년 5월 24일 정무원에서 제정한 「희귀한 등록문화유산도서출판임시방법」에 의하면, 역사·예술·과학가치가 있는 혁명문헌과 실물·고생물·유물·건축 및 부속품·회화·조각품·도서·화폐·옷·기구 등은 모두 수출금지 희귀한 등록문화유산에 해당한다. 그러므로 희귀물품을 도취하여 수출하는 경우 본 범죄의 적용대상으로 될 것이다.

따라서 희귀한 등록문화유산을 도취하여 수출하는 경우, 해관법 차원에서 볼 때에 중대한 밀수행위에 해당한다. 그러므로 1979년 「형법」에서 밀수죄를 적용하여 해당 범죄행위를 처리하는 경우, 밀수죄로 중복 처리할 필요가 없다.

(18) 희귀한 등록문화유산·유명고적 파괴죄(제174조)

제22판 초안에서는 본 범죄에 대하여 규정을 하지 않았지만, 개정과정에서 새로이 추가하였다. 희귀한 등록문화유산의 보호는 등록문화유산의 도취와 수출에 한하는 것이 아니라, 문물의 파괴 또한 금지하여야 한다. 과거 우리 나라에서 제정한 일련의 등록문화유산보호법규는 모두 희귀한 등록문화유산의 파괴행위와 투쟁을 할 것을 강조하였다. 1959년 4월 2일 국무원에서 제정한「농업생산건설과정에서 등록문화유산보호에 관한 통지」에 의하면 "문화유적과 문물에 대한 태도로 인한 복구불가한 손해를 초래한 자는 현지 문화주관부서는 감찰부서에게 적당한 처분을 가할 것을 요청할 수 있다. 범죄정도가 심각한 자는 법원으로 이송하여야 한다." 1961년 3월 4일에 제정한「문물보호관리임시조례」에 의하면, 국가 차원에서 등록문화유산보호를 중요시하는 이유로 제22판 초안에서는 희귀한 등록문화유산 파괴죄를 추가하였다. 제33판 초안의 규정에 의하면, "고의적으로 국가보호의 희귀한 등록문화유산을 파괴하는 경우 3년 이상 10년 이하 유기징역에 처한다." 따라서 본 조항은 1979년「형법」제174조의 기초하여 다음과 같은 세 가지 부분을 개정하였다. (1) "희귀한 역사적 등록문화유산"을 "희귀한 등록문화유산"로 개정하였다. (2) "문물" 뒤에 "명성고적名勝古蹟"을 추가하여 적용범위를 확대하였다. (3) 법정형을 "7년 이하 유기징역 또는 구역"으로 개정하여 전 조항 및 제156조(고의 재산훼손죄)의 법정형과 비교하여 최종 확정하였다.

(19) 영구적 경계비·경계말뚝 또는 측량표시의 파괴죄(제175조)

본 조항은 두 가지 범죄 유형이 포함된다. 하나는 경계비·경계말뚝 파괴죄이고, 다른 하나는 영구적 측량표시 파괴죄이다.

경계비·경계말뚝 파괴죄는 과거 여러차례의 초안에서 규정하지 않았던 조항으로, 70년대 사법실무에서 발생한 상황에 기초하여 국가 국경선 관리 차원에서 추가된 규정이다.

그러나 영구적 측량표시 파괴죄는 제22판 초안과 제33판 초안에서 모두 규정한 내용이다. 제33판 초안의 규정에 의하면 "절도 또는 고의로 국가 영구적 측량 표시를 파괴하는 행위"로 정의하였다. 개정과정에서 "절도"란 파괴행위의 구체적 수단으로 파괴 행위에 포함되어 삭제되었다.

측량기관은 전국 각지에서 측량 작업(삼각·수준·천문·지형)을 수행하는 것으로 영구적 측량 표시(예컨대 木標·鋼標·삼각중심지의 標石·천문점 및 기준선 중심의 標石·수준標誌 및 수준標石·지형 측량도의 고정標誌 등)는 국가 건설 사업에 중요한 역할을 하므로 보호되어야 한다. 1955년 12월 29일 국무원에서 제정한「측량표시의 장기적 보호에 관한 명령」과 1962년 12월 6일 국무원에서 다시 개정한「국가측량총국·인민해방군총참모부측량국에서 제출한 측량표시보호에 관한 보고서」에 따르면, "절도 또는 고의로 측량표시를 파괴하는 자에 대하여 범죄정도에 따라 처벌을 하여야 한다." 이상 법규는 형법 차원에서 영구적 측량표시 파괴죄를 규정하는 중요한 기초가 되었다. 형법에서 규정한 본 범죄는 우리 나라 측량사업의 진보를 추진하였다.

(20) 국경선 밀입출국죄(제176조)

본 범죄는 제22판 초안의 개정과정에서 1962년 11월 전국정법회의에서 일부 대표가 제기한 국경관리제안에 근거하여 추가된 내용이다. 제33판 초안의 규정에 따르면 "출입국관리규정을 위반하여 국경을 밀입한 자에 대하여 2년 이하 유기징역 또는 구역에 처하여야 한다." 1978년 12월에 개정한 "밀입국경"을 "밀입국(변)경"으로 개정하였다. 그 후의 개정과정에서 밀입국(변)경의 복잡한 상황과 동기·목적 및 수단의 다양성을 참작하여 적용범위 차원에서 "범죄정도가 심각한 경우"를 추가하여 범죄 여부를 확정하였다. 이 밖에 법정형을 "1년 이하 유기징역·구역 또는 관제"로 조정하였다. 이는 1979년「형법」제176조의 개정과정이다.

(21) 국경선 밀입출 조직·운송죄(제177조)

본 조항은 전 항의 규정과 동시에 개정되었다.

우리 나라 연해와 기타 변경지역에서 영리를 목적으로 국경 밀입자를 조직·운송하는 자가 있다. 이들은 국(변)경을 밀입하는 자 보다 위험성이 높을 뿐만 아니라 국(변)경 관리질서가 정상적으로 유지될 수 없는 큰 요소이다. 그러므로 국가의 신용과 국제거래의 정상화를 추구하는 데 있어 먼저 해결하여야 할 문제이다. 이는 형법 차원에서 다시 동 조항을 추가하는 이유이다.

(22) 국경 위생검역 위반죄(제178조)

1957년 12월 23일 공시한 「중화인민공화국국경위생검역조례」 제7조 제1항의 규정에 따르면, "본 조례 및 그 시행규칙을 위반하여 일으킨 전염병의 전파 또는 전염병 전파의 심각한 위험을 야기하는 경우 법원은 구체적인 상황에 근거하여 2년 이하 유기징역 또는 구역 및 천위안 이상 오천위안 이하의 벌금형을 부과할 수 있다." 이는 제33판 초안에서 다시 해당 범죄를 추가한 이유이다.

본 조항에서 언급한 "검역전염병"이란 흑사병鼠疫·콜레라·황열병·발진 티푸스·재귀열 등을 의미한다.

(23) 기타 범죄에 관한 문제

제33판 초안에서는 "개인 도장·문서의 위조·변조 또는 절도·훼손"죄를 의미하는 것으로, 개정시 위험성이 크지 않은 점을 이유로 기타 범죄(사기·횡령)의 예비 수단으로 인정하여 별도의 규정을 두지 않을 것을 주장하였다. 이 밖에 부녀성매매를 단독으로 입법할 것을 제기한 견해도 존재하였다. 그러나 논의 과정에서 성매매 행위는 제160조 깡패죄로 처리하는 것으로 의견을 통일하여, 단독 입법을 하지 않았다.

혼인·가정 방해죄

07

(1) 혼인자유 간섭죄(제179조)

혼인자유는 헌법에서 규정한 권리로, 혼인법에서 기본적인 원칙이다. 신중국 성립 후, 혼인법의 보급으로 인하여 혼인자유를 간섭하는 행위가 자제되었지만, 일부 지역에서는 여전히 존재하였다. 그러므로 형법 제정과정에서 혼인자유 간섭죄를 규정할 때, 구체적인 간섭수단인 "폭력"을 추가하였다. 이는 혼인자유 간섭죄의 적용범위는 오로지 폭력(예컨대 구타·묶음·감금·강탈 등)으로 타인의 혼인자유를 간섭하는 경우에만 범죄행위에 해당한다. 여러 차례의 초안과 최종 확정판에서는 모두 혼인자유 간섭죄를 규정하였고, 해당 규정은 일반적인 혼인법 위반행위와 형사처벌 대상인 혼인자유 간섭행위를 구분하였다.

혼인자유는 결혼의 자유와 이혼의 자유 등 두 가지 내용이 포함된다. 폭력으로 혼인자유를 간섭하여 피해자 사망을 초래하는 경우 제2항의 법정형을 적용하여야 한다. 여기서 말하는 "사망"이란, 자살을 의미하는 것으로 제22판 초안과 제33판 초안에서는 "자살"로 표현하였지만, 개별적인 묶음행위와 구타 행위 등 폭력행위로 인한 사망 경우를 배제할 수 없다. 그러므로 "사망"으로 표현하는 것이 더 과학적이다.

폭력으로 혼인자유를 간섭하는 행위는 국민 내부의 문제이다. 간섭자와 피간섭자 간의 친족 관계의 특수성을 감안하여 제3항에서는 다음과 같이 규정하였다. 즉, "폭력으로 타인의 혼인자유를 간섭하는 행위가 피해자의 사망을 초래하지 않은 경우 자소自訴에 해당한다." 동 규정은 제22판 초안과 제33판 초안의 중요한 개정내용이다.

(2) 중혼죄(제180조)

본 조항은 배우자의 중혼 및 독신자가 타인의 혼인 사실을 알고도 결혼한 경우에 해당한다. 해당 규정에 대한 내용은 여러 차례 형법 개정안에서 동일하게 표현되고 있다.

중혼행위는 1950년 제정된「중화인민공화국혼인법」(이하「혼인법」으로 약칭함) 시행이전부터 존재한 행위이다.

「혼인법」 시행 전 중혼문제에 대하여 정부차원에서는 정책으로 규정하였다. 1950년 10월 23일 중앙인민정부법제위원회에서 제정한「중혼사건에 관한 처리규정」에 의하면 "혼인법 시행 이전의 중혼은 간섭하지 아니 한다. 중혼에 처한 남녀의 이혼 및 기타 합법적인 요구에 대하여 적극 보호하고 중혼 사실에 대하여는 형사처벌을 하지 아니 한다." 1953년 3월 법제위원회에서 제정한「혼인문제에 관한 해석」에 의하면 "혼인법 시행 이전의 중혼·납처納妻 등 행위는 역사적인 문제로 이혼을 제기 할 것인지 여부는 여성의 요구에 의하여 결정된다. 여성이 이혼 요구가 없는 경우 기존의 공동생활관계를 그대로 유지하여야 한다." 동 해석에서는「혼인법」시행 이전의 중혼은 법적 책임을 추궁하지 아니 한다. 따라서 1979년「형법」시행 이후 중혼에 대하여 법적 책임을 추궁하기 시작하였다.

「혼인법」시행 이후와 형법 시행 이전의 중혼이 문제가 되었다. 형법의 시간적 효력과 시효 규정 외, 제22판 초안에서는 중혼죄에 대하여 "자소사건"으로 규정하였다. 그러나 개정과정에서 중혼죄의 "자소"규정을 그대로 보유할 것인지에 대한 의문이 제기되었다. 결국 중혼죄에 대한 "자소"규정은 실무에서 발생한 중혼문제를 해소할 수 없다는 이유로 삭제되었다.

이 밖에 본 조항에서 말하는 "중혼" 또는 "타인과의 결혼"이란, 혼인등기기관에서 혼인사실을 은폐하는 방식으로 혼인등기를 하는 경우뿐만 아니라 대외적으로 부부의 신분으로 활동하는 경우와 장기적인 동거행위로 사실상의 부부관계 유지의 경우도 포함된다. 그러므로 법적 혼인과 사실 혼인 모두 포함된다. 1958년 1월 27일 최고인민법원에서 제정한「중혼행위의 인정에 관한 회답」에서도 중혼행위의 유형을 확인하였다.

(3) 군인혼인 파괴죄(제181조)

군인혼인 파괴죄란 "현역 군인의 배우자를 알면서 동거하거나 결혼을 하는 행위"를 말한다. 군인혼인 파괴죄는 제33판 초안에서 규정한 "군인혼인가정파괴죄" 보다 적용범위가 작다. 제33판에서 규정한 "군인혼인가정파괴죄"는 법적 규정이 아닌 정책적인 규정으로 현역군인의 배우자 또는 약혼녀와 간통(동거 또는 결혼을 물론함)하는 것으로 군인혼인파괴죄를 성립할 수 있다. 몇 년간의 사법경험을 거쳐 타격면이 너무 큰 것으로 인정되어 "혼약" 보호문제를 야기 시켰다. 이로써 제33판 초안에서는 동 규정을 대폭 개정하였다. 이는 1979년「형법」제181조의 개정과정이다.

(4) 학대죄(제182조)

본 조항과 제22판 초안 및 제33판 초안의 규정을 비교시, 아래와 같은 두 가지 면에서 개정하였다. (1) 제2항에서 규정한 "피해자의 중상해 · 사망"은 제22판 초안과 제33판 초안에서 "피해자의 중상해"와 "피해자의 사망"으로 구분하였다. 그러나 개정시 구분의 필요성이 없다는 견해 하에 다시 하나의 조항으로 합쳤다. (2) 법정형을 조절하였다.

(5) 유기죄遺棄罪(제183조)

본 조항은 유기죄에 대하여 구체적인 정의를 하였다. 유기죄란 "노인 · 아동 및 환자 또는 독립적인 생활능력이 결여된 자에 대하여 법적 부양의무를 이행하지 않은 심각한 행위"를 말한다. 제22판 초안과 제33판 초안에서는 동일하게 정의를 내렸지만, 적용범위를 제한하는 것으로 범죄 여부를 구분하기 위하여 개정시 학대죄를 참조하여 적용 범위를 "범죄정도가 심각한 경우"로 제한하였다. 이 밖에 제2항(유기죄로 "타인의 사망"을 초래한 경우)을 삭제하였고, 법정형 또한 함께 조절하였다.

본 조항의 제정과정에서 일부 학자는 내용에서 "부담능력이 있는 자"로 적용 제한을 제기하였다. 그러나 논의과정에서 생활수준 문제는 자의적인 판단이 내포되어 있으므로 법적으로 명확히 규정할 필요가 없다고 의견을 통일하였다. 시행과정에서 부양자의 경제능력도 함께 참조하여야 한다. 예컨대, 부양자의 생활이 곤란한 경우 "부양거절"이 아니라 무능력 부양으로 될 것이며, 형사책임을 추궁하지 않아야 한다.

(6) 아동 유괴죄(제184조)

아동 유괴죄는 14세 미만의 남아와 여아가 가정 또는 후견인의 보호를 벗어난 행위를 말한다. "아동 유괴"란 사기적 수단으로 아동을 데려가는 행위를 말한다. "후견인"이란 아동의 인신·재산 및 기타 합법적 이익을 감독하고 보호하는 자를 말한다.

제22판 초안에서는 "18세 미만의 남아와 여아를 유괴한 경우"를 규정하였다. 개정과정에서 만 16세의 미성년자는 농어촌 지역의 사원 또는 고등학생으로, 독립적인 생활능력과 판단능력이 있어, 유괴당할 가능성이 적다. 그러므로 제33판 초안에서는 "18세 미만"을 "16세 미만"으로 개정하였다. 제33판 초안의 개정시, "16세 미만" 또한 나이가 크다는 것을 인식하여 "14세미만"으로 개정하였다. 이로써 본 조항은 아동 보호 조항으로 헌법·혼인법에서 강조하는 아동정신 보호와 동일성을 유지하였다.

(7) 기타범죄에 관한 문제

제33판 초안에서는 "혼인관계를 빌어 재산을 취득하는 것으로 타인의 혼인 자유를 방해하는 행위"를 범죄로 인정하였다. 그러나 개정시 이는 봉건적인 혼인제도로 인한 나쁜 습관으로 보편성이 존재하여 혼인법의 보급으로 해결할 문제이다. 그러므로 사상교육을 강화하는 방식으로 해결되어야 하고 범죄로 인정하는 것은 타당하지 않다. 이러한 이유로 동 조항은 삭제되었다.

제33판 초안에서는 "타인의 혼인가정 파괴죄"로 간통죄에 대한 규정도 있었다. 그러나 간통죄를 인정할 것인지 여부에 대한 의견이 달랐고, 결국 간통죄를 규정하지 않았다. 제33판 초안에서는 다시 긍정적인 의견을 채택하여 간통죄를 규정하였다. 그러나 제33판 초안의 개정과정에서 다시 삭제하였다.

독직죄

08

(1) 뇌물수수죄(제185조)

뇌물수수죄는 "국가공무원이 직무 편의를 이용하여 뇌물을 공여하는 행위"와 "국가공무원에게 뇌물을 공여하거나 뇌물 공여를 중개하는 행위" 등이 포함된다. 따라서 전자는 독직죄에 해당하지만, 후자가 독직죄에 해당하는 여부에 대하여 의견이 존재하였지만, 국가기관의 정상 업무를 방해하는 것으로 전자와 함께 독직죄로 인정하였다.

뇌물수수죄에 대하여 제22판에서는 뇌물 공여로 부당 결과를 초래하였는지 여부에 근거하여 서로 다른 법정형을 규정하였다. 그러나 개정과정에서 법정형의 구분은 타인으로 하여금 뇌물 공여행위의 합법화를 오인하는 혐의가 있어 삭제하였다. 따라서 제33판 초안 개정시 조문에 "장금贓款·장물贓物의 몰수 또는 공공재산公款·공공물품公物의 상환"을 추가하였다.

뇌물수수죄란, 재물 또는 재산적 이익으로 국가공무원을 매수하여 그들로 하여금 직무수행을 통하여 개인이익의 불법취득을 요구하는 것이다. 뇌물수수의 중개죄란, 공여자와 수취인을 중개하는 것으로 뇌물 수수를 실현하는 행위를 말한다. 뇌물수수의 중개죄와 뇌물수수죄를 비교하여 볼 때, 어느 것이 심각한가? 이에 대하여 형법 개정안 초안의 견해는 상이하였다. 제22판 초안에서는 뇌물수수의 중개죄는 뇌물 수수죄에 비하여 "경미하게 처분하여야 한다"고 규정하여, 전항이 후자보다 범죄정도가 경미하다는 것을 규정하였다. 그러나 제33판 초안에서는 "뇌물 수수죄에 비추어 처분하여야 한다"고 규정하여 어느 범죄가 경미한지 여부는 구체적인 범죄에 따라 다르다. 제33판 개정시 뇌물 수수자가 국가공무원인 경우, 뇌물 수수죄의 범죄목적이 반드시 수수취인의 범죄활동에 의하여만 현실화 되는 한, 뇌물 수수죄의 사회위험성은 일반적인 뇌물 수수의 중개죄보다 크다는 것을 알 수 있다. 이에 기초하여 뇌물 수취의 경우 "5년 이하 유기징역 또는 구역"에 처할 수 있고, "국가 또는 국민의 이익에 심각한 손해를 초래한 경우 5년 이상 유기징역에 처할 수 있다." 그리고 뇌물을 공여하는 자 또는 중개하는 자에 대하여는 "3년 이하 유기징역 또는 구역에 처할 수 있다."

(2) 국가비밀 누설죄(제186조)

1950년 2월 24일 정무원에서 제정한「각급 정부 공무원이 국가 기밀 보호에 관한 지시」· 1951년 6월 8일 정무원에서 제정한「국가기밀보호임시조례」에 기초하여 1979년「형법」국가 기밀 누설죄가 제정되었다. 제33판 초안에 비하여, 최종 확정판의 적용 범위는 더 제한되었다. 제33판 초안에 의하면, "국가공무원이 국가 중요 기밀을 누설하는 경우, 7년 이하 유기징역 또는 구역에 처하여야 한다. 비국가공무원이 전항의 범죄행위를 행하는 경우 전항의 규정에 따라 처벌하여야 한다." 이와 대비하여 최종 확정판에서는 "국가공무원이 국가기밀보호법을 위반하여 국가의 중요한 기밀을 누설하는 경우, 범죄정도가 심각한 경우, 7년 이하 유기징역 · 구역 또는 정치적 권리를 박탈하여야 한다."

국가의 중요한 기밀이란, 국가 기밀 보호법에서 규정한 내용으로 국가가 엄격히 보호하여야 할 중대한 사항이다. 기밀 누설에는 고의와 과실이 있다. 그러나 입법적인 차원에서 제12조 제2항의 규정에 의하면, "과실 범죄의 경우 법률이 규정에 따라 형사책임을 진다." 그러므로 본 조항은 과실이 포함되어야 하지만 "과실"이란 글자를 구체적으로 명시하지 않았다. 향후 입법 해석으로 명확히 하여야 할 내용이다. 예컨대, 일부 학자들의 견해에 의하면, 과실로 국가 기밀을 누설하는 경우 정도가 심각하면 제187조에 따라 처리하여야 한다.

국가 기밀의 누설은 독직죄의 하나로 범죄 주체는 국가공무원이다. 그러나 실무 경험에 비추어 볼 때, 비국가공무원도 국가 기밀을 장악하는 경우가 존재한다. 예컨대, 국가기관 또는 군부기관에서 일하는 종업원 · 가족 또는 자녀들은 국가기밀을 어느 정도 알 수 있다. 그러므로 헌법에서 국민에게 부여한 "국가 기밀 보호"의무에 의하여, 국민의 비밀유지책임을 강화하기 위하여 제2항에서는 "비국가공무원이 전항의 규정을 위반하는 경우 전항의 규정을 참작하여 처벌하여야 한다"라고 규정하였다.

(3) 직무해태죄玩忽職守罪(제187조)

제22판 초안에서는 직무해태죄에 대한 규정이 없었고, 초안의 개정과정에서 전국정법회의에서 대표들의 제안에 의해 추가한 규정이다. 제33판 초안에 따르면 "국가공무원의 직무해태로 무책임하게 공공재산에 중대한 손해를 초래한 경우 7년 이하 유기징역 또는 구역에 처할 수 있다." 그 후의 개정과정에서 "심각한 무책임"과 "직무해태"의 의미가 중복되어 삭제하였다. 그리고 "공공재산의 중대한 손해를 초래한 경우"의 의미가 불문명하여, "공공재산·국가·국민의 이익에 중대한 손해를 가한 경우"로 개정하였다. 이 밖에 법정형 또한 기본에 비하여 더 가볍게 규정하였다. 이는 1979년「형법」제187조의 개정과정이다.

(4) 순사왕법죄徇私枉法罪(제188조)

제22판 초안에서는 본 범죄에 대하여 두 가지 조항으로 나뉘어 규정하였다. 하나는 "기소권이 있는 자에 대하여, 죄가 없는 자를 고의로 기소한 경우 또는 죄가 있는 자를 고의로 기소하지 않은 경우"에 대하여 규정을 구체화 하였고, 다른 하나는 "심판권이 있는 자가 고의로 사리사욕을 채우기 위하여 법을 위반하여 재판徇私枉法하는 경우" 등이 있다. 제33판 초안에서는 하나의 조문으로 통합하여 "사법권이 있는 자가 고의로 죄가 없는 자를 기소하거나 고의로 죄가 있는 자를 기소하지 않은 경우, 그리고 고의로 진실을 무시하고 법을 위반하여 재판하는 경우"로 구체화하였다. 1979년「형법」에서는 제33판 초안의 규정을 그대로 본받았으며, 아래와 같은 두 가지 내용만을 개정하였다. (1) "사법공무원" 뒤에 사리사욕을 위하여 법을 무시한 경우를 추가하여 본 조항의 세 가지 내용을 통합하였다. (2) 법정형을 기존의 "3년 이상 10년 이하 유기징역"으로부터 "5년 이하 유기징역·구역 또는 정치적 권리를 박탈"로 개정하였다. 범죄 정도가 심각한 경우(예컨대, 타인의 가정을 파괴하거나 또는 사망을 초래한 경우), "5년 이상 유기징역"에 처하여야 한다. 양형의 폭을 넓히는 것은 각종 경우에 대비하기 위한 것이다.

(5) 피감독자의 체벌학대죄(제189조)

제22판 초안에서는 "범인에 대한 학대"에 대하여 규정을 두었지만, 개정과정에서 삭제되었다. 제33판 초안의 개정과정에서 피감독자에 대한 인도주의 원칙을 적용하여, 체벌적 학대를 금지하였다. 따라서 동 조항은 우리 공산당의 일관적인 정책을 구현하는 것으로 반드시 필요하다. 이는 1979년 「형법」 제189조의 개정과정이다.

(6) 수감자의 사적 석방죄(제190조)

제22판 초안과 제33판 초안에서는 모두 본 범죄에 대한 규정을 두었다. 제22판 초안에 의하면 "사적 석방죄" 뒤에 "수감자의 탈옥 편의 제공"을 추가하였다. 개정과정에서 "수감자의 탈옥 편의 제공"의 의미가 불명확하여 이에 관련된 내용을 삭제하였다. 제33판 초안의 규정에 의하면 "사법기관이 수감자를 사적으로 석방하는 경우 수감자의 범죄행위에 비추어 형벌을 확정하여야 한다." 개정과정에서 사적 석방죄에 대하여 "반좌"의 처리원칙을 적용하는 것이 타당하지 않다는 이유로 법정형을 확정하였다. 그러므로 본 범죄에 대하여 "5년 이하 유기징역 또는 구역"에 처하여야 한다. 범죄 정도가 심각한 경우(예컨대, 중대한 범죄자를 석방하거나 석방후 피해자를 복수 또는 범죄행위를 계속하는 경우), "5년 이상 10년 이하의 유기징역"에 처하여야 한다.

본 범죄의 적용대상은 사법기관 공무원이 고의로 범죄행위를 행한 경우를 말한다. 객관적인 차원에서 볼 때, 수감(또는 수감 도중)의 범죄자(기판결과 미판결 모두 포함)를 사적으로 석방하는 것으로 주관적인 고의로 구성된다. 동기가 개인적인 감정으로 인한 것 또는 뇌물 수수를 받은 경우 및 공동범죄의 경우 등을 막론하고 모두 범죄가 성립된다.

(7) 우체국 직원의 우편·전보 물자의 개봉·밀수·폐기죄(제191조)

본 조항은 제33판 초안의 내용을 그대로 유지한 기초에서 법정형만을 조정하였고, 제2항에 "가중처벌"을 추가하였다.

본 범죄의 범죄자는 우체국 직원이다. 만약 비우체국직원이 사적으로 타인의 편지를 개봉하거나 은닉·훼손 및 폐기하는 경우, 1979년 「형법」 제149조 국민통신자유 침해죄에 의하여 처벌하여야 한다.

범죄 구성을 볼 때, 범죄는 고의적이어야 한다. 과실로 우편·전보를 유실하여, 국가와 국민의 이익에 중대한 손해를 가한 경우 1979년 「형법」 제187조 직무유기죄에 의하여 처리하여야 한다.

우체국 직원이 본 범죄에 의하여 재물을 절도한 경우, 1979년 「형법」 제155조 횡령죄에 의하여 가중 처벌하여야 한다. "가중"한 이유는 재산상의 횡령뿐만 아니라 국민의 통신자유를 침해하여 우체국 부서의 정상적인 관리활동을 해쳤기 때문이다.

(8) 기타 범죄에 관한 문제

본 장의 개정과정에서 아래 내용을 추가하기로 계획하였다. 즉, "국가공무원이 권한을 남용하여 행한 위법행위로 국민의 인신적 권리를 해치거나 공공재산 또는 사적 재산에 중대한 손해를 가한 경우, …에 따라 처리하여야 한다." 그러나 "권한을 남용하여 행한 위법행위"의 범위가 "독직죄"와 비슷한 점을 감안하여 기타 조문과 나열하는 경우 적용면에서 곤란을 야기할 수 있다고 인정하였다. 따라서 적용상의 문제점은 다시 수죄병벌의 원칙을 적용할 수 없으며, 결과적으로 볼 때 형벌을 가중하였다. 이에 근거하여 동 조항을 채택하였다.

(9) 범죄정도가 경미한 독직죄瀆職罪에 대한 행정처분(제192조)

국가기관 공무원이 독직죄를 범한 경우 범죄정도가 경미하면 주관부서에 의하여 행정처분을 하여야 한다. 이는 "교육면을 확대하고 타격면을 축소하는 정책"에 부합한다. 「형법」 제32조는 위 정책을 규정하였으나, 제22판 초안과 제33판 초안에서는 동 규정에 기초하여 "형사처벌의 심중성"을 표현하기 위하여 동 조항을 그대로 유지하였다.

하권
―

중화인민공화국
형법의 발전

총칙

형법의 임무·기본원칙 및 적용범위

01

1) 형법의 목적과 근거(제1조)

1988년부터 개시한 형법의 개정작업에서 본 조에 대한 존·폐에 대하여 우리 나라 형법학계와 실무계에서는 다음과 같은 서로 다른 견해가 존재하였다. 신구 형법의 규정을 비교하면, 다음과 같은 세 가지 개정 내용을 볼 수 있다. (1) 형법입법의 지도사상을 명확히 규정하지 않았고, 형법 제정의 근거를 간략화 하였다. (2) 징벌과 선처의 형사 정책을 명확히 규정하였다. (3) 형법 제정의 목적을 명확히 규정하였다. 1996년「형사소송법刑事訴訟法」제1조에서는 형사소송법의 목적을 명확히 규정하였다. 즉, 범죄를 처벌하고 국민을 보호하는 것이다. 절차법과의 호응을 위하여 형법 개정시 형법의 목적을 "범죄를 처벌하고 국민을 보호한다"라고 규정하였다.

2) 형법의 임무(제2조)

형법의 임무에 대하여 1979년「형법」제2조에 의하면, "중화인민공화국 형법의 임무는 형벌로 반혁명과 기타 형사 범죄행위와 투쟁을 하는 것으로, 무산계급 제도를 보호하고, 사회주의 국민소유 재산과 노동자 집단적 소유 재산을 보호하며, 국민 개인 소유의 합법적 재산을 보호하는 것으로, 국민의 인적 권리·민주적 권리 및 기타 권리를 보호하고, 사회질서·생산질서·사업질서·강의 연구질서 및 국민의 생활질서를 수호하는 것으로 사회주의 혁명과 사회주의 건설 사업의 순조로운 진행을 도모하기 위한 것이다."

형법 개정은 1979년 형법전의 내용을 본받은 기초에서, 우리 나라 사회·정치·경제의 발전과 법제도의 추진상황에 따라 아래와 같은 몇 가지 내용만을 개정하였다. (1) "형벌을 이용한 반혁명 및 기타 형사범죄행위와 투쟁"을 "형벌을 이용한 모든 범죄행위와 투쟁"으로 개정하였다. (2) "무산계급제도의 수호"를 "국가 안전을 보호하고 인민민주정권과 사회주의 제도를 보호"하는 것으로 개정하였다. (3) "사회주의 국민소유의 재산과 노동집단 소유제의 재산"을 "국유재산과 노동집단소유제의 재산 보호"로 개정하였다. 법적 용어가 간략화 되었으며, 형법 제88조에서 규정한 "국유재산"의 규정과 일체성을 이루었다.¹ (4) "국민개인소유의 합법적 재산"을 "국민개인소유의 재산"으로 변경하였다. 법에서 보호하는 것은 합법적인 재산이므로, 불법재산은 법적 보호를 받지 아니 한다. (5) "사회질서·생산질서·작업질서 및 연구질서와 국민생활질서"를 "사회질서와 경제질서"로 변경하였다. (6) "사회주의 혁명과 사회주의 사업의 순조로운 진행을 보장한다"를 "사회주의 사업의 순조로운 진행을 보장한다"로 개정하였다.

　이상의 개정과 조절로, 1997년「형법」제2조의 규정이 형성되었다. 즉, "중화인민공화국 형법의 임무는 형벌로 모든 범죄행위와 투쟁을 하는 것으로 국가안전을 보호하고, 인민민주 정권과 사회주의 제도를 수호하는 동시 국민개인재산·국민인적권리·민주권리와 기타 권리를 보호하여, 사회질서·경제질서를 유지하고 사회주의 건설사업의 순조로운 진행을 보장한다."

3) 형법의 기본원칙(제3조·제4조·제5조)

　1997년「형법」제3조·제4조·제5조는 죄형법정주의·형법적용의 평등원칙 및 죄책형 형평주의를 규정하였다. 세 가지 원칙은 1997년 형법 개정시 새로이 추가한 내용이다.

(1) 죄형법정주의(제3조)
① 죄형법정주의의 확립과정
　죄형법정주의는 우리 나라 1979년 형법전에서 확립되지 못한 원칙이다. 그러므로 형법 개정이 입법 계획으로 확정된 시기에 형법 학계에서는 형법전에 죄형법정주의를 확립할 것인지 여부 또는 유추적용의 금지에 관하여 의견이 갈라졌

1　여기서 언급한 제88조란 1996년 10월 10일 의견수렴초안의 제88조를 말한다.

다. 긍정적인 의견을 보유한 학자에 따르면, 죄형법정주의는 반드시 형법전의 원칙으로 확정되어야 한다는 것이다.[2] 그 이유는 죄형법정주의의 최대 가치는 죄형이 인권을 보장할 수 있기 때문이다.

그러나 다수의 학자와 국가 입법기관은 죄형법정주의에 대하여 "유보설"을 주장하였다. 그러므로 1988년 9월, 11월 16일 및 12월 25일의 형법 개정안에서 죄형법정주의를 규정하지 않았고, 총칙에서 유추제도를 규정하였다.

형법개정의 추진과 우리 나라 정치·경제의 변천에 따라 형법입법이 날로 발전하였고, 유추제도의 존폐문제에 대하여 세 가지 의견이 두 가지 의견으로 갈라졌다. 즉, 유지설과 폐지설이 대립되었다. 1979년 형법전 시행의 십 여년이 거친 날에, 입법기관은 24개 단행 형사법률을 제정하였고, 107개 비 형사법률에서 형사책임조항을 설치하였으며, 형법전에 대하여 대량의 개정과 보충을 하였다. 전국인민대표대회 상무위원회에서는 1995년 8월 8일에 죄형법정주의를 확립하여, 행위시 범죄로 확정하지 않은 행위에 대하여 처벌을 하지 않을 것을 규정하였다. 그 후의 여러 차례 개정과정에서 모두 죄형법정주의의 확정으로 유추적용제도를 취소하였다.

② 죄형법정주의의 형법 위상

1995년 8월 8일의 형법 총칙 개정안에서 죄형법정주의는 형법 총칙 제1장의 "형법의 임무·기본원칙 및 적용범위"의 제3조에서 확립되었다. 여러 차례 형법 총칙 개정안 및 1996년 8월 31일 형법 개정안에서 동 조항의 위치는 변경되지 않았다. 그러나 1996년 10월 10일의 개정안에서 입법기관은 형법 총칙 제1장의 명칭을 "형법의 임무와 적용범위"로 개정하면서 "기본원칙"을 삭제하였다. 이로 인하여 "죄형법정주의"에 관한 규정은 형법 총칙 제2장 "범죄"의 제11조로 옮기게 되었다.

2　高銘暄, "略論我國刑法對罪刑法定原則的確定", 「中國法學」(中國法學會), 1995년 제5기; 馬克昌, "罪刑法定原則立法化芻議", 「刑法修改建議文集」, 北京, 中國人民大學出版社, 1997, p.93.

그러나 그 후의 개정과정에서 형법 학계와 형사 실무부서에서는 형법 기본원칙의 중요성을 제기하면서 형법 총칙에서 형법의 기본원칙을 규정하는 의견을 제기하였다. 최종 입법기관은 개정 의견을 채택하였으며, 1996년 12월 중순의 개정안에서 이를 반영하게 되었다. 이로써 죄형법정주의는 다시 형법 총칙 제1장의 "형법의 임무·기본원칙 및 적용범위" 제3조에서 규정하게 되었다.

③ 죄형법정주의의 구체적 표현

형법 개정과정에서 죄형법정주의의 입법적 표현은 일련의 변화를 거쳐 최종 확정되었다. 1995년 8월 8일 형법 총칙의 개정초안 제3조에서 최초로 죄형법정주의를 규정하였고, 입법기관은 "행위시 범죄로 인정하지 않은 행위에 대하여 범죄로 처벌하여서는 아니 된다"는 내용으로 표현되었다. 해당 표현은 전통적인 죄형법정주의에서 언급한 내용과 동일하다. 1996년 10월 10일 형법 개정초안에 따르면, 죄형법정주의의 표현은 기존과 비교시 큰 변화를 가져왔으며 구체적인 규정에서 "행위시"란 문구를 삭제하였다. 제11조에 따르면, "법에서 규정한 범죄행위에 대하여 법에 따라 양형을 하여야 한다. 법에서 규정하지 않은 행위는 범죄로 처리하여서는 아니 된다." 그 후의 개정안과 1997년 형법전에서는 모두 위와 같은 죄형법정주의를 채택하였다.

(2) 형법상 평등주의의 적용(제4조)

1997년「형법」제4조의 규정에 의하면, "그 누구를 막론하고 범죄행위를 행할시, 법적용에서 평등하다. 그 누구도 법에서 정한 권한을 초과하여서는 아니 된다." 이는 1997년 형법전에서 확립한 평등주의이다.

형법의 개정과정에서 평등주의를 신 형법전에 삽입할 것인지 여부에 대하여 논쟁이 발생한 적이 있다. 반대론자에 의하면, 형법의 기본원칙은 반드시 형법의 특수한 특징이라고 주장하였다. 그러나 긍정론자에 의하면, 평등주의는 "형법 부서가 갖고 있는 특수성"을 형법 기본원칙의 하나로 확립하는 것은 결코 타당하지

못한 것이라고 주장하였다.[3]

결국 입법기관은 후자의 견해를 채택하여, 1996년 10월 10일의 개정안 제60조 제1항에서 처음으로 평등주의를 규정하였다. 즉, "그 누구를 막론하고 범죄행위를 행할시, 법적용에서 평등하다. 법 적용 면에서 특권이란 존재하지 아니 한다."

개정안의 논의 과정에서 형법 학계와 실무계의 전문가들은 형법의 기본원칙이 반드시 형법 규범과 형법 적용의 전 과정에 존재하여야 하며, 형법 기본성질과 기본 정신의 기준을 표현하는 것으로, 형법에서 주도적인 역할이 있다. 형법 기본원칙의 위상은 형법의 첫 장에서 규정하여야 할 뿐만 아니라 "형법 평등주의를 적용"하는 것으로 형사 입법과 형사 사법의 전 과정에 존재하여야 한다. 그러므로 형법의 기본원칙을 양형 원칙으로 인식하여 형법 총칙 제4장 제1절 "양형"에서 규정하는 것은 타당하지 않다. 형법의 기본 원칙을 제1장에서 통합하여 규정할 것을 제안하였다. 입법기관은 해당 제안을 받아들여, 1996년 12월 형법 개정안에서 "형법 적용의 평등주의"를 형법 총칙 제1장 "형법의 임무·기본 원칙 및 적용범위"의 제4조에서 규정한 동시, 내용면에서도 적당한 조정을 하여 "특권을 용납하지 아니 한다"를 "그 누구를 막론하고 법에서 확정한 권한을 초과하여서는 아니 된다"로 개정하였다. 이는 1997년「형법」제4조의 개정과정이다.

(3) 죄책형의 적응 원칙(제5조)

1997년「형법」제5조의 규정에 의하면 "형벌의 정도는 범죄자의 범죄행위와 형사책임에 적응하여야 한다." 이는 우리 나라 형법의 죄책형 적응원칙이다.

형법의 개정과정에 형법 차원에서 죄책형 적응원칙을 규정할 것인지 여부에 대하여 우리 나라 학계와 실무계에서는 서로 다른 의견이 대립되었다. 결과적으로 볼 때, 입법기관은 앞서 언급한 두 가지 견해를 종합하여, 1996년 10월 10일에

3　趙秉志,「刑法總則問題專論」, 北京, 法律出版社, 2004, p.219.

개정한 초안 제60조 제2항에서 처음으로 죄책형 적응 원칙을 규정하였다. 즉, "범죄자에 대한 형벌의 정도는 범죄행위와 형사책임간의 형평성을 유지하여야 한다."

1996년 12월 중순의 개정안에 따르면 죄책형 정응원칙은 형법 총칙 제1장 "형법의 임무·기본원칙 및 적용범위" 제5조에서 규정하였으며, 일부 문자만을 개정하였다. 이상은 바로 1997년 형법전에서의 평등주의에 관한 개정과정이다.

(4) 형법에 기타 원칙을 추가할 필요성이 있는지 여부에 관한 문제

형법의 개정과정에서 형법 내부에 어떠한 기본 원칙을 추가할 것인지가 문제되었고, 우리 나라 학계에서는 이에 대한 논쟁이 계속 존재하였다. 특히 1995년 8월 8일 형법 총칙 개정안 제3장에서 처음으로 죄형법정주의를 규정하여, 형법의 기본 원칙에 관한 논쟁이 한 걸음 나아가도록 추진하였다.

입법 조건 등을 감안하여 양형과 형사 집행 원칙 외에는 기본원칙에 포함하지 않는다는 견해를 통일하여, 입법기관에서는 기타 기본 원칙을 형법전에 추가하지 않았다.

4) 형법의 공간적 효력(제6~9조)

(1) 형법의 속지관할권(제6조)

형법의 속지관할권에 대하여 1997년 「형법」 제6조에 따르면, "중화인민공화국 영역 내에서 범죄행위를 행한 자는 법에서 특별이 규정한 사항 외에 본 법을 적용하여야 한다. 그리고 중화인민공화국 선박 또는 항공기 내에서 범죄행위를 행한 경우에도 본 법을 적용하여야 한다. 범죄의 행위 또는 결과 중 하나가 중화인민공화국 영역내에서 발생한 경우, 중화인민공화국 영역내의 범죄로 확정하여야 한다."

이상의 규정은 1979년 「형법」 제3조의 규정을 적용하였고, 단 법 규정의 "비행기"를 "항공기"로 개정하였다. 따라서 국제 조약에서 언급한 "항공기"란, 공간적 항행을 하는 여러 유형의 항공 도구를 의미하며, 비행기보다 범위가 넓다. 그러므로 항공기로 개정하는 것이 더 타당하다.

(2) 형법의 속인관할권(제7조)

1979년 형법전의 제정과정에서, 우리 나라 개혁개방이 방금 시작한 이유로, 외국의 중국 국민은 수량이 적고 화교로 구성되었다. 그러므로 형법에서는 우리 나라 영역외의 중국 국민의 범죄행위에 대하여 선택적으로 중국 형법의 입장을 적용하였다. 1979년「형법」제4조 죄명을 나열하였지만, 전면적이기지 못한 문제점이 여전히 존재한다. 따라서 우리 나라 국민이 중국 국경 외에서 행한 범죄행위에 대하여 형법을 적용하는 전제는 범죄 유형의 다양성이므로, 현재 범죄행위의 유형의 제한성은 다시 우리 나라의 국가 이익과 중국 국민의 합법적 권익을 수호하지 못한 문제점이 존재한다. 그러므로 형법의 속인주의 관할 원칙을 개정하는 것은 당연한 것이다.

① 속인관할의 적용범위에 관한 논쟁

형법의 속인주의 관할원칙을 어떻게 합리적으로 적용할 것인가? 이에 대하여 우리 나라 형법 학계와 사법 실무에서는 견해가 대립된다. 주요 쟁점은 아래와 같은 네 가지가 존재한다.

첫째, 우리 나라 형법의 속인주의 관할원칙의 범죄 유형을 어떻게 확정할 것인가? 둘째, 우리 나라 형법의 속인주의 관할원칙의 형벌 기준을 어떻게 확립할 것인가? 셋째, 1979년「형법」제5조 "단서"를 계속 유보할 것인가? 넷째, 국가기관 공무원과 군인의 관할 기준을 단독으로 규정할 것인가?

② 속인관할의 입법적 연혁

국가 입법기관이 형법의 전면개정을 국가 입법 계획으로 상정한 경우, 형법의 속인관할을 어떻게 개정할 것인가가 학계의 주목을 받기 시작하였다. 입법 연혁에서 볼 때, 1988년 12월 25일의 형법 개정안 제5조 제1항에 의하면, "중화인민공화국 국민이 중화인민공화국 영역 외에서 형법 각칙 제1장에서 정한 국가안전에 해한 범죄행위를 행한 경우 형법을 적용한다. 기타 범죄를 행한 경우, 본 법에서 정한 최저 양형기준인 3년 이상 유기징역에 처할 수도 있다. 그러나 범죄행위 발생지의 법에 따라 처벌대상이 아닌 경우는 제외된다." 이 밖에 해외 출장 중의 국가 공무원이 외국에서 범죄행위를 행하여, 당과 정부의 국제 이미지를 해한 경우, 제5조 제2항에 따라 "중화인민공화국 국가 공무원이 중화인민공화국 영역 외의 범죄행위로 인식하여 본 법을 적용하여야 한다."

본 법의 개정과정에서 일부 학자들은 군인의 특수성을 감안하여 군인에 대하여 국가 공무원의 기준을 적용하여야 한다는 견해를 제기하였고, 해당 견해를 받아들여 최종 형법에서는 "군인이 우리 나라 영역 외에서 범죄행위를 행한 경우 우리 나라 형법을 적용하여야 한다"는 규정을 신설하였다. 1996년 6월 24일의 형법 총칙 개정안에서는 최종 해당 제안을 받아들였다. 1996년 8월 8일 형법 총칙 개정안과 1996년 8월 31일 개정안 제5조에서는 위 견해를 줄곧 받아들였다.

그 후의 개정과정에서 입법기관은 "범죄지의 법률에 따라 처분을 면제한 경우를 제외한다"라는 규정을 삭제하였고, 1996년 6월 24일의 초안 제5조와 제2항의 순서를 조절하여, 최종 1996년 10월 10일 개정초안의 제4조를 형성하였으며, 이것이 바로 1997년 「형법」 제7조의 개정과정이다.

(3) 형법의 보호 관할권(제8조)

형법의 보호 관할권에 대하여 1997년 「형법」 제6조의 규정에 따르면, "외국인이 중화인민공화국 영역 외에서 중화인민공화국 국가 또는 국민에게 범죄행위를 행하는 경우 본 법에 따라 3년 이상 유기징역에 처하여야 한다. 그러나 범죄지 법률에 의하여 처벌을 면제하는 경우는 제외된다."

1997년 형법전에서는 1979년 「형법」 제6조의 규정을 그대로 본받았다. 그러나 형법의 개정과정에서 일부 학자들은 동 조항을 두 개의 조항으로 구분할 것을 제안하였다. 즉, 제1항에서 "외국인이 우리 나라에 대한 범죄행위는 본 법을 적용한다." 제2항에서 "외국인이 우리 나라 국민에 대한 범죄행위는 본 법에 의하여 3년 이상 유기징역인 경우 본 법을 적용한다. 그러나 범죄지 법률에 의하여 처벌을 면제한 경우는 제외된다." 따라서 위의 개정 견해는 실무에 대하여 실질적인 작용이 없어, "원칙적으로 문제가 없는 조항은 개정을 하지 않음"의 원칙에 의하여 입법 기관에서는 결국 개정 견해를 받아들이지 않았다.

(4) 형법의 보편적 관할권(제9조)

1979년 형법전에는 보편적 관할권에 관한 내용이 없다. 1979년 형법전 시행 후 우리 나라는 1998년 10월에「항공기 불법납치 제지에 관한 조약」과「민용항공 안전을 위협하는 불법행위 제지에 관한 조약」에 가입하였고, 1987년 6월에「국제 보호를 받을 외교대표를 침해하는 범죄행위를 방지하는 조약」에 가입하였다. 이상 조약은 모두 국제범죄를 규제하는 조약으로 범죄행위가 어느 국가에서 발생하는지 여부를 불문하고 구체적인 관할권을 확립하였다. 이러한 인류 생명 재산 안전을 위협하거나 국제관계를 파괴하는 국제 범죄행위에 대하여 보편적 관할권에 관한 조항을 규정하였다.

형법 개정 과정에서 형법전의 보편적 관할권에 관한 규정을 형법의 어느 부분에서 규정할 것인지 여부에 대하여 입법기관에서는 일련의 변화 과정을 거쳤다. 1988년 9월의 형법 개정안에서 보편적 관할권은 단독적인 규정으로 속지관할·속인관할과 병열한 원칙이다. 그러나 병열관계는 보편적 관할권의 성질과 논리에 부합하지 않았다. 보편적 관할은 국제 형사관할권을 확립하는 데 있어 보조적 원칙으로 보충성을 갖고 있다. 1988년 11월 16일과 12월 25일에 입법기관은 형법 개정안에서 보편적 관할권을 "외국판결의 효력" 뒤에 규정하였다.

보편적 관할원칙과 속지관할원칙 및 속인관할원칙·보호관할 원칙간의 내제적 연계로 인하여 1996년 8월 8일 형법 총칙 개정안에서는 보편적 관할을 형법 개정안에서 제6조 보호관할원칙의 뒤, 제8조 "외국판결의 효력" 이전에 규정하였다. 보편적 관할원칙이 형법전에서 확정한 구체적 원칙은 1997년 형법전에서도 그대로 본 받았다. 1997년「형법」제9조의 규정에 따르면 "중화인민공화국 체결 또는 참여한 국제조약에서 규정한 범죄행위에 대하여 중화인민공화국은 조약에서 정한 의무에 따라 본 법을 적용하는 것으로 형사관할권을 행사한다."

5) 외국형사판결의 효력(제10조)

외국형사판결의 효력은 1997년「형법」제7조에 따르면 "중화인민공화국 영역외의 범죄행위에 대하여 본 법에 따라 형사책임을 진다. 비록 외국의 심판과정을 거쳤더라도 여전히 본 법을 적용할 수 있다. 그러나 외국에서 이미 형사처벌을 받은 경우 면제 또는 감형 처벌할 수 있다."

1997년 형법전에서는 1979년 형법전의 규정을 대체적으로 그대로 본받았으나, 입법 용어 면에서는 정확성이 더 업그레이드 되었다. 1997년「형법」제10조의 "여전히 본 법에 따라 처리할 수 있다"를 "여전히 본 법에 따라 법적 책임을 추궁할 수 있다"로 개정하였다.

6) 외교 면제(제11조)

외교 형사 면제에 대하여 1979년「형법」제8조에 의하면 "외교 특권과 면제권을 갖고 있는 외국인의 형사책임문제는 외교를 통하여 해결할 수 있다."

1997년「형법」제11조에서는 1979년「형법」제8조의 규정을 그대로 본받았다. 다만, 기존 규정의 "문제"란 두 글자만을 삭제하여 표현면에서 더 정확하게 하였다.

7) 형법의 소급력(제12조)

형법의 소급력에 대하여 1979년「형법」제9조에서는 "구법에 따르되 처벌이 경미한 규정을 적용하여야 한다"라고 규정하였다. 해당 형법의 소급원칙과 죄형법정주의의 요구는 동일하다. 그러나 1981년 새로운 형법전이 시행전, 우리 나라 입법기관은 20여부의 "결정" 또는 "보충규정"으로 표현한 단행 형법을 통과하였다. 해당 단형법규에서는 사실상 "구법에 따르되 처벌이 경미한 규정을 적용하여야 한다."란 원칙을 준수하지 않았으며, "신법을 적용한다."의 원칙 또는 "조건부

신법 적용 원칙"을 명확히 하였다.

신 형법전에서 규정한 형법의 소급력은 여전히 "구법에 따르되 처벌이 경미한 규정을 적용하여야 한다."의 원칙을 준수하였다. 따라서 기본적인 내용과 정신은 1997년 형법전의 규정과 동일하지만, 1979년 형법전에 비해, 아래와 같은 세 가지 내용을 개정하였다.

(1) 1979년 「형법」 제9조에서 규정한 형법의 효력발생시간에 관한 규정 내용을 새로운 형법전의 부록에서 규정하였다.
(2) 조문의 "법령"과 "정책"을 삭제하였다.
(3) 1997년 형법 효력발생전의 판결 효력에 대한 규정을 추가하였다.

이로써 1997년 「형법」 제12조의 규정은 다음과 같이 확정되었다. 즉, "중화인민공화국 성립 이후 본 법 시행 이전의 행위에 대하여, 당시의 법률이 범죄로 인식하지 않은 행위는 그 당시의 법률을 적용한다. 단, 당시의 법률이 범죄로 인식하는 경우, 본 법 총칙 제4장 제8절에 따라 소급하여 당시의 법에 의하여 형사책임을 추궁하여야 한다. 그러나 본 법에서 범죄로 인식하지 않거나 형사처벌이 경미한 경우, 본 법을 적용하여야 한다. 본 법 시행 이전 그 때 당시의 법률에 따라 이미 효력이 발생한 판결을 내린 경우 판결은 계속 유효하다."

범죄

02

1. 범죄와 형사책임

1) 범죄의 개념(제13조)

1979년 「형법」 제10조에 의하면, 범죄란 "일체 국가 주권과 영토완전성을 해치고, 무산계급 정권을 해치며, 사회주의 혁명과 사회주의 건설을 파괴하고, 사회질서를 파괴하며, 국민소유의 재산 또는 노동자집단소유 재산을 해치고, 국민 개인 소유의 합법적 재산을 해하며, 국민의 신체권리·민주권리 및 기타 권리를 침해하는 것으로 법에 따라 형사처벌을 받는 행위를 말한다. 그러나 범죄정도가 경미한 경우 범죄로 인식하지 아니 한다."

1997년 형법전의 규정은 1979년 형법전의 규정과 대체로 동일하지만, 아래와 같은 세 가지 면에서 개정을 하였다. 첫째, "국가주권·영토완전" 뒤에 "안전"을 추가하였다. 그리고 "무산계급정권을 해치는 행위와 사회주의 혁명과 사회주의 건설을 파괴하는 행위"를 보완하여 "국가를 분열하고, 인민민주정권과 사회주의 제도를 뒤엎는 행위"로 개정하였다. 둘째, "사회질서의 파괴" 뒤에 "경제질서"를 추가하였다. 셋째, "국민 소유의 재산"을 "국가 소유의 재산"으로 개정하였으며, "국민 개인 사유의 합법적 재산"의 "합법적"을 삭제하였다.

이상의 개정으로, 1997년 「형법」 제13조에서는 "일체 국가 주권과 영토완전 및 안전을 해치고, 국가를 분열하고 인민민주정권과 사회주의 제도를 뒤엎으며, 사회질서와 경제질서를 파괴하고, 국가재산과 노동자집단소유의 재산을 해치고, 국민소유의 재산을 해치고, 국민의 신체권리·민주권리 및 기타 권리를 침해하는 것으로 법에 따라 형사처벌을 받는 행위를 말한다. 그러나 범죄정도가 경미한 경우 범죄로 인식하지 아니 한다"라고 규정하였다.

2) 고의 범죄와 과실 범죄(제14조·제15조)

1997년 「형법」 제14조 제1항의 규정에 의하면, "자신의 행위가 사회를 해치는 결과를 알고도, 이러한 결과를 희망하거나 방임하는 것은 고의범죄에 해당한다." 제2항에 따르면 "고의 범죄인 경우 형사책임을 져야 한다."

제15조 제1항의 규정에 따르면, "자신의 행위에 대한 사회위험성을 예견 가능 하여야 하고, 소홀히 하여 예견하지 못하거나 또는 예견하였지만 손해를 회피할 수 있다고 믿어 손해의 결과를 초래할 때, 과실범으로 인정한다."

고의 범죄와 과실 범죄의 개념은, 1979년「형법」제11조와 제12조의 규정을 그대로 적용한 것이다.

사실상 형법 개정과정에서 고의 범죄와 과실 범죄에 대하여 논쟁이 발생하였다. 즉, "원칙적인 문제가 없는 경우 개정을 하지 아니 한다"는 입법원칙으로 인하여 신형법전에서는 1979년「형법」제11조와 제12조를 그대로 적용하였다.

3) 불가항력과 의외 사건(제16조)

1979년「형법」제16조의 규정에 의하면, "행위가 객관적으로 손해의 결과를 초래하였지만, 고의 또는 과실이 아닌 불가항력 또는 예견 불가한 원인인 경우 범죄가 아니다."

본 조항의 불가항력과 의외 사건에 관한 규정은 1979년「형법」제13조의 규정을 그대로 적용한 것이며, 기존 규정 중의 "범죄로 인식하지 아니 한다"를 "범죄가 아니다"라고 개정하여 용어 사용을 더 정확히 하였다.

4) 형사책임능력(제17조~제19조)

(1) 형사책임연령(제17조·제17조의 1)

형법 개정과정에서 형사책임의 연령문제는 지속적으로 법적 논쟁이 존재한 문제이다. 우리 나라 형법학계·법률 실무계에서는 최저 형사책임 연령문제의 기산점과 상대적 책임연령단계의 미성년자 형사책임부담범위를 둘러싸고, 광범위한 논쟁을 거쳐, 최종 아래와 같이 의견을 통일하였다.

① 최저형사책임연령문제

1979년「형법」제14조의 규정에 의하면, 최저 형사책임 연령은 14세로, 14세 미만인 자에 대하여 형법에서 금지한 위해행위를 행하였더라도 형사책임을 부담하지 아니 한다.

최저 형사책임연령의 확정에 대하여 형법 개정과정에서 일부 학자는 기존의 14세를 13세로 변경할 것을 주장하였지만, 그 후의 개정과정에서 다수 학자들이 반대의견을 주장하여 최종 개정하지 못하였다. 세계범위에서 볼 때, 다수의 국가는 14세를 형사책임부담의 기산점으로 확정하였으며, 처음으로 청소년 범죄문제에 대한 지도의견인「북경규칙」에서도 형사책임연령의 기산점을 낮게 규정하는 것을 반대하였다. 형사책임연령을 규정할 때, 각 국가 형법에서 정한 연령에 관한 상황과 추세를 고려하여야 할 뿐만 아니라「북경규칙」의 조약 정신 또한 함께 고려하여야 한다.[1]

이상 이유에 근거하여, 우리 나라 형법에서는 미성년사 형사책임연령의 기산점을 하향하여서는 안된다는 것으로 의견을 통일하였다. 입법기관에서는 해당 의견을 채택하여, 1995년 8월 8일의 형법 총칙 개정안에서 최저 형사책임연령을 13세로부터 14세로 회복하였다. 연령의 표현에서 "*세"란 "만*세"를 의미한다.

② 상대책임연령 단계에서 미성년자가 형사책임을 지는 범위

14세 이상 16세 미만의 자에 대한 형사책임범위의 문제에 대하여 1979년「형법」제14조 제2항에서 규정하였다. 동 규정에 따르면, "14세 이상 16세 미만의 자가 살인·중상해·강탈·방화·상습절도죄 또는 기타 사회주의 질서파괴죄를 범한 경우 형사책임을 져야 한다." 1979년 형법전 시행 후, 사법실무의 발전으로 해당 조항을 둘러싼 사법적용 논쟁이 날로 많아 졌다. 예컨대, 조문에서 나열한 "살인·중상해"에 과실이 포함될 수 있는지 여부, 그리고 "기타 사회질서 파괴죄"의

---

[1] 最高人民法院刑法修改小組, "關於刑法總則修改的若干問題(草稿)(1989年3月)", 高銘暄·趙秉志,「新中國刑法立法文獻資料總覽(下)」, 北京: 中國人民公安大學出版社, 1998, pp. 2234~2235.

적용범위를 어떻게 파악할 것인지 여부 등이 있다. 형법 개정 과정에서 14세 이상 16세 미만의 미성년자가 형사책임을 지는 범위에 대하여 형법학계와 사법 실무 학계에서는 서로 다른 견해가 존재하였다.

형법 개정안 또는 형법 초안의 제정과정에서 입법기관은 상대책임연령 문제에 대하여 의견이 나뉘어 졌지만, 결과적으로 볼 때, 1979년 형법전의 기초에서 14세 이상 16세 미만의 자의 판단능력과 지배능력의 구체적인 상황을 고려하여 법 조문에서 강간죄·마약 매매죄·폭발죄·독극물 투입죄 등 네 가지 발생 가능성이 높은 범죄를 추가하였다. 이로써 1997년 형법전에서 14세 이상 16세 미만의 자가 형사책임을 질 수 있는 경우는 고의살인·고의상해로 인한 중상해 또는 사망·강간·강탈·마약 매매·방화·폭발 및 독극물 투입죄 등이 있다.[2]

③ 형사책임연령에 대한 기타 보충 및 개정

이상 중대한 발전 외에 1997년 형법전 및 형법 개정안에서는 아래와 같은 세 가지 면에서 형사책임연령에 대하여 개정을 하였다.

첫째, 연령의 표현방식을 개정하였다.

1997년 2월 17일에 제정한 「중화인민공화국형법」(개정초안)에서는 1979년 형법전의 연령 표현을 "*세"로부터 "*만세"로 개정하였고, 이는 다시 1997년 형법전에서 계속되었다.

둘째, "처벌하지 않음"의 성질을 명확히 하였다.

1995년 8월 8일 형법 총칙 개정안에서는 "처벌하지 않음"을 "형사처벌을 하지 않음"으로 명확히 하는 것으로 표현의 정확성을 추구하였다. 그 후로부터 형법 개정초안에서는 이러한 표현을 1997년 「형법」 제17조 제4항까지 유지하였다.

셋째, 노인범죄에 대한 선처 원칙을 확립하였다.

「형법개정안 (8)」(刑法修正案8)의 심사과정에서 노인범죄에 대한 사형면제가 사

---

2 《刑法修正案(三)》제2면의 규정에 따르면, "최고인민법원·최고인민검찰원"의 사법해석은 "독극물 투입죄"를 "위험물질 투입죄"로 변경하였다.

회적인 이슈로 되었다. 논쟁은 구체적으로 아래와 같은 두 가지 문제에 집중되었다. 하나는 노인 범죄의 연령 제한 문제이다. 일부 학자는 60세 이상을 노인으로 구분할 것을 주장하였지만, 70세 이상 또는 80세 이상을 주장하는 이도 존재하였다. 다른 하나는 노인 범죄에 대한 선처 기준에 관한 문제이다. 일부 학자는 노인 범죄에 대하여 모두 선처할 것을 주장하였지만, 일부 학자는 노인의 생활 경험 등을 비추어 볼 때 선처 원칙이 불합리 하다는 것이다. 입법기관은 여러 학자들의 의견을 종합하여 노인 범죄를 모두 선처한다는 것은 불합리하다는 견해를 받아들였다. 그러므로 1997년「형법」제17조의 규정에서는 75세 이상인 자가 고의적으로 범죄행위를 행하는 경우 처벌을 경감하는 가능성이 있지만, 과실 범죄의 경우 반드시 처벌을 경감할 수 있다고 규정하였다.

(2) 정신장애자와 숙취자의 형사책임(제18조)

① 정신장애자의 형사책임

정신장애자의 형사책임에 대하여 1997년「형법」제18조에서는 총 세 가지 조문을 규정하였다. 제1항의 규정에 따르면, "정신장애자는 자신의 행위를 인식할 수 없거나 지배할 수 없는 것으로 사회적 위험을 초래할 때, 법정 감정 절차를 통하여 확인되면 형사책임을 지지 않는다. 그러나 가족 또는 후견인으로 하여금 의료 또는 감독을 강화하게 할 수 있다. 필요한 경우 정부의 강제의료도 가능하다." 제2항의 규정에 따르면, "간헐성 정신질환자가 정상적인 상태에서 범죄행위를 행한 경우 형사책임을 질 수 있다." 제3항의 규정에 따르면, "자신의 행위능력을 완전히 상실하지 않은 정신질환자가 범죄행위를 행한 경우, 형사책임을 져야 한다. 단, 형사처벌을 감경할 수 있다."

정신장애자의 형사책임에 관하여 신형법전과 1979년「형법」제15조를 비교 시, 아래와 같은 내용 면에서 차이가 존재한다. 하나는 정부강제의료를 추가하였다. 다른 하나는 정신질환자에 대한 법적 감정 절차를 추가하였다. 마지막으로는

형사책임능력제한자인 정신장애자의 형사책임을 추가하였다.[3]

② 숙취자의 형사책임

1979년「형법」제15조 제3항에 따르면 "숙취한 자가 범죄행위를 행한 경우 형사책임을 져야 한다." 1997년 형법전에서는 동 조항의 규정을 기초로 개정을 하지 않았다. 그러나 형법개정의 학술 논의 과정에서 일부 학자들은 숙취의 경우 정신질환에 해당하지 않다는 이유로, 정실질환자와 동일한 형사책임을 지는 것을 반대하였다. 그러나 입법기관은 병리의 내제적 연계로 인하여 숙취자와 정신질환자를 동일시하여 반대 견해를 받아들이지 아니 하였다.

(3) 농아인·맹인의 형사책임(제19조)

1997년「형법」제19조의 규정에 따르면, "농아인 또는 맹인이 범죄행위를 행한 경우 형사처벌을 감경할 수 있다."

이는 1979년「형법」제16조의 규정을 그대로 본받은 것으로 어떠한 개정도 하지 않았다.

5) 정당행위(제20조·제21조)

(1) 정당방위(제20조)

우리 나라 1997년「형법」제20조는 총 3개의 조항으로 정당방위를 규정하였다. 그 중 제1항의 규정에 따르면, "국가·공공이익 또는 타인의 신체·재산과 기타 권리가 불법침해를 받는 과정에서 불법침해행위를 저지하기 위하여 불법침해인에게 손해를 초래하는 것은 정당방위에 해당하여 형사책임을 지지 않는다." 제2항에 따르면, "정당방위가 필요한도를 초과하여 중대한 손해를 초래 할 때 형사

---

[3] 趙秉志,「刑法改革問題硏究」, 北京, 中國法制出版社, 1996, p.410.

책임을 져야 한다. 단, 형사처벌을 감경하거나 면제할 수 있다." 제3항에 따르면, "살인·강탈·강간·납치 및 기타 신체적 안전을 해치는 폭력행위가 진행하는 과정에서 방위행위를 행하여 불법침해인의 사망을 초래시 방위과당에 해당하지 않아 형사책임을 져야 한다."

① 신형법에서 정당방위제도의 새로운 발전
형법 개정 과정에서 입법기관은 기존의 정당방위에 관한 규정을 아래와 같이 중대한 개정을 하였다.

i 정당방위 개념에 대한 개정
1997년 형법전에서는 정당방위의 개념에 대하여 아래와 같이 개정하였다.
첫째, 보호대상의 범위를 확대하였다. 우선, 정당방위의 형식으로 보호를 받을 수 있는 권리의 유형을 추가하였다. 일부 학자는 "자유권"을 추가할 것을 주장하였지만, 필요성이 없다는 이유로 거절되었다. 사실상 자유권은 인적 권리에 포함되는 사항으로 단독으로 규정할 필요성이 없다.[4]

둘째, 정당방위 행위의 내제적 속성을 명확히 하였다. 정당방위행위를 불법침해행위를 제한하는 수단으로 규정하여, 사법기관이 정당방위가 정당한지 여부를 판단할 때 재량권이 존재한다. 이러한 재량권은 국민의 정당방위 권리에 대한 사법적인 보호 수단으로 되므로 국민이 정당방위 권한을 적극적으로 행사하는 것을 추진할 수 있다.[5]

ii 과잉방어에 대한 개정
1997년 형법전에서는 과잉방어를 아래와 같이 개정하였다.

---

4 趙秉志, 「刑法改革問題硏究」, 北京, 中國法制出版社, 1996, p.170.
5 最高人民法院刑法修改小組, "對修改刑法的十個問題的意見(1996年5月30日)", 高銘暄·趙秉志, 「新中國刑法立法文獻資料總覽(下)」, 北京, 中國人民公安大學出版社, 1998, p.2406.

첫째, 과잉방어의 적용 조건을 확대하였다. 여러 차례의 개정을 통하여 우리 나라 형법은 정당방위의 한도를 "필요한도를 초과하지 않고 중대한 손해를 초래하지 않는다"로 제한하였다. 둘째, 과잉방위의 처벌원칙을 개정하였다. 형법 개정 과정에서 일부 부서는 "정황증거를 참작"이란 용어를 삭제할 것을 제안하였다. 입법기관은 여러 차례의 논의를 거쳐 최종 삭제 제안을 받아들였다.

iii 특수방위권을 추가 규정하였다.

사법 실무에서 수많은 정당방위의 사건들은 폭력행위를 대상으로 발생하였다. 따라서 일부 학자는 폭력범죄의 사회위험성을 감안하여 입법기관으로 하여금 특수방위권을 확립할 것을 제안하였다. 즉, 폭력범죄에 대한 정당방위 행위에 대하여 방위한도를 규정하지 않고 불법침해인이 정당방위 행위로 사망하는 경우 형사책임을 지지 아니 한다.[6]

② 정당방위 입법의 기타 문제

정당방위의 입법 개정과정에서 아래와 같은 문제도 논의 되었다.

i 정의를 향한 용감한 행위를 행한 자에 대하여 중대한 공헌을 인정하여 장려하는 문제. 그러나 정의를 향한 용감한 행위는 형법 문제가 아니므로, 형법에서 행위자에게 장려를 한다는 것은 타당하지 않다. 그러므로 1996년 8월 8일 형법 총칙의 개정안에서 동 규정을 취소하였다. 이에 따라 1997년 최종 통과된 형법전에도 규정이 없다.

ii 공황·격분으로 인한 방위 한도를 초과한 처벌문제. 형법 개정과정에서 일부 학자와 부서들은 불법침해의 돌연성과 긴급성을 이유로, 정당방위 행위인이

---

6 最高人民法院刑法修改小組, "對修改刑法的十個問題的意見(1996年5月30日)", 高銘暄·趙秉志, 「新中國刑法立法文獻資料總覽(下)」, 北京, 中國人民公安大學出版社, 1998, pp. 2593~2594.

촉박한 시기에 불법행위의 성질과 강도에 대한 정확한 판단이 어려워, 적당한 방위수단을 선택할 수 없으므로, 과잉방어에서 처벌을 면제하는 대신 다음과 같은 조항을 추가할 것을 주장하였다. 즉, "방위인이 격분·공포 등으로 과잉방어를 하는 경우 형사처벌을 면제하여야 한다" 또는 "방위인이 격분·공포 등으로 방위 한도를 초과하였지만, 주관적 잘못이 없는 경우 범죄에 해당하지 아니 한다".7 입법기관은 사법실무에서 격분·공포 등 주관적인 상태를 인정하기 어려운 이유로, 제안을 채택하지 않았다.

(2) 긴급피난(제21조)

1979년「형법」제18조 제1항의 규정에 따르면 "공공이익·본인 또는 타인의 인적 및 기타 권리가 발생중인 위험에서 침해를 면하기 위하여 긴급피난 행위를 행한 경우, 형사책임을 지지 않는다." 제2항의 규정에 따르면, "긴급피난이 필요한 한도를 초과하여 불필요한 손해를 초래한 경우 형사책임을 지지 아니 한다. 그러나 처벌을 감경할 수 있다." 제3항의 규정에 따르면, "제1항에서 규정한 본인의 위험을 면하기 위한 규정은 직무 또는 업무상 특정한 책임을 진 자에게 적용하지 않는다."

1997년「형법」제21조에서는 1979년「형법」제18조의 규정을 그대로 본받았으며, 단 내용면에서 다음과 같이 개정하였다. 첫째, 긴급피난 보호권의 범위를 명확한 기초에서 "국가"이익·국민의 "재산"권을 추가하였으며, 합법적 이익의 보호범위를 확대하였다. 둘째, 제1항에서 규정한 "형사책임을 지지 않는다"의 앞에 "손해를 초래한 경우"를 추가하여, 조문의 표현을 더 명확히 하였다. 셋째, 과잉피난 처벌 규정에서 기존의 "정황증거 참작"을 삭제하는 동시, 과잉피난 처벌을

---

7 最高人民法院刑法修改小組, "對修改刑法的十個問題的意見(1996年5月30日)", 中國人民大學法學院刑法修改專題研究小組, "關於修改刑法若干問題的建議——'中國刑法改革與完善基本問題研究報告'概要(1996年7月10日)", 高銘暄·趙秉志,「新中國刑法立法文獻資料總覽(下)」, 北京, 中國人民公安大學出版社, 1998, pp.2349~3060.

명확하는 것으로 사법실무의 적용성을 확보하였다.

(3) 법에 따른 직무집행 행위의 입법화 문제

1979년 형법전에서는 정당방위와 긴급피난 등 두 가지 정당행위만을 규정하였다. 그러나 형법의 개정과정에서 일부 학자는 경찰 또는 법 집행기관에서 직무수행을 하는 경우, 사회위험성이 결여 되어, 정당행위에서 법 집행기관의 직무수행 행위를 추가할 것을 제안하였다.[8] 입법기관에서는 동 제안을 받아들였지만, 종합적인 고려 끝에 결국 "경찰이 법에 의하여 직무수행을 하는 경우"를 추가하지 않았다.[9]

2. 범죄의 예비·미수 및 중지

1) 범죄예비(제22조)

1997년 「형법」 제22조 제1항에 의하면, "범죄를 위하여 도구를 준비하거나 조건을 마련하는 경우 범죄예비에 해당한다." 제2항의 규정에 의하면, "예비범에 대하여는 기수범에 비해 처벌을 감경하거나 면제하여야 한다."

본 조항은 1979년 「형법」 제19조의 규정을 그대로 본받았다. 그러나 형법 개정과정에서 일부 학자와 입법기관은 범죄예비의 확정과 처벌원칙에 대하여 개정을 시도하였으나 결국 "원칙적으로 문제가 없는 조항은 개정을 하지 않는다"의 이념 하에 개정을 포기하였다. 따라서 범죄예비의 처벌원칙에 대하여 일부 학자

---

[8] 最高人民法院刑法修改小組, "關於對'中華人民共和國刑法(修訂草案)'(徵求意見稿)的修改意見 (1996年11月8日)", 高銘暄·趙秉志, 「新中國刑法立法文獻資料總覽(下)」, 北京, 中國人民公安大學出版社, 1998, p.2429.

[9] 高銘暄·趙秉志, 「新中國刑法立法文獻資料總覽(下)」, 北京, 中國人民公安大學出版社, 1998, pp.2226~2227.

는 범죄예비의 범죄정도가 경미한 특징으로 범죄정도에 따라 처벌을 달리 할 것을 동의하지 않았다.[10] 결국 입법기관은 전문가들의 건의를 받아들여 1996년 8월 31일의 형법 개정안에서 예비범의 처벌 규정을 다음과 같이 개정하였다. 즉, "예비범에 대하여 범죄 기수에 비추어 처벌을 감경하거나 면제하여야 한다." 따라서 동 규정은 제8기 전국 제5차 회의에서 개정한 「중화인민공화국형법」에서도 그대로 유지하였다.

2) 범죄미수(제23조)

1997년 「형법」 제23조 제1항의 규정에 따르면, "이미 범죄행위를 착수한 범죄자가 기타 이유로 범죄목적을 달성하지 않은 경우 범죄 미수에 해당한다." 제2항의 규정에 따르면, "미수범은 기수범에 비추어 처벌을 감경하여야 한다."

범죄미수의 입법 보완에 대하여, 일부 학자는 범죄 미수 입법은 총칙의 개괄적 규정과 각칙의 구체적 규정을 결합하는 방식으로 규정하여야 한다고 주장하였다. 범죄 미수에서의 "범죄행위를 착수한 경우"를 "이미 형법 각칙에서 규정한 범죄행위를 착수한 경우"로 개정하여, 범죄예비와 구별하였다. 그리고 "범죄 목적을 달성하지 않았다"를 "범죄 구성을 충족하지 않았다"로 개정하여, 범죄 기수와 구별하였다. 입법에서는 미수범을 범죄미수로 처리할 것을 고려한 적이 있다.[11] 그리고 일부 학자들은 입법에서 기수범에 비추어 미수범을 처벌하는 원칙에 기초하여 다음과 같은 규정을 추가할 것을 제안하였다. "기수범에 비추어 미수범을

---

10 全國人大常委會法工委刑法室 1996年9月6日 정리요약, "法律專家對'刑法總則修改稿'和'刑法分則修改草稿'的意見", 高銘暄·趙秉志, 「新中國刑法立法文獻資料總覽(下)」, 北京, 中國人民公安大學出版社, 1998, p.2129.
11 趙秉志, 「刑法改革問題硏究」, 北京, 中國法制出版社, 1996, pp.448~449. 구체적인 조문 설계는 중국인민대학 법학원 형법 총칙 개정단체에서 제정한 하나의 형법총칙 목록과 네 개의 형법 총칙 개정안을 참조바람(高銘暄·趙秉志, 「新中國刑法立法文獻資料總覽(下)」, 北京, 中國人民公安大學出版社, 1998, pp.2877~2960).

처벌할 수 없는 경우, 사건의 구체적 상황에 따라 범죄의 법정형의 3분의 2이하로 처벌하여야 한다." 이상의 규정들은 모두 "원칙적으로 문제가 없는 조항은 개정을 하지 않는다"의 이념 하에 입법기관의 채택을 받지 못하였다. 그러므로 1997년「형법」제23조는 여전히 1979년「형법」제20조를 그대로 유지하였다.

3) 범죄중지(제24조)

1979년「형법」제21조 제1항의 규정에 따르면, "범죄과정에서 범죄를 자동 중지하거나 자동으로 범죄 결과의 발생을 방지하는 경우, 범죄중지라고 한다." 제2항의 규정에 따르면, "중지범에 대하여 처벌을 감경하여야 한다."

1979년 형법전의 규정에 비해, 1997년 형법전에서는 아래와 같이 개정하였다. (1) 범죄 중지의 "자동 중지"를 "자동 포기"로 개정하였다. (2) 죄책형 적응원칙에 의하여 중지범의 인적 위험성을 고려하여 중지범에 대한 처벌원칙을 더 명확하고 구체적으로 구분하였다. 즉, 중지범이 손해의 결과를 초래하지 않은 경우 처벌을 면제할 수 있다. 그러나 손해를 초래한 경우 처벌을 감경할 수 있다.

1997년「형법」제24조에 의하면, "범죄 과정에서 범죄를 자동으로 포기하거나 범죄 결과의 발생을 자동으로 방지하는 경우, 범죄 중지에 해당한다. 손해를 초래하지 않은 중지범에 대하여 처벌을 면제할 수있다. 손해를 초래한 중지범에 대하여는 처벌을 감경할 수 있다."

3. 공동범죄

1) 공동범죄의 개념(제25조)

1997년「형법」제25조 제1항의 규정에 의하면, "공동범죄란 2인 이상이 고의로 범죄행위를 행한 경우를 의미한다." 제2항의 규정에 의하면, "2인 이상이 공동

과실로 범죄를 행한 경우 공동범죄에 해당하지 아니한다. 형사책임을 지는 경우, 그들이 구체적으로 해당하는 범죄에 의하여 처벌한다."

공동범죄의 개념에 대한 정의는 1979년「형법」제22조의 규정을 본받은 것이다.

2) 주범(제26조)

1997년「형법」제26조 제4항의 규정에서 주범에 대한 처벌원칙을 규정하였다. 그 중 제1항의 규정에 의하면, "범죄 집단을 조직·지배하는 것을 통하여 범죄활동을 행하거나 공동범죄에서 주요 작용을 일으키는 자를 주범이라고 한다." 제2항의 규정에 의하면, "3인 이상이 공동으로 범죄 활동을 행하는 목적으로 고정적인 범죄조직을 구성하는 경우를 범죄집단이라고 한다." 제3항의 규정에 의하면, "범죄 집단을 조직·지도하는 주요 책임자는 집단이 범한 모든 범죄 행위에 비추어 처벌을 하여야 한다." 제4항의 규정에 의하면 "제3항에서 규정한 주범 이외의 자에 대하여 참여·조직 또는 지휘한 범죄 행위에 비추어 처벌하여야 한다."

1979년「형법」제23조의 규정에 비하여 1997년 형법전에서는 아래와 같은 두 가지 면에서 주범의 개념을 확정하였다.

① 범죄 집단의 개념을 추가하였다.

범죄 집단을 형법전에서 규정한 것은 일련의 변화를 거친 결과이다. 1996년 12월 중순의 형법 개정안에서 처음으로 범죄 집단을 규정하였다. 동 개정안의 제27조 제1항의 규정은 1996년 12월 20일과 1997년 1월 10일의 개정안에서 채택되었다. 개정안의 규정과 신형법전의 규정을 비교시, 차이점은 크지 않다. 초안에서 사용한 "범죄조직"으로 범죄 집단을 확정하였지만, 1997년 2월 17일의 개정안에서는 "범죄조직"을 "고정된 범죄조직"으로 개정하였고, 신형법전에서는 "고정적인 범죄조직"을 채택하였다.

② 주범의 처벌원칙에 대하여 중대한 개정을 하였다.

1979년 형법전에서는 주범을 범죄조직 중의 주요 책임자와 주요 책임자 외의 기타 주범으로 구분하였고, "주범에 대하여 본 법 각칙의 규정 외에 가중 처벌하여야 한다"고 규정하였지만, 주범의 유형에 대하여는 처벌 원칙을 달리 규정하지 않았다. 199년 8월 8일의 형법 총칙 개정안에서 주범을 유형화 하고 서로 다른 처벌 원칙을 규정하였다. 그리고 1996년 10월 10일 형법 개정안 제24조에서는 형법 개정안에서 확정한 주범의 처벌 원칙을 그대로 유지하였지만, 주범에 대한 가중 처벌 원칙을 취소하였다. 1996년 10월 10일의 개정안에서는 위와 같은 내용을 유지한 기초에서, 공동 범죄의 주요 범죄자와 주범의 처벌원칙을 혼동한 것은 타당하지 않다. 그러므로 공동범죄 중의 공동범죄인의 책임범위를 단독으로 규정하되, 공동범죄와 공동책임의 일반 원칙을 확정하였다. 공동범죄자의 책임범위에 대하여 전문적인 조항으로 처리한다는 것은 사법실무의 요구에 부합한 규정이다.[12] 그러나 입법기관에서는 위와 같은 의견을 채택하지 않았고, 개정안을 기초로 기타 주범의 범위를 확정하여, 최종적인 신형법전을 구성하였다.

3) 종범(제27조)

1997년「형법」제27조 제1항의 규정에 의하면, "공동 범죄에서 보조적인 작용이 있는 자를 종범이라고 한다." 제2항의 규정에 따르면, 종범에 대한 처리 원칙은 "종범에 대하여 형사처벌을 감경하거나 면제하여야 한다."

1997년 형법전에서는 1979년「형법」제24조 제1항의 규정을 그대로 유지하였고, 제2항의 규정만을 개정하였다. 즉, 처벌 원칙 중의 "주범에 비추어"를 삭제하였다. "주범에 비추어"를 삭제한 이유는 공동 범죄인의 형사 책임의 크기는 공

---

12 最高人民法院刑法修改小組, "關於對'中華人民共和國刑法(修訂草案)'(徵求意見稿)的修改意見(1996年11月15日)", 高銘暄·趙秉志,「新中國刑法立法文獻資料總覽(下)」, 北京, 中國人民公安大學出版社, 1998, p.2635.

동 범죄에서의 지위와 작용의 크기 외에, 공동 범죄인 자신의 구체적인 상황과도 관련되기 때문이다. 예컨대, 자수·입공·누범 등 형사처벌을 감경하거나 면제 또는 가중하는 경우로, 주범에게 상위 구체적인 경우가 존재하지만, 종범에게 없는 경우, 종범은 주범에 비추어 형사처벌을 할 수 없다. 이 밖에 주범이 사망 또는 도망하는 경우, 종범을 구속할 수 있지만, 종범에 대하여 주범에 비추어 처벌할 수 없다.

4) 협박에 의한 종범(제28조)

1979년 「형법」 제25조에서는 협박에 의한 종범에 대하여 "협박 또는 유인에 의하여 범죄에 가담하는 경우, 종범에 비추어 형사처벌을 감경하거나 면제하여야 한다"고 규정하였다.

1997년 「형법」 제28조에서는 해당 조문에 대하여 아래와 같이 개정하였다. 첫째, "유인"을 삭제하였다. 형법 개정안의 제정과정에서 일부 학자는 형법이론과 사법실무에서 "유인"에 대하여 어떻게 이해하여야 할 것인지에 대한 의문을 제기하였다. "유인"과 "협박"은 서로 다른 개념으로, "유인"은 협박에 의한 종범으로 구분할 수 없어, "유인"을 삭제하는 것이 타당하다는 견해를 제기하였다. 둘째, 이상의 이유로 협박에 의한 종범에 대한 처벌원칙 중의 "종범에 비추어"란 내용을 삭제하였다.

5) 교사범(제29조)

1979년 「형법」 제26조 제1항의 규정에서는 교사범의 처벌원칙을 규정하였다. 즉, "타인의 범죄행위에 가담하는 것을 교사하는 경우, 공동범죄에서의 작용에 의하여 처벌하여야 한다. 18세 미만을 교사하는 경우 가중처벌하여야 한다." 제2항에 의하면, "피교사자가 교사한 범죄에 가담하지 않은 경우, 교사범에 비추어 감경처벌하여야 한다."

1997년 「형법」 제29조에서는 "18세 미만"을 "만 18세 미만"으로 개정하였고,

기타 사항에 관하여는 개정하지 않았다.

1996년 6월 24일 · 1996년 8월 8일의 형법 총칙 개정안 · 1996년 10월 10일의 형법 개정안 · 1996년 12월 중순의 개정안 · 1996년 12월 20일의 개정안 및 1997년 1월 10일의 형법 개정안의 검토 과정에서 모두 교사범에 대하여 공동범죄 중의 주범에 비추어 처벌할 것을 제안하였다. 그러나 실무과정에서 볼 때, 교사범은 주범이 아니므로, 주범에 의하여 처벌하는 것은 타당하지 않다. 그러므로 1997년 2월 17일의 형법 개정안에서 입법기관은 "공동범죄에서의 작용에 의하여 처벌"할 것으로 확정하였고, 신형법에서도 그대로 유지되었다.

6) 공동범죄 입법에 관한 문제

(1) 공동범죄인의 유형문제

입법적 차원에서 공동 범죄자에 대하여 어떻게 유형화 할 것인지는 형법학계와 실무계의 중요한 문제이다. 1979년 「형법」 제23조 및 제26조에서는 모두 공동범죄자에 대하여 작용에 의하여 유형화 할 것을 주장하였다. 그리고 교사범을 주범 · 종범 · 협박범 뒤에 규정하였고, 교사범에 대하여 공동 범죄에서의 영향에 의하여 처벌할 것을 명확히 하였다. 사법 실무의 경험에 비추어 볼 때, 1979년 형법전에서 공동범죄자에 대한 유형화는 합리적이다. 비록 학자들은 개정의견을 제기하였지만, 입법 결정자의 입법 이념으로 인하여 결국 전국인민대표대회 상무위원회 법률사무실이 제정한 형법 개정안 제정에 영향을 미치지 못하였다.

(2) 공동범죄와 신분

1979년 형법전이 통과된 후, 전국인민대표대회 사무위원회에서는 개별적인 단행 형법을 통과하여 신분범과 비신분범이 공동 범죄를 행한 경우 신분범에 비추어 범죄 성질을 확정하였다. 형법 개정안의 논의 과정에서 형법전 총칙에서 공동범죄와 신분문제를 명확히 할 것인지 여부에 대한 견해가 달랐지만, 다수의 견해는 찬성이다.[13] 전국인민대표대회 상무위원회 법률 사무실에서 제정한 형법 개정안의 구체적 표현으로 볼 때, 「횡령죄・뇌물 수수죄에 대한 보충적 규정」에 관한 규정을 흡수하는 외에, 형법 총칙에서는 신분범공범에 대한 규정을 두지 않았다.[14]

4. 단위 범죄 单位犯罪

1) 단위 범죄 입법 백라운드에 관한 회고

우리 나라 형법 이론에서는 단위 범죄를 법인범죄라고 부른 적이 있다. 1979년 형법전에서는 단위 범죄를 규정하지 않았지만, 20세기 80년대 초기에 개혁개방으로 인하여 법인의 수량이 많아졌다. 경제활동의 다양성으로 인하여 이익추구도 다원화 되었으며, 일부 단위는 법적 미비점을 이용하여 범죄행위를 행하였다.[15] 단위 범죄가 날로 많아 짐에 따라, 학계에서는 단위 범죄의 형사책임문제에 대한 연구를 시작하였다. 즉, 단위가 범죄 주체로 될 수 있는지 여부에 대한 학계 논의가 활발히 이루어짐에 따라 20세기 80년대 중기부터 단위 범죄의 중요성이 인식되기 시작하였다.

2) 단위 범죄의 명칭에 관한 문제

형법 개정과정에서 비자연인 범죄 명칭을 어떻게 확정할 것인지에 대하여 견

---

13 最高人民檢察院刑法修改小組, "修改刑法硏究報告(1989年10月12日)", 高銘暄・趙秉志, 「新中國刑法立法文獻資料總覽(下)」, 北京, 中國人民公安大學出版社, 1998, p.2527.
14 1996년 8월 8일 형법 각칙 개정초안에서는 《關於懲治貪汚罪賄賂罪的補充規定》을 제정하여 횡령 공범과 뇌물 수수의 공범에 대한 규정을 추가하였다. 그러나 1996년 8월 31일 형법 개정초안에서는 횡령공범만을 유보하였다.
15 본 저에서 말하는 단위란 한국 사회에서 의미하는 물리학의 단위가 아니라, 기관, 회사 및 직장 등을 의미한다.

해가 아래와 같이 두 가지로 갈라졌다. 첫째, 일부 학자는 "법인범죄"를 주장하였다.[16] 그러나 다수의 학자는 "단위 범죄"를 주장하였다. 구체적 이유로는, 우리 나라 단행 형법에서 사용하는 명칭은 모두 단위 범죄로 국민이 단위 범죄에 대하여 더 익숙하기 때문이다.

형법 개정안과 형법 개정과정에서 1988년 9월 · 1988년 11월 16일 및 1988년 12월 25일의 형법 개정안에서 "법인 범죄"를 사용한 것 외에, 기타 형법 개정안과 형법 최종 확정판에서는 모두 "단위 범죄"를 사용하였다. 비록 형법 개정과정에서 명칭 사용에 관한 논쟁이 계속 되었지만, 입법기관은 최종 "법인 범죄"를 채택하지 않았다.

3) 단위 범죄의 규제 모델

형법에서 단위 범죄를 어떻게 규정할 것인지에 대하여 입법기관에서는 아래와 같은 세 가지 모델이 존재하였다.[17] (1) 입법 모델1: 단위 범죄는 형법 총칙에서 개괄적인 규정만을 두었고, 각칙에서 따로 규정하지 아니 한다. (2) 입법 모델2: 형법 총칙에서 단위 범죄에 대하여 규정을 하는 동시 형법 각칙에서도 단위 범죄에 대하여 규정한다. (3) 입법 모델3: 입법기관이 단행법을 제정하는 방식으로 형법 총칙과 각칙을 모방하여 단위 범죄의 개념 · 처벌원칙 등 형벌 제도를 규정하여, 구체적 단위 범죄의 죄명 · 범죄 구성 및 법정형을 규정하는 것이다.

입법 모델1의 경우, 형사집행 기준의 불통일성을 초래하는 위험성으로 사법 혼란을 야기할 수 있다. 그러나 입법 모델 3의 경우, 입법과 사법의 대가가 높아,

---

16 最高人民檢察院刑法修改小組, "關於對'中華人民共和國刑法(修訂草案)'的修改意見的函(1997年1月2日)", 高銘暄·趙秉志,「新中國刑法立法文獻資料總覽(下)」, 北京, 中國人民公安大學出版社, 1998, p.2445.
17 最高人民法院刑法修改小組, "關於刑法修改若干問題的研討與建議(1991年草擬, 1993年修改補充)", 高銘暄·趙秉志,「新中國刑法立法文獻資料總覽(下)」, 北京, 中國人民公安大學出版社, 1998, p.2366.

자원의 낭비를 초래하는 가능성으로 인하여 입법기관은 최종 입법 모델 2를 채택하였다. 입법 모델 2는 형법 총칙에서 규정한 자연인 범죄의 내용과 조합을 이룰 수 있을 뿐만 아니라, 단위 범죄의 입법과 사법의 체계화·성문화에 도움이 되므로, 형사 집행의 편의성을 도모할 수 있어, 외국 형법에서도 많이 도입되는 입법 모델 유형이다.

4) 단위 범죄의 확정(제30조)

형법 개정과정에서 단위 범죄에 대한 확정은 우리 나라 형법 학계에서 논의가 활발하게 진행되고 있는 주제이다. 형법 개정과정에서 입법 기관은 "단위를 위한 이익취득"과 "단위의 결정기관 또는 책임자의 동의" 등 두 가지 요소를 단위 범죄의 구성 부분으로 확정한 기초에서 두 가지 요소에 대하여 조정을 하였다.

그러나 1997년 3월 6일 오후, 제8기 전국인민대표대회 제5차 회의 대표단에서 형법 개정안을 심사하는 과정에서, 일부 학자는 과실 범죄의 경우 "단위를 위한 이익취득" 요소에 부합되기 어려운 점을 제기하였다. 그리고 초안에서 규정한 단위 범죄는 형법 각칙에서 규정한 모든 단위 범죄를 망라하지 못한 폐단이 존재하여 개정을 제안하였다.[18] 이상 개정 견의의 합리성과 형법 이론과 형사 실무에서 단위 범죄의 개념과 특징에 대한 연구의 미비성을 고려하여 1997년 3월 13일에 제8기 전국인민대표대회 제5차 회의에 제출한 「중화인민공화국 형법(개정안)」에서 단위 범죄에 대하여 다음과 같이 개정하였다. 첫째, 단위 범죄의 특징을 취소하였다. 둘째, "사회위험성"을 범죄 특징으로 증가하였다. 이로써 제8기 전국인민대표대회 제5차 회의에서는 「형법」 제30조의 내용을 다음과 같이 규정하였다. 즉, "회사·기업·사업기관·기관단체에서 시행한 사회 위해행위를 단위 범죄에 해당하여 형사 책임을 져야 한다."

---

18 高銘暄·趙秉志, 「新中國刑法立法文獻資料總覽(下)」, 北京, 中國人民公安大學出版社, 1998, p. 2227.

5) 단위 범죄의 처벌원칙(제31조)

단위 범죄의 처벌 원칙에 대하여 세계 각국의 형사 입법과 형사 이론은 다음과 같은 두 가지로 나눌 수 있다. 하나는 이중 처벌 원칙이고, 다른 하나는 단독 처벌 원칙이다.

우리 나라의 입법에서 단위 범죄에 대하여 개별적으로 단독 처벌 원칙을 규정한 것 외에, 모두 이중 처벌 규정을 적용하였다. 입법 경험과 실무 경험에 비추어 볼 때, 규정 내용은 다르나 20세기 80년대 3개의 형법 개정안에서 단위 범죄에 대하여 모두 이중 처벌 원칙을 규정하였다.

단위 범죄의 처벌 방법에 대하여, 형법 개정과정에서 일부 논의가 존재하였다. 일부 학자는, 단위 범죄의 징벌과 예방의 효율성을 제고하기 위하여, 단위 범죄에 대하여 벌금형을 부과하는 것 외에, 외국 입법례를 참조하여 단위 범죄에 대하여 새로운 처벌 유형을 부과할 것을 제안하였다. 예컨대, 업무활동 범위의 제한·영업라이선스의 취소·재산의 몰수·명예호칭의 박탈 등이 있다.[19] 입법 기관은 학자가 제기한 형사처벌 유형에 대하여 행정법규에서 이미 규정을 두었지만, 신형법에서 다시 정하는 경우 사법기관과 행정집행기관간의 협조에 불리하여 사법실무에 부작용을 야기할 수 있다. 그러므로 1997년 형법전에서는 위 견해를 받아들이지 않았고, 결국 단위 범죄의 처벌방법은 단지 벌금형 하나 뿐이다.

---

19 全國人大常委會法工委刑法室1996년 9월6일 정리: "法律專家對'刑法總則修改稿'和'刑法分則修改草稿'的意見", 高銘暄·趙秉志,「新中國刑法立法文獻資料總覽(下)」, 北京, 中國人民公安大學出版社, 1998, p.2130.

형벌

03

1. 형벌의 유형

1) 형벌의 분류(제32조)

1997년「형법」제32조의 규정에 의하면, "형벌은 주형과 부가형으로 구분한다."

본 조항은 1979년「형법」제27조의 규정을 그대로 유지하였다.

2) 주형의 유형(제33조)

1997년「형법」제33조에 의하면, 주형은 아래와 같은 유형으로 구분할 수 있다. (1) 관제, (2) 구역, (3) 유기징역, (4) 무기징역과 (5) 사형.

본 조항은 1979년「형법」제28조의 규정을 그대로 유지하였다.

3) 부가형의 유형(제34조·제35조)

1997년「형법」제34조 제1항의 규정에 의하면, 부가형은 아래와 같은 유형으로 구분할 수 있다. (1) 벌금형, (2) 정치적 권리의 박탈, (3) 재산 몰수. 제2항의 규정에 의하면, "부가형은 단독 적용이 가능하다."

1997년「형법」제35조의 규정에 의하면, "외국인 범죄에 대하여 독립 또는 부가적으로 입국금지를 처벌할 수 있다."

이상 두 가지 조항은 1979년「형법」제29조와 제30조의 규정을 그대로 유지하였다.

4) 비형벌의 처리방법(제36조·제37조)

(1) 범죄의 민사책임

1997년 「형법」 제36조 제1항의 규정에 의하면, "범죄행위로 인하여 피해자에게 경제적 손실을 초래하는 경우, 범죄자는 형사처벌 외에 경제손실에 대한 손해배상금도 부담하여야 한다." 제2항의 규정에 의하면, "민사배상책임을 지는 범죄자에 대하여 벌금형도 함께 부과하는 경우, 배상금이 범죄자의 재산을 초과하거나 범죄자에 대하여 재산몰수도 부과한다면, 범죄자는 피해자에 대하여 민사배상책임을 먼저 져야 한다."

1997년 「형법」 제36조 제1항은 1979년 「형법」 제31조의 규정을 그대로 본받았은 기초에서 "형사처분"을 "형사처벌"로 개정하여, 용어의 정확성을 기하였다.

1997년 「형법」 제36조 제2항에서 확립한 "민사배상우선"원칙은 1979년 형법전에서 규정하지 않았다. 입법 연혁에서 볼 때, "민사배상우선"원칙은 전국 인민대표대회 상무위원회에서 제정한 「회사법 위반 범죄에 관한 처벌 결정」 제13조에 의하면, "본 결정을 위반한 범죄행위의 위법소득은 몰수하여야 한다. 본 결정을 위반한 범죄행위에 대하여 위법소득을 몰수할 수 있고, 벌금형과 재산을 몰수할 수도 있으며, 민사배상책임 또한 질 수 있다. 범죄자의 재산이 형사처벌을 전액 부담할 수 없는 경우, 먼저 민사배상책임을 져야 한다." 형법 개정과정에서 입법기관은 동 조항의 내용을 조정하여 최종 「형법」 제36조 제2항의 규정으로 확정되었다.

(2) 비형벌의 처벌조치

1997년 「형법」 제37조의 규정에 의하면 "범죄 정도가 경미한 범죄행위에 대하여 형사처벌을 면제할 수 있다. 그리고 사건의 구체적 상황에 근거하여 훈제 또는 반성·사과·손해배상 및 행정처벌·행정처분을 부과할 수 있다."

신형법전에서는 1979년 「형법」 제32조의 내용을 기초로, 기존 조항의 "형사처분 면제"를 "형사처벌 면제"로 개정하였고, 기존 조항에서 "행정처벌"을 추가하여, 비형벌 처리방식의 유형을 풍부히 하였다.

2. 관제

1) 관제의 존폐문제

관제는 우리 나라 형법의 독창적인 형사처벌 수단으로 1979년 형법전에서는 관제를 경미한 주형으로 규정하였다. 형법 개정과정에서 관제의 존폐에 관한 문제가 논쟁의 중심으로 되었다.

폐지론자에 의하면, 관제에 대하여 사실상 "불관불제不管不制"(단속도 통제도 하지 않음)의 현상을 초래할 수 있다.[1]

유보론자에 의하면, 관제에 내제한 형사정책의 사상은 전문기관과 국민기초를 결합한 모범이라고 평가하였다.[2]

일부 유보론자에 따르면, 관제에 대하여 폐지하는 것 보다, 유보의 기초에서 주형에서 부가형으로 변경할 것을 제안하였다.[3]

---

1 最高人民法院刑法修改小組, "關於刑法總則修改的若干問題(草稿)(1989年3月)", "中央有關部門、地方及法律專家對刑法修訂草案(徵求意見稿)的意見", 最高人民檢察院刑法修改小組, "關於修改刑法十個重點問題的研究意見(1996年5月)", "公安部修改刑法領導小組辦公室"關於完善刑罰種類與刑罰制度的建議(1996年7月)", 高銘暄・趙秉志, 「新中國刑法立法文獻資料總覽(下)」, 北京, 中國人民公安大學出版社, 1998, pp.2240, 2156, 2595, 2693~2694등.

2 最高人民檢察院刑法修改小組, "修改刑法研究報告(1989年10月12日)", 高銘暄・趙秉志, 「新中國刑法立法文獻資料總覽(下)」, 北京, 中國人民公安大學出版社, 1998, p.2530등.

3 公安部修改刑法領導小組辦公室1996년 5월 29일 제출: "當前修改刑法工作中亟待研究解決的十大問題(彙報提綱)", 高銘暄・趙秉志, 「新中國刑法立法文獻資料總覽(下)」, 北京, 中國人民公安大學出版社, 1998, p.2654.

2) 관제의 기한과 집행(제38조)

1979년 「형법」 제33조에 의하면, "관제의 기간은 3개월 이상 2년 이하 이어야 한다. 관제는 법원의 판결에 의하여야 하며, 공안기관이 집행한다."

1979년 「형법」 제38조에서는 위의 규정을 그대로 본 받았으며, 법원의 사법권을 고려하여 "인민법원에 의하여 판결"하는 내용을 "관제에 처한 범죄자는 공안기관에 의하여 집행한다"로 개정하였다. 이로써 제38조 제2항이 이루어 졌다.

1997년 형법전 시행 후, 「형법 개정안(8)」에서는 이상의 규정을 아래와 같은 면에서 대폭 개정하였다. 첫째, 관제의 집행방식을 개선하였다. 둘째, "거주 지역 교정"의 규정을 추가하였다. 셋째, "금지령을 위반한 법적 책임"을 추가하였다.

3) 관제의 내용(제39조)

1979년 「형법」 제34조 제1항에 의하면, 관제에 처한 범죄자는 관제의 집행기간에 아래와 같은 규정을 준수하여야 한다. 즉, "첫째, 법률・법령을 준수하고, 국민의 감독을 받으며, 적극적으로 집단노동생산 또는 작업에 참가하여야 한다. 둘째, 집행기관에 정기적으로 자신의 활동 상황을 보고하여야 한다. 셋째, 거주지역에서 이출하거나 외출하는 경우 집행기관의 허가를 받아야 한다." 제2항에 의하면, "관제에 처한 범죄자가 노동에 참가하는 경우, 노동보수면에서 동등한 대우를 받아야 한다."

사회발전의 상황에 의하면, 1997년 「형법」 제39조 제1항은 1979년 「형법」 제34조 제1항의 규정을 아래와 같이 보충하였다. 첫째, "집단노동생산 또는 작업"을 취소하였다. "법령"을 "행정법규"로 개정하여, 용어의 정확성을 기하였다. 이와 동시 "국민감독"의 "국민"을 삭제하고, "감독 주체의 범위 확대"로 개정하였다. 둘째, "외출"을 "거주지역의 시와 현"으로 개정하여, 감독의 내용이 실제상황에 부합할 것을 요구하는 것으로 관제 집행의 편의성을 기하였다. 셋째, 집행기관에서 정한 방문에 관한 규정에 따라야 한다. 그리고 집행기관의 허락이 없는 한

언론·출판·집회·결사·시위 등 권리로, 관제의 감독력을 증가하는 것으로 관제의 효력발휘를 추구하였다. 이러한 노력으로 최종 1997년 「형법」 제39조 제1항의 규정은 관제에 처한 범죄자는 집행기간에 아래와 같은 규정을 준수하여야 한다. 즉, "첫째, 법률·행정법규를 준수하고 감독에 복종하여야 한다. 둘째, 집행기관의 허가가 없는 한 언론·출판·집회·결사·시위 등 권한이 없다. 셋째, 집행기관에 의하여 자신의 활동 상황을 보고하여야 한다. 넷째, 집행기관에서 규정한 방문에 관한 규정을 준수하여야 한다. 다섯째, 거주 지역의 시·현으로부터 이출하는 경우, 집행기관의 허락을 받아야 한다."

1997년 「형법」 제39조 제2항에서는 1979년 「형법」 제34조 제2항의 규정을 그대로 본받아야 한다.

4) 관제의 해제(제40조)

1979년 「형법」 제35조의 규정에 의하면, "관제에 처한 범죄자는 관제기한 만료 후 집행기관은 본인과 관련된 국민에게 관제의 해제를 보고하여야 한다."

1997년 「형법」 제40조에서는 앞의 규정을 그대로 본받았으며, 원문의 "관련된 국민"을 "소재 단위 또는 거주지의 국민"으로 개정하였다.

형법 개정과정에서 일부 학자는 형법 목적의 차원에서 관제에 불복한 범죄자에 대하여 관제 기한을 연장할 것을 주장하였다. 한때 입법기관은 이러한 제안을 받아들였다. 예컨대, 1996년 8월 8일 「형법총칙개정안刑法總則修改稿」 제39조에 의하면, "관제에 처한 범죄자는 관제기간 내에 제38조를 위반한 경우 인민법원의 결정으로 관제기한의 2분의 1기간 내에서 관제기관을 연장할 수 있다. 연장한 관제기간은 제37조에서 규정한 최고기한의 제한을 받지 아니 한다." 그러나 개정안의 의견 수렴 단계에서 일부 학자들은 반대의견을 제기하였다. 이유로는 새로운 범죄가 없는 한 관제 기간을 연장하여서는 안 되기 때문이다. 다시 말하면, 관제자에 대한 감독을 강화하는 것으로 해결할 문제를 관제 기간을 연장하는 것으로 해결한다는 것은 결국 관제 제도의 무효를 초래할 수 있다.[4] 입법기관은 위와 같은 견해를 받아들였고, 그 후의 형법 개정안에서 "관제기간의 연장"을 언급하지 않았다.

5) 관제기한의 계산(제41조)

1979년 「형법」 제36조의 규정에 의하면, "관제의 형사처벌 기간은 판결 집행일부터 기산하여 판결 집행 이전 선행 수감한 기한에 대하여 1일당 2일의 형사처벌 기한으로 인정하여야 한다."

1997년 「형법」 제41조에서는 위와 같은 규정을 그대로 본받았다.

3. 구역拘役

1) 구역의 존폐문제

형법 개정안의 검토 과정에서 일부 학자는 형사처벌 유형에서 노역형으로 구역을 대체할 것을 주장하였다. 그러나 구역 조항의 검토과정에서 볼 때, 입법기관은 형법 개정안 또는 초안 개정 과정에서 위와 같은 견해를 수락하지 않았다.

2) 구역의 기한(제42조)

1979년 「형법」 제37조의 규정에 의하면, "구역의 기한은 15일 이상 6개월 이하 이어야 한다."

---

[4] 全國人大常委會法工委刑法室1996年9月6日整理, "法律專家對〈刑法總則修改稿〉和'刑法分則修改草稿'的意見", 高銘暄·趙秉志, 「新中國刑法立法文獻資料總覽(下)」, 北京, 中國人民公安大學出版社, 1998, p.2131.

형법개정안의 검토 과정에서 일부 학자들의 견해에 의하면, 범죄자에게 구역을 적용하는 것보다 노동교양의 기한을 연장하는 것이 더 타당하므로, 구역기한의 연장을 제안하였다. 구체적으로 구역 기한을 30일 이상 6개월 이하로 연장하는 것과 3개월 이상 1년 이하로 연장하는 등 두 가지 견해가 존재하였다.[5] 입법기관은 사법실무에서 구역 기한을 15일로 규정하는 경우가 극히 드문 것과, 1996년 개정후의 「형사소송법」에서는 형사 구역기한을 일반적으로 37일로 정하는 것을 인식하여 입법기관에서는 구역의 최저기한을 1개월로 규정하였다. 그러므로 개정 후의 「형법」 제42조에 의하면, "구역의 기한은 1개월 이상 6개월 이하로 규정하였다."

3) 구역의 집행(제43조)

1979년 「형법」 제38조 제1항에 의하면 "구역에 처한 범죄자는 공안기관 근처에서 집행한다." 제2항에 의하면, "집행기간내에 구역에 처한 범죄자는 한달에 1일 내지 2일 정도 귀가 할 수 있다. 노동에 참여하는 경우 적당한 보수도 받을 권한이 있다."

1997년 「형법」 제43조에서는 1979년 형법전의 규정을 그대로 적용하였다.

4) 구역기한의 계산(제44조)

1979년 「형법」 제39조에 의하면, "구역의 기한은 판결 집행일로부터 기산하며, 판결전 선행 구속된 기한을 구속일 1일당 형기 1일로 계산한다."

1997년 「형법」 제44조는 기존의 규정을 그대로 적용하였다.

---

[5] "中央有關部門・地方及法律專家對刑法修訂草案(徵求意見稿)的意見", 高銘暄・趙秉志, 「新中國刑法立法文獻資料總覽(下)」, 北京, 中國人民公安大學出版社, 1998, p. 2527.

4. 유기징역·무기징역

1) 유기징역의 기한(제45조)

1979년「형법」제40조에 의하면, "유기징역의 기한은 6개월 이상 15년 이하이어야 한다."

1997년「형법」제45조는 기존의 규정을 그대로 적용하였으며, "본 법 제50조·제69조의 규정 외" 등 예외적 규정을 추가하는 것으로, 제50조와 제69조간의 조합을 이루었다.

유기징역의 형기에 대하여 형법 개정과정에서는 유기징역의 최고형기와 무기징역간의 과대한 차이점을 이유로 유기징역의 최고 형기를 20년으로, 수죄병벌의 경우 30년으로 연장할 것을 제안하였다.[6] 이 뿐만 아니라 유지징역의 최고 형기를 25년으로 연장할 견해도 존재하였다.[7] 이러한 견해는 1996년 6월 24일 형법 총칙 개정안에서 표현되었으나 제41조에 의하면 "유기징역의 기한은 6개월 이상 20년 이하이다." 그리고 제67조의 규정에 의하면, "유기징역 수죄병벌의 최장 기한은 25년을 초과하여서는 아니 된다." 그러나 유기징역의 형기를 개정하는 것은 체계적인 공사로, 심사숙고하여 1996년 8월 8일 형법총칙의 개정안 제44조에서는 다시 1979년「형법」제40조의 규정으로 회귀하였으며, 1997년 2월 17일「중화인민공화국형법(개정안)」제46조에 의하면, "유기징역의 기한은 본 법 제51조·70조를 제외한 6개월 이상 15년 이하이다." 조문의 구체적 번호의 변동으로 인하여 1997년「형법」제45조의 규정에 의하면, "유기징역의 기한은 본 법 제50

---

[6] 中國人民大學法學院刑法修改專題研究小組, "關於修改刑法若干基本問題的建議——'中國刑法改革與完善基本問題研究報告'概要", "中央有關部門, 地方及法律專家對刑法修訂草案(徵求意見稿)的意見", 高銘暄·趙秉志,「新中國刑法立法文獻資料總覽(下)」, 北京, 中國人民公安大學出版社, 1998, p.3061, p.2157.

[7] "中央有關部門·地方及法律專家對刑法修訂草案(徵求意見稿)的意見", 高銘暄·趙秉志,「新中國刑法立法文獻資料總覽(下)」, 北京, 中國人民公安大學出版社, 1998, p.2157.

조·제69조를 제외한 6개월 이상 15년 이하이다."

2) 유기징역·무기징역의 집행(제46조)

1979년「형법」제41조에 의하면, "유기징역·무기징역에 처한 범죄자는 감옥 또는 기타 노동 교양 장소에서 집행한다. 노동능력이 있는 자는 노동 개조를 하여야 한다."

1997년「형법」제46조에서는 위의 조항에 대하여 아래와 같은 두가지 면에서 개정하였다. 첫째, 기존 조문의 "기타 노동 장소"를 "기타 집행장소"로 개정하여, 감독 등 형사처벌 집행장소 간의 조화를 이루었다. 둘째, "노동능력이 있는 자에 대하여 노동 개조를 하여야 한다"를 "노동 능력이 있는 자는 노동에 참여하여 교육과 개조를 하여야 한다"로 개정하여, 노동의 강제성과 형사처벌의 목적 및 기능을 강조하였다. 이로써, 개정과 조정을 거친 1997년「형법」제46조에서는 "유기징역과 무기징역에 처한 범죄자는 감독 또는 기타 집행장소에서 형사처벌을 집행하여야 한다. 노동능력이 있는 자는 모두 노동에 참여하여야 하며, 교육과 개조를 하여야 한다"라고 규정하였다.

3) 유기징역 형기의 계산(제47조)

1979년「형법」제42조에 의하면, "유기징역의 형기는 판결 집행일로부터 계산한다. 판결집행일 이전 선행 구속한 기간은 1일당 형기 1일로 계산한다."

1997년「형법」제47조는 기존의 규정을 그대로 수용하였다.

5. 사형

1) 사형 적용범위의 제한과 사형 인가절차(제48조)

사형의 적용 조건에 대하여 1979년 「형법」 제43조 제1항의 규정에 의하면, "사형은 범죄정도가 심각한 범죄자에게 적용한다. 사형에 처할 범죄자가 즉시 사형을 집행할 필요성이 없는 경우 2년의 집행 유예를 선고하여, 집행 유예의 효과를 지켜 볼 수 있다." 1997년 형법전에서는 개정 내용에 대하여 아래와 같이 개정하였다.

(1) 사형의 적용 기준을 개정하였다. 입법 용어의 규범화를 고려하여 1997년 1월 10일의 형법 개정안에서는 "죄악이 심각한 경우"를 "범죄정도가 심각한 경우"로 개정하였다. 동 개정사항은 1997년 형법전에서도 계속 적용하였다.
(2) "노동개조를 통한 개조 효과를 확인한다"를 삭제하였다.

이 밖에 전국인민대표대회 상무위원회에서 형법 개정안을 심의할 때, 일부 학자는 "사형 즉시 집행할 필요가 없는 경우"의 모호성으로 인하여 사형의 직시 집행과 사형의 집행유예간의 기준이 엄격하게 구분되지 못한 점을 지적하였다. 따라서 이는 법 집행의 임의성을 초래할 수 있는 심각한 문제가 될 수 있다.[8] 이에 대하여 입법기관은 형법의 특징상 모호성이 존재할 수 밖에 없으므로, 입법 해석이나 사법 해석에 의하여 해결될 문제라고 답변하였다. 1997년 「형법」 제48조 제1항의 규정에 의하면, "사형은 범죄 정도가 극히 심각한 범죄자에게 적용한다. 그러므로 사형에 처한 범죄자는 즉시 집행할 필요성이 없는 경우 2년 집행 유예를 선고할 수 있다."

---

8 "八屆全國人大常委會第二十四次會議分組審議刑法修訂草案(修改稿)的意見", 高銘暄・趙秉志, 「新中國刑法立法文獻資料總覽(下)」, 北京, 中國人民公安大學出版社, 1998, p.2195.

형법 개정안에서 사형 인가절차에 대한 논란도 존재하였다. 1979년「형법」 제43조 제2항의 규정에 의하면, "최고 인민 법원의 판결로 사형을 선고한 경우 외, 모든 사형은 모두 최고 인민 법원에 인가를 청하여야 한다. 사형의 집행 유예 신고는 고급 인민 법원의 판결 또는 인가로 대체할 수 있다." 따라서 동 규정에 대하여 아래와 같은 세 가지 견해가 대립되었다.[9] 첫 번째 견해는, 1983년 개정안 「중국인민공화국인민법원조직법」 제13조의 규정을 형법 조항으로 삽입하는 것이다. 즉, 인민법원조직법 제13조에 의하면, 최고인민법원은 필요시 성·자치구·직할시 고급인민법원에 사형사건의 인가권을 수권할 수 있다. 두 번째 견해는, 사형 인가권은 절차적인 문제로서 형법에서 규정하는 것이 아니라 형사소송법에서 규정하여야 한다는 것이다. 세 번째 견해는, 사형 인가권을 고급인민법원에 부여하는 것은 어디까지나 임시적인 규정으로 사형의 적용을 제한하는 차원에서 볼 때 사형인가권을 형법으로 삽입하는 것은 타당하지 않다. 그리고 사형 인가는 절차적인 문제가 아니라 사형 적용을 제한하는 실체적인 문제로 현행 규정을 그대로 유보하는 것이 타당하다는 것이다. 결국 입법기관은 세 번째 견해를 받아들였다.

2) 사형적용대상의 제한(제49조)

1979년「형법」제44조에 의하면, "범죄시 18세 미만과 사법 심판시 임신중인 부녀에 대하여 사형을 적용하는 것은 타당하지 않다. 16세 이상 18세 미만의 범죄행위가 특히 심각한 경우 사형 집행유예를 선고할 수 있다." 1997년「형법」제49조에서는 위와 같은 조항을 아래와 같이 개정하였다. (1) 미성년 범죄자에 대한 사형 집행유예 규정을 삭제하였다. (2) 연령의 표현 면에서 "18세 미만"을 "만 18세 미만"으로 개정하였다.

---

[9] 最高人民法院刑法修改小組, "關於刑法總則修改的若干問題(草稿)", 高銘暄·趙秉志,「新中國刑法立法文獻資料總覽(下)」, 北京, 中國人民公安大學出版社, 1998, p.2241.

따라서 제8기 전국인민대표대회 제5차 회의에서 개정한 「중화인민공화국 형법」 제49조에서는 "범죄시 18세 미만과 심판시 임신중인 부녀에 대하여 사형을 적용하지 아니 한다"고 규정하였다.

1997년 형법전이 제정된 후 「형법 개정안 (8)」에서는 사형의 대상을 아래와 같은 중요한 보충을 하였다. 「형법」 제49조는 기존의 규정에 기초하여 제2항의 규정을 추가하였다. 즉, "심판시 만 75세 이상은 사형 적용 대상이 아니다. 그러나 특별히 잔인한 수단으로 타인의 사망을 초래하는 경우는 사형을 적용할 수 있다."

「형법개정안 (8)」의 개정과정에서 노인범죄가 사형 적용대상이 될 수 있는지 여부에 관한 문제에 대하여 활발한 논의가 전개되었다. 그러나 구체적인 법 조문에서는 단지 "사형의 배척"으로부터 "사형의 제한 적용"으로 개정되었다.

3) 사형집행유예 만료 후의 법적 결과(제50조)

1979년 「사형」 제46조에 의하면 "사형집행유예에 처한 경우, 사형집행유예 집행 기간, 반성의 표현이 있으면, 2년 만료 후 무기징역으로 감형 될 수 있다. 그러나 반성에 동반하여 입공 경우가 존재하는 경우, 2년 만료 후 15년 이상 20년 이하의 유기징역으로 감형 될 수도 있다. 그러나 수감을 저항하는 경우가 심각하면, 최고인민 법원에 청구하여 사형 집행을 할 수 있다."

사형집행유예를 무기징역으로 감형하는 조건에 대하여, 1988년 9월 형법 개정안에서는 "저항하는 심각한 상황이 없다"라고 규정하였지만, 1988년 11월 16일에서는 "수감에 복종하고 저항하는 상황이 없다"라고 개정되었다. 따라서 1995년 8월 8일의 형법 총칙 개정안에서는 다시 "개조를 저항하는 심각한 경우가 존재하는 것을 증명가능하다"라고 규정하였다. 1996년 3월 17일 제8기 전국인민대표대회 제4차 회의에서는 「형사소송법」을 제정하였고, 동 법 제210조 제2항에 의하면, "사형집행유예에 처한 자가 2년 간의 집행 유예기간에서 고의적인 범죄가 없다면, 사형집행유예 만료 후 집행기관은 고급인민법원에게 감형제안을 신청하여야 한다. 고의 범죄가 존재하는 경우, 고급인민법원은 최고인민법원에 사형 집행을 신청하여야 한다." 그러므로 형법과 형사소송법 간의 규정을 조화하기 위하여, 형법 개정안에서는 사형 집행유예 만료 후의 결과를 「형사소송법」 제210조 제2항과 동일하게 규정하였다. 이는 다시 1997년 「형법」 제50조의 규정을 확립하였다.

1997년 형법전 제정 후 중국의 입법기관은 다시 1997년 「형법」 제50조를 다음과 같이 개정하였다.

① 사형집행유예 기한 만료 후 유기징역으로 감경하는 경우를 엄격히 제한하였다.

사법 실무로부터 알 수 있는 바와 같이, 사형집행유예를 선고한 자는 모두 범죄 정도가 극히 심각한 범죄자이므로, 유기징역으로 감형할 것을 제한하지 않은 경우, 죄형간의 형평성을 상실하여, 죄책형 적응 원칙에 위반될 수 있다. 이러한 고려에 기초하여 「형법개정안 (8)」(초안)에서는 1997년 「형법」 제50조의 "15년 이상 20년 이하의 유기징역"을 "20년 유기징역"으로 개정하였다. 그 후 개정안 2차 심사 회의에서 "20년 유기징역"을 "25년 유기징역"으로 개정하였으며, 최종 통과되었다.

「형법개정안 (9)」에서는 제50조 제1항을 다음과 같이 개정하였다. 즉, "사형집행유예로 선고하는 경우, 사형집행유예 기간 고의 범죄가 없는 경우, 2년 만료 후 무기징역으로 감형한다. 그러나 중대한 입공 표현이 있는 경우, 2년 만료 후 25년 유기징역으로 감형한다. 심각한 고의 범죄가 있는 경우, 최고인민법원에 사형 집행을 청 할 수 있다. 고의 범죄로 사형에 처하지 않은 경우, 사형집행유예 기간은 다시 계산되며, 최고인민법원에 보고하여야 한다."

② 감형 제한에 대한 규정을 추가하였다.

기존 「형법개정안 (8)」(초안)은 감형에 대하여 다음과 같이 규정하였다. 즉, "사형집행유예에 처한 누범 및 살인·강간·강탈·납치·방화·폭발 및 위험 물질 투입 또는 조직폭력범죄 등 범죄자에 대하여, 법원은 범죄 상황에 근거하여 무기징역 또는 20년 유기징역에 처할 수 있을 뿐만 아니라 감형을 제한할 수 있다." 심사과정에서 동 규정에 대한 견해가 갈라졌다. 일부 견해에 따르면, 동 규정은 "생형과경生刑過輕"의 문제를 해결하였지만, 다른 견해에 따르면, 동 규정은 형벌의 처벌성만을 강조하였고, 개조의 형벌 목적에 부합하지 않았다. 이에 기초하여 일부 학자는 범죄 정도가 심각한 범죄에 대하여 감형을 허락하는 동시 가석방을 제한할 것을 제기하였다. 이와 동시에 일부 학자는 "범죄 정도가 심각한 범죄자에 대하여 일정한 기간 내에 감형을 제한하여야 한다"는 견해를 제기하였다. 그리고 "무기징역으로 감형하거나 20년 이상 25년 이하 유기징역으로 감형한다"는 견해도 존재한다. 모든 견해를 종합한 결과, 입법기관은 초안의 2차 심사과정에서 초안을 기존의 "감형금지"로부터 "감형제한"으로 개정하여, 최종 통과되었고, 이는 다시 1997년 「형법」 제50조 제2항으로 확정되었다. 즉, "사형집행유예에 처한 누범 또는 고의 살인·강간·강탈·납치·방화·폭발·위험물질의 투입 또는 조직폭력범죄 등의 범죄자에 대하여 범죄정도에 따라 감형을 제한 할 수 있다."

4) 사형집행유예기간 및 유기징역으로 감형한 경우의 형기계산(제51조)

1979년 「형법」 제47조에 의하면, "사형집행유예 기간은 판결 확정일로부터 계산한다. 사형집행유예가 유기징역으로 감형하는 경우, 감형 결정일로부터 기간은 기산된다."

1997년 「형법」 제51조에서 규정한 "사형집행유예 기간"은 1979년 「형법」 제47조 제1문구를 그대로 적용한 것이다. 그러나 제2문구에서는 사형 집행유예를 유기징역으로 감형하는 시점을 "감형 결정일"로부터 "사형집행유예 만료일"로 개정하였다. 이렇게 개정한 이유는 사법실무에서 "감형 결정일"은 일반적으로 "사형집행유예 만료일"보다 늦기 때문이다. 따라서 늦은 기간은 사형집행유예 기간도 아니고 유기징역 집행기간도 아니므로, 감형 후의 형기를 감형 결정일부터 계산하면 범죄자의 실제 수감 기간을 연장하는 것과 같다. 그러므로 "사형집행유예 만료일로부터 계산"하는 것이 사형집행유예 범죄자의 이익을 보호하는 것이므로 더 타당하다.

5) 사형집행방식에 대한 삭제

1979년 「형법」 제45조의 규정에 의하면, "총기로 사형을 집행한다." 형법 개정과정에서 사형의 집행방식은 절차적 문제에 해당할 뿐만 아니라 1996년 「형사소송법」 제212조에서는 사형의 집행방법에 대하여 명확한 규정을 하였다. 그러므로 1997년 형법전에서는 삭제하였다.

6. 벌금형

1) 벌금형을 주형으로 규정할 것인 여부에 관한 문제

벌금형은 1979년 형법전에서 부가형으로 존재하였다. 따라서 형법 개정과정에서 벌금형이 실무에서 적용된 예가 드문 구체적인 상황을 감안하여, 시장경제 조건에서 횡령 등 범죄와 투쟁할 필요성을 인식하여, 경제처벌을 강화할 것을 제안하였다. 이로써 우리 나라 형법은 외국의 입법예를 본 받아 벌금형의 적용범위를 확대하는 것으로 벌금형이 기존의 부가형으로부터 주형으로 되었다. 동 견해에 따라 입법기관은 1988년 9월의 형법 개정안 제28조에서 벌금형을 주형의 하나로 규정하였다.

그러나 개정과정에서 일부 학자와 최고 사법기관은 벌금형을 주형으로 규정할 것을 반대하였다.[10] 입법기관은 결국 동 제안을 받아들였고, 1997년 형법전에

---

10 最高人民法院刑法修改小組, "關於刑法修改若干問題的硏討與建議(1991년 초안 작성, 1993년 보충 개정)", "對修改刑法的十個問題的意見", 公安部修改刑法領導小組辦公室, "關於完善刑罰

서 벌금형을 부가형으로 유지하였다.

2) 벌금형의 재량 원칙(제52조)

1979년 「형법」 제48조의 규정에 의하면, "벌금형에 처한 경우 범죄정도에 따라 벌금의 액수를 확정하여야 한다."

1997년 「형법」 제52조에서는 위의 규정을 그대로 유지하였다. 그러나 형법 개정과정에서 벌금의 재량원칙과 액수에 대하여 검토를 한 적이 있다. 1979년 형법전의 규정에 대하여 사법실무기관에서는 규정의 모호성으로 인하여 사법 심판에 적용하기 어려운 점을 지적하면서, 벌금형의 액수가 자의성이 존재한다는 문제점을 지적하였다. 그 후의 개정과정에서 실무기관은 횡령 등 범죄에서 벌금형의 액수는 범죄의 위법 소득의 액수 또는 법에서 규정한 벌금형의 액수보다 적은 경우 합리적이지 않다는 견해를 제기하였다. 이에 따라 벌금형의 액수를 100위안 이상 5만 위안 이하로 확정할 것을 제안하였다.[11]

벌금형의 광범위한 적용을 감안하여 벌금형의 액수를 총칙에서 원칙적으로 규정하는 것이 타당하다. 따라서 총칙에서 벌금형의 액수를 정하는 것은 벌금형의 적용 편의성을 강화하고, 법원의 재량권을 제한할 수 있다. 그러므로 입법기관은 형법 개정안과 형법 초안에서 모두 1979년 「형법」 제48조를 계속 유지하였다.

3) 벌금형의 납입방법과 기한(제53조)

1979년 형법전이 시행된 후 실무에서는 벌금형에 대한 집행난의 문제점을

種類與刑罰制度的建議(1996年7月)", 高銘暄・趙秉志, 「新中國刑法立法文獻資料總覽(下)」, 北京, 中國人民公安大學出版社, 1998, pp. 2369~2370・2408・2695. 趙秉志, 「刑法爭議問題研究(上卷)」, 鄭州, 河南人民出版社, 1996, pp. 663~666.

11 最高人民檢察院刑法修改小組, "修改刑法研究報告(1989年10月12日)", 高銘暄・趙秉志, 「新中國刑法立法文獻資料總覽(下)」, 北京, 中國人民公安大學出版社, 1998, pp. 2531~2532.

발견하였다. 1996년 6월 24일 형법 총칙 개정안 제49조에서는 제2문구를 "기한 만료 후 납입하지 않은 경우 강제 납입하거나 지정된 노동 장소에서 노동으로 대체할 수 있다"고 규정하였다. 1996년 8월 8일의 총칙 개정안에서는 노동의 기간을 "2년"에서 "5년"으로 개정하였다. 의견의 수렴 과정에서 전문가들은 벌금형의 집행을 노동으로 대체하는 것이 타당하다는 것을 인정하는 동시 노동의 기간을 5년으로 정하는 것은 너무 길다는 문제점을 지적하면서 노동 기간을 단축할 것을 제안하였다.[12] 1996년 8월 31일 형법 개정 초안에서는 노동 대체 벌금형의 기간을 "5년"에서 다시 "2년"으로 단축하였다. 그리고 법 조문에서 제53조 제2항의 규정으로 확정하였다.

1996년 10월 10일에 제정한 「중화인민공화국 형법(개정초안)」에서는 노동 대체 벌금형을 취소하였다.[13] 입법기관의 연구 하에 우리 나라 형법에서 규정한 벌금형의 집행 조치는 노동대체의 필요성이 없어 노동 대체 벌금형을 채택할 것을 부정하였다.

「형법개정안(9)」에서는 본 조항에 대하여 다음과 같이 개정하였다. 즉, "판결에서 지정한 일정한 기간 내에 벌금을 일시불 또는 할부로 납입하여야 한다. 기한 만료후 납입하지 않은 경우, 강제 납입이 가능하다. 벌금형을 모두 납입하지 않은 경우 법원은 집행가능 재산을 발견하는 즉시 강제 집행을 할 수 있다. 따라서 불가항력 등의 재난으로 인하여 납입이 어려운 경우 법원의 재량으로 연장 납입 또는 감액 납입 및 면제 납입을 할 수 있다."

12　全國人大常委會法工委刑法室1996년 9월 6일 정리, "法律專家對'刑法總則修改稿'和'刑法分則修改草稿'的意見", 高銘暄·趙秉志, 「新中國刑法立法文獻資料總覽(下)」, 北京, 中國人民公安大學出版社, 1998, p. 2131.
13　最高人民法院刑法修改小組, "關於對'中華人民共和國刑法(修訂草案)'(徵求意見稿)的修改意見(1996년11月8日)", 高銘暄·趙秉志, 「新中國刑法立法文獻資料總覽(下)」, 北京, 中國人民公安大學出版社, 1998, pp. 2432~2433.

7. 정치적 권리의 박탈

1) 정치적 권리의 박탈에 관한 내용(제54조)

1979년「형법」제50조의 규정에 의하면, "정치적 권리 박탈이란 아래 권리의 박탈을 말한다. (1) 선거권과 피선거권, (2) 헌법 제45조에서 규정한 각종 권리, (3) 국가기관 직무를 담당하는 권리, (4) 기업·사업기관 및 인민단체 지도자를 담당하는 권리 등이 있다."

1997년「형법」제54조에서는 1979년「형법」제50조의 (1)과 (3)의 규정을 유보하였으며, (2)와 (4)에 대하여 아래와 같은 개정을 하였다.

(1) "헌법 제45조에서 규정한 각종 권리"를 "언론·출판·집회·결사·시위 등 권리"로 개정하였다.
(2) "기업·사업기관과 인민단체 책임자를 담당하는 권한"을 "국유기업·회사·사업기관 및 인민단체 책임자를 담당하는 권한"으로 개정하였다.

2) 정치적 권리의 박탈 기간(제55조)

1979년「형법」제51조 제1항의 규정에 의하면, "정치적 권리의 박탈 기간은 본 법 제53조의 규정 외에, 1년 이상 5년 이하로 제한한다." 제2항의 규정에 의하면, "관제와 정치적 권리의 박탈을 동시에 처한 경우, 정치적 권리의 박탈 기간과 관제의 기간은 동일하며, 동시에 집행한다."

제1항의 규정에 따르면, 1997년「형법」제55조에서는 기존 조항의 "제53조"를 "제57조"로 개정하는 것 외에 기존의 내용을 그대로 유보하였다.

형법 개정안의 검토 과정에서 제2항의 규정에 대하여도 개정을 논의한 적이 있다. 1996년 10월 10일의 형법 개정안·1996년 12월 중순·1996년 12월 20일·1997년 1월 10일의 개정안에서는 모두 1979년「형법」제51조 제2항의 규정을 삭제한 적이 있다. 이에 대하여 일부 학자는 형법에서 관제에 정치적 권리의 박탈을 부과한 것을 금지하였지만, 사실상 관제에 처한 범죄자에 대하여 정치적 권리를 박탈한 예도 존재한다. 그러므로 1979년 「형법」 제51조 제2항에 합리적 근거를 보충할 필요가 있다. 이에 근거하여 1997년 2월 17일 개정안에서는 기존의 규정을 회복하였으며, 이는 다시 1997년 형법전에서 그대로 사용되었다.

3) 정치적 권리의 박탈 대상(제56조·제57조)

1979년 「형법」 제52조의 규정에 따르면, "반혁명자에 대하여 정치적 권리를 박탈하여야 한다. 사회질서를 심각히 파괴한 범죄자에 대하여 필요시 정치적 권리를 박탈하여야 한다."

형법 개정과정에서 본 조항에 대하여 아래와 같은 개정을 하였다. 첫째, 기존 조항의 "반혁명자"를 "국가안전을 해치는 반혁명자"로 개정하였는데, 이는 형법 각칙의 "반혁명죄"를 "국가안전을 해치는 범죄"로 명칭을 개정하는 취지에 더 부합하다. 둘째, 기존 조항의 "사회질서를 심각히 파괴하는 범죄자"를 "고의 살인·강간·방화·폭발·독극물 투입·강탈 등 사회질서를 심각히 파괴하는 범죄자"로 개정하였다.

1979년 형법전에서는 정치적 권리를 박탈하는 문제에 대하여 명확한 규정이 없었다. 따라서 정치적 권리의 박탈을 부가형으로 인정하는 경우, 부가적으로 적용할 수도 있고, 단독으로 적용할 수도 있다. 형법 각칙과 조화를 이루기 위하여 독립적으로 적용하는 것을 심중히 하여야 한다. 1979년 「형법」 제56조에서는 제2항을 추가하여 "본 법 각칙에 의하여 독립적으로 정치적 권리의 박탈을 적용하여야 한다"고 규정하였다.

1997년 「형법」 제57조에서는 1979년 「형법」 제53조를 그대로 본받아, 사형·무기징역에 처한 범죄자에 대하여 정치적 권리를 박탈하는 경우를 규정하 였다.

4) 정치적 권리의 박탈에 대한 처벌기간의 기산과 박탈 기간의 행위규칙(제58조)

　　정치적 권리 박탈의 형기 기산에 대하여, 1979년「형법」제54조의 규정에 의하면, "정치적 권리 박탈의 형기는 징역형과 구역형이 집행완료일 또는 가석방일로부터 기산된다. 정치적 권리 박탈의 효력은 주형의 집행기간에도 적용된다."

　　1997년「형법」제58조 제1항은 1979년「형법」제54조의 내용을 그래로 본받은 기초에서 제2항에 정치적 권리 박탈 대상인 범죄자의 행위 규칙을 추가하였다. 즉, "정치적 권리 박탈의 범죄자는 집행기간에 법률과 행정법규 및 국무원 공안부서의 감독관리 규정을 준수하여야 하며, 본 법 제54조에서 규정한 각종 권리를 행사할 수 없다."

　　제2항의 보충 규정을 추가하는 이유는 1979년 형법전에서 정치적 권리 박탈의 범죄자를 어떻게 감독 관리할 것인지 여부에 대한 규정이 없었기 때문이다.

5) 정치적 권리의 박탈과 관련된 기타 문제

(1) 특정 직업 자격의 박탈에 대한 문제

　　형법전의 개정과정에서 관련 부서와 전문가들은 우리 나라 1979년 형법전에서 규정한 정치적 권리의 박탈과 강제 출국 등 두 가지 자격형이 과소한 문제점을 제기하였다. 1995년 8월 8일 형법 총칙 개정안 제30조에서 규정한 부가형 유형에는 "특정 직업 자격의 박탈"을 추가하였지만, 행정법규에서 이미 허가증과 자격증 및 영업정지 등 조치를 규정한 이유로 형법에서 다시 중복하는 것은 의미가 없으므로, 규정을 중복하지 않았다.「형법」제34조에서는 "특정 직업 자격의 박탈"을 규정하지 않았다.

(2) 군 계급·경찰 계급 및 훈장의 박탈에 관한 문제

1996년 10월 10일에 제정한 「중화인민공화국 형법(개정안)」 제32조에서 입법기관은 "군 계급 · 경찰 계급 및 훈장의 박탈"을 단독적인 부가형으로 규정하였다. 제32조의 규정에 의하면, "3년 이상 유기징역에 처한 범죄자와 정치 권리 박탈에 처한 범죄자가 군 계급 · 경찰 계급 및 훈장이 있는 경우, 함께 박탈하여야 한다."

이상의 규정에 대하여 일부 학자들은 군인 · 경찰이 범죄행위를 행하는 경우 군 계급 · 경찰 계급의 박탈 수요가 있으면, 「중화인민해방군 군계급 조례中華人民解放軍軍官軍銜條例」「중화인민공화국 인민경찰 계급 조례中華人民共和國人民警察警銜條例」에 따라 집행하여야 한다. 그러나 훈장은 과거의 공적을 표현하는 것으로 범죄 후 부정하는 것이 타당하지 않아 훈장을 박탈하는 것은 합리적이지 못하므로 훈장 박탈에 관한 규정을 삭제하였다.[14] 입법기관은 해당 견해를 채택하였다.

8. 재산의 몰수

1) 재산 몰수의 범위(제59조)

1979년 「형법」 제55조 제1항의 규정에 의하면, "재산 몰수는 범죄자 소유 재산의 일부 또는 전부에 적용한다." 제2항의 규정에 의하면 "재산몰수를 처한 경우, 범죄자 가족 소유 또는 개인 소유가 당연한 재산을 몰수하여서는 아니 된다."

1997년 「형법」 제59조에서는 이상의 규정을 그대로 적용하였다. 이와 동시 제1항에서는 "재산을 전부 몰수하는 경우, 범죄자 개인 및 범죄자가 부양하는 가족에게 필요한 생활비용을 남겨야 한다"는 내용의 규정을 추가하였다.

---

14 "八屆全國人大五次會議分組審議'中華人民共和國刑法(修訂草案)的意見", 高銘暄 · 趙秉志, 「新中國刑法立法文獻資料總覽(下)」, 中國人民公安大學出版社, 1998, p. 2227.

2) 범죄자의 정당한 채무의 상환(제60조)

1979년「형법」제56조의 규정에 의하면, "재산 몰수 전에 범죄자가 부담한 정당한 채무에 대하여, 법원은 채권자의 청구에 의하여 몰수 재산으로 상환할 수 있다."

이상의 규정에 비하여, 1997년「형법」제60조에서는 아래와 같은 개정을 하였다. 첫째, 기존 조문의 "재산 봉쇄 이전"을 "재산 몰수 이전"으로 개정하였다. 이렇게 개정한 이유는 몰수된 재산은 봉쇄 이외의 수단으로 진행될 수 있으므로, 국민의 합법적 이익을 보호하기 위하여 더 정확한 용어를 대체하였다. 둘째, 기존 조문의 "법원의 결정"에 의하여 상환할 것은 "당연히 상환"하여야 한다고 개정하였다.

형벌의 적용

04

1. 양형

1) 양형의 일반 원칙(제61조)

1979년「형법」제57조의 규정에 의하면, "범죄자에 대하여 형벌을 처한 경우, 범죄 사실·범죄 성질·범죄 정도 및 사회에 대한 위험성 등을 참조하여 본 법의 규정에 의하여 처벌하여야 한다."

1997년「형법」제61조에서는 위 규정을 그대로 유지하였다. 그러나 형법 개정과정에서 양형의 일반 원칙에 대한 논의도 존재하였지만, 입법기관은 결국 채택하지 않았다. 이로써 1997년「형법」제61조에서는 1979년「형법」제57조를 그대로 유지하였다.

2) 가중처벌·경벌(제62조)

1979년「형법」제58조의 규정에 의하면, "범죄자가 본 법에서 정한 가중 처벌과 경벌 등 경우가 존재하면, 법정형의 한도 내에서 형사처벌을 결정하여야 한다."

1979년「형법」제62조에서는 이상의 규정을 그대로 유지하였다.

3) 감경처벌(제63조)

1979년「형법」제59조 제1항의 규정에 의하면, "범죄자가 본 법에서 정한 감경처벌의 경우가 존재하면, 법정형 이하에서 형사처벌을 하여야 한다." 제2항의 규정에 따르면, "비록 범죄자에게 본 법에서 정한 감경처벌의 경우가 없지만, 사건의 구체적인 상황에 근거하여 법정형의 최저형 또한 과중하다고 인식된다면, 법원 심판위원회의 결정에 따라 법정형 이하로 처벌할 수 있다."

1997년「형법」제63조 제1항은 1979년「형법」제59조 제1항의 규정을 그대

로 유지하였지만, 제2항의 삭제 여부는 형법 개정과정에서 논란이 있었다.[1]

입법의 선택과정에서 입법기관은 우선 "유지론"을 받아들였고 1979년 「형법」 제59조 제2항의 규정을 그대로 유지하였다. 그러나 1996년 8월 8일의 형법총칙 개정안에서 "폐지론"을 채택하여 해당 조항을 삭제하였다. 1996년 10월 10일 전국인민대표대회 상무위원회 법제위원회全國人大常委會法制工作委員會에서 제정한 「중화인민공화국 형법(개정안)」에서는 다음과 같은 두 가지 방식을 제공하였다. 하나는 감경처벌을 취소한 것이고, 다른 하나는 감경처벌을 유지한 동시 절차적으로 제한하였다. 구체적인 조항은 다음과 같다. 즉, "비록 범죄자에게 법에서 정한 감경처벌의 경우가 존재하지 않지만, 사건의 구체적인 상황에 의하여 최저 법정형 또한 과중하다고 인식되는 경우, 고급법원 또는 최고법원 심사위원회의 결정에 의하여 법정형 이하로 처벌할 수 있다." 논의와 검토를 거친 후 입법기관은 결국 "유지+절차제한"의 방식을 채택하였다. 1996년 12월 20일 「중화인민공화국 형법(개정안)」 제65조 제2항의 규정에 의하면 "비록 범죄자는 본 법에서 규정한 감경처벌의 경우가 존재하지 않지만, 사건의 구체적인 상황에 근거하여 최저 법정형으로 판결하는 경우에도 과중하다는 것이 인식되면, 최고인민법원 심판위원회의 결정에 의하여 법정형 이하로 처벌할 수 있다."

그 후, 1996년 12월 20일 형법개정안에서는 다음과 같이 개정하였다. 첫째, "사건의 구체적 상황"을 "사건의 특수 상황"으로 개정하였다. 둘째, "최저 법정형으로 처벌하는 경우에도 과중하다고 인식되는 경우"를 삭제하였다. 셋째, "최고인민법원 심판위원회의 결정"을 "최고인민법원의 인가"로 개정하였다.

이상의 개정과 조정을 거쳐, 제8기 전국인민대표대회 제5차 회의에서 개정한 「중화인민공화국형법」 제63조 제2항의 규정에 의하면, "비록 범죄자는 본 법에서

---

[1] 最高人民法院刑法修改小組, "關於對'中華人民共和國刑法(修訂草案)'(의견수렴초안)의 개정의견(1996년 11월 8일)", "中央有關部門, 地方及法律專家對刑法修訂草案(徵求意見稿)的意見", 高銘暄・趙秉志, 「新中國刑法立法文獻資料總覽(下)」, 北京, 中國人民公安大學出版社, 1998, pp. 2433~2434, 2158.

정한 감경처벌의 경우가 존재하지 않지만, 사건의 특수 상황을 감안하면, 최고인민법원의 인가를 받으면 법정형 이하로 판결할 수 있다."

1997년 형법정 시행 이후, 사법 경험의 검증을 거친 후 제63조 제1항 규정의 결함을 알 수 있다. 즉, 동 조항의 "법정형 이하"를 어떻게 이해할 것인가, 그리고 범죄가 여러개의 양형의 폭이 존재할 때 동 조항을 어떻게 적용할 것인가가 문제되었다. 이러한 문제는 형법의 적용을 저해하고 있으므로 본 조항에 대한 개정이 필요하다. 여러 차례의 논의 하에, 「형법개정안 (8)」에서는 본 조항을 다음과 같이 개정하였다. 즉, "범죄자가 본 법에서 정한 감경처벌의 경우가 존재한다면, 법정형 이하로 판결할 수 있다. 본 법의 규정에 여러 개의 양형의 폭이 존재하는 경우, 법정형의 한 단계 아래의 양형의 폭에서 처벌하여야 한다."

4) 가중처벌을 규정할 것인지 여부에 관한 문제

형법의 개정과정에서 단행 형법에서 규정한 가중 처벌의 경우를 미래의 형법전에 삽입할 것인지 여부가 문제되었다.[2] 입법기관은 가중처벌 원칙을 1997년 형법전에서 규정하지 않았다.

5) 납입·환수 및 몰수(제64조)

1979년 「형법」 제60조에 의하면, "범죄자의 위법소득은 납입 또는 환수를 하여야 한다. 금지품과 범죄에 이용한 본인의 재산은 몰수 하여야 한다."

형법의 개정과정에서 다음과 같은 보충을 하였다. 하나는 피해자의 합법적 재산을 즉시 반환하는 것이고, 다른 하나는 몰수된 재산을 국고에 납입하는 것으로 사적인 처분을 금지하였다. 위 두 가지 규정을 보충한 기초에서 1997년 「형

---

2   最高人民檢察院刑法修改小組, "關於修改刑法十個重點問題的研究意見(1996年5月)", 高銘喧·趙秉志, 「新中國刑法立法文獻資料總覽(下)」, 北京, 中國人民公安大學出版社, 1998, p. 2598.

법」제64조의 규정은 다음과 같이 확정하였다. 즉, "범죄자가 위법으로 얻은 재산은 모두 납입 또는 환수하여야 한다. 피해자의 합법적 재산은 즉시 반환하여야 한다. 금지품과 범죄에 사용한 본인의 재산은 몰수 하여야 한다. 몰수한 재산과 벌금은 모두 국고에 납입하여야 하고 사적인 처벌을 금지하였다."

2. 누범

1) 일반 누범(제65조)

「형법개정안 (8)」은 개정후 「형법」 제65조 제1항으로 되었다. 이에 따르면, "유기징역 이상으로 판시한 범죄자에 대하여 형벌이 집행완료 또는 특사 이후, 5년 내에 다시 유기징역으로 처할 범죄를 범하는 경우 누범에 해당하여 가중 처벌하여야 한다. 단, 과실범과 18세 미만의 범죄는 제외된다." 제2항의 규정에 의하면 "전항에서 정한 기간은 가석방 대상자에 대하여 가석일로부터 기산한다." 이는 누범에 대한 개괄적인 규정이다.

(1) 일반 누범 성립에 있어 요구되는 전·후 범죄의 시간적 간격에 관한 문제

형법 개정과정에서 일부 전문가들은 1979년 형법전에서 누범을 구성하는 범죄 시간의 간격을 형벌 집행 완료 또는 특사 후의 3년으로 규정하였다. 그러나 3년이란 시간이 너무 짧은 이유로, 일반 누범을 구성하는 전·후 범죄 시간의 간격을 늘이는 제안이 있었다. 그러나 시간적 간격을 얼마나 길게 규정할 것인가에 대하여 견해가 갈라졌다. 일부 학자들은 3년을 5년으로 연장하는 것을 제안하였다. 우리 나라 1979년 형법전 제22판 초안에서는 형사처벌의 정도에 따라 누범의 기간을 3년·5년 및 7년으로 규정하였다.

1996년 5월 최고인민검찰원 형법 개정팀에서 제출한 개정안은 다음과 같은 문제를 제기하였다. 즉, 기존의 형벌과는 달리 세 가지 단계를 설정하여 재범의 기한을 제한하였다. 첫 단계는 기존의 관제·구역·3년 미만의 유기징역에 대하여 3년 내에 다시 범죄 행위를 행한 경우, 두 번째 단계는 기존의 3년 이상 10년 미만의 유기징역에 대하여 5년 내에 다시 범죄 행위를 행한 경우, 셋째 단계는 기존의 10년 이상 유기징역·무기징역에 대하여 7년 내에 다시 범죄행위를 행한 경우 등이 있다. 두 번째 견해는 범죄 성질과 범죄 정도에 따라 누범의 시간적 간격을 규정하는 것은 번거로움이 있을 뿐만 아니라, 유기징역의 형기 조건에 이미 경범죄를 배척한 것과 다름이 없다. 따라서 형법은 특별 누범에 대한 시간적 제한은 별도의 법규로 규정하여, 전·후 범죄 시간적 간격을 구분하는 것은 별다른 의미가 없다. 이에 기초하여 다수 국가의 형사입법 경험과 우리 나라 형사입법의 현황을 감안하여 입법기관에서는 최종적으로 첫 번째 견해를 받아들였다. 이로써 1979년 형법전에서 규정한 3년은 결국 5년으로 개정되었다.

(2) 일반 누범의 성립조건과 관련된 기타 문제
① 1979년 형법전에서 규정한 재범의 문제

1979년 형법전에서는 누범을 구성한 전·후 범죄 시간적 간격을 엄격히 규정하였다. 1979년 형법전 시행 후, 국내 치안 형세의 악화와 재범율의 상승으로 인하여, 사회 안전을 수호하기 위하여 범죄자에 대한 처벌 강도가 높아졌다. 1981년 전국인민대표대회 상무위원회에서 제정한 「노동개조범죄자와 노동 교양자의 도피 또는 재범죄의 처리에 관한 결정關於處理逃跑或者重新犯罪的勞改犯和勞教人員的決定」에서는 재범죄제도를 확립하였다. 즉, 형사처벌 기한 만료 후 다시 범죄행위를 행한 자에 대하여 가중 처벌하여야 한다. 형법 개정과정에서 형법전에서 재범죄 규정을 어떻게 받아들인 것인지 여부에 대하여 견해가 달라졌다. 범죄자 재범죄시의 인적 위험성 요소를 고려하여 볼 때, 누범의 경우 가중 처벌하는 것은 재범죄시 인적 위험성 요소를 중복 평가하는 것과 다름이 없어 합리적이지 못하다. 노동개조 범죄자가 도피 후 재범하는 경우 가중처벌이 필요하다는 것은 도피죄의 가중 처벌 경우에 해당하므로, 누범과 동일하게 처벌할 필요성이 없다.

② 미성년자가 누범이 될 수 있는지 여부에 관한 문제

누범제도의 설립 근거는 인적 위험성이 높은 범죄에 대하여 처벌 강도를 강화하는 것이므로, 심신 미약한 미성년자에 대하여 입법적으로 미성년자 누범에 대하여 가중 처벌하는 것은 어디까지나 우리 나라 미성년자에 대한 일관적인 형사정책을 위반한 것으로 미성년자의 교육과 개조에 불리하다. 그러므로 세계적인 입법 현황과 입법 추세를 볼 때, 많은 국가와 지역의 입법은 미성년자의 누범을 인정하지 아니 한다. 그러므로 「형법개정안 (8)」은 1997년 형법전에 기초하여 18세 미만에 대하여 누범을 인정하지 아니 한다.

(3) 누범의 처벌원칙

누범의 처벌원칙에 대하여, 입법기관의 태도는 일련의 변화의 과정을 거쳤다. 1988년 9월 · 11월 16일 · 12월 25일, 1995년 8월 8일 · 1996년 6월 24일의 형법 개정안에서 입법기관은 누범의 가중 처벌 견해를 채택하였다. 그 후의 연구 과정에서 다수의 학자들은 가중 처벌의 처벌 대상이 광범위한 특징을 이유로 기존 특별 형법에서 규정한 것은 시대적 필요성이 있다는 이유로 계속 유지하는 것을 반대하였다. 이에 따라 입법기관은 형법 초안에서 누범의 가중처벌 규정을 삭제하였다. 이로써 1997년 결의한 형법전에서는 1979년 형법전에서 규정한 누범에 대한 "엄중하게 처벌"할 것을 유지하였다.

2) 특별 누범(제66조)

1979년 「형법」 제62조에 의하면 "형벌 집행 완료일로 또는 특사일 이후의 반혁명자가 다시 반혁명죄를 범한 경우 누범으로 인정한다."

본 조항은 특별 누범에 관한 규정이다. 1997년 형법전에서는 "반혁명범죄자"를 "국가안전을 해치는 범죄자"로 개정하였을 뿐만 아니라 "반혁명죄"를 "국가안전손해죄"로 개정하였다. 1997년 형법전 시행 후 입법기관은 테러범죄와 깡패성질의 조직범죄의 발전 상황을 감안하여 「형법개정안 (8)」에서 특수 누범의 범위를 확대하여 테러범죄와 조직범죄의 처벌을 강화하였다. 개정 후의 「형법」 제66조에 의하면 "국가안전 손해죄·테러범죄·깡패성질의 조직 범죄자가 형사처벌 집행 완료일 또는 특사 이후 다시 위에서 나열한 범죄를 범한 경우 누범으로 인정한다."

3. 자수와 입공

1) 자수(제67조)

1997년 「형법」 제67조 제1항의 규정에 의하면, "범죄 후 자동으로 사건을 고발하여, 자신의 죄행을 자백하는 것을 자수라고 한다. 범죄자가 자수하는 경우, 형사처벌을 가볍게 할 수도 있고 감경처벌할 수도 있다. 범죄 정도가 경미한 경우 형사처벌을 면제할 수도 있다." 제2항의 규정에 의하면, "강제조치를 취한 범죄용의자·피고인과 수감한 범죄자가 사법기관이 파악하지 못한 본인의 죄행을 자백하는 경우에도 자수에 해당한다."

본 조는 신형법전의 자수제도에 관한 규정으로 1979년 「형법」 제63조에서 규정한 자수에 비하여 다음과 같은 차이점이 존재한다.

(1) 일반적 자수에 관한 개념을 정의하였다.

1979년 형법전에서는 추상적으로 자수의 개념만을 사용할 뿐 자수의 성립조건을 명확히 규정하지 않았다. 모호한 자수의 규정은 자수에 대한 이해가 대립되어, 사법 실무에서 자수의 인정에 혼란을 야기하였다. 1997년 2월 17일 형법 개정안 제68조에서는 일반적인 자수를 다음과 같이 정의하였다. 즉, "범죄 후 자동으로 사건을 고발하여 자신의 범죄 행위를 자백하는 것을 자수라고 한다." 1997년에 통과된 신형법에서는 동 규정을 그대로 유지하였다.

(2) 자수의 처벌 경감의 범위를 확대하였다

1979년 형법전에서 규정한 자수의 처벌 규정에 의하면, "범죄 후 자수한 경우 경미하게 처벌할 수 있다. 범죄 정도가 경미한 경우, 감경처벌 또는 처벌을 면제할 수도 있다. 범죄정도가 심각하지만 입공이 있는 경우 감경처벌 또는 면제 처벌 하여야 한다." 형법 개정과정에서 자수 처벌 원칙에 대한 규정은 일련의 변화 과정을 거쳤다. 1979년 형법전에서 규정한 자수에 비하여, 신형법전에서 자수에 대한 감형의 폭이 더 커졌다. 특히, 자수범에 대하여 범죄 정도와 입공이 있는지 여부와 관계없이 모두 감형할 수 있다. 그 중에서도 범죄 정도가 경미한 경우 처벌을 면제할 수도 있다.

(3) 특별 자수에 관한 규정을 추가하였다

형법 개정과정에서 학계와 실무계에서는 자수의 본질은 범죄자가 자신의 행동으로 반성과 개선의 의도를 나타내는 것으로 인적 위험성을 감소하는 것으로 선처를 바라는 것이다. 1995년 8월 8일 형법개정안에서 특별 자수를 추가 규정할 것을 시도하였지만, 수차례의 조정을 거쳐 최종적으로「형법」제67조 제2항의 규정으로 확정되었다. 구체적으로 보면, "강제조치를 취한 범죄 용의자·피고인과 수감중인 범죄자가 사법기관이 파악하지 못한 자신의 범죄 사살에 대하여 자백하는 경우 자수로 인정한다."

2) 자백에 관한 문제(제67조 제3항)

1979년 형법전에는 자백에 관한 내용이 없었다. 1984년 최고인민법원·최고인민검찰원과 공안부에서 제정한「자수를 처리하는 법률에 관한 해답關於當前處理自首和有關問題具體應用法律的解答」에서는 "자백"에 대하여 정의하였고, 자백을 어떻게 처리할 것인지에 대하여도 규정하였다. 즉, 자백은 범죄행위가 이미 사법기관에 발견·의심되어, 범죄자를 심문 또는 강제 조치를 취하는 것으로 범죄자가 죄행을 말하는 것을 자백이라고 한다. 범죄자가 자신의 범죄를 자백하는 경우「형법」제57조에 따라 자백의 정도를 판단해 선처할 것인지 여부를 결정한다.

형법 개정안의 심사 과정에서 일부 학자는 형법에서 자백을 규정하지 않았다는 이유로 실무기관에서 자백을 인정하는 경우 착오가 발생할 수 있어, 형법전에서「자수를 처리하는 법률에 관한 해답」에 관한 자백 규제를 입법화 할 것을 제안하였다. 입법기관은 동 제안을 받아들여 형법 개정안에서 자백을 규정하였다. 구체적으로 1988년 11월 16일의 개정안 내용을 볼 때, "범죄행위가 기소된 경우 범죄자가 자신의 범죄행위를 실토하는 경우 자백이라고 한다. 자백한 범죄자에 대하여 형사처벌 한도에서 상대적으로 경미하게 처벌할 수 있다." 그 후 입법기관은 자백에 대하여 이론과 실무에서 인정하는 차이점이 존재한다는 이유로, 1995년 8월 8일 형법 총칙의 개정안에서 자백을 삭제하였다. 비록 최종적으로 통과된 신형법전에는 자백제도가 없었지만, 사법실무에서 여전히 자백을 선처의 요소로 인정하였다.

1997년 형법전 시행 후 자백 선처의 형사정책을 시행하기 위하여, 자백의 입법화 문제가 다시 입법기관의 중시를 일으켰다.「형법개정안 (8)」제2차 심의과정에서는 동 제한을 받아들였다. 즉, "범죄 용의자에게 전항에서 규정한 자수 요소가 없지만, 자신의 범죄행위를 자백하는 경우 선처를 할 수 있다. 범죄행위의 자백으로 인하여 심각한 결과의 발생을 회피하는 경우 처벌을 감경할 수 있다." 동 내용은 최종적으로「형법개정안 (8)」에서 규정되었고, 결국「형법」제67조 제3항으로 입법화 되었다.

3) 입공(제68조)

1979년 형법전에서 독립적으로 입공제도를 규정하지 않았지만, "입공"의 규정은 형법전 각 곳에 산재되었다. 예컨대, 제63조에 의하면, "범죄정도가 심각한 범죄자가 입공하는 경우 처벌을 감경할 수 있다." 그리고 제46조와 제71조에서도 "입공"을 규정하였다. 형법에서 규정한 입공은 추상적이어서 이론과 실무에서 입공의 개념과 유형 및 처벌에 관하여 쟁점이 존재하였다.

형법 개정안에서 입공제도를 형법 개정안에서 규정할 것인지 여부에 대하여 일련의 변화 과정을 거쳤다. 일부 부서에서는 중대한 입공이 있는 자에 대하여 절대적으로 처벌을 면제한다는 것은 합리적이지 않으며 "감경처분의 경우"를 추가할 것을 제안하였다.³ 그러므로 1995년 8월 8일 형법 총칙의 개정에서 관련 견해를 받아들여 감경 처분의 경우를 추가하였다. 1996년 12월 중순 개정안에서는 "감경 처분"의 경우를 추가하였을 뿐만 아니라 "범죄 후 자수 또는 중대한 입공"이 있는 경우 또한 함께 추가하여, 1997년 「형법」 제68조를 입법하였다.

신형법전의 시행으로 형법의 선처 규정을 보완하기 위하여 「형법 개정안 (8)」에서는 「형법」 제68조 제2항을 삭제하였다.

4. 수죄병별

1) 판결 선고 전 1인이 수죄를 범한 경우의 병벌원칙(제69조)

1979년 「형법」 제64조 제1항의 규정에 의하면 "판결 선고 전 1인 범죄에 대하여 사형 또는 무기징역을 처한 경우 외에, 총 형기 이하 최고 형기 이상의 한도에서 형사처벌 집행을 감경할 수 있다. 그러나 관제의 최고 기간은 3년을 초과하여서는 아니 되며, 구역의 최고 기한은 1년을 초과하여서는 아니 되고, 유기징역의 최고 기한은 20년을 초과하여서는 아니 된다." 제2항의 규정에 의하면 "수죄에서 부가형도 함께 처벌한 경우 부가형은 반드시 집행하여야 한다."

1997년 「형법」 제69조에서는 1979년 「형법」 제64조에서 규정한 "단서" 이전의 부호를 개정하는 것 외에 아무런 개정도 하지 않았다.

신형법전이 시행된 후 「형법 개정안 (8)」에서는 제69조의 규정을 반복적으로

---

3 最高人民法院刑法修改小組, "關於刑法總則修改的若干問題(草稿)(1989年3月)", 高銘暄·趙秉志, 「新中國刑法立法文獻資料總覽(下)」, 北京, 中國人民公安大學出版社, 1998, p.2256.

검토한 후 아래와 같은 개정을 하였다.

(1) 유기징역의 수죄병벌의 형기를 연장하였다. 즉, "유기징역의 총 형기가 35년 미만의 경우 최고 형기는 20년을 초과하여서는 아니 되고, 총 형기가 35년 이상인 경우 최고 형기는 25년을 초과하여서는 아니 된다."
(2) 부가형의 수죄병벌의 규칙을 보충하였다. 즉, "수죄 중에 부가형을 판시한 경우 부가형은 반드시 집행하여야 한다. 동일한 유형의 부가형은 합병하여 집행할 수 있다. 유형이 다른 부가형은 각각 집행하여야 한다." 이러한 보충적인 개정은 양형의 규범화를 추진하는 데 적극적인 작용이 있다.

「형법개정안 (9)」에서는 본 조항에 대하여 개정을 한 기초에서 제2항을 추가하였다. 즉, "수죄에서 유기징역과 구역을 판시한 경우, 유기징역을 집행하여야 한다. 수죄에서 유기징역과 관제 또는 구역과 관제를 판시한 경우, 유기징역·구역이 집행완료 후, 관제는 여전히 집행하여야 한다." 기존의 제2항은 제3항으로 개정되었다.

2) 판결 선고 후 누락범죄를 발견한 경우의 병벌원칙(제70조)

1979년 「형법」제65조에 의하면 "판결선고 이후 형벌 집행 완료전, 범죄자가 판결선고 이전 존재한 기타 범죄에 대하여 판결을 하지 않은 것을 발견한 경우 새로이 발견한 범죄에 대하여 판결한 후 제64조에 의하여 형벌을 결정하여야 한다. 이미 집행한 형기는 새로이 결정한 형기 내에 산입하여야 한다."

3) 판결 선고 후 새로운 범죄를 범한 경우의 병벌원칙(제71조)

1979년 「형법」제66조에 의하면 "판결 선고 이후 형벌 집행완료 이전, 범죄자가 다시 범죄행위를 행한 경우 새로운 범죄에 대하여 다시 판시하여야 한다. 그리고 전항의 범죄에 대하여 집행하지 않은 형벌을 후항의 범죄와 함께 제64조에 의하여 집행하여야 한다."

1997년「형법」제71조에서는 1979년「형법」제66조의 규정을 그대로 유지하였으며 개별적인 문자 처리만을 하였다. 첫째, 기존 조항의 "형벌 미집행 부분의 집행 완료 이전"을 "형벌 집행완료 이전"으로 개정하였다. 둘째, 기존 조항의 "제64조"를 1997년「형법」의 "제69조"로 개정하였다.

4) 수죄에 관한 문제

1979년 형법전에서 규정한 수죄병벌에서는 죄수 문제를 규정하지 않았다. 그러나 형법 개정과정에서 관련 부서에서는 형법전에서 오직 수죄병벌 원칙만을 규정하는 것은 턱없이 부족하여, 죄수의 인정기준 및 유형도 함께 규정하여야 한다고 주장하였다. 입법기관은 동 견해를 받아들였지만, 이론과 실무계에서 경합범競合犯·연속범連續犯 및 관련범牽連犯에 대한 개념정의가 모호하여 시간적으로 입법화할 여건이 마련되지 않은 것을 이유로 결국 입법화되지 못하였다.

5. 집행 유예緩刑

1) 집행 유예의 적용조건(제72조)

1979년「형법」제67조 제1항의 규정에 따르면 "구역·3년 이하 유기징역에 처한 범죄자는 범죄 정도와 반성의 표현에 따라 집행 유예를 적용하는 경우 사회를 해치지 않는 가능성이 존재하면 집행 유예를 선고할 수 있다." 제2항의 규정에 의하면, "집행 유예를 선고 받은 범죄자에게 부가형을 부과할 수 있으며, 부가형 또한 함께 집행하여야 한다."

1997년「형법」제72조는 1979년「형법」제67조를 그대로 유지한 것이다.

1997년「형법」시행 후 사법 실무에서는 집행 유예를 적용하는 재량의 폭이 달라 사법의 일관성을 저해하였다. 그러므로「형법개정안 (8)」에서는 1997년「형법」제72조를 다음과 같이 보충 개정하였다. (1) 집행 유예의 적용 조건을 명확히 하였다. (2) 집행 유예 범죄자에 대하여 금지령을 보충 규정하였다. 즉,「형법」제72조에서 제2항을 추가하여 "집행 유예를 선고하는 경우 특정한 범죄 정도에 따라 범죄자로 하여금 집행 유예기간 내에 특정 활동에 종사하여 특정지역 또는 특정 장소에 진입하거나 특정인을 만나는 것을 금지한다."

2) 집행 유예의 관찰기간(제73조)

    1979년「형법」제68조 제1항의 규정에 의하면, "구역의 집행 유예 관찰기한은 기존 형기 이상 1년 이하이어야 하고, 한달보다 길어야 한다." 제2항에 의하면, "유기징역의 집행 유예 관찰기한은 기존 형기 이상 5년 이하이어야 하고, 1년 보다 길어야 한다." 제3항의 규정에 의하면 "집행 유예 관찰기관은 판결일로부터 계산한다."
    1979년 형법전의 규정에 비하여, 1997년「형법」제73조에서는 다음과 같이 개정하였다. 구역의 집행 유예 관찰기한은 기존의 "한달"로부터 "두달"로 연장하였다. 한달의 관찰기한이 너무 짧아 형벌 적용의 엄격성을 수호하기 위하여 개정하였다.

3) 누범과 범죄집단의 주요 책임자에게
집행 유예의 적용제한(제74조)

    집행 유예의 적용 대상을 제외하는 것에 대하여, 1979년「형법」제69조에서는 다음과 같이 규정하였다. 즉, "반혁명자와 누범에 대하여 집행 유예를 적용하지 아니 한다." 그러나 형법 개정과정에서 1988년 9월 · 11월 16일 · 12월 25일의 형법개정안과 1995년 8월 8일의 형법 개정안 및 1996년 6월 24일의 형법 개정안에서는 모두 1979년 형법의 규정을 유지한 기초에서 단지 "반혁명자"를 "국가안전을 해한 범죄자"로 개정하였다. 1996년 8월 8일의 형법 총칙 개정안에서 입법기관은 제73조에서 사회 안정을 심각히 파괴하는 범죄자와 누범에 대하여 집행유예를 적용하지 아니 한다. 그러므로 집행 유예의 적용을 제외한 자는 국가 안전을 해치는 범죄자와 누범뿐만 아니라 사회 안정을 해치는 범죄자도 포함된다.

1996년 10월 10일 형법 개정안에서 사회 안정을 해치는 범죄자와 국가안전을 해치는 범죄자에게 집행 유예를 적용하지 않다는 조항을 삭제하였다. 이로써 새로이 형성된「형법」제74조의 규정에 따르면 "누범은 집행 유예를 적용하지 아니 한다." 그 후「형법개정안 (8)」에서는 범죄집단의 처벌 수요로 인하여 집행 유예의 적용 범위를 확대하여 범죄 집단의 주요 범죄자도 포함하였다. 이렇게 개정된 제74조의 규정은 다음과 같다. "누범과 범죄집단의 주요 책임자는 집행 유예를 적용하지 아니 한다." 이 밖에「형법개정안 (8)」에서는 특수 누범의 대상을 기존의 "국가안전을 해치는 범죄자"로부터 "국가안전범죄 · 테러활동에 관한 범죄 · 강패성질의 조직 범죄 등 범죄자"로 확대하였다. 그러므로 집행 유예의 적용 제외 대상도 사실상 함께 확대되었다.

4) 집행 유예의 감독 관찰 내용(제75조)

1979년 형법전에서는 집행 유예 감독 관찰에 대한 내용을 명확히 규정하지 않았다. 그러므로 실무에서 집행 유예 범죄자에 대한 감독과 관리가 체계적이지 않아 집행 유예 범죄자에 대한 감독 효과에 영향을 미쳤다.

감독 효과를 바로 잡기 위하여 사법해석과 행정 규범으로 규율하고 있다. 형법개정안의 제정과정에서 입법기관은 최고인민법원 · 최고인민검찰원 · 공안부 · 사법부의 경험에 기초하여 1996년 8월 8일 형법총칙 개정안 제74조에서 집행 유예 범죄자에 대한 관찰 내용을 규정하였다.

그 후의 논의 과정에서 입법기관은 다시 집행 유예 범죄자의 관찰 내용에 대하여 보충적 규정을 하였다. 이로써 신형법전 제75조에서 규정한 집행 유예 범죄자에 대한 내용은 다음과 같다. 즉, "집행 유예 범죄자로 선고한 자는 다음과 같은 규칙을 준수하여야 한다. 첫째, 법규·행정법규를 준수하고 감독에 복종하여야 한다. 둘째, 관찰기관의 규정에 따라 자신의 활동 내역을 보고하여야 한다. 셋째, 관찰기관에서 규정한 손님맞이 규정에 따라야 한다. 넷째, 자신의 거주지의 시·현 또는 거주지를 바꾸는 경우, 관찰기관의 허가를 받아야 한다."

이 밖에 집행 유예 범죄자에 대한 감독을 강화하기 위하여 관련 부서와 지역에서는 집행 유예 보증금 제도의 설립을 제안할 수 있다.[4]

5) 집행 유예의 관찰기관과 집행 유예의 관찰 기간 만료 후의 법적 결과(제76조)

1997년 「형법」 제76조의 규정에 따르면, "집행 유예를 선고 받은 범죄자는 집행 유예 기간에 공안기관에 의한 관찰을 받아야 하며, 회사는 협조하여야 한다. 본 법 제77조에서 규정한 상황이 없는 경우 집행 유예 관찰 기한 만료 후 기존 형벌은 더 이상 집행할 필요가 없다는 의사를 공개하여야 한다."

본 조는 집행 유예의 관찰기관과 집행 유예 관찰 기한 만료 후의 법적 결과에 대한 규정이다. 1979년 「형법」 제70조에서 규정한 내용과 비교하면, 본 조항에 대하여 다음과 같이 개정하였다.

(1) 집행 유예 관찰 기관의 변화. 집행 유예 범죄자의 관찰기관에 대하여 다음과 같이 개정하였다. 즉, "관찰 기관은 공안기관이며, 범죄자의 회사 또는 사단의 도움을 받을 수 있다." 동 조항은 1997년 「형법」 제76조에서 계속 유지되었다. 신형법전이 시행한 후 「형법 개정안 (8)」은 동 조항에 대하여 "법에 따라 지역 교정을

---

4 最高人民法院刑法修改小組, "關於對'中華人民共和國刑法(修訂草案)'(徵求意見稿)的修改意見(1996年11月8日)", 高銘暄·趙秉志, 「新中國刑法立法文獻資料總覽(下)」, 北京, 中國人民公安大學出版社, 1998, pp. 2434~2435.

할 수 있다"는 내용으로 기존 관찰 기관을 대체하였다.

(2) 집행 유예 관찰기한 만료 후의 법적 효과. 1997년「형법」제76조는 다음과 같이 개정하였다. "집행 유예 관찰 기한 만료 후, 기존의 형벌은 더 이상 집행하지 않는 내용의 공시를 하여야 한다." 집행 유예 범죄자의 신분적 변화는 회사와 소재지 국민에게 공시하여야 한다. 따라서 이는 지역 교정 해제의 신호로 이해할 수 있다.

개정 후의「형법」제76조에 따르면 "집행 유예를 선고 받은 범죄자는 집행 유예 관찰 기한 내에 법에 의하여 지역 교정을 하여야 한다. 본 법 제77조에서 규정한 상황이 발생하지 않은 한 기존 형벌은 더 이상 집행하지 않으며 이와 관련된 내용 또한 공시하여야 한다."

6) 집행 유예의 취소(제77조)

(1) 신형법전의 집행 유예 취소 사요의 개정

집행 유예 취소에 대하여, 1979년 형법전과 1997년 형법전의 규정을 비교하여 보면, 아래와 같은 취소 사유를 추가하였다.

형법 개정과정에서 입법기관은 집행 유예 취소 사유를 확대하였다. 1996년 8월 31일 행법 개정안 제75조에서 입법기관은 법원 손해배상 판결을 집행하지 않아 집행 유예를 취소하는 경우를 삭제하였다. 1996년 10월 10일 개정안에서 입법기관은 집행 유예 취소 조항을 다시 개정하였으며, 신「형법」제77조의 규정은 다음과 같다. 즉, "집행 유예를 선고 받은 범죄자는 집행 유예 기한 내에 새로운 범죄행위를 행하거나 판결 선고 이전 기타 미판결 범죄를 발견하는 경우 집행 유예를 취소하여야 한다. 그리고 새로운 범죄행위와 새로이 발견한 범죄행위 또한 함께 판결하여야 하며, 제69조의 규정에 따라 형벌을 확정하여야 한다. 집행 유예를 선고 받은 범죄자에 대하여 집행 유예 기간 내에 법률·행정법규 또는 국무원 공안부서에서 규정한 집행 유예 감독관리 규정을 위반하는 경우 집행 유예를 취소한 후 형벌을 다시 집행할 수 있다."

(2) 「형법개정안 (8)」의 집행 유예 취소에 대한 보충 규정

신형법전을 제정한 후 우리 나라 입법기관은 「형법개정안 (8)」을 제정하는 것으로 「형법」 제77조 제2항을 개정하여 법원의 금지령을 심각하게 위반한 행위를 집행 유예 취소의 사유로 추가하였다. 이러한 개정으로 집행 유예 취소 조항은 다음과 같이 개정되었다. "집행 유예를 선고 받은 범죄자가 집행 유예 기간 내에 법률·행정법규 또는 국무원에서 제정한 집행 유예 감독 관리 규범 등을 위반하거나 법원의 금지령을 위반한 경우, 집행 유예를 취소하고, 기존의 형벌을 집행하여야 한다."

(3) 집행 유예 취소에 관한 기타 문제

① 집행 유예 관찰 기간 내에 일반적인 위법행위를 행한 경우 집행 유예를 취소할 것인 지 여부

입법기관은 집행 유예 대상인 범죄가 일반적으로 경범죄에 해당하는 특성을 고려하여 집행 유예 취소의 조건을 모든 위법 행위로 확대하는 것은 교육 개조의 목적에 해당하는 않는다고 주장하였다.

② 집행 유예 취소 후의 수죄병벌에 관한 문제

1996년 8월 31일 형법 개정안에서, 입법기관은 수죄병벌 원칙을 개정하여 새로운 범죄에 대하여 "선감후병先減後並"을 하였고, 누락된 범죄에 대하여 "선병후감先並後減"을 하였다. 그 후의 형법개정안에서는 누락 범죄와 새로운 범죄를 구분한 병벌 규칙을 개정하였고, 이는 다시 1997년 형법전에서도 계속 유지되었다.

6. 감형

1) 감형의 적용 조건 및 한도 (제78조)

1997년 「형법」 제78조 제1항의 규정에 의하면, "관제·구역·유기징역·무기징역에 처한 범죄자는 형기의 집행기간 수감 규정을 준수하고 적극적인 교육 개조로 반성의 표현이 있거나 입공이 있는 경우 감형 할 수 있다. 따라서 다음과 같은 중대한 입공이 있는 경우 반드시 감형하여야 한다. (1) 타인의 중대한 범죄행위를 저지하는 경우, (2) 감옥 내외의 중대한 범죄활동을 고발하는 경우, (3) 발명 또는 중대한 기술적 혁신이 있는 경우, (4) 생산·생활에서 타인의 생명을 구원한 경우, (5) 자연재해 또는 중대한 사고를 배제하는 활동에 종사한 경우, (6) 국가와 사회에 기타 중대한 공헌을 한 자." 제2항의 규정에 의하면 "관제·구역 또는 유기징역에 처한 범죄자가 감형을 한 경우, 실제 집행한 경기는 기존 형기의 2분의 1을 초과하여야 한다. 무기징역에 처한 범죄자가 감형한 경우 형기는 10년 이상이어야 한다."

본 조항은 감형의 적용 조건 및 한도에 관한 규정이다. 1979년 「형법」 제71조의 규정에 비하면, 신형법에서는 "감행 가능성"의 실질적 조건을 개정하여, 중대한 입공 표현을 감형 대상으로 추가하였다.

신형법전 시행 후의 10여년이 지난 오늘, 「형법개정안 (8)」에서는 사형집행유예제도와 수죄병벌시의 유기징역의 상한을 조정한 이유로 1997년 「형법」 제78조 제2항을 개정할 필요가 있었다. 「형법개정안 (8)」의 제2차 심사과정에서 입법기관은 제78조 제2항을 개정하였다. 이에 대하여 최고인민법원의 판사와 전문가들은 사형집행유예의 범죄자와 감형 금지의 누범 및 살인·강간·강탈·납치·방화·폭발·위험물질 투입 및 조직 폭력 범죄에 대하여 무기징역·유기징역으로 감형하는 최저 집행 기한을 연장할 것을 제안하였다. 그러나 초안의 제2차 심사과정에서 실무의 관행을 참조하여, 사형집행유예를 무기징역·유기징역으로 감형 시 최저 집행 기한과 무기징역의 최저 집행기한은 범죄자를 교육 개조하는 데 적극적인 역할이 있어 개정 견해를 받아들이지 않았다. 이 밖에 입법기관은 누범과 사형집행유예에 처한 8가지 중범죄에 대하여 감형을 적용할 때 기타 범죄와 구분하는 제안을 받아들였다. 그러므로 초안의 제3차 심사과정에서「형법」제78조 제2항은 다음과 같이 개정되었다. 즉, "감형 후의 실제 집행할 형기는 아래에서 정한 기한을 초과하여야 한다. (1) 관제·구역 및 유기징역에 처한 경우, 실제 집행할 형기는 기존 형기의 2분의 1을 초과하여야 한다. (2) 무기징역에 처한 경우, 실제 집행할 형기는 13년 이상이어야 한다. (3) 법원은 본 법 제50조 제2항의 규정에 따라 감형 금지인 사형집행유예 범죄자에 대하여 집행 유예 기한 만료 후 무기징역으로 감형하는 경우, 실제 집행할 형기는 25년 이상 이어야 한다고 규정하였다. 집행 유예 기한 만료 후 25년 유기징역으로 감형하는 경우, 유기징역의 집행 기한은 20년 이상 이어야 한다." 동 규정은「형법개정안 (8)」에서 계속 유지되었다.

2) 감형의 절차(제79조)

1979년 형법전에서는 감형의 절차를 규정하지 않았지만, 법원의 엄숙성을 수호하고 감형의 질을 보장하며 감형제도의 적극적 작용을 발휘하기 위하여, 1994년「중화인민공화국감옥법中華人民共和國監獄法」및 일부 사법해석에서는 감형에 대하여 구체적인 절차를 규정하였다. 1994년 최고인민 법원에서 제정한「형사사건심사절차에 관한 규정關於審理刑事案件程序的具體規定」제243조에 의하면, 감형과 가석방의 경우를 구분하여 규정하였다. 형법개정과정에서 입법경험과 사법실무의 수요를 고려하여 입법기관은 입법과 사법해석 중의 감형 절차의 합리적 부분을 받아들여, 형법전의 감형 절차를 더 구체화 하였다. 1997년「형법」제79조의 규정에 의하면 "범죄자에 대한 감형은 집행기관이 중급 법원에게 감형 건의를 청구하여야 한다. 법원은 합의정合議庭을 구성하여 감형 제안을 심사하여야 하며, 반성의 표현 또는 입공 사실이 있는 경우를 참작하여 감형 여부를 결정하여야 한다. 법적 절차에 의하지 아니한 감형은 제한된다."

3) 무기징역을 유기징역으로 감형하는 경우 형기의 기산(제80조)

1979년「형법」제72조의 규정에 의하면 "무기징역을 유기징역으로 감형하는 경우, 감형 결정일로부터 계산한다."
1997년「형법」제80조에서는 위 규정을 그대로 유지하였다.

7. 제7절 가석방假釋

1) 가석방의 조건(제81조)

1979년「형법」제73조에 의하면 "유기징역에 처한 범죄자는 기존 형기의 2분의 1이상 집행한 경우, 그리고 무기징역에 처한 범죄자는 10년 이상 형기를 집행하는 경우, 반성의 표현이 있거나 사회적으로 위험성이 감소된 경우 가석방을 적용할 수 있다. 법에서 특별히 규정한 경우에 위에서 언급한 실제 집행 형기의 제한을 받지 아니 한다."
1997년「형법」제81조에서는 위 규정에 대하여 다음과 같이 개정하였다.

(1) 가석방 조건의 개정 및 가석방 금지 규정의 추가
1996년 12월 중순의 형법 개정안 제82조 논의 과정에서 입법기관은 "수감규정을 준수하고 교육 개조를 협조"하는 내용에 이어 "반성의 표현이 있어야 한다"는 내용을 추가하는 것으로 가석방의 조건을 보완하였다. 그 후의 초안은 동 내용을 계속 유지하였으며 특정 범죄자의 가석방 금지 규정 또한 추가하였다.

(2) 특정 가석방 절차의 보완
1979년 형법전의 규정에 의하면, 사건에 특수한 상황이 존재하는 경우, 가석방의 적용은 형법에서 규정한 실제 수감의 시간적 제한을 받지 아니 한다. 실무계와 학계에서는 동 조항에 대하여 특수 사건의 가석방을 적용하는 데 적극적인 작용이 있다고 평가하였다. 그러나 형법 개정안의 심사과정에서 입법기관은 가석방 제도의 제한 적용을 위하여 개정안에서 특수 사건 가석방을 취소하였다. 1997년 1월 10일 개정안은 1979년 형법전에서 규정한 특수 사건 가석방의 규정을 개정하였다. 즉, "특수한 상황이 발생하는 경우, 최고인민법원의 허가를 받아 형기 집행에 관한 제한을 받지 않을 수 있다." 동 규정은 최종적으로 신형법전에도 규정되었다.

1997년 형법전 시행 후, 가석방 범죄자에 대한 감독을 강화하기 위하여 「형법개정안 (8)」에서는 「형법」 제81조에 대하여 다음과 같이 대폭적인 보충과 개정을 하였다.

(1) 무기징역 가석방의 전제 조건인 "실제 집행 10년 이상"을 "실제 집행 13년 이상"으로 개정하였다.
(2) 가석방의 실질조건을 보완하였다. 「형법」 제81조 제1항에서 규정한 "가석방 후 사회 안정을 파괴하지 않아야 한다"를 "재범죄의 위험이 없어야 한다"고 개정하여, 가석방의 조건을 더 명확히 하였다.
(3) "가석방 금지"의 범죄 범위를 확대하였다. 「형법」 제81조 제2항에서 규정한 "누범·살인·폭발·강탈·강간 및 납치 등 폭력 범죄에 대하여 10년 이상 유기징역·무기징역에 처한 범죄자"를 "누범·살인·폭발·강탈·강간 및 납치·방화·폭발·위험물질 투입 또는 조직 폭력에 대하여 유기징역 또는 무기징역에 처한 범죄자"로 개정하였다. 여기서 규정한 "조직 폭력범죄"란, 범죄조직의 형식으로 폭력 범죄를 행한 경우를 말한다. 예컨대, 깡패성질의 조직·테러 조직 및 범죄 집단을 상대로 한 폭력 범죄 등을 말한다.
(4) 법원이 가석방 결정을 내릴 시 반드시 고려하여야 할 요소를 보충하였다. 즉, "가석방이 거주지에 대한 영향"을 보충하였다.

이상 개정으로 「형법」 제81조는 결과적으로 「형법개정안 (8)」에 의하여 다음과 같이 개정되었다. 즉, "유기징역에 처한 범죄자가 기존 형기의 2분의 1이상 집행한 경우와 무기징역에 처한 범죄자가 13년 이상 형기를 집행한 경우, 수감 규정을 준수하고 교육 개조의 진행으로 반성의 표현이 있는 동시 재범죄의 위험이 없다면 가석방을 적용할 수 있다. 특수한 경우에 한하여 최고인민법원의 허가를 받아 위에서 규정한 형기 집행에 대한 제한을 받지 아니 한다. 누범과 살인·강간·강탈·납치·방화·위험물 투입 또는 조직 폭력 범죄자에 대하여 10년 이상 유기징역 또는 무기징역에 처한 경우 가석방을 할 수 없다. 범죄자에 대하여 가석방을 적용시 가석방 후의 지역 사회에 대한 영향도 함께 고려하여야 한다."

2) 가석방의 절차(제82조)

1979년 형법전에서 가석방의 절차를 규정하지 않았다. 그러므로 감형절차의 이유와 백라운드에 기초하여 형법 개정안에서는 가석방 절차를 추가하였다. 신「형법」제82조에 따르면, "범죄자에 대하여 가석방을 적용하는 경우 본 법 제79조에서 규정한 절차에 의하여야 한다. 법적 절차를 거치지 아니하고는 가석방을 적용할 수 없다."

3) 가석방의 관찰기간(제83조)

1979년「형법」제74조 제1항에 의하면 "유기징역의 가석방 관찰기한은 미집행의 형기이다. 무기징역의 가석방 관찰기한은 10년이다." 제2항에 의하면 "가석방 관찰기한은 가석방일로부터 기산한다."
1997년「형법」제83조에서는 위와 같은 규정을 그대로 유지하였다.

4) 가석방의 감독(제84조)

1979년 형법전에서 가석방 관찰 내용에 대한 규정이 없었다. 가석방 범죄자의 관리와 감독을 강화하기 위하여, 1989년 8월 최고인민법원·최고인민감찰원 및 공안부·사법부에서 제정한「법에 의하여 범죄자에 대한 관제·정치적 권리의 박탈·집행 유예·가석방 및 옥 외 집행에 관한 통지」와 1995년 2월 공안부에서 제정한「범죄자에 대한 관제·정치적 권리의 박탈·집행 유예·가석방 및 보석 치료에 관한 감독 규정」등 법규와 행정규장은 범죄자가 가석방 기간의 행위 규칙을 상세히 나열하였다.

그 후의 여러 차례의 개정을 거쳐 입법기관은 가석방 범죄자에 대한 관찰 내용을 추가·보완하였다. 첫째, 제1항의 "국민 감독" 중의 "국민"을 삭제하여, 감독권 범위를 확대하였다. 둘째, 제3항의 "거주지역의 이전"을 "거주지역의 수와 군을 이전"으로 개정하여 가석방 범죄자에 대한 감독이 실제 상황에 부합될 것을 유도하였다. 셋째, "감옥과 공안기관"을 "감독기관"으로 개정하였다. 넷째, 감독기관에 대한 고객 방문 규정을 추가하였다.

이상의 개정으로 제8기 전국인민대표대회 제5차 개정 과정에서 개정한「형법」제84조에서 규정한 가석방 범죄자의 행위 규칙은 다음과 같다. 즉, "가석방 범죄자는 아래 행위 규칙에 따라야 한다. 첫째, 법률·행정법규를 준수하고, 감독에 복종하여야 한다. 둘째, 감독기관에게 자신의 활동 내역을 보고하여야 한다. 셋째, 감독기관이 제정한 고객 방문 규정을 준수하여야 한다. 넷째, 거주지역의 시·현을 떠나는 경우 감독기관의 허락을 받아야 한다."

5) 가석방의 관찰 및 법적 결과(제85조)

1979년「형법」제75조에 의하면, "가석방 범죄자는 가석방 관찰기간 내에 공안기관의 감독을 받아야 한다. 관찰기간 내에 새로운 범죄행위를 행하지 아니한 경우 기존 형벌의 집행완료로 인정할 수 있다."

신 형법과 1979년「형법」제75조를 비교하면, 신 형법에서 "공개선고"의 내용을 추가하였다. 기존 형벌이 집행 완료시, 가석방 범죄자는 더 이상 범죄자로 인정하여서는 아니 되고, 가석방 관찰 기간의 모든 행위 제한 또한 더 이상 계속하여서는 아니 된다는 의사를 거주 지역 또는 농어촌 주민에게 알리는 것으로, 가석방자의 정당 권한을 수호하여야 한다. 그 후의「형법개정안 (8)」은 다시 1997년「형법」제85조의 "공안기관의 감독"을 "법에 의하여 거주지의 감독"으로 개정하였다. 이로써「형법」제85조는 "가석방 범죄자는 가석방 관찰기간 내에 거주지 교육을 받아야 한다. 가석방 관찰기한 만료 후 본 법 제86조에서 규정한 경우에 해당하지 않으면, 기존 형벌의 집행완료로 인정하여 공시하여야 한다."

6) 가석방의 취소 및 법적 결과(제86조)

1997년「형법」제86조 제3항에서는 가석방의 취소 및 법적 효과에 대하여 규정하였다. 제1항에 의하면 "가석방 범죄자는 가석방 관찰기한 내에 새로운 범죄행위를 행한 경우, 가석방을 취소하여 본 법 제71조의 규정에 따라 수죄병벌하여야 한다." 제2항의 규정에 의하면 "가석방 관찰기한 내 가석방 범죄자가 판결 선고 이전 기타 미판결한 범죄를 발견한 경우 가석방을 취소하고 본 법 제70조의 규정에 따라 수죄병벌하여야 한다." 제3항의 규정에 의하면 "가석방 범죄자는 가석방 관찰기간 내 법률과 행정법규 또는 국무원 공안부서에서 제정한 가석방 관리감독을 위반한 행위가 존재하지만 범죄로 인정될 정도가 아니더라도 가석방을 취소하고 수감하여 형벌을 집행하여야 한다."

1979년「형법」제75조와 비교하면, 신「형법」제86조에서는 가석방 취소 조건과 법적 결과를 다음과 같이 보완하였다. (1) 가석방 관찰기간 내에 누락된 범죄를 발견할 때의 처리규정을 추가하였다. (2) 가석방 관찰기간 내 불법행위로 인한 취소 사유를 추가하였다.

신형법전 시행 후, 국가 차원에서 지역 교정제도의 설립 및 관련 부서의 직권범위를 조정하기 위하여「형법개정안 (8)」에서는 1997년「형법」제86조 제3항의 "국무원 공안부서에서 제정한 가석방 감독관리규정"을 "국무원에서 제정한 가석방감독관리규정"으로 개정하였다.

8. 시효

1) 공소시효(제87조)

우리 나라 학계와 실무계에서는 1997년 형법전에서 확립한 공소시효제도에 대하여 형법 개정과정에서는 개정 견해를 제기한 적이 없었다. 그러므로 1996년 형법 개정안에서는 1979년「형법」제76조의 규정을 그대로 유지하였다.

제8기 전국인민대표대회 제5차 회의에서 개정한「형법」제87조의 공소시효에 관한 내용은 1979년「형법」제76조의 규정을 그대로 유지하였다.

2) 무기한의 공소 효력(제88조)

1979년「형법」제77조의 규정에 의하면 "인민법원·인민검찰원·공안기관에서 강제조치를 취한 후, 수사 또는 심판을 도피하는 경우 공소시효의 제한을 받지 아니 한다."

1979년「형법」제77조와 비교하면, 1997년「형법」제88조에서는 공소시효에 대하여 다음과 같이 보완하였다. (1) "국가안전기관"의 규정을 추가하였다. (2) 무기한 공소의 조건을 개정하였다. 개정 후 1997년「형법」제88조 제1항에 따르면 "인민검찰원·공안기관·국가안전기관이 사건 수사 후 또는 법원이 사건 접수 후, 수사와 심판을 도피하는 경우 공소시효의 제한을 받지 아니 한다." (3) 피해자 기소로 무제한 공소의 경우를 추가하였다. 1997년 형법전에 따르면, 피해자가 공소기간에 기소를 제기한 경우, 국가공소기관이 접수하여야할 상황에 접수하지 않은 경우 공소기한의 제한을 받지 아니 한다. 동 조항은 피해자에게도 불리하고 범죄자에게도 불리하다. 그러므로 형법 개정안에서는 제88조 제2항을 신설하여 공소시효의 제한을 받지 않는 경우를 더 구체화하였다. 즉, "피해자가 공소기간내에 기소를 한 경우, 법원·감찰원·공안기관이 접수할 경우에 접수하지 않은 경우, 공소시효의 제한을 받지 아니 한다."

3) 공소시효의 중단과 기산(제89조)

1997년「형법」제89조 제1항의 규정에 따르면 "공소기간은 범죄일로부터 기산한다. 범죄행위가 연속 또는 계속되는 경우 범죄행위 종료일로부터 기산한다." 제2항에 따르면 "공소기간 내 다시 범죄행위를 행한 경우, 전항 법죄의 공소기간은 범죄일로부터 기산한다."

이상의 규정은 1979년「형법」제78조의 규정을 그대로 유지하였다.

기타 규정

05

(1) 민족자치지역의 변통입법(제90조)

1979년「형법」제80조의 규정에 의하면 "민족자치지역은 본 법을 그대로 적용하지 않고, 자치지역 또는 성 소재지의 국가 권력기관이 현지의 민족 정치·경제·문화의 특징 또는 본 법에서 규정한 기본 원칙 등에 의하여 변통 또는 보충적인 입법을 제정하여 전국인민대표대회 상무위원회의 허락을 받아야 한다."

국가권력기관에 인민대표대회 및 그 상무위원회를 포함하는 특징을 고려하여 헌법의 규정에 따라 민족자치지역의 인민대표대회만이 지역 자치 조례와 단행 조례를 제정할 권한을 갖고 있다. 따라서 형법 용어의 정확성을 기하기 위하여 1997년「형법」제90조에서는 입법기관인 "국가권력기관"을 "인민대표대회"로 개정하였고, 이 밖의 기타 내용은 1979년「형법」제80조를 그대로 유지하였다.

(2) 공공재산(제91조)

공공재산의 의의에 대하여 형법 개정안에서는 형법 총칙에서 확정할 것인지 여부에 대하여 견해가 갈라졌다.

형법 개정안의 논의 과정에서 1997년「형법」제91조 제1항의 규정에 의하면 "본 법에서 언급한 공공재산은 다음과 같은 재산을 의미한다. (1) 국유재산, (2) 국민집단소유의 재산, (3) 빈곤과 기타 공익적 목적의 사회 기부 또는 기금에 사용한 재산." 제2항의 규정에 따르면, "국가기관·국유기업·회사·사업기관 및 인민단체에서 관리·사용 또는 운송 중인 개인 재산 등은 공공재산으로 인정한다."

(3) 국민개인소유의 재산(제92조)

1979년「형법」제82조에 의하면, 국민 개인 소유의 재산이란 다음과 같은 재산을 의미한다. "(1) 국민의 합법적 수입·저축·부동산 및 기타 생활자료, (2) 개인·가정 소유 또는 자기보유의 땅·자기보유의 가축·자기보유의 나무 등 생산자료".

형법 개정과정에서 입법기관은 "국민개인소유의 재산"을 다음과 같이 개정하였다. 첫째, "자기보유의 땅·자기보유의 가축·자기보유"를 삭제하고, 생산자료의 단독 나열을 더 이상 요구하지 않았다. 둘째, "소상인과 사용업체의 합법 재산"을 추가 하여 법적으로 그들의 사적 재산 보호를 강화하였다. 셋째, 법적 보호에 필요한 새로운 재산 형태를 추가하였다. 즉, 주식·채권·펀드 등을 추가하였다. 넷째, 기존 조항에서 규정한 "본 법에서 말하는 국민 개인 소유의 합법적 재산" 중의 "합법"을 삭제하였다.

개정을 통한 1997년 「형법」 제92조는 다음과 같이 규정하였다. "본 법에서 말하는 국민개인소유의 재산은 다음과 같은 재산을 말한다. (1) 국민의 합법적 수입·저축·부동산 및 기타 생활자료, (2) 개인·가정 소유의 생산자료, (3) 소상인과 개인기업의 합법재산, (4) 개인 소유의 주식·주권·채권 및 기타 재산."

(4) 국가공무원(제93조)

국가공무원의 의의에 대하여 1979년 「형법」 제83조에서는 다음과 같이 정의하였다. "본 법에서 말하는 국가공무원이란 국가기관·기업·사업기관 및 기타 법에 따라 공무에 종사하는 자를 말한다."

1979년 형법전이 시행된 후, 우리 나라 개혁개방의 발전 수요에 따라 단일 소유제도를 타파하고, 공유제를 기초로 하는 다양한 소유제 경제의 공동 발전 모델을 형성하였다. 이러한 추세에 맞추어 1982년 3월 8일 제5기 전국인민대표대회 상무위원 제22차 회의에서 제정한 「경제파괴 범죄자를 징벌하는 데 관한 결정」 제1조 제2항을 보면, 입법기관은 "국가공무원"에 관한 정의를 다음과 같이 개정하였다. 즉, "본 법에서 말한 국가공무원이란, 국가 각급 권력기관·각급 행정기관·각급 사법기관·군대·국영기업·국가사업기관에서 공무에 종사하는 자 및 기타 법에 의하여 공무에 종사하는 자를 말한다."

그러나 시장경제체제의 발전으로 인하여 정치와 기업의 분리 및 경영권과 소유권의 분리가 트렌드로 되었다. 이에 따라 국가 공무원의 범위 또한 점차적으로 확대되었으며, 형법 개정과정에서 국가 공무원의 범위를 둘러싼 논의도 활발히 전개되었다. 실무계와 학계의 견해를 종합한 형법 개정안에서는 국가 공무원 범위를 확정하였다. 1995년 8월 8일 형법 총칙 개정안 제87조에 의하면, 국가 공무원의 범위는 국가 권력기관·행정기관·사법기관·군대·정당에서 공무에 종사하는 자로 제한하였다. 그러나 1996년 8월 8일 형법총칙 개정안에서는 제88조인 국가 공무원의 범위에 대하여 "국가행정기관의 공무원과 국가 권력기관·사법기관·군대·인민단체에서 정한 법에 의하여 공무를 담당하는 자를 말한다. 그리고 국가기관의 위탁으로 기업·사업기관에서 공무에 종사하는 자 또는 준공무원을 모두 국가 공무원으로 인정한다"고 규정하여 국가 공무원의 범위를 확대하였다. 1996년 10월 10일 형법 개정안 제90조에서는 국가 공무원의 범위에 대하여 더 확대하였다. 즉, "본 법에서 말하는 국가공무원이란 국가기관·국유기업·사업기관·인민단체에서 공무에 종사하는 자와 국가기관·회사에서 비 국유기업·회사·사회단체에 파견하여 공무에 종사하는 자를 말한다. 이 밖에 국가기관·국유기업·사업단체의 위탁으로 공무에 종사하는 자도 국가 공무원으로 인정한다." 1997년 1월 10일 형법 개정 초안 제95조에서는 다시 국가 공무원의 범위를 제한하였다. 즉, "본 법에서 언급한 국가 공무원이란, 국가권력기관·행정기관·사법기관·군대 및 인민단체에서 공무에 종사하는 자를 말한다." 1997년 2월 17일에 제정한 형법 개정안 제95조에서는 국가 공무원의 범위를 다시 확대하였다. 즉, "본 법에서 말하는 국가 공무원이란, 국기기관에서 공무에 종사하는 자를 말한다. 국유기업·기업·사업기관·인민단체에서 공무에 종사하는 자와 국기기관·국유기업·기업·사업기관에서 비국유기업·기업·사업기관·사회단체에 파견하여 공무에 종사하는 자도 국가 공무원으로 인정한다." 1997년 3월 1일 형법 개정안 제93조는 1997년 2월 17일 형법개정안의 기초에서 "법에 의하여 공무에 종사하는 자도 국가 공무원으로 인정한다"는 내용을 추가하였다. 이로써 최종적으로 국가 공무원의 범위는 확정되었으며, 이는 1997년 형법 제93조의 제정과정이다.

(5) 사법공무원(제94조)

사법공무원의 의의에 대하여 1979년「형법」제84조에서는 다음과 같이 규정하였다. 즉, "본 법에서 말하는 사법공무원이란, 심문·감찰·심판·수감의 업무를 담당하는 자를 말한다."

형법 개정과정에서 입법기관은 사법 공무원에 대하여 다음과 같이 개정하였다. 첫째, 기존 조항의 "본 법에 의하면"을 "본 법에서 말하는"으로 개정하였다. 둘째, "심문"을 "수사"로 개정하였다. 셋째, "감관을 담당하는 자"를 "감독관리 직무를 담당하는 자'로 개정하여, 형법 용어의 정확성을 기하였다. 이상의 조정으로 신「형법」제94조의 규정은 다음과 같다. "본 법에서 말하는 사법 공무원이란, 수사 · 감찰 · 심판 및 감독의 직무를 담당하는 자를 말한다."

(6) 중상해의 의의(제95조)

중상해의 의의에 대하여 1979년「형법」제85조에서는 다음과 같이 규정하였다. 즉, "본 법에서 말하는 중상해란 다음과 같은 상해를 말한다. (1) 타인의 사지를 장애로 상해 또는 타인의 용모를 훼손하는 상해, (2) 타인의 청각 · 시각 또는 기타 감각 기능을 상해하는 경우, (3) 기타 인신건강에 중대한 상해를 초래하는 경우".

형법 개정과정에서 입법기관은 중상해의 범위에 대하여 다음과 같이 조정하였다. 예컨대, "본 법의"를 "본 법에서 말하는"으로 개정하여, 형법 용어의 간의성을 추구하였고, 이 밖에 기타 규정은 1979년「형법」제85조를 그대로 유지하였다.

(7) 국가규정의 위반에 대한 해석(제96조)

입법 기술의 고려로 인하여, 1979년 형법 각칙 또는 신 형법 각칙에서 일부 범죄(법정범)에 대하여 공백죄목의 방식으로 표현하였다. 해당 경우에 범죄의 규성요건을 확정하려면, 기타 법률법규를 참조해야 한다. 1979년 형법전에서는 "** 규정을 위반"의 경우, 어떠한 기관의 법규인지가 명확하지 않아, 법 적용 면에서 엄격성을 잃었다. 죄형법정주의의 요구를 적용하기 위하여 형법 개정시 입법기관은 신형법에서 "국가 규정을 위반하는 경우"를 추가하는 것으로 상위 법규를 명확히 하였다.

입법 개정안의 표현으로 볼 때, "국가 규정을 위반하는 경우"란, 1996년 10월

10일 형법 개정안에서 먼저 나타났다. 1997년 1월 10일 형법개정안에 이르러, 입법기관에서는 입법 용어의 통일을 위하여 "본 법에 의한"을 "본 법에서 말하는"으로 개정하였다. 1997년 3월 1일에 제정한 형법 개정안에서는 "국무원에서 제정한 행정법규와 행정조치"를 "국무원에서 제정한 행정법규와 규정한 행정 조치"로 개정하였다. 이상의 개정으로 1997년 「형법」 제96조는 "본 법에서 말하는 국가 규정을 위반한 경우란, 전국인민대표대회 및 그 상무위원회에서 제정한 법률과 결정을 위반한 것을 의미하며, 국무원에서 제정한 행정법규·규정한 행정조치·발표한 결정 및 명령도 포함된다."

(8) 주요책임자의 의의(제97조)

1979년 「형법」 제86조에 의하면, "주요책임자란, 범죄집단 또는 다수인 범죄에서 조직·기획 및 지휘 작용이 있는 범죄자를 말한다."

형법 개정과정에서 입법기관은 단지 문어 면에서 "본 법에 의하면"을 "본 법에서 말하는"으로 개정하였고, 기타 규정은 그대로 유지하였다. 이는 「형법」 제97조의 개정과정이다.

(9) 고소처리의 의의(제98조)

1979년 「형법」 제87조에서는 고소처리에 대하여 규정하였다. 구체적으로 보면, "본 법의 고소처리란 피해자가 고소하는 경우에 한하여 처리하는 범죄를 말한다. 피해자가 강제 또는 위협에 처하여 고소가 어려운 경우에 인민검찰원과 피해자의 친인척 또한 고소할 수 있다."

형법 개정과정에서 입법기관은 동 조항의 "본 법의"를 "본 법에서 말하는"으로 개정하였고, 기타 규정은 그대로 유지하였다. 이는 1997년 「형법」 제98조의 개정과정이다.

(10) 이상·이하·이내의 의의(제99조)

1979 「형법」 제88조에서는 이상·이하·이내의 의의에 대하여 다음과 같이

규정하였다. 구체적으로 보면, "본 법의 이상·이하·이내에는 본수도 포함된다."

형법 개정과정에서 입법기관은 "본 법의"를 "본 법에서 말하는"으로 개정하였고, "본수도 포함된다"를 "본수 포함"으로 개정하였다. 기타 조항에 대하여는 1979년 「형법」 제88조를 그대로 유지하였다.

(11) 전과보고제도(제100조)

1979년 형법전에서는 전과보고제도를 규정하지 않았다. 1996년 11월 11일 형법개정 포럼의 개막식에서 당시 전국인민대표대회상무위원회 부위원장인 왕한빈王漢斌은 다음과 같은 견해를 주장하였다. 왕한빈에 따르면, 해당 범죄에 대한 자격박탈은 실무적으로 어렵기 때문에, 해당 자격을 담당하기 전 형사범죄기록이 없어야 한다는 것을 입증하는 의무를 부과하는 것이 더 타당하다는 것이다.[1] 결국 1996년 12월 중순 형법개정안 제102조에서는 왕한빈의 견해를 받아들여 "형사처벌을 받은 자가 입대·취업할 때, 반드시 관련 부서에게 자신의 형사처벌기록을 보고하여야 한다"고 개정되었다. 동 규정은 1997년 형법 제100조에 수용되었다.

1997년 형법전 시행 후 미성년자에 대한 선처 원칙을 수용하기 위하여 미성년자가 체력과 지적인 성숙 과정에서 일정한 판단능력과 지배능력이 있지만, 자신의 경력과 사회적 이해의 미비로 인한 범죄의 특성을 감안하여, 미성년자의 범죄기록과 성년 후의 범죄기록은 차별하여야 한다. 「형법개정안(8)」에서는 「형법」 제100조 제2항을 추가하여 미상년자의 경범죄 사실에 대한 보고의무를 면제하였다. 구체적으로 보면, "범죄시 18세 미만이 5년 이하의 유기징역에 처한 범죄행위를 행한 경우, 보고의무를 면제한다." 동 규정은 미성년자로 하여금 사회에 적응하는 데 도움이 되는 조항이다.

---

1 王漢斌, "在修改刑法座談會開幕式上的講話(摘要)(1996년11월11일)", 高銘暄·趙秉志, 「新中國刑法立法文獻資料總覽(下)」, 北京, 中國人民公安大學出版社, 1998, p.2151.

(12) 형법총칙의 효력(제101조)

1979년「형법」제89조에서는 형법 총칙의 효력에 대하여 규정하였다. 즉, "형법 총칙은 기타 형벌에서 규정한 법률과 법령 등에 적용한다. 단, 기타 법률에서 특별히 규정한 내용은 제외된다."

1978년「헌법」에 의하여 전국인민대표대회에서 제정한 규범성 규정은 "법령"이라고 말한다. 그러나 1979년「형법」이 1978년「헌법」을 기초로 제정한 것도 "법령"에 해당한다. 현행 헌법에서 전국인민대표대회 상무위원회의 권한을 확정하는 경우 "법령" 대신 "법률"로 표현을 한 것으로 알 수 있는 바와 같이, "법령"이란 용어는 더 이상 법적 용어가 아니다. 그러므로 형법 개정시 입법기관은 또한 "법령"이란 용어를 삭제하였다. 이 밖에 1997년「형법」에서는 1979년「형법」제89조를 그대로 유지하였다.

하권

중화인민공화국
형법의 발전

각칙

국가안전 침해죄

01

(1) "반혁명"죄명의 변경

중국 1979년 형법 각칙에서는 반혁명죄를 규정하였다. 그러나 20세기 80년대말 90년대 초기에 이르러 반혁명죄의 죄명을 국가안전위해죄로 변경할 것인지 여부가 우리 나라 형법 학계에서 문제되었다.

결국 우리 나라 형법 학계와 사법 실무계의 공동 노력 하에, 반혁명죄의 죄명은 국가안전위해죄로 변경되었다. 이와 동시 입법기관은 해당 범죄의 주관적 요건으로 반혁명 목적을 삭제하였다. 그리고 국가안전위해의 성질에 기초하여 동 범죄를 개정하고 조정하였으며, 동 장에서 규정한 일반적인 형사 범죄의 성질을 띄고 있는 범죄행위를 다른 장으로 옮겼다. 반혁명죄 죄명의 개정은 우리 나라 형법이 과학화와 현대화의 수요에 따른 중대한 개혁으로 해외에서도 많은 주목을 받았다.

(2) 국가배신죄(제102조)

신「형법」제102조에서 정한 국가배신죄는 1979년「형법」제91조에 기초한 조국배신죄에서 유래된 것이다. 1979년「형법」제91조의 규정에 따르면, "외국과 결탁하여, 조국의 주권·영토완전과 영토안전을 음모로 해치는 경우, 무기징역 또는 10년 이상 유기징역에 처하여야 한다."[1]

국가배신죄는 심각한 국가안전위해범죄로, 형법 개정 시 높은 법정형을 부과하였다. 1988년 9월 형법 개정안 제91조에서는 1979년「형법」제91조를 다음과 같이 개정하였다. 구체적으로 보면, "외국과 결탁하여, 조국의 주권·영토완전과 영토안전을 음모로 해치는 경우, 무기징역 또는 10년 이상 유기징역에 처하여야 한다. 범죄정도가 심각한 경우 사형에 처할 수 있으며, 재산몰수도 함께 부과할 수 있다."

개정안의 검토과정에서 일부 학자는 본 범죄의 설정 방식이 일반적인 형벌의

---

[1] 1979년 형법전에서 반혁명죄에 대한 사형 규정을 제103조에서 규정하였다. 이 밖에 반혁명죄에 대한 재산형 처벌 규정은 제104조에서 규정하였다.

설정방식과 달리, 조항의 후반에서 가중 처벌로 사형을 설정하였다. 그리고 일부 학자는 "외국과의 결탁"이 아니라 경외 적대 세력과의 결탁으로 국가를 배신하고 국가를 분열하며, 정부를 전복하는 경우 또한 함께 규정할 것을 제안하였다.

현실적으로 볼 때, 외국 정부와 결탁하는 경우를 제외하고는 경외 비정부기구・조직 또는 개인과의 결탁도 포함되므로, 1997년 3월 1일에 제기한 제8기 전국인민대표대회 제5차 회의에서「형법(개정안)」제104조에서 다음의 조항을 추가하여「형법」제102조를 구성하였다. 구체적인 내용으로는, "외국과 결탁하여, 중화인민공화국의 주권・영토완전・안전을 해치는 경우 무기징역 또는 10년 이상 유기징역에 처한다. 경외 기구・조직・개인과 결탁하여 전항의 범죄행위를 행하는 경우 전항에 따라 처벌하여야 한다."[2]

(3) 국가분열죄(제103조 제1항)

신「형법」제103조 제1항의 국가분열죄는 1979년「형법」제92조의 국가분열음모죄에 기초하여 개정한 것이다. 1979년「형법」제92조에 의하면 "음모로 정부를 전복하고 국가를 분열하는 경우 무기징역 또는 10년 이상 유기징역에 처한다." 그 중 "음모로 정부를 전복"하는 것과 "음모로 국가를 분열"하는 등 두 가지 행위가 포함한다.

범죄 형태로 볼 때, 기존의 규정은 음모범에 해당한다. 이에 대하여 일부 학자는 음모범에서 행위범으로 개정할 것을 제안하였다. 그리고 "국가분열죄"의 시행은 조직적인 경우가 많으므로, 개인 또는 비조직적으로는 국가의 주권과 영토완전 및 안전을 위협할 수 없다. 그러므로 처벌 대상을 일정한 범위내로 한정하는 것이 타당하다. 1997년「형법」제103조 제1항의 규정에 의하면, "국가 분열을 조직・계획・시행하거나 국가 통일을 파괴하는 경우, 주요책임자 또는 범죄정도가 심각한 자에 대하여 무기징역 또는 10년 이상 유기징역에 처하여야 한다. 적극 참

---

2   국가안전위협죄와 재산몰수에 대한 규정은 제113조에서 규정하였다.

여자에 대하여는 3년 이상 10년 이하 유기징역에 처하여야 한다. 기타 참가자에 대하여는 3년 이하 유기징역·구역·관제 또는 정치적 권리를 박탈하여야 한다."

(4) 선동에 의한 국가분열죄(제103조제2항)

본 조항은 1979년 「형법」 제102조에서 규정한 반혁명선동죄에서 기초하였다. 최초의 규정은 1996년 12월 중신의 형법 개정안 제105조 제2항에서 규정하였다. 즉, "국가분열을 선동하거나 국가 통일을 파괴시 5년 이하 유기징역·구역·관제 또는 정치적 권리의 박탈을 처벌할 수 있다. 주요책임자 또는 죄악이 심각한 범죄자에 대하여 5년 이상 유기징역에 처할 수 있다." 형법개정과정에서 일부 학자와 실무기관은 "죄악이 심각하는 경우"를 "범죄정도가 심각한 경우"· "범죄정도가 특별히 심각한 경우" 또는 "범죄행위가 심각한 경우"로 개정할 것을 제안하였다. 입법기관의 검토 결과로 1997년 1월 10일 개정안 제106조 제2항에서는 "죄악이 심각한 경우"를 "범죄행위가 심각한 경우"로 개정하였으며, 이는 다시 1997년 「형법」 제103조 제2항의 규정으로 되었다. 즉, "국가 분열을 선동하거나 국가 통일을 파괴하는 경우, 5년 이하 유기징역·구역·관제 또는 정치적 권리의 박탈을 처벌할 수 있다. 주요 책임자 또는 범죄행위가 심각한 자에 대하여 5년 이상 유기징역에 처할 수 있다."

(5) 무장반란武裝叛亂·폭란죄暴亂罪(제104조)

신 「형법」 제104조에서 규정한 무장반란·폭란죄는 1979년 「형법」 제93조에서 규정한 반란책동策動叛變에 기초한 범죄이다.

1979년 「형법」 제93조에 의하며, "국가공무원·무장부대·인민경찰·민병을 기획·유인·매수하여 변절 또는 반란을 일으키는 경우, 무기징역 또는 10년 이상 유기징역에 처할 수 있다."

형법 개정과정에서 형법의 징벌적 목적의 중심은 반란을 야기한 기획·조직·지휘를 담당하는 주요 책임자와 주요 담당자 및 범죄행위가 심각한 반란자를 의미하므로, 범죄 주체의 범위를 제한하는 것이 타당하다는 학자들의 견해가 제기되었다. 연구와 논증을 거쳐, 입법기관은 동 제한을 받아들였으며, "무장폭란"의 내용을 추가하여, 결국 1997년 「형법」 제104조의 규정이 제정되었다. 즉, "무장반란 또는 무장폭란을 기획·조직·지휘하는 경우, 주요책임자 또는 범죄행위가 심각한 자에 대하여 무기징역 또는 10년 이상 유기징역에 처한다. 적극적으로 참여하는 자에 대하여 3년 이상 10년 이하의 유기징역에 처한다. 기타 참여자에 대하여 3년 이후 유기징역·구역·관제 또는 정치적 권리를 박탈하여야 한다. 국가공무원·무장부대·인민경찰·민병을 기획·협박·유인·매수하여 무장반란 또는 무장폭란을 일으키는 경우 전항의 규정에 따라 가중 처벌하여야 한다."

(6) 국가정권 전복죄·선동에 인한 국가정권전복죄(제105조)

본 조항 제1항의 규정은 1979년 「형법」 제92조에서 규정한 "음모로 인한 정부전복·국가 분할죄"에 기초한 것이다. 1979년 「형법」 제92조에 의하면 "음모로 인한 정부전복·국가 분할의 경우, 무기징역 또는 10년 이상 유기징역에 처한다." 1988년 9월 형법개정안 제92조에서는 1979년 형법전에 기초한 것 외에 사형만을 추가하였고, 기타 내용은 1979년 형법전의 규정을 그대로 유지하였다.

1996년 12월 중순 개정안에서, 입법기관은 본 범죄의 구성과 법정형을 대폭 개정하였다. 즉, "루머·비방 또는 기타 방식으로 국가정권을 전복하거나 사회주의 제도를 뒤엎는 경우 5년 이하 유기징역·구역·관제 또는 정치적 권리를 박탈한다. 주요 책임자 또는 죄악이 심각한 자에 대하여 5년 이상 유기징역에 처한다." 1997년 1월 10일 개정안에서 "죄악이 심각한 경우"를 "범죄행위가 심각한 경우"로 개정하여, 결국 1997년 「형법」 제105조 제2항의 규정이 제정되었다. 구체적으로 보면, "루머·비방 또는 기타 방식으로 국가정권을 전복하거나 사회주의 제도를 뒤엎는 경우 5년 이하 유기징역·구역·관제 또는 정치적 권리를 박탈한다. 주요 책임자 또는 범죄행위가 심각한 자에 대하여 5년 이상 유기징역에 처한다."

(7) 경외 세력과 결탁한 경우의 가중처벌(제106조)

본 조항은 1997년 형법전에서 새로이 추가된 범죄이지만, 최초의 규정은 1996년 12월 중순의 형법 개정안 제108조에서 흔적을 찾을 수 있다. 그 후의 논의 과정에서 입법기관은 동 범죄의 순서를 조정하여, 결과적으로 1997년「형법」제106조에서 규정되었다. 구체적으로 보면, "경외 기관·조직·개인과 결탁하여 본 장 제103조·제104조·제105조에서 정한 범죄행위를 행하는 경우 가중 처벌하여야 한다."

(8) 국가안전범죄활동에 대한 자금 제공죄(제107조)

본 범죄는 1997년「형법」제107조에서 규정한 새로운 범죄로「형법개정안 (8)」의 영향을 받아 개정되었다. 개정 후의 조항은 다음과 같다. "경내외 기관·조직 또는 개인의 자금 제공으로 본 장 제102조·제103조·제104조·제105조에서 정한 범죄행위를 행한 경우, 직접 책임자에게 5년 이하 유기징역·구역·관제 또는 정치적 권리를 박탈하여야 한다. 범죄 정도가 심각한 경우 5년 이상 유기징역에 처하여야 한다."

법 조문의 발전과정에서 입법기관의 태도는 일련의 변화를 거쳤다. 1997년 1월 10일 형법 개정안 제109조 제2항의 규정에서는 범죄행위 자체에 자금 제공뿐만 아니라 지시행위도 포함하였다. 그리고 행위 주체는 명확한 경내외 기구·조직 또는 개인에게 한정되지도 않았다. 이와 동시 독립적인 법정형 또한 규정하지 않았다. 그러므로 그 때의 법 규정에 의하면 "경내외 조직 또는 개인에게 본 장 제105조·제106조·제107조·제108조에 규정한 범죄에 대하여 지시 또는 자금제공을 한 경우 동 규정에 의하여 처벌한다." 1997년 2월 17일 형법 개정안에서는 동 규정을 다음과 같이 대폭 개정하였다. 구체적으로 보면, (1) 단독적인 조항을 설치하여 행위주체의 범위를 제한하였다. 즉, 본 범죄의 주체는 경내외의 기관·조직 또는 개인이다. (2) 타인을 지시하여 국가안전위해행위를 행한 경우 형법 총칙의 공범 조항에 의하여 형사책임을 추궁할 수 있으므로, 입법기관은 조항의 "지시"란 표현을 삭제하였다. (3) 독립적인 법정형을 규정하였다. 즉, 기본범에 대하여 "5년 이하 유기징역·구역 또는 정치적 권리를 박탈하여야 한다. 범죄정도가 심각한 경우 5년 이상 유기징역에 처한다."

1997년 3월 1일 형법 개정안 제109조에서는 기존 버전에 기초하여 "구역" 후 "관제"를 추가하여, 1997년「형법」제107조를 구성하였다. 1997년 형법전 시행 후 입법기관은 사법실무에서 해당 범죄의 처벌 수요를 충족하기 위하여「형법 개정안 (8)」에서 자금제공 대상인 "경내외 조직 또는 개인"을 삭제하여, 사실상 동 범죄의 적용 범위를 확대하였다.

(9) 투항반역죄投敵叛變罪(제108조)

1979년「형법」제94조에 의하면 "적에게 투항하여 반역한 경우, 3년 이상 10년 이후 유기징역에 처한다. 범죄정도가 심각하거나 집단적으로 적에게 투항반역한 경우 10년 이상 유기징역 또는 무기징역에 처한다. 무장부대·인민경찰 또는 민병을 동원하여 반역한 경우 무기징역 또는 10년 이상 유기징역에 처한다."

형법 개정과정에서 1988년 세 가지 형법 개정안에서는 본 범죄에 대하여 기존의 간략한 범죄구성으로부터 서술적 범죄구성으로 변경하였다. 1996년 12월 중순의 개정안에서, 입법기관은 1988년의 개정 노력을 포기하고, 1979년 형법전에 기초하여 가중처벌의 법정형만을 개정하였다. 1979년「형법」제94조 제1항에서 규정한 "범죄 정도가 심각하거나 집단적으로 투항반역한 경우"를 가중처벌조항으로 규정하였으나, 제2항의 규정과 중복된 이유로 삭제하였다. 제2항 법정형은 해당 범죄행위의 위험성을 과대평가한 경향이 있어, 평화와 발전이 추세인 오늘에 와서 이와 같은 설정은 더 이상 합리적이지 않아 기타 가중 처벌 경우와 통합하였다. 이러한 조정으로 1997년「형법」제108조는 다음과 같이 제정되었다. 즉, "적에게 투항반역한 경우 3년 이상 10년 이하 유기징역에 처한다. 범죄 정도가 심각한 경우 또는 무장부대·인민경찰·민병을 동원하여 투항반역한 경우 10년 이상 유기징역 또는 무기징역에 처한다."

(10) 망명죄叛逃罪(제109조)

본 범죄는 1979년 형법전에서 규정한 투항반역죄에 기초하여 새로이 추가된 범죄이다. 1996년 12월 중순 개정안 제110조의 규정에 의하면 "국가를 배신하고, 경외기관·조직에 의거하여 중화인민공화국 국가안전을 해치는 행위를 행한 경우, 3년 이상 10년 이후 유기징역에 처한다. 범죄정도가 심각한 경우 10년 이상 유기징역 또는 무기징역에 처한다. 국가 비밀을 장악한 국가 공무원이 국가를 배신하고 경외기관·조직에 의거하여 중화인민공화국 국가안전을 해치는 행위를 행한 경우, 전항의 규정에 따라 가중처벌하여야 한다." 1997년 2월 17일 개정안 제110조에서는 동 규정을 대폭 개정하였으며, 이는 결과적으로 1997년「형법」제109조로 구성되었고,「형법개정안 (8)」에 의하여 다음과 같이 개정되었다. 즉, "국가기관 공무원이 공무집행기간 자리를 함부로 비우거나 경외로 도망하거나 경외로 도주한 경우, 5년 이하 유기징역·구역·관제 또는 정치적 권리를 박탈하여야 한다. 범죄정도가 심각한 경우 5년 이상 10년 이하 유기징역에 처한다. 국가 비밀을 장악한 국가공무원이 경외로 도망하는 경우, 전항에 비추어 가중처벌하여야 한다."

(11) 간첩죄(제110조)

1979년 형법전에서는 간첩죄와 적에게 자금을 제공하는 범죄를 제97조인 하나의 조항에서 규정하였다. 즉, "다음 간첩죄 또는 적에게 자금제공행위에 해당하는 경우 10년 이상 유기징역 또는 무기징역에 처한다. 범죄정도가 경미한 경우 3년 이상 10년 이하 유기징역에 처한다. (1) 적을 위하여 정보를 절취·탐색·제공한 경우, (2) 적에게 무기 또는 기타 군용 물자를 제공하는 경우, (3) 특무와 간첩조직에 참가하거나 또는 적이 파견한 지시를 받은 경우."

본 조항의 개정 논의 과정에서 입법기관은 1988년 9월 형법 개정안 제97조에서 "적에게 자금을 제공하는 행위"를 취소하고 "특무·간첩조직"과 "적의 업무를 수여 받는 행위"를 구분하여 규정하였다. 그 후의 연구 과정에서 입법기관은 1996년 12월 중순의 개정안에서 범죄 구성과 법정형을 개정하여, 1997년 3월 1

일 개정안에서 입법기관은 동 조항 제2항을 발췌하여 독립적인 범죄로 규정하였다. 이러한 조정과 개정을 거쳐 1997년 「형법」제110조는 다음과 같이 확정되었다. 구체적으로 보면, "아래 간첩행위에 해당하여 국가안전을 해치는 경우 10년 이상 유기징역 또는 무기징역에 처하여야 한다. 범죄정도가 경미한 경우 3년 이상 10년 이하 유기징역에 처하여야 한다. (1) 간첩조직 또는 간첩조직에 참여하거나 대리인의 직무를 수여받는 경우, (2) 적의 지시에 따라 목적물을 포격하는 경우."

(12) 경외 세력을 위한 국가 비밀과 정보의 절취·탐색·매수 및 불법 제공죄(제111조)

1979년 형법전 제97조 제1항에서 "적을 위하여 정보를 절취·탐색·제공한 경우"를 간첩죄의 형식으로 규정하였다. 형법개정안에서 일부 학자는 국가 비밀의 범위가 더 과대하다는 문제를 제기하였다. 비록 간첩조직의 목적은 각종 루트를 통하여 정보를 절취·탐색하는 것이지만, 동 정보와 비밀은 기타 기구·조직의 취득 목표이다. 그러므로 국가비밀과 정보를 절취·탐색하는 자가 간첩조직이 아닌 경우 간첩죄로 인정할 수 없다. 그러므로 1988년 9월 형법개정안에서 다음과 같은 규정을 추가하였다. 즉, "경회의 기관·조직·인원을 위하여 국가안전을 해치는 국가 비밀을 절취·탐색·매수·제공하는 경우 5년 이상 10년 이후 유기징역에 처하여야 한다. 범죄정도가 경미한 경우 5년 이하 유기징역·구역·관제 또는 정치적 권리를 박탈하여야 한다. 범죄정도가 심각한 경우 10년 이상 유기징역 또는 무기징역에 처하여야 한다." 비록 동 규정은 여러 개정과정을 거쳐 단행형법으로 되었지만, 형법 개정과정에서 1996년 12월 중순 개정안에서 간첩죄의 형식으로 간첩죄 조항에서 규정되었다. 그러나 1997년 3월 1일 형법 개정안에서 입법기관은 국가비밀·정보의 절취·탐색·매수·불법제공을 독립적인 범죄로 규정하였다. 즉, 형법 개정안 제113조에 의하면, "경외의 기관·조직·인원을 위하여 국가 비밀 또는 정보를 절취·탐색·매수·불법제공하는 경우 5년 이상 10년 이하 유기징역에 처한다. 범죄정도가 심각한 경우 10년 이상 유기징역 또는 무기징역에 처한다. 범죄정도가 경미한 경우 5년 이하 유기징역·구역·관제 또는 정치적 권리의 박탈을 부가할 수 있다." 동 규정은 1997년「형법」제111조로 흡수되었다.

(13) 적에게 물자 제공죄(제112조)

1979년 형법전에서는 적에게 물자제공행위와 간첩행위를 함께 규정하였다. 1979년「형법」제97조 제2항에 의하면, 적에게 무기 또는 기타 군용 물자를 제공하는 경우 물자제공죄에 해당하여 10년 이상 유기징역 또는 무기징역에 처한다. 범죄정도가 경미한 경우 3년 이상 10년 이하 유기징역에 처한다. 1988년 9월의 형법 개정안에서는 적에게 물자제공하는 행위에 대한 규정을 하지 않았다. 1988년 11월 16일과 12월 25일의 개정안에서 적에게 물자를 제공하는 행위와 간첩행위 간의 차이점을 인식하여, 입법기관에서는 적에게 물자를 제공하는 행위를 단독으로 규정하였다. 즉, "경내외 적대 세력에 무기 또는 기타 도움을 제공하는 경우 5년 이하 유기징역·구역 또는 관제에 처한다. 범죄정도가 심각한 경우 5년 이상 유기징역에 처한 동시 재산을 몰수 할 수 있다. 범죄정도가 특별히 심각한 경우 무기징역 또는 사형에 처한 동시 재산을 몰수 할 수 있다."

평화 시기 "적"의 인식이 어려운 이유로, 적에게 물자를 제공하는 행위는 주로 전쟁시기에 발생한다. 그러므로 1996년 12월 중순의 형법 개정안에서 입법기관은 범죄 요건에서 "전쟁시戰時"를 추가하였고, 이에 따라 법정형 또한 함께 개정하였다. 1997년 2월 17일 형법 개정안에서, 입법기관은 범죄 대상을 개정하여, 결과적으로 1997년「형법」제112조를 구성하였다. 즉, "전쟁시 적에게 무기장비 또는 군용 물자를 제공하는 경우, 10년 이상 유기징역 또는 무기징역에 처한다. 범죄정도가 경미한 경우 3년 이상 10년 이하 유기징역에 처한다."

(14) 사형과 재산몰수의 적용(제113조)

본 규정은 1979년「형법」제103조와 제104조에 기초하여 개정 및 보완되었다. 1979년「형법」제103조의 규정에 의하면 "본 장에서 나열한 반혁명죄에서 제

98조·제99조·제102조 외에 국가와 국민 이익을 해치는 정도가 특별히 심각한 경우 사형에 처할 수 있다." 제104조의 규정에 의하면, "본 장에서 규정한 범죄행위를 행하는 경우 재산 몰수도 함께 처할 수 있다."

형법 개정안에서 재산 몰수에 대한 규정은 1979년「형법」제104조에 기초한 것이다. 그리고 사형 조항 또한 본 장에서 규정한 사형 적용 경우에 기초한 것이다. 1996년 12월 중순에 제정한 형법 개정안 제113조 제1항의 규정에 의하면, 본 장에서 규정한 사형은 국가분열선동죄·국가정권전복죄 및 국가정권선동죄에 적용하지 아니 한다. 본 장에서 규정한 범죄가 국가와 국민의 이익을 심각하게 해한 동시 범죄정도가 심각한 경우에도 사형에 처할 수 있다. 1997년 2월 17일에서 제정한 형법 개정안에서 입법기관은 국가안전을 해치는 범죄행위에 대하여 자금을 제공하는 경우 사형을 적용할 수 없다. 그러나 1997년 3월 13일의 형법 개정안에서 입법기관은 망명죄에도 사형을 적용하지 않는 경우를 추가하였다. 이러한 개정을 거쳐 1997년「형법」제113조 제1항의 규정에 의하면 "본 장에서 규정한 국가안전범죄에서 제103조 제2항·제105조·제107조·제109조 외, 국가와 국민의 이익을 심각하게 해치거나 범죄정도가 심각한 경우 사형에 처할 수 있다."

공공안전 침해죄

02

(1) 방화죄·방수죄·폭발죄·위험물질투입죄 및 위험방식으로 공공안전을 해치는 범죄(제114조·제115조 제1항)

1979년「형법」제105조에 의하면, "방화 · 방수 · 폭발 또는 기타 위험한 방식으로 공장 · 광장 · 유전 · 항구 · 하류 · 수원 · 창고 · 주택 · 삼림 · 농장 · 오곡장 · 중요한 파이프 · 공공건축물 또는 기타 공적과 사적 재산 · 공공안전을 해쳐, 심각한 결과를 초래하지 않은 경우 3년 이상 10년 이하 유기징역에 처한다." 제106조 제1항에 의하면, "방화 · 방수 · 폭발 · 독극물 투입 또는 기타 위험한 방식으로 타인의 중상해 · 사망 또는 공적과 사적 재산의 중대한 손해를 초래한 경우 10년 이상 유기징역 · 무기징역 또는 사형에 처한다."

이상의 규정은 다수의 죄명을 하나의 조항에서 규정하는 것으로 외관으로는 선택적 죄명에 해당하지만 사실상 선택적으로 적용하여서는 아니 된다. 그러므로 일부 학자는 구분하여 입법하는 것으로 기본 범죄에 대하여 독립적인 법정형을 규정할 것을 제안하였다.

입법기관은 개정안의 논의 과정에서 동 제안을 수용하였으며, 1996년 8월 31일 형법 개정안 "공공안전위해죄"부분 제1조 제1항에서 구체적 범죄 대상을 취소하여, 공공안전을 위해하는 위험범과 결과가중범을 하나의 조항에서 규정하였다. 즉, "방화 · 방수 · 폭발 · 독극물 투입 또는 기타 위험한 방식으로 공공안전을 해하였지만, 심각한 결과를 초래하지 않은 경우 3년 이상 10년 이하 유기징역에 처한다. 타인의 중상해 · 사망 또는 공적과 사적 재산에 심각한 손해를 초래하는 경우 10년 이상 유기징역 · 무기징역 또는 사형에 처한다." 그러나 1996년 10월 10일의 형법 개정안에서 입법기관은 다시 1979년 형법의 규정을 회복한 동시 "독극물 투입"을 삭제하였다. 해당 규정 내용은 1996년 12월 중순 · 12월 20일 및 1997년 1월 10일 · 2월 17일 · 3월 1일의 개정안에서도 그대로 유지되었다. 형법개정안의 검토 과정에서 일부 학자는 파괴 수단에서 "독극물 투입"을 추가하여 제115조의 규정과 조화를 이룰 것을 제안하였다. 이에 따라 입법기관은 1997년 3월 13일 형법 개정안 제114조에서 "독극물 투입"을 추가하였다. 이로써 1997년「형법」제114조가 제정되었다.

2001년 테러범죄를 제한하기 위한 수요에 기초하여「형법개정안 (3)」제114조에서는 다음과 같은 두 가지 내용을 개정하였다. 첫째, "위험의 방식으로 공공안전을 해치는 행위"를 다시 정의하였다. 기존의 규정은 공공안전에 관한 범죄를 구체적으로 나열하는 방식을 취하였으나 모두 나열하지 못하는 단점이 존재하여「형법개정안 (3)」에서는 나열의 방식을 삭제하였다. 이상의 개정으로 1997년「형법」제114조는 "방화 · 방수 · 폭발 · 독극물 투입 · 방사성 물질 · 전염병 물질 또는 기타 위험한 방식으로 공공안전을 해쳤지만 심각한 결과를 초래하지 않은 경우 3년 이상 10년 이하 유기징역에 처한다." 제115조 제1항의 규정에 의하여 "방화 · 방수 · 폭발 · 독극물 투입 · 방서물질 · 전염병 물질 또는 기타 위험한 방식으로 타임의 중상해 · 사망 또는 공적과 사적 재산에 중대한 손해를 가하는 경우 10년 이상 유기징역 · 무기징역 또는 사형에 처한다."

(2) 실화죄·과실결수죄·과실폭발죄·과실위험물질투입죄·과실에 의하여 위험방식으로 공공안전을 해치는 범죄(제115조 제2항)

1979년「형법」제106조 제2항의 규정에 의하면, "과실에 의하여 전항의 범죄행위를 행한 경우 7년 이하 유기징역 또는 구역에 처한다." 본조에서는 실화죄 · 과실결수죄 · 과실폭발죄 · 과실위험물질투입죄 · 과실에 의하여 위험방식으로 공공안전을 해치는 범죄를 규정하였다.

형법 개정안에서 앞에서 나열한 범죄를 규정하는 데 있어, 일련의 변화를 거쳤다. 1996년 10월 10일의 형법개정안 제110조에서는 1979년 형법전의 규정을 유지하였다. 그러나 실무에서 과실범죄로 인한 사회적 위험 정도의 차별성을 고려하여, 단일적인 법정형으로는 수요를 충족하지 못한 단점이 존재하여 1997년 3월 1일 형법 개정안에서는 과실 범죄의 법정형을 범죄정도에 따른 구분입법을 하였다. 즉, "과실에 의하여 전항의 범죄행위를 행한 경우 3년 이상 7년 이하의 유기징역에 처한다. 범죄 정도가 경미한 경우 3년 이하 유기징역 또는 구역에 처한다." 동 규정은 1997년「형법」제115조 제2항에서 그대로 유지되었다.

(3) 교통도구파괴죄의 위험범 형태 破壞交通工具罪的危險犯形態(제116조)

1979년「형법」제107조의 규정에 의하면, "기차 · 자동차 · 전차 · 선박 · 항공기를 파괴하여, 기차 · 자동차 · 전차 · 선박 · 항공기의 전복 또는 훼손을 초래하였지만, 심각한 정도가 아닌 경우 3년 이상 10년 이하의 유기징역에 처한다."

입법 개정과정에서 본 조항에 대하여 여러 차례의 논의가 존재하였다. 형법 개정안의 규정 또한 일정한 변화가 존재하였다. 1997년「형법」제116조에서는 기존 규정의 "비행기"를 "항공기"로 개정하는 것 외에 기타 변동은 없었다.

(4) 교통시설파괴죄의 위험범 형태 破壞交通設施罪的危險犯形態(제117조)

1979년「형법」제108조의 규정에 의하면, "노선 · 교량 · 터널 · 도로 · 공항 · 항로 · 등탑 · 표지 또는 기타 파괴활동으로 기차 · 자동차 · 전차 · 선박 · 항공기의 전복과 훼손으로 심각한 결과를 초래하지 않은 경우 3년 이상 10년 이하의 유기징역에 처한다."

형법 개정과정에서 본 범죄에 대한 법규의 규정에서 입법기관은 일련의 변화를 거쳤다. 우리 나라 1997년「형법」제117조에서는 1979년 형법전의 "비행기"를 "항공기"로 개정하는 것 외에 기타 내용은 그대로 유지하였다.

(5) 전력설비파괴죄 · 교통시설파괴죄의 위험범 형태 破壞電力設備罪和破壞易燃易爆設備罪的危險犯形態(제118조)

1979년「형법」제109조의 규정에 의하면 "전력 · 가스 또는 기타 폭발설비를 파괴하여 공공안전을 해쳤지만 심각한 결과를 초래하지 않은 경우 3년 이상 10년 이하의 유기징역에 처한다."

개정안의 검토과정에서 위에서 언급한 두 가지 범죄에 대하여 형법 개정안에서는 다음과 같은 변화가 존재하였다. 1997년「형법」제118조에서 규정한 전력설비 파괴죄와 폭발설비 파괴죄는 1979년 형법전의 규정을 그대로 유지하였다.

(6) 교통도구파괴죄·교통시설파괴죄·전력시설파괴죄 및 폭발설비파괴죄의 실해범 형태(제119조 제1항)

1979년 「형법」 제110조 제1항의 규정에 의하면 "교통도구 · 교통시설 · 전력시설 및 폭발설비를 파괴하여 심각한 결과를 초래하는 경우 10년 이상 유기징역 · 무기징역 또는 사형에 처한다."

형법 개정안의 제정과정에서 위에서 언급한 네 가지 실해범에 대하여 입법적으로 어떻게 규정할 것인지에 대한 논의가 있었다. 즉, 다음과 같은 세 가지 면의 논의가 존재하였다.

(1) 비록 개정과정에서 위험범과 실해범을 합병 규정할 것을 시도하였지만, 1996년 8월 8일 형법 각칙 개정안에서는 다시 1979년 형법전의 규정에 의한 위험범과 실해범을 구분 규정하는 방식을 취하였다. 따라서 동 방식은 신형법전에서도 그대로 유지하였다.
(2) 입법 표현을 조정하였다. 1997년 3월 13일의 개정안에서 두 가지 공공안전 의의와 성질이 있는 설비를 구분하여 규정하였다. 즉, 기존의 "전력가스설비"를 "전력설비와 가스설비"로 개정하였다.
(3) 네 가지 실해범의 법정형을 조정할 것인지 여부에 관한 논의도 존재하였다. 이에 대하여 1988년 9월의 형법 개정안에서 네 가지 실해범의 법정형을 "7년 이상 유기징역·무기징역 또는 사형"으로 조정하였지만, 7년의 유기징역으로부터 사형까지 형벌의 폭이 과대하다는 인식으로, 1988년 11월 16일에서는 다시 "10년 이상 유기징역·무기징역 또는 사형"으로 개정하였고, 이는 결과적으로 1997년 형법전에 의하여 수용되었다.

이상의 조정으로 1997년 「형법」 제119조 제1항의 규정은 다음과 같이 확정되었다. 즉, "교통도구 · 교통시설 · 전력시설 및 폭발설비를 파괴하여 심각한 결과를 초래하는 경우 10년 이상 유기징역 · 무기징역 또는 사형에 처한다."

(7) 과실에 의한 교통도구파괴죄·과실에 의한 교통시설파괴죄·과실에 의한 전력설비파괴죄·과실에 의한 폭발설비파괴죄(제119조 제2항)

1979년 「형법」 제110조 제2항의 규정에 의하면, "과실로 전항의 범죄행위를 행한 경우 7년 이후 유기징역 또는 구역에 처한다."

형법 개정과정에서 입법기관은 다음과 같은 두 가지 문제를 둘러싸고 논의하였다.

(1) 법정형의 조정. 1997년 3월 1일의 개정안에서 과실로 인한 공공안전 범죄의 법정형을 다음과 같이 개정하였다. 즉, 과실로 전항의 범죄행위를 행한 경우 3년 이상 7년 이하 유기징역에 처한다. 범죄정도가 경미한 경우 3년 이하 유기징역 또는 구역에 처한다. 동 규정은 결과적으로 1997년 「형법」 제119조 제2항에 의하여 수용되었다.

(2) 형법 각칙에서 네 가지 범죄의 순서를 변경하였다. 과실로 인한 공공안전 위해 범죄는 1997년 형법 각칙의 제2장 공공안전 위해죄에서 규정하였고, 형법 개정안과 형법 초안에서 모두 1979년 형법전의 규정 형식을 본 받았다. 그러나 결과적으로 1997년 「형법」 제119조 제2항의 규정은 다음과 같다. 즉, "과실에 의하여 전항의 범죄행위를 행한 경우, 3년 이상 7년 이하 유기징역에 처한다. 범죄정도가 경미한 경우 3년 이하 유기징역 또는 구역에 처한다."

(8) 테러조직의 조직·지도·참가죄(제120조)

동 조항은 1997년 형법전에서 새로이 추가된 신형 범죄이다.

입법 개정안에서 볼 때, 본 범죄를 형법에 규정한 과정은 다음과 같다.

(1) 형법 각칙에서 본 범죄의 규정을 살펴보면, 테로조직범죄는 국가안전위해죄에서 규정하였다. 그러나 1997년 2월 17일 형법 개정안에서 테러조직의 조직·지도·참가죄를 형법 각칙 제2장인 공공안전위해죄로 옮겼다. 이러한 규정은 신형법전에서도 그대로 유지하였다.

(2) 법 조항의 규정으로 볼 때, 1988년 개정안의 표현과 신「형법」제120조의 표현과 큰 차이가 존재하였다. 1997년 3월 1일의 개정안에서 입법기관은 동 범죄에 대하여 다음과 같이 개정하였다. 적극참여자와 조직자·지도자를 함께 규정하여 3년 이상 10년 이하의 유기징역을 적용한다. 기타 참여자를 처벌할 것을 추가하였다. 즉, 개정안 제122조 제1항에 의하면 "테러활동조직에 조직·지도 또는 적극 참여하는 자는 3년 이상 10년 이하 유기징역에 처한다. 기타 참여자는 3년 이하 유기징역·구역 또는 관제에 처한다." 제2항의 규정에 의하면, "전항의 범죄행위를 행한 동시 살인·폭발·납치의 범죄가 동반하는 경우 수죄병벌의 원칙에 의하여 처벌을 확정한다." 동 규정은 결과적으로 1997년「형법」제120조에 의하여 수용되었다.

2001년 12월 19일 전국인민대표대회 상무위원회에서 제정한「형법개정안 (3)」에서는 신「형법」제120조 제1항에 대하여 다음과 같이 개정하였다. 즉, 기존의 테러활동조직의 조직·지도자와 적극참여자를 하나의 법정형 한도에서 처벌하였으나 개정안에서는 테러활동의 조직자·지도자에 대하여 10년 이상 유기징역 또는 무기징역에 처하고, 적극참여자에 대하여는 3년 이상 10년 이하 유기징역에 처한다. 기타 참여자에 대하여는 3년 이하 유기징역·구역·관제 또는 정치적 권리의 박탈에 처한다. 형법 개정안은 사실상 테러활동의 조직자·지도자의 법정형을 강화하는 것에 해당한다. 2015년 8월 25일 전국인민대표대회 상무위원회에서는 제정한「형법개정안 (9)」제120조에 의하면, "테러활동을 조직·지도하는 경우 10년 이상 유기징역 또는 무기징역 및 재산몰수에 처한다. 적극참여자에 대하여는 3년 이상 10년 이하의 유기징역 및 벌금형을 부과한다. 기타 참여자에 대하여는 3년 이하 유기징역·구역·관제 또는 정치적 권리의 박탈 및 벌금형을 부과한다. 전항의 범죄행위를 행한 동시 살인·폭발·납치 등 범죄행위가 동반된 경우 수죄병벌에 의하여 처벌한다."

(9) 공포활동에 자금공여죄(제120조의 1)

테러조직범죄를 타격하려면, 그들의 경제적 기초를 차단하여야 한다. 2001년 9월 29일 유엔에서는 1373호 결의로, 각 국가에서 테러활동을 위한 자금 공여 행위를 억제할 것을 요구하였다. 2001년 12월 29일 전국인민대표대회에서는 「형법개정안 (3)」을 제정하여 테러활동에 자금공여죄를 추가하였다. 「형법」 제120조의 1에 의하면, "테러활동조직을 위하여 자금공여를 하거나 테러활동을 시행하는 개인에 대하여 5년 이하 유기징역·구역·관제 또는 정치적 권리의 박탈을 처할 수 있다. 범죄정도가 심각한 경우 5년 이상 유기징역 및 벌금형 또는 재산 몰수를 처할 수 있다. 단위가 전항의 범죄행위를 행한 경우 단위에 대하여 벌금형을 부과하는 동시 직접 책임자 및 기타 책임자에 대하여 전항의 규정에 따라 처벌할 수 있다." 법규정에서 동 조항을 추가하는 것은 테러범죄를 징벌하는 데 적극적인 작용이 있다. 2015년 8월 25일 전국인민대표대회 상무위원회에서 제정한 「형법개정안 (9)」 제120조의 1에 의하면, "테러활동조직에 자금을 공여하거나 테러활동을 시행하는 개인 또는 테러활동 훈련을 위하여 자금을 공여하는 자에 대하여 5년 이하 유기징역 및 벌금형 또는 재산몰수에 처할 수 있다. 테러활동을 조직 또는 시행하거나 훈련을 위하여 참가자를 모집·운송하는 경우, 전항의 규정에 따라 처벌하여야 한다. 단위가 전항의 범죄행위를 행한 경우 단위에 벌금형을 부과하고, 직접 책임자 또는 기타 책임자에 대하여는 제1항의 규정에 의하여 처벌한다."

「형법개정안 (9)」 제120조의 1 뒤에 다음과 같은 5 가지 조항을 추가하였다. 제120조의 2에 의하면, "다음의 경우에 해당할 때 5년 이하 유기징역·구역·관제 또는 정치적 권리를 박탈하는 동시 벌금형에 처한다. 범죄정도가 심각한 경우 5년 이상 유기징역과 벌금형 또는 재산몰수에 처한다. (1) 테러활동의 시행을 위하여 흉기·위험물품 또는 기타 도구를 제공하는 경우, (2) 테러활동을 위하여 훈련을 조직하거나 적극적으로 테러활동 훈련에 참여한 경우, (3) 테러활동을 시행하기 위하여 경외 테러활동 조직자와 연락을 취한 경우, (4) 테러활동을 기획하거나 기타 준비행위를 행한 경우. 전항의 행위와 함께 기타 범죄도 구성하는 경우 가중처벌하여야 한다." 제120조의 3에 의하면, "테러주의와 극단주의의 도서 · 음반시청자료 또는 기타 물품을 제작 · 유포하는 경우, 그리고 수강 · 정보 공시 등 방식으로 테러주의와 극단주의를 선전하거나 테러활동의 시행을 선동하는 경우 5년 이하 유기징역 · 구역 · 관제 또는 정치적 권리의 박탈과 벌금형에 처할 수 있다. 범죄정도가 심각한 경우 5년 이상 유기징역 및 벌금형 또는 재산몰수에 처할 수 있다." 제120조의 4에 의하면 "극단주의를 이용하여 국민을 선동 · 협박하여 국가법률에서 확립한 혼인 · 사법 · 교육 · 사회관리 등 제도를 파괴하는 경우, 3년 이하 유기징역 · 구역 또는 관제 및 벌금형에 처할 수 있다. 범죄 정도가 심각한 경우 3년 이상 7년 이하의 유기징역 및 벌금형에 처할 수 있다. 범죄정도가 특별히 심각한 경우 7년 이상 유기징역 및 벌금형 또는 재산몰수에 처할 수 있다." 제120조의 5에 의하면 "폭력 · 협박으로 타인에게 공공장소에서 테러주의와 극단주의를 선전하는 옷차림 · 명패를 착용하는 경우, 3년 이하 유기징역 · 구역 또는 관제 및 벌금형에 처할 수 있다." 제120조의 6에 의하면 "테러주의와 극단주의를 선전하는 도서 · 시청자료 또는 기타 물품인 것을 알면서도 불법으로 소지하는 경우, 3년 이하 유기징역 · 구역 또는 관제에 처할 수 있고 벌금형 또한 함께 부과할 수 있다."

(10) 항공기 납치죄(제121조)

1979년 형법전에서 반혁명을 목적으로 항공기를 납치하는 것은 반혁명파괴죄를 구성한다. 그러나 실무에서 항공기를 납치하는 행위를 반혁명죄로 정의하는 것에 논리적으로 문제가 존재한다. 특히 외국인이 항공기를 납치하여 우리 나라로 오거나 외국인이 우리 나라 항공기를 납치하는 경우 반혁명죄로 처벌하는 것은 타당하지 않다. 이러한 이유에 기초하여, 1992년 12월 28일 전국인민대표대회 상무위원회에서는「항공기납치범죄자를 징벌하는 데 관한 결정關於懲治劫持航空器犯罪分子的決定」을 제정하였다. 동 결정에 의하면 "폭력 · 협박 또는 기타 방식으로 항공기를 납치한 경우, 10년 이상 유기징역 또는 무기징역에 처한다. 타인의 중상해 · 사망 또는 항공기를 심각하게 훼손하거나 파괴하여 범죄정도가 심각한 경우 사형에 처한다. 범죄정도가 경미한 경우 5년 이상 10년 이하 유기징역에 처한다."

1992년 전국인민대표대회 상무위원회에서 제정한 단행 법규는 다음과 같은 특징이 있다. 1992년 전국인민대표대회 상무위원회에서 통과된 「항공기납치범죄자를 징벌하는 데 관한 결정」 이후 형법 개정안에서는 동 규정에 기초하여 법정형만을 다르게 규정하였다. 1996년 8월 8일과 8월 31일의 개정안 · 1996년 10월 10일의 형법개정안, 12월 중순과 12월 20일의 초안 및 1997년 1월 10일 · 2월 17일 · 3월 1일의 개정안에서 규정한 동 범죄의 법정형은 모두 앞의 단행법에 기초한 것이다. 따라서 일부학자는 "사형"만을 규정한 조항은 사건에 따라 판사의 재량권을 부여하는 것을 금지하는 것으로 "무기징역 또는 사형"으로 개정할 것을 제안하였다.[1] 이 밖에 일부 학자는 항공기납치범죄는 극단적으로 위험한 범죄로, 엄격하게 처벌하는 차원에서 볼 때 법정형에서 범죄정도가 경미한 경우를 규정하는 것은 타당하지 않다고 제안하였다. 1997년 3월 13일의 개정안과 신형법전의 규정에서 볼 때, 절대적인 사형을 삭제하는 데 관한 제안은 받지들이지 않았고, 입법자는 단지 범죄정도가 경미한 경우를 법 규정에서 삭제하였다.

이상의 개정으로 1997년 「형법」 제121조는 다음과 같이 규정하였다. 즉, "폭력 · 협박 또는 기타 방식으로 항공기를 납치한 경우, 10년 이상 유기징역 또는 무기징역에 처한다. 타인의 중상해 · 사망 또는 항공기를 심각하게 훼손하거나 파괴하여 범죄정도가 심각한 경우 사형에 처한다."

(11) 선박·자동차 납치죄(제122조)

1979년 형법에서는 선박 · 자동차의 납치범죄를 규정하지 않았고, 단지 반혁명의 목적으로 선박 · 자동차를 납치하는 경우만을 「형법」 제100조에서 반혁명파괴죄의 범죄구성으로 규정하였다. 그러나 반혁명죄는 범죄자가 주관적으로 반

---

[1] "中央有關部門、地方及法律專家對刑法修訂草案(徵求意見稿)的意見", 高銘暄 · 趙秉志, 「新中國刑法立法文獻資料總覽(下)」, 北京, 中國人民公安大學出版社, 1998, p. 2160.

혁명의 목적을 요구하고 있어, 단지 선박・자동차를 납치하는 경우 반혁명파괴죄로 처벌할 수 없다. 그러므로 반혁명죄를 개정하는 차원에서 입법기관은 선박・자동차를 납치하는 범죄행위를 따로 규정하였다. 1988년 세 가지 버전의 형법 개정안에서 선박・자동차의 납치행위와 항공기 납치행위와 함께 규정하였다. 그러나 그 후의 개정과정에서 입법기관이 항공기 납치만을 독립적으로 규정하고 선박・자동차의 납치행위를 누락하였다. 그러므로 개정안의 논의 과정에서 일부 학자는 제120조의 항공기 납치죄 뒤에 "선박・기차・자동차 또는 기타 교통수단을 납치하는 범죄"를 추가할 것을 제안하였다.[2] 논의 과정을 통하여 결국 입법기관은 1997년 3월 13일 형법개정안 제122조에서 선박・자동차의 납치행위를 규정하였고, 제8기 전국인민대표대회 제5차 회의에서 통과되었다. 즉, "폭력・협박 또는 기타 방법으로 선박・자동차를 납치하는 경우 5년 이상 10년 이하 유기징역에 처한다. 심각한 결과를 초래하는 경우 10년 이상 유기징역 또는 무기징역에 처한다."

(12) 폭력에 의한 비행 안전 위협죄(제123조)

본 조항은 1995년 「중화인민공화국민용항공법中華人民共和國民用航空法」 제192조를 근거로 제정한 규정이다. 형법 개정 과정에서 해당 범죄는 1997년 2월 17일의 개정초안 제123조에서 처음으로 규정하였으나, 그 후 「중화인민공화국민용항공법」에서 다음과 같이 개정하였다. 첫째, 「중화인민공화국민용항공법」에서 "항공기"로 개정하여, "민용"을 삭제하였다. 둘째, 해당 범죄행위를 독립적인 법정형으로 규정하였다. 개정안의 내용은 결과적으로 1997년 형법전 제123조에 의하여 수용되었다. 즉, "비행 중의 항공기 내 인원들에게 폭력으로 비행안전을 위협하는 경우, 심각한 결과를 초래하지 않았더라도 5년 이하 유기징역 또는 구역에 처한다. 심각한 결과를 초래한 경우 5년 이상 유기징역에 처한다."

---

2 "中央有關部門、地方及法律專家對刑法修訂草案(徵求意見稿)的意見", 高銘暄・趙秉志, 「新中國刑法立法文獻資料總覽(下)」, 北京, 中國人民公安大學出版社, 1998, p. 2160.

(13) 라디오 텔레비전 방송시설·공중전기통신시설 파괴죄; 라디오 텔레비전 방송시설·공중전기통신시설 과실 훼손죄(제124조)

1979년 「형법」 제111조는 "라디오 방송국·전보·전화 또는 기타 통신설비를 파괴하여 공공안전을 해할 경우, 7년 이하의 유기징역 또는 구역에 처한다. 심각한 결과를 초래한 경우, 7년 이상의 유기징역에 처한다. 과실에 의하여 전항의 죄를 범한 경우, 7년 이하의 유기징역 또는 구역에 처한다"라고 규정하였다.

형법전면개정시, 입법기관은 본죄의 내용을 수차례 조정하였고 1996년 10월 10일 형법개정초안(의견청취안)에서 입법기관은 본죄의 구성요건에 대하여 비교적 큰 개정을 하였다. 초안 제116조 제1항은 "라디오 방송국·텔레비전 방송국·공중통신시설을 파괴하여 공공안전을 해할 경우, 7년 이하의 유기징역 또는 구역에 처한다. 심각한 결과를 초래한 경우, 7년 이상의 유기징역에 처한다"라고 규정하였다. 의견청취과정에서 일부 부문에서는 "라디오 방송국·텔레비전 방송국"을 "라디오 텔레비전 설비·공중전기통신설비"로 개정할 것을 제안하였는데 이럴 경우 라디오 텔레비전 발사국·중계국·마이크로웨이브 기지·모니터링 기지·유선 라디오 텔리비전 전송 커버 등 시설도 포함시킬 수 있다는 것이다. 「국제통신연맹조직법國際電信聯盟組織法」 중 "전기통신"에 관한 정의에 의하면 현대 전기통신이란 전기의 방식으로 언어·문자·데이터·영상 등 각종 정보를 전송하는 것을 말한다. 동시에 통신은 우편도 포함하므로 본죄의 적용범위를 적당히 확장시키기 위하여 "공중통신시설"을 "통신설비"로 개정하는 것이 마땅하다는 것이다.[3] 입법기관은 이 의견을 채택하여 예컨대 1997년 1월 10일 개정초안 제123조 제1항은 "라디오 텔레비전 방송시설·공중전기통신시설을 파괴하여 공공안전을 해할 경우, 3년 이상 7년 이하의 유기징역에 처한다. 심각한 결과를 초래한 경우, 7년 이상의 유기징역에 처한다"라고 규정하였고 1997년 「형법」 제124조 제1항은 바로 이 내용을 채택하였던 것이다.

---

3 "中央有關部門, 地方及法律專家對刑法修訂草案(徵求意見稿)的意見", 高銘暄·趙秉志, 「新中國刑法立法文獻資料總覽(下)」, 北京, 中國人民公安大學出版社, 1998, p. 2161.

(14) 총기·탄약·폭발물 불법 제조·매매·운수·우송·저장죄; 위험물질 불법 제조·매매·운수·저장죄(제125조)

1979년 형법에 비하여, 1997년「형법」제125조는 총 3항으로 구성되었다. 제1항은 "총기·탄약·폭발물을 불법 제조·매매·운수·우송·저장한 경우, 3년 이상 10년 이하의 유기징역에 처한다. 정상이 중한 경우 10년 이상의 유기징역·무기징역 또는 사형에 처한다"라고 규정하였고 제2항은 "독성·방사성·전염성 병원체 등 물질을 불법 제조·매매·운수·저장하여 공공안전을 해할 경우, 전항의 규정에 따라 처벌한다"라고 규정하였으며 제3항은 "단위가 전 2항의 죄를 범한 경우, 단위를 벌금형에 처하고 직접 책임을 지는 주관자와 기타 직접 책임자는 제1항의 규정에 따라 처벌한다"라고 규정하였다.

(15) 규정을 위반한 총기제조·판매죄(제126조)

본조의 죄는 1996년 7월 5일 전국인민대표대회 상무위원회가 통과한「중화인민공화국 총기관리법」의 관련 규정을 기초로 개정한 것이다. 형법 전면개정시 본죄는 처음으로 1996년 10월 10일 형법개정초안(의견청취안)에 나타났는데 의견청취안 제114조 제4항은 "법에 따라 지정·확정된 총기제조기업·판매기업에서 총기관리규정을 위반하여 이하의 행위 중 하나가 있을 경우 단위를 벌금형에 처하고 직접 책임을 지는 주관자와 기타 직접 책임자는 7년 이하의 유기징역에 처한다. 심각한 결과를 초래한 경우, 7년 이상의 유기징역 또는 무기징역에 처한다. (1) 불법판매의 목적으로 한정된 양을 초과하거나 규정된 종류에 따르지 않고 총기를 제조·배정판매하는 것, (2) 불법판매의 목적으로 번호가 없는 총기·번호가 중복된 총기·가짜 번호의 총기를 제조하는 것, (3) 총기를 불법판매하거나 수출을 위하여 제조한 총기를 국내에서 판매하는 것."이라고 규정하였다. 1997년 3월 1일 형법개정초안에서는 본죄의 법정형을 비교적 크게 조정하였다.

이상의 조정을 거쳐 최종적으로 형성된 신「형법」제126조의 규정은 다음과 같다. "법에 따라 지정·확정된 총기제조기업·판매기업에서 총기관리규정을 위반하여 이하의 행위 중 하나가 있을 경우 단위를 벌금형에 처하고 직접 책임을 지는 주관자와 기타 직접 책임자를 5년 이하의 유기징역에 처한다. 정상이 중한 경우, 5년 이상 10년 이하의 유기징역에 처한다. 정상이 특별히 중한 경우, 10년 이상의 유기징역 또는 무기징역에 처한다. (1) 불법판매의 목적으로 한정된 양을 초과하거나 규정된 종류에 따르지 않고 총기를 제조, 배정판매하는 것, (2) 불법판매의 목적으로 번호가 없는 총기·번호가 중복된 총기·가짜 번호의 총기를 제조하는 것, (3) 총기를 불법판매하거나 수출을 위하여 제조한 총기를 국내에서 판매하는 것."

(16) 총기·탄약·폭발물·위험물질 절도·강탈죄; 총기·탄약·폭발물·위험물질 강도죄(제127조)

1979년 「형법」 제112조는 "총기·탄약을 불법제조·매매·운수하거나 국가기관·군인·경찰·민병의 총기·탄약을 절도·강탈한 경우, 7년 이상의 유기징역에 처한다. 정상이 중한 경우, 7년 이상의 유기징역 또는 무기징역에 처한다"라고 규정하였다. 1983년 9월 2일 전국인민대표대회 상무위원회가 통과한 「사회치안을 심각히 해치는 범죄자의 엄중처벌에 관한 결정」은 1979년 「형법」의 상기 규정을 보충, 개정하였는데 실제로는 본죄의 구성요건을 개정하였다.[4]

1979년 형법에 비하여 1997년 형법전은 아래와 같은 개정과 보충을 하였다. (1) 총기·탄약·폭발물·위험물질 절도·강탈죄를 단독조항으로 설정하였다. (2) 총기·탄약·폭발물·위험물질 강도죄를 신설하였다. (3) 총기·탄약·폭발물·위험물질 절도·강탈죄의 법정형을 조정하였다.

---

[4] 총기, 탄약, 폭발물 절도, 강탈죄의 대상에 대하여 국가기관, 군인, 경찰, 민병의 총기, 탄약, 폭발물에 한정할 것인지에 관하여 당시 부동한 견해가 존재하였다. 일부 견해에 따르면 「형법」 제112조가 명문으로 총기, 탄약의 소유자와 소지자를 규정하고 있으므로 그대로 유지하여야 한다고 주장하였다. 그리고 기타 견해에 따르면, 전국인민대표대회 상무위원회의 「사회치안을 심각히 해치는 범죄자의 엄중처벌에 관한 결정關於嚴懲嚴重危害社會治安的犯罪分子的決定」은 1979년 「형법」 제112조의 범죄대상을 개정보충하였고 동 결정 제1조 제4호는 총기, 탄약, 폭발물의 소유자와 소지자를 한정하고 있지 않기에 실무 중에서 절도, 강탈한 것이 국가기관, 군인, 경찰, 민병의 총기, 탄약, 폭발물인지를 불문하고 본죄를 성립한다고 하였다.

1997년 형법전 반포후, 테러범죄억제의 실제 수요에 근거하여 2001년「형법개정안 (3)」은 형법 제127조에 대하여 두 가지 보충을 하였다. 한 가지는 본조 제1항에 "독성·방사성·전염성 병원체 등 물질을 절도·강탈하여 공공안전을 해할 경우"의 내용을 증가하여고 다른 한 가지는 제2항에 "독성·방사성·전염성 병원체 등 물질을 강도하여 공공안전을 해할 경우"의 내용을 증가하였다. 따라서 1997년「형법」제127조의 조문은 아래와 같이 개정되었다. "총기·탄약·폭발물을 절도·강탈하거나 독성·방사성·전염성 병원체 등 물질을 절도·강탈하여 공공안전을 해할 경우, 3년 이상 10년 이하의 유기징역에 처한다. 정상이 중한 경우, 10년 이상의 유기징역·무기징역 또는 사형에 처한다. 총기·탄약·폭발물을 강도하거나 독성·방사성·전염성 병원체 등 물질을 강도하여 공공안전을 해치거나 국가기관·군인·경찰·민병의 총기·탄약·폭발물을 절도·강탈한 경우, 10년 이상의 유기징역·무기징역 또는 사형에 처한다."

(17) 총기·탄약 불법 소지·은닉죄; 총기 불법 유상대출·무상대출죄(제128조)

1979년 형법전의 총기·탄약 은닉죄의 배치의 영향을 받아 1996년 8월 31일 형법개정초안은 8월 8일 고에서 기초한 이 두 가지 범죄를 그대로 사회관리절서방해죄의 장에 배치하였다. 개정검토과정에서 일부 학자들은 이에 대하여 찬성하였으며 이런 행위는 궁극적으로 사회관리질서를 방해하는 행위라는 것이 그 이유였다. 하지만 입법기관은 1996년 10월 10일 형법개정초안(의견청취안)에서 이 두 범죄를 다시 공공안전위해죄의 장에 옮겨왔고 그전 초안중 "총기 불법 유상대출·무상대출"의 기술순서를 변경하여 새 형법전에서의 기술순서에 이르게 되었다.

「형법」제128조는 아래와 같이 규정하였다. "총기관리규정을 위반하여 총기·탄약을 불법소지·은닉한 경우, 3년 이하의 유기징역·구역 또는 관제에 처한다. 정상이 중한 경우, 3년 이상 7년 이하의 유기징역에 처한다. 법에 따라 공무용 총기를 배비받은 자가 총기를 불법 유상대출·무상대출하여 심각한 결과를 초래한 경우, 제1항의 규정에 따라 처벌한다. 단위가 제2항·제3항의 죄를 범한 경우,

단위를 벌금형에 처하고 직접 책임을 지는 주관자와 기타 직접 책임자는 제1항의 규정에 따라 처벌한다"라고 규정하였다.

(18) 총기분실 불보고죄(제129조)

1979년 형법은 본죄를 명확히 규정하지 않았다. 1996년 7월 5일 제8회 전국인민대표대회 상무위원회 제20차 회의에서「중화인민공화국 총기관리법中華人民共和國槍支管理法」이 통과되었고 동법 제44조 제4호는 "본 법의 규정을 위반하여 총기가 절도·강도 당하거나 분실된 후, 제때에 보고하지 않은 경우, 공안기관에서 개인, 또는 단위에서 직접 책임을 지는 주관자와 기타 직접 책임자를 경고 또는 15일 이하의 구류에 처하고 범죄를 구성할 경우, 법에 따라 형사책임을 추궁한다"라고 규정하였다. 그러므로 1997년 형법이 통과되기 전에 총기분실 후 제때에 보고하지 않은 범죄행위는 비형사법률중의 부속형법에 규정되었고 따라서 1996년「총기관리법」이 통과되기 전의 형법개정초안은 이 범죄를 언급하지 않았다.

수 차례의 조정을 거쳐 1997년「형법」제129조는 다음과 같이 규정하였다. "법에 따라 공무용 총기를 배비받은 자가 총기를 분실한 후 제때에 보고하지 않아 심각한 결과를 초래한 경우, 3년 이하의 유기징역 또는 구역에 처한다."

(19) 총기·탄약·관제 칼·위험물품을 불법 휴대하여 공공안전을 위협한 죄
(제130조)

우리 나라 1979년 형법전에는 본죄에 관한 규정을 두지 않았고 1990년「중화인민공화국 철도법中華人民共和國鐵路法」(이하「철도법」으로 약칭) 제60조 제2항에 유사행위에 관한 규정이 있었다. 형법개정과정에서 본죄의 내용은 일련의 변화를 보였고「철도법」의 시행에 따라 입법기관에서는「철도법」의 규정을 기초로 본죄의 초안을 잡게 되었다. 1996년 8월 8일 형법각칙개정초안은 본죄를 각칙 제2장 공공안전위해죄에 배치하였고 그 구체적 내용은 다음과 같았다. "총기·폭발물·관제 칼에 관한 관리규정을 위반하여 총기·탄약·폭발물·관제 칼을 불법 휴대하고 공공장소에 진입하거나 공공교통수단에 탑승한 경우, 3년 이하의 유기징역

· 구역 또는 벌금에 처한다."

　　형법에서의 본죄의 위치에 관하여 전문가들 사이에 비교적 큰 분기가 존재하였으므로 입법기관은 그 후의 형법개정초안에서 이 규정을 삭제하였고 1997년1월10일의 개정초안에서 다시 각칙 제2장「공공안전위해죄」제129조에 본죄를 규정하였는데 조문내용은 다음과 같았다.

　　"총기·탄약·쉽게 연소하거나 폭발하는 물품·방사성 물품·극독성 물품·부식성 물품을 불법 휴대하고 공공장소 또는 공공교통수단에 진입하여 공공안전을 위협하여 정상이 중한 경우, 3년 이하의 유기징역·구역 또는 관제에 처한다." 1997년 2월 17일의 형법개정초안(개정안) 제130조는 상기 내용을 일부 조정하였는데 하나는 "관제 칼"을 증가하였고 다른 하나는 위험물품의 열거방식을 개변하여 "쉽게 연소하거나 폭발하는 물품·방사성 물품·극독성 물품·부식성 물품"을 "폭발성·인화성·방사성·독성·부식성 물품"으로 개정하였다. 이러한 개정과 보충을 거쳐 최종적으로 1997년「형법」제130조의 규정에 이르게 되었다. "총기·탄약·관제 칼 또는 폭발성·인화성·방사성·독성·부식성 물품을 불법 휴대하고 공공장소 또는 공공교통수단에 진입하여 공공안전을 위협하여 정상이 중한 경우, 3년 이하의 유기징역·구역 또는 관제에 처한다."

(20) 중대비행사고죄重大飛行事故罪(제131조)

　　형법개정검토과정에서 죄형법정원칙의 요구를 관철하기 위하여 중대책임사고범죄를 세분화할 필요가 생겼다. 1996년「민간항공법」이 시행됨에 따라 입법기관은 연구를 거쳐 형법에 중대비행사고죄를 규정하기로 결정하였고 그 내용은 다음과 같다. "항공인원의 규칙제도 위반으로 중대한 비행사고가 심각한 결과를 초래한 경우, 3년 이하의 유기징역 또는 구역에 처한다. 비행기가 추락하거나 인원이 사망한 경우, 3년 이상 7년 이하의 유기징역에 처한다."

(21) 철도운영안전사고죄(제132조)

　　본죄는「철도법」의 관련 규정을 기초로 개정과 보충을 거쳐 형성된 것이다.

형법개정검토과정에서 1996년 10월 10일 형법개정초안(의견청취안)을 포함한 개정초안들은 모두 철도운영안전사고죄를 단독으로 규정하지 않았다. 입법진행과정을 보면 최초로 본죄를 도입한 것은 1997년 2월 17일 형법개정초안(개정안)이였고, 그 후의 검토에서 입법기관은 본죄의 법정형을 본장의 기타 책임사고범죄의 법정형과 조화시킬 필요성을 인식하여 1997년 3월 13일 형법개정초안에서 본죄의 기본법정형을 "5년 이하의 유기징역 또는 구역"에서 "3년 이하의 유기징역 또는 구역"으로 개정하였고 가중법정형을 "5년 이상 10년 이하의 유기징역"에서 "3년 이상 7년 이하의 유기징역"으로 개정하였다.

이상의 조정을 거쳐 최종적으로 신「형법」제132조의 규정에 이르게 되었다. "철도직원이 규칙제도를 위반하여 중대한 철도운영안전사고가 발생하므로 인하여 심각한 결과를 초래한 경우, 3년 이하의 유기징역 또는 구역에 처한다. 특별히 심각한 결과를 초래하여 한 경우, 3년 이상 7년 이하의 유기징역에 처한다."

(22) 교통사고죄(제133조)

1979년「형법」제113조는 "교통운수에 종사하는 자가 규칙제도를 위반하여 중대한 사고가 발생하므로 인하여 사람을 중상, 사망에 이르게 하거나 공사재산에 중대한 손실을 초래한 경우, 3년 이하의 유기징역 또는 구역에 처한다. 정상이 특별히 악질적인 경우, 3년 이상 7년 이하의 유기징역에 처한다."고 규정하였다.

형법개정검토과정에서 일부 학자들은 실무에서 정상이 악질적인 악성교통사고가 빈발하고 결과가 상당히 중대하기에 1979년 형법전에서 규정한 7년 이하의 유기징역은 분명히 경한 편이고 기타 범죄의 형벌과 불평형하므로 상향조절해야 한다고 주장하였다.[5] 입법기관은 이 의견을 채택하였고 본죄 조문에 관한 검토에서 어떻게 그 법정형을 상향하여 실무 중의 중대한 악성사건의 빈발을 억제할 것인가가 중점문제가 되었다.

---

5 最高人民法院刑法修改小組, "關於刑法分則修改的若干問題(草稿)(1989年3月)", 高銘暄·趙秉志,「新中國刑法立法文獻資料總覽(下)」, 北京, 中國人民公安大學出版社, 1998, p.2273.

1997년 3월 1일 개정초안은 그전 초안에서 본죄 제1등차 법정형에 신설된 관제형을 삭제하므로써 최종적으로 1997년「형법」제133조의 법정형 정상과 등차를 형성하게 되었다.

입법기관은 본죄의 법정형 정상을 개정함과 동시에 그 구성요건도 간략화하였다. 즉 1996년 10월 10일 개정초안(의견청취안)에서는 1979년 형법전중 본죄 주체에 관한 한정을 삭제하였고 이는 그 후의 개정초안 및 신 형법전에 의하여 채택되었다.

이상의 조정을 거쳐 1997년「형법」제133조는 다음과 같이 규정하였다. "교통운수관리법규를 위반하여 중대한 사고가 발생하므로 인하여 사람을 중상, 사망에 이르게 하거나 공사재산에 중대한 손실을 초래한 경우, 3년 이하의 유기징역 또는 구역에 처한다. 교통사고 발생후 도주하거나 기타 특별히 악성인 경우, 3년 이상 7년 이하의 유기징역에 처한다. 도주로 인하여 사람을 사망케 한 경우, 7년 이상의 유기징역에 처한다."

(23) 위험운전죄(제133조의 1)

본죄는「형법개정안 (8)」에 의하여 신설된 범죄이다. 실무 중에서 취중운전, 차량경주 등 행위는 자주 나타나고 있고 그 위험성도 아주 크며 왕왕 심각한 결과를 초래하여 국민들의 반향이 크다. 이러한 행위들을 억제하고 국민의 안전을 보호하기 위하여 입법기관은「형법개정안 (8)」에서 본죄를 특별히 신설하였다.

형법개정안 초안의 검토 과정에서 본죄 법조문의 내용은 변화를 거쳤다. 2010년 8월 23일 초안에서 입법기관은 본죄의 조문을 다음과 같이 기초하였다. "도로에서 취중운전하거나 또는 도로에서 차량경주를 하여 정상이 악질적인 경우, 구역에 처하고 벌금을 병과한다." 본죄와 기타 범죄를 명확히 구분하고 사법적용의 편리를 도모하기 위하여 초안2차심의안에서 "전항의 행위가 있고 동시에 기타 범죄를 구성할 경우, 처벌이 더 중한 규정에 따라 죄명을 정하고 처벌한다"라는 규정을 증설함과 동시에 초안중 "취중운전"과 "차량경주" 이 두 가지 위험운전행위의 기술순서를 조정하여 최종적으로「형법개정안 (8)」의 규정에 이르게 되었다.

2015년 8월 29일, 「형법개정안 (9)」은 제133조의 1을 다음과 같이 개정하였다. "도로에서 차량을 운전하여 이하의 경우 중 하나가 있을 경우, 구역에 처하고 벌금을 병과한다. (1) 차량경주를 하여 정상이 악질적인 경우, (2) 취중운전을 할 경우, (3) 스쿨버스업무 또는 여객운수에 종사하여 정원을 현저히 초과하여 승객을 태우거나 규정된 시속을 현저히 초과하여 주행할 경우, (4) 위험화학품안전관리규정을 위반하여 위험화학품을 운송하여 공공안전을 해할 경우. 차량 소유자·관리자가 전항 제3호·제4호의 행위에 대하여 직접책임을 지는 경우, 전항의 규정에 따라 처벌한다. 전2항의 행위가 있고 동시에 기타 범죄를 구성할 경우, 처벌이 더 중한 규정에 따라 죄명을 정하고 처벌한다."

(24) 중대책임사고죄; 규정을 위반한 위험작업 강요죄(제134조)

1979년 형법 제114조는 "공장·광산·채벌장·건축기업 또는 기타 기업·회사 직원이 관리에 불복하여 규칙제도를 위반하거나 또는 노동자로 하여금 규정을 위반하여 위험작업을 하도록 강요함으로 인하여 중대한 사상사고가 발생하여 심각한 결과를 초래한 경우, 3년 이하의 유기징역 또는 구역에 처한다. 정상이 특별히 악성인 경우, 3년 이상 7년 이하의 유기징역에 처한다"라고 규정하였다.

형법개정검토과정에서 입법기관은 본죄의 정상 및 그 법정형의 조정과 보완에 중점을 두었다. 1979년 형법중 "중대한 사상사고가 발생하여 심각한 결과를 초래한 경우"의 기술이 불명확하여 "중대한 사상사고"와 "심각한 결과를 초래"사이의 관계에 대한 이해상의 분기를 야기하기 쉽다는 점을 감안하여 1997년 3월 1일의 개정초안에서 입법기관은 양자를 명확히 택일관계로 규정하여 최종적으로 신형법 제134조의 조문에 이르게 되었다. "공장·광산·채벌장·건축기업 또는 기타 기업·사업기관 직원이 관리에 불복하여 규칙제도를 위반하거나 또는 노동자로 하여금 규정을 위반하여 위험작업을 하도록 강요함으로 인하여 중대한 사상사고가 발생하거나 또는 기타 심각한 결과를 초래한 경우, 3년 이하의 유기징역 또는 구역에 처한다. 정상이 특별히 악성인 경우, 3년 이상 7년 이하의 유기징역에 처한다."

신형법 반포후, 2006년 6월 29일 「형법개정안 (6)」이 통과되었고 동 개정안 제1조는 제134조에 대하여 개정을 하였다. 그 주요내용은 (1) 범죄주체의 범위를 확장하였다. 기존의 규정에 의하면 본죄의 주체는 "공장·광산·채벌장·건축기업 또는 기타 기업·사업기관 직원"에 한정되었는데 개정안은 본죄 주체에 관한 기술을 취소함으로써 사실상 본죄의 주체범위를 확장하여 생산과 작업에 종사하는 모든 사람이 본죄를 구성하게 되었다. (2) 본죄의 구성요건을 간략화하여 원용형 구성요건으로 변화시켰다. (3) 기존의 구성요건에서 "규정을 위반한 위험작업강요죄"라는 새 범죄를 분리해 내고 그 법정형을 상향조정하였다.

(25) 중대노동안전사고죄重大勞動安全事故罪(제135조)

형법전면개정검토과정에서 형사법률의 엄밀화를 도모하기 위하여 입법기관은 「노동법」의 규정을 참고하고 중국 사법실무의 수요를 결합하여 1997년2월17일 형법개정초안(개정안)제135조에 본죄를 규정하였고 그 구체적 내용은 다음과 같다. "공장·광산·채벌장·건축기업 또는 기타 기업·사업기관의 노동안전시설과 노동위생조건이 국가규정에 부합되지 않아 사고의 잠재적 위험이 있음에도 불구하고 이에 대한 대책을 강구하지 않음으로 인하여 중대한 사상사고를 초래하거나 국가재산의 중대한 손실을 초래한 경우, 직접 책임자는 3년 이하의 유기징역, 구역 또는 관제에 처한다. 결과가 특별히 중대한 경우, 3년 이상 7년 이하의 유기징역에 처한다." 1997년 3월 1일의 개정초안은 상기 기술을 조정하여 최종적으로 1997년 「형법」 제135조에 이르게 되었다. "공장·광산·채벌장·건축기업 또는 기타 기업·사업기관의 노동안전시설이 국가규정에 부합되지 않아 관련 부문 또는 단위의 인원이 지적했음에도 불구하고 사고의 잠재적 위험에 대한 대책을 강구하지 않음으로 인하여 중대한 사상사고를 초래하거나 또는 기타 심각한 결과를 초래한 경우, 직접 책임자는 3년 이하의 유기징역 또는 구역에 처한다. 정상이 특별히 악질적인 경우, 3년 이상 7년 이하의 유기징역에 처한다."

새형법 반포후, 전국인민대표대회 상무위원회는 2006년 6월 29일 「형법개정안 (6)」을 통과하여 상기 규정에 대하여 개정을 하였다. (1) 범죄주체의 범위를 확대하였다. (2) "관련 부문 또는 단위의 인원이 지적했음에도 불구하고 사고의 잠재적 위험에 대한 대책을 강구하지 않음으로 인하여"의 규정을 삭제하였고 "노동안전시설"을 "안전생산시설 또는 안전생산조건"으로 개정함으로써 본죄의 구성요건을 간략화하여 본죄를 참조형 구성요건으로 변화시켰다. (3) "직접 책임을 지는 주관자와 기타 직접 책임자"로 "직접 책임자"의 기술을 대체하였다. 이러한 개정을 거쳐 1997년「형법」제135조의 최종내용은 다음과 같이 되었다. "안전생산시설 또는 안전생산조건이 국가규정에 부합되지 않아 중대한 사상사고를 초래하거나 또는 기타 심각한 결과를 초래한 경우, 직접 책임을 지는 주관자와 기타 직접 책임자는 3년 이하의 유기징역 또는 구역에 처한다. 정상이 특별히 악성인 경우, 3년 이상 7년 이하의 유기징역에 처한다."

(26) 대형 군중성활동 중대안전사고죄大型羣衆性活動重大安全事故罪

(제135조의 1)

1997년 형법전 반포후, 실무에서 성대한 경축활동 또는 대형집회에서 조직자의 중대한 책임태만과 관리소홀로 인하여 대량의 인원이 사상한 악성사고가 여러 차 나타났다. 대형 군중성활동의 사고는 생산, 작업영역의 책임사고와 다르고 행정관리영역의 책임사고와도 다르기 때문에 단독으로 죄명을 규정할 필요가 있었다. 이러한 고려에 의하여 2006년 6월 29일 제10회 전국인민대표대회 상무위원회 제22차 회의에서 통과한「형법개정안 (6)」제3조는「형법」제135조의 뒤에 한 조를 신설하여 제135조의 1로 다음과 같이 규정하였다. "대형 군중성활동을 거행함에 있어서 안전관리규정을 위반하여 중대한 사상사고를 초래하거나 또는 기타 심각한 결과를 초래한 경우, 직접 책임을 지는 주관자와 기타 직접 책임자는 3년 이하의 유기징역 또는 구역에 처한다. 정상이 특별히 악성인 경우, 3년 이상 7년 이하의 유기징역에 처한다."

(27) 위험물질사고죄(제136조)

1979년 형법 제115조는 "폭발성·가연성·방사성·독성·부식성 물질의 관리규정을 위반하여 생산·저장·운송·사용과정에서 중대한 사고가 발생하여 심각한 결과를 초래한 경우, 3년 이하의 유기징역 또는 구역에 처한다. 결과가 특별히 심각한 경우, 3년 이상 7년 이하의 유기징역에 처한다"라고 규정하였다.

1979년 형법의 상기 규정에 비하여 1997년 형법 제136조는 전혀 변화가 없었다.

(28) 공사중대안전사고죄工程重大安全事故罪(제137조)

최초로 본죄를 규정한 것은 1996년 12월 20일의 형법개정초안인데 동 초안은 3개의 조문으로 본죄의 행위를 형법각칙 제3장 "사회주의 시장경제질서 파괴죄"에 규정하였다. 1997년 1월 10일의 개정초안에 이르러 입법기관은 여전히 본죄를 형법 각칙 제3장 "사회주의 시장경제질서 파괴죄"에 규정하였지만 그 차이점은 동 초안 제145조가 상기 3개의 조문을 합병한 것이다. 의견청취과정에서 본죄는 공공안전위해죄의 특징에 더 부합되고 중대책임사고죄와 유사하므로 각칙 제2장 "공공안전위해죄"에 규정하여야 한다는 의견이 있었다. 입법기관은 토론을 거쳐 1997년 2월 17일의 개정초안개정안에서 이 의견을 채택하였고 본죄 조문 즉 제137조의 내용을 한층 더 간략화하여 "건설업체·건축설계업체·시공업체에서 국가의 규정을 위반하여 공사의 질에 관한 표준을 낮추어 중대한 안전사고를 초래한 경우, 직접 책임자를 3년 이하의 유기징역·구역 또는 관제에 처한다. 결과가 특별히 중대한 경우, 3년 이상 7년 이하의 유기징역에 처한다"라는 내용을 규정하였다. 1997년 3월 13일 개정초안은 그 내용을 "건설업체·설계업체·시공업체·시공감독관리단위에서 국가의 규정을 위반하여 공사의 질에 관한 표준을 낮추어 중대한 안전사고를 초래한 경우, 직접 책임자를 5년 이하의 유기징역·구역 또는 관제에 처한다. 결과가 특별히 심각한 경우, 5년 이상 10년 이하의 유기징역에 처한다"라고 조정하였고 1997년「형법」제137조는 최종적으로 이 내용을 답습하였다.

(29) 교육시설중대안전사고죄(제138조)

1979년 형법은 이런 범죄를 단독으로 규정하지 않았고 이런 행위에 대하여 당시의 사법실무에서는 기본적으로 직무태만죄로 형사책임을 추궁하였다. 비록 1995년「교육법」제73조가 "학교의 건물이나 교육, 수업시설에 위험이 있음을 알고 있었음에도 불구하고 조치를 강구하지 않아 인원의 사상이나 중대한 재산손실을 초래한 경우, 직접 책임을 지는 주관자와 기타 직접 책임자의 형사책임을 추궁한다"라고 규정하고 있었지만 일부 범죄에 따라 행위자의 형사책임을 추궁할 것인지에 대하여 명확하게 규정하지 않았기에 적용이 불가능할 뿐만 아니라 죄형법정원칙의 요구에도 어긋난다고 할 수 있었다. 그리하여 형법개정검토과정에서 책임사고범죄처벌의 입법체계를 보완하고자 입법기관은 1997년 2월 17일 형법개정초안(개정안) 제138조에서 1995년「교육법」제73조의 취지를 이어받아 본죄에 독자적인 법정형을 규정하였다. 즉 "학교의 건물이나 교육, 수업시설에 위험이 있음을 알고 있었음에도 불구하고 조치를 강구하지 않거나 제때에 보고하지 않아서 중대한 사상사고를 초래한 경우, 직접 책임자를 3년 이하의 유기징역·구역 또는 관제에 처한다. 결과가 특별히 심각한 경우, 3년 이상 7년 이하의 유기징역에 처한다." 본죄의 사회위해성이 비교적 크기에 관제의 단독부과에 죄형불균형의 우려가 있었으므로 1997년 3월 1일의 개정초안에서 입법기관은 본죄 기본법정형중의 관제를 삭제하여 최종적으로 1997년 형법 제138조의 규정에 이르게 되었다.

(30) 소방책임사고죄(139조)

본죄의 규정은 최초로 1996년 12월 중순의 형법개정초안에 나타났고 동 초안 제130조는 다음과 같이 규정하였다. "소방관리법규를 위반하여 소방감독기관으로부터 시정조치를 취하라는 통지를 받았음에도 불구하고 그 집행을 거부하여 심각한 결과를 초래한 경우, 3년 이하의 유기징역, 구역 또는 관제에 처한다." 이에 대하여, 본죄는 몇 가지 부동한 경우를 구분하여 법정형을 규정하여야 한다는 의견이 있었다. 입법기관은 검토를 거쳐 본죄의 행위와 정상의 복잡성을 감안하여 1997년 2월 17일의 개정초안개정안에서 본죄의 내용을 일부 개정하여 최종적으로 1997년 형법 제139조에 이르게 되었다. "소방관리법규를 위반하여 소방감독기관으로부터 시정조치를 취하라는 통지를 받았음에도 불구하고 그 집행을 거부하여 심각한 결과를 초래한 경우, 직접 책임자를 3년 이하의 유기징역 또는 구역에 처한다. 결과가 특별히 심각한 경우, 3년 이상 7년 이하의 유기징역에 처한다."

(31) 안전사고 불보고·거짓 보고죄(제139조의 1)

본죄는 2006년 6월 29일 전국인민대표대회 상무위원회가 통과한「형법개정안 (6)」에 의하여 1997년 형법전에 신설된 범죄이다. 동 개정안 제4조는 형법 제139조의 뒤에 한 조를 증가하여 139조의 1로 하면서 "안전사고 발생후, 보고의무가 있는 자가 사고상황을 보고하지 않거나 거짓 보고를 하여 사고의 긴급구조의 시기를 놓쳐 정상이 심각한 경우, 3년 이하의 유기징역 또는 구역에 처한다. 정상이 특별히 심각한 경우, 3년 이상 7년 이하의 유기징역에 처한다"라고 규정하였다. 그 입법배경은 근년에 일부 탄광 등 생산업체에서 국가법률을 무시하여 안전사고가 발생한 후, 책임자가 이익을 고려하여 사고를 보고하지 않거나 거짓 보고를 하여 긴급구조의 시기를 놓쳐서 사고 결과의 확대, 만연을 초래한 데 있다. 노동자의 생명안전과 중대이익을 전연히 고려하지 않은 이러한 행위는 마땅히 형사책임을 추궁하여야 한다.

사회주의 시장경제질서 파괴죄

03

1. 가짜, 저질상품 생산, 판매죄生産·銷售僞劣商品罪

(1) 가짜, 저질제품 생산, 판매죄(제140조)

가짜,저질제품을 생산, 판매하는 범죄행위에 대하여 1979년 형법전에 의하면 투기매매죄로밖에 처벌하지 못한다. 투기매매죄의 구성요건이 아주 명확한 것은 아니기에 본죄는 "주머니 범죄"로 불리웠다. 중국 사회주의 시장경제체제의 건강하고 질서적인 발전을 한층 더 촉진하고 소비자의 합법적 권익을 확고히 보호하기 위하여 1993년 7월 2일, 전국인민대표대회 상무위원회는 「가짜, 저질상품 생산, 판매행위의 처벌에 관한 결정」(이하「가짜, 저질상품범죄의 결정」으로 약칭함) 통과하였고 동 결정 제1조는 가짜, 저질제품 생산, 판매죄를 규정하였다, 즉 "생산자·판매자가 제품에 이물·가짜 성분을 섞거나·가짜로 진짜를 대체하거나·나쁜 물건으로 좋은 물건을 대체하거나·불합격품으로 합격품을 대체하여 위법소득액이 2만원이상 10만원이하의 경우, 2년 이하의 유기징역 또는 구역에 처하고 벌금을 병과할수 있으며 정상이 경한 경우, 행정처벌을 부과할수 있다. 위법소득액이 10만원이상 30만원이하의 경우, 2년 이상 7년 이하의 유기징역에 처하고 벌금을 병과한다. 위법소득액이 30만 원 이상 100만 원 이하의 경우, 7년 이상의 유기징역에 처하고 벌금 또는 재산몰수를 병과한다. 위법소득액이 100만 원 이상의 경우, 15년 유기징역 또는 무기징역에 처하고 재산몰수를 병과한다."

1996년이후, 입법기관은「가짜, 저질상품범죄의 결정」의 규정을 기초로 본죄의 조문을 검토하기 시작하였다. 1997년 3월 1일의 개정초안에서 입법기관은 다시 조문내용을 개정하였는데 첫째로, "판매액"으로 그전 초안의 "위법소득액"을 대체하였고, 둘째로, 벌금 액수의 계산기준을 개변하였는데 그전 초안의 "위법소득액 1배이상 5배이하의 벌금"을 "판매액 50%이상 2배이하의 벌금"으로 개정하였으며, 셋째로, 본죄 기본범의 범죄성립 액수를 상향조정하였는데 그전 초안의 "2만"을 "5만"으로 개정하였고, 넷째로, 본죄 기본범 법정형중의 관제를 삭제하였다.

이상의 개정과 검토를 거쳐, 1997년 3월 1일 개정초안의 조문내용은 최종적으로 1997년「형법」제140조에 의하여 답습되었다. 즉 "생산자·판매자가 제품에 이물·가짜 성분을 섞거나·가짜로 진짜를 대체하거나·나쁜 물건으로 좋은 물건을 대체하거나·불합격품으로 합격품을 대체하여 판매액이 5만 원 이상 20만 원 이하의 경우, 2년 이하의 유기징역 또는 구역에 처하고 판매액 50% 이상 2배이하의 벌금을 병과하거나 단독으로 부과한다. 판매액이 20만 원 이상 50만 원 이하의 경우, 2년 이상 7년 이하의 유기징역에 처하고 판매액 50% 이상 2배 이하의 벌금을 병과한다. 위법소득액이 50만 원 이상 200만 원 이하의 경우, 7년 이상의 유기징역에 처하고 판매액 50% 이상 2배 이하의 벌금을 병과한다. 위법소득액이 200만 원 이상의 경우, 15년 유기징역 또는 무기징역에 처하고 판매액 50% 이상 2배 이하의 벌금 또는 재산몰수를 병과한다."

(2) 가짜 약품 생산, 판매죄(제141조)

입법초안의 변화로부터 보면, 1988년의 3개의 형법개정초안은 모두 본죄를 "공공안전위해죄危害公共安全罪"에 배치하였고 그 내용도 1996년 이후의 초안과 현저한 차이를 나타내고 있었다. 1996년 8월 8일 형법각칙 개정초안에 이르러 입법기관은 기본적으로「가짜, 저질상품범죄의 결정」을 참고로 본죄의 내용을 규정하였는데 구체적으로는 다음과 같다. "가짜 약품을 생산·판매하여 인체건강을 해치는 경우, 3년 이하의 유기징역 또는 구역에 처하고 위법소득액 1배이상 5배이하의 벌금을 병과한다. 인체건강에 심각한 위해를 초래한 경우, 3년 이상 10년 이하의 유기징역에 처하고 벌금을 병과한다. 사람을 사망케하거나 인체건강에 특별히 심각한 위해를 초래한 경우, 10년 이상의 유기징역·무기징역 또는 사형에 처하고 위법소득액 1배이상 5배이하의 벌금 또는 재산몰수를 병과한다."

그 후의 검토과정에서 선후 세 차례 본죄의 내용을 개정하고 조정하여 새 형법 제141조의 규정에 이르게 되었다. "가짜 약품을 생산·판매하여 인체건강을 심각히 해치는 경우, 3년 이하의 유기징역 또는 구역에 처하고 판매액 50% 이상 2배 이하의 벌금을 병과하거나 단독으로 부과한다. 인체건강에 심각한 위해를 초래한 경우, 3년 이상 10년 이하의 유기징역에 처하고 판매액 50% 이상 2배 이하의 벌금을 병과한다. 사람을 사망케하거나 인체건강에 특별히 심각한 위해를 초래한 경우, 10년 이상의 유기징역·무기징역 또는 사형에 처하고 판매액 50% 이상 2배 이하의 벌금 또는 재산몰수를 병과한다."

본죄의 엄중처벌에 관한 여론의 강렬한 요구에 따라「형법개정안 (8)」은 본조 제1항에 대하여 세 가지 방면의 개정을 하였다. (1) 본죄의 형태를 위험범에서 행위범으로 개정하여 기존 조문 중의 "인체건강을 해치는 경우"라는 기술을 삭제하였다. (2) 본죄의 벌금형을 개정하여 기존의 배수비례벌금을 무제한벌금으로 변화시켰다. (3) 법정형 관련 정상의 기술을 더 명확히 하였다. 이렇게「형법개정안 (8)」의 개정을 거친 조문은 다음과 같다. "가짜 약품을 생산·판매한 경우, 3년 이하의 유기징역 또는 구역에 처하고 벌금을 병과한다. 인체건강에 심각한 위해를 초래하거나 기타 심각한 정상이 있을 경우, 3년 이상 10년 이하의 유기징역에 처하고벌금을 병과한다. 사람을 사망케하거나 기타 특별히 심각한 정상이 있을 경우, 10년 이상의 유기징역·무기징역 또는 사형에 처하고 벌금 또는 재산몰수를 병과한다. 본조에서 말하는 '가짜 약품'은「중화인민공화국 약품관리법中華人民共和國藥品管理法」의 규정에 따라 가짜 약품에 속하거나 가짜 약품으로 취급하는 약품·비약품을 가리킨다."

(3) 저질 약품 생산·판매죄(제142조)

본죄는 기존「가짜, 저질상품범죄의 결정」에 의하여 1979년 형법전에 보충된 범죄인데 형법개정검토과정에서 입법기관은「가짜, 저질상품범죄의 결정」의 규정을 기초로 선후하여 본죄의 조문을 두 번 개정, 조정하고 그 법정형의 규정을 개정하여 최종적으로 신 형법 제142조의 규정에 이르게 되었다. "저질 약품을 생산, 판매하여 인체건강에 심각한 위해를 초래한 경우, 3년 이상 10년 이하의 유기징역에 처하고 판매액 50% 이상 2배 이하의 벌금을 병과한다. 결과가 특별히 중대한 경우, 10년 이상의 유기징역 또는 무기징역에 처하고 판매액 50% 이상 2배 이하의 벌금 또는 재산몰수를 병과한다. 본조에서 말하는 '저질 약품'은「중화인민공화국 약품관리법」의 규정에 따라 저질 약품에 속하는 약품을 가리킨다."

(4) 안전표준에 부합되지 않은 식품 생산·판매죄(제143조)

1979년 형법전은 본죄를 규정하지 않았고 1997년「형법」제143조가 규정한 위생표준에 부합되지 않은 식품 생산, 판매죄는 바로「가짜, 저질상품범죄의 결정」을 기초로 개정, 조정하여 형성된 것이다.

수 차례의 개정과 조정을 거쳐 1997년「형법」제143조의 규정에 이르게 되었다. "위생표준에 부합되지 않은 식품을 생산·판매하여 심각한 식중독사고 또는 기타 심각한 식품 내원성 질병을 초래하기에 족한 경우, 3년 이하의 유기징역 또는 구역에 처하고 판매액 50% 이상 2배 이하의 벌금을 병과하거나 단독으로 부과한다. 인체건강에 심각한 위해를 초래한 경우, 3년 이상 7년 이하의 유기징역에 처하고 판매액 50% 이상 2배 이하의 벌금을 병과한다. 결과가 특별히 심각한 경우, 7년 이상의 유기징역 또는 무기징역에 처하고 판매액 50% 이상 2배 이하의 벌금 또는 재산몰수를 병과한다."

「중화인민공화국 식품안전법中華人民共和國食品安全法」의 반포에 따라 형법 제143조와「식품안전법」의 연결을 고려하여「형법개정안 (8)」은 본조에 대하여 세 가지 방면의 개정을 하였다. (1) 본죄의 행위객체를 개정하여 기존의 "위생표준에 부합되지 않은 식품"에서 "안전표준에 부합되지 않은 식품"으로 변화시켰다. (2) 본죄의 벌금형을 개정하여 기존의 배수비례벌금을 무제한벌금으로 변화시켰고 제1등차 법정형중 "단독으로 벌금을 부과한다"는 규정을 삭제하였다. (3) 제2등차 법정형의 관련 정상을 개정하고 보완하여 '또는 기타 심각한 정상이 있을 경우'라는 내용을 증가하였다.「형법개정안 (8)」이 본죄의 행위객체를 변화시켰으므로 본죄의 죄명도 "위생표준에 부합되지 않은 식품 생산·판매죄"에서 "안전표준에 부합되지 않은 식품 생산·판매죄"로 개정되었다.

(5) 유독·위해 식품 생산·판매죄(제144조)

1979년 형법전은 본죄를 단독으로 규정하지 않았지만 1982년에 통과된「중화인민공화국 식품위생법(잠시 시행)」중 이와 유사한 규정이 있었다. 동법 제41조의 규정에 따라 형법개정검토과정에서 1988년의 3개의 초안은 모두 유독·위해

식품을 생산・판매하는 범죄행위를 "공안전위해죄"에 배치하였고 그 내용도「가짜, 저질상품범죄의 결정」과 현저한 차이가 있었다.

1996년 12월 중순의 초안에서 입법기관은 본죄의 구성요건에 대하여 비교적 큰 조정을 하였고 그 후 수 차례의 개정과 조정을 거쳐 최종적으로 1997년「형법」제144조의 규정에 이르게 되었다.

1997년 형법전 반포후, 민생에 대한 보호를 강화하고 본죄에 대한 처벌을 가중하기 위하여「형법개정안 (8)」은 본조에 대하여 세 가지 방면의 개정을 하였다. (1) 본죄 제1등차 법정형중의 "구역"을 삭제하였다. (2) 본죄의 벌금형을 개정하여 기존의 배수비례벌금을 무제한벌금으로 변화시켰다. (3) 법정형과 관련한 정상의 내용을 다시 정리하였다. 이렇게 하여「형법개정안 (8)」의 개정을 거친 조문은 다음과 같다. "생산・판매하는 식품에 유독・위해의 비식품원료를 섞거나 유독・위해의 비식품원료를 섞은 식품임을 알면서 판매하는 경우, 5년 이하의 유기징역에 처하고 벌금을 병과한다. 인체건강에 심각한 위해를 초래하거나 기타 심각한 정상이 있을 경우, 5년 이상 10년 이하의 유기징역에 처하고 벌금을 병과한다. 사람을 사망케하거나 기타 특별히 심각한 정상이 있을 경우, 본 법 제141조의 규정에 따라 처벌한다."

(6) 표준에 부합되지 않는 의료용기재 생산·판매죄(제145조)

본죄는 기존 1993년「가짜, 저질상품범죄의 결정」에 의하여 1979년 형법전에 보충된 범죄인데 1996-1997년 형법전면개정검토과정에서「가짜, 저질상품범죄의 결정」을 기초로 본죄의 조문내용을 두 번 조정하였다.

1997년 형법전 반포후, 2002년 12월 28일 전국인민표대회 상우위원회에서 통과된「형법개정안 (4)」은 본죄에 대하여 세 가지 개정을 하였다. (1) 기존 규정의 "침해범"을 "위험범"으로 개정하였다. 기존의 규정에 따르면 국가표준・업계표준에 부합되지 않은 의료용기재를 생산・판매한 행위는 인체건강에 심각한 위해를 초래한 경우에만 범죄의 기수에 도달할수 있었다. 이러한 행위가 불특정 혹은 다수인의 생명건강에 관계되어 심각한 사회위해성을 갖고 있기에 본죄의 기수표준을 "심각한 위해의 실제 발생"에서 "인체건강에 심각한 위해를 초래하기에 족한 경우"로 개정하였다. (2) 본죄의 법정형을 조정하였다. 즉 제1등차의 주형을 기존의 "5년 이하의 유기징역"으로부터 "3년 이하의 유기징역 또는 관제"로 개정하였고 제2등차의 주형을 "5년 이상 10년 이하의 유기징역"에서 "3년 이상 10년 이하의 유기징역"으로 개정하였으며 제3등차의 법정형은 개정하지 않았다. (3) 제3등차 법정형중의 "정상이 특별히 악질적인 경우"를 "결과가 특별히 심각한 경우"로 개정하였다.

이상의 개정을 거친 후, 형법 제145조의 내용은 다음과 같다. "인체건강보장에 관한 국가표준·업계표준에 부합되지 않은 의료기기·의료용위생재료를 생산하거나 인체건강보장에 관한 국가표준, 업계표준에 부합되지 않은 의료기기, 의료용위생재료임을 알면서 판매하여 인체건강에 심각한 위해를 초래하기에 족한 경우, 3년 이하의 유기징역 또는 구역에 처하고 판매액 50% 이상 2배 이하의 벌금을 병과한다. 인체건강에 심각한 위해를 초래한 경우, 3년 이상 10년 이하의 유기징역에 처하고 판매액 50% 이상 2배 이하의 벌금을 병과한다. 결과가 특별히 심각한 경우, 10년 이상의 유기징역 또는 무기징역에 처하고 판매액 50% 이상 2배 이하의 벌금 또는 재산몰수를 병과한다."

(7) 안전표준에 부합되지 않은 제품 생산·판매죄(제146조)

1979년 형법전은 본죄를 단독으로 규정하지 않았다. 「가짜, 저질상품범죄의 결정」의 반포에 따라 본죄 조문의 기초와 검토는 「가짜, 저질상품범죄의 결정」의 내용에 대한 개정과 조정으로 전환하였다. 총체적으로 「가짜, 저질상품범죄의 결정」의 내용을 기초로 본죄의 조문에 대하여 두 차례의 조정을 하였다. 첫 번째 조정은 1996년 8월 8일의 각칙개정초안이고 두 번째 조정은 1997년 3월 1일의 개정초안인데 동 초안 제147조는 상기 내용 중의 벌금을 "위법소득액 1배이상 5배 이하의 벌금"을 "판매액 50% 이상 2배 이하의 벌금"으로 개정하였다.

상기 개정과 조정을 거쳐 최종적으로 1997년 「형법」 제146조에 이르게 되었다. "인신·재산안전보장에 관한 국가표준·업계표준에 부합되지 않은 전기 기구·압력용기·가연성·폭발성제품 또는 기타 인신·재산안전보장에 관한 국가표준·업계표준에 부합되지 않은 제품을 생산하거나 인신·재산안전보장에 관한 국가표준·업계표준에 부합되지 않은 제품임을 알면서 판매하여 심각한 결과를 초래한 경우, 5년 이하의 유기징역에 처하고 판매액 50% 이상 2배 이하의 벌금을 병과한다. 결과가 특별히 심각한 경우, 5년 이상의 유기징역에 처하고 판매액 50% 이상 2배 이하의 벌금을 병과한다."

(8) 가짜·저질 농약·수의약·화학비료·종자 생산·판매죄(제147조)

본죄는 기존「가짜, 저질상품범죄의 결정」에 의하여 1979년 형법전에 보충된 범죄인데 형법전면개정의 기초와 검토과정에서「가짜, 저질상품범죄의 결정」의 규정을 기초로 본죄의 조문을 세 번 조정하여 최종적으로 1997년「형법」제147조에 이르게 되었다. "가짜 농약·가짜 수의약·가짜 화학비료를 생산하거나 가짜 혹은 사용효능을 상실한 농약·수의약·화학비료·종자임을 알면서 판매하거나 생산자·판매자가 불합격품의 농약·수의약·화학비료·종자를 합격품의 농약·수의약·화학비료·종자로 사칭하여 생산에 비교적 큰 손실을 초래한 경우, 3년 이하의 유기징역 또는 구역에 처하고 판매액 50% 이상 2배 이하의 벌금을 병과하거나 단독으로 부과한다. 생산에 중대한 손실을 초래한 경우, 3년 이상 7년 이하의 유기징역에 처하고 판매액 50% 이상 2배 이하의 벌금을 병과한다. 생산에 특별히 중대한 손실을 초래한 경우, 7년 이상의 유기징역 또는 무기징역에 처하고 판매액 50% 이상 2배 이하의 벌금 또는 재산몰수를 병과한다."

(9) 위생표준에 부합되지 않은 화장품 생산·판매죄(제148조)

본죄는 기존「가짜, 저질상품범죄의 결정」에 의하여 1979년 형법전에 보충된 범죄이다.「가짜, 저질상품범죄의 결정」제7조는 "위생표준에 부합되지 않은 화잘품을 생산하거나 위생표준에 부합되지 않은 화잘품임을 알면서 판매하여 심각한 결과를 초래한 경우, 3년 이하의 유기징역 또는 구역에 처하고 벌금을 병과하거나 단독으로 부과할수 있다"라고 규정하였다.

형법전면개정의 기초와 검토과정에서「가짜, 저질상품범죄의 결정」의 규정을 기초로 본죄의 조문을 네 번 조정하여 최종적으로 1997년「형법」제148조에 이르게 되었다. "위생표준에 부합되지 않은 화잘품을 생산하거나 위생표준에 부합되지 않은 화잘품임을 알면서 판매하여 심각한 결과를 초래한 경우, 3년 이하의 유기징역 또는 구역에 처하고 판매액 50% 이상 2배 이하의 벌금을 병과하거나 단독으로 부과한다."

(10) 경합의 적용(제149조)

입법연혁으로부터 보면 본조의 규정은「가짜, 저질상품범죄의 결정」제8조의 규정 "본 결정 제2조부터 제7조의 제품을 생산·판매하여 각 동조에 규정된 범죄를 구성하지 않지만 위법소득액이 2만 원 이상인 경우, 본 결정 제1조의 규정에 따라 처벌한다. 본 결정 제2조부터 제7조의 제품을 생산·판매하여 각 동조에 규정된 범죄를 구성하고 동시에 본 결정 제1조에 규정된 범죄를 구성할 경우, 형벌처벌이 중한 규정에 따라 처벌한다."에서 유래하였다.

형법개정검토과정에서「가짜, 저질상품범죄의 결정」의 상기 규정을 신형법전에 도입하는 데 반복적인 조정을 거쳤다. 1996년 8월 8일의 형법각칙 개정초안에서「가짜, 저질상품범죄의 결정」제8조의 규정은 단행형법중의 기타 범죄와 함께 형법전에 도입되지 않았고 최종적으로 1997년「형법」제149조에 이르게 되었다. "본절 제141조부터 제148조의 제품을 생산, 판매하여 각 동조에 규정된 범죄를 구성하지 않지만 판매액이 5만원이상인 경우, 본절 제141조의 규정에 따라 죄명을 정하고 처벌한다. 본절 제141조부터 제148조의 제품을 생산, 판매하여 각 동조에 규정된 범죄를 구성하고 동시에 본절 제141조에 규정된 범죄를 구성할 경우, 처벌이 중한 규정에 따라 죄명을 정하고 처벌한다."

(11) 단위가 본절에 규정된 범죄를 범할 경우의 처벌(제150조)

본조의 규정은 1993년 7월 2일 전국인민대표대회 상무위원회에서 통과된「가짜, 불량 상품 생산, 판매 범죄의 처벌에 관한 규정」제9조의 규정에서 유래하였다. 형법개정검토과정에서 1996년 8월 31일의 개정초안과 10월 10일의 형법개정초안(의견청취고)는 기본적으로 「가짜, 저질상품범죄의 결정」을 답습하였다. 하지만 1996년 12월 중순의 초안에 이르러서는 학계와 실무계에서 단위 범죄의 처벌원칙에 관하여 기본적으로 인식의 일치를 보여준 점을 감안하여 동 초안 제144조는 단위 범죄의 처벌에 관하여 단위가 범한 것이 보통범죄인지 특정범죄인지를 더 이상 구분하지 않고 통일적인 규정을 두었다. "단위가 본 법 제131조부터 제139조에 규정된 죄를 범한 경우, 단위를 벌금에 처하고 직접 책임을 지는 주관자와 기타 직접 책임자를 각 동조의 규정에 따라 처벌한다." 그 후의 초안은 문자와 기술상의 조정을 거쳐 최종적으로 1997년 「형법」 제150조에 이르게 되었다. "단위가 본절 제140조부터 제148조에 규정된 죄를 범한 경우, 단위를 벌금에 처하고 직접 책임을 지는 주관자와 기타 직접 책임자를 각 동조의 규정에 따라 처벌한다."

2. 밀수죄走私罪

(1) 무기, 탄약 밀수죄, 핵재료 밀수죄, 위조 화폐 밀수죄, 문화재 밀수죄, 귀금속 밀수죄, 진귀한 동물, 진귀한 동물 제품 밀수죄, 국가가 수출입을 금지하는 화물, 물품 밀수죄(제151조)

"세밀하기보다는 포괄적으로"라는 지도사상의 영향하에 1979년 형법전은 밀수대상의 구분에 따라 밀수범죄를 규정하지 않았고 밀수죄에 관하여 포괄적인 규정을 두었다. 1988년 1월 21일에 「밀수죄 처벌에 관한 보충규정關於懲治走私罪的補充規則」(이하 「보충규정」으로 약칭함)이 통과되었고 「보충규정」 제1조와 제2조는 마약 밀수죄·무기·탄약 밀수죄·위조 화폐 밀수죄·문화재 밀수죄·귀금속 밀수죄·진귀한 동물·진귀한 동물제품 밀수죄 등 여섯 가지 범죄를 규정하였다.

형법개정검토과정에서 입법기관은 「보충규정」의 내용을 바탕으로 일부 형법개정안에서 밀수범죄의 조문에 대하여 합병과 간략화를 시도한 적이 있었다. 조정을 거쳐 최종적으로 1997년「형법」제151조의 규정에 이르게 되었고 1997년 형법전 반포후,「형법개정안 (7)」은「형법」제151조 제3항의 구성요건에 대하여 포괄적인 기술과 조정을 하여「형법」제151조 제1항, 제2항이 규정한 외의 모든 기타 국가가 수출입을 금지하는 화물, 물품을 형법의 보호범위에 납입하였다.

그 후 문화재 밀수죄·귀금속 밀수죄·진귀한 동물·진귀한 동물제품 밀수죄의 사형을 삭제, 감소하기 위한 국가의 수요에 따라「형법개정안 (8)」은 본조의 규정에 대하여 비교적 큰 조정을 하였고 개정후의 조문은 다음과 같다. "무기·탄약·핵재료·또는 위조 화폐를 밀수한 경우, 7년 이상의 유기징역에 처하고 벌금 또는 재산몰수를 병과한다. 정상이 특별히 중한 경우, 무기징역 또는 사형에 처하고 재산몰수를 병과한다. 정상이 경한 경우, 3년 이상 7년 이하의 유기징역에 처하고 벌금을 병과한다. 국가가 수출입을 금지하는 문화재·황금·백은과 기타 귀금속 또는 국가가 수출입을 금지하는 진귀한 동물 및 그 제품을 밀수한 경우, 5년 이상 10년 이하의 유기징역에 처하고 벌금을 병과한다. 정상이 특별히 중한 경우, 10년 이상의 유기징역 또는 무기징역에 처하고 재산몰수를 병과한다. 정상이 경한 경우, 5년 이하의 유기징역에 처하고 벌금을 병과한다. 희귀한 식물 및 그 제품 등 국가가 수출입을 금지하는 기타 화물, 물품을 밀수한 경우, 5년 이하의 유기징역 또는 구역에 처하고 벌금을 병과하거나 단독으로 부과한다. 정상이 중한 경우, 5년 이상의 유기징역에 처하고 벌금을 병과한다. 단위가 본조에 규정된 죄를 범한 경우, 단위를 벌금에 처하고 직접 책임을 지는 주관자와 기타 직접 책임자를 본조 각항의 규정에 따라 처벌한다."

「형법개정안 (9)」은 본조 제1항을 "무기·탄약·핵재료·또는 위조 화폐를 밀수한 경우, 7년 이상의 유기징역에 처하고 벌금 또는 재산몰수를 병과한다. 정상이 특별히 중한 경우, 무기징역에 처하고 재산몰수를 병과한다. 정상이 경한 경우, 3년 이상 7년 이하의 유기징역에 처하고 벌금을 병과한다"라고 개정하였다.

(2) 음란물 밀수죄, 폐물 밀수죄(제152조)

1988년 1월 21일 전국인민대표대회 상무위원회에서 통과한「보충규정」제3

조는 "영리 또는 유포의 목적으로 음란한 영화·비디오 테이프·녹음 테이프·그림·서적과 잡지 및 기타 음란물을 밀수한 경우, 3년 이상 10년 이하의 유기징역에 처하고 벌금을 병과한다. 정상이 중한 경우, 10년 이상의 유기징역 또는 무기징역에 처하고 벌금 또는 재산몰수를 병과한다. 정상이 경한 경우, 3년 이하의 유기징역 또는 구역에 처하고 벌금을 병과한다"라고 규정하였고 제5조 제1항은 "회사·기관·단체가 본 규정 제1조부터 제3조까지에 규정된 화물·물품을 밀수한 경우, 벌금에 처하고 직접 책임을 지는 주관자와 기타 직접 책임자를 본 규정의 개인이 밀수죄를 범한 규정에 따라 처벌한다"라고 규정하였다. 1997년 3월 14일에 반포한 「형법」 제152조는 본죄의 법정형에 대하여 한 곳을 개정한 것을 제외하고 기본적으로 「보충규정」의 상기 규정을 답습하였다. 물론, 형법전면개정검토 과정에서 본죄의 내용에도 일부 변화가 있었고 수 차례의 조정을 거쳐 신 형법 제152조의 규정에 이르게 되었다. "영리 또는 유포의 목적으로 음란한 영화·비디오 테이프·녹음 테이프·그림·서적과 잡지 및 기타 음란물을 밀수한 경우, 3년 이상 10년 이하의 유기징역에 처하고 벌금을 병과한다. 정상이 중한 경우, 10년 이상의 유기징역 또는 무기징역에 처하고 벌금 또는 재산몰수를 병과한다. 정상이 경한 경우, 3년 이하의 유기징역·구역 또는 관제에 처하고 벌금을 병과한다. 단위가 전항의 죄를 범한 경우, 단위를 벌금에 처하고 직접 책임을 지는 주관자와 기타 직접 책임자를 전항의 규정에 따라 처벌한다."

1997년 형법전 시행 후, 2002년 12월 28일, 전국인민대표대회 상무위원회에서 통과한 「형법개정안(4)」은 본조의 규정에 대하여 개정을 하였는데 신 「형법」 중 기존의 제155조 제3호에 규정된 "세관의 감독관리를 피하여 해외의 고체폐물을 국내로 운수한 경우"를 제2항으로 제152조에 도입함과 동시에 액체폐물과 기체폐물을 국내로 운수한 내용을 증가하였고 독자적인 법정형을 규정하였다.

(3) 보통화물·물품 밀수죄(제153조)

본죄는 기존 1988년 1월 21일 전국인민대표대회 상무위원회에서 통과한 「보충규정」 제4조의 규정이다.

형법개정검토과정에서 보통화물·물품 밀수죄는 일부 형법개정안에서 보통 밀수죄의 조문에 의하여 대체되었지만 1996년 8월 8일의 형법각칙 개정초고에서부터 밀수죄에 대한 입법개정검토는 다시「보충규정」의 내용의 틀에 돌아왔고 최종적으로 97년형법의 조문에 이르게 되었다.

그 후 입법기관은「형법개정안 (8)」을 통하여 본조 제1항의 규정을 개정하였다. 보통화물·물품 밀수죄에 대한 개정은 주로 보통화물·물품 밀수죄의 범죄구성요건과 관련되는데 1년내 밀수로 인하여 행정처벌을 두 번 받았음에도 불구하고 다시 밀수하는 "개미이사"식의 밀수행위를 범죄로 규정하였고 본죄의 양형등차를 기존의 "높은 데로부터 낮은 데로"를 "낮은 데로부터 높은 데로"로 변화시켰고 본죄의 사형을 취소하였다. 개정을 거친 제153조 제1항의 규정은 다음과 같다. "본 법 제151조·제152조·제347조에 규정된 이외의 화물, 물품을 밀수한 경우, 정상의 경중에 따라 이하의 규정에 의하여 처벌한다. (1) 화물·물품을 밀수하여 탈세액이 비교적 크거나 1년내, 밀수로 인하여 행정처벌을 두 번 받았음에도 불구하고 다시 밀수할 경우, 3년 이하의 유기징역 또는 구역에 처하고 탈세액 1배이상 5배이하의 벌금을 병과한다. (2) 화물·물품을 밀수하여 탈세액이 거대하거나 기타 중한 정상이 있을 경우, 3년 이상 10년 이하의 유기징역에 처하고 탈세액 1배이상 5배이하의 벌금을 병과한다. (3) 탈세액이 특별히 거대하거나 기타 특별히 중한 정상이 있을 경우, 10년 이상의 유기징역 또는 무기징역에 처하고 탈세액 1배이상 5배이하의 벌금 또는 재산몰수를 병과한다."

(4) 보세·특정 감면세 화물·물품 밀수범죄의 처리(제154조)

입법의 연혁을 보면, 본조의 규정은 기존「보충규정」제4조의 규정이다. 즉 "이하의 밀수행위가 본 규정에 의하여 범죄를 구성할 경우, 제4조, 제5조의 규정에 따라 처벌한다. (1) 세관의 허가 없이 동시에 관세를 추가납부하지 않은 상황에서 수입을 허락받은 위탁가공·위탁조립·보상무역의 재료·부품·완제품·설비 등 보세화물을 국내에서 무단판매하여 영리한 경우, (2) 기부의 명분으로 화물, 물품을 수입하거나 세관의 허가 없이 동시에 관세를 추가납부하지 않은 상황에서 기부받아 수입한 화물·물품을 또는 기타 특정 감세, 면세의 수입화물, 물품을 국내에서 무단판매하여 영리한 경우. 전항의 밀수행위가 밀수금액이 비교적 작아 범죄를 구성하지 않을 경우, 세관에서 밀수한 화물·물품과 위법소득을 몰수하고 벌금을 병과할수 있다." 형법개정 검토과정에서 본죄 내용에 대한 입법기관의 기술은 수차례 변화하였다. 1996년 8월 8일의 각칙개정초고와 8월 31일의 형법개정초고는 「보충규정」 제6조 제2항의 행정처벌의 규정을 삭제하였고 기타 내용은 그대로 이 두 개의 초고에 옮겨왔다. 1996년 10월 10일의 개정초안(의견청취고)에서 입법기관은 기존 규정 중의 "관세를 추가납부하지 아니 하는"을 "응납관세를 추가납부하지 아니 하는"으로 개정하여 그 기술을 한층 더 명확히 하였는데 이 내용은 그 후의 개정초안과 신형법전에 의하여 답습되었다. 1997년 3월 13일의 개정초안에 이르러 입법기관은 다시 본죄의 조문을 조정하여 명분은 기부이지만 실제로는 밀수인 규정을 삭제함으로써 최종적으로 1997년 「형법」 제154조의 규정에 이르게 되었다. "이하의 밀수행위가 본절의 규정에 의하여 범죄를 구성할 경우, 본 법 제153조의 규정에 따라 죄명을 정하고 처벌한다. (1) 세관의 허가 없이 동시에 응납세액을 추가납부하지 않은 상황에서 수입을 허락받은 위탁가공·위탁조립·보상무역의 재료·부품·완제품·설비 등 보세화물을 국내에서 무단판매하여 영리한 경우, (2) 세관의 허가 없이 동시에 응납세액을 추가납부하지 않은 상황에서 특정 감세·면세의 수입화물·물품을 국내에서 무단판매하여 영리한 경우."

(5) 준밀수準走私(제155조)

"준밀수"는 입법상의 용어가 아니라 "밀수로 취급하는" 행위에 대한 일종의 개괄이다. 준밀수 행위는 최초로 「보충규정」 제7조에 규정되었다. "이하의 행위는 밀수죄로 취급하고 본 규정의 관련 규정에 따라 처벌한다. (1) 국가가 수입을 금지하는 물품을 밀수자로부터 직접 불법 구입하거나 밀수입한 기타 화물·물품을 밀수자로부터 직접 불법 구입하여 액수가 비교적 큰 경우, (2) 내해·영해에서 국가가 수출입을 금지하는 물품을 운수·구입·판매하거나 국가가 수출입을 제한하는 화물·물품을 운수·구입·판매하여 액수가 비교적 크고 합법증명이 없는 경우. 전항의 밀수행위가 밀수금액이 비교적 작아 범죄를 구성하지 않을 경우, 세관에세 밀수한 화물, 물품과 위법소득을 몰수하고 벌금을 병과할수 있다." 입법기관에서 본 규정을 채택하는 과정에서 입법초고에서의 본 규정의 내용은 수차례의 변화를 거쳤다.

형법의 기초와 검토과정에서 세관총서에서는 형법은 이하의 행위도 밀수죄로 규정하여야 한다는 의견을 제기하였다. "(1) 세관의 관리감독을 피하여 지적재산권을 침해한 화물·물품을 수입 또는 수출한 경우, (2) 세관의 관리감독을 피하여 해외의 고체폐기물을 국내로 운수한 경우, (3) 세관의 증표와 수출입허가증명서를 위조, 매매하여 밀수에 사용한 경우, (4) 국가가 수입을 금지하는 동식물 및 그 제품을 수입하는 경우, (5) 가공무역수첩을 위조, 매매, 사용하여 탈세한 경우."

이에 의하여 입법기관은 1997년 1월 10일의 개정초안에서 세관총서가 제기한 위의 네 가지 행위를 제153조 준밀수의 조문에 증설하였다. 하지만 1997년 2월 17일의 개정초안(개정안)에 이르러 기존 규정한 "밀수품 매매"와 고체폐기물밀수를 남긴 외에 입법기관은 1997년 1월 10일 개정초안에 규정된 나머지 세 가지 행위를 삭제하였다. 1997년 3월 13일의 개정초안에서 입법기관은 "고체폐기물"의 기술을 "고체폐물"로 개정하여 1997년「형법」제155조의 규정에 이르게 되었다.

1997년 형법전 반포후, 2002년 12월 28일, 전국인민대표대회 상무위원회는「형법개정안 (4)」을 통과하였고 동 개정안은「형법」제155조에 대하여 두 가지 방면의 개정을 하였다. (1) 본조 기존의 제3호의 고체폐물밀수의 규정을 개정하여「형법」제152조 제2항에 옮겼다. (2) 본조 제2호의 "내해·영해" 뒤에 "경계 하천·경계 호수"를 증가하였다. 이렇게 하여 개정을 거친「형법」제155조의 규정은 다음과 같다. "이하의 행위는 밀수죄로 취급하고 본절의 관련 규정에 따라 처벌한다. (1) 국가가 수입을 금지하는 물품을 밀수자로부터 직접 불법 구입하거나 밀수입한 기타 화물·물품을 밀수자로부터 직접 불법 구입하여 액수가 비교적 큰 경우, (2) 내해·영해·경계 하천·경계 호수에서 국가가 수출입을 금지하는 물품을 운수·구입·판매하거나 국가가 수출입을 제한하는 화물·물품을 운수·구입·판매하여 액수가 비교적 크고 합법증명이 없는 경우."

(6) 밀수죄의 공범(제156조)

본조는 「보충규정」 제8조에서 유래된 규정이다. 즉 "밀수범죄자와 공모하여 그에게 대출금·자금·계좌번호·영수증·증명서를 제공하거나 운수·보관·우송 또는 기타 편의를 제공한 경우, 밀수죄의 공범으로 취급한다."

신 「형법」 제156조는 상기 규정을 답습하였고 아무런 개정도 하지 않았다.

(7) 밀수를 무장엄호하는 행위와 밀수단속에 항거하는 행위의 처벌(제157조)

본조는 기존 「보충규정」 제10조의 규정이다. 즉 "밀수를 무장엄호하는 경우, 본 규정 제1조의 규정에 따라 중하게 처벌한다. 폭력·협박의 방법으로 밀수단속에 항거하는 경우, 밀수죄와 형법 제157조에 규정된 국가 공무원의 법에 따른 직무집행 방해죄를 병합죄의 규정에 따라 처벌한다."

입법기관은 「보충규정」의 상기 조문에서 원용된 법조문의 번호에 대하여 상응한 조정한 한 후, 신 「형법」 제157조에 도입하였다. 즉 "밀수를 무장엄호하는 경우, 본 법 제151조 제1항, 제4항의 규정에 따라 중하게 처벌한다. 폭력·협박의 방법으로 밀수단속에 항거하는 경우, 밀수죄와 형법 제277조에 규정된 국가 공무원의 법에 따른 직무집행 방해죄를 병합죄의 규정에 따라 처벌한다."

그 후 「형법개정안 (8)」이 신 「형법」 제157조에 대하여 큰 조정을 하였으므로 따라서 본조 제1항의 규정도 "본 법 제151조 제1항의 규정에 따라 중하게 처벌한다."로 개정되었다.

3. 회사·기업에 대한 관리질서 방해죄

(1) 등기자본 허위보고죄(제158조)

등기자본 허위보고죄는 기존 1995년 2월 28일 전국인민대표대회 상무위원회에서 통과한 「회사법을 위반한 범죄의 처벌에 관한 결정關於懲治違反公司法的犯罪的決定」(이하「회사법위반범죄의 결정」으로 약칭함)에 의하여 1979년 형법전에 보충된 범죄이다. 「회사법위반범죄의 결정」 제1조는 "회사등기를 신청하는 자가 허위 증명서류 혹은 기타 사기수단을 사용하여 등기자본을 허위보고함으로써 회사등기주관부문을 기만하여 회사등기를 취득하여 허위보고한 등기자본의 액수가 거대하고 결과가 심각하거나 기타 중한 정상이 있을 경우, 3년 이하의 유기징역 또는 구역에 처하고 허위보고한 등기자본액수의 10% 이하의 벌금을 병과할수 있다. 회사등기를 신청하는 단위가 전항의 죄를 범한 경우, 단위를 허위보고한 등기자본액수의 10%이하의 벌금에 처하고 직접 책임을 지는 주관자와 기타 직접 책임자를 전항의 규정에 따라 3년 이하의 유기징역 또는 구역에 처한다"라고 규정하였다.

조정을 거친 후, 1997년 「형법」 제158조의 최종내용은 다음과 같다. "회사등기 신청시 허위 증명서류 혹은 기타 사기수단을 사용하여 등기자본을 허위보고함으로써 회사등기주관부문을 기만하여 회사등기를 취득하여 허위보고한 등기자본의 액수가 거대하고 결과가 심각하거나 기타 중한 정상이 있을 경우, 3년 이하의 유기징역 또는 구역에 처하고 허위보고한 등기자본액수의 1% 이상 5% 이하의 벌금을 병과하거나 단독으로 부과한다. 단위가 전항의 죄를 범한 경우, 단위를 벌금에 처하고 직접 책임을 지는 주관자와 기타 직접 책임자를 3년 이하의 유기징역 또는 구역에 처한다."

(2) 허위출자·출자 빼돌림죄(제159조)

허위출자, 출자 빼돌림죄는 기존 1995년 2월 28일 전국인민대표대회 상무위원회에서 통과한 「회사법위반범죄의 결정」에 의하여 1979년 형법전에 보충된 범죄이다. 「회사법위반범죄의 결정」 제2조는 "회사발기인·주주가 회사법의 규정을 위반하여 화폐·실물을 교부하지 않거나 재산권을 이전하지 않고 허위출자하거나 또는 회사 설립후 다시 그 출자를 빼돌려 액수가 거대하고 결과가 심각하거나 기타 중한 정상이 있을 경우, 5년 이하의 유기징역 또는 구역에 처하고 허위출자액수 또는 빼돌린 출자액수의 10% 이하의 벌금을 병과할수 있다. 단위가 전항의 죄를 범한 경우, 단위를 허위출자액수 또는 빼돌린 출자액수의 10% 이하의 벌금에 처하고 직접 책임을 지는 주관자와 기타 직접 책임자를 전항의 규정에 따라 5년 이하의 유기징역 또는 구역에 처한다"라고 규정하였다.

이상의 규정과 대비하여 신「형법」제159조는 벌금과 단위 범죄의 규정에 대하여 주로 아래와 같은 개정을 하였다. 이상의 조정을 거쳐 1997년「형법」제159조의 최종내용은 다음과 같다. "회사발기인·주주가 회사법의 규정을 위반하여 화폐·실물을 교부하지 않거나 재산권을 이전하지 않고 허위출자하거나 또는 회사 설립후 다시 그 출자를 빼돌려 액수가 거대하고 결과가 심각하거나 기타 중한 정상이 있을 경우, 5년 이하의 유기징역 또는 구역에 처하고 허위출자액수 또는 빼돌린 출자액수의 2%이상 10% 이하의 벌금을 병과할수 있다. 단위가 전항의 죄를 범한 경우, 단위를 벌금에 처하고 직접 책임을 지는 주관자와 기타 직접 책임자를 5년 이하의 유기징역 또는 구역에 처한다."

(3) 주식·채권 사기발행죄(제160조)

주식, 채권 사기발행죄는 기존「회사법위반범죄의 결정」에 의하여 1979년 형법전에 보충된 범죄이다. 「회사법위반범죄의 결정」제3조는 "허위의 주식모집설명서, 주식청약서, 회사채권모집설명서를 제작하여 주식 또는 회사채권을 발행하여 액수가 거대하고 결과가 심각하거나 기타 중한 정상이 있을 경우, 5년 이하의 유기징역 또는 구역에 처하고 불법모집한 자금액수의 5%이하의 벌금을 병과할수 있다. 단위가 전항의 죄를 범한 경우, 단위를 불법모집한 자금액수의 5%이하의 벌금에 처하고 직접 책임을 지는 주관자와 기타 직접 책임자를 전항의 규정에 따라 5년 이하의 유기징역 또는 구역에 처한다"라고 규정하였다.

상술한 규정과 대비하여 신「형법」제160조는 이하의 방면에 관하여 개정을 하였다. (1) 본죄의 구성요건을 개정하였다. (2) 제1항에 규정된 벌금을 개정하였다. (3) 제2항의 규정을 개정하였다. 입법기관은 본항의 벌금에 관한 규정을 조정하였는데 기존 규정된 "단위를 불법모집한 자금액수의 5% 이하의 벌금에 처한다"를 "단위를 벌금에 처한다"로 개정하였다.

이상의 조정을 거쳐 최종적으로 1997년「형법」제160조에 이르게 되었다. "주식모집설명서·주식청약서·회사·기업채권모집설명서에서 중요한 사실을 은폐하거나 중대한 허위내용을 날조하여 주식 또는 회사, 기업채권을 발행하여 액수가 거대하고 결과가 심각하거나 기타 중한 정상이 있을 경우, 5년 이하의 유기징역 또는 구역에 처하고 불법모집한 자금액수의 1% 이상 5% 이하의 벌금을 병과하거나 단독으로 부과한다. 단위가 전항의 죄를 범한 경우, 단위를 벌금에 처하고 직접 책임을 지는 주관자와 기타 직접 책임자를 5년 이하의 유기징역 또는 구역에 처한다."

(4) 중요정보 규정위반 공표·불공표죄(제161조)

본죄는 1995년 2월 28일 전국인민대표대회 상무위원회에서 통과한「회사법 위반범죄의 결정」에서 유래하였는데 동 규정 제4조는 "회사가 주주와 사회대중에 허위 또는 중요한 사실을 은폐한 재무회계보고서를 제공하여 주주 또는 타인의 이익을 심각히 침해한 경우, 직접 책임을 지는 주관자와 기타 직접 책임자를 3년 이하의 유기징역 또는 구역에 처하고 20만 원 이하의 벌금에 처할수 있다"라고 규정하였다.

이상의 규정에 대하여 입법기관은 형법전 개정초안에서 법정형의 규정을 조정하여 기존 규정한 "20만 원 이하의 벌금에 처할수 있다"를 "2만 원 이상 20만 원 이하의 벌금을 병과하거나 단독으로 부과할수 있다."로 개정하였다. 그외에 검토과정에서 1997년 10월 10일의 개정초안(의견청취고)은 본죄의 법정형에 대하여 "관제管制"를 증가한 적이 있었는데 1997년 3월 1일의 개정초안에 이르러서 입법기관은 다시 본죄 법정형중의 관제형을 삭제하였다.

2006년 6월 29일 제10회 전국인민대표대회 상무위원회 제22차 회의에서 통과한「형법개정안 (6)」은「형법」제161조를 개정하여 본조 기존의 규정은 다음과 같이 개정되었다. "법에 의하여 정보공표의무를 지닌 회사·기업이 주주와 사회 대중한테 허위의 또는 중요한 사실을 은폐한 재무회계보고서를 제공하거나 법에 의하여 공표하여야 할 기타 중요한 정보를 규정에 따라 공표하지 않아 주주 또는 타인의 이익을 심각히 침해하거나 기타 중한 정상이 있을 경우, 직접 책임을 지는 주관자와 기타 직접 책임자를 3년 이하의 유기징역 또는 구역에 처하고 2만원이상 20만원이하의 벌금을 병과하거나 단독으로 부과할수 있다." 관련 사법해석에 의하여 본조의 죄명도 기존의 "허위재무회계보고 제공죄"로부터 "중요정보 규정 위반 공표·불공표죄"로 변경되었다.

(5) 청산 방해죄(제162조)

본죄는 기존 1995년 2월 28일에 통과된「회사법위반범죄의 결정」에 의하여 1979년 형법전에 보충된 범죄인데 동 규정 제5조는 "회사가 청산시 재산을 은닉하고 자산부채표 또는 재산명세서에 허위의 기재를 하거나 채무를 청산하기전에 회사재산을 분배하여 채권자 또는 타인의 이익을 심각히 침해할 경우, 직접 책임을 지는 주관자와 기타 직접 책임자를 5년 이하의 유기징역 또는 구역에 처하고 20만원이하의 벌금에 처할수 있다"라고 규정하였다.

형법개정검토과정에서 1988년 11월 16일의 형법개정안에 본죄를 규정한 적이 있었으나「회사법위반범죄의 결정」의 반포에 따라 본죄의 입법개정에 관한 입법기관의 검토는 다시 본 결정 규정의 틀안으로 돌아왔고 선후하여 두 번의 개정과 조정을 거쳐 최종적으로 1997년「형법」제162조에 이르게 되었다. "회사·기업이 청산시 재산을 은닉하고 자산부채표 또는 재산명세서에 허위의 기재를 하거나 채무를 청산하기전에 회사, 기업의 재산을 분배하여 채권자 또는 타인의 이익을 심각히 침해할 경우, 직접 책임을 지는 주관자와 기타 직접 책임자를 5년 이하의 유기징역 또는 구역에 처하고 2만 원 이상 20만 원 이하의 벌금을 병과하거나 단독으로 부과한다."

(6) 회계증빙서류·회계장부·재무회계보고서 은닉·고의 소각죄(제162조의1)

본조의 죄는 1999년 12월 25일 전국인민대표대회 상무위원회에서 통과한 「형법개정안」에 의하여 1997년 형법전에 신설된 범죄이다. 국무원은 광범위한 조사연구를 기초로 「회계법위반범죄의 처벌에 관한 결정(초안)」을 제정하여 이하의 세 가지 행위를 범죄로 규정하고 구체적인 형벌을 규정할 것을 제안하였다. "(1) 회사·기업이 회계증빙서류·회계장부를 위조·변조하거나 허위의 재무회계보고서를 작성하여 회계질서를 심각히 파괴하는 경우, (2) 법에 의하여 보존하여야 할 회계증빙서류·회계장부·재무회계보고서를 은닉하거나 고의로 소각하여 정상이 중한 경우, (3) 국가공무원이 타인으로 하여금 전 2조의 행위를 실시하도록 지시·강요한 경우." 그 외에 처벌범위를 제한하고 회계인원으로 하여금 위법행위를 배척하고 고발하도록 격려하기 위하여 회계인원의 협박하에 본 결정의 죄를 범하거나 혹은 행위발생후 고발할 경우, 형법의 관련 규정에 따라 경하게 처벌하거나 감경처벌하거나 처벌을 면제하는 규정을 두었다.

국무원초안이 범죄로 신설할 것을 제안한 행위에 대하여 입법기관은 1997년 형법전이 법에 의하여 보존하여야 할 회계증빙서류, 회계장부, 재무회계보고서를 은닉하거나 고의로 소각하여 정상이 중한 행위를 범죄로 규정하지 않았지만 이런 행위는 사회위해성이 상당히 크기 때문에 형법전에 규정하는 것이 마땅하다고 하였다. 하지만 초안이 제안한 "기타 행위" 중 회계법의 규정에 의하여 행정처벌 또는 행정처분의 행위와 범죄행위로 인한 형사책임을 추궁할 행위를 확정하기가 어려웠기 때문에 입법기관은 최종적으로 「회계법위반범죄의 처벌에 관한 결정(초안)」이 제안한 기타 행위를 범죄로 규정하지 않았다.

그리하여 1999년 12월 25일 전국인민대표대회 상무위원회에서 통과한 「형법개정안」 제1조는 제162조 뒤에 한조를 증설하여 제162조의 1로 하였고 그 내용은 다음과 같다. "법에 의하여 보존하여야 할 회계증빙서류·회계장부·재무회계보고서를 은닉하거나 고의로 소각하여 정상이 중한 경우, 5년 이하의 유기징역 또는 구역에 처하고 2만 원 이상 20만 원 이하의 벌금을 병과하거나 단독으로 부과한다. 단위가 전항의 죄를 범한 경우, 단위를 벌금에 처하고 직접 책임을 지는 주관자와 기타 직접 책임자를 전항의 규정에 따라 처벌한다."

(7) 허위파산죄(제162조의 2)

　실무 중에서 일부 회사·기업이 불법적인 경제이익을 추구하기 위하여 파산절차에 진입하기 전에 재산을 은닉하거나 허위의 채무를 부담하거나 또는 기타 방법으로 회사·기업의 재산을 미리 이전, 처분하는 행위가 나타났는데 이러한 행위는 회사·기업에 대한 국가의 관리질서를 방해할 뿐만 아니라 채권자 또는 기타 관련자의 합법적 권익을 심각히 침해하기 때문에 형법로 처벌하는 것이 마땅하다. 그리하여 2006년 6월 29일 제10회 전국인민대표대회 상무위원회 제22차 회의에서 통과한「형법개정안 (6)」제6조는 제162조의 1 뒤에 한조를 증설하여 제162조의 2로 하였고 그 내용은 다음과 같다. "회사·기업이 재산을 은닉하거나 허위의 채무를 부담하거나 또는 기타 방법으로 재산을 이전, 처분함으로써 허위 파산하여 채권자 또는 기타 관련자의 합법적 권익을 심각히 침해할 경우, 직접 책임을 지는 주관자와 기타 직접 책임자를 2만 원 이상 20만 원 이하의 벌금을 병과하거나 단독으로 부과한다."

(8) 비국가공무원 수뢰죄非國家工作人員受賄罪(제163조)

　비국가공무원 수뢰죄는 기존「회사법위반범죄의 결정」에 의하여 1979년 형법전에 보충된 범죄인데 동 규정 제9조는 "회사의 이사·감사 또는 직원이 직무상의 편리를 이용하여 뇌물을 요구하거나 수수하여 액수가 비교적 큰 경우, 5년 이하의 유기징역 또는 구역에 처한다. 액수가 거대한 경우, 5년 이상의 유기징역에 처하고 재산몰수를 병과할 수 있다"라고 규정하였고 제12조는 동시에 "국가공무원이 본 결정 제9조·제10조·제11조의 죄를 범할 경우,「횡령 및 뇌물죄의 처벌에 관한 보충규정」의 규정에 따라 처벌한다"라고 규정하였다.

　형법개정검토과정에서 논쟁이 있었고 일부 개정안에서 본죄의 내용도 일부 변화가 있었다. 1997년 형법전 반포후, 형법전면개정검토과정에서 일부 지방과 부문에서 지적한 본죄의 주체범위가 너무 좁다는 문제가 사법실무 중에서 점차

선명히 드러나기 시작하였다.

「형법개정안 (6)」은 「형법」 제163조에 대하여 개정을 하였는데 회사, 기업 직원이외에 '기타 단위의 직원'의 규정을 증가함으로써 본죄 주체범위의 문제를 해결하였다. 즉 "회사, 기업 또는 기타 단위의 직원이 직무상의 편리를 이용하여 타인의 재물을 요구하거나 또는 타인의 재물을 수수함으로써 타인을 위하여 이익을 도모하여 액수가 비교적 큰 경우, 5년 이하의 유기징역 또는 구역에 처한다. 액수가 거대한 경우, 5년 이상의 유기징역에 처하고 재산몰수를 병과할수 있다. 회사 · 기업 또는 기타 단위의 직원이 경제왕래에서 직무상의 편리를 이용하여 국가규정을 위반하여 각종 명의의 리베이트, 수수료를 수수하여 개인소유로 한 경우, 전항의 규정에 따라 처벌한다. 국유회사 · 기업 또는 기타 국유기관에서 공무에 종사하는 인원과 국유회사 · 기업 또는 기타 국유기관으로부터 비국유회사, 기업 또는 기타 단위에 위임파견되어 공무에 종사하는 인원이 전 2항의 행위가 있을 경우, 본 법 제385조 · 제386조의 규정에 따라 처벌한다."

(9) 비국가공무원에 대한 뇌물공여죄, 외국공직자·국제공공조직 관원에 대한 뇌물공여죄(제164조)

비국가공무원에 대한 뇌물공여죄는 1997년 형법전에 의하여 신설된 범죄인데 본죄를 증설한 이유는 수뢰행위만 처벌하고 뇌물공여행위를 처벌하지 않으면 이러한 행위를 효과적으로 억제하기 어렵기 때문이였다. 회사 · 기업에 대한 국가의 관리질서를 유지하고 사회주의 시장경제질서의 건전하고 질서있는 발전과 운행을 보장하기 위하여 입법기관은 본죄를 1996년 10월 10일의 개정초안(의견청취고)에 규정하였고 그 후 매번의 개정안은 모두 본죄를 규정하였고 그리하여 신형법전이 통과되기에 이르렀다.

1997년 형법전 반포후, 입법기관은 수뢰와 뇌물공여 사이의 대향성 특징을 고려하여 실무 중에서 나타난 새로운 상황을 감안하여 본죄의 조문에 대하여 세 번의 개정을 하였다.

(1) 「형법개정안 (6)」은 「형법」 제163조에 규정된 주체범위를 확대함과 동시에 본죄에 대하여 상응한 조정을 하여 기타 단위 직원에 대한 뇌물공여을 증설하였다.
(2) 「형법개정안 (8)」은 외국공직자, 국제공공조직 관원에 대한 뇌물공여죄를 신설하였다. 동시에 동 개정안은 비국가공무원에 대한 뇌물공여죄와 외국공직자, 국제공공조직 관원에 대한 뇌물공여죄에 대하여 단위 범죄의 처벌규정을 규정하였다.
(3) 「형법개정안 (9)」은 제1항의 "액수가 비교적 큰 경우"에 "벌금을 병과한다"의 규정을 증가하였다.

이렇게 세 번의 개정을 거친 「형법」 제164조의 규정은 다음과 같다. "부정당한 이익을 도모하기 위하여 회사·기업 또는 기타 단위의 직원한테 재물을 공여하여 액수가 비교적 큰 경우, 3년 이하의 유기징역 또는 구역에 처하고 벌금을 병과한다. 액수가 거대한 경우, 3년 이상 10년 이하의 유기징역에 처하고 벌금을 병과한다. 부정당한 상업이익을 도모하기 위하여 외국공직자 또는 국제공공조직 관원한테 재물을 공여한 경우, 전항의 규정에 따라 처벌한다. 단위가 전 2항의 죄를 범한 경우, 단위를 벌금에 처하고 직접 책임을 지는 주관자와 기타 직접 책임자를 제1항의 규정에 따라 처벌한다. 뇌물공여자가 소추전에 뇌물공여행위를 자발적으로 자백한 경우, 감경처벌하거나 처벌을 면제할수 있다."

(10) 동종영업 불법경영죄非法經營同類營業罪(제165조)

본조의 죄는 1997년 형법전에 의하여 신설된 범죄인데 최초로 나타난 것은 1997년 2월 12일의 개정초안(개정안)이다. 동 초안 제167조는 "국유회사·기업의 이사·경리가 직무편리를 이용하여 자신이 임직하고 있는 회사·기업과 동류의 영업을 직접 경영하거나 또는 타인을 위하여 경영함으로써 불법이익을 취득하여 액수가 거대한 경우, 3년 이하의 유기징역·구역 또는 관제에 처하고 벌금을 병과하거나 단독으로 부과할수 있다. 액수가 특별히 거대한 경우, 3년 이상 7년 이하의 유기징역에 처하고 벌금을 병과한다"라고 규정하였다. 1997년 3월 1일의 개정초안에 이르러 입법기관은 상술 기본 법정형중의 "관제"를 취소하여 신 「형법」 제

165조의 규정에 이르게 되었다.

(11) 친척과 친구를 위한 불법영리죄(제166조)

본조의 죄는 1997년 형법전에 의하여 신설된 범죄인데 최초로 나타난 것은 1997년 2월 12일의 개정초안(개정안)이다. 동 초안 제168조는 "국유회사·기업·사업기관의 직원이 직무편리를 이용하여 공적 이익을 해치고 사적 이익을 채워 이윤이 남는 업무를 자신의 친척과 친구로 하여금 경영하게 하거나 또는 그 경영활동에 기타 편리를 제공하여 불법이익을 취득하여 액수가 거대한 경우, 3년 이하의 유기징역·구역 또는 관제에 처하고 벌금을 병과거나 단독으로 부과한다. 액수가 특별히 거대한 경우, 3년 이상 7년 이하의 유기징역에 처하고 벌금을 병과한다"라고 규정하였다. 1997년 3월 1일의 개정초안에 이르러 입법기관은 본죄의 구성요건과 법정형에 대하여 비교적 큰 개정을 하였는데 구성요건에 관하여서는 친척과 친구를 위한 불법영리의 일부 구체적인 경우를 보충규정하여 법조문의 적용성을 제고하였고 법정형에 관하여서는 2월17일 개정초안중 본죄의 기본 법정형에 규정된 "관제"를 삭제하였다. 구체적으로 제168조는 "국유회사·기업·사업기관의 직원이 직무편리를 이용하여 이하의 경우 중 하나가 있어 국가이익에 중대한 손실을 초래한 경우, 3년 이하의 유기징역 또는 구역에 처하고 벌금을 병과하거나 단독으로 부과할수 있다. (1) 본 단위의 이윤이 남는 업무를 자신의 친척과 친구로 하여금 경영하게 하는 경우, (2)시장가격보다 훨씬 높은 가격으로 자신의 친척과 친구가 경영관리하는 단위로부터 상품을 구입하거나 시장가격보다 훨씬 낮은 가격으로 자신의 친척과 친구가 경영관리하는 단위에 상품을 판매하는 경우, (3) 자신의 친척과 친구가 경영관리하는 단위로부터 저질의 상품을 구입하는 경우"라고 규정하였다. 상기 규정은 최종적으로 1997년「형법」제166조에 의하여 답습되었다.

(12) 계약 체결·이행과정 중 직무태만으로 인하여 사기를 당한 죄(제167조)

1979년 형법전의 규정에 의하면 본죄와 관련된 경우들은 직무태만죄로 죄명을 정하고 처벌하여야 한다. 형법전면개정과정에서 형법조문의 명확성요구를 만족시키기 위하여 이러한 행위의 구체적 특징에 근거하여 입법기관은 먼저 본죄를 1997년 2월 17일의 형법개정초안(개정안)에 도입하였다.

그 후 수 차례의 조정을 거쳐 최종적으로 신「형법」제167조의 규정에 이르게 되었다. "국유회사·기업·사업기관의 직접책임을 지는 주관자가 계약을 체결, 이행하는 과정에서 중대한 무책임으로 인하여 사기를 당하여 국가이익에 중대한 손실을 초래한 경우, 3년 이하의 유기징역 또는 구역에 처한다. 국가이익에 특별히 중대한 손실을 초래한 경우, 3년 이상 7년 이하의 유기징역에 처한다."

(13) 국유회사·기업·사업기관 인원 직무태만죄, 국유회사·기업·사업기관 인원 직권남용죄(제168조)

신「형법」제168조 기존의 규정은 "사리사욕에 의한 부정행위로 인하여 파산·결손을 초래한 죄"였고 구체적 내용은 다음과 같다. "국유회사·기업의 직접책임을 지는 주관자가 사리사욕에 의한 부정행위로 인하여 국유회사, 기업의 파산 또는 중대한 결손을 초래하여 국가이익에 중대한 손실을 초래한 경우, 3년 이하의 유기징역 또는 구역에 처한다." 이는 국유회사·기업의 직원이 중대한 무책임으로 인하여 기업의 중대한 결손, 심지어 파산을 초래한 상황에 대응하여 규정한 새로운 범죄이다. 형법개정검토과정에서 본죄는 최초로 1997년 2월 17일의 형법개정초안(개정안)에 나타났고 1997년 3월 1일의 개정초안에서 입법기관은 상술한 내용을 개정하여 최종적으로 신「형법」제168조로 되었다.

1999년 12월 25일 「형법개정안」을 통과하여 제168조의 기존의 규정을 개정하였다. 구체적으로 개정안의 개정을 거친 제168조의 규정은 다음과 같다. "국유회사, 기업의 직원이 중대한 무책임 또는 직권남용으로 인하여 국유회사·기업의 파산 또는 중대한 손실을 초래하여 국가이익에 중대한 손실을 초래한 경우, 3년 이하의 유기징역 또는 구역에 처한다. 국가이익에 특별히 중대한 손실을 초래한 경우, 3년 이상 7년 이하의 유기징역에 처한다. 국유회사의 직원이 전항의 행위가 있어 국가이익에 중대한 손실을 초래한 경우, 전항의 규정에 따라 처벌한다.

국유회사 · 기업 · 사업기관의 직원이 사리사욕에 의한 부정행위로 인하여 전 2항의 죄를 범할 경우, 제1항의 규정에 따라 중하게 처벌한다." 본 조문에 중대한 개정을 가하였기에 관련 사법해석에 의하여 그 죄명은 최초의 "사리사욕에 의한 부정행위로 인하여 파산 · 결손을 초래한 죄"의 하나의 죄로부터 "국유회사 · 기업 · 회사 인원 직무태만죄"와 "국유회사 · 기업 · 사업기관 인원 직권남용죄"의 두 개의 죄로 변화하였다.

(14) 사리사욕에 의한 부정행위에 의하여 국유자산을 저가로 주식으로 환산하거나 저가로 매각한 죄(제169조)

본죄는 1997 형법전에 의하여 신설된 범죄이다. 1997년 2월 17일의 형법개정초안(개정안)에서 최초로 본죄를 규정하였는데 동 개정안 제171조는 "국유회사 · 기업 또는 그 상급 주관부문의 직접책임을 지는 주관자가 국가규정을 위반하여 사리사욕에 의한 부정행위에 의하여 국유자산을 저가로 주식으로 환산하거나 저가로 매각하여 국가이익에 중대한 손실을 초래한 경우, 3년 이하의 유기징역 · 구역 또는 관제에 처한다. 국가이익에 특별히 중대한 손실을 초래한 경우, 3년 이상 7년 이하의 유기징역에 처한다"라고 규정하였다. 검토과정에서 입법기관은 상술 내용에 대하여 두 번의 개정을 하였다.

(1) 입법기관에서 형법각칙의 "관제형"을 통일적으로 조정할 때, 1997년 3월 1일의 개정초안은 상술 규정 중의 관제를 삭제하였다.
(2) 1997년 3월 13일의 개정초안에서 입법기관은 상술한 구성요건 중의 "국가규정을 위반하여"를 삭제하였다.

이리하여 신「형법」제169조의 규정이 확정되었다. "국유회사 · 기업 또는 그 상급 주관부문의 직접책임을 지는 주관자가 사리사욕에 의한 부정행위에 의하여 국유자산을 저가로 주식으로 환산하거나 저가로 매각하여 국가이익에 중대한 손실을 초래한 경우, 3년 이하의 유기징역 또는 구역에 처한다. 국가이익에 특별히 중대한 손실을 초래한 경우, 3년 이상 7년 이하의 유기징역에 처한다."

(15) 상장회사이익 배신침해죄(제169조의 1)

실무 중에서 일부 상장회사의 관리자·지배주주·실제지배자가 무상점용 또는 현저히 불공평한 관련 거래 등 불법수단으로 상장회사의 자산을 점유하여 상장회사와 공중투자자의 합법적 권익을 심각히 침해하는 상황이 자주 발생하였다. 사회주의시장경제체제의 질서있는 운행을 유지확보하고 상장회사의 건전한 발전을 촉진하며 투자자의 합법적 권익을 수호하기 위하여 상장회사의 자산을 바닥내고 상장회사에 중대한 손실을 초래하는 이러한 행위에 대하여 형사책임을 추궁하는 것이 마땅하다. 그리하여 2006년 6월 29일 전국인민대표대회 상무위원회에서 통과한 「형법개정안 (6)」은 제169조의 뒤에 특별히 한조를 증설하여 제169조의 1로 하였고 그 내용은 다음과 같다. "상장회사의 이사·감사·상위관리자가 회사에 대한 충실의무를 위반하여 직무편리를 이용하여 상장회사를 지배함으로써 이하의 행위 중 하나를 행하여 상장회사의 이익에 중대한 손실을 초래한 경우, 3년 이하의 유기징역 또는 구역에 처하고 벌금을 병과하거나 단독으로 부과한다. 상장회사의 이익에 특별히 중대한 손실을 초래한 경우, 3년 이상 7년 이하의 유기징역에 처하고 벌금을 병과한다. (1) 기타 단위 또는 개인에게 무상으로 자금·상품·서비스 또는 기타 자산을 제공하는 경우, (2) 현저히 불공평한 조건으로 자금·상품·서비스 또는 기타 자산을 제공하거나 수령하는 경우, (3) 변상능력이 현저히 결핍한 단위 또는 개인에게 자금·상품·서비스 또는 기타 자산을 제공하는 경우, (4) 변상능력이 현저히 결핍한 단위 또는 개인에게 담보를 제공하거나 또는 정당한 이유없이 기타 단위 또는 개인에게 담보를 제공하는 경우, (5) 정당한 이유없이 채권을 포기하거나 채무를 부담하는 경우, (6) 기타 방식으로 상장회사의 이익을 침해하는 경우. 상장회사의 지배주주·실제지배자가 상장회사의 이사·감사·상위관리자에게 전항의 행위를 하도록 사주한 경우, 전항의 규정에 따라 처벌한다. 전항의 죄를 범한 상장회사의 지배주주·실제지배자가 단위일 경우, 단위를 벌금에 처하고 직접책임을 지는 주관자와 기타 직접 책임자를 제1항의 규정에 따라 처벌한다."

4. 금융관리질서파괴죄

(1) 화폐위조죄(제170조)

화폐위조죄는 기존 1979년 「형법」 제122조의 규정으로 당시 "위조한 국가화폐의 판매·운수"와 함께 규정하였다. 1995년 6월 30일 전국인민대표대회 상무위원회에서 통과한 「금융질서파괴범죄의 처벌에 관한 결정」(이하「금융질서범죄의 결정」으로 약칭함) 제1조는 1979년 형법전의 상기 규정에 대하여 개정과 보충을 하였다. "화폐를 위조한 경우, 3년 이상 10년 이하의 유기징역에 처하고 5만원이상 50만원이하의 벌금을 처한다. 이하의 경우 중 하나가 있을 경우, 10년 이상의 유기징역·무기징역 또는 사형에 처한다. (1) 화폐위조단체의 수괴, (2) 위조한 화폐의 액수가 특별히 거대한 경우, (3) 기타 특별히 중한 정상이 있을 경우."

형법전면개정검토과정에서 「금융질서범죄의 결정」의 반포를 경계로 그 전후의 형법개정안 중 본죄 조문의 내용에는 현저한 차이가 있었다.

1995년 「금융질서범죄의 결정」이 통과된 후, 본죄 조문에 대한 입법기관의 기초와 검토는 동 결정을 기초로 하였다. 1997년 3월 13일의 개정초안이 본죄 가중범의 법정형에 "5만 원 이상 50만 원 이하의 벌금을 병과한다"의 규정을 증가한 외에 기타 초안은 전부 「금융질서범죄의 결정」의 규정을 직접 도입하였다. 이렇게 하여 1997년 3월 13일의 개정초안의 조정을 거쳐 1997년 「형법」 제170조의 규정을 형성하게 되었다. "화폐를 위조한 경우, 3년 이상 10년 이하의 유기징역에 처하고 5만 원 이상 50만 원 이하의 벌금을 처한다. 이하의 경우 중 하나가 있을 경우, 10년 이상의 유기징역·무기징역 또는 사형에 처하고 5만 원 이상 50만 원 이하의 벌금 또는 재산몰수를 병과한다. (1) 화폐위조단체의 수괴, (2) 위조한 화폐의 액수가 특별히 거대한 경우, (3) 기타 특별히 중한 정상이 있을 경우."

「형법개정안 (9)」은 제170조를 다음과 같이 개정하였다. "화폐를 위조한 경우, 3년 이상 10년 이하의 유기징역에 처하고 벌금을 병과한다. 이하의 경우 중 하나가 있을 경우, 10년 이상의 유기징역 또는 무기징역에 처하고 벌금 또는 재산몰수를 병과한다. (1) 화폐위조단체의 수괴, (2) 위조한 화폐의 액수가 특별히 거대한 경우, (3) 기타 특별히 중한 정상이 있을 경우."

(2) 위조화폐 판매·구입·운수죄, 금융기관 직원이 위조화폐를 구입하거나 위조화폐로 화폐를 바꾼 죄(제171조)

이 두 범죄는 기존「금융질서범죄의 결정」에 의하여 1979년 형법전에 보충규정된 범죄이다. 동 결정 제2조는 "위조화폐를 판매·구입하거나 위조화폐임을 알면서 운수하여 액수가 비교적 큰 경우, 3년 이하의 유기징역 또는 구역에 처하고 2만 원 이상 20만 원 이하의 벌금을 병과한다. 액수가 거대한 경우, 3년 이상 10년 이하의 유기징역에 처하고 5만 원 이상 50만 원 이하의 벌금을 병과한다. 액수가 특별히 거대한 경우, 10년 이상의 유기징역 또는 무기징역에 처하고 재산몰수를 병과한다. 은행 또는 기타 금융기관의 직원이 위조화폐를 구입하거나 또는 직무상의 편리를 이용하여 위조화폐로 화폐를 바꾼 경우, 3년 이상 10년 이하의 유기징역에 처하고 2만 원 이상 20만 원 이하의 벌금을 병과한다. 액수가 거대하거나 기타 중한 정상이 있을 경우, 10년 이상의 유기징역 또는 무기징역에 처하고 재산몰수를 병과한다. 정상이 경한 경우, 3년 이하의 유기징역 또는 구역에 처하고 1만 원 이상 10만 원 이하의 벌금을 병과하거나 단독으로 부과한다. 화폐를 위조하여 판매하거나 또는 위조화폐를 운수한 경우, 제1조의 규정에 따라 중하게 처벌한다"라고 규정하였다.

형법전면개정의 기초와 검토과정에서 1988년의 3개의 개정안은 위조화폐를 판매, 운수하는 행위만 범죄로 규정하였고 상기 결정 제2조에 규정된 기타 행위는 그중에 도입되지 않았다.

그 후의 검토과정에서 입법기관은「금융질서범죄의 결정」의 내용을 기초로 선후하여 이 두 범죄의 조문을 조정하여 최종적으로 신「형법」제171조의 규정에 이르게 되었다. "위조화폐를 판매, 구입하거나 위조화폐임을 알면서 운수하여 액수가 비교적 큰 경우, 3년 이하의 유기징역 또는 구역에 처하고 2만 원 이상 20만 원 이하의 벌금을 병과한다. 액수가 거대한 경우, 3년 이상 10년 이하의 유기징역에 처하고 5만 원 이상 50만 원 이하의 벌금을 병과한다. 액수가 특별히 거대한 경우, 10년 이상의 유기징역 또는 무기징역에 처하고 5만 원 이상 50만 원 이하의 벌금 또는 재산몰수를 병과한다. 은행 또는 기타 금융기관의 직원이 위조화폐를 구입하거나 또는 직무상의 편리를 이용하여 위조화폐로 화폐를 바꾼 경우, 3년 이상 10년 이하의 유기징역에 처하고 2만 원 이상 20만 원 이하의 벌금을 병과한다. 액수가 거대하거나 기타 중한 정상이 있을 경우, 10년 이상의 유기징역 또는 무기징역에 처하고 2만 원 이상 20만 원 이하의 벌금 또는 재산몰수를 병과한다. 정상이 경한 경우, 3년 이하의 유기징역 또는 구역에 처하고 1만 원 이상 10만 원 이하의 벌금을 병과하거나 단독으로 부과한다. 화폐를 위조하여 판매하거나 또는 위조화폐를 운수한 경우, 본 법 제170조의 규정에 따라 죄명을 정하고 중하게 처벌한다."

(3) 위조화폐 소지·사용죄(제172조)

위조화폐 소지, 사용죄는 기존「금융질서범죄의 결정」에 의하여 1979년 형법전에 보충규정된 범죄이다. 형법개정검토과정에서 본죄의 조문은 형법개정안에 도입되는 과정에서 일련의 변화를 거쳤다. 1988년 11월 16일과 12월25일의 개정안에서 입법기관은 위조화폐를 사용하는 범죄행위를 규정하였지만 위조화폐를 소지하는 행위에 대하여서는 규정을 두지 않았다. 1996년 8월 8일의 각칙개정초안에 이르러 입법기관은「금융질서범죄의 결정」의 규정을 직접 도입하였고 그 후의 검토과정에서 조문의 내용에 대하여 선후하여 두 번의 개정과 조정을 하였다.

(1) 1996년 12월 중순의 개정초안은 본죄의 제1등차의 법정형에 "관제형"을 증가한 적이 있었는데 그 후 1997년 3월 1일의 개정초안은 각칙에서의 관제형의 배치에 관한 종합적인 평형을 고려하여 그전의 초고에서 증설한 관제형을 다시 삭제하였다.

(2) 1997년 3월 1일의 개정초안은 본죄 제1등차 법정형에 "벌금을 단독으로 부과한

다"는 규정을 증설하였다.

이러한 개정을 거쳐 1997년 「형법」의 최종규정은 다음과 같다. "위조화폐임을 알면서 소지, 사용하여 액수가 비교적 큰 경우, 3년 이하의 유기징역 또는 구역에 처하고 1만원이상 10만 원 이하의 벌금을 병과하거나 단독으로 부과한다. 액수가 거대한 경우, 3년 이상 10년 이하의 유기징역에 처하고 2만 원 이상 20만 원 이하의 벌금을 병과한다. 액수가 특별히 거대한 경우, 10년 이상의 유기징역에 처하고 5만 원 이상 50만 원 이하의 벌금 또는 재산몰수를 병과한다."

(4) 화폐 변조죄(제173조)

화폐 변조죄는 「금융질서범죄의 결정」에 의하여 1979년 형법전에 보충규정된 범죄이다. 동 결정 제5조는 "화폐를 변조하여 액수가 비교적 큰 경우, 3년 이하의 유기징역 또는 구역에 처하고 1만원이상 10만 원 이하의 벌금을 병과한다. 액수가 거대한 경우, 3년 이상 10년 이하의 유기징역에 처하고 2만 원 이상 20만 원 이하의 벌금을 병과한다"라고 규정하였다.

신 「형법」 제173조의 최종규정은 다음과 같다. "화폐를 변조하여 액수가 비교적 큰 경우, 3년 이하의 유기징역 또는 구역에 처하고 1만 원 이상 10만 원 이하의 벌금을 병과하거나 단독으로 부과한다. 액수가 거대한 경우, 3년 이상 10년 이하의 유기징역에 처하고 2만 원 이상 20만 원 이하의 벌금을 병과한다."

(5) 금융기관 무단설립죄, 금융기관 경영허가증·허가서류 위조·변조·양도죄(제174조)

입법연혁立法沿革의 관점에서 보면 금융기관 무단설립죄와 금융기관 경영허가증 · 허가서류 위조 · 변조 · 양도죄는 「금융질서범죄의 결정」에 의하여 1979년 형법전에 보충규정된 두 개의 범죄이다. 동 규정 제6조는 "중국인민은행의 허가 없이 상업은행 또는 기타 금융기관을 무단설립한 경우, 3년 이하의 유기징역 또는 구역에 처하고 2만 원 이상 20만 원 이하의 벌금을 병과하거나 단독으로 부과한다. 정상이 중한 경우, 3년 이상 10년 이하의 유기징역에 처하고 5만 원 이상 50만 원 이하의 벌금을 병과한다. 상업은행 또는 기타 금융기관의 경영허가증을 위조, 변조, 양도한 경우, 전항의 규정에 따라 처벌한다. 단위가 전 2항의 죄를 범한 경우, 단위를 벌금에 처하고 직접 책임을 지는 주관자와 기타 직접 책임자를 제1항의 규정에 따라 처벌한다."

　1997년 형법전은 상기 내용을 그대로 도입하였고 아무런 개정도 하지 않았다. 그 후 1999년 12월 25일의「형법개정안」은「형법」제174조에 대하여 두 가지 개정을 하였는데 개정안의 개정을 거친「형법」제174조의 규정은 다음과 같다. "국가 관련 주관부문의 허가 없이 상업은행·증권거래소·선물거래소·증권회사·선물중개회사·보험회사 또는 기타 금융기관을 무단설립한 경우, 3년 이하의 유기징역 또는 구역에 처하고 2만 원 이상 20만 원 이하의 벌금을 병과하거나 단독으로 부과한다. 정상이 중한 경우, 3년 이상 10년 이하의 유기징역에 처하고 5만 원 이상 50만 원 이하의 벌금을 병과한다. 상업은행·증권거래소·선물거래소·증권회사·선물중개회사·보험회사 또는 기타 금융기관의 경영허가증 또는 허가서류를 위조·변조·양도한 경우, 전항의 규정에 따라 처벌한다. 단위가 전 2항의 죄를 범한 경우, 단위를 벌금에 처하고 직접 책임을 지는 주관자와 기타 직접 책임자를 제1항의 규정에 따라 처벌한다."

(6) 고리전대죄高利轉貸罪(제175조)

　1997년 형법전초안을 심의하는 과정에서 일부 대표는 현실속에서 일부 개인과 단위는 금융기관으로부터 대출금을 부정취득한 후 타인에게 대출하여 불법이익을 도모하는 현상이 비교적 심각한데 이러한 행위는 금융관리질서를 심각히 교란하기 때문에 형법각칙 제3장제4절 "금융관리질서 파괴죄破壞金融管理秩序罪"에 고리전대죄高利轉貸罪를 추가규정하여야 한다는 의견을 제기하였다. 입법기관은 최종적으로 이 제안을 채택하여 1997년 3월 13일의 개정초안에 본죄를 증설하였고 통과되었다. 신「형법」제175조 "전대영리를 목적으로 금융기관의 신용대출금을 부정취득하여 고리로 타인에게 전대하여 위법소득액수가 비교적 큰 경우, 3

년 이하의 유기징역 또는 구역에 처하고 위법소득액 1배이상 5배이하의 벌금을 병과한다. 액수가 거대한 경우, 3년 이상 7년 이하의 유기징역에 처하고 위법소득액 1배이상 5배이하의 벌금을 병과한다. 단위가 전항의 죄를 범한 경우, 단위를 벌금에 처하고 직접 책임을 지는 주관자와 기타 직접 책임자를 3년 이하의 유기징역 또는 구역에 처한다."

(7) 대출금, 어음 인수·금융유가증권 편취죄(제175조의 1)

대출금·어음 인수·금융유가증권 편취죄는 2006년 6월 29일 전국인민대표대회 상무위원회에서 통과한 「형법개정안 (6)」 제10조가 규정한 범죄이다. 동조는 "사기의 수단으로 은행 또는 기타 금융기관의 대출금·어음 인수·신용장·신용 보증장 등을 취득하여 은행 또는 기타 금융기관에 중대한 손실을 초래하거나 기타 중한 정상이 있을 경우, 3년 이하의 유기징역 또는 구역에 처하고 벌금을 병과하거나 단독으로 부과한다. 은행 또는 기타 금융기관에 특별히 중대한 손실을 초래하거나 기타 특별히 중한 정상이 있을 경우, 3년 이상 7년 이하의 유기징역에 처하고 벌금을 병과한다. 단위가 전항의 죄를 범한 경우, 단위를 벌금에 처하고 직접 책임을 지는 주관자와 기타 직접 책임자를 전항의 규정에 따라 처벌한다"라고 규정하였다. 형법전에 본죄를 증설한 이유는 근년에 일부 단위와 개인이 사실을 허구하고 진실을 은폐하는 등 사기의 수단으로 은행 또는 기타 금융기관의 대출금을 사용하여 금융안전을 침해하였기 때문이다. 이러한 행위에 대하여 행위자가 대출금 사기죄를 구성하려면, 자신이 주관상 불법영득의 목적이 있음을 증명하여야 하는 데 불법영득의 목적의 증명은 극히 곤란하다. 또한 단위가 이러한 대출금 편취행위를 행할 경우 형법의 규정에 의하여 단위는 대출금 사기죄의 주체가 될수 없기에 이 죄를 성립할수 없다. 이 문제를 해결하기 위하여 입법기관은 대출금 사기죄를 그대로 두는 동시에 형법에 본죄를 특별히 증설하였는데 이것은 범죄행위를 효과적으로 처벌하고 억제하여 금융안전을 착실히 수호하려는 것이였다.

(8) 공중저금 불법모집죄非法吸收公衆存款罪(제176조)

공중저금 불법모집죄는 원래「금융질서범죄의 결정」제7조에 의하여 1979년 형법전에 보충규정된 범죄이다. 동조는 "공중저금을 불법모집하거나 다른 형태로 공중저금을 불법모집하여 금융질서를 교란한 경우, 3년 이하의 유기징역 또는 구역에 처하고 2만 원 이상 20만 원 이하의 벌금을 병과하거나 단독으로 부과한다. 액수가 거대하거나 기타 중한 정상이 있을 경우, 3년 이상 10년 이하의 유기징역에 처하고 5만 원 이상 50만 원 이하의 벌금을 병과한다. 단위가 전항의 죄를 범한 경우, 단위를 벌금에 처하고 직접 책임을 지는 주관자와 기타 직접 책임자를 전항의 규정에 따라 처벌한다"라고 규정하였다.

1997년 형법전은 상기 제2항의 "직접 책임을 지는 주관자와 기타 직접 책임자"를 "그 직접 책임을 지는 주관자와 기타 직접 책임자"로 개정하여 죄를 범한 단위와 이 자연인들간의 소속관계를 가일층 명확히 한 외에 기타 내용은 변화가 없었다. 물론 개정검토과정에서 입법기관도 본죄에 대하여 조정을 시도하였다. 예컨대 1996년 12월 중순의 개정초안에서 본죄 제1등차의 법정형에 관제형을 증설한 적이 있었는데 그 후 각칙에서의 관제형 배치의 종합적인 균형을 고려하여 1997년 3월 1일의 초안에서 최종적으로 다시 관제형을 삭제하였다.

(9) 금융증권 위조·변조죄(제177조)

우리 나라 1979년 형법전은 금융증권 위조·변조죄를 단독으로 규정하지 않았고 유가증권 위조죄에 수표위조 범죄행위의 형사책임을 포함시켰다. 1995년 전국인민대표대회 상무위원회에서 통과한「금융질서범죄의 결정」은 1979년 형법전에 대하여 보충과 개정을 하였다. 동 결정 제11조는 "이하의 경우 중 하나가 있어 금융증권을 위조, 변조한 경우, 5년 이하의 유기징역 또는 구역에 처하고 2만 원 이상 20만 원 이하의 벌금을 병과한다. 정상이 중한 경우, 5년 이상 10년 이하의 유기징역에 처하고 5만 원 이상 50만 원 이하의 벌금을 병과한다. 정상이 특별히 중한 경우, 10년 이상의 유기징역 또는 무기징역에 처하고 재산몰수를 병과한다. (1) 환어음·자기앞수표·수표를 위조·변조한 경우, (2) 추심증빙서류·송금증빙서류・은행예금증서 등 기타 은행결산 증비서류를 위조, 변조한 경우, (3) 신용장 또는 기타 부수적인 증표・서류를 위조・변조한 경우, (4) 신용카드를 위조한 경우. 단위가 전항의 죄를 범한 경우, 단위를 벌금에 처하고 직접 책임을 지는 주관자와 기타 직접 책임자를 전항의 규정에 따라 처벌한다"라고 규정하였다.

그 후의 형법개정검토과정에서 선후하여 본죄의 조문에 대하여 3차의 미세한 조정을 거쳐 최종적으로 신「형법」제177조의 규정에 이르게 되었다. "이하의 경우 중 하나가 있어 금융증권을 위조, 변조한 경우, 5년 이하의 유기징역 또는 구역에 처하고 2만 원 이상 20만 원 이하의 벌금을 병과한다. 정상이 중한 경우, 5년 이상 10년 이하의 유기징역에 처하고 5만 원 이상 50만 원 이하의 벌금을 병과한다. 정상이 특별히 중한 경우, 10년 이상의 유기징역 또는 무기징역에 처하고 5만 원이상 50만 원 이하의 벌금 또는 재산몰수를 병과한다. (1) 환어음, 자기앞수표, 수표를 위조, 변조한 경우, (2) 추심증빙서류, 송금증빙서류, 은행예금증서 등 기타 은행결산 증비서류를 위조, 변조한 경우, (3) 신용장 또는 기타 부수적인 증표・서류를 위조・변조한 경우, (4) 신용카드를 위조한 경우. 단위가 전항의 죄를 범한 경우, 단위를 벌금에 처하고 직접 책임을 지는 주관자와 기타 직접 책임자를 전항의 규정에 따라 처벌한다."

(10) 신용카드 관리방해죄,
신용카드정보 절취·매입·불법제공죄(제177조의 1)

1997년「형법」제177조는 금융증권 위조・변조 범죄행위를 규정하여 그중 신용카드 위조범죄를 단독으로 규정하였다. 2005년 2월 28일 전국인민대표대회 상무위원회에서 통과한「형법개정안 (5)」은 형법전에 대하여 보충규정을 하여「형법」제177조 뒤에 한조를 증가하여 제177조의 1로 하였다. "이하의 경우 중 하나가 있어 신용카드관리를 방해한 경우, 3년 이하의 유기징역 또는 구역에 처하고 1만 원 이상 10만 원 이하의 벌금을 병과하거나 단독으로 부과한다. 수량이 거대하거나 기타 중한 정상이 있을 경우, 3년 이상 10년 이하의 유기징역에 처하고 2만 원 이상 20만 원 이하의 벌금을 병과한다. (1) 위조한 신용카드임을 알면서 소지, 운수하거나 위조한 공백 신용카드임을 알면서 소지, 운수하여 수량이 비교적 큰 경우, (2) 타인의 신용카드를 소지하여 수량이 비교적 큰 경우, (3) 허위의 신분증명을 사용하여 신용카드를 발급받은 경우, (4) 위조한 신용카드 또는 허위의 신분증명을 사용하여 발급받은 신용카드를 판매·구매·타인에게 제공한 경우. 타인의 신용카드정보자료를 절취, 매입 또는 불법제공한 경우, 전항의 규정에 따라 처벌한다. 은행 또는 기타 금융기관의 직원이 직무상의 편리를 이용하여 제2항의 죄를 범한 경우, 중하게 처벌한다."

(11) 국가유가증권 위조·변조죄, 주식·회사·기업채권 위조·변조죄(제178조)

1997년 1월 10일의 개정초안에 이르러 입법기관은 처음으로 국가유가증권·회사·기업채권 위조·변조죄의 조문을 단독으로 규정하였고 동 초안 제170조는 "국고채권 또는 국가가 발행한 기타 유가증권을 위조·변조하여 액수가 비교적 큰 경우, 3년 이하의 유기징역, 구역 또는 관제에 처한다; 액수가 거대한 경우, 3년 이상 10년 이하의 유기징역에 처한다. 액수가 특별히 거대한 경우, 10년 이상의 유기징역 또는 무기징역에 처한다. 주식·회사·기업채권을 위조·변조하여 액수가 비교적 큰 경우, 3년 이하의 유기징역·구역 또는 관제에 처한다. 액수가 거대한 경우, 3년 이상 10년 이하의 유기징역에 처한다"라고 규정하였다.

1997년 2월 17일의 형법개정초안(개정안)에서 입법기관은 상기 내용에 대하여 비교적 큰 개정을 하였다. (1) 상기 조문 제1항 범죄의 제1등차와 제2등차의 법정형에 각각 "2만 원 이상 20만 원 이하의 벌금을 병과하거나 단독으로 부과한다."와 "5만 원 이상 50만 원 이하의 벌금을 병과한다."의 규정을 증설하였고 제3등차의 법정형에 "재산몰수를 병과한다"의 규정을 증설하였다. (2) 상기 조문 제2항 범죄의 제1등차와 제2등차의 법정형에 각각 "1만 원 이상 10만 원 이하의 벌금을 병과하거나 단독으로 부과한다"와 "2만 원 이상 20만 원 이하의 벌금을 병과한다"의 규정을 증설하였다. (3) 단위 범죄의 규정을 증설하였다.

1997년 3월 1일의 형법개정초안에 이르러 각칙에서의 관제형 배치의 종합적인 균형을 고려하여 입법기관은 다시 본죄 제1등차 법정형중의 관제형을 삭제하였다.

　이상의 조정을 거쳐 최종적으로 신「형법」제178조의 규정에 이르게 되었다. "국고채권 또는 국가가 발행한 기타 유가증권을 위조 · 변조하여 액수가 비교적 큰 경우, 3년 이하의 유기징역 또는 구역에 처하고 2만 원 이상 20만 원 이하의 벌금을 병과하거나 단독으로 부과한다. 액수가 거대한 경우, 3년 이상 10년 이하의 유기징역에 처하고 5만 원 이상 50만 원 이하의 벌금을 병과한다. 액수가 특별히 거대한 경우, 10년 이상의 유기징역 또는 무기징역에 처하고 5만 원 이상 50만 원 이하의 벌금 또는 재산몰수를 병과한다. 주식 · 회사 · 기업채권을 위조 · 변조하여 액수가 비교적 큰 경우, 3년 이하의 유기징역 또는 구역에 처하고 1만 원 이상 10만 원 이하의 벌금을 병과하거나 단독으로 부과한다. 액수가 거대한 경우, 3년 이상 10년 이하의 유기징역에 처하고 2만 원 이상 20만 원 이하의 벌금을 병과한다. 단위가 전 2항의 죄를 범한 경우, 단위를 벌금에 처하고 직접 책임을 지는 주관자와 기타 직접 책임자를 전 2항의 규정에 따라 처벌한다."

(12) 주식, 회사·기업채권 무단발행죄(제179조)

　본죄는 원래 1995년「회사법위반 범죄의 결정」에 의하여 1979년 형법전에 보충규정된 범죄이다. 동 결정 제7조는 "회사법에 규정된 관련 주관부문의 허가 없이 주식 · 회사채권을 무단발행하여 액수가 거대하고 결과가 심각하거나 기타 중한 정상이 있을 경우, 5년 이하의 유기징역 또는 구역에 처하고 불법모집자금 금액 5% 이하의 벌금을 병과할수 있다. 단위가 전항의 죄를 범한 경우, 단위에 대하여 불법모집자금금액 5% 이하의 벌금을 차하고 직접책임을 지는 주관자에 대하여 전항의 규정에 따라 5년 이하의 유기징역 또는 구역에 처한다"라고 규정하였다.

　형법개정검토과정에서 입법기관은「회사법위반 범죄의 결정」의 상기 규정을 1996년 8월 8일과 8월 31일의 개정안에 도입하였고 결정의 내용에 대하여 선후하여 4차의 개정을 하여 최종적으로 신「형법」제179조의 규정에 이르게 되었다. "국가 관련 주관부문의 허가 없이 주식 · 회사 · 기업채권을 무단발행하여 액수가 거대하고 결과가 심각하거나 기타 중한 정상이 있을 경우, 5년 이하의 유기징역 또는 구역에 처하고 불법모집자금금액 1% 이상 5% 이하의 벌금을 병과하거나 단독으로 부과할수 있다. 단위가 전항의 죄를 범한 경우, 단위에 대하여 불법모집자금금액 5% 이하의 벌금을 차하고 직접책임을 지는 주관자에 대하여 전항의 규정에 따라 5년 이하의 유기징역 또는 구역에 처한다. 단위가 전항의 죄를 범한 경우, 단위를 벌금에 처하고 직접 책임을 지는 주관자와 기타 직접 책임자를 5년 이하의 유기징역 또는 구역에 처한다."

(13) 내부자거래·내부정보누설죄(제180조 제1-3항)

본죄는 증권거래질서를 유지하기 위하여 입법기관이 1997년 형법전에 신설한 범죄이다. 형법개정검토초고를 보면 본죄가 입법개정안에 나타난 시간은 비교적 늦은데 1996년 8월 8일의 각칙개정초고에 이르러서야 입법기관은 본죄를 형법개정안에 도입하였고 본고는 다음과 같이 규정하였다. "증권거래내부정보를 알고 있는 자 또는 증권거래내부정보를 불법취득한 자가 증권의 거래·발행과 관련된 정보 또는 기타 증권의 가격에 중대한 영향을 미치는 정보가 공개되기 전에 그 증권을 매입 또는 매출하거나 또는 그 정보를 누설하거나 또는 타인으로 하여금 그 증권을 매매하도록 제안한 경우, 5년 이하의 유기징역 또는 구역에 처하고 위법소득액 1배 이상 5배 이하의 벌금을 병과하거나 단독으로 부과한다. 정상이 중한 경우, 5년 이상 10년 이하의 유기징역에 처하고 위법소득액 1배 이상 5배 이하의 벌금을 병과한다. 단위가 전항의 죄를 범한 경우, 단위를 위법소득액 1배이상 5배 이하의 벌금에 처하고 직접 책임을 지는 주관자와 기타 직접 책임자를 5년 이하의 유기징역 또는 구역에 처한다."

1996년 10월 10일의 형법개정초안(의견청취고)에서 입법기관은 동조 제159조에서 상기 내용에 대하여 두 곳의 개정을 하였고 1996년 12월 중순의 초안에서는 10월 10일의 개정초안(의견청취고)의 기초위에 2항의 해석적 규정을 증가하였다.

이상의 수 차례의 개정을 거쳐 최종적으로 1997년「형법」제180조의 규정을 형성하였다. 1997년 형법전 반포후, 전국인민대표대회 상무위원회는 1999년12

월 25일에 「형법개정안」을 통과하였고 동 개정안은 선물내부거래 · 내부거래정 보를 누설하는 범죄를 「형법」제180조에 보충규정하였고 동시에 기존 규정의 제 3항과 제4항을 하나의 조항으로 합병하였다.

2009년 「형법개정안 (7)」에 이르러 「형법」제180조 제1항의 규정을 개정하였 는데 구성요건에 관한 동항의 규정에 "상기 거래활동에 종사하도록 명시 · 암시 한 경우"의 내용을 증가하였다. 이렇게 동 개정안의 개정을 거친 「형법」제180조 의 내용은 다음과 같다. "증권 · 선물거래내부정보를 알고 있는 자 또는 증권, 선 물거래내부정보를 불법취득한 자가 증권의 발행 · 증권 · 선물의 거래와 관련된 정보 또는 기타 증권, 선물의 거래가격에 중대한 영향을 미치는 정보가 공개되기 전에 그 증권을 매입 또는 매출하거나 그 내부정보와 관련된 선물거래에 종사하 거나 또는 그 정보를 누설하거나 또는 타인으로 하여금 상기 거래활동에 종사하 도록 명시, 암시하여 정상이 중한 경우, 5년 이하의 유기징역 또는 구역에 처하고 위법소득액 1배 이상 5배 이하의 벌금을 병과하거나 단독으로 부과한다. 정상이 특별히 중한 경우, 5년 이상 10년 이하의 유기징역에 처하고 위법소득액 1배 이 상 5배 이하의 벌금을 병과한다."

(14) 미공개정보를 이용한 거래죄(제180조의 4)

일부 전국인민대표와 중국증권거래감독관리위원회는 개별 증권투자기금관 리회사 · 증권회사 등 금융기관의 직원이 직무편리로 알게 된 법정내부정보이외 의 기타 미공개의 경영정보, 예컨대 본 단위가 위탁을 받아 관리하는 자금의 거래 정보 등을 이용하여 규정을 위반하여 관련 거래활동에 종사하여 불법이익을 도모 하거나 리스크를 전가하는 현상을 지적하였다. '쥐 거래'로 불리우는 이런 행위는 금융관리질서를 심각히 파괴하고 공중투자자들의 이익을 침해하기때문에 범죄 로 규정하여 형사책임을 추궁하여야 한다. 그리하여 전국인민대표대회 상무위원 회는 2009년 2월 28일에 「형법개정안 (7)」을 통과하여 「형법」제180조의 내용을 보충하였는데 본조에 한항을 증설하여 제4항으로 다음과 같이 규정하였다. "증 권거래소 · 선물거래소 · 증권회사 · 선물중개회사 · 기금관리회사 · 상업은행 · 보험회사 등 금융기관의 직원 및 관련 감독관리부문 또는 업계협회의 직원이 직무 편리로 알게 된 내부정보이외의 기타 미공개의 정보를 이용하여 규정을 위반하여 그 정보와 관련된 증권, 선물거래활동에 종사하거나 타인으로 하여금 관련 거래 활동에 종사하도록 명시·암시하여 정상이 중한 경우, 제1항의 규정에 따라 처벌한다."

(15) 증권, 선물거래 허위정보 날조 및 전파죄, 증권, 선물계약을 매매하도록 투자자를 유인, 기만한 죄(제181조)

이 두 범죄는 1997년 형법전이 신설한 범죄이고 형법기초개정검토과정에서 이 두 범죄가 처음으로 나타난 것은 1996년 8월 8일의 형법각칙개정초고인데 동 초고는 다음과 같이 규정하였다. "증권거래에 영향을 미치는 허위정보를 날조 및 전파함으로써 증권거래시장을 교란하여 심각한 결과를 초래한 경우, 3년 이하의 유기징역 또는 구역에 처하고 1만 원 이상 10만 원 이하의 벌금을 병과하거나 단독으로 부과한다. 증권거래소·증권회사의 직원·증권업계의 협회 또는 증권관리부문의 직원이 고의로 허위정보를 제공하고 거래기록을 위조·변조·소각하여 투자자가 증권을 매매하도록 유인, 기만한 경우, 5년 이하의 유기징역 또는 구역에 처하고 1만 원 이상 10만 원 이하의 벌금을 병과하거나 단독으로 부과한다. 정상이 중한 경우, 5년 이상 10년 이하의 유기징역에 처하고 1만 원 이상 10만 원 이하의 벌금을 병과한다. 단위가 전항의 죄를 범한 경우, 단위를 10만 원 이상 50만 원 이하의 벌금에 처하고 직접 책임을 지는 주관자와 기타 직접 책임자를 5년 이하의 유기징역 또는 구역에 처한다."

그 후의 검토과정에서 상기 내용을 둘러싸고 법정형을 선후하여 4차 조정하여 최종적으로 1997년「형법」제181조의 규정을 형성하였다. "증권거래에 영향을 미치는 허위정보를 날조 및 전파함으로써 증권거래시장을 교란하여 심각한 결과를 초래한 경우, 5년 이하의 유기징역 또는 구역에 처하고 1만 원 이상 10만 원 이하의 벌금을 병과하거나 단독으로 부과한다. 증권거래소·증권회사의 직원·증권업계의 협회 또는 증권관리부문의 직원이 고의로 허위정보를 제공하고 거래기록을 위조·변조·소각하여 투자자가 증권을 매매하도록 유인, 기만하여 심각한 결과를 초래한 경우, 5년 이하의 유기징역 또는 구역에 처하고 1만원이상 10만 원 이하의 벌금을 병과하거나 단독으로 부과한다. 정상이 특별히 악질적인 경우, 5년 이상 10년 이하의 유기징역에 처하고 2만 원 이상 20만 원 이하의 벌금을 병과한다. 단위가 전 2항의 죄를 범한 경우, 단위를 벌금에 처하고 직접 책임을 지는 주관자와 기타 직접 책임자를 5년 이하의 유기징역 또는 구역에 처한다."

1997년 형법전이 통과된 후, 1999년 12월 25일에 통과된 「형법개정안」은 「형법」제181조의 규정을 보충하여 선물거래 허위정보를 날조 및 전파함으로써 투자자가 선물계약을 매매하도록 유인, 기만한 범죄행위를 도입하였다. 이번의 개정을 거친 조문내용은 다음과 같다. "증권·선물거래에 영향을 미치는 허위정보를 날조 및 전파함으로써 증권·선물거래시장을 교란하여 심각한 결과를 초래한 경우, 5년 이하의 유기징역 또는 구역에 처하고 1만 원 이상 10만 원 이하의 벌금을 병과하거나 단독으로 부과한다. 증권거래소·선물거래소·증권회사·선물중계회사의 직원·증권업계의 협회·선물업계의 협회 또는 증권선물관리부문의 직원이 고의로 허위정보를 제공하고 거래기록을 위조·변조·소각하여 투자자가 증권, 선물계약을 매매하도록 유인, 기만하여 심각한 결과를 초래한 경우, 5년 이하의 유기징역 또는 구역에 처하고 1만 원 이상 10만 원 이하의 벌금을 병과하거나 단독으로 부과한다. 정상이 특별히 악질적인 경우, 5년 이상 10년 이하의 유기징역에 처하고 2만 원 이상 20만 원 이하의 벌금을 병과한다. 단위가 전 2항의 죄를 범한 경우, 단위를 벌금에 처하고 직접 책임을 지는 주관자와 기타 직접 책임자를 5년 이하의 유기징역 또는 구역에 처한다."

(16) 증권, 선물시장 조종죄(제182조)

1997년 형법전이 신설한 범죄로서 증권거래가격조종죄는 최초로 1996년 8월 8일의 형법각칙개정초고에 나타났고 동고는 "증권거래가격을 조종하는 이하의 행위 중 하나가 있어 부정이익을 취득하거나 리스크를 전가하여 정상이 중한 경우, 5년 이하의 유기징역 또는 구역에 처하고 위법소득액 1배이상 5배이하의 벌금을 병과하거나 단독으로 부과한다. (1) 공모하여 자금우세를 집중함으로써 연합 또는 연속매매하여 증권거래가격을 조종한 경우, (2) 타인과 결탁하여 증권소유권을 이전하지 않은 허위매매를 함으로써 증권거래의 허위가격을 창출하는 경우, (3) 자신을 거래대상으로 증권의 자기매매를 함으로써 증권거래의 허위가격을 창출하는 경우, (4) 직무편리를 이용하여 증권거래가격을 높이거나 낮추는 경우, (5) 기타 방법으로 증권거래 가격을 조종하는 경우. 단위가 전항의 죄를 범한 경우, 단위를 위법소득액 1배 이상 5배 이하의 벌금에 처하고 직접 책임을 지는 주관자와 기타 직접 책임자를 5년 이하의 유기징역 또는 구역에 처한다."

그 후의 검토과정에서 상기의 내용을 기초로 선후하여 3차의 개정과 조정을 하였다. 1999년 형법전 통과후, 입법기관은 본조의 내용에 대하여 선후하여 2차의 개정을 하였고 이번 조정을 거친 「형법」 제182조의 내용은 다음과 같다. "이하의 경우 중 하나가 있어 증권, 선물시장을 조종하여 정상이 중한 경우, 5년 이하의 유기징역 또는 구역에 처하고 벌금을 병과하거나 단독으로 부과한다. 증상이 특별히 중한 경우, 5년 이상 10년 이하의 유기징역에 처하고 벌금을 병과한다. (1) 단독으로 또는 공모하여 자금우세·주식보유우세·캐리우세를 집중하거나 정보우세를 이용하여 연합 또는 연속매매함으로써 증권·선물거래가격 또는 증권·선물거래량을 조종한 경우, (2) 타인과 결탁하여 사전에 약속한 시간, 가격과 방식으로 상호적으로 증권, 선물거래를 함으로써 증권·선물거래가격 또는 증권·선물거래량에 영향을 미친 경우, (3) 자신이 실제로 통제하고 있는 계좌사이에서 증권거래를 하거나 또는 자신을 거래대상으로 선물계약의 자기매매를 함으로써 증권·선물거래가격 또는 증권, 선물거래량에 영향을 미친 경우, (4) 기타 방법으로 증권·선물시장을 조종하는 경우. 단위가 전항의 죄를 범한 경우, 단위를 벌금에 처하고 직접 책임을 지는 주관자와 기타 직접 책임자를 전항의 규정에 따라 처벌한다."

(17) 업무횡령죄, 횡령죄貪汚罪의 제시성 규정(제183조)

본조의 규정은 「금융질서범죄의 결정」 제17조에서 유래되었다. 즉 "보험회사의 직원이 직무상의 편리를 이용하여 발생하지 않은 보험사고를 고의로 날조하여 허위의 보험금을 지불하여 보험금을 편취한 경우, 각각 전국인민대표대회 상무위원회의「횡령 및 뇌물죄의 처벌에 관한 보충결정」과「회사법위반범죄의 처벌에 관한 결정」의 관련 규정에 따라 처벌한다." 형법개정검토과정에서 상응한 개정을 거쳐 상기 규정은 신 형법전에 도입되었다.

(18) 비국가공무원 수뢰죄受賄罪와 수뢰죄의 제시성 규정(제184조)

본조의 규정은「금융질서범죄의 결정」제18조에서 유래되었다. 즉 "은행 또는 기타 금융기관의 직원이 금융업무활동에서 뇌물을 요구, 수수하거나 국가규정을 위반하여 각종 명분의 리베이트, 수수료를 수수한 경우, 각각 전국인민대표대회 상무위원회의「횡령 및 뇌물죄의 처벌에 관한 보충결정」과「회사법위반범죄의 처벌에 관한 결정」의 관련 규정에 따라 처벌한다." 형법개정검토과정에서 입법기관의 상응한 개정을 거쳐 상기 규정은 신 형법전에 도입되었다.

최종적으로 형성된 신「형법」제184조의 규정은 다음과 같다. "은행 또는 기타 금융기관의 직원이 금융업무활동에서 타인의 재물을 요구하거나 타인의 재물을 불법수수하여 타인을 위하여 이익을 도모한 경우, 또는 국가규정을 위반하여 각종 명분의 리베이트·수수료를 수수하여 개인의 소유로 한 경우, 본법 제163조의 규정에 따라 처벌한다. 국유금융기관의 직원과 국유금융기관으로부터 비국유금융기관에 위임파견되어 공무에 종사하는 인원이 전항의 행위가 있을 경우, 본법 제385조, 제386조의 규정에 따라 처벌한다."

(19) 자금유용죄와 공금유용죄의 제시성 규정(제185조)

본조의 규정은「금융질서범죄의 결정」제19조에서 유래되었다. 즉 "은행 또는 기타 금융기관의 직원이 직무상의 편리를 이용하여 단위 또는 고객의 자금을 유용한 경우, 각각 전국인민대표대회 상무위원회의「횡령 및 뇌물죄의 처벌에 관한 보충결정」과「회사법위반범죄의 처벌에 관한 결정」의 관련 규정에 따라 처벌한다." 형법개정검토과정에서 입법기관의 상응한 개정을 거쳐 상기 규정은 신 형법전에 도입되었다.

조문내용의 변화과정을 보면 처음으로 상기 규정을 도입한 것은 1996년 10월 10일의 개정초안(의견청취고)이고 그 후의 초고는 조문의 변화상황에 따라 본 규정 중 조문의 순번에 대하여 상응한 조정을 하여 최종적으로 신「형법」제185조의 규정을 형성하였다.

1997년 형법전 반포후, 전국인민대표대회 상무위원회는 1999년 12월 25일에「형법개정안」을 통과하였는데 동 개정안 제7조는「형법」제185조를 다음과 같이 개정하였다. "상업은행·권거래소·선물거래소·증권회사·선물중개회사·보험회사 또는 기타 금융기관의 직원이 직무상의 편리를 이용하여 본 단위 또는 고객의 자금을 유용한 경우, 본 법 제272조의 규정에 따라 처벌한다. 국유상업은행·증권거래소·선물거래소·증권회사·선물중개회사·보험회사 또는 기타 국유금융기관의 직원과 국유상업은행·증권거래소·선물거래소·증권회사·선물중개회사·보험회사 또는 기타 국유금융기관으로부터 전항 규정 중의 비국유기관에 위임파견되어 공무에 종사하는 인원이 전항의 행위가 있을 경우, 본 법 제384조의 규정에 따라 처벌한다."

(20) 수탁재산受託財產 배신운용죄, 자금 불법운용죄(제185조의 1)

이 두 범죄는 2006년 6월 29일 전국인민대표대회 상무위원회에서 통과한「형법개정안 (6)」에 의하여 1997년 형법전에 보충규정된 새 범죄이다. 동 개정안 제12조는 형법 제185조의 뒤에 한조를 증설하여 제185조의 1로 하여 다음과 같이 규정하였다. "상업은행·증권거래소·선물거래소·증권회사·선물중개회사·보험회사 또는 기타 금융기관이 수탁의무를 위반하여 고객의 자금 또는 기타 위탁·신탁한 재산을 무단운용하여 정상이 중한 경우, 단위를 벌금에 처하고 직접 책임을 지는 주관자와 기타 직접 책임자를 3년 이하의 유기징역 또는 구역에 처하고 3만 원 이상 30만 원 이하의 벌금을 병과한다. 정상이 특별히 중한 경우, 3년 이상 10년 이하의 유기징역에 처하고 5만 원 이상 50만 원 이하의 벌금을 병과한다. 사회보장기금관리기관·주택기금관리기관등 공중자금관리기관 및 보험회사

· 보험자금관리회사 · 증권투자기금관리회사가 국가규정을 위반하여 자금을 운용한 경우, 그 직접 책임을 지는 주관자와 기타 직접 책임자를 전항의 규정에 따라 처벌한다."

(21) 대출금 불법지급죄(제186조)

본죄는 원래「금융질서범죄의 결정」에 의하여 1979년 형법전에 보충규정된 범죄이다. 동 결정 제9조는 "은행 또는 기타 금융기관의 직원이 법률 · 행정법규의 규정을 위반하여 관계자에게 신용대출금을 지급하거나 담보대출금을 지급하는 조건이 기타 차입자의 동류 대출조건보다 완화하여 비교적 큰 손실을 초래한 경우, 5년 이하의 유기징역 또는 구역에 처하고 1만 원 이상 10만 원 이하의 벌금을 병과한다. 중대한 손실을 초래한 경우, 5년 이상의 유기징역에 처하고 2만 원 이상 20만 원 이하의 벌금을 병과한다. 은행 또는 기타 금융기관의 직원이 법률, 행정법규의 규정을 위반하여 직무태만, 직권을 남용하여 관계자이외의 타인에게 대출금을 지급하여 중대한 손실을 초래한 경우, 5년 이하의 유기징역 또는 구역에 처하고 1만 원 이상 10만 원 이하의 벌금을 병과한다. 특별히 중대한 손실을 초래한 경우, 5년 이상의 유기징역에 처하고 2만 원 이상 20만 원 이하의 벌금을 병과한다. 단위가 전 2항의 죄를 범한 경우, 단위를 벌금에 처하고 직접 책임을 지는 주관자와 기타 직접 책임자를 전 2항의 규정에 따라 처벌한다."

형법개정검토과정에서 미래 형법전에서의 동 결정의 상기 규정의 배치에 대하여 처음에 두 가지 방안이 있었는데 하나는 직무태만죄에 도입하는 것이고 다른 하나는 개정을 거친 후, "금융관리질서 파괴죄"에 도입하는 것이다. 수 차례의 검토를 거쳐 최종적으로 1997년「형법」제186조의 규정을 형성하였다.

1997년 형법전 반포후, 일부 부문은 상기 규정이 실무 중에서 일부 문제점을 드러냈다고 지적하였다.「형법개정안 (6)」은「형법」제186조를 개정하였는데 개정한 점들은 (1) 기존 제1항 중의 "관계자에게 신용대출금을 지급하거나 담보대출금을 지급하는 조건이 기타 차입자의 동류 대출조건보다 완화하여"라는 규정을 삭제하였다. (2) 제1항에 규정된 두 개 등차의 법정형에 각각 "액수가 거대하다"와

"액수가 특별히 거대하다"라는 정상을 증설하였다. (3) 기존 제2항 중의 "관계자 이외의 타인에게 대출금을 지급하여"라는 규정을 삭제하였고 본항의 규정을 독자적인 범죄로부터 중하게 처벌하는 정상으로 개정하였다.

구체적으로 이번 개정을 거친 「형법」 제186조의 규정은 다음과 같다. "은행 또는 기타 금융기관의 직원이 국가규정을 위반하여 대출금을 지급하여 액수가 거대하거나 중대한 손실을 초래한 경우, 5년 이하의 유기징역 또는 구역에 처하고 1만 원 이상 10만 원 이하의 벌금을 병과한다. 액수가 특별히 거대하거나 특별히 중대한 손실을 초래한 경우, 5년 이상의 유기징역에 처하고 2만 원 이상 20만 원 이하의 벌금을 병과한다. 은행 또는 기타 금융기관의 국가규정을 위반하여 관계자에게 대출금을 지급한 경우, 전항의 규정에 따라 중하게 처벌한다. 단위가 전 2항의 죄를 범한 경우, 단위를 벌금에 처하고 직접 책임을 지는 주관자와 기타 직접 책임자를 전 2항의 규정에 따라 처벌한다. 관계자의 범위는 「중화인민공화국 상업은행법」관련 금융법규에 의하여 결정한다."

(22) 고객자금 수령후 장부에 기입하지 않은 죄(제187조)

본죄는 1997년 형법전에 신설된 범죄이다. 입법개정안을 보면 최초로 본죄를 도입한 것은 1997년 2월 17일의 형법개정초안개정안인데 동고 제188조는 "은행 또는 기타 금융기관의 직원이 사리사욕때문에 부정을 행하여 고객자금을 수령한 후 장부에 기입하지 않은 방식으로 자금을 불법적인 은행간차입, 대출금지급에 사용하여 중대한 손실을 초래한 경우, 5년 이하의 유기징역 또는 구역에 처한다. 특별히 중대한 손실을 초래한 경우, 5년 이상의 유기징역에 처한다. 단위가 전항의 죄를 범한 경우, 단위를 벌금에 처하고 직접 책임을 지는 주관자와 기타 직접 책임자를 전항의 규정에 따라 처벌한다"라고 규정하였다.

그 후의 검토과정에서 입법기관은 상기 규정을 선후하여 2차 조정하였다. (1) 1997년 3월 1일의 형법개정초안 제188조에서 본죄 구성요건 중의 "사리사욕때문에 부정을 행하여"라는 내용을 삭제하였다. (2) 1997년 3월 13일의 개정초안에서 본죄의 구성요건에 "영리의 목적으로"라는 주관요건을 증가하였고 본죄의 법정형에 벌금을 증설하였다.

　이렇게 최종적으로「형법」제187조를 형성하였는데 1997년 형법전 반포후, 본죄 조문은 실무적용과정에서 일부 문제점을 드러냈기에 입법기관은 최종적으로「형법개정안(6)」을 통하여「형법」제187조 제1항의 규정을 개정하여 (1) "영리의 목적으로"라는 주관요건을 삭제함, (2) "자금을 불법적인 은행간차입, 대출금지급에 사용하여"라는 내용을 삭제함, (3) 본죄의 기본법정형에 "액수가 거대한 경우"라는 정상을 삭제함, (4) 본죄의 가중법정형에 "액수가 특별히 거대한 경우"라는 정상을 증설하였다. 구체적으로 이번 개정을 거친 본 조문 제1항은 다음과 같다. "은행 또는 기타 금융기관의 직원이 고객자금을 수령한 후 장부에 기입하지 않아 액수가 거대하거나 중대한 손실을 초래한 경우, 5년 이하의 유기징역 또는 구역에 처하고 2만 원 이상 20만 원 이하의 벌금을 처한다. 액수가 특별히 거대하거나 특별히 중대한 손실을 초래한 경우, 5년 이상의 유기징역에 처하고 5만 원 이상 50만 원 이하의 벌금을 처한다."

(23) 규정을 위반한 금융증표 발부죄(제188조)

　본죄는 1997년 형법전에 신설된 범죄이다. 입법초안의 변화를 보면 최초로 본죄를 도입한 것은 1996년 8월 31일의 형법개정초고인데 동고는 "은행 또는 기타 금융기관의 직원이 규정을 위반하여 타인에게 신용장 또는 기타 보증장·어음·자산신용증명서를 발부하여 비교적 큰 손실을 초래한 경우, 5년 이하의 유기징역 또는 구역에 처한다. 중대한 손실을 초래한 경우, 5년 이상의 유기징역에 처한다. 단위가 전항의 죄를 범한 경우, 단위를 벌금에 처하고 직접 책임을 지는 주관자와 기타 직접 책임자를 전항의 규정에 따라 처벌한다"라고 규정하였다. 1996년 10월 10일의 개정초안(의견청취고)은 상기 규정을 기본적으로 계속 사용하였고 두 곳의 비교적 작은 개정을 하였다. 1996년 12월 중순의 개정초안 제177조는 10월 10일 제167조 제1항에 열거된 행위대상의 기초위에 "예금증명서"를 증가하여 최종적으로 신「형법」제188조의 규정을 형성하였다.

　상기 규정은 "비교적 큰 손실"과 "중대한 손실"의 초래를 기본구성요건과 가중구성요건으로 실무 중에서 손실에 대한 이해가 여러 가지이고 그 판단이 지극히 어려워, 이는 어느 정도에서 이 유형 범죄의 처벌과 억제에 영향을 미쳤다. 이를 감안하여 2006년 6월 29일 전국인민대표대회 상무위원회에서 통과한 「형법개정안 (6)」은 제15조에서 「형법」 제187조 제1항의 기존의 규정을 개정하였다. 즉 "은행 또는 기타 금융기관의 직원이 규정을 위반하여 타인에게 신용장 또는 기타 보증장·어음·예금증명서·자산신용증명서를 발부하여 정상이 중한 경우, 5년 이하의 유기징역 또는 구역에 처한다. 정상이 특별히 중한 경우, 5년 이상의 유기징역에 처한다."

(24) 위법어음 인수, 결제, 보증죄(제189조)

본죄는 1997년 형법전에 신설된 범죄이다. 입법초안의 변화를 보면 최초로 본죄를 도입한 것은 1996년 10월 10일의 형법개정초안(의견청취안)인데 동고 제168조는 "금융기관의 직원이 어음업무에서 어음법규정을 위반한 어음에 대하여 인수·결제·보증을 하여 중대한 손실을 초래한 경우, 5년 이하의 유기징역 또는 구역에 처한다. 특별히 중대한 손실을 초래한 경우, 5년 이상의 유기징역에 처한다"라고 규정하였다.

1996년 12월 중순의 개정초안 제177조는 상기 초안의 내용에 대하여 두 가지 방면의 개정을 하였다. (1) "금융기관의 직원"을 "은행 또는 기타 금융기관의 직원"으로 개정하였다. (2) 단위 범죄의 규정을 증설하였다. 동고의 이 규정은 최종적으로 신「형법」제189조에 의하여 사용되었다. 즉 "은행 또는 기타 금융기관의 직원이 어음업무에서 어음법규정을 위반한 어음에 대하여 인수·결제·보증을 하여 중대한 손실을 초래한 경우, 5년 이하의 유기징역 또는 구역에 처한다. 특별히 중대한 손실을 초래한 경우, 5년 이상의 유기징역에 처한다. 단위가 전항의 죄를 범한 경우, 단위를 벌금에 처하고 직접 책임을 지는 주관자와 기타 직접 책임자를 전항의 규정에 따라 처벌한다."

(25) 외화도피죄(제190조)

1979년 형법전에서 외화관리법규를 위반하여 정상이 중한 행위를 투기매매죄로 처리하였다. 1988년 전국인민대표대회 상무위원회에서 통과한「밀수죄처벌에 관한 보충규정關於懲治走私罪的補充規定」은 1979년 형법전에 외화도피죄, 외화매매죄를 보충규정하였다. 동 보충규정 제9조는 "전민소유제·집체소유제 기업·회사·기관·단체가 외화관리법규를 위반하여 해외에서 취득한 외화를 국내로 반입하여야 함에도 불구하고 반입하지 않거나 또는 국가가 지정한 은행에 예입하지 않거나 또는 국내의 외화를 해외로 불법반출하거나 또는 국가가 배급한 외화를 불법매출하여 영리한 경우, 외화관리기관에서 외화관리법규에 따라 외화를 강제회수태환하고 위법소득을 몰수하며 과태료를 병과할수 있고 직접 책임을 지는 주관자와 기타 직접 책임자를 그가 소속한 단위 또는 상급주관기관에서 정상에 따라 행정처분을 부과할수 있다. 정상이 중한 경우, 외화관리법규에 따라 외화를 강제회수태환하고 위법소득을 몰수하는 외에 벌금을 부과하고 직접 책임을 지는 주관자와 기타 직접 책임자를 5년 이하의 유기징역 또는 구역에 처한다. 기업·회사·기관·단체 또는 개인이 외화를 투기매매하여 정상이 중한 경우, 투기매매죄로 처벌한다."

국가가 형법전면개정을 입법계획에 인입하여 형법의 기초검토를 시작한 후, 일부 초고는 상기 보충규정의 내용에 따라 본죄를 도입하지 않았다. 예컨대 1988년 9월의 개정안은 본죄를 형법각칙 "재산침해죄侵犯財産罪"의 장에 배치하였다.

1996년 8월 8일의 형법각칙개정안에 이르러 외화도피·외화매매죄 죄명의 소속 그리고 그 내용에 대하여 비교적 큰 논쟁이 생겼기 때문에 더 깊은 연구가 필요하여 본죄를 규정하지 않았다.

새 형법 시행 후 얼마 안 되어, 당시 국제국내의 준엄한 금융과 경제형세에 기초하여 전국인민대표대회 상무위원회는 1998년 12월 29일에「사기수단에 의한 외화구입, 외화도피, 외화불법매매범죄의 처벌에 관한 결정」을 통과하였는데 동 결정은「형법」제190조에 대하여 세 가지 방면의 개정을 하였다. (1) 기존의 규정 중 회사·사업기관 또는 기타 단위의 국유성질을 취소하여 국유여부를 불문하고 정상이 중한 외화도피행위를 행한 경우, 모두 범죄로 형사책임을 추궁하였다. (2) 죄를 범한 단위에 대하여 한정된 벌금을 규정하였다. (3) 가중법정형의 양형구간을 규정하였다. 구체조문은 다음과 같다. "회사·사업기관 또는 기타 단위가 국가의 규정을 위반하여 외화를 해외에 무단예치하거나 국내의 외화를 해외로 불법반출하여 액수가 비교적 큰 경우, 단위를 외화도피액수 5% 이상 30% 이하의 벌금에 처하고 직접 책임을 지는 주관자와 기타 직접 책임자를 5년 이하의 유기징역 또는 구역에 처한다. 액수가 거대하거나 기타 중한 정상이 있을 경우, 단위를 외화도피액수 5% 이상 30% 이하의 벌금에 처하고 직접 책임을 지는 주관자와 기타 직접 책임자를 5년 이상의 유기징역에 처한다."

(26) 돈 세탁죄(제191조)

많은 나라의 형법은 돈세탁 범죄행위를 규정하였고 우리 나라 「마약금지에 관한 결정」도 돈 세탁행위를 규정한 적이 있었다. 실무를 살펴보면 돈 세탁범죄는 자주 발생하고 마약범죄에 한정되지 아니 한다. 그리하여 돈 세탁행위를 억제하고 범죄자가 법률제재를 피하는 것을 방지하며 금융관리질서를 유지하기 위하여 이에 대하여 단독으로 규정할 필요가 있다.

입법초안을 보면 최초로 본죄를 도입한 것은 1997년 2월 17일의 형법개정초안개정안인데 동고 제192조는 "마약범죄·조직범죄·밀수범죄의 위법소득 및 그에서 발생한 수익임을 알면서 그 출처와 성질을 위장하고 은폐하기 위하여 이하의 행위 중 하나가 있을 경우, 상기 범죄의 위법소득 및 그 수익을 몰수하고 3년 이하의 유기징역·구역 또는 관제에 처하며 돈세탁액수 1배이상 5배이하의 벌금을 병과하거나 단독으로 부과한다. 정상이 중한 경우, 3년 이상 10년 이하의 유기징역에 처하며 돈세탁액수 1배 이상 5배 이하의 벌금을 병과한다. (1) 자금계좌를 제공하는 경우, (2) 재산을 현금 또는 금융증권으로 전환하는 것에 협력하는 경우, (3) 송금, 인수등 결제방식으로 자금이전에 협력하는 경우, (4) 자금의 해외송금에 협력하는 경우, (5) 기타 방법으로 범죄의 위법소득 및 그 수익의 출처와 성질을 위장하고 은폐하는 경우. 단위가 전항의 죄를 범한 경우, 단위를 벌금에 처하고 직접 책임을 지는 주관자와 기타 직접 책임자를 전항의 규정에 따라 처벌한다"라고 규정하였다.

그 후의 검토과정에서 입법기관은 상기 내용을 선후하여 두 번 개정하여 최종적으로 통과된 1997년「형법」제191조를 형성하였다.

1997년 형법전 시행 후, 돈 세탁범죄의 처벌과 예방의 수요에 더 한층 적응하고 국제의무를 더 잘 이행하기 위하여 우리 나라 입법기관은 돈 세탁죄를 선후하여 두 번 개정하였는데 이 두 번의 개정은 다음과 같다.

(1) 2001년 12월 29일 전국인민대표대회 상무위원회에서 통과한「형법개정안 (3)」제7조는 돈 세탁죄에 대하여 두 곳의 개정을 하였다. 하나는 "상위범죄"의 범위를 확장하여 테러범죄를 그속에 도입하였고 다른 하나는 단위 범죄 중 직접 책임자의 처벌에 가중법정형 즉 "정상이 중한 경우, 5년 이상 10년 이하의 유기징역에 처한다."를 규정하였다.

(2) 2006년 6월 29일 전국인민대표대회 상무위원회에서 통과한「형법개정안 (6)」제16조는 "상위범죄"의 범위를 한층 더 확장하여 "횡령 및 뇌물죄貪汚賄賂犯罪·금융관리질서 파괴범죄破壞金融管理秩序犯罪·금융사기범죄金融詐騙犯罪"를 상위범죄로 증설하였다.

이렇게 개정안의 두 차례 개정을 거친「형법」제191조의 규정은 다음과 같다. "마약범죄·조직범죄·테러범죄·밀수범죄·횡령 및 뇌물죄·금융관리질서 파괴범죄·금융사기범죄의 소득 및 그에서 발생한 수익임을 알면서 그 출처와 성질을 위장하고 은폐하기 위하여 이하의 행위 중 하나가 있을 경우, 상기 범죄의 위법소득 및 그 수익을 몰수하고 5년 이하의 유기징역 또는 구역에 처하며 돈세탁액수 5% 이상 20% 이하의 벌금을 병과하거나 단독으로 부과한다. 정상이 중한 경우, 5년 이상 10년 이하의 유기징역에 처하며 돈세탁액수 5% 이상 20% 이하의 벌금을 병과한다. (1) 자금계좌를 제공하는 경우, (2) 재산을 현금, 금융증권 또는 유가증권으로 전환하는 것에 협력하는 경우, (3) 송금 또는 기타 결제방식으로 자금이전에 협력하는 경우, (4) 자금의 해외송금에 협력하는 경우, (5) 기타 방법으로 범죄소득 및 그 수익의 출처와 성질을 위장하고 은폐하는 경우. 단위가 전항의 죄를 범한 경우, 단위를 벌금에 처하고 직접 책임을 지는 주관자와 기타 직접 책임자를 5년 이하의 유기징역 또는 구역에 처하고 정상이 중한 경우, 5년 이상 10년 이하의 유기징역에 처한다."

(27) 사기수단에 의한 외화구입죄
(「사기수단에 의한 외화구입, 외화도피, 외화불법매매범죄의 처벌에 관한 결정」)

본죄는 1998년 12월 29일 전국인민대표대회 상무위원회는에서 통과한 「사기수단에 의한 외화구입·외화도피·외화불법매매범죄의 처벌에 관한 결정」에 의하여 신설된 범죄인데 그 목적은 당시 준엄한 국제금융형세에 대응하고 금융안전을 심각히 위협하는 외화투기행위를 처벌하고 억제하며 국가의 금융안전과 사회경제안전을 위지하는 것이였다. 동 결정 제1조는 다음과 같이 규정하였다. "이하의 경우 중 하나가 있어 사기수단에 의하여 외화를 구입하여 액수가 비교적 큰 경우, 5년 이하의 유기징역 또는 구역에 처하고 사기수단에 의하여 구입한 외화액수의 5% 이상 30% 이하의 벌금을 병과한다. 액수가 거대하거나 기타 중한 정상이 있을 경우, 5년 이상 10년 이하의 유기징역에 처하고 사기수단에 의하여 구입한 외화액수의 5% 이상 30% 이하의 벌금을 병과한다. 액수가 특별히 거대하거나 기타 특별히 중한 정상이 있을 경우, 10년 이상의 유기징역 또는 무기징역에 처하고 사기수단에 의하여 구입한 외화액수의 5% 이상 30% 이하의 벌금 또는 재산몰수를 병과한다. (1) 세관에서 발급한 통관신고서, 수입증명, 외화관리부문의 허가증 등 증빙서류와 증표를 위조·변조하여 사용한 경우, (2) 세관에서 발급한 통관신고서·수입증명·외화관리부문의 허가증 등 증빙서류와 증표를 중복하여 사용한 경우, (3) 기타 방식으로 외화를 사기수단에 의하여 구입한 경우. 세관에서 발급한 통관신고서, 수입증명, 외화관리부문의 허가증 등 증빙서류와 증표를 위조, 변조하여 외화를 사기수단에 의하여 구입한 경우, 전항의 규정에 따라 중하게 처벌한다. 사기수단에 외화구입에 사용될 것을 알면서 인민폐자금을 제공한 경우, 공범으로 논한다. 단위가 전 3항의 죄를 범한 경우, 단위를 제1항의 규정에 따라 벌금에 처하고 직접 책임을 지는 주관자와 기타 직접 책임자를 5년 이하의 유기징역 또는 구역에 처한다. 액수가 거대하거나 기타 중한 정상이 있을 경우, 5년 이상 10년 이하의 유기징역에 처한다. 액수가 특별히 거대하거나 기타 특별히 중한 정상이 있을 경우, 10년 이상의 유기징역 또는 무기징역에 처한다."

5. 금융사기죄

(1) 자금모집 사기죄(제192조)

본죄는 기존「금융질서범죄의 결정金融秩序犯罪的決定」에 의하여 1979년 형법 전에 보충규정된 범죄이다. 동 결정 제8조는 다음과 같이 규정하였다. "불법영득의 목적으로 사기방법으로 자금을 모집한 경우, 3년 이하의 유기징역 또는 구역에 처하고 2만 원 이상 20만 원 이하의 벌금을 병과한다. 액수가 거대하거나 기타 중한 정상이 있을 경우, 3년 이상 10년 이하의 유기징역에 처하고 5만 원 이상 50만 원 이하의 벌금을 병과한다. 액수가 특별히 거대하거나 기타 특별히 중한 정상이 있을 경우, 10년 이상의 유기징역·무기징역 또는 사형에 처하고 재산몰수를 병과한다. 단위가 전항의 죄를 범한 경우, 단위를 벌금에 처하고 직접 책임을 지는 주관자와 기타 직접 책임자를 전항의 규정에 따라 처벌한다."

형법개정검토과정에서 1996년 8월 8일의 형법각칙개정초안은 상기 결정의 내용을 도입하였고 그 후의 입법기관은 선후하여 일부 개정을 하여 최종적으로 1997년「형법」제192조의 규정을 형성하였다. "불법영득의 목적으로 사기방법으로 자금을 모집하여 액수가 비교적 큰 경우, 5년 이하의 유기징역 또는 구역에 처하고 2만 원 이상 20만 원 이하의 벌금을 병과한다. 액수가 거대하거나 기타 중한 정상이 있을 경우, 5년 이상 10년 이하의 유기징역에 처하고 2만 원 이상 20만 원 이하의 벌금을 병과한다. 액수가 특별히 거대하거나 기타 특별히 중한 정상이 있을 경우, 10년 이상의 유기징역 또는 무기징역에 처하고 5만 원 이상 50만 원 이하의 벌금 또는 재산몰수를 병과한다."

(2) 대부금 사기죄(제193조)

본죄는 기존「금융질서범죄의 결정」에 의하여 1979년 형법전에 보충규정된 범죄이다.

형법개정검토과정에서 1996년 8월 8일의 형법각칙개정초안은 상기 결정의 내용을 도입하였고 그 후 입법기관은 일부 개정을 하여 최종적으로 1997년「형법」제193조의 규정을 형성하였다. "이하의 경우 중 하나가 있어 불법영득의 목적으로 은행 또는 기타 금융기관의 대부금을 사기하여 액수가 비교적 큰 경우, 5년 이하의 유기징역 또는 구역에 처하고 2만 원 이상 20만 원 이하의 벌금을 병과한다. 액수가 거대하거나 기타 중한 정상이 있을 경우, 5년 이상 10년 이하의 유기징역에 처하고 5만 원 이상 50만 원 이하의 벌금을 병과한다. 액수가 특별히 거대하거나 기타 특별히 중한 정상이 있을 경우, 10년 이상의 유기징역 또는 무기징역에 처하고 5만 원 이상 50만 원 이하의 벌금 또는 재산몰수를 병과한다. (1) 자금, 프로젝트의 도입 등 허위의 이유를 날조하는 경우, (2) 허위의 경제계약을 사용하는 경우, (3) 허위의 증명서류를 사용하는 경우, (4) 허위의 재산권증명으로 담보를 하거나 저당물의 가치를 초과하여 중복담보하는 경우, (5) 기타 방법으로 대부금을 사기하는 경우" 등이 있다.

(3) 어음 사기죄·금융증빙 사기죄(제194조)

본죄는 기존「금융질서범죄의 결정」에 의하여 1979년 형법전에 보충규정된 범죄이다.

형법개정검토과정에서 1996년 8월 8일의 형법각칙개정초안은 상기 결정의 내용을 도입하였고 그 후의 입법기관은 선후하여 일부 개정을 하여 최종적으로 1997년「형법」제194조의 규정을 형성하였다. "이하의 경우 중 하나가 있어 금융어음사기활동을 하여 액수가 비교적 큰 경우, 5년 이하의 유기징역 또는 구역에 처하고 2만 원 이상 20만 원 이하의 벌금을 병과한다. 액수가 거대하거나 기타 중한 정상이 있을 경우, 5년 이상 10년 이하의 유기징역에 처하고 5만 원 이상 50만 원 이하의 벌금을 병과한다. 액수가 특별히 거대하거나 기타 특별히 중한 정상이 있을 경우, 10년 이상의 유기징역 또는 무기징역에 처하고 5만 원 이상 50만 원 이하의 벌금 또는 재산몰수를 병과한다. (1) 위조·변조한 환어음·자기앞수표·수표임을 알면서 사용한 경우, (2) 폐기한 환어음·자기앞수표·수표임을 알면서 사용한 경우, (3) 타인의 환어음·자기앞수표·수표를 도용한 경우, (4) 공수표 또는 그가 미리 남겨둔 인감과 부합되지 않은 수표를 서명발급하여 재물을 편취하는 경우, (5) 어음, 자기앞수표의 발행인이 자금보증이 없는 어음·자기앞수표를 서명발행하거나 발행시 허위의 기재를 하여 재물을 편취하는 경우. 위조·변조한 추심증빙·송금증빙·은행예금증 등 기타 은행결제증빙을 사용한 경우, 전항의 규정에 따라 처벌한다."

(4) 신용장 사기죄(제195조)

본죄는 기존 「금융질서범죄의 결정」에 의하여 1979년 형법전에 보충규정된 범죄이다. 동 결정 제13조는 다음과 같이 규정하였다. "이하의 경우 중 하나가 있어 신용장 사기활동을 한 경우, 5년 이하의 유기징역 또는 구역에 처하고 2만 원 이상 20만 원 이하의 벌금을 병과한다. 액수가 거대하거나 기타 중한 정상이 있을 경우, 5년 이상 10년 이하의 유기징역에 처하고 5만 원 이상 50만 원 이하의 벌금을 병과한다. 액수가 특별히 거대하거나 기타 특별히 중한 정상이 있을 경우, 10년 이상의 유기징역, 무기징역 또는 사형에 처하고 재산몰수를 병과한다. (1) 위조, 변조한 신용장 또는 부수증표, 서류를 사용한 경우, (2) 폐기된 신용장을 사용한 경우, (3) 신용장을 편취한 경우, (4) 기타 방법으로 신용장 사기활동을 한 경우. 단위가 전항의 죄를 범한 경우, 단위를 벌금에 처하고 직접 책임을 지는 주관자와 기타 직접 책임자를 전항의 규정에 따라 처벌한다."

형법개정검토과정에서 1996년 8월 8일의 형법각칙개정초안은 상기 결정의 내용을 도입하였고 그 후의 입법기관은 선후하여 일부 개정을 하였다.

최종적으로 형성된 1997년 「형법」 제195조의 규정은 다음과 같다. "이하의 경우 중 하나가 있어 신용장 사기활동을 한 경우, 5년 이하의 유기징역 또는 구역에 처하고 2만 원 이상 20만 원 이하의 벌금을 병과한다. 액수가 거대하거나 기타 중한 정상이 있을 경우, 5년 이상 10년 이하의 유기징역에 처하고 5만 원 이상 50만 원 이하의 벌금을 병과한다. 액수가 특별히 거대하거나 기타 특별히 중한 정상이 있을 경우, 10년 이상의 유기징역 또는 무기징역에 처하고 5만 원 이상 50만 원 이하의 벌금 또는 재산몰수를 병과한다. (1) 위조·변조한 신용장 또는 부수증표·서류를 사용한 경우, (2) 폐기된 신용장을 사용한 경우, (3) 신용장을 편취한 경우, (4) 기타 방법으로 신용장 사기활동을 한 경우. 단위가 전항의 죄를 범한 경우, 단위를 벌금에 처하고 직접 책임을 지는 주관자와 기타 직접 책임자를 전항의 규정에 따라 처벌한다."

(5) 신용카드 사기죄(제196조)

본죄는 기존「금융질서범죄의 결정」에 의하여 1979년 형법전에 보충규정된 범죄이다. 동 결정 제14조는 다음과 같이 규정하였다. "이하의 경우 중 하나가 있어 신용카드 사기활동을 하여 액수가 비교적 큰 경우, 5년 이하의 유기징역 또는 구역에 처하고 2만 원 이상 20만 원 이하의 벌금을 병과한다. 액수가 거대하거나 기타 중한 정상이 있을 경우, 5년 이상 10년 이하의 유기징역에 처하고 5만 원 이상 50만 원 이하의 벌금을 병과한다. 액수가 특별히 거대하거나 기타 특별히 중한 정상이 있을 경우, 10년 이상의 유기징역 또는 무기징역에 처하고 재산몰수를 병과한다. (1) 위조한 신용카드를 사용한 경우, (2) 폐기한 신용카드를 사용한 경우, (3) 타인의 신용카드를 도용한 경우, (4) 결제를 악의적으로 연체하는 경우. 신용카드를 절취하여 사용하는 경우, 절도죄에 관한 형법의 규정에 따라 처벌한다."

형법개정검토과정에서 1996년 8월 8일의 형법각칙개정초안은 상기 결정의 내용을 도입하였고 그 후의 입법기관은 선후하여 일부 개정을 하여 최종적으로 1997년「형법」제196조의 규정을 형성하였다. "이하의 경우 중 하나가 있어 신용카드 사기활동을 하여 액수가 비교적 큰 경우, 5년 이하의 유기징역 또는 구역에 처하고 2만 원 이상 20만 원 이하의 벌금을 병과한다. 액수가 거대하거나 기타 중한 정상이 있을 경우, 5년 이상 10년 이하의 유기징역에 처하고 5만 원 이상 50만 원 이하의 벌금을 병과한다. 액수가 특별히 거대하거나 기타 특별히 중한 정상이 있을 경우, 10년 이상의 유기징역 또는 무기징역에 처하고 재산몰수를 병과한다. (1) 위조한 신용카드를 사용하거나 허위 신분증명으로 사기하여 발급받은 신용카드를 사용한 경우, (2) 폐기한 신용카드를 사용한 경우, (3) 타인의 신용카드를 도용한 경우, (4) 결제를 악의적으로 연체하는 경우. 전항에서 말한 '결제를 악의적으로 연체하는 경우'란 카드소지자가 불법영득의 목적으로 규정된 금액한도나 규정된 기간을 초과하여 결제를 연체하고 카드발급은행에서 결제를 독촉하였음에도 불구하고 결제하지 않은 행위를 말한다. 신용카드를 절취하여 사용하는 경우, 본 법 제264조의 규정에 따라 죄명을 정하고 처벌한다."

1997년 형법전 시행 후, 입법기관은 신용카드범죄의 처벌과 억제에 대한 실무의 수요에 따라 2005년 2월 28일「형법개정안 (5)」을 통과하여「형법」제196조의 기존의 규정을 개정하였는데 즉 본죄에 제1호의 행위에 "허위 신분증명으로 기만하여 발급받은 신용카드를 사용한 경우"라는 규정을 증설하였다.

(6) 유가증권 사기죄(제197조)

본죄는 1997년 형법전에 의하여 신설된 범죄인데 형법개정검토과정에서 그 내용이 최초로 나타난 것은 1997년 2월 17일 형법개정초안(개정안)이다. 동고 제198조는 "위조한 국고채권 또는 국가가 발행한 기타 유가증권을 사용하여 사기활동을 하여 액수가 비교적 큰 경우, 5년 이하의 유기징역 또는 구역에 처하고 2만 원 이상 20만 원 이하의 벌금을 병과한다. 액수가 거대하거나 기타 중한 정상이 있을 경우, 5년 이상 10년 이하의 유기징역에 처하고 5만 원 이상 50만 원 이하의 벌금을 병과한다. 액수가 특별히 거대하거나 기타 특별히 중한 정상이 있을 경우, 10년 이상의 유기징역 또는 무기징역에 처하고 재산몰수를 병과한다"라고 규정하였다.

1997년 3월 13일의 개정초안은 상기 규정의 기초위에 본죄 제3등차의 법정형의 부가형에 "5만 원 이상 50만 원 이하의 벌금"을 증설하여 현행「형법」제197

조의 규정을 형성하였다. "위조한 국고채권 또는 국가가 발행한 기타 유가증권을 사용하여 사기활동을 하여 액수가 비교적 큰 경우, 5년 이하의 유기징역 또는 구역에 처하고 2만 원 이상 20만 원 이하의 벌금을 병과한다. 액수가 거대하거나 기타 중한 정상이 있을 경우, 5년 이상 10년 이하의 유기징역에 처하고 5만 원 이상 50만 원 이하의 벌금을 병과한다. 액수가 특별히 거대하거나 기타 특별히 중한 정상이 있을 경우, 10년 이상의 유기징역 또는 무기징역에 처하고 5만 원 이상 50만 원 이하의 벌금 또는 재산몰수를 병과한다."

(7) 보험 사기죄(제198조)

1979년 형법전은 보험사기죄를 규정하지 않았고 형법전면개정검토과정에서 1995년의「금융질서범죄의 결정」은 보험사기죄를 단독으로 규정하였는데 그 16조는 다음과 같이 규정하였다. "이하의 경우 중 하나가 있어 보험사기활동을 하여 액수가 비교적 큰 경우, 5년 이하의 유기징역 또는 구역에 처하고 1만 원 이상 10만 원 이하의 벌금을 병과한다. 액수가 거대하거나 기타 중한 정상이 있을 경우, 5년 이상 10년 이하의 유기징역에 처하고 2만 원 이상 20만 원 이하의 벌금을 병과한다. 액수가 특별히 거대하거나 기타 특별히 중한 정상이 있을 경우, 10년 이상의 유기징역에 처하고 재산몰수를 병과한다. (1) 보험가입자가 보험물을 고의로 허구하여 보험금을 편취하는 경우, (2) 보험가입자·피보험자 또는 수익자가 발생한 보험사고에 대하여 허위의 원인을 날조하거나 손실의 정도를 과장하여 보험금을 편취하는 경우, (3) 보험가입자, 피보험자 또는 수익자가 발생하지 않은 보험사고를 날조하여 보험금을 편취하는 경우, (4) 보험가입자·피보험자가 고의로 재산손실 보험사고를 발생시켜 보험금을 편취하는 경우, (5) 보험가입자·수익자가 고의로 피보험자의 사망·상해불구 또는 질병을 발생시켜 보험금을 편취하는 경우. 전항 제(4)호, 제(5)호의 행위가 있어 동시에 기타 범죄를 성립하는 경우, 형법 병합죄의 규정에 따라 처벌한다. 보험사고의 감정인·증명인·재산평가인이 고의로 허위의 증명서류를 제출하여 타인의 사기에 조건을 제공한 경우, 보험사기의 공범으로 논한다. 단위가 제1항의 죄를 범한 경우, 단위를 벌금에 처하고 직접 책임을 지는 주관자와 기타 직접 책임자를 제1항의 규정에 따라 처벌한다."

　상기의 규정은 그 후 본죄 조문에 대한 입법기관의 기초와 검토를 위하여 기초를 제공하였고 최종적으로 1997년「형법」제198조의 규정을 형성하였다. "이하의 경우 중 하나가 있어 보험사기활동을 하여 액수가 비교적 큰 경우, 5년 이하의 유기징역 또는 구역에 처하고 1만 원 이상 10만 원 이하의 벌금을 병과한다. 액수가 거대하거나 기타 중한 정상이 있을 경우, 5년 이상 10년 이하의 유기징역에 처하고 2만 원 이상 20만 원 이하의 벌금을 병과한다. 액수가 특별히 거대하거나 기타 특별히 중한 정상이 있을 경우, 10년 이상의 유기징역에 처하고 2만 원 이상 20만 원 이하의 벌금 또는 재산몰수를 병과한다. (1) 보험가입자가 보험물을 고의로 허구하여 보험금을 편취하는 경우, (2) 보험가입자 · 피보험자 또는 수익자가 발생한 보험사고에 대하여 허위의 원인을 날조하거나 손실의 정도를 과장하여 보험금을 편취하는 경우, (3) 보험가입자 · 피보험자 또는 수익자가 발생한 않은 보험사고를 날조하여 보험금을 편취하는 경우, (4) 보험가입자, 피보험자가 고의로 재산손실 보험사고를 발생시켜 보험금을 편취하는 경우, (5) 보험가입자 · 수익자가 고의로 피보험자의 사망 · 상해불구 또는 질병을 발생시켜 보험금을 편취하는 경우. 전항 제(4)호, 제(5)호의 행위가 있어 동시에 기타 범죄를 성립하는 경우, 병합죄의 규정에 따라 처벌한다. 단위가 제1항의 죄를 범한 경우, 단위를 벌금에 처하고 직접 책임을 지는 주관자와 기타 직접 책임자를 5년 이하의 유기징역 또는 구역에 처한다. 액수가 거대하거나 기타 중한 정상이 있을 경우, 5년 이상 10년 이하의 유기징역에 처한다. 액수가 특별히 거대하거나 기타 특별히 중한 정상이 있을 경우, 10년 이상의 유기징역에 처한다. 보험사고의 감정인 · 증명인 · 재산평가인이 고의로 허위의 증명서류를 제출하여 타인의 사기에 조건을 제공한 경우, 보험사기의 공범으로 논한다."

(8) 본절의 죄의 형벌에 관한 특별규정(제199조)

　「금융질서범죄의 결정」에서 입법기관은 자금모집 사기죄 · 신용장 사기죄 · 어음 사기죄와 금융증빙 사기죄 등 네 가지 범죄에 대하여 사형을 규정하였다. 형법개정검토과정에서 사형조문의 수량을 감소하기 위하여 1996년 12월 20일의 개정초안은 기존 각죄에 산재하여 있던 사형을 한 개의 조문에 집중하여 규정하였다. 동 초안 제184조는 다음과 같이 규정하였다. "본절 제178조, 제180조, 제181조의 죄를 범하여 액수가 특별히 거대하고 국가와 인민의 이익에 특별히 큰 손실을 초래한 경우, 무기징역 또는 사형에 처하고 재산몰수를 병과한다." 상기 규정 중 언급된 조문의 순번을 조정하여 최종적으로 1997년「형법」제199조의 규정을 형성하였다. "본절 제192조·제194조·제195조의 죄를 범하여 액수가 특별히 거대하고 국가와 인민의 이익에 특별히 큰 손실을 초래한 경우, 무기징역 또는 사형에 처하고 재산몰수를 병과한다." 그 후「형법개정안 (8)」에서 제194조·제195조의 어음 사기죄와 금융증빙 사기죄 및 신용장 사기죄 등 세 범죄의 사형을 폐지하였기 때문에「형법개정안 (8)」도 이에 상응하여 본조의 규정을 개정하였다. "본절 제192조의 죄를 범하여 액수가 특별히 거대하고 국가와 인민의 이익에 특별히 큰 손실을 초래한 경우, 무기징역 또는 사형에 처하고 재산몰수를 병과한다."

2015년「형법개정안 (9)」은 본조를 삭제하였다.

(9) 단위가 본절의 죄를 범한 경우의 처벌(제200조)

「금융질서범죄의 결정」과 일부 형법검토초안에서 본절의 단위 범죄는 항상 각 조문에 분산되어 규정되었었다. 그 후 이러한 규정의 번거로움을 고려하여 조문을 간략화하기 위하여 입법기관은 1997년 3월 13일의 개정초안에서는 자금모집 사기죄, 어음 사기죄, 금융증빙 사기죄 및 신용장 사기죄의 단위 범죄를 한 개의 조문에 집중하여 규정하였다. 동 초안 제200조는 "단위가 본절 제192조·제194조·제195조의 죄를 범할 경우, 단위를 벌금에 처하고 직접 책임을 지는 주관자와 기타 직접 책임자를 5년 이하의 유기징역 또는 구역에 처한다. 액수가 거대하거나 기타 중한 정상이 있을 경우, 5년 이상 10년 이하의 유기징역에 처한다. 액수가 특별히 거대하거나 기타 특별히 중한 정상이 있을 경우, 10년 이상의 유기징역 또는 무기징역에 처한다"라고 규정하였다. 이것이 바로 1997년「형법」제

200조의 규정이다. 그 후 「형법개정안 (8)」은 사법실무의 수요에 기초하여 본조에서 직접 책임자에 대하여 벌금형을 보충규정하였다. 그리하여 「형법」 제200조의 규정은 다음과 같이 개정되었다. "단위가 본절 제192조·제194조·제195조의 죄를 범할 경우, 단위를 벌금에 처하고 직접 책임을 지는 주관자와 기타 직접 책임자를 5년 이하의 유기징역 또는 구역에 처하고 벌금을 병과할수 있다. 액수가 거대하거나 기타 중한 정상이 있을 경우, 5년 이상 10년 이하의 유기징역에 처하고 벌금을 병과한다. 액수가 특별히 거대하거나 기타 특별히 중한 정상이 있을 경우, 10년 이상의 유기징역 또는 무기징역에 처하고 벌금을 병과한다."

6. 세금징수, 관리 위해죄

(1) 탈세죄(제201조)

1979년 「형법」 제121조는 탈세죄와 납세거부죄를 함께 규정하였고 처벌의 대상은 직접 책임자였다. 그 규정은 너무 소략하여 날로 심각해 지는 탈세·납세거부범죄 처벌의 수요를 완전히 만족시킬수 없었다. 그리하여 1992년 9월 4일, 전국인민대표대회 상무위원회는 「탈세, 납세거부범죄의 처벌에 관한 보충규정」(이하「탈세·납세거부범죄 보충규정」으로 약칭함)을 단독으로 통과하여 탈세죄와 납세거부죄를 두 개의 조문으로 나누어 규정하였다. 「탈세·납세거부범죄 보충규정」 제1조는 "납세자가 장부·기장증빙을 위조·변조·은닉·무단소각하거나 장부에 지출을 많이 열거하거나 또는 수입을 열거하지 않거나 적게 열거하거나 또는 허위의 납세신고를 하는 수단을 사용하여 응납세금을 납부하지 않거나 적게 납부하는 것을 탈세로 정의하였다. 탈세액이 응납세액의 10% 이상을 차지하고 탈세액이 1만원이상이거나 탈세로 인하여 세무기관에 의하여 행정처벌을 두 번 받은 후 다시 탈세하는 경우, 3년 이하의 유기징역 또는 구역에 처하고 탈세액 5배 이하의 벌금을 병과한다. 탈세액이 응납세액의 30% 이상을 차지하고 탈세액이 10만 원 이상인 경우, 3년 이상 7년 이하의 유기징역에 처하고 탈세액 5배이하의 벌금을 병과한다. 원천징수 의무자가 전항에 열거한 수단을 사용하여 공제하거나 징수한 세금을 납부하지 않거나 적게 납부하여 액수가 응납세액의 10% 이상을 차지하고 탈세액이 1만 원 이상인 경우, 전항의 규정에 따라 처벌한다. 전 2항에 규정된 위법행위를 수차례 행하여 처벌하지 않은 경우, 누적액수로 계산한다"라고 규정하였다.

본죄 조문 기초시, 입법기관은「탈세, 납세거부범죄 보충규정」의 내용을 기초로 선후하여 일부 개정과 조정을 거쳐 최종적으로 1997년「형법」제201조의 규정을 형성하였다.

1997년 형법전 반포후, 전국인민대표대회 상무위원회는 2009년 2월 28일에「형법개정안(7)」을 통과하였고 동 개정안은「형법」제201조의 기존의 규정에 대하여 비교적 큰 개정과 보충을 하였는데 개정후「형법」제201조의 규정은 다음과 같다. "납세자가 기만・은닉수단을 사용하여 허위의 납세신고를 하거나 신고를 하지 않음으로써 세금납부를 도피하여 액수가 비교적 크고 응납세액의 10%이상을 차지하는 경우, 3년 이하의 유기징역 또는 구역에 처하고 벌금을 병과한다. 액수가 거대하고 응납세액의 30%이상을 차지하는 경우, 3년 이상 7년 이하의 유기징역에 처하고 벌금을 병과한다. 원천징수 의무자가 전항에 열거한 수단을 사용하여 공제하거나 징수한 세금을 납부하지 않거나 적게 납부하여 액수가 비교적 큰 경우, 전항의 규정에 따라 처벌한다. 전 2항에 규정된 행위를 수차례 행하여 처리하지 않은 경우, 누적액수로 계산한다. 제1항의 행위가 있고 세무기관에서 법에 의하여 추징통지를 하달한 후, 응납세금을 추가납부하고 체납금을 납부하며 행정처벌을 이미 받은 경우, 형사책임을 추궁하지 아니 한다. 다만 5년이내 세금납부를 도피하여 형사처벌을 받았거나 세무기관에 의하여 두 번이상의 행정처벌을 받았을 경우를 제외한다." 관련 사법해석에 의하여 본죄의 죄명도 "탈세죄偸稅罪"로부터 "탈세죄逃稅罪"로 변경되었다.

(2) 세금납부 거부죄(제202조)

1979년「형법」제121조에서 납세거부죄와 탈세죄는 한 개 조문에 규정되어 있었고 1992년 9월 4일, 전국인민대표대회 상무위원회에서 통과한 「탈세, 납세거부범죄 보충규정」은 이 두 범죄를 두 개의 조문으로 나누어 규정하였는데 동 보충결정 제6조는 "폭력·협박의 방법으로 세금납부를 거부한 것을 세금납부거부이고 3년 이하의 유기징역 또는 구역에 처하고 납부거부세액 5배 이하의 벌금을 병과한다. 정상이 중한 경우, 3년 이상 7년 이하의 유기징역에 처하고 납부거부세액 5배 이하의 벌금을 병과한다. 폭력의 방법으로 세금납부를 거부하여 타인을 중상 또는 사망에 이르게 한 경우, 상해죄·살인죄로 중하게 처벌하고 전항의 규정에 따라 벌금에 처한다"라고 규정하였다.

형법기초와 검토과정에서 1988년의 3개 초안의 규정방식은 1979년 형법전과 동일하였고 모두 탈세와 세금납부거부를 한 개 조문에 규정하였다. 「탈세, 납세거부범죄 보충규정」이 통과된 후, 입법기관은 보충규정의 내용을 기초로 본죄 조문을 기초하고 검토하기 시작하였고 선후하여 세 개 방면의 개정을 하여 최종적으로 1997년 「형법」 제202조의 규정을 형성하였다. "폭력·협박의 방법으로 세금납부를 거부한 경우, 3년 이하의 유기징역 또는 구역에 처하고 납부거부세액 1배 이상 5배 이하의 벌금을 병과한다. 정상이 중한 경우, 3년 이상 7년 이하의 유기징역에 처하고 납부거부세액 1배 이상 5배 이하의 벌금을 병과한다."

(3) 미납세금 추징도피죄(제203조)

본죄는 원래 「탈세, 납세거부범죄 보충규정」에 의하여 1979년 형법전에 보충규정된 범죄이다. 동 보충규정 제2조는 "납세자가 응납세금을 미납하여 재산을 이전하거나 은닉하는 수단을 사용하여 세무기관으로 하여금 미납세금을 추징할 수 없도록 하여 액수가 1만 원 이상 10만 원 이하의 경우, 3년 이하의 유기징역 또는 구역에 처하고 미납세액 5배이하의 벌금을 병과한다. 액수가 10만 원 이상일 경우, 3년 이상 7년 이하의 유기징역에 처하고 미납세액 5배 이하의 벌금을 병과한다"라고 규정하였다.

형법개정검토과정에서 1996년 8월 8일의 형법각칙개정초안은 상기 단행형법의 규정을 도입하였고 그 후 그 내용에 대하여 일부 개정을 하여 최종적으로

1997년 「형법」 제203조의 규정을 형성하였다. "납세자가 응납세금을 미납하여 재산을 이전하거나 은닉하는 수단을 사용하여 세무기관으로 하여금 미납세금을 추징할수 없도록 하여 액수가 1만 원 이상 10만 원 이하의 경우, 3년 이하의 유기징역 또는 구역에 처하고 미납세액 1배이상 5배이하의 벌금을 병과하거나 단독으로 부과한다. 액수가 10만 원 이상일 경우, 3년 이상 7년 이하의 유기징역에 처하고 미납세액 1배 이상 5배 이하의 벌금을 병과한다."

(4) 수출환급세금 편취죄(제204조)

본죄는 원래 「탈세, 납세거부범죄 보충규정」에 의하여 1979년 형법전에 보충규정된 범죄이다.

형법개정검토과정에서 본죄의 구성요건과 법정형에 대하여 모두 비교적 큰 개정을 하여 최종적으로 1997년 「형법」 제204조의 규정을 형성하였다. "허위의 수출신고 또는 기타 기만수단으로 국가의 수출환급세금을 편취하여 액수가 비교적 큰 경우, 5년 이하의 유기징역 또는 구역에 처하고 편취한 세금의 1배 이상 5배 이하의 벌금을 병과한다. 액수가 거대하거나 기타 중한 정상이 있을 경우, 5년 이상 10년 이하의 유기징역에 처하고 편취한 세금의 1배 이상 5배 이하의 벌금을 병과한다. 액수가 특별히 거대하거나 기타 특별히 중한 정상이 있을 경우, 10년 이상의 유기징역 또는 무기징역에 처하고 편취한 세금의 1배 이상 5배 이하의 벌금 또는 재산몰수를 병과한다. 납세자가 세금을 납부한 후, 전항에 규정된 기만의 방법으로 기납부세금을 편취한 경우, 본 법 제201조의 규정에 따라 처벌한다. 편취한 세금이 기납부세금을 초과한 부분은 전항의 규정에 따라 처벌한다."

(5) 부가가치세 전용영수증 허위발급·수출환급세금 편취·세금공제에 사용될 영수증 허위발급죄(제205조)

본죄는 기존 1995년 10월 30일 전국인민대표대회 상무위원회에서 통과한 「부가가치세 전용영수증 허위발급, 위조와 불법매매 범죄의 처벌에 관한 결정」(이하 「부가가치세 영수증범죄의 결정」으로 약칭함)에 의하여 1979년 형법전에 보충규정된 범죄이다. 동 결정 제1조는 "부가가치세 전용영수증을 허위발급한 경우, 3년 이하의 유기징역 또는 구역에 처하고 2만 원 이상 20만 원 이하의 벌금을 병과한다. 허위발급한 세금액수가 비교적 크거나 기타 중한 정상이 있을 경우, 3년 이상 10년 이하의 유기징역에 처하고 5만 원 이상 50만 원 이하의 벌금을 병과한다. 허위발급한 세금액수가 거대하거나 기타 특별히 중한 정상이 있을 경우, 10년 이상의 유기징역 또는 무기징역에 처하고 재산몰수를 병과한다. 전항의 행위가 있어 국가세금을 편취하여 액수가 특별히 거대하고 정상이 특별히 중하여 국가이익에 특별히 중대한 손실을 초래한 경우, 무기징역 또는 사형에 처하고 재산몰수를 병과한다. 부가가치세 전용영수증 허위발급 범죄단체의 수괴는 전 2항의 규정에 따라 각각 중하게 처벌한다. 부가가치세 전용영수증 허위발급이란 부가가치세 전용영수증을 타인을 위하여 허위발급하거나 자신을 위하여 허위발급하거나 타인으로 하여금 자신을 위하여 허위발급하게 하거나 허위발급하도록 타인을 소개한 행위 중 하나가 있을 경우를 말한다"라고 규정하였고 제5조는 "수출환급세금 편취, 세금공제에 사용될 기타 영수증을 허위발급한 경우, 본 결정 제1조의 규정에 따라 처벌한다. 수출환급세금 편취, 세금공제에 사용될 기타 영수증 허위발급이란 수출환급세금 편취, 세금공제에 사용될 기타 영수증을 타인을 위하여 허위발급하거나 자신을 위하여 허위발급하거나 타인으로 하여금 자신을 위하여 허위발급하게 하거나 허위발급하도록 타인을 소개한 행위 중 하나가 있을 경우를 말한다."

형법개정검토과정에서 「부가가치세 영수증범죄의 결정」의 관련 내용을 형법검토초안에 도입할 때 입법기관은 그에 대하여 일부 합병과 조정을 하였다.

개정과 조정을 거쳐 최종적으로 1997년 「형법」 제205조의 규정을 형성하였다. "부가가치세 전용영수증을 허위발급하거나 수출환급세금 편취, 세금공제에 사용될 기타 영수증을 허위발급한 경우, 3년 이하의 유기징역 또는 구역에 처하고 2만 원 이상 20만 원 이하의 벌금을 병과한다. 허위발급한 세금액수가 비교적 크거나 기타 중한 정상이 있을 경우, 3년 이상 10년 이하의 유기징역에 처하고 5만 원 이상 50만 원 이하의 벌금을 병과한다. 허위발급한 세금액수가 거대하거나 기타 특별히 중한 정상이 있을 경우, 10년 이상의 유기징역 또는 무기징역에 처하고 5만 원 이상 50만 원 이하의 벌금 또는 재산몰수를 병과한다. 전항의 행위가 있어 국가세금을 편취하여 액수가 특별히 거대하고 정상이 특별히 중하여 국가이익에 특별히 중대한 손실을 초래한 경우, 무기징역 또는 사형에 처하고 재산몰수를 병과한다. 단위가 본조의 죄를 범한 경우, 단위를 벌금에 처하고 직접 책임을 지는 주관자와 기타 직접 책임자를 3년 이하의 유기징역 또는 구역에 처한다. 허위발급한 세금액수가 비교적 크거나 기타 중한 정상이 있을 경우, 3년 이상 10년 이하의 유기징역에 처한다. 허위발급한 세금액수가 거대하거나 기타 특별히 중한 정상이 있을 경우, 10년 이상의 유기징역 또는 무기징역에 처한다. 전용영수증 허위발급 또는 수출환급세금 편취, 세금공제에 사용될 기타 영수증 허위발급이란 타인을 위하여 허위발급하거나 자신을 위하여 허위발급하거나 타인으로 하여금 자신을 위하여 허위발급하게 하거나 허위발급하도록 타인을 소개한 행위 중 하나가 있을 경우를 말한다."

그 후 본죄의 조문은 비교적 큰 변화를 거쳤는데 「형법개정안 (8)」은 본죄의 사형을 폐지하였고 본조 제2항을 삭제하였다. 이렇게 본죄의 조문은 4항의 규정으로부터 3항으로 개정되었다.

(6) 영수증 허위발급죄(제205조의 1)

본조는 「형법개정안 (8)」에 의하여 신설된 범죄이다. 우리 나라 1997년 형법 전은 부가가치세 전용영수증 허위발급·수출환급세금 편취·세금공제에 사용될 영수증 허위발급죄를 규정하여 이러한 행위들을 효과적으로 억제하였다. 하지만 보통영수증은 종류와 양식이 번다하기에 일부 전국인민대표대회 대표, 법집행기관과 사회공중은 형법의 개정과 보완을 강렬히 호소하여 가짜 영수증을 발급·사용하는 행위를 엄벌할 것을 요구하였다. 이를 감안하여 「형법개정안 (8)」은 본죄를 증설하였고 「형법」제205조의 뒤에 한조를 증설하여 제205조의 1로 하였다. "본 법 제205조에 규정된 이외의 기타 영수증을 허위발급하여 정상이 중한 경우, 2년 이하의 유기징역, 구역 또는 관제에 처하고 벌금을 병과한다. 정상이 특별히 중한 경우, 2년 이상 7년 이하의 유기징역에 처하고 벌금을 병과한다. 단위가 전항의 죄를 범한 경우, 단위를 벌금에 처하고 직접 책임을 지는 주관자와 기타 직접 책임자를 전항의 규정에 따라 처벌한다."

(7) 부가가치세 전용영수증 위조·위조한 부가가치세 전용영수증 판매죄
(제206조)

본죄는 「부가가치세 영수증범죄의 결정增值稅發票犯罪的決定」에 의하여 1979년 형법전에 증설된 범죄이다. 동 결정 제2조는 다음과 같이 규정하였다. "부가가치세 전용영수증을 위조하거나 위조한 부가가치세 전용영수증을 판매한 경우, 3년 이하의 유기징역 또는 구역에 처하고 2만 원 이상 20만 원 이하의 벌금을 병과한다. 수량이 비교적 크거나 기타 중한 정상이 있을 경우, 3년 이상 10년 이하의 유기징역에 처하고 5만 원 이상 50만 원 이하의 벌금을 병과한다. 수량이 거대하거나 기타 특별히 중한 정상이 있을 경우, 10년 이상의 유기징역 또는 무기징역에 처하고 재산몰수를 병과한다. 부가가치세 전용영수증을 위조하고 판매하여 수량이 특별히 거대하고 정상이 특별히 중하며 경제질서를 심각히 파괴한 경우·무기징역 또는 사형에 처하고 재산몰수를 병과한다. 부가가치세 전용영수증을 위조하거나 위조한 부가가치세 전용영수증을 판매하는 범죄집단의 수괴는 전 2항의 규정에 따라 각각 중하게 처벌한다."

최종적으로 형성된 1997년 「형법」 제206조의 규정은 다음과 같다. "부가가치세 전용영수증을 위조하거나 위조한 부가가치세 전용영수증을 판매한 경우, 3년 이하의 유기징역, 구역 또는 관제에 처하고 2만 원 이상 20만 원 이하의 벌금을 병과한다. 수량이 비교적 크거나 기타 중한 정상이 있을 경우, 3년 이상 10년 이하의 유기징역에 처하고 5만 원 이상 50만 원 이하의 벌금을 병과한다. 수량이 거대하거나 기타 특별히 중한 정상이 있을 경우, 10년 이상의 유기징역 또는 무기징역에 처하고 5만 원 이상 50만 원 이하의 벌금 또는 재산몰수를 병과한다. 부가가치세 전용영수증을 위조하고 판매하여 수량이 특별히 거대하고 정상이 특별히 중하며 경제질서를 심각히 파괴한 경우, 무기징역 또는 사형에 처하고 재산몰수를 병과한다. 단위가 본조의 죄를 범한 경우, 단위를 벌금에 처하고 직접 책임을 지는 주관자와 기타 직접 책임자를 3년 이하의 유기징역, 구역 또는 관제에 처한다. 수량이 비교적 크거나 기타 중한 정상이 있을 경우, 3년 이상 10년 이하의 유기징역에 처한다. 수량이 거대하거나 기타 특별히 중한 정상이 있을 경우, 10년 이상의 유기징역 또는 무기징역에 처한다."

1997년 형법전 반포후, 「형법개정안 (8)」은 본죄의 사형을 폐지하였고 본조 제2항의 규정을 삭제하여 본조의 규정은 기존의 3항에서 2항으로 개정되었다.

(8) 부가가치세 전용영수증 불법판매죄(제207조)

본죄는 기존 「부가가치세 영수증범죄의 결정」에 의하여 1979년 형법전에 보충규정된 범죄이다. 동 결정 제3조는 다음과 같이 규정하였다. "부가가치세 전용영수증을 불법판매한 경우, 3년 이하의 유기징역 또는 구역에 처하고 2만 원 이상 20만 원 이하의 벌금을 병과한다. 수량이 비교적 큰 경우, 3년 이상 10년 이하의 유기징역에 처하고 5만 원 이상 50만 원 이하의 벌금을 병과한다. 수량이 거대한 경우, 10년 이상의 유기징역 또는 무기징역에 처하고 재산몰수를 병과한다."

형법개정검토과정에서 본죄의 조문에 대하여 두 곳의 조정과 개정을 하였다. (1) 1996년 12월 중순의 개정초안에서 입법기관은 본죄 제1등차 법정형에 "관제"를 증설하였다. (2) 1997년 3월 13일의 개정초안에서 입법기관은 본죄 제3등차 법정형에 "5만 원 이상 50만 원 이하의 벌금을 병과한다"라는 규정을 증설하였다. 이렇게 최종적으로 1997년 「형법」 제207조의 규정을 형성하였다. "부가가치세 전용영수증을 불법판매한 경우, 3년 이하의 유기징역 · 구역 또는 관제에 처하고 2만 원 이상 20만 원 이하의 벌금을 병과한다. 수량이 비교적 큰 경우, 3년 이상 10년 이하의 유기징역에 처하고 5만 원 이상 50만 원 이하의 벌금을 병과한다. 수량이 거대한 경우, 10년 이상의 유기징역 또는 무기징역에 처하고 5만 원 이상 50만 원 이하의 벌금 또는 재산몰수를 병과한다."

(9) 부가가치세 전용영수증 불법구입·위조한 부가가치세 전용영수증 구입죄(제208조)

본죄는 기존「부가가치세 영수증범죄의 결정」에 의하여 1979년 형법전에 보충규정된 범죄이다. 동 결정 제4조는 다음과 같이 규정하였다. "부가가치세 전용영수증을 불법구입하거나 위조한 부가가치세 전용영수증을 구입한 경우, 5년 이하의 유기징역 또는 구역에 처하고 2만 원 이상 20만 원 이하의 벌금을 병과하거나 단독으로 부과한다. 부가가치세 전용영수증을 불법구입하거나 위조한 부가가치세 전용영수증을 구입하고 다시 허위발급하거나 판매한 경우, 각각 제1조·제2조·제3조의 규저에 따라 처벌한다."

상기 규정을 형법개정초안에 도입할 때, 입법기관은 단 한 곳의 실질적인 개정을 하였다. 즉 1996년 12월 중순의 초안에서 기존 제2항중의 "…에 따라 처벌한다"를 "…에 따라 죄명을 정하고 처벌한다"으로 개정하여 최종적으로 1997년「형법」제208조의 규정을 형성하였다. "부가가치세 전용영수증을 불법구입하거나 위조한 부가가치세 전용영수증을 구입한 경우, 5년 이하의 유기징역 또는 구역에 처하고 2만 원 이상 20만 원 이하의 벌금을 병과하거나 단독으로 부과한다. 부가가치세 전용영수증을 불법구입하거나 위조한 부가가치세 전용영수증을 구입하고 다시 허위발급하거나 판매한 경우, 각각 본 법 제205조·제206조·제207조의 규저에 따라 죄명을 정하고 처벌한다."

(10) 수출환급세금 편취·세금공제에 사용될 영수증 불법제조·불법제조한 수출환급세금 편취·세금공제에 사용될 영수증 판매죄, 영수증 불법제조·불법제조한 영수증 판매죄, 수출환급세금 편취·세금공제에 사용될 영수증 불법판매죄, 영수증 불법판매죄(제209조)

본죄는 기존「부가가치세 영수증범죄의 결정」에 의하여 1979년 형법전에 보충규정된 4개의 범죄이다.

형법개정검토과정에서 입법기관은 상기 규정에 대하여 선후하여 일부 개정과 조정을 하여 최종적으로 1997년「형법」제209조의 규정을 형성하였다. "수출환급세금 편취·세금공제에 사용될 수 있는 기타 영수증을 위조·무단제조하거나 위조·무단제조한 수출환급세금 편취·세금공제에 사용될 수 있는 기타 영수증을 판매한 경우, 3년 이하의 유기징역·구역 또는 관제에 처하고 2만 원 이상 20만 원 이하의 벌금을 병과한다. 수량이 거대한 경우, 3년 이상 7년 이하의 유기징역에 처하고 5만 원 이상 50만 원 이하의 벌금을 병과한다. 수량이 특별히 거대한 경우, 7년 이상의 유기징역에 처하고 5만 원 이상 50만 원 이하의 벌금 또는 재산몰수를 병과한다. 전항 규정이외의 기타 영수증을 위조, 무단제조하거나 위조·무단제조한 전항 규정이외의 기타 영수증을 판매한 경우, 2년 이하의 유기징역·구역 또는 관제에 처하고 1만 원 이상 5만 원 이하의 벌금을 병과하거나 단독으로 부과한다. 정상이 중한 경우, 2년 이상 7년 이하의 유기징역에 처하고 5만 원 이상 50만 원 이하의 벌금을 병과한다. 수출환급세금 편취·세금공제에 사용될 수 있는 기타 영수증을 불법판매한 경우, 제1항의 규정에 따라 처벌한다. 제3항 규정이외의 기타 영수증을 불법판매한 경우, 제2항의 규정에 따라 처벌한다."

(11) 전용영수증 절취·편취의 문제(제210조)

본죄는 「부가가치세 영수증범죄의 결정」 제7조에서 유래하였다. 즉 "부가가치세 전용영수증 또는 기타 영수증을 절취한 경우, 형법 절도죄의 규정에 따라 처벌한다. 사기의 수단으로 부가가치세 전용영수증 또는 기타 영수증을 편취한 경우, 형법 사기죄의 규정에 따라 처벌한다."

상기 규정을 새 형법전 개정초안에 도입할 때, 입법기관은 일부 개정과 조정을 하였다. 즉 1997년 1월 10일의 개정초안에서 기존 규정의 "…에 따라 처벌한다"를 "…에 따라 죄명을 정하고 처벌한다"으로 개정하였고 1997년 2월 17일의 개정초안(개정안)에서 기존 규정 중의 "기타 영수증"에 대하여 한정을 하였다. 그 후, 본죄 규정에서 언급된 조문순번을 절도죄와 사기죄의 순번에 따라 조정하였고 "에 사용될"을 "에 사용될 수 있는"으로 개정하여 1997년 「형법」 제210조의 규정을 형성하였다. "부가가치세 전용영수증 또는 수출환급세금 편취·세금공제에 사용될 수 있는 기타 영수증을 절취한 경우, 본 법 제264조의 규정에 따라 죄명을 정하고 처벌한다. 사기의 수단으로 부가가치세 전용영수증 또는 수출환급세금 편취·세금공제에 사용될 수 있는 기타 영수증을 편취한 경우, 본 법 제266조의 규정에 따라 죄명을 정하고 처벌한다."

(12) 위조한 영수증 소지죄(제210조의 1)

본조는「형법개정안 (8)」에 의하여 신설된 범죄이다. 2010년 8월 23일의「형법개정안 (8)」초안과 초안 2차심의고에서 본죄의 조문은 다음과 같았다. "위조한 영수증을 소지하여 수량이 비교적 큰 경우, 2년 이하의 유기징역·구역 또는 관제에 처하고 벌금을 병과한다. 수량이 거대한 경우, 2년 이상 7년 이하의 유기징역에 처하고 벌금을 병과한다." 의견청취와 심의과정에서 일부 상무위원회 위원과 대표는 "위조한 영수증을 소지하다"를 "위조한 영수증임을 알면서 소지하다"로 개정하여 범죄성립한계를 명확히 함과 동시에 단위가 본죄를 범할 시의 규정을 증설할 것을 제안하였다. 그리하여 초안 3차심의고에서 본죄의 조문은 다음과 같이 개정되었다. "위조한 영수증임을 알면서 소지하여 수량이 비교적 큰 경우, 2년 이하의 유기징역·구역 또는 관제에 처하고 벌금을 병과한다. 수량이 거대한 경우, 2년 이상 7년 이하의 유기징역에 처하고 벌금을 병과한다. 단위가 전항의 죄를 범한 경우, 단위를 벌금에 처하고 직접 책임을 지는 주관자와 기타 직접 책임자를 전항의 규정에 따라 처벌한다." 이 규정은 그 후의「형법개정안 (8)」에 의하여 계속 사용되었다.

(13) 본절 단위 범죄의 규정(제211조)

본조의 규정은「탈세, 세금납부거부범죄의 보충결정」과「부가가치세 영수증 범죄의 결정」의 관련 규정에서 유래되었다.「탈세, 세금납부거부범죄의 보충결정」제3조는 "기업·사업기관이 제1조[1]·제2조[2]의 죄를 범할 경우, 제1조·제2조

---

1 본조가 규정한 것은 탈세죄이다.
2 본조가 규정한 것은 미납세금 추징도피죄이다.

의 규정에 따라 벌금을 부과하고 직접 책임을 지는 주관자와 기타 직접 책임자를 3년 이하의 유기징역 또는 구역에 처한다"라고 규정하였고「부가가치세 영수증범죄의 결정」제10조는 "단위가 본 결정 제1조·제2조·제3조·제4조·제5조·제6조·제7조 제2항³의 죄를 범한 경우, 단위를 벌금에 처하고 직접 책임을 지는 주관자와 기타 직접 책임자를 각 해당 조문의 규정에 따라 형사책임을 추궁한다"라고 규정하였다.

형법개정검토과정에서 1997년 2월 17일의 형법개정초안 및 그전의 초안은 본절의 죄의 단위 범죄 주체를 한 개의 조문에 집중규정하였고 각 해당 규정에 따르면 세금납부거부죄·부가가치세 전용영수증을 절취·편취하는 범죄도 단위가 구성할 수 있었다. 두 차례의 조정을 거쳐 최종적으로 형성된 1997년「형법」제211조의 규정은 다음과 같다. "단위가 본절 제201조·제203조·제204조·제207조·제208조·제209조에 규정된 죄를 범할 경우, 단위를 벌금에 처하고 직접 책임을 지는 주관자와 기타 직접 책임자를 각 해당 규정에 따라 처벌한다."

1997년 형법전 반포후, 2011년 2월 25일 전국인민대표대회 상무위원회에서 통과한「형법개정안 (8)」은 본절에 두 개의 구체적인 범죄를 증설하였다. 즉 제205조의1의 영수증 허위발급죄와 제210조의 1의 위조 영수증 소지죄이다. 이 두 죄의 단위 범죄의 처벌원칙은 비록 제211조와 같지만 제211조에 증설하지 않고 단독적인 한 항으로 각각 그 죄에 규정되었다.

(14) 세금의 추징문제에 관하여(제212조)

형법개정검토과정에서 일부 부문에서는 세금은 국가가 응당 징수해야 할 재

---

3 「부가가치세 영수증범죄의 결정增値稅發票犯罪의 決定」제1조부터 제7조제2항은 각각 부가가치세 전용영수증 허위발급죄; 부가가치세 전용영수증 위조, 위조한 부가가치세 전용영수증 판매죄; 부가가치세 전용영수증 불법판매죄; 부가가치세 전용영수증 불법구입 또는 위조한 부가가치세 전용영수증 구입죄; 수출환급세금 편취, 세금공제에 사용될 기타 영수증 허위발급죄; 영수증 불법제조, 불법제조한 영수증 판매죄, 수출환급세금 편취, 세금공제에 사용될 영수증 불법판매죄; 영수증 불법판매죄를 규정하였다.

정수입이고 범죄의 일반적인 부정적인 돈과 다르기 때문에 세금을 먼저 납부하는 것이 마땅하다고 하였다.[4] 입법기관은 이 의견을 채택하여 1997년 1월10일의 개정초안부터 형법에 세금을 우선적으로 추징하는 규정을 두었다. 동고 제201조는 다음과 같이 규정하였다. "본절 제190조·제191조·제192조·제193조·제194조에 규정된 죄를 범하여 세금 추가납부, 편취한 수출환급세금 반납을 명령하고 법에 의하여 과태료를 부과하거나 벌금, 재산몰수를 부과하여 그 재산이 지불하기에 부족한 경우, 추가납부해야 할 세금, 반납해야 할 편취한 수출환급세금과 과태료를 먼저 지불해야 한다." 이 내용은 선후하여 1997년 2월 17일과 3월 1일 초안의 조정과 간략화를 거쳐 1997년 「형법」 제212조의 규정을 형성하였다. "본절 제201조부터 제205조까지의 죄를 범하여 벌금·재산몰수를 부과한 경우, 집행하기 전에, 세무기관에서 먼저 세금과 편취한 수출환급세금을 추징해야 한다."

7. 지적재산권 침해죄

(1) 등록상표 도용죄(제213조)

1979년 「형법」 제127조는 다음과 같이 규정하였다. "상표관리법규를 위반하여 공상기업이 기타 기업에서 이미 등록한 상표를 도용할 경우, 직접 책임자를 3년 이하의 유기징역, 구역 또는 벌금형에 처한다." "도용"에 관하여 이론과 사법해석은 일반적으로 같은 종류 또는 유사한 상품에 타인이 등록한 상표와 같거나 비슷한 상표를 사용하는 것으로 정의한다. 유사한 상품에 타인이 등록한 상표와 같은 상표를 사용하는 행위와 동일한 상품에 타인이 등록한 상표와 유사한 상표를 사용하는 행위는 그 위해성이 현저히 작기에 이러한 행위들을 상표권침해행위로 인정하여 공상행정관리부문에서 행정처벌을 부과하여도 이러한 행위를 처벌하

---

[4] 中央有關部門, 地方及法律專家對刑法修訂草案(徵求意見稿)的意見", 「新中國刑法立法文獻資料總覽(下)」, 北京, 中國人民公安大學出版社, 1998, p.2164.

고 예방하는 효과를 실현할 수 있다. 그리하여 1993년 2월 22일 전국인민대표대회 상무위원회에서 통과한「등록상표도용범죄의 처벌에 관한 보충결정」(이하「등록상표도용범죄의 보충결정」으로 약칭함)은 상기 두 가지 행위를 명확히 범죄에서 배제하였다. 즉 제1조 제1항은 "등록상표소유자의 허가 없이 같은 종류의 상품에 그 등록상표와 같은 상표를 사용하여 위법소득액수가 비교적 크거나 기타 중한 정상이 있을 경우, 3년 이하의 유기징역 또는 구역에 처하고 벌금을 병과하거나 단독으로 부과할 수 있다. 위법소득액수가 거대한 경우, 3년 이상 7년 이하의 유기징역에 처하고 벌금을 병과한다"라고 규정하였다.

1996년 8월 8일의 초안과 그 후의 검토는 바로「등록상표도용범죄의 보충결정」의 규정을 기초로 진행하였고 그 과정에서「등록상표도용범죄의 보충결정」의 내용을 기초로 선후하여 세 차례 개정을 하였다. 그리하여 최종적으로 형성된 1997년「형법」제213조의 규정은 다음과 같다. "상표소유자의 허가 없이 같은 종류의 상품에 그 등록상표와 같은 상표를 사용하여 정상이 중한 경우, 3년 이하의 유기징역 또는 구역에 처하고 벌금을 병과하거나 단독으로 부과한다. 정상이 특별히 중한 경우, 3년 이상 7년 이하의 유기징역에 처하고 벌금을 병과한다."

(2) 등록상표를 도용한 상품판매죄(제214조)

본죄는 기존「등록상표도용범죄의 보충결정」에 의하여 1979년 형법전에 보충규정된 범죄이다. 동 결정 제1조 제2항은 다음과 같이 규정하였다. "등록상표를 도용한 상품임을 알면서 판매하여 위법소득액수가 비교적 큰 경우, 3년 이하의 유기징역 또는 구역에 처하고 벌금을 병과하거나 단독으로 부과할 수 있다. 위법소득액수가 거대한 경우, 3년 이상 7년 이하의 유기징역에 처하고 벌금을 병과한다."

형법개정검토과정에서「등록상표도용범죄의 보충결정」의 규정을 선후하여 세 차례 개정하여 1997년「형법」제214조를 형성하였다. "등록상표를 도용한 상품임을 알면서 판매하여 판매금액액수가 비교적 큰 경우, 3년 이하의 유기징역 또는 구역에 처하고 벌금을 병과하거나 단독으로 부과한다. 판매금액액수가 거대한 경우, 3년 이상 7년 이하의 유기징역에 처하고 벌금을 병과한다."

(3) 등록상표로고 불법제조·불법제조한 등록상표로고 판매죄(제215조)

본죄는 기존「등록상표도용범죄의 보충결정」에 의하여 1979년 형법전에 보충규정된 범죄이다. 동 결정 제2조 는 다음과 같이 규정하였다. "타인의 등록상표로고를 위조, 무단제조하거나 위조, 무단제조한 등록상표로고를 판매하여 위법소득액수가 비교적 크거나 기타 중한 정상이 있을 경우, 제1조 제1항의 규정에 따라 처벌한다."

「등록상표도용범죄의 보충결정」의 규정을 신형법전에 도입하는 검토과정에서 입법기관은 상기 규정의 내용에 대하여 선후하여 네 차례의 개정을 하여 최종적으로 1997년「형법」제215조를 형성하였다. "타인의 등록상표로고를 위조·무단제조하거나 위조·무단제조한 등록상표로고를 판매하여 정상이 중한 경우, 3년 이하의 유기징역·구역 또는 관제에 처하고 벌금을 병과하거나 단독으로 부과한다. 정상이 특별히 중한 경우, 3년 이상 7년 이하의 유기징역에 처하고 벌금을 병과한다."

(4) 특허도용죄(제216조)

본죄는 기존「중화인민공화국 특허법中華人民共和國專利法」(이하「특허법」으로 약칭함)에 의하여 1979년 형법전에 보충규정된 범죄이다. 동법 제63조 는 다음과 같이 규정하였다. "타인의 특허를 도용한 경우, 본 법 제60조[5]의 규정에 따라 처리한다. 정상이 중한 경우, 직접 책임자를 형법 제127조[6]의 규정을 참조하여 형사책임을 추궁한다."

형법전면개정과정에서 본죄의 구성요건과 법정형은 모두 일부 변화와 반복을 거쳤다.

---

[5] 「특허법專利法」제60조가 규정한 것은 특허불법행위의 행정책임 및 그 소송이다.
[6] 1979년「형법」제127조가 규정한 것은 등록상표도용죄이다.

조정과 변화를 거쳐 최종적으로 1997년「형법」제216조를 형성하였다. "타인의 특허를 도용하여 정상이 중한 경우, 3년 이하의 유기징역·구역 또는 관제에 처하고 벌금을 병과하거나 단독으로 부과한다."

(5) 저적권 침해죄(제217조)

본죄는 기존 1994년 7월 5일 전국인민대표대회 상무위원회에서 통과한「저작권침해범죄의 처벌에 관한 결정」에 의하여 1979년 형법전에 보충규정된 범죄이다. 동 결정 제1조 는 다음과 같이 규정하였다. "영리의 목적으로 이하의 저작권 침해 경우 중 하나가 있고 위법소득액수가 비교적 크거나 기타 중한 정상이 있을 경우, 3년 이하의 유기징역·구역에 처하고 벌금을 단독으로 부과하거나 병과한다. 위법소득액수가 거대하거나 기타 특별히 중한 정상이 있을 경우, 3년 이상 7년 이하의 유기징역에 처하고 벌금을 병과한다. (1) 저작권자의 허가 없이 그의 문자작품·음악·영화·텔레비전·녹화작품·컴퓨터소프트웨어 및 기타 작품을 복제발행하는 경우, (2) 타인이 출판권을 독점한 도서를 출판하는 경우, (3) 녹음녹화제조자의 허가 없이 그가 제작한 녹음녹화를 복제발행하는 경우, (4) 타인의 서명을 도용한 미술작품을 제작, 판매하는 경우."

「저작권침해범죄의 처벌에 관한 결정」을 신형법전초안에 도입하는 과정에서 선후하여 세 차례의 개정과 미세한 조정을 거쳐 최종적으로 1997년「형법」제217조를 형성하였다. "영리의 목적으로 이하의 저작권침해 경우 중 하나가 있고 위법소득액수가 비교적 크거나 기타 중한 정상이 있을 경우, 3년 이하의 유기징역 또는 구역에 처하고 벌금을 병과하거나 단독으로 부과한다. 위법소득액수가 거대하거나 기타 특별히 중한 정상이 있을 경우, 3년 이상 7년 이하의 유기징역에 처하고 벌금을 병과한다. (1) 저작권자의 허가 없이 그의 문자작품·음악·영화·텔레비전·녹화작품·컴퓨터소프트웨어 및 기타 작품을 복제발행하는 경우, (2) 타인이 출판권을 독점한 도서를 출판하는 경우, (3) 녹음녹화제조자의 허가 없이 그가 제작한 녹음녹화를 복제발행하는 경우, (4) 타인의 서명을 도용한 미술작품을 제작, 판매하는 경우."

(6) 권리침해복제품 판매죄(제218조)

본죄는 기존「저작권침해범죄의 처벌에 관한 결정」에 의하여 1979년 형법전에 보충규정된 범죄이다. 동 결정 제2조 는 다음과 같이 규정하였다. "영리의 목적으로 제1조에 규정된 권리침해복제품임을 알면서 판매하여 위법소득액수가 비교적 큰 경우, 2년 이하의 유기징역·구역에 처하고 벌금을 단독으로 부과하거나 병과한다. 위법소득액수가 거대한 경우, 2년 이상 5년 이하의 유기징역에 처하고 벌금을 병과한다."

형법개정검토과정에서「저작권침해범죄의 처벌에 관한 결정」의 내용에 대하여 이하의 개정과 조정을 거쳐 최종적으로 1997년「형법」제218조를 형성하였다. "영리의 목적으로 본 법 제217조에 규정된 권리침해복제품임을 알면서 판매하여 위법소득액수가 거대한 경우, 3년 이하의 유기징역·구역에 처하고 벌금을 병과하거나 단독으로 부과한다."

(7) 상업비밀 침해죄(제219조)

1979년 형법은 본죄를 규정하지 않았지만 국가가 형법을 전면적으로 개정하기로 하여 형법개정초안을 기초검토하기 시작하여서부터 입법기관은 본죄 조문의 기초와 검토에 대하여 비교적 많은 관심을 기울였다. 1996년 8월 31일의 형법개정초고에 이르러 입법기관은 입법사이의 조화와 일치를 유지하기 위하여 1993년「중화인민공화국 부정경쟁방지법」제10조의 규정을 기초로 본죄의 조문을 기초하기 시작하였다.

개정과 조정을 거쳐 형성된 1997년「형법」제219조의 규정은 다음과 같다. "상업비밀을 침해하는 이하의 행위 중 하나가 있어 상업비밀의 권리자에게 중대한 손실을 초래한 경우, 3년 이하의 유기징역 또는 구역에 처하고 벌금을 병과하거나 단독으로 부과한다. 특별히 심각한 결과를 초래한 경우, 3년 이상 7년 이하의 유기징역에 처하고 벌금을 병과한다. (1) 절취, 유인, 협박 또는 기타 부정수단으로 권리자의 상업비밀을 취득한 경우, (2) 전항의 수단으로 취득한 권리자의 상업비밀을 피로, 사용 또는 타인이 사용하도록 허락한 경우, (3) 약속을 위반하거나 상업비밀유지에 관한 권리자의 요구를 위반하여 알고 있는 상업비밀을 피로·사용 또는 타인이 사용하도록 허락한 경우, (4) 전항에 열거된 행위를 알거나 알아야 할 자가 타인의 상업비밀을 취득, 사용 또는 피로하는 경우, 상업비밀 침해죄로 논한다. 본조의 상업비밀은 공중이 알고 있지 않고 권리자에게 경제이익을 가져다 줄수 있으며 실용성이 있고 권리자가 비밀유지조치를 취한 기술정보와 경영정보를 말한다. 본조의 권리자는 사업비밀의 소유자와 상업비밀소유자의 허가를 받은 상업비밀사용자를 말한다."

(8) 본절의 단위 범죄의 문제(제220조)

「등록상표도용범죄의 보충결정」과「저작권침해범죄의 처벌에 관한 결정」은 등록상표도용범죄와 저작권침해범죄의 단위 범죄주체에 관한 규정을 모두 두고 있었다. 본절의 조문을 검토기초하는 과정에서 입법기관은 입법기술상의 고려때문에 1996년 8월 31일의 형법개정초안에서 본절의 단위 범죄 및 그 형사책임을 한 개 조문에 집중적으로 규정하였다. 즉 "단위가 본절의 죄를 범한 경우, 단위를 벌금에 처하고 직접 책임을 지는 주관자와 기타 직접 책임자를 본절 각 해당조문의 규정에 따라 처벌한다." 그 후의 초안은 이 내용에 대하여 비실질적인 조정을 하여 최종적으로 1997년「형법」제220조를 형성하였다. "단위가 본절 제213조부터 제219조까지의 죄를 범한 경우, 단위를 벌금에 처하고 직접 책임을 지는 주관자와 기타 직접 책임자를 본절 각 해당조문의 규정에 따라 처벌한다."

8. 시장질서 교란죄

(1) 상업신용·상품성예 침해죄損害商業信譽·商品聲譽罪(제221조)

본죄는 1997년 형법전에 의하여 신설된 범죄이다. 조문내용의 변화를 보면 최초로 본죄를 도입한 것은 1996년 8월 8일의 형법각칙개정초안인데 동 초안은 다음과 같이 규정하였다. "허위의 사실을 날조·유포하여 경쟁상대의 상업신용을 침해하여 정상이 중한 경우, 2년 이하의 유기징역 또는 구역에 처하고 벌금을 병과하거나 단독으로 부과할 수 있다."

개정을 거쳐 최종적으로 1997년「형법」제220조를 형성하였다. "허위의 사실을 날조하고 유포하여 타인의 상업신용·상품성예를 침해하여 타인에세 중대한 손실을 초래하거나 기타 중한 정상이 있을 경우, 2년 이하의 유기징역 또는 구역에 처하고 벌금을 병과하거나 단독으로 부과한다."

(2) 허위광고죄(제222조)

본죄는 1997년 형법전에 의하여 신설된 범죄이다. 1994년 10월 27일 전국인민대표대회 상무위원회에서 통과한「중화인민공화국 광고법中華人民共和國廣告法」(이하「광고법」으로 약칭함) 제37조는 다음과 같이 규정하였다. "본 법의 규정을 위반하여 광고를 이용하여 상품과 서비스에 대하여 허위의 선전을 하는 경우, 광고감독관리부문에서 광고주로 하여금 발포를 정지하고 동액의 광고비로 상응한 범위 내에서 공개적으로 시정하고 영향을 제거하도록 명령하며 광고비 1배 이상 5배 이하의 과태료를 부과한다. 책임이 있는 광고경영자, 광고발포자의 광고비용을 몰수하고 광고비 1배 이상 5배 이하의 과태료를 부과한다. 정상이 중한 경우, 법에 의하여 그 광고업무를 정지시킨다. 범죄를 구성할 경우, 법에 의하여 형사책임을 추궁한다."「광고법」의 이 규정은 입법기관에서 그 후 본죄 조문을 검토기초하는 기초가 되었다.

최종적으로 형성된 1997년「형법」제222조의 규정은 다음과 같다. "광고주·광고경영자·광고발포자가 국가규정을 위반하여 광고를 이용하여 상품과 서비스에 대하여 허위의 선전을 하여 정상이 중한 경우, 2년 이하의 유기징역 또는 구역에 처하고 벌금을 병과하거나 단독으로 부과한다."

(3) 담합입찰죄(제223조)

본죄는 1997년 형법전에 의하여 신설된 범죄이고 조문내용의 변화를 보면 최초로 본죄를 도입한 것은 1996년 8월 8일의 형법각칙개정초안인데 동 초고는 다음과 같이 규정하였다. "입찰자가 입찰가격을 상호 담합하여 발주자의 이익을 침해하여 정상이 중한 경우, 5년 이하의 유기징역 또는 구역에 처하고 벌금을 병과하거나 단독으로 부과할 수 있다. 입찰자와 발주자가 담합입찰하여 국가·집단·공민의 합법이익을 침해한 경우, 전항의 규정에 따라 처벌한다."

그 후의 검토과정에서 입법기관은 본죄 조문의 내용에 대하여 수 차례의 개정과 조정을 하였다.

최종적으로 형성된 1997년「형법」제223조의 규정은 다음과 같다. "입찰자가 입찰가격을 상호 담합하여 발주자 또는 기타 입찰자의 이익을 침해하여 정상이 중한 경우, 3년 이하의 유기징역 또는 구역에 처하고 벌금을 병과하거나 단독으로 부과한다. 입찰자와 발주자가 담합입찰하여 국가·집단·공민의 합법이익을 침해한 경우, 전항의 규정에 따라 처벌한다."

(4) 계약사기죄(제224조)

본죄는 사기죄로부터 분리되어 나왔고 1997년 형법전에 의하여 신설된 범죄이다. 형법기초검토의 초기에 입법기관은 본죄 조문의 검토에 어느 정도의 관심을 기울였다. 예컨대 1988년 9월의 형법개정안은 "경제계약을 이용하여 재물을 사기하여 계약상대에게 중대한 경제손실을 초래한 경우, 3년 이하의 유기징역에 처하고 벌금을 병과할 수 있다. 정상이 중한 경우, 3년 이상 10년 이하의 유기징역에 처하고 벌금을 병과할 수 있다. 정상이 특별히 중한 경우, 10년 이상의 유기징역 또는 무기징역에 처하고 재산몰수를 병과한다"라고 규정한 적이 있었다.

상기 규정 중의 "사기欺詐"는 엄격한 의미에서의 "사기詐騙"가 아니고 1997년 형법전중 본죄의 규정을 참고로 하면 1988년 9월의 초안은 여전히 많이 미숙하다고 할 수 있었다. 신형법전의 계약사기죄의 입법을 위하여 진정으로 기초를 마련한 것은 1996년 10월 10일의 개정초안(의견청취고)이었다.

그 후의 입법검토과정에서 의견청취고의 내용에 입각하여 본죄 조문의 일부 세부에 대하여 조정을 하여 최종적으로 1997년「형법」제224조를 형성하였다. "이하의 경우 중 하나가 있고 불법영득의 목적으로 계약의 체결, 이행과정에서 상대 당사자의 재물을 편취하여 액수가 비교적 큰 경우, 3년 이하의 유기징역 또는 구역에 처하고 벌금을 병과하거나 단독으로 부과한다. 액수가 거대하거나 기타 중한 정상이 있을 경우, 3년 이상 10년 이하의 유기징역에 처하고 벌금을 병과한다. 액수가 특별히 거대하거나 기타 특별히 중한 정상이 있을 경우, 10년 이상의 유기징역 또는 무기징역에 처하고 벌금 또는 재산몰수를 병과한다. (1) 허구한 단위로 또는 타인의 명의를 도용하여 계약을 체결한 경우, (2) 위조·변조·폐기한 어음 또는 기타 허위의 재산증명으로 담보를 한 경우, (3) 실제 이행능력이 없는 상황에서 소액의 계약을 선이행하거나 계약을 부분적으로 이행하는 방법으로 상대 당사자가 계약을 계속 체결, 이행하도록 유인하는 경우, (4) 상대 당사자가 급부한 화물·대금·선금 또는 담보재산을 수령한 후, 도망쳐 행방을 감춘 경우, (5) 기타 방법으로 상대 당사자의 재물을 편취한 경우."

(5) 다단계 판매활동 조직·지도죄(제224조의 1)

본조는 「형법개정안 (7)」에 의하여 신설된 범죄이다. 동 개정안 제4조는 「형법」 제224조의 뒤에 한조를 증설하여 제224조의 1로 하였다. "상품세일·서비스 제공 등 경영활동의 명의로 참가자에게 비용을 납부하거나 상품, 서비스를 구매하도록 요구하는 등 방식으로 가입자격을 부여하고 일정한 순서로 단계를 형성하며 확충한 인원의 양을 보수계산과 이익환급의 근거로 하여 참가자로 하여금 계속 타인을 참가시키도록 유인·협박하여 재물을 편취하여 경제사회질서를 교란하는 다단계 판매활동을 조직, 지도하는 경우, 5년 이하의 유기징역 또는 구역에 처하고 벌금을 병과한다. 정상이 중한 경우, 5년 이상의 유기징역에 처하고 벌금을 병과한다."

현재 "인원확충"·"가입료"수수 등 방식으로 다단계 판매를 조직하는 위법범죄활동은 사회질서를 심각히 교란하고 사회안정에 영향을 미치고 있기에 그 위해성이 중대하다. 그전의 사법실무에서 이런 유형의 사건에 대해서는 주로 다단계 판매행위의 부동한 실시상황에 근거하여 각각 불법경영죄非法經營罪·사기죄詐騙罪·자금모집 사기죄集資詐騙罪 등 범죄로 형사책임을 추궁하였다. 다단계 판매를 조직하는 범죄를 더 유력하게 처벌하기 위하여 입법기관은 드디어 형법에 다단계 판매활동을 조직하고 지도하는 범죄에 대하여 단독적인 규정을 두었다.

(6) 불법경영죄(제225조)

본조의 죄는 1979년 형법전에 규정된 투기매매죄로부터 분리되어 나온 한 가지 범죄이다. 형법개정검토과정에서 투기매매죄의 죄명을 남길 것인지에 대하여 두 가지 부동한 의견이 있었다. 한 가지 의견은 투기매매의 의미는 시장경제의 발전과 어울리지 않기에 투기매매죄를 분해하여 "주머니 범죄"를 삭제하여야 한다고 하였고 다른 한 가지 의견은 투기매매죄를 남겨 두어야 한다고 하였다.[7]

입법초안의 내용변화를 보면 투기매매죄를 분해하려는 시도는 오래 전부터 시작하였다고 할 수 있다. 예컨대 1988년 9월의 형법개정초고에서 입법기관은 전매전매倒買倒賣・투기로 인한 물가인상・강제매매・시장조종과 독점 불법경영활동을 위하여 편리를 제공하는 등 투기매매 행위를 규정하였지만 투기매매죄 죄명을 규정하지 않았다. 그때 투기매매죄의 입법사고의 방향 및 그 분해여부에 대하여 성숙된 입법방향이 없었다고 해야 한다.

1996년 8월 8일 및 8월 31일의 형법개정초고와 1988년 9월의 형법개정초고의 규정은 비슷하다고 할 수 있는데 입법기관은 매개 종류의 불법경영범죄행위를 모두 독자적인 범죄로 규정하였고 그 후의 검토과정에서 입법기관은 1996년 12월 중순의 초고의 내용을 둘러싸고 선후하여 일련의 보충과 삭제, 개정을 하여 최종적으로 1997년「형법」제225조를 형성하였다. "국가의 규정을 위반하여 이하의 불법경영행위 중 하나가 있어 시장질서를 심각히 교란하여 중상이 중할 경우, 5년 이하의 유기징역 또는 구역에 처하고 위법소득의 1배 이상 5배 이하의 벌금을 병과하거나 단독으로 부과한다. 정상이 특별히 중한 경우, 5년 이상의 유기징역에 처하고 위법소득의 1배 이상 5배 이하의 벌금 또는 재산몰수를 병과한다. (1)

---

[7] "中央有關部門, 地方及法律專家對刑法修訂草案(徵求意見稿)의 意見",「新中國刑法立法文獻資料總覽(下)」, 北京, 中國人民公安大學出版社, 1998, p.2166.

허가 없이 법률, 행정법규가 규정한 전문 경영, 전매물품 또는 기타 매매를 제한하는 물품을 경영하는 경우, (2) 수출입허가증, 수출입원산지증명 및 법률·행정법규가 규정한 기타 경영허가증 또는 허가문서를 매매하는 경우, (3) 시장질서를 심각히 교란하는 기타 불법경영행위."

1997년 형법전 반포후, 입법기관은 본죄 조문을 선후하여 두 차례 보충하였다.

(1) 1999년의 「형법개정안」은 본죄 조문에 "국가 관련 주관부문의 허가 없이 증권·선물 또는 보험업무를 불법경영하는 경우"라는 내용을 증설하여 제3호로 하였고 기존의 제3항을 상응하게 제4항으로 개정하였다.
(2) 2009년 2월 28일의 「형법개정안 (7)」은 「형법」 제225조 제3호를 "국가 관련 주관부문의 허가 없이 증권·선물 또는 보험업무를 불법경영하는 경우 또는 자금 지불결제업무에 불법종사하는 경우"로 개정하였다.

(7) 강제거래죄(제226조)

본조의 죄는 기존의 투기매매죄로부터 분리되어 나온 한 가지 범죄이다. 입법초안의 변화를 보면 1988년의 초안에도 강제거래죄의 유사규정이 있었지만 형식상으로는 기타 시장질서를 교란한 범죄행위와 합병하여 한 개의 조문에 규정하였다. 예컨대 1988년 11월 16일의 형법개정초안 제140조는 다음과 같이 규정하였다. "공상관리법규를 위반하여 투기로 물가를 인상하거나 강제매매하거나 불법독점하거나 또는 기타 수단으로 시장질서를 교란하여 정상이 중한 경우, 3년 이하의 유기징역 또는 구역에 처하고 벌금을 단독으로 부과하거나 병과할 수 있다. 정상이 특별히 중한 경우, 3년 이상 10년 이하의 유기징역에 처하고 벌금을 병과한다."

강제거래죄를 독자적인 범죄로 규정하려는 시도는 1996년 8월 8일의 각칙개정초안부터 시작하였고 그 후의 검토과정에서 상기 내용을 기초로 일부 개정과 보충을 하여 최종적으로 1997년 「형법」 제226조를 형성하였다. "폭력·협박의 수단으로 상품을 강제매매하거나 타인으로 하여금 서비스를 제공하도록 강요하거나 또는 서비스를 받도록 강요하여 정상이 중한 경우, 3년 이하의 유기징역 또는 구역에 처하고 벌금을 병과하거나 단독으로 부과한다."

1997년 형법전 반포후, 우리 나라의 조직범죄처벌의 심화에 따라 「형법개정안(8)」은 제226조에 대하여 보충개정을 하였다. 즉 "폭력·협박의 수단으로 이하의 행위 중 하나를 실시하여 정상이 중한 경우, 3년 이하의 유기징역 또는 구역에 처하고 벌금을 병과하거나 단독으로 부과한다. 정상이 특별히 중한 경우, 3년 이상 7년 이하의 유기징역에 처하고 벌금을 병과한다. (1) 상품을 강제매매하는 경우, (2) 타인으로 하여금 서비스를 제공하거나 받도록 강요하는 경우, (3) 타인으로 하여금 입찰, 경매에 참여하거나 입찰, 경매에서 물러나도록 강요하는 경우, (4) 타인으로 하여금 회사, 기업의 주식, 채권 또는 기타 자산을 이전하거나 구입하도록 강요하는 경우, (5) 타인으로 하여금 특정의 경영활동에 참여하거나 특정의 경영활동에서 물러나도록 강요하는 경우."

(8) 유가증표 위조·위조한 유가증표 전매죄(제227조 제1항)

형법개정검토과정에서 관련 부문과 학자들은 상기 증표를 위조하는 행위는 일반적으로 영리의 목적이 있기에 내용상 주관목적의 요소를 삭제하는 것은 사법상의 판단에 유리하고 실무 중에서 비행기표를 위조하고 전매하여 영리하는 사건이 나타났기에 본죄의 행위객체에 비행기표를 위조하는 내용을 증설하여야 한다고 제안하였다. 1988년 11월 16일의 형법개정안은 상기 제안을 채택하였고 동고 제134조는 다음과 같이 규정하였다. "비행기표·차표·선표·우표·납세 전표·상품 전표를 위조한 경우, 2년 이하의 유기징역 또는 구역에 처하고 벌금을 단독으로 부과하거나 병과할 수 있다. 정상이 중한 경우, 2년 이상 7년 이하의 유기징역에 처하고 벌금을 병과한다."

개정과 보충을 거쳐 최종적으로 형성된 1997년 「형법」 제227조 제1항의 규정은 다음과 같다. "차표·선표·우표 또는 기타 유가증표를 위조하거나 위조한 차표·선표·우표 또는 기타 유가증표를 전매하여 액수가 비교적 큰 경우, 2년 이하의 유기징역과 구역 또는 관제에 처하고 증표액수 1배 이상 5배 이하의 벌금을 병과하거나 단독으로 부과한다. 정상이 중한 경우, 2년 이상 7년 이하의 유기징역에 처하고 증표액수 1배 이상 5배 이하의 벌금을 병과한다."

(9) 차표車票·선표船票 전매죄(제227조 제2항)

형법개정검토과정에서 차표, 선표 전매죄의 내용은 1996년 8월 8일의 형법각칙개정초안에 나타났는데 동고는 다음과 같이 규정하였다. "차표 · 선표 · 비행기표 등 유가증표를 불법전매하여 액수가 비교적 큰 경우, 2년 이하의 유기징역 또는 구역에 처하고 위법소득 1배 이상 5배 이하의 벌금을 단독으로 부과하거나 병과할 수 있다." 1996년 8월 31일의 개정초안에서 입법기관은 상기 내용 중의 "불법"을 삭제하였고 동시에 벌금액수의 확정기준을 기존의 "위법소득"으로부터 "증표액수"로 개정하였다. 그 후의 초안에서 입법기관은 한 때 본죄를 삭제하였고 1997년 3월 1일의 개정초안에 이르러 입법기관은 비로소 본죄를 다시 도입하였다. 즉 제227조 제2항은 다음과 같이 규정하였다. "차표 · 선표를 전매하여 정상이 중한 경우, 3년 이하의 유기징역 또는 구역 또는 관제에 처하고 증표액수 1배 이상 5배 이하의 벌금을 병과하거나 단독으로 부과한다." 1997년 3월 13일의 개정초안은 "정상이 중한 경우"앞에 쉼표를 증가하여 최종적으로 1997년「형법」제227조 제2항의 규정을 형성하였다.

(10) 토지사용권 불법이전·전매죄(제228조)

입법초안의 변화를 보면 비록 1988년 12월 25일의 형법개정안에 토지불법이전, 매매범죄를 규정하였지만 그 후의 아주 긴 시간동안 입법기관은 본죄 조문의 기초와 검토에 대하여 일정한 관심을 기울이지 않았었다. 반대로 일부 초안에는 본죄의 규정조차 없었다. 반대로 1997년 1월 10일의 개정초안에 이르러서야 입법기관은 비로소 본죄를 다시 초안에 도입하였는데 동 개정초안 제217조는 다음과 같이 규정하였다. "영리의 목적으로 법률과 행정법규의 규정을 위반하여 토지사용권을 불법이전 · 전매하여 정상이 중한 경우, 3년 이하의 유기징역, 구역 또는 관제에 처하고 불법이전, 전매한 토지가격 1배이하의 벌금을 병과하거나 단독으로 부과할 수 있다. 정상이 특별히 중한 경우, 3년 이상 10년 이하의 유기징역에 처하고 불법이전·전매한 토지가격 1배이하의 벌금을 병과한다."

그 후의 검토과정에서 입법기관은 선후하여 상기 개정초안의 내용을 두 차례의 개정과 보충을 하였는데 최종적으로 형성된 1997년「형법」제228조의 규정은 다음과 같다. "영리의 목적으로 토지관리법규를 위반하여 토지사용권을 불법이전, 전매하여 정상이 중한 경우, 3년 이하의 유기징역 또는 구역에 처하고 불법이전·전매한 토지사용권가격 5%이상 20%이하의 벌금을 병과하거나 단독으로 부과한다. 정상이 특별히 중한 경우, 3년 이상 7년 이하의 유기징역에 처하고 불법이전·전매한 토지사용권가격 5%이상 20%이하의 벌금을 병과한다."

(11) 허위증명서 제출죄·제출한 증명서가 사실과 다른 죄(제229조)

본조의 죄는 1997년 형법전에 의하여 신설된 범죄이다. 형법개정검토과정에서 허위증명서류 제출죄의 내용은 1996년 8월 31일의 개정초안에 나타났는데 동 초안은 허위증명서류 제출죄를 '독직죄'의 장에 배치하였고 다음과 같이 규정하였다. "자산평가·자산조사확인 직책을 담당하는 인원이 고의로 허위의 증명서류를 제출하여 정상이 중한 경우, 5년 이하의 유기징역 또는 구역에 처한다." 1996년 10월 10일의 개정초안(의견청위고) 제201조는 동죄의 규정에 대하여 네 가지 개정과 보충을 하였다. (1) 본죄를 "독직죄瀆職罪"의 장에서 "사회주의시장경제질서 파괴죄破壞社會主義市場經濟秩序罪"의 장에 옮겨왔다. (2) 본죄의 주체범위를 확장하여 검증, 회계감사직책을 담당하는 인원도 그중에 도입하였다. (3) 벌금의 규정을 증설하였다. (4) 단위 범죄의 규정을 증설하였다. 구체조문의 내용은 다음과 같다. "자산평가·자산조사확인·검증·회계감사직책을 담당하는 인원이 고의로 허위의 증명서류를 제출하여 정상이 중한 경우, 5년 이하의 유기징역 또는 구역에 처하고 20만원이하의 벌금을 병과할 수 있다. 단위가 전항의 죄를 범한 경우, 단위를 위법소득 1배이상 5배이하의 벌금에 처하고 직접 책임을 지는 주관자와 기타 직접 책임자를 5년 이하의 유기징역 또는 구역에 처한다."

그 후의 검토과정에서 본죄의 내용에 대하여 일련의 보충과 개정을 하여 최종적으로 1997년 「형법」 제229조를 형성하였다. "자산평가·자산조사확인·검증·회계·회계감사·법률서비스 등 직책을 담당하는 인원이 고의로 허위의 증명서류를 제출하여 정상이 중한 경우, 5년 이하의 유기징역 또는 구역에 처하고 벌금을 병과한다. 전항에 규정된 인원이 타인의 재물을 강요하거나 타인의 재물을 불법수수하여 전항의 죄를 범한 경우, 5년 이상 10년 이하의 유기징역에 처하고 벌금을 병과한다. 제1항에 규정된 인원이 심각한 무책임으로 인하여 제출한 증명서류가 사실과 중대히 부합하지 않아 심각한 결과를 초래한 경우, 3년 이하의 유기징역 또는 구역에 처하고 벌금을 병과하거나 단독으로 부과한다."

(12) 상품검사 도피죄逃避商檢罪(제230조)

본조의 죄는 1997년 형법전에 의하여 신설된 범죄이다. 형법기초검토시 입법기관은 1989년 「중화인민공화국 수출입상품검사법中華人民共和國進出口商品檢驗法」 제26조의 규정을 개정하여 형법초안에 도입하였다. 입법초안내용의 변화를 보면 본죄의 성숙된 내용은 최초로 1996년 8월 8일 각칙개정초안에 나타났고 동죄와 밀수범죄는 같이 "사회주의시정경제질서 파괴죄"의 장의 제8절 "수출입관리 방해죄妨礙進出口管理罪"에 규정되었다. 동고는 다음과 같이 규정하였다. "수출입상품검사법의 규정을 위반하여 상품검사를 도피하여 법에 따라 응당 상품검사를 해야 할 수출상품을 검사를 거치지 않거나 또는 검사하여 저질 상황에서 무단수출하여 국가·단체에 중대한 손실을 초래한 경우, 3년 이하의 유기징역 또는 구역에 처하고 벌금을 병과하거나 단독으로 부과할 수 있다."

그 후의 검토과정에서 이 내용은 네 차례의 개정을 거쳐 최종적으로 1997년 「형법」 제230조를 형성하였다. "수출입상품검사법의 규정을 위반하여 상품검사를 도피하여 응당 상품검사기관의 검사를 거쳐야 할 수입상품을 검사를 신고하고 거치지 않은 상황에서 무단판매·사용하거나 응당 상품검사기관의 검사를 거쳐야 할 수출상품을 검사를 신고하고 거쳐 합격이 되지 않은 상황에서 무단수출하여 정상이 중한 경우, 3년 이하의 유기징역 또는 구역에 처하고 벌금을 병과하거나 단독으로 부과한다."

(13) 본절 단위 범죄의 문제(제231조)

1996년 10월 10일의 형법개정초안(의견청취고) 제204조는 다음과 같이 규정하였다. "단위가 본절에 규정된 죄를 범한 경우, 단위를 벌금에 처하고 직접 책임을 지는 주관자와 기타 직접 책임자를 본절 각 해당 조문의 규정에 따라 처벌한다." 그 후 일부 비실질적인 개정과 조정을 거쳐 최종적으로 1997년「형법」제231조를 형성하였다. "단위가 본절 제221조부터 제230조까지에 규정된 죄를 범한 경우, 단위를 벌금에 처하고 직접 책임을 지는 주관자와 기타 직접 책임자를 본절 각 해당 조문의 규정에 따라 처벌한다."

공민 인신권리·민주권리 침해죄

04

(1) 고의살인죄(제232조)

1979년「형법」제132조는 "고의로 살인한 경우, 사형·무기징역 또는 10년 이상의 유기징역에 처한다. 정상이 경한 경우, 3년 이상 10년 이하의 유기징역에 처한다"라고 규정하였다.

1997년「형법」은 상기 내용을 그대로 사용하였고 아무런 개정도 하지 않았다. 하지만 형법개정검토과정에서 일부 초안은 일부 개정의 시도를 한 적이 있었다. 예컨대 1988년 11월 16일의 형법개정안은 고의살인사건의 부동한 정황에 따라 두 개의 조문을 구분하여 규정하였다. 1996년 8월 8일의 형법각칙개정초안에서 입법기관은 정상이 경한 고의살인죄를 개정하였다. 즉 "생모가 영아를 익사시키거나 고의살인하여 기타 경한 정상이 있을 경우, 3년 이상 10년 이하의 유기징역에 처한다." 이 내용에 대하여 1996년 8월 12일의 전국인민대표대회 상무위원회 법제업무위원회에서 초청한 전문가좌담회에서 일부 전문가는 생모가 영아를 익사시키는 정황은 비교적 특수하기에 고의살인죄에 규정하는 것이 적절하지 않고 단독으로 영아익사죄溺嬰罪를 규정하는 것이 바람직하고 외국법제에서도 일반적으로 영아익사죄를 단독 규정하고 있다고 하였다.[1] 입법기관은 이 제안을 채택하여 1996년 8월 31일 초고 제116조는 1979년 형법전 기존 규정의 기초에 동조 제2항에 생모영아익사죄生母溺嬰罪를 증설하였다. 즉 "생모가 영아를 익사시킨 경우, 3년 이상 7년 이하의 유기징역에 처한다." 1996년 10월 10일의 개정초안(의견청취고)은 정상이 경한 고의살인의 규정을 삭제함과 동시에 독자적인 조문으로 생모영아익사죄를 규정하였고 영아익사죄의 법정형을 전 초안의 "3년 이상 7년 이하의 유기징역"으로부터 "5년 이하의 유기징역"으로 개정한 적이 있었다.

상기의 의견에 대하여 입법기관은 검토를 거쳐 고의살인죄의 입법에 대하여 개정을 하는 시도를 포기하여 1979년「형법」제132조의 내용을 유지하였다.

---

[1] 全國人大常委會法工委刑法室 1996년 9월 6일 정리, "法律專家對'刑法總則修改稿'和'刑法分則修改草稿'的意見",「新中國刑法立法文獻資料總覽(下)」, 北京, 中國人民公安大學出版社, 1998, p.2139.

(2) 과실치사죄(제233조)

1979년「형법」제133조는 다음과 같이 규정하였다. "과실로 살인한 경우, 5년 이하의 유기징역에 처한다. 정상이 특별히 악질적인 경우, 5년 이상의 유기징역에 처한다. 본 법에 따로 규정이 있을 경우, 그 규정에 따른다."

형법기초검토과정에서 입법기관은 본죄의 내용에 대하여 일부 개정과 보충을 한 적이 있었다. 1988년 9월의 형법개정안에서 본죄와 과실치상죄는 한 개의 조문에 규정되었고 구성요건의 기술에서 1979년 형법전의 "과실살인"에서 "과실치사"로 개정되었으며 법정형 및 그 폭은 1979년 형법전과 같았다. 1988년 11월 16일과 12월 25일의 개정안은 본죄와 과실치상죄를 분리하여 독자적인 한 개 조문으로 규정하였지만 그 구체적인 내용은 1988년 8월 초고와 비하면 변화가 없었다. 동고의 이 내용은 1996년 8월 8일과 8월 31일의 개정초안에 의하여 사용되었다.

상기 내용에 대하여 전문가 좌담에서 일부 전문가는 과실치사죄에서 정상이 특별히 악질적이어서 5년 이상의 유기징역에 처할 경우, 최고형은 15년이 되지만 중대책임사고범죄의 최고형은 7년밖에 안되는데 중대책임사고범죄는 왕왕 많은 사람의 사망을 초래하여 그 위해결과는 과실치사죄에 비하여 훨씬 더 크므로 양죄 법정형의 불규형이 생긴다고 지적하였다.[2] 입법기관은 연구와 토론을 거쳐 1996년 10월 10일의 개정초안(의견청취고)에서 본죄의 법정형을 조정하여 그전 초안의 두 개 등차의 법정형에서 한 개 등차의 법정형으로 개정하였다. 즉, "7년 이하의 유기지역".

이상의 개정과 보충을 거쳐 최종적으로 형성된 1997년「형법」제233조의 규정은 다음과 같다. "과실로 사람을 사망케 한 경우, 3년 이상 7년 이하의 유기징역에 처한다. 정상이 경한 경우, 3년 이하의 유기징역에 처한다. 본 법에 따로 규

---

[2] 全國人大常委會法工委刑法室1996년9월6일 정리, "法律專家對'刑法總則修改稿'和'刑法分則修改草稿'的意見",「新中國刑法立法文獻資料總覽(下)」, 北京, 中國人民公安大學出版社, 1998, p.2139.

정이 있을 경우, 그 규정에 따른다."

(3) 고의상해죄(제234조)

1979년 「형법」 제133조는 다음과 같이 규정하였다. "고의로 타인의 신체를 상해한 경우, 3년 이하의 유기징역 또는 구역에 처한다. 전항의 죄를 범하여 사람을 중상에 이르게 한 경우, 3년 이상 7년 이하의 유기징역에 처한다. 사람을 사망에 이르게 한 경우, 7년 이상의 유기징역 또는 무기징역에 처한다. 본 법에 따로 규정이 있을 경우, 그 규정에 따른다."

본죄 조문의 개정에 관하여 일부 초고의 내용은 일부 변화를 거쳤다. 그 후의 검토는 기본적으로 본죄에 사형을 규정해야 할지 여부, 그리고 본죄 사형의 적용 범위를 어떻게 제한해야 하는지 등 문제를 둘러싸고 전개되었다. 사형 규정 여부에 관하여 1996년 8월 12일의 전문가좌담회에서 전문가들은 일치하게 고의상해죄에 사형을 규정하지 않은 것이 바람직하다고 주장하였다. 주된 이유는 다음과 같다. 주관상의 고의든 객관상의 결과든 고의상해죄는 고의살인죄와 아주 다르다는 것, 상해는 필경 살인이 아니고 과거에 "사람을 죽이면 목숨으로 보상한다"이지 "상해하면 목숨으로 보상한다"가 아니였다는 것, 만약 모두 사형을 규정하면 구별이 없어지게 되어 타당하지 않다는 것이다. 외국의 입법례를 보면 모두 사형을 규정하지 않았다.[3] 입법기관은 그 후의 초고에서 이 의견을 채택하였다. 예컨대 1996년 10월 10일의 개정초안(의견청취고) 제209조는 사형을 규정하지 않았다. 하지만 1996년 12월 중순의 개정초안에 이르러 다시 본죄의 사형을 회복하였다.

그 후 이 초안의 내용은 1997년 「형법」 제234조의 규정에 의하여 사용되었다. 즉 "고의로 타인의 신체를 상해한 경우, 3년 이하의 유기징역 구역 또는 관제에 처한다. 전항의 죄를 범하여 사람을 중상에 이르게 한 경우, 3년 이상10년 이

---

3 全國人大常委會法工委刑法室1996년9월6일 정리, "法律專家對'刑法總則修改稿'和'刑法分則修改草稿'的意見", 「新中國刑法立法文獻資料總覽(下)」, 北京, 中國人民公安大學出版社, 1998, p.2140.

하의 유기징역에 처한다. 사람을 사망에 이르게 하거나 특별히 잔인한 수단으로 사람을 중상에 이르게 하여 심각한 불구를 초래한 경우, 10년 이상의 유기징역 · 무기징역 또는 사형에 처한다. 본 법에 따로 규정이 있을 경우, 그 규정에 따른다."

(4) 인체장기 조직매출죄 및 관련 행위의 처리(제234조의 1)

「형법개정안 (8)」이 반포되기 전, 우리 나라 형법에는 인체장기매매행위의 형사책임에 관한 단독적인 규정이 없었다. 「형법개정안 (8)」은 사법실무 중 존재하는 인체장기를 불법매매하는 각종 현상에 대응하여 본죄를 규정하였다. 그중 본죄 제1항에 규정된 것은 인체장기 조직매출죄이다. 즉 "타인을 조직하여 장기를 매출하도록 한 경우, 5년 이하의 유기징역에 처하고 벌금을 병과한다. 정상이 중한 경우, 5년 이상의 유기징역에 처하고 벌금 또는 재산몰수를 병과한다." 제2항과 제3항은 본죄와 기타 범죄의 한계를 명확히 하기 위한 특별규정이다. "본인의 동의를 거치지 않고 그의 장기를 적출하거나 또는 18세미만의 사람의 장기를 적출하거나 또는 타인으로 하여금 장기를 기증하게 하기 위하여 강요, 기만하는 경우, 본법 제234조 · 제232조의 규정에 따라 죄명을 정하고 처벌한다. 본인 생전의 의사를 위배하여 그의 시체의 장기를 적출하거나 또는 본인이 생전에 동의하지 않은 상황에서 국가규정을 위반하고 그의 가까운 친족의 의사에 위반하여 그의 시체의 장기를 적출하는 경우, 본법 제302조의 규정에 따라 처벌한다."

(5) 과실치상죄過失致人重傷罪(제235조)

1979년 「형법」 제133조는 다음과 같이 규정하였다. "과실로 타인을 상해하여 중상에 이르게 한 경우, 2년 이하의 유기징역 또는 구역에 처한다. 정상이 특별히 악질적인 경우, 2년 이상 7년 이하의 유기징역에 처한다. 본 법에 따로 규정이 있을 경우, 그 규정에 따른다."

형법개정검토과정에서 본죄 조문의 내용에 대하여 1988년 9월의 형법개정안 가 과실치상죄過失致人重傷罪와 과실치사죄過失致人死亡罪를 합병하여 한 개의 조문에 규정한 것을 제외하고 일부 초고는 기본적으로 1979년 형법전의 내용을 그대로 사용하였다.

1996년 10월 10일의 개정초안(의견청취고)에 이르러 입법기관은 본죄의 법정형에 대하여 비교적 큰 개정과 조정을 하였다. 하나는 본죄에 기존 규정되어 있던 "정상이 특별히 악질적인 경우"의 법정형을 삭제하였고 다른 하나는 본죄의 법정최고형을 3년 이하의 유기징역으로 규정하였다. 그 구체적인 내용은 다음과 같다. "과실로 타인을 상해하여 중상에 이르게 한 경우, 3년 이하의 유기징역 또는 구역에 처한다. 본 법에 따로 규정이 있을 경우, 그 규정에 따른다." 1996년 12월 중순의 초안은 본죄의 법정형에 관제를 증설한 적이 있었는데 1997년 3월 1일의 개정초안에서 입법기관은 각칙에서의 관제의 분포에 관한 종합적인 고려에 입각하여 다시 관제의 규정을 삭제하였다. 그리하여 최종적으로 1997년 「형법」 제235조의 규정을 형성하였다. "과실로 타인을 상해하여 중상에 이르게 한 경우, 3년 이하의 유기징역 또는 구역에 처한다. 본 법에 따로 규정이 있을 경우, 그 규정에 따른다."

(6) 강간죄(제236조)

1979년 「형법」 제139조는 다음과 같이 규정하였다. "폭력·협박 또는 기타 수단으로 부녀를 강간한 경우, 3년 이상 10년 이하의 유기징역에 처한다. 14세미만의 유녀를 간음한 경우, 강간으로 논하고 중하게 처벌한다. 전 2항의 죄를 범하여 정상이 특별히 중하거나 사람을 중상에 이르게 하거나 사망케 한 경우, 10년 이상의 유기징역, 무기징역 또는 사형에 처한다. 2인이상이 강간죄를 범하여 공동으로 윤간한 경우, 중하게 처벌한다."

형법개정검토과정에서 본죄 조문의 개정에 관한 입법기관의 시도는 1988년 12월 25일의 형법개정안에서 시작되었다. 1996년 8월 8일의 형법각칙개정초고에서 부동한 수단에 의한 강간이 피해자의 심리와 사회위해정도에 어느 정도의 부동한 영향이 있는 점을 고려하여 입법기관은 범죄의 수단을 구분하여 본죄의 기본법정형을 두 개의 등차로 규정하였다. 유녀에 관하여 성적으로 성숙되어 있는지를 고려하여야 할 뿐만 아니라 그의 이해와 분별능력도 고려하여야 하기에 유녀의 연령을 13세로 낮추는 것은 유녀의 보호에 불리하다는 점, 동시에 본죄의 가중정상에 대응하는 법정형의 명확성과 적용성을 가일층 확보하기 위하여 동고에 10년 이상의 유기징역·무기징역 또는 사형에 처할 수 있는 몇 가지 경우를 열거하였다.

수 차례의 개정과 보충을 거쳐 최종적으로 1997년「형법」제236조의 규정을 형성하였다. "폭력, 협박 또는 기타 수단으로 부녀를 강간한 경우, 3년 이상 10년 이하의 유기징역에 처한다. 14세미만의 유녀를 간음한 경우, 강간으로 논하고 중하게 처벌한다. 부녀를 강간하고 유녀를 간음하여 이하의 경우 중 하나가 있을 경우, 10년 이상의 유기징역, 무기징역 또는 사형에 처한다. (1) 부녀를 강간하고 유녀를 간음하여 정상이 악질적인 경우, (2) 여러 명의 부녀를 강간하고 유녀를 간음한 경우, (3) 공중장소의 대중앞에서 부녀를 강간한 경우, (4) 2인이상이 윤간한 경우, (5) 피해자로 하여금 중상에 이르게 하거나 사망케 하거나 또는 기타 심각한 결과를 초래한 경우."

(7) 부녀婦女 강제외설·모욕죄, 아동외설죄(제237조)

본조의 죄는 1979년「형법」제160조에 규정된 건달죄로부터 분리된 범죄인데 제160조는 다음과 같이 규정하였다. "패싸움을 하거나 트집을 잡아 말썽을 일으키거나 부녀를 모욕하거나 또는 기타 건달활동을 하여 공공질서를 파괴하여 정상이 악질적인 경우, 7년 이하의 유기징역 구역 또는 관제에 처한다. 건달단체의 수괴는 7년 이상의 유기징역에 처한다." 1983년 9월 2일 전국인민대표대회 상무위원회에서 통과한「사회치안을 심각히 침해하는 범죄자의 엄벌에 관한 결정」제1조는 1979년 형법전의 상기 규정에 대하여 보충을 하였다. 건달범죄단체의 수괴 또는 흉기를 휴대하고 건달범죄활동을 하여 정상이 중한 경우, 또는 건달범죄활동을 하여 위해가 특별히 중대한 경우, 형법이 규정한 최고형이상에서 처단할 수 있고 사형선고에 이를 수 있다.

실무에서 건달죄규정의 내용이 번잡하고 행위가 다양하며 특히 "기타 건달범죄활동"은 통일적인 법적 기준이 없으므로 이는 전형적인 "주머니죄"이고 그 법정형의 폭이 넓고 모호하여 적용에 폐단을 가져오기 마련이었다. 그리하여 형법개정검토의 시작부터 건달죄의 규정을 개정하고 보완하는 것은 학계와 실무계의 공감대를 형성하였다. 본죄를 놓고 말할 때 그 구체적 내용은 일부 초안에서 일부 변화를 겪었다. 일련의 조정과 보충을 거쳐 최종적으로 1997년 「형법」 제237조의 규정을 형성하였다. "폭력, 협박 또는 기타 방법으로 부녀를 강제외설거나 모욕한 경우, 5년 이하의 유기징역 또는 구역에 처한다. 사람을 모으거나 공중장소의 대중앞에서 전항의 죄를 범할 경우, 5년 이상의 유기징역에 처한다. 아동을 외설한 경우, 전 2항의 규정에 따라 중하게 처벌한다."

「형법개정안 (9)」은 본죄를 다음과 같이 개정하였다. "폭력, 협박 또는 기타 방법으로 타인을 강제외설하거나 또는 부녀를 모욕한 경우, 5년 이하의 유기징역 또는 구역에 처한다. 사람을 모으거나 공중장소의 대중앞에서 전항의 죄를 범하거나 또는 기타 악질적인 정상이 있을 경우, 5년 이상의 유기징역에 처한다. 아동을 외설한 경우, 전 2항의 규정에 따라 중하게 처벌한다."

(8) 불법구금죄非法拘禁罪(제238조)

1979년 「형법」 제143조는 다음과 같이 규정하였다. "타인을 불법구금하거나 기타 방법으로 타인의 인신자유를 불법박탈하는 것을 엄금한다. 위반자는 3년 이하의 유기징역·구역 또는 정치권리박탈에 처한다. 구타·모욕정상이 있을 경우, 중하게 처벌한다. 전항의 죄를 범하여 사람을 중상에 이르게 한 경우, 3년 이상 10년 이하의 유기징역에 처한다. 사람을 사망케 한 경우, 7년 이상의 유기징역에 처한다."

상기 내용은 법규범의 완전한 논리구성의 요구에 따라 규정한 것이지만 형법각칙조문의 보통의 기술관례는 "행위방식+법적 결과"이다. 형법각칙조문의 기술관계의 일치를 위하여 1988년 9월의 형법개정안은 "타인을 불법구금하는 것을 엄금한다"는 문구를 삭제하여 본죄의 구성요건을 직접 "타인을 불법구금하거나 기타 방법으로 타인의 인신자유를 불법박탈하는 경우"로 기술하였고 동시에

1979년 형법 기존의 내용의 기초위에 본죄에서의 사람을 사망케 한 경우의 법정형에 무기징역을 규정하였다.

1988년 11월 16일의 개정안에서 입법기관은 1979년 형법전에 규정된 구타와 모욕 등 중하게 처벌하는 정상 및 사람을 중상에 이르게 하거나 사망케 한 경우의 법정형을 삭제하였고 본죄에 대하여 단 하나의 법정형 등차만 남겼다. 즉 "타인을 불법구금하거나 기타 방법으로 타인의 인신자유를 불법박탈하는 경우, 5년 이하의 유기징역·구역 또는 정치권리박탈에 처한다." 이러한 규정은 불법구금하여 사람을 중상에 이르게 하거나 사망케 한 문제를 진정으로 해결하지 못한 것이 분명하고 동시에 불법구금죄 기본범의 최고형을 5년으로 인상한 것도 형법 기타 관련 조문과도 조화를 이루지 못하였다. 그리하여 1988년 12월 25일의 형법개정안은 다시 1979년 형법전의 내용을 기본적으로 회복하였다.

1996년 10월 10일의 개정초안(의견청취고)에서 입법기관은 그전의 두 개 초안의 기초위에 본죄 조문의 내용에 대하여 세 곳의 개정과 보충을 하였다. 그 후의 검토과정에서 1996년 10월 10일의 의견청취고의 내용을 둘러싸고 일련의 개정과 조정을 하였다. (1) 1996년 12월 중순의 초안에서 불법구금과정에서 폭력을 사용하여 사람을 상해, 불구에 이르게 하거나 사망케 한 경우의 죄명확정의 문제를 해결하기 위하여 입법기관은 "폭력을 사용하여 사람을 상해, 불구에 이르게 하거나 사망케 한 경우, 고의살인죄·고의상해죄에 따라 죄명을 정하고 처벌한다."의 규정을 증설하였고 본죄 기본범 법정형에 관제형을 증설하였다. (2) 사법기관인원도 국가공무원인 점을 고려하여 입법기관은 1997년 1월 10일의 개정초안에서 사법기관인원이 직권을 이용하여 불법구금행위를 실시한 경우 중하게 처벌하는 규정을 삭제하였다. (3) 1997년 2월 17일의 개정초안에서 입법기관은 '타인을 불법구금하여 채무이행을 강요하는 경우 본죄의 규정에 따라 처벌한다'는 내용을 삭제한 적이 있었는데 그 후 사법실무에서 채무이행을 강요하기 위하여 타인을 불법구금하는 현상이 자주 나타나는 점을 고려하여 범죄성립한계를 명확히 하기 위하여 강조할 필요가 있어 입법기관은 1997년 3월 1일의 개정초안에서 다시 이에 대하여 규정하였다.

이렇게 상기의 조정을 거쳐 최종적으로 1997년「형법」제238조의 규정을 형성하였다. "타인을 불법구금하거나 기타 방법으로 타인의 인신자유를 불법박탈하는 경우, 3년 이하의 유기징역 · 구역 · 관제 또는 정치권리박탈에 처한다. 구타 · 모욕정상이 있을 경우, 중하게 처벌한다. 전항의 죄를 범하여 사람을 중상에 이르게 한 경우, 3년 이상 10년 이하의 유기징역에 처한다. 사람을 사망케 한 경우, 10년 이상의 유기징역에 처한다. 폭력을 사용하여 사람을 상해, 불구에 이르게 하거나 사망케 한 경우, 본법 제234조 · 제232조의 규정에 따라 죄명을 정하고 처벌한다. 채무이행을 강요하기 위하여 타인을 불법유치 · 구금하는 경우, 전 2항의 규정에 따라 처벌한다. 국가기관공무원이 직권을 이용하여 전 3항의 죄를 범할 경우, 전 3항의 규정에 따라 중하게 처벌한다.

(9) 납치죄(제239조)

우리 나라 1979년 형법전은 납치죄를 규정하지 않았지만 사법실무에서 타인을 납치하여 인질로 하고 금품을 강요하는 사건이 자주 일어났다. 사법을 통일하고 실무중 이러한 사건의 처리에 법적 의거를 제공하기 위하여 1991년 9월 4일 전국인민대표대회 상무위원회에서 통과한「부녀, 아동을 유괴매매, 납치하는 범죄자의 엄벌에 관한 결정」(이하「유괴매매, 납치범죄 엄벌의 결정」으로 약칭함) 제2조 제3항은 "협박하여 재물을 강요하는 것을 목적으로 타인을 납치한 경우, 본조 제1항[4]의 규정에 따라 처벌한다."

형법전면개정검토과정에서 납치행위에 대하여 죄명을 신설해야 하는지, 어떤 죄명을 신설해야 하는지에 대하여 부동한 의견이 존재하였다.[5] 최초의 형법개

---

4   동조 제1항에 규정된 것은 부녀, 아동 납치죄이고 그 기본범의 법정형은 '10년 이상의 유기징역 또는 무기징역에 처하고 1만원이하의 벌금 또는 재산몰수를 병과한다.'이고 가중범의 법정형은 '사형에 처하고 재산몰수를 병과한다'이다.
5   最高人民法院刑法修改小組, "關於刑法修改若干問題的研討與建議(1991年草擬, 1993年修改補充)",「新中國刑法立法文獻資料總覽(下)」, 北京, 中國人民公安大學出版社, 1998, pp. 2394~2395.

정안을 보면 개별 초고에서는 납치의 목적을 한정하지 않았는데 조문의 의미를 보면 이러한 규정은 인질을 납치하여 금품을 강요하는 행위와 기타 목적을 위하여 납치하는 행위를 포섭할 수 있었다.

1997년 3월 1일의 개정초안에 이르러 입법기관은 광의의 규정방식을 취하였다. 즉 "금품강요를 목적으로 타인을 납치하거나 타인을 납치하여 인질로 할 경우" 형벌에 처한다. 본죄 구성요건에 관한 동 초안의 내용은 최종적으로 1997년 형법전에 의하여 채택되었다.

영유아를 절취하는 행위에 대하여 입법기관은 1996년 10월 10일의 개정초안(의견청취고)에서 "금품강요의 목적으로 영유아를 절취하는 경우, 전항의 규정에 따라 처벌한다"라는 내용을 증설하였다. 1997년 3월 1일의 초안에서 입법기관은 다시 이 규정을 삭제하였다.

개정과 조정을 거쳐 최종적으로 형성된 1997년 「형법」 제239조의 규정은 다음과 같다. "금품강요를 목적으로 타인을 납치하거나 타인을 납치하여 인질로 할 경우, 10년 이상의 유기징역 또는 무기징역에 처하고 벌금 또는 재산몰수를 병과한다. 납치대상을 살해하거나 납치대상이 사망하는 경우 사형에 처한 동시 재산몰수를 병과한다. 재산강요를 목적으로 영유아를 절도하는 경우, 전항의 규정에 따라 처벌한다.

1997년 형법전 시행 후, 실무상황을 보면 형법이 본죄에 설정한 형벌등차가 적은 편이므로 2009년 2월 28일의 「형법개정안 (7)」은 기존 규정의 기초위에 정상이 경한 경우의 법정형을 증설하였다. 이렇게 개정을 거친 형법 제239조의 규정은 다음과 같다. "금품강요를 목적으로 타인을 납치하거나 타인을 납치하여 인질로 할 경우, 10년 이상의 유기징역 또는 무기징역에 처하고 벌금 또는 재산몰수를 병과한다. 정상이 경한 경우, 5년 이상 10년 이하의 유기징역에 처한다. 전항의 죄를 범하여 피납치자를 사망케 하거나 피납치자를 살해한 경우, 사형에 처하고 재산몰수를 병과한다. 금품강요의 목적으로 영유아를 절취하는 경우, 전항의 규정에 따라 처벌한다."

「형법개정안 (9)」은 다시 본죄 제2항에 대하여 개정을 하였다. "전항의 죄를 범하여 피납치자를 살해하거나 또는 피납치자를 고의로 상해하여 중상 또는 사망에 이르게 한 경우, 무기징역 또는 사형에 처하고 재산몰수를 병과한다. 납치자를 사망케 하거나 피납치자를 살해한 경우, 사형에 처하고 재산몰수를 병과한다. 금품강요의 목적으로 영유아를 절취하는 경우, 전항의 규정에 따라 처벌한다."

(10) 부녀·아동 유괴매매죄(제240조)

1979년 형법전은 인구 유괴매매죄를 규정하였다. 즉 제141조는 "인구를 유괴매매한 경우, 5년 이하의 유기징역에 처한다. 정상이 중한 경우, 5년 이상의 유기징역에 처한다." 인구 유괴매매를 포함한 각종 중대한 범죄행위를 엄벌하고 효과적으로 예방하기 위하여 전국인민대표대회 상무위원회는 1983년9월 2일에 「사회치안을 심각히 침해하는 범죄자의 엄벌에 관한 결정」을 통과하였고 동 결정은 인구유괴매매단체의 수괴 또는 인구를 유괴매매하여 정상이 특별히 중한 경우, 형법이 규정한 최고형이상에서 처형할 수 있고 사형선고에 이를 수 있다고 하였다.

형법개정검토과정에서 인구유괴매매죄에 관한 1988년의 3개의 초고는 기본적으로 1979년 형법전과 상기 결정의 내용을 종합하였다.

그 후의 형법개정검토과정에서 입법기관은 1979년 형법전이 규정한 기존의 인구유괴매매죄를 삭제하였고「유괴매매, 납치범죄 엄벌의 결정」의 상기 규정을 기초로 본죄의 조문에 대하여 개정과 조정을 하였다.

개정과 조정을 거쳐 최종적으로 형성된 1997년「형법」제240조의 규정은 다음과 같다. "부녀, 아동을 유괴매매한 경우, 5년 이상 10년 이하의 유기징역에 처하고 벌금을 병과한다. 이하의 경우 중 하나가 있을 경우, 10년 이상의 유기징역·무기징역 또는 사형에 처한다. (1) 부녀·아동 유괴매매단체의 수괴, (2) 유괴매매한 부녀·아동의 인수가 3인이상인 경우, (3) 유괴매매한 부녀를 간음한 경우,(4) 유괴매매한 부녀를 매음하도록 유인기만, 강요하거나 유괴·매매한 부녀를 타인에게 매출하여 매음하도록 강요한 경우, (5) 매출의 목적으로 폭력·협박 또는 마취의 방법으로 부녀·아동을 납치한 경우, (6) 매출의 목적으로 영유아를 절취한 경우, (7) 유괴·매매한 부녀·아동 또는 그 친족의 중상·사망 또는 기타 심각한 결과를 초래한 경우, (8) 부녀·아동을 해외로 매출한 경우. 부녀, 아동을 유괴매매하는 것이란 매출을 목적으로 부녀·아동을 유괴·납치·매수·매출·맞이하고 보내거나 중계운송하는 행위 중 하나가 있을 경우를 말한다."

(11) 피유괴매매 부녀·아동 매수죄 및 그 관련 행위의 처리(제241조)

본조의 규정은 1991년 9월 4일 전국인민대표대회 상무위원회에서 통과한 「유괴매매, 납치범죄 엄벌의 결정」 제3조의 규정에서 유래하였다.

형법개정검토과정에서 입법기관은 상기 규정을 형법개정안에 도입할 때 선후하여 개정과 조정을 하여 최종적으로 1997년 「형법」 제241조의 규정을 형성하였다. "유괴매매한 부녀·아동을 매수한 경우, 3년 이하의 유기징역·구역 또는 관제에 처한다. 유괴·매매한 부녀를 매수한 후, 강제로 성행위를 실시한 경우, 본 법 제236조의 규정에 따라 죄명을 정하고 처벌한다. 유괴매매한 부녀·아동을 매수한 후, 그 인신자유를 불법적으로 박탈·제한하거나 또는 상해·모욕 등 범죄행위가 있을 경우, 본 법의 관련 규정에 따라 죄명을 정하고 처벌한다. 유괴매매한 부녀·아동을 매수한 후, 제2항·제3항에 규정된 범죄행위가 있을 경우, 병합죄의 규정에 따라 처벌한다. 유괴매매한 부녀·아동을 매수한 후, 다시 매출한 경우, 본 법 제240조의 규정에 따라 죄명을 정하고 처벌한다. 유괴매매한 부녀, 아동을 매수한 후, 매수한 부녀의 의사에 따라 그가 기존의 거주지로 돌아가는 것을 저지하지 않거나 매수한 아동에 대하여 학대행위가 없고 그에 대한 구출을 방해하지 않은 경우, 형사책임을 추궁하지 않을 수 있다."

「형법개정안(9)」은 본조 제6항에 대하여 개정을 하였다. "유괴매매한 부녀·아동을 매수한 후, 매수한 아동에 대하여 학대행위가 없고 그에 대한 구출을 방해하지 않은 경우, 경하게 처벌할 수 있다. 매수한 부녀의 의사에 따라 기존의 거주지로 돌아가는 것을 저지하지 않은 경우, 경하게 처벌하거나 감경처벌할 수 있다."

(12) 집단적으로 피매수 부녀·아동을 구출하는 것을 방해한 죄(제242조)

본조의 규정은 「유괴매매, 납치범죄 엄벌의 결정」 제4조의 규정을 기초로 개정하여 형성한 것이다.

입법기관은 단행형법의 상기 규정을 신형법전에 도입하는 과정에서 비교적 큰 개정과 조정을 하여 최종적으로 1997년 「형법」 제242조의 규정을 형성하였다. "폭력·협박의 방법으로 국가기관공무원이 매수당한 부녀·아동을 구출하는 것을 방해하는 경우, 본 법 제277조의 규정에 따라 죄명을 정하고 처벌한다. 집단적으로 국가기관공무원이 매수당한 부녀·아동을 구출하는 것을 방해하는 수괴는 5년 이하의 유기징역 또는 구역에 처한다. 기타 참가자가 폭력·협박의 방법을 사용한 경우, 전항의 규정에 따라 처벌한다."

(13) 무고모함죄(제243조)

1979년 「형법」 제138조는 다음과 같이 규정하였다. "그 어느 방법으로도 간부·군중을 무고모함하는 것을 엄금한다. 사실을 날조하여 타인(범인을 포함)을 무고모함하는 경우, 무고모함한 범죄행위의 성질, 정상, 결과와 양형기준을 참조하여 형사처분을 부여한다. 국가공무원이 무고모함죄를 범한 경우, 중하게 처벌한다. 일부러 무고모함한 것이 아니고 잘못 고발하거나 신고내용이 사실과 부합하지 않은 경우, 전항의 규정을 적용하지 아니 한다."

상기 규정은 "무고반좌"의 전통이념을 계승한 것인데 형법규범으로서는 적용성이 강하지 않아 형법규범의 명확성의 요구에 부합하지 아니 한다. 그리하여 검토과정에서 일부 학자와 부문에서는 본죄에 대하여 단독으로 법정형을 규정하고 부동한 정상에 따라 양형의 폭을 각각 규정할 것을 제안하였다. 연구와 토론을 거쳐 입법기관은 이 건의를 채택하였다.

본죄의 구성요건과 법정형은 검토과정에서 일부 변화가 있었고 최종적으로 형성된 1997년 「형법」 제243조의 규정은 다음과 같다. "사실을 날조하여 타인을 무고모함하여 타인이 형사추궁을 당하는 것을 의도하여 정상이 중한 경우, 3년 이하의 유기징역, 구역 또는 관제에 처한다. 심각한 결과를 초래한 경우, 3년 이상

10년 이하의 유기징역에 처한다. 국가기관공무원이 전항의 죄를 범한 경우, 중하게 처벌한다. 일부러 무고모함한 것이 아니고 잘못 고발하거나 신고내용이 사실과 부합하지 않은 경우, 전항의 규정을 적용하지 아니 한다."

(14) 강제노동죄(제244조)

우리 나라 1979년 형법전은 본죄를 규정하지 않았고 1995년 1월 1일부터 시행된「중화인민공화국 노동법中華人民共和國勞動法」(이하「노동법」으로 약칭함)에 유사한 규정이 있었다. 동법 제96조에 의하면 채용단위에서 폭력, 협박 또는 인신자유를 불법적으로 제한하는 방법으로 노동을 강제하는 경우, 공안기관에서 책임자에 대하여 15일이하의 구류・과태료 또는 벌금을 부과한다. 범죄를 구성하는 경우, 법에 따라 책임자의 형사책임을 추궁한다. 형법개정검토과정에서 노동법의 취지는 형법초안에 흡수되었다.

신형법전 반포후, 일부 부문에서는 근년에 노동강요장소를 위하여 전문적으로 인원을 모집하고 맞이하고 보내며 중계운송하는 조직과 개인이 사회에 나타났다고 지적하였다. 2009년 12월 26일, 제11회 전국인민대표대회 상무위원회 제12차 회의는「국제연합 초국가적 조직범죄 방지협약을 보충하는 인신매매 특히 여성과 아동의 인신매매 방지, 억제 및 처벌을 위한 의정서」(이하「보충의정서」로 약칭함)에 가입할 것을 결정하였는데 동 의정서는 체약국에서 필요한 입법과 기타 조치를 취하여 강제노동・노역奴役・노역勞役의 목적으로 폭력・위협 또는 기타 형식의 협박으로 인원을 모집・운송・이전・은닉 또는 접수하는 행위를 형사범죄로 규정할 것을 요구하였다.

입법기관은「형법개정안 (8)」을 통하여 본죄의 규정에 대하여 보충과 개정을 하였다. (1) 기존의 직원 강제노동죄의 구성요건을 개정하여 본죄의 죄명도 기존의 "직원 강제노동죄强迫職工勞動罪"에서 "강제노동죄强迫勞動罪"로 변화하였다. (2) 강제노동에 협력하는 행위를 범죄화하였다. (3) 본죄에 단위 범죄의 규정을 증설하였다. 이렇게 개정후의 조문은 다음과 같다. "폭력・협박 또는 인신자유를 제한하는 방법으로 타인을 노동하도록 강제하는 경우, 3년 이하의 유기징역 또는 구역에 처하고 벌금을 병과한다. 정상이 중한 경우, 3년 이상 10년 이하의 유기징역에 처하고 벌금을 병과한다. 타인이 전항의 행위를 실시하는 것을 알면서 그를 위하여 인원을 모집·운송하거나 타인을 노동하도록 강제하는 행위를 협력하는 기타 행위가 있을 경우, 전항의 규정에 따라 처벌한다. 단위가 전 2항의 죄를 범한 경우, 단위를 벌금에 처하고 직접 책임을 지는 주관자와 기타 직접 책임자를 제1항의 규정에 따라 처벌한다."

(15) 소년공을 고용하여 위험하고 중한 노동에 종사하게 하는 죄(제244조의 1)

1997년 형법전의 규정에 의하면 소년공을 불법고용하여 노동에 종사하여 중대한 사고를 초래한 경우, 중대책임사고죄重大責任事故罪, 중대노동안전사고죄重大勞動安全事故罪의 규정에 따라 처리할 수 있었다. 하지만 소년공을 불법고용하였으나 중대한 사고를 초래하지 않은 기타 정상이 중한 경우는 1997년 형법전의 관련규정에 따라 처리하기 어려웠다. 미성년자 합법적 권익에 대한 보호를 가일층 강화하고 소년공을 불법고용하여 위험하고 중한 노동에 종사하게 하여 정상이 중한 행위의 처벌에 형법근거를 제공하기 위하여 2002년 12월 28일 제9회 전국인민대표대회 상무위원회 제31차 회의에서 통과한「형법개정안 (4)」제4조는 본죄를 규정하였다. 즉 제244조의 1은 다음과 같이 규정하였다. "노동관리법규를 위반하여 16세미만의 미성년자를 고용하여 초강도의 육체노동에 종사하게 하거나 또는 고공, 갱내작업에 종사하게 하거나 또는 폭발성·가연성·방사성·독해성 등 위험환경에서 노동에 종사하게 하여 정상이 중한 경우, 직접 책임자를 3년 이하의 유기징역 또는 구역에 처하고 벌금을 병과한다. 정상이 특별히 중한 경우, 3년 이상 7년 이하의 유기징역에 처하고 벌금을 병과한다. 전항의 행위가 있어 사고를 초래하여 다시 기타 범죄를 구성하는 경우, 병합죄의 규정에 의하여 처벌한다."

(16) 불법수색죄·타인주거 불법침입죄(제245조)

1979년「형법」제144조는 다음과 같이 규정하였다. "타인을 불법관제하거나 또는 타인의 신체·주택을 불법수색하거나 타인의 주거에 불법침입한 경우, 3년 이하의 유기징역 또는 구역에 처한다."

형법개정검토과정에서 일부 학자와 부문에서는 실무에서 타인을 불법관제하는 행위는 지극히 적기에 정상이 중한 경우에 불법구금죄로 처리할 수 있기 때문에 불법관제죄의 규정을 남길 필요가 없다고 지적하였다.[6] 입법기관은 이 건의를 채택하여 1988년 9월의 형법개정안에서 불법관제의 내용을 삭제하였다. 그 후의 검토과정에서 일부 부문에서는 실무에서 늘 나타나는 것은 이유없이 타인의 주거에 진입하는 경우가 아니라 진입한 후, 모종의 원인으로 인하여 집적거리며 나가지 않은 경우이며 이러한 경우는 비록 그 성질이 주거불법침입과 같지만 해석론적으로는 직접 불법침입으로 간주할 수 없다고 지적하였다.

검토과정에서 일부 부문에서는 실무에서 국가공무원 특히 사법기관인원이 직권을 남용하여 타인을 불법수색하는 상황이 자주 나타나고 있고 이런 인원은 일반인보다 불법수색을 더 용이하게 실시할 수 있을 뿐만 아니라 그 위해성도 더 크기 때문에 법조문에 직권을 남용하는 불법수색을 명확히 규정하고 중하게 처벌하지 않으면 실무에서 이 부분의 범행에 대하여 충분한 중시를 불러일으킬 수 없고 국가공무원이 직권을 남용하여 타인을 불법수색하는 행위를 단속할 수 없다고 지적하였다.[7] 입법기관은 연구와 토론을 거쳐 이 건의를 채택하였고 1996년 12월 중순의 개정초안에서 "사법기관인원의 직권 남용으로 전항의 죄를 범한 경우, 중하게 처벌한다."는 규정을 증설함과 동시에 본죄의 법정형에 관제형을 증설하였다. 그 후 입법기관은 각칙에서의 관제형의 총체적인 분포에 관한 종합적인 고려에 입각하여 1997년 3월 1일의 개정초안에서 다시 본죄 법정형중의 관제를 삭제하였다.

---

[6] 最高人民法院刑法修改小組, "關於刑法總則修改的若干問題(草稿)(1989년3월), "最高人民檢察院刑法修改小組, "修改刑法研究報告(1989년10월12일)",「新中國刑法立法文獻資料總覽(下)」, 北京, 中國人民公安大學出版社, 1998, p.2282, 2489.
[7] 最高人民法院刑法修改小組, "關於刑法總則修改的若干問題(草稿)(1989년3월), "最高人民檢察院刑法修改小組, "修改刑法研究報告(1989년10월12일)",「新中國刑法立法文獻資料總覽(下)」, 北京, 中國人民公安大學出版社, 1998, pp.2489~2488.

이렇게 최후에 통과된 1997년「형법」제245조의 규정은 다음과 같다. "타인의 신체, 주택을 불법수색하거나 타인의 주거에 불법침입한 경우, 3년 이하의 유기징역 또는 구역에 처한다. 사법기관인원의 직권 남용으로 전항의 죄를 범한 경우, 중하게 처벌한다."

(17) 모욕죄·비방죄(제246조)

1979년「형법」제145조는 다음과 같이 규정하였다. "폭력 또는 기타 방법으로 '대자보', '소자보'를 포함하여 타인을 공연히 모욕하거나 또는 사실을 날조하여 타인을 비방하여 정상이 중한 경우, 3년 이하의 유기징역·구역 또는 정치권리박탈에 처한다. 전항의 죄는 고소가 있어야 처리한다. 다만 사회질서와 국가이익을 심각히 침해한 경우를 제외한다."

상기 규정을 신형법전에 도입하는 검토과정에서 입법초고에서 반복한 문제는 "대자보", "소자보"의 존폐였다. 의견을 청취하는 과정에서 일부 학자와 부문에서는 우리 나라 1979년 형법전은 1978년 헌법을 근거로 제정한 것이고 1978년 헌법 제45조는 공민에게 "자기의 견해를 자유롭게 밝히고 대변론, 대자보를 사용할 권리"가 있다고 규정한 적이 있었지만 1982년 헌법 제35조는 이 규정을 삭제하였기 때문에 "대자보"는 우리 나라에서 헌법의 규정을 위반한 것이기에 "대자보"의 형식으로 타인을 모욕·비방하는 자가 여전히 있을 경우, 본죄 조문의 "기타 방법"에 포함시킬 수 있다고 지적하였다. 입법기관은 이 건의를 채택하여 1996년 12월 중순의 개정초안에서 이 내용을 삭제함과 동시에 본죄의 법정형에 관제를 증설하였다. 이렇게 최종적으로 1997년「형법」제246조의 규정을 형성하였다. "폭력 또는 기타 방법으로 타인을 공연히 모욕하거나 또는 사실을 날조하여 타인을 비방하여 정상이 중한 경우, 3년 이하의 유기징역·구역·관제 또는 정치권리박탈에 처한다. 전항의 죄는 고소가 있어야 처리한다. 다만 사회질서와 국가이익을 심각히 침해한 경우를 제외한다."

「형법개정안 (9)」은 본조에 제3항을 증설하였다. "정보인터넷을 통하여 제1항에 규정된 행위를 실시하여 피해자가 인민법원에 고소하였지만 증거제공에 확실히 곤란이 있을 경우, 인민법원은 공안기관에 협력을 제공하도록 요구할 수 있다."

(18) 고문에 의한 자백강요죄·폭력에 의한 증언 수집죄(제247조)

1979년「형법」제136조는 다음과 같이 규정하였다. "고문에 의한 자백강요를 엄금한다. 국가공무원이 고문에 의하여 범인의 자백을 강요한 경우, 3년 이하의 유기징역 또는 구역에 처한다. 육형에 의하여 타인을 상해, 불구에 이르게 한 경우, 상해죄로 중하게 처벌한다."

상기 규정을 신형법전에 도입하는 검토과정에서 주로 이하의 문제를 둘러싸고 연구와 토론을 하였다. (1) 본죄의 위치, (2) 본죄 주체의 확정, (3) 본죄의 대상, (4) 폭력에 의한 증언수집행위의 범죄화문제, (5) 사람을 중상, 사망에 이르게 한 문제, (6) 본죄 법정형 내용의 변화.

상기의 개정과 조정을 거쳐 최종적으로 형성된 1997년「형법」제247조의 규정은 다음과 같다. "사법기관공무원이 고문에 의하여 범죄혐의자·피고인의 자백을 강요하거나 또는 폭력을 사용하여 증인의 증언을 수집한 경우, 3년 이하의 유기징역 또는 구역에 처한다. 사람을 상해·불구 또는 사망에 이르게 한 경우, 본 법 제234조, 제232조의 규정에 따라 죄명을 정하고 중하게 처벌한다."

(19) 피감독관리자 학대죄(제248조)

1997년「형법」제248조의 규정은 1979년「형법」제189조의 규정을 기초로 개정하여 형성된 것이다. 1979년「형법」제189조는 다음과 같이 규정하였다. "사법기관인원이 감독관리법규를 위반하여 피감독관리자를 체벌·학대한 경우, 3년 이하의 유기징역 또는 구역에 처한다. 정상이 특별히 중한 경우, 3년 이상 10년 이하의 유기징역에 처한다."

형법개정검토과정에서 이 규정에 대하여 주로 이하의 조정과 개정을 하였다. (1) 본죄의 위치, (2) 본죄의 주체, (3) 본죄의 행위방식. 1996년 10월 10일의 개정초안(의견청취고)은 본죄의 구성요건에 '구타'의 내용을 증설하였고 최종적으로 신

형법전에 의하여 채택되었다. (4) 사람을 상해, 불구 또는 사망에 이르게 한 문제, (5) 피관리감독자를 학대하도록 타인을 사주한 행위의 처리.

검토과정에서 입법기관은 1996년 12월 중순의 초고에서 본죄 기본범의 법정형에 관제형을 증설한 적이 있었지만 1997년 3월 1일의 개정초안에 이르러 입법기관은 다시 관제형을 삭제하였다.

이상의 개정과 조정을 거쳐 최종적으로 형성된 1997년「형법」제248조의 규정은 다음과 같다. "감옥·구류소·구치소 등 감독관리기관의 인원이 피감독관리자를 구타하거나 체벌학대하여 정상이 중한 경우, 3년 이하의 유기징역 또는 구역에 처한다. 정상이 특별히 중한 경우, 3년 이상 10년 이하의 유기징역에 처한다. 사람을 상해, 불구 또는 사망에 이르게 한 경우, 본 법 제234조, 제232조의 규정에 따라 죄명을 정하고 중하게 처벌한다. 감독관리자가 피감독관리자를 사주하여 기타 피감독관리자를 구타 또는 체벌학대하게 한 경우, 전항의 규정에 따라 처벌한다."

(20) 민족증오·민족차별 선동죄(제249조)

우리 나라「헌법」제4조 제1항은 "어떠한 민족에 대한 차별과 압박도 금지한다. 민족단결을 파괴하고 민족분열을 조성하는 행위를 금지한다"라고 규정하였다. 헌법의 이 규정을 관철하고 민족증오, 민족차별을 선동하는 행위를 금지하기 위하여 입법기관은 본죄를 특별히 규정하였다. 조문을 기초하고 규정하는 과정을 보면 1996년 8월 31일의 형법개정초고는 "사회관리질서 방해죄"의 장의 "공공질서 교란죄"의 절에 제8조에 다음과 같이 규정하였다. "민족, 종교의 차별·증오·적대시를 선동하여 정상이 중한 경우, 3년 이하의 유기징역·구역 또는 관제에 처하고 정치권력박탈을 병과하거나 단독으로 부과할 수 있다." 1996년 10월 10일의 개정초안(의견청취고) 제267조는 상기 조문의 "증오시仇視, 적대시"를 "증오仇恨"로 개정한 외에 나머지는 그대로 유지하였다. 1997년 2월 17일의 개저초안(개정안)에 이르러 그전의 몇개 초고중의 "종교"를 삭제하였고 한 개의 양형등차를 증가하였는데 구체적으로 동고 제296조의 규정은 다음과 같다. "민족증오와 민족

차별을 선동하여 정상이 중한 경우, 3년 이하의 유기징역, 구역, 관제 또는 정치권리박탈에 처한다. 정상이 특별히 중한 경우, 3년 이상 10년 이하의 유기징역에 처한다." 1997년 3월 1일의 개정초안에 이르러서야 비로소 처음으로 본죄를 본장에 도입하였다. 동 초안 제 249조는 다음과 같이 규정하였다. "민족증오·민족차별을 선동하여 정상이 중한 경우, 3년 이하의 유기징역·구역·관제 또는 정치권리박탈에 처한다. 정상이 특별히 중한 경우, 3년 이상 10년 이하의 유기징역에 처한다." 이 규정은 최종적으로 1997년 「형법」 제249조가 되었다.

(21) 소수민족을 차별시, 모욕하는 작품 출판죄(제250조)

본조의 규정은 처음으로 1997년 3월 13일의 형법개정초안에 나타났다. 제8기 전국인민대표대회 제5차회의의 토론에서 일부 대표는 출판물에 소수민족의 풍속관습을 차별시, 모욕하는 내용을 등재하여 심각한 결과를 초래한 행위를 범죄로 규정하여야 한다고 제안하였다. 그리하여 전국인민대표대회 법률위원회는 형법에 한 조항을 증설할 것을 건의하였다. 즉 "출판물에 소수민족을 차별시, 모욕하는 내용을 게재하여 정상이 악질적이고 심각한 결과를 초래한 경우, 직접 책임자를 3년 이하의 유기징역, 구역 또는 관제에 차한다." 이 내용은 최종적으로 통과되어 1997년 「형법」 제250조가 되었다.

(22) 공민公民 종교신앙자유 불법박탈죄·소수민족 풍속관습침해죄
(제251조)

1979년 「형법」 제147조는 다음과 같이 규정하였다. "국가공무원이 공민의 정당한 종교신앙자유를 불법박탈하거나 소수민족의 풍속관습을 침해하여 정상이 중한 경우, 2년 이하의 유기징역 또는 구역에 처한다."

형법개정검토과정에서 일부 학자는 본조의 규정을 삭제할 것을 제안한 적이 있었다. 하지만 1979년 「형법」에 해당 규정이 있었기에 삭제하면 종교를 신앙하는 공민과 소수민족이 불필요한 오해를 하기 쉽기에 입법기관은 이 건의를 채택하지 않았다.

상기 규정의 내용을 검토중의 형법전초고에 도입할 때 이하의 조정을 한 적이 있었다. (1) 1996년 10월 10일의 개정초안(의견청취고)에서 입법기관은 본죄 기존의 구성요건 중의 "정당한"을 삭제하였다. 그 이유는 박탈행위가 불법이라는 것은 종교신앙자유 등은 정당하고 합법적이라는 것을 의미하기 때문에 "정당한"이란 제한은 중복되고 불필요하므로 삭제하였다. (2) 1996년 12월 중순의 형법개정초고에서 입법기관은 본죄에 관제형을 증설한 적이 있었는데 1997년 3월 1일의 개정초안에서 입법기관은 형평성의 고려에서 다시 이를 삭제하였다. (3) 1997년 2월 17일의 개정초안(개정안)에서 본죄의 주체는 그전 초고에 규정한 "국가공무원"에서 "국가기관공무원"으로 개정되었다.

이상의 개정과 조정을 거쳐 최종적으로 형성된 1997년「형법」제251조의 규정은 다음과 같다. "국가기관공무원이 공민의 종교신앙자유를 불법박탈하거나 소수민족의 풍속관습을 침해하여 정상이 중한 경우, 2년 이하의 유기징역 또는 구역에 처한다."

(23) 통신자유 침해죄(제252조)

1979년「형법」제149조는 다음과 같이 규정하였다. "타인의 편지를 은닉·파기 또는 불법개봉하여 공민의 통신자유권리를 침해하여 정상이 중한 경우, 1년 이하의 유기징역 또는 구역에 처한다." 1997년「형법」제252조는 이 규정을 그대로 사용하였고 아무런 개정도 하지 않았다.

물론 형법개정검토과정에서 입법기관은 본죄의 내용을 개정하고 조정하는 시도도 하였다. 예컨대 1988년 9월의 형법개정안은 본죄의 법익은 기술할 필요가 없다는 이유에서 본죄 구성요건 중의 "공민의 통신자유권리를 침해"라는 내용을 삭제한 적이 있었다. 하지만 일부 학자는 "공민의 통신자유권리를 침해"는 법익을 반영하는 표현일 뿐만 아니라 객관행위상태의 표현이기도 하기에 기술하는 것이 마땅하다고 주장하였다. 그리하여 그 후의 초고는 1979년 형법전의 기술을 다시 회복하였다. 1996년 10월 10일의 개정초안(의견청취고)에서 입법기관은 본죄의 객체를 기존의 "편지"에서 "우편물"로 개정한 적이 있었는데 그 후 본죄의 법익이 공민의 통신자유권리라는 점을 고려하여 그 후의 초고에서 본죄의 객체를 다시 "편지"로 회복하였다. 1996년 12월 중순의 형법개정초고에서 입법기관은 본죄의 법정형에 관제를 증설한 적이 있었는데 1997년 3월 1일의 개정초안에서 입법기관은 형평성의 고려에서 다시 이를 삭제하였다.

(24) 우편물, 전보를 사사로이 개봉·은닉·파기한 죄(제253조)

본조에 규정된 죄는 1979년 「형법」 제191조의 규정을 기초로 개정하여 형성된 것이다. 제191조는 다음과 같이 규정하였다. "우편기관인원이 우편물, 전보를 사사로이 개봉하거나 은닉·파기한 경우, 2년 이하의 유기징역 또는 구역에 처한다. 전항의 죄를 범하여 재물을 절취한 경우, 제155조 횡령죄에 의하여 중하게 처벌한다."

상기 규정을 신형법전 초고에 도입하는 검토과정에서 이하의 문제에 대하여 연구와 토론을 하였다. (1) 본죄의 위치, (2) 본죄의 실시는 행위자가 직무의 편리를 이용해야 하는지, (3) 본죄의 주체, (4) 재물을 절취한 행위의 처리.

1996년 8월 31일의 초고에서 입법기관은 본죄를 "공민 인신권리·민주권리 침해죄"의 장에 배치하였고 상응하게 우편기관의 인원이 재물을 절취한 경우, 횡령죄로 논하지 않고 횡령죄에 따라 중하게 처벌한다고 규정하였다. 1996년 10월 10일의 개정초안(의견청취고)에 이르러 이러한 행위에 대한 처리는 절도죄로 중하게 처벌한다고 개정되었다. 이 내용은 최종적으로 신형법전에 의하여 사용되었다.

그외에 검토과정에서 입법기관은 1996년 12월 중순의 초고에서 본죄에 관제형을 증설한 적이 있었는데 1997년 3월 1일의 개정초안에서 입법기관은 형평성의 고려에서 다시 이를 삭제하였다.

이상의 개정과 조정을 거쳐 최종적으로 형성된 1997년 「형법」 제253조의 규정은 다음과 같다. "우편기관인원이 우편물, 전보를 사사로이 개봉하거나 은닉, 파기한 경우, 2년 이하의 유기징역 또는 구역에 처한다. 전항의 죄를 범하여 재물을 절취한 경우, 본 법 제264조의 규정에 따라 죄명을 정하고 중하게 처벌한다."

(25) 공민公民 개인정보 매출·불법제공죄·공민 개인정보 불법획득죄
(제253조의 1)

본죄의 죄는 2009년 2월 28일「형법개정안 (7)」에 의하여 규정되었는데 그 이유는 근년에 일부 국가기관과 전기통신, 금융기관 등 단위에서 공무를 집행하거나 서비스를 제공하는 활동에서 획득한 공민의 개인정보가 불법적으로 누설되는 상황이 자주 발생하여 공민의 인신, 재산안전과 개인의 프라이버시에 심각한 위협이 되고 있기 때문이였다. 공민의 권익을 심각하게 침해한 행위는 당연히 형사책임을 추궁하여야 한다. 이를 감안하여 동 개정안 제7조는「형법」제253조의 뒤에 한조를 증설하여 제253조의 1로 하였다. 즉 "국가기관 또는 금융·전기통신·교통·교육·의료 등 단위의 직원이 국가규정을 위반하여 본 단위가 직책을 이행하거나 서비스를 제공하는 과정에서 획득한 공민의 개인정보를 타인에게 매출하거나 불법제공하여 정상이 중한 경우, 3년 이하의 유기징역 또는 구역에 처하고 벌금을 병과하거나 단독으로 부과한다. 절취 또는 기타 방법으로 상기 정보를 불법취득하여 정상이 중한 경우, 전항의 규정에 따라 처벌한다. 단위가 전 2항의 죄를 범한 경우, 단위를 벌금에 처하고 직접 책임을 지는 주관자와 기타 직접 책임자를 각 해당 항의 규정에 따라 처벌한다."

「형법개정안(9)」은 제253조의 1을 다시 다음과 같이 개정하였다. "국가의 관련 규정을 위반하여 공민의 개인정보를 타인에게 매출하거나 제공하여 정상이 중한 경우, 3년 이하의 유기징역 또는 구역에 처하고 벌금을 병과하거나 단독으로 부과한다. 정상이 특별히 중한 경우, 3년 이상 7년 이하의 유기징역에 처하고 벌금을 병과한다. 국가의 관련 규정을 위반하여 직책을 이행하거나 서비스를 제공하는 과정에서 획득한 공민의 개인정보를 타인에게 매출하거나 제공한 경우, 전항의 규정에 따라 중하게 처벌한다. 절취 또는 기타 방법으로 상기 정보를 불법취득하여 정상이 중한 경우, 제1항의 규정에 따라 처벌한다. 단위가 전 3항의 죄를 범한 경우, 단위를 벌금에 처하고 직접 책임을 지는 주관자와 기타 직접 책임자를 각 해당 항의 규정에 따라 처벌한다."

(26) 보복모함죄報復陷害罪(제254조)

1979년 「형법」 제146조는 다음과 같이 규정하였다. "국가공무원이 직권을 남용하고 공적인 이름을 빌어 사욕을 만족하여 고소인・신고인・비평인에 대하여 보복모함을 한 경우, 2년 이하의 유기징역 또는 구역에 처한다. 정상이 중한 경우, 2년 이상 7년 이하의 유기징역에 처한다."

상기 규정을 신형법전 초안고에 도입하는 검토과정에서 이하의 문제에 대하여 연구와 토론을 하였다. (1) 본죄의 위치, (2) 검토과정에서 일부 부문에서는 조문에서 "기타 이해관계자"를 사용하여 열거하지 않은 기타인을 개괄할 것을 제안하였다. (3) 본죄의 주체, (4) 입법기관은 1996년 12월 중순의 초고에서 본죄에 관제형을 증설한 적이 있었는데 1997년 3월 1일의 개정초안에서 입법기관은 형평성의 고려에서 다시 이를 삭제하였다.

이상의 개정과 조정을 거쳐 최종적으로 형성된 1997년 「형법」 제254조의 규정은 다음과 같다. "국가기관공무원이 직권을 남용하고 공적인 이름을 빌어 사욕을 만족하여 고소인・신고인・비평인・고발인에 대하여 보복모함을 한 경우, 2년 이하의 유기징역 또는 구역에 처한다. 정상이 중한 경우, 2년 이상 7년 이하의 유기징역에 처한다."

(27) 회계·통계인원 타격보복죄(제255조)

본조의 규정이 처음으로 나타난 것은 1997년 3월 13일의 개정초안이다. 제8회 전국인민대표대회 제5차 회의의 토론에서 일부 대표는 회계법, 통계법에 의하면 회계, 통계인원은 반드시 법률의 규정에 따라 엄격히 직책을 이행하여야 하기에 단위지도자가 법에 따라 직책을 이행하고 불법간섭을 배척하는 회계와 통계인원에 대하여 타격보복을 하는 행위는 응당 범죄로 규정하여야 한다고 제안하였다. 입법기관은 이 건의를 채택하여 1997년 3월 13일의 개정초안 제255조에 다음과 같이 규정하였다. "회사・기업・사업기관・기관단체의 지도자가 법에 의하여 직책을 이행하고 회계법, 통계법위반행위를 배척하는 회계, 통계인원에 대하여 타격보복을 하여 정상이 악질적인 경우, 3년 이하의 유기징역 또는 구역에 처한다." 이 규정은 대회에서 통과되어 1997년「형법」제255조가 되었다.

(28) 선거파괴죄(제256조)

1979년「형법」제142조는 다음과 같이 규정하였다. "선거법의 규정을 위반하여 폭력·협박·기만·뇌물 등 불법수단으로 선거를 파괴하거나 선거인이 선거권과 피선거권을 자유롭게 행사하는 것을 방해한 경우, 3년 이하의 유기징역 또는 구역에 처한다."

형법개정검토과정에서 본죄의 구성요건에 대하여 세 차례의 비교적 큰 개정과 조정을 한 적이 있었고 본죄의 법정형도 미세한 조정을 한 적이 있었다. 본죄가 침해한 법익이 공민의 선거권과 피선거권이라는 점을 고려하여 행위자를 정치권리박탈에 처하도록 규정하는 것은 처벌의 겨냥성이 있고 형법의 범죄예방목적의 실현에 도움이 되므로 1988년 11월 16일의 개정안부터 시작하여 입법기관은 본죄의 법정형에 정치권리박탈을 증설하였다. 그외에 입법기관은 1996년 12월 중순의 초고에서 본죄에 관제형을 증설한 적이 있었는데 1997년 3월 1일의 개정 초안은 형평성의 고려에서 다시 이를 삭제하였다.

이상의 개정과 조정을 거쳐 최종적으로 형성된 1997년「형법」제256조의 규정은 다음과 같다. "각급 인민대표대회 대표와 국가기관의 지도자를 선거할 때 폭력·협박·기만·뇌물·선거서류 위조·선거표수 허위보고 등 수단으로 선거를 파괴하거나 선거인과 대표가 선거권과 피선거권을 자유롭게 행사하는 것을 방해하여 정상이 중한 경우, 3년 이하의 유기징역, 구역 또는 정치권리박탈에 처한다."

(29) 혼인자유 폭력간섭죄(제257조)

1979년「형법」제179조는 다음과 같이 규정하였다. "폭력으로 타인의 혼인자유를 간섭한 경우, 2년 이하의 유기징역 또는 구역에 처한다. 전항의 죄를 범하여 피해자의 사망을 야기한 경우, 2년 이상 7년 이하의 유기징역에 처한다. 제1항의 죄는 고소해야 처리한다."

형법개정검토과정에서 1997년 2월 17일의 개정초안(개정안)은 "피해자의 사망을 야기한 경우"의 기술을 "피해자를 사망케 한 경우"로 개정하였는데 이 내용은 그 후의 개정안와 신형법전에 의하여 사용되었다. 그외에 검토과정에서 입법기관은 1996년 12월 중순의 초고에서 본죄에 관제형을 증설한 적이 있었는데 1997년 3월 1일의 개정초안에 이르러 입법기관은 다시 이를 삭제하였다. 이상의 개정을 거쳐 최종적으로 1997년「형법」제257조의 규정을 형성하였다.

(30) 중혼죄重婚罪(제258조)

1979년「형법」제180조는 다음과 같이 규정하였다. "배우자가 있으면서 중혼한 경우 또는 타인에게 배우자가 있음을 알면서 그와 결혼한 경우, 2년 이하의 유기징역 또는 구역에 처한다."

1997년「형법」제258조는 상기 규정을 그대로 사용하였고 아무런 개정도 하지 않았다. 물론 형법개정검토과정에서 입법기관도 본죄의 법정형에 대하여 미세한 조정을 한 적이 있었다. 즉 1996년 12월 중순의 개정초안에서 본죄에 관제형을 증설한 적이 있었는데 그 후 각칙에서의 관제형의 분포에 관한 형평성의 수요에 근거하여 1997년 3월 1일의 개정초안은 다시 이를 삭제하였다.

(31) 군인혼인 파괴죄(제259조)

1979년「형법」제181조는 다음과 같이 규정하였다. "현역군인의 배우자임을 알면서 그와 동거하거나 결혼한 경우, 3년 이하의 유기징역에 처한다."

형법개정검토과정에서 상기 규정을 신형법전 초안고에 도입하는 과정에서 선후하여 일부 개정과 조정을 하였다. 1997년 2월 17일의 개정초안(개정안)에서 입법기관은 1979년 형법전 규정의 기초위에 본죄에 제2항의 규정을 증설하였다. 즉 "직권·종속관계를 이용하여 위협·이익으로 유혹하는 수단으로 현역군인의 아내를 수차례 간음하여 현역군인이 고소한 경우, 군인혼인 파괴죄로 논하고 전항의 규정에 따라 처벌한다." 직권·종속관계를 이용하여 위협의 수단으로 현역군인의 아내를 간음하는 행위는 강간죄의 특징에 더 부합하기 때문에 1997년 3월

1일의 개정초안은 이에 대하여 개정을 하였다. 즉 "직권·종속관계를 이용하여 협박의 수단으로 현역군인의 아내를 간음하는 경우, 본 법 제236조[8]의 규정에 따라 처벌한다." 이 내용은 그 후의 신형법전에 흡수되었다.

이상의 개정과 조정을 거쳐 최종적으로 형성된 1997년「형법」제259조의 규정은 다음과 같다. "현역군인의 배우자임을 알면서 그와 동거하거나 결혼한 경우, 3년 이하의 유기징역 또는 구역에 처한다. 직권, 종속관계를 이용하여 협박의 수단으로 현역군인의 아내를 간음하는 경우, 본 법 제236조의 규정에 따라 처벌한다."

(32) 학대죄(제260조)

1979년「형법」제182조는 다음과 같이 규정하였다. "가정구성원을 학대하여 정상이 악질적인 경우, 2년 이하의 유기징역, 구역 또는 관제에 처한다. 전항의 죄를 범하여 피해자의 중상 사망을 야기한 경우, 2년 이상 7년 이하의 유기징역에 처한다. 제1항의 죄는 고소해야 처리한다."

형법개정검토과정에서 이하의 문제를 둘러싸고 본죄 조문의 내용에 대하여 조정과 개정을 한 적이 있다.

(1) "고소해야 처리한다"의 규정에 관하여, 일부 부문에서는 실무에서 학대를 당하는 피해자는 대부분 어린 아동과 와병하여 행동할 수 없는 노인이고 형법각칙중 "고소해야 처리한다"의 규정이 여러 곳에 있기에 각종 원인으로 인하여 피해자가 고소할 수 없는 경우들을 공통성이 있는 한 개의 문제로 형법총칙에 집중적으로 규정할 것을 제안하였다.[9] 그리하여 1988년 11월 16일 및 그 후의 개정안에서는 본죄에 더이상 이런 경우에 대한 단독적인 규정을 두지 않았다.

(2) 1997년 2월 17일의 개정초안(개정안)에서 입법기관은 "피해자의 사망을 야기하다"의 기술을 "피해자를 사망케 하다"로 개정하였는데 이 내용은 그 후의 개정

---

8 본조가 규정한 것은 강간죄이다.
9 「형법」제98조 참조바람.

안과 통과된 신형법전에 의하여 사용되었다.
(3) 1996년 12월 중순의 초고에서 본죄에 관제형을 증설한 적이 있었는데 1997년 3월 1일의 개정초안에 이르러 입법기관은 다시 이를 삭제하였다.

이상의 검토를 거쳐 최종적으로 형성된 1997년「형법」제260조의 규정은 다음과 같다. "가정구성원을 학대하여 정상이 악질적인 경우, 2년 이하의 유기징역·구역 또는 관제에 처한다. 전항의 죄를 범하여 피해자를 중상, 사망에 이르게 한 경우, 2년 이상 7년 이하의 유기징역에 처한다. 제1항의 죄는 고소해야 처리한다."

「형법개정안 (9)」은 본조 제3항을 다음과 같이 개정하였다. "제1항의 죄는 고소해야 처리한다. 다만 피해자에게 고소할 능력이 없거나 강제·위협을 받아 고소할 수 없는 경우를 제외한다."

(33) 유기죄遺棄罪(제261조)

1979년「형법」제183조는 다음과 같이 규정하였다. "연로·연소·질환 또는 기타 독자적으로 생활할 수 없는 자에 대하여 부양의무가 있음에도 불구하고 부양을 거부하여 정상이 악질적인 경우, 5년 이하의 유기징역·구역 또는 관제에 처한다."

1997년「형법」제261조는 상기 규정을 그대로 사용하였고 아무런 개정도 하지 않았다.

(34) 아동 유괴죄(제262조)

1979년「형법」제184조는 다음과 같이 규정하였다. "14세 미만의 남·녀를 유괴하여 가정 또는 후견인을 이탈하게 하는 경우, 5년 이하의 유기징역 또는 구역에 처한다."

형법개정검토과정에서 입법기관은 이하의 문제를 둘러싸고 본죄의 조문에 대하여 개정과 조정을 하였다. (1) 본죄의 주관목적, (2) 본죄의 객체, (3) 영아절취의 처리.

1979년「형법」규정은 이러한 경우를 포섭할 수 없으므로 "타인의 영아를 절취하는" 규정을 증설해야 한다는 제안이 있었다. 1988년 11월16일과 12월 25일의 개정안은 이 건의를 채택한 적이 있었다. 즉 "수양의 목적으로 14세 미만의 남·녀를 유괴하여 가정 또는 후견인을 이탈하게 하거나 타인의 영아를 절취하는 경우", 형사책임을 추궁한다. 하지만 그 후에 "절취"행위는 "유괴"개념에 포함될 수 있다는 점과 본죄의 범죄객체가 "영아"를 포함할 수 있다는 점을 고려하면 이에 대하여 단독적인 규정을 둘 필요가 없기에 그 후의 초고는 더 이상 이 문제를 언급하지 않았다.

요컨대 이상의 검토를 거쳐 최종적으로 형성된 1997년「형법」제262조의 규정은 다음과 같다. "14세 미만의 미성년자를 유괴하여 가정 또는 후견인을 이탈하게 하는 경우, 5년 이하의 유기징역 또는 구역에 처한다."

(35) 장애자·아동을 조직하여 구걸하게 한 죄(제262조의 1)

일찍이 2005년 2월 전국인민대표대회 상무위원회에서 심의한「형법개정안 (5)」(초안)에서 본죄의 행위를 규정하였다. "기만·협박·이익으로 유인하는 등 수단으로 장애자 또는 14미만의 미성년자를 조직하여 구걸하게 함으로써 이익을 도모한 경우, 3년 이하의 유기징역 또는 구역에 처하고 벌금을 병과한다." 이러한 범죄활동과정에서 장애자, 미성년자를 불법구금·상해하는 등 범죄행위가 있을 경우, 형법 병합죄의 규정에 따라 처벌해야 한다. 그 후「중화인민공화국 치안관리처벌법中華人民共和國治安管理處罰法」(초안)이 아직 심의단계에 있는 점을 고려하여 본죄의 규정도「중화인민공화국 치안관리처벌법」과 서로 조화되고 연결되어야 하기 때문에 입법기관은「형법개정안 (5)」에서 본죄를 잠시 규정하지 않을 것을 건의하였다. 2005년 8월 28일「중화인민공화국 치안관리처벌법」이 심의통과된 후, 입법기관은 다시 본죄를「형법개정안 (6)」에 도입하여 검토를 하였고 2006년 6월 29일에 통과되었다.「형법개정안 (6)」제17조는「형법」제262조의 뒤에 한 조를 증설하여 제262조의 1로 하였다. 즉 "협박의 수단으로 장애자 또는 14미만의 미성년자를 조직하여 구걸하게 한 경우, 3년 이하의 유기징역 또는 구역에 처하고 벌금을 병과한다. 정상이 중한 경우, 3년 이상 7년 이하의 유기징역에 처하고 벌금을 병과한다."

(36) 미성년자를 조직하여 치안관리위반활동을 하게 한 죄(제262조의 2)

본조의 죄는「형법개정안 (7)」에 의하여 신설된 범죄이다. 그 입법배경은 다음과 같다. 일부 불법행위자는 미성년자를 조직하여 소매치기·강탈 등 치안관리위반활동을 하게 하는 현상이 일부 지역에서 비교적 뚜렷한데 이러한 행위는 사회치안질서를 심각히 교란하고 미성년자의 심신건강을 해치고 있기에 형법에 단독적인 규정을 두어 이러한 행위를 처벌하여야 한다. 연구를 거쳐 입법기관은 최종적으로「형법개정안 (7)」제8조를 통하여「형법」제262조의 1의 뒤에 한조를 증설하여 제262조의 2로 하였다. 즉 "미성년자를 조직하여 절도·사기·강탈·공갈 등 치안관리위반활동을 하게 하는 경우, 3년 이하의 유기징역 또는 구역에 처하고 벌금을 병과한다. 정상이 중한 경우, 3년 이상 7년 이하의 유기징역에 처하고 벌금을 병과한다."

재산침해죄

05

(1) 강도죄(제263조)

1979년 「형법」 제150조는 다음과 같이 규정하였다. "폭력・협박 또는 기타 방법으로 공사公私재물을 강탈한 경우, 3년 이상 10년 이하의 유기징역에 처한다. 전항의 죄를 범하여 정상이 중하거나 또는 사람을 중상・사망에 이르게 한 경우, 10년 이상의 유기징역・무기징역 또는 사형에 처하고 재산몰수를 병과할 수 있다."

1979년 형법전의 처벌은 정상이 중한 강도죄에 대하여 단지 "재산몰수를 병과할 수 있다"라고 규정하였고 벌금을 규정하지 않았다. 이러한 규정현황은 재산침해를 주요 법익으로 하는 강도죄에 대하여 하나의 유감이라고 하지 않을 수 없다. 이를 감안하여 1988년 11월 16일 및 그 후의 초고는 모두 재산형을 규정하였다. 예컨대 1988년 11월 16일의 초고는 본죄의 기본범과 가중범에 대하여 각각 "벌금 또는 재산몰수를 병과한다"와 "재산몰수를 병과한다"를 규정하였다. 이 내용은 그 후의 많은 초고에 의하여 사용되였다. 그 후 일반 정상의 강도죄에 재산몰수를 규정하는 것은 너무 엄하다는 점을 고려하여 가중정상의 범죄에 대하여 "벌금을 병과한다"를 증설하여 법관이 피고인의 구체상황에 근거하여 적용할 수 있도록 하여 일정한 탄력성을 확보하였다. 그리하여 1997년 3월 13일의 개정초안에서 입법기관은 본죄 재산형의 규정을 조정하였다. 즉 "기본범에 대하여 재산몰수 규정을 삭제하고 가중범에 대하여 벌금병과의 규정을 증설하였다."

이상의 개정과 조정을 거쳐 최종적으로 형성된 1997년 「형법」 제263조의 규정은 다음과 같다. "폭력・협박 또는 기타 방법으로 공사公私재물을 강탈한 경우, 3년 이상 10년 이하의 유기징역에 처하고 벌금을 병과한다. 이하의 경우 중 하나가 있을 경우, 10년 이상의 유기징역・무기징역 또는 사형에 처하고 벌금 또는 재산몰수를 병과한다. (1) 타인의 주거에 침입하여 강탈한 경우, (2) 대중교통수단에서 강탈한 경우, (3) 은행 또는 기타 금융기관을 강탈한 경우, (4) 수차례 강탈 또는 강도 액수가 거대한 경우, (5) 강탈하여 타인을 중상 또는 사망에 이르게 한 경우, (6) 군인・경찰을 가장하여 강탈한 경우, (7) 총을 사용하여 강탈한 경우, (8) 군용물자 또는 긴급구조・재난구원・구제에 사용될 물자를 강탈한 경우."

(2) 절도죄(제264조)

1979년 형법전은 절도죄를 사기죄, 강탈죄와 같이 규정하였었다. 제151조가 규정한 것은 본죄의 기본범이다. 즉 "공사재물을 절도·사기·강탈하여 액수가 비교적 큰 경우, 5년 이하의 유기징역·구역 또는 관제에 처한다." 제152조는 가중범의 규정이다. "상습절도, 상습사기 또는 공사재물을 절도·사기·강탈하여 액수가 거대한 경우, 5년 이상 10년 이하의 유기징역에 처한다. 정상이 특별히 중한 경우, 10년 이상의 유기징역 또는 무기징역에 재산몰수를 병과할 수 있다." 1982년 3월 8일 전국인민대표대회 상무위원회에서 통과한「경제를 심각히 파괴하는 범죄자의 엄벌에 관한 결정」은 본죄의 법정최고형을 인상하였는데 동 결정은 "절도죄를 범하여 정상이 특별히 중한 경우, 10년 이상의 유기징역·무기징역 또는 사형에 처하고 재산몰수를 병과할 수 있다"라고 규정하였다.

형법개정검토과정에서 절도죄는 조문내용에 있어서 변화가 비교적 큰 범죄의 하나이다. 여러 초고에서의 본죄의 내용의 변화를 보면 1988년의 3개 초고의 내용의 변화가 제일 크다.

20세기 90년대 이후, 본죄 조문의 검토는 주로 이하의 3개 면에 집중되었다.

(1) 본죄 기본구성요건의 기술. 1996년 12월 20일의 개정초안에 이르러 입법기관은 "타인의 주거에 침입하여 절도하는"라는 기술을 삭제하였다. 이렇게 되어 본죄의 기본구성요건은 "공사재물을 절도하여 액수가 비교적 크거나 수차례 절도하는 경우"로 개정되었고 이 내용은 최종적으로 신형법전에 의하여 사용되었다.

(2) 본죄 사형의 존폐. 1996년 8월 12일부터 16일까지의 전국인민대표대회 상무위원회에서 초청한 전문가좌담회에서 전문가들은 절도죄는 사형에 처하지 말아야 한다고 일치하게 주장하였다. 그 후 "사형은 원칙적으로 증가하지도 않고 감소하지도 아니 한다"라는 방침의 영향하에 1996년 12월 중순의 개정초안에서 입법기관은 다시 본죄에 사형을 증설하였다.

(3) 입법차원에서 본죄의 사형을 제한하는 문제. 1997년 3월 13일의 개정초안에 이르러 입법기관은 그전 초고의 내용을 기초로 두 곳의 개정을 하였다. 하나는 "수

차례 타인의 주거에 침입하여 절도하여 액수가 거대한 경우"의 정상을 삭제하였고 다른 하나는 금융기관을 절도하여 사형에 처할 수 있는 액수를 명확히 "특별히 거대한 경우"로 한정하였는데 동고의 이 내용은 최종적으로 1997년 형법전에 의하여 사용되었다.

그 외에 일부 초고에서 "흉기를 휴대하여 절도한 경우, 강도죄로 논한다"라고 규정한 적이 있었지만 수 차례의 개정과 조정을 거쳐 최종적으로 형성된 1997년 「형법」제264조의 규정은 다음과 같다. "공사재물을 절도하여 액수가 비교적 크거나 수차례 절도한 경우, 3년 이하의 유기징역·구역 또는 관제에 처하고 벌금을 병과하거나 단독으로 부과한다. 액수가 거대하거나 기타 중한 정상이 있을 경우, 3년 이상 10년 이하의 유기징역에 처하고 벌금을 병과한다. 액수가 특별히 거대하거나 기타 특별히 중한 정상이 있을 경우, 10년 이상의 유기징역 또는 무기징역에 처하고 벌금 또는 재산몰수를 병과한다. 이하의 경우 중 하나가 있을 경우, 무기징역 또는 사형에 처하고 재산몰수를 병과한다. (1) 금융기관을 절도하여 액수가 특별히 거대한 경우, (2) 진귀한 문화재를 절도하여 정상이 중한 경우."

「형법개정안 (8)」은 본죄의 사형을 폐지하였고 그 기초위에 본죄의 법정형을 조정하였다. 이렇게 개정을 거쳐 형성된 「형법」제264조의 규정은 다음과 같다. "공사재물을 절도하여 액수가 비교적 크거나 또는 수차례 절도하거나 타인의 주거에 침입하여 절도하거나 흉기를 휴대하여 절도하거나 소매치기를 한 경우, 3년 이하의 유기징역·구역 또는 관제에 처하고 벌금을 병과하거나 단독으로 부과한다. 액수가 거대하거나 기타 중한 정상이 있을 경우, 3년 이상 10년 이하의 유기징역에 처하고 벌금을 병과한다. 액수가 특별히 거대하거나 기타 특별히 중한 정상이 있을 경우, 10년 이상의 유기징역 또는 무기징역에 처하고 벌금 또는 재산몰수를 병과한다."

(3) 전기통신선로와 코드에 관한 절도죄(제265조)

형법개정검토과저에서 일부 부문에서는 현실생활에서 불법적으로 전화기 선로를 합병하고 몰래 타인의 전화기 선로에 접속하는 행위가 자주 나타나는데 이러한 행위는 타인의 재산권리를 침해하여 피해자에게 경제손실을 초래할 뿐만 아니라 전기통신시스템의 정보안전에도 영향을 미치기에 타인의 전기통신시설, 전기통신코드를 도용하는 행위를 범죄화할 필요가 있다고 지적하였다.[1] 입법기관은 연구를 거쳐 이 건의를 채택하였고 1997년 1월 10일의 개정초안 제252조에서 이에 대하여 규정하였다. "영리의 목적으로 타인의 통신선로에 몰래 접속하거나 타인의 전기통신코드첩을 복사하거나 몰래 접속·몰래 복사한 전시통신설비·시설임을 알면서 사용한 경우, 본 법 제251조[2]의 규정에 따라 죄명을 정하고 처벌한다." 입법기관은 그 후의 초고에서 개별적인 문자를 개정하고 원용하는 조문의 번호를 상응하게 조정한 후 최종적으로 1997년「형법」제265조를 형성하였다. "영리의 목적으로 타인의 통신선로에 몰래 접속하거나 타인의 전기통신코드를 복사하거나 몰래 접속·몰래 복사한 전시통신설비·시설임을 알면서 사용한 경우, 본 법 제264조의 규정에 따라 죄명을 정하고 처벌한다."

(4) 사기죄(제266조)

형법개정검토과정에서 사기죄의 조문내용은 수차례 반복하였고 변화가 비교적 크다. 1988년 9월의 초고에서 입법기관은 본죄에 3개 등차의 법정형을 규정하였고 1996년 8월 8일의 개정초안은 가중처벌정상으로서의 상습사기를 삭제하였다.

사기죄는 타인의 재산권리의 침해를 특징으로 하는 범죄라는 점을 감안하여 입법상 사기죄에 대하여 규정한 법정형은 주로 편취한 액수의 대소를 근거로 하여야 한다. 사기단체에 대하여서도 그에 대한 죄명의 확정과 양형도 사건과 관련된 액수의 대소에 의하여 결정하여야 하고 사건과 관련된 액수가 비교적 작은 경

1　"中央有關部門、地方及法律專家對刑法修訂草案(徵求意見稿)的意見",「新中國刑法立法文獻資料總覽(下)」, 北京, 中國人民公安大學出版社, 1998, p.2217.
2　본조에 규정된 것은 절도죄이다.

우, 단체의 수괴라 할지라도 본죄의 중한 법정형 등차를 적용하지 말아야 한다. 그리하여 1996년 8월 31일의 더이상 사기단체의 수괴를 본죄의 중한 정상으로 규정하지 않았고 동시에 가중정상의 몇 가지 경우도 다시 열거하지 않았다.

그 후 8월 31일의 초고를 기초로 선후하여 본죄 조문에 대하여 개정과 조정을 하여 최종적으로 1997년 「형법」 제 266조를 형성하였다. "공사재물을 사기하여 액수가 비교적 큰 경우, 3년 이하의 유기징역·구역 또는 관제에 처하고 벌금을 병과하거나 단독으로 부과한다. 액수가 거대하거나 기타 중한 정상이 있을 경우, 3년 이상 10년 이하의 유기징역에 처하고 벌금을 병과한다. 액수가 특별히 거대하거나 기타 특별히 중한 정상이 있을 경우, 10년 이상의 유기징역 또는 무기징역에 처하고 벌금 또는 재산몰수를 병과한다. 본 법에 따로 규정이 있을 경우, 그 규정에 따른다."

(5) 강탈죄搶奪罪(제267조)

1979년 형법전은 강탈죄를 절도죄·사기죄와 같이 규정하였고 형법개정검토과정에서 입법기관은 강탈죄를 단독으로 규정하였다. 1988년 9월의 형법개정안이 기초한 조문은 다음과 같다. "공사재물을 강탈하여 액수가 비교적 큰 경우, 5년 이하의 유기징역에 처한다. 액수가 거대한 경우, 5년 이상 10년 이하의 유기징역에 처한다. 액수가 특별히 거대하거나 정상이 특별히 중한 경우, 10년 이상의 유기징역 또는 무기징역에 처하고 재산몰수를 병과한다." 11월 16일의 개정안은 상기 내용에 대하여 세 곳의 개정을 하였다.

1988년 12월 25일의 초고는 본죄 제1등차와 제2등차의 법정형의 주형을 조정하였고 전술한 내용을 기초로 선후하여 일부 조정을 거쳐 최종적으로 1997년 「형법」 제 267조를 형성하였다. "공사재물을 강탈하여 액수가 비교적 큰 경우, 3년 이하의 유기징역·구역 또는 관제에 처하고 벌금을 병과하거나 단독으로 부과한다. 액수가 거대하거나 기타 중한 정상이 있을 경우, 3년 이상 10년 이하의 유기징역에 처하고 벌금을 병과한다. 액수가 특별히 거대하거나 기타 특별히 중한 정상이 있을 경우, 10년 이상의 유기징역 또는 무기징역에 처하고 벌금 또는 재산몰수를 병과한다. 흉기를 휴대하고 강탈한 경우, 본 법 제263조의 규정에 따라 죄명을 정하고 처벌한다."

「형법개정안 (9)」은 제267조 제1항을 다음과 같이 규정하였다. "공사재물을 강탈하여 액수가 비교적 크거나 수차례 강탈한 경우, 3년 이하의 유기징역·구역 또는 관제에 처하고 벌금을 병과하거나 단독으로 부과한다. 액수가 거대하거나 기타 중한 정상이 있을 경우, 3년 이상 10년 이하의 유기징역에 처하고 벌금을 병과한다. 액수가 특별히 거대하거나 기타 특별히 중한 정상이 있을 경우, 10년 이상의 유기징역 또는 무기징역에 처하고 벌금 또는 재산몰수를 병과한다."

(6) 집단약탈죄(제268조)

집단약탈죄는 1997년 형법전에 의하여 신설된 범죄이다. 형법개정검토과정에서 일부 학자와 부문에서는 사법실무에서 공사재물을 다투어 강탈하는 행위는 일부 지역에서 아주 창궐하고 특히 임목, 석탄, 수산물, 철도재료를 집단약탈하는 현상이 뚜렷하다고 지적하였다. 이에 대하여 국무원은 1982년에 「국가의 물자와 기재를 집단약탈하고 횡령하는 행위를 단호히 제지하는 결정」을 반포한 적이 있었지만 이러한 현상은 끊기지 않았고 더 심각해졌다. 이러한 행위를 처벌하고 국가·단체·개인의 재산을 보호하기 위하여 본죄를 규정할 필요가 있었다.[3] 하지만 일부 부문에서는 집단약탈 사건에 참여한 자에 대하여 그의 행위의 성질에 따라 죄명을 정하고 처벌할 수 있다고 주장하였다. 그렇지 않으면 군중성의 강탈·강도·절도인 경우, 단지 이들이 군중성 특징을 갖고 있다는 이유로 이러한 범죄로 처벌하지 않고 죄형이 더 가벼운 집단약탈죄를 정하면 집단약탈 행위를 유발할 수 있기에 형법에 집단약탈죄를 규정하지 말아야 한다고 하였다.[4] 입법기관은 최종적으로 첫 번째 견해를 채택하였다.

---

[3] 最高人民法院刑法修改小組, "關於刑法分則修改的若干問題(草稿)(1989年3月)", 「新中國刑法立法文獻資料總覽(下)」, 北京, 中國人民公安大學出版社, 1998, p.2314.
[4] 最高人民檢察院刑法修改小組, "修改刑法研究報告(1989年10月12日)", 「新中國刑法立法文獻資料總覽(下)」, 北京, 中國人民公安大學出版社, 1998, p.2508.

그 후의 검토과정에서 1996년 10월 10일 의견청취고의 내용을 기초로 선후하여 개정과 조정을 거쳐 최종적으로 1997년「형법」제 268조를 형성하였다. "공사재물을 집단약탈하여 액수가 비교적 크거나 기타 중한 정사이 있을 경우, 수괴와 적극참가자를 3년 이하의 유기징역 · 구역 또는 관제에 처하고 벌금을 병과한다. 액수가 거대하거나 기타 특별히 중한 정상이 있을 경우, 3년 이상 10년 이하의 유기징역에 처하고 벌금을 병과한다."

(7) 전화형 강도죄(제269조)

1979년「형법」제153조는 다음과 같이 규정하였다. "절도 · 사기 · 강탈죄를 범하여 장물을 은닉하거나 체포에 항거하거나 범죄증거를 인멸하기 위하여 당장에서 폭력을 사용하거나 폭력으로 협박한 경우, 본 법 제150조 강도죄로 처벌한다."

형법개정검토과정에서 전화형 강도죄의 전치행위와 주관목적 등의 기술에는 많은 변화와 반복이 있었다.

1996년 8월 8일과 8월 31일의 개정초안에서 입법기관은 전화형 강도죄의 전치행위의 범위를 확장하였을 뿐만 아니라 조문에서 강도죄로 형사책임을 추궁한다는 점을 명확히 하였다. 그 구체적 내용은 다음과 같다. "공사재물을 절도 · 사기 · 강탈하거나 집단약탈하여 장물을 은닉하거나 나포에 항거하거나 범죄증거를 인멸하기 위하여 당장에서 폭력을 사용하거나 폭력으로 협박한 경우, 강도죄로 형사책임을 추궁한다."

그 후의 검토과정에서 일부 학자들은 실무에서 사기가 강도로 전화하는 사례가 나타난 적이 없고 이론적으로 분석해도 이러한 가능성이 크지 않으며 그외에 외국의 입법례를 참조해도 사기가 강도죄로 전화하는 규정이 모두 없기에 사기를 삭제할 것을 제안하였다.[5]

입법기관은 이 건의를 채택하여 1996년 10월 10일의 개정초안(의견청취고)에

---

5 最高人民檢察院刑法修改小組, "修改刑法研究報告(1989年10月12日)",「新中國刑法立法文獻資料總覽(下)」, 北京, 中國人民公安大學出版社, 1998, p.2314.

서 1979년 형법전의 규정을 기초로 조문 중의 "사기"를 삭제하였다. 그 구체적 내용은 다음과 같다. "절도·강탈죄를 범하여 장물을 은닉하거나 체포에 항거하거나 범죄증거를 인멸하기 위하여 당장에서 폭력을 사용하거나 폭력으로 협박한 경우, 강도죄의 규정에 따라 처벌한다." 1996년 12월 중순의 초고는 10월 10일의 의견청취고를 기초로 두 곳의 개정을 하였다. (1) 체포는 일반적으로 범죄현장에서 실시할 수 없다는 점을 고려하여 기존 규정의 "체포에 항거하다"를 "나포에 항거하다"로 개정하였고, (2) 이러한 경우에 단지 강도죄로 처벌한다는 오해를 해소하기 위하여 기존 규정의 강도죄에 따라 "처벌한다"를 강도죄에 따라 "죄명을 정하고 처벌한다"로 개정하였다. 즉 "절도·강탈죄를 범하여 장물을 은닉하거나 나포에 항거하거나 범죄증거를 인멸하기 위하여 당장에서 폭력을 사용하거나 폭력으로 협박한 경우, 본 법 제243조[6]의 규정에 따라 죄명을 정하고 처벌한다." 이 내용은 그 후의 여러 초안에 의하여 사용되었고 1997년 3월 1일의 개정초안에 이르러 이 내용의 기초위에 다시 사기를 증설하였다. 이렇게 최종적으로 형성된 1997년「형법」제269조의 규정은 다음과 같다. "절도·사기·강탈죄를 범하여 장물을 은닉하거나 나포에 항거하거나 범죄증거를 인멸하기 위하여 당장에서 폭력을 사용하거나 폭력으로 협박한 경우, 본 법 제263조의 규정에 따라 죄명을 정하고 처벌한다."

(8) 횡령죄(제270조)

본조에 규정된 죄는 1997년 형법전에 의하여 신설된 범죄이다. 형법개정검토과정에서 일부 학자와 부문에서는 경제체제개혁이래 도급임대기업, 중외합자기업, 사영기업, 개체와 단체가 공동경영하는 등 기업에서 모두 합법적으로 소지하고 있는 공사재물을 불법횡령하는 행위가 나타났다. 이러한 사건은 범죄주체가 횡령죄의 구성요건에 부합되지 않거나 횡령한 재산이 공적 재산인지 사적 재산인

---

[6] 본조에 규정된 것은 강도죄이다.

지를 구분하기 어려우므로 처리상 곤란이 있고 따를 법이 없기에 형법에 횡령죄를 규정할 필요가 있었다.7

1995년 2월 28일에 전국인민대표대회 상무위원회에서는 「회사법위반범죄의 처벌에 관한 결정關於懲治違反公司法的犯罪的決定」을 통과하였고 동 결정은 직무횡령행위를 범죄화하였다. 그 후 수 차례의 개정과 조정을 거쳐 최종적으로 형성된 1997년 「형법」 제270조의 규정은 다음과 같다. "대신하여 보관하고 있는 타인의 재물을 불법영득하여 액수가 비교적 크고 반환을 거부한 경우, 2년 이하의 유기징역, 구역 또는 벌금에 처한다. 액수가 거대하거나 기타 중한 정상이 있을 경우, 2년 이상 5년 이하의 유기징역에 처하고 벌금을 병과한다. 타인의 유실물 또는 매장물을 불법영득하여 액수가 비교적 크고 교부를 거부한 경우, 전항의 규정에 따라 처벌한다. 본조의 죄는 고소해야 처리한다."

(9) 직무횡령죄(제271조)

본조의 규정은 기존 1995년 「회사법위반범죄의 결정」에 의하여 1979년 형법전에 보충규정된 범죄이다. 동 결정 제10조는 다음과 같이 규정하였다. "회사의 이사·감사 또는 직원이 직무 또는 업무상의 편리를 이용하여 본 회사의 재물을 횡령하여 액수가 비교적 큰 경우, 5년 이하의 유기징역 또는 구역에 처한다. 액수가 거대한 경우, 5년 이상의 유기징역에 처하고 재산몰수를 병과할 수 있다." 제12조는 "국가공무원이 본 결정 제9조·제10조·제11조에 규정된 죄를 범할 경우, 「횡령 및 뇌물죄의 처벌에 관한 보충결정」에 의하여 처벌한다"라고 규정하였다.

1996년 8월 8일의 각칙개정초고에서 입법기관은 본죄의 수단에 대하여 횡령죄와 같은 기술을 사용하였고 1996년 8월 31일의 개정초고는 본죄 주체범위를 확장하고 행위수단을 간략화하였을 뿐만 아니라 「회사법위반범죄의 결정」 제11

---

7 最高人民法院刑法修改小組, "關於刑法分則修改的若干問題(草稿)(1989년3월)", 「新中國刑法立法文獻資料總覽(下)」, 北京, 中國人民公安大學出版社, 1998, p.2315.

조의 규정을 개정하여 도입하였으며 동시에 본죄의 법정형에 대하여서도 비교적 큰 조정을 하였다. 상술한 내용에 비하여 1996년 10월 10일의 개정초안(의견청취고)은 주로 세 곳의 개정을 하였다.

그 후의 검토과정에서 입법기관은 상술한 내용을 기초로 선후하여 이하의 개정과 조정을 거쳐 최종적으로 1997년「형법」제 271조를 형성하였다. "회사·기업 또는 기타 회사의 인원이 직무상의 편리를 이용하여 본 단위의 재물을 불법영득하여 액수가 비교적 큰 경우, 5년 이하의 유기징역 또는 구역에 처한다. 액수가 거대한 경우, 5년 이상의 유기징역에 처하고 재산몰수를 병과할 수 있다. 국유회사·기업 또는 기타 국유기관에서 공무에 종사하는 인원과 국유회사, 기업 또는 기타 국유기관에서 비국유회사·기업 또는 기타 단위에 파견되어 공무에 종사하는 인원이 전항의 행위가 있을 경우, 본 법 제382조·제383조의 규정에 따라 죄명을 정하고 처벌한다."

(10) 자금유용죄(제272조)

본조의 규정은 기존 1995년「회사법위반범죄의 결정」에 의하여 1979년 형법 전에 보충규정된 범죄이다.

1996년 10월 10일의 개정초안(의견청취고)은 1996년 8월 8일과 8월 31일 초고의 내용을 종합하였는데 하나는 본죄 제1항에 규정된 직무요건은 8월31일고의 내용을 유지하였고 다른 하나는 국가공무원이 본죄 행위가 있을 경우의 규정은 8월 31일 개정초안의 내용을 그대로 사용하였다.

의견청취고의 내용에 대하여 그 후의 검토과정에서 선후하여 일련의 개정과 조정을 거쳐 최종적으로 1997년「형법」제 272조를 형성하였다. "회사·기업 또는 기타 단위의 직원이 직무상의 편리를 이용하여 본 단위의 자금을 유용하여 개인이 사용하거나 타인에게 대차하여 액수가 비교적 크고 3개월이 지나서 반환하지 않는 경우, 또는 3개월이 지나지 않았으나 액수가 비교적 크고 영리활동을 한 경우, 또는 불법활동을 한 경우, 3년 이하의 유기징역 또는 구역에 처한다. 본 단위의 자금을 유용하여 액수가 거대하거나 또는 액수가 비교적 크고 반환하지 않은 경우, 3년 이상 10년 이하의 유기징역에 처한다. 국유회사·기업 또는 기타 국유단위에서 공무에 종사하는 인원과 국유회사·기업 또는 기타 국유기관에서 비국유회사·기업 또는 기타 단위에 파견되어 공무에 종사하는 인원이 전항의 행위가 있을 경우, 본 법 제384조의 규정에 따라 죄명을 정하고 처벌한다."

(11) 특정 자금·물자 유용죄(제273조)

1979년 형법전에서 특정 자금, 물자 유용죄는 형법각칙 제3장 "사회주의 경제질서 파괴죄"에 규정되었는데 동법 제126조는 다음과 같이 규정하였다. "국가의 재난구원·긴급구조·홍수방지·우대위문·구제의 자금과 물자를 유용하여 정상이 중하고 국가와 국민의 이익에 중대한 손실을 초래한 경우, 직접 책임자를 3년 이하의 유기징역 또는 구역에 처한다. 정상이 특별히 중한 경우, 3년 이상 7년 이하의 유기징역에 처한다."

개정과 조정을 거쳐 최종적으로 형성된 1997년「형법」제273조의 규정은 다음과 같다. "재난구원·긴급구조·홍수방지·우대위문·빈곤원조·이민·구제의 자금과 물자를 유용하여 정상이 중하고 국가와 국민의 이익에 중대한 손실을 초래한 경우, 직접 책임자를 3년 이하의 유기징역 또는 구역에 처한다. 정상이 특별히 중한 경우, 3년 이상 7년 이하의 유기징역에 처한다."

(12) 공갈죄(제274조)

1979년「형법」제154조는 다음과 같이 규정하였다. "공사재물을 갈취하는 경우, 3년 이하의 유기징역 또는 구역에 처하고 정상이 중한 경우, 3년 이상 7년 이하의 유기징역에 처한다."

그 후 개정과 조정을 거쳐 최종적으로 형성된 1997년「형법」제274조의 규정은 다음과 같다. "공사재물을 갈취하여 액수가 비교적 큰 경우, 3년 이하의 유기징역·구역 또는 관제에 처한다. 액수가 거대하거나 기타 중한 정상이 있을 경우, 3년 이상 10년 이하의 유기징역에 처한다."

그 후 조직범죄처벌에 대한 사법실무의 수요에 적응하기 위하여 입법기관은

「형법개정안 (8)」을 통하여 본조의 규정에 대하여 두 곳의 개정과 보충을 하였다. (1) 본죄의 범죄구성요건을 조정하여 "수차례 공갈하는"행위를 본죄의 기본구성요건행위로 보충규정하였다. (2) 본죄의 법정최고형을 인상하였다. 이 두 곳의 개정과 보충을 거쳐 최종적으로 본조의 새 규정은 다음과 같다. "공사재물을 갈취하여 액수가 비교적 크거나 수차례 공갈한 경우, 3년 이하의 유기징역·구역 또는 관제에 처하고 벌금을 병과하거나 단독으로 부과한다. 액수가 거대하거나 기타 중한 정상이 있을 경우, 3년 이상 10년 이하의 유기징역에 처하고 벌금을 병과한다. 액수가 특별히 거대하거나 기타 특별히 중한 정상이 있을 경우, 10년 이상의 유기징역 또는 무기징역에 처한다."

(13) 재물 고의훼손죄(제275조)

1979년「형법」제156조는 다음과 같이 규정하였다. "고의로 공사재물을 손괴하여 정상이 중한 경우, 3년 이하의 유기징역·구역 또는 벌금에 처한다."

본죄에 대한 개정검토과정에서 1996년 8월 8일의 개정초안에서 입법기관은 본죄의 정상에 관한 기술을 보완하였다. 즉 "고의로 공사재물을 훼손하여 액수가 비교적 크거나 정상이 중한 경우, 3년 이하의 유기징역·구역 또는 벌금에 처한다. 액수가 거대하거나 정상이 특별히 중한 경우, 3년 이상 10년 이하의 유기징역에 처하고 벌금을 병과한다." 1996년 8월 31일의 초안에 이르러 입법기관은 본죄의 법정형을 미세하게 조정하였다. 즉 이 내용의 제1등차 법정형중의 벌금을 "벌금을 단독으로 부과하거나 병과한다"로 개정하였다.

1996년 10월 10일의 개정초안(의견청취고)의 내용을 보면 입법기관은 그전에 기초한 내용을 포기하고 1979년 형법전의 규정을 직접 사용하였다. 1996년 12월 중순의 개정초안에 이르러 입법기관은 본죄의 정상과 법정형에 대하여 비교적 큰 조정을 하였는데 정상에 관한 규정을 보완하였을 뿐만 아니라 제2등차의 법정형도 증설하였다. 구체적 내용은 다음과 같다. "고의로 공사재물을 훼손하여 액수가 비교적 크거나 정상이 중한 경우, 3년 이하의 유기징역·구역·관제 또는 벌금에 처한다. 액수가 거대하거나 정상이 특별히 중한 경우, 3년 이상 7년 이하의 유기징역에 처한다." 12월 중순고의 이 내용은 그 후의 여러 초고에 의하여 사용되었고 1997년 3월 1일의 개정초안에 이르러 입법기관은 그전 개정초고의 제1등차 법정형중의 관제를 삭제하였다. 심의통과에 제공된 형법초고에서 입법기관은 논리의 엄밀성을 강화하기 위하여 본죄의 "정상"에 '기타'라는 한정어를 부가하였다.

이렇게 이상의 개정과 조정을 거쳐 최종적으로 통과한 1997년 「형법」 제275조의 규정은 다음과 같다. "고의로 공사재물을 훼손하여 액수가 비교적 크거나 기타 중한 정상이 있을 경우, 3년 이하의 유기징역 · 구역 · 또는 벌금에 처한다. 액수가 거대하거나 기타 특별히 중한 정상이 있을 경우, 3년 이상 7년 이하의 유기징역에 처한다."

(14) 생산경영파괴죄破壞生產經營罪(제276조)

1979년 「형법」 제125조는 사회주의 시장경제질서 파괴죄로 규정하였고 죄명은 '단체생산파괴죄'이며 그 내용은 다음과 같다. "분풀이 보복 또는 기타 개인 목적으로 기계설비를 훼손하고 농경에 쓰이는 가축을 잔혹하게 살상하거나 또는 기타 방법으로 단체의 생산을 파괴한 경우, 2년 이하의 유기징역 또는 구역에 처한다. 정상이 중한 경우, 2년 이상 7년 이하의 유기징역에 처한다."

수 차례의 조정을 거친 기초위에 최종적으로 형성된 1997년 「형법」 제276조의 규정은 다음과 같다. "분풀이 보복 또는 기타 개인 목적으로 기계설비를 훼손하고 농경에 쓰이는 가축을 잔혹하게 살상하거나 또는 기타 방법으로 단체의 생산을 파괴한 경우, 3년 이하의 유기징역 · 구역 또는 관제에 처한다. 정상이 중한 경우, 3년 이상 7년 이하의 유기징역에 처한다."

(15) 노동보수지불 거부죄(제276조의 1)

본조는 2011년 2월 25일 전국인민대표대회 상무위원회에서 통과한 「형법개정안(8)」에 의하여 증설된 범죄이고 노동보수 지급을 거부하는 행위에 대한 처벌을 통하여 민생에 대한 보호를 강화하는 데 그 취지가 있다. 초안심의 과정에서 일부 상무위원회 위원은 「노동법」 제91조, 「노동계약법勞動合同法」 제85조및 「노동보장감찰조례勞動保障監察條例」 제26조는 노동자의 보수를 지급하지 않은 행위에 대하여 정부 관련 부문에서 지불하도록 명령하는 조치를 규정하였기때문에 광범위한 노동자들의 합법적 권익을 더 잘 보장하기 위하여 형사처벌과 행정감독관리조치를 연결하는 것이 바람직하고 초안의 상기 규정에 정부관련부문의 지불명령에도 불구하고 지불하지 않은 요건을 증설하여 노동자들의 합법적 권익을 침해하는 이런 위법행위를 더 효과적으로 방지하고 처벌하여야 한다고 제안하였다. 입법기관은 연구를 거쳐 이 건의를 채택하였고 전국인민대표대회 상무위원회에 제출하는 제3차 심의고에서 "지불명령"을 악의적인 체불행위가 범죄를 구성하는 핵심조건으로 규정함과 동시에 기존 초안 제3항 "사책임을 추궁하지 않을 수 있다"의 규정을 "감경처벌하거나 처벌을 면제할 수 있다"로 개정하였다.

이렇게 최종적으로 통과된 1997년 「형법」 제276조의 1의 규정은 다음과 같다. "재산을 이전하거나 도주하여 행방을 감추는 등 방법으로 노동자의 노동보수를 지불하는 것을 도피하거나 지불능력이 있음에도 불구하고 노동자의 노동보수를 지불하지 않아 액수가 비교적 크고 정부관련부문의 지불명령에도 불구하고 여전히 지불하지 않은 경우, 3년 이하의 유기징역 또는 구역에 처하고 벌금을 병과하거나 단독으로 부과한다. 심각한 결과를 초래한 경우, 3년 이상 7년 이하의 유기징역에 처하고 벌금을 병과한다. 단위가 전항의 죄를 범한 경우, 단위를 벌금에 처하고 직접 책임을 지는 주관자와 기타 직접 책임자를 전항의 규정에 따라 처벌한다. 전 2항의 행위가 있어 심각한 결과를 아직 초래하지 않았고 공소제기전에 노동자의 노동보수를 지불하며 법에 따라 상응한 배상책임을 지는 경우, 감경처벌하거나 처벌을 면제할 수 있다."

사회관리질서 방해죄

06

1. 공공질서 교란죄

(1) 공무방해죄(제277조)

1979년 형법전에서 공무방해죄는 판결·결정 집행거부죄와 같이 제157조에 규정되었는데 동조는 다음과 같이 규정하였다. "폭력·협박의 방법으로 국가공무원이 법에 따라 직무를 집행하는 것을 방해하거나 또는 효력이 발생한 인민법원의 판결, 결정을 집행하지 않은 경우, 3년 이하의 유기징역·구역·벌금 또는 정치권리박탈에 처한다."

한 개의 조문에 몇 개의 범죄를 규정하는 것은 죄형법정원칙과 죄형균형원칙의 관철에 불리하다는 점을 고려하여 입법기관에서 형법전면개정을 국가입법계획에 도입한 후의 첫 번째 개정안 즉 1988년 9월고는 바로 공무방해죄를 빼내어 한 개의 조문으로 규정하였다. 동고는 1979년 형법전 규정의 기초위에 제2등차의 법정형을 증설하였다. 즉 "정상이 중한 경우, 3년 이상 7년 이하의 유기징역에 처한다." 1988년 11월 16일과 12월 25일의 개정안에서 본죄 구성요건의 기술은 1979년 형법전과 같으며 다른 점은 법정최고형을 기존의 규정한 "3년"에서 "5년"으로 인상하였다.

그 후의 검토과정에서 이 내용을 기초로 선후하여 일련의 개정과 보충을 하였다.

본조 제2항 내용의 변화를 보면 최초로 인민대표대회 대표가 법에 따라 직무를 집행하는 것을 방해하는 행위를 범죄화한 것은 1996년 12월의 개정초안이다. 신「형법」제277조 제3항이 규정한 것은 적십자사 직원이 법에 따라 직책을 이행하는 것을 방해하는 행위의 처리문제이고 본항을 규정한 목적은 1993년 10월 31일에 통과한「중화인민공화국 적십자사법」(이하「적십자사법」으로 약칭함)과 연결하기 위함이였다.

신「형법」제277조 제4항이 규정한 것은 국가안전기관과 공안기관이 법에 따라 직무를 집행하는 것을 방해하는 행위의 규정이고 동 규정의 목적은 1993년 2월 22일에 통과한「중화인민공화국 국가안전법中華人民共和國國家安全法」(이하「국가안전법」으로 약칭함)의 관련 규정과 연결하기 위함이였다. 이상의 개정과 보충을 거쳐 최종적으로 형성된 1997년 「형법」제277조의 규정은 다음과 같다. "폭력·협박의 방법으로 국가기관공무원이 법에 따라 직무를 집해하는 것을 방해하는 경우, 3년 이하의 유기징역, 구역, 관제 또는 벌금에 처한다. 폭력·협박의 방법으로 전국인민대표대회와 지방각급인민대표대회 대표가 법에 따라 대표직무를 집해하는 것을 방해하는 경우, 전항의 규정에 따라 처벌한다. 자연재해와 돌발사건에서 폭력·협박의 방법으로 적십자사 인원이 법에 따라 직책을 이행하는 것을 방해하는 경우, 제1항의 규정에 따라 처벌한다. 고의로 국가안전기관·공안기관이 법에 따라 국가안전직무를 집행하는 것을 방해하여 폭력·협박을 사용하지 않았지만 심각한 결과를 초래한 경우, 제1항의 규정에 따라 처벌한다."

「형법개정안 (9)」은 본조 제5항을 증설하였다. "법에 따라 직무를 집행하고 있는 인민경찰을 폭력으로 습격한 경우, 제1항의 규정에 따라 중하게 처벌한다."

(2) 법률실시를 폭력으로 항거할 것을 선동한 죄(제278조)

본조에 규정된 죄는 1979년 「형법」제102조가 규정한 반혁명선전선동죄의 기초위에 분리되어 나온 것이다. 입법초안의 내용변화를 보면 법률실시를 폭력으로 항거할 것을 선동한 죄는 최초로 1996년 8월 31일의 형법개정초고에 나타났는데 동고는 다음과 같이 규정하였다. "군중을 선동하여 폭력으로 국가법률의 실시를 항거하게 한 경우, 3년 이하의 유기징역·구역 또는 관제에 처하고 정치권리박탈을 병과하거나 단독으로 부과할 수 있다." 1996년 10월10일의 개정초안(의견청취고) 제251조는 상기 내용에 대하여 두 곳의 개정을 하였다. (1) 본죄 구성요건 내용에 대한 전술 규정의 기초위에 "사회질서를 교란한다"는 규정을 증가하였다. (2) 가중정상의 법정형을 증설하였다. 즉 "심각한 결과를 초래한 경우, 3년 이상 7년 이하의 유기징역에 처하고 정치권리박탈을 병과할 수 있다." 의견청취고의 이 내용은 1996년 12월 중순, 12월 20일의 개정초안에 의하여 사용되었다. 1997년 3월 1일의 초고는 그전 초고 내용의 기초위에 본죄 범죄객채의 범위를 확장하여 국가 행정법규의 실시에 항거하는 내용을 증설하였다.

이상의 개정과 조정을 거쳐 최종적으로 형성된 1997년「형법」제278조의 규정은 다음과 같다. "군중을 선동하여 폭력으로 국가법률·행정법규의 실시를 항거하게 한 경우, 3년 이하의 유기징역·구역·관제 또는 정치권리박탈에 처한다. 심각한 결과를 초래한 경우, 3년 이상 7년 이하의 유기징역에 처한다."

(3) 명의사칭 사기죄(제279조)

본조의 죄는 1979년 형법 제166조의 규정을 기초로 개정하여 형성된 것이다. 1979년「형법」제166조는 다음과 같이 규정하였다. "국가공무원을 사칭하여 공공연히 사기를 치는 경우, 3년 이하의 유기징역 구역·관제 또는 정치권리박탈에 처한다. 정상이 중한 경우, 3년 이상 10년 이하의 유기징역에 처한다."

형법개정검토과정에서 1988년의 3개 초고는 본죄 소재의 장을 1979년 형법전의 "사회관리질서 방해죄"의 장에서 "공무방해죄"의 장으로 개정한 것을 제외하고 구체적 내용은 1979년 형법전의 규정과 비하여 아무런 변화도 없었다. 1996년 8월 8일의 각칙개정초안은 "공무방해죄"의 장을 취소하였기에 본죄는 다시 "사회관리질서 방해죄"의 장에 도입되었다. 구체조문은 보면 동고는 본죄에 2개 항을 규정하였는데 제1항의 내용은 1979년「형법」제166조의 규정과 같고 제2항은 신설한 것인데 즉 "국가공무원의 친족을 사칭하여 공공연히 사기를 처 정상이 중한 경우, 3년 이하의 유기징역, 구역, 관제 또는 정치권리박탈에 처한다." 1996년 8월 31일의 형법개정초고는 8월 8일 초고의 내용을 기초로 "현역군인·인민경찰을 사칭하여 공공연히 사기를 치는 경우, 중하게 처벌한다"라는 규정을 증설하였다.

그 후 개정을 거쳐 최종적으로 형성된 1997년「형법」제279조의 규정은 다음과 같다. "국가기관공무원을 사칭하여 공공연히 사기를 치는 경우, 3년 이하의 유기징역·구역·관제 또는 정치권리박탈에 처한다. 정상이 중한 경우, 3년 이상 10년 이하의 유기징역에 처한다. 인민경찰을 사칭하여 공공연히 사기를 치는 경우, 전항의 규정에 따라 중하게 처벌한다."

(4) 국가기관공문서·신분증명서·인장 위조·변조·매매죄, 국가기관공문서·신분증명서·인장 절도·강탈·훼손죄, 회사·기업·사업기관·인민단체 인장 위조죄, 주민신분증 위조·변조죄(제280조)

본조에 규정된 죄는 1979년 형법 제167조의 규정을 기초로 개정, 보충하여 형성된 것이다. 1979년 「형법」 제167조는 다음과 같이 규정하였다. "국가기관·기업·사업기관·인민단체의 공문서·신분증명서·인장을 위조·변조하거나 또는 절도·강탈·훼손한 경우, 3년 이하의 유기징역·구역·관제 또는 정치권리박탈에 처한다. 정상이 중한 경우, 3년 이상 10년 이하의 유기징역에 처한다."

형법개정초안에서의 본죄의 내용의 변화를 보면 최초로 주민신분증을 위조·변조하는 행위를 범죄화한 것은 1996년 8월 8일의 각칙개정초고이다. 1996년 10월 10일의 개정초안(의견청취고)에 이르러 주민신분증을 위조, 변조하는 행위는 독자적인 범죄로 동 초고 제253조 제3항에 규정되었다. 즉 "주민신분증을 위조, 변조하는 경우 2년 이하의 유기징역 또는 구역에 처한다. 정상이 중한 경우, 2년 이상 7년 이하의 유기징역에 처한다."

최종적으로 형성된 1997년 「형법」 제280조의 규정은 다음과 같다. "국가기관의 공문서·신분증명서·인장을 위조·변조·매매하거나 또는 절도·강탈·훼손한 경우, 3년 이하의 유기징역, 구역, 관제 또는 정치권리박탈에 처한다. 정상이 중한 경우, 3년 이상 10년 이하의 유기징역에 처한다. 회사·기업·사업기관·인민단체의 인장을 위조한 경우, 3년 이하의 유기징역·구역·관제 또는 정치권리박탈에 처한다. 주민신분증을 위조·변조하는 경우, 3년 이하의 유기징역·구역·관제 또는 정치권리박탈에 처한다. 정상이 중한 경우, 3년 이상 7년 이하의 유기징역에 처한다."

「형법개정안 (9)」은 본조를 다음과 같이 개정하였다. "국가기관의 공문서·신분증명서·인장을 위조·변조·매매하거나 또는 절도·강탈·훼손한 경우, 3년 이하의 유기징역·구역·관제 또는 정치권리박탈에 처하고 벌금을 병과한다. 정상이 중한 경우, 3년 이상 10년 이하의 유기징역에 처하고 벌금을 병과한다. 회사·기업·사업기관·인민단체의 인장을 위조한 경우, 3년 이하의 유기징역·구역

· 관제 또는 정치권리박탈에 처하고 벌금을 병과한다. 주민신분증 · 여권 · 사회보장카드, 운전면허 등 법에 따라 신분을 증명할 수 있는 증명서를 위조 · 변조 · 매매하는 경우, 3년 이하의 유기징역 · 구역 · 관제 또는 정치권리박탈에 처하고 벌금을 병과한다. 정상이 중한 경우, 3년 이상 7년 이하의 유기징역에 처하고 벌금을 병과한다."

(5) 경찰용장비 불법생산·매매죄(제281조)

본조의 죄는 1997년 형법전에 의하여 신설된 범죄이다. 형법개정검토과정에서 본죄의 내용은 최초로 1997년 1월 10일의 형법개정초안에 나타났는데 동 초안 제268조는 다음과 같이 규정하였다. "군인 · 경찰의 제식복장 · 전용표지 · 경찰기구를 불법제조 · 매매하여 정상이 중한 경우, 3년 이하의 유기징역 · 구역 · 또는 관제에 처하고 벌금을 단독으로 부과하거나 병과할 수 있다. 단위가 전항의 죄를 범한 경우, 단위를 벌금에 처하고 직접 책임을 지는 주관자와 기타 직접 책임자를 전항의 규정에 따라 처벌한다." 1997년 2월 17일의 개정초안(개정안)에서 입법기관에서 무장부대의 제식복장을 불법제조 · 매매하는 등 행위를 "국방이익침해죄"의 장에 규정하였기 때문에 동고는 기존 규정한 "군인 · 경찰의 제식복장"을 "인민경찰의 제식복장"으로 개정하였고 벌금의 규정도 기존의 "단독으로 부과하거나 병과할 수 있다"에서 "단독으로 부과하거나 병과한다"로 개정되었다. 1997년 3월 1일의 개정초안에서 입법기관은 본죄 객관면의 행위에 대하여 기술상의 미세한 조정을 하여 그전에 규정한 "불법제조 · 매매"에서 "불법생산 · 매매"로 개정하였다. 심의통과에 제공된 형법초고에서 실무에서 인민경찰의 차량 번호판을 생산 · 매매하는 범죄현상이 비교적 뚜렷하다는 점을 감안하여 입법기관은 본죄 구성요건 중의 "전용표지"의 앞에 "차량 번호판 등"이라는 문자를 증가하였다. 이상의 개정과 조정을 거쳐 최종적으로 형성된 1997년「형법」제281조의 규정은 다음과 같다. "인민경찰의 제식복장 · 차량 번호판 등 전용표지 · 경찰기구를 불법제조 · 매매하여 정상이 중한 경우, 3년 이하의 유기징역 · 구역 · 또는 관제에 처하고 벌금을 단독으로 부과하거나 병과한다. 단위가 전항의 죄를 범한 경우, 단위를 벌금에 처하고 직접 책임을 지는 주관자와 기타 직접 책임자를 전항의 규정에 따라 처벌한다."

(6) 국가비밀 불법획득죄, 국가극비·기밀 문서·자료·물품 불법소지죄
(제282조)

본조에 규정된 죄는 1997년 형법전에 의하여 신설된 범죄이다. 이 두 가지 범죄의 내용이 최초로 나타난 것은 1997년 1월 10일의 형법개정초안인데 동 초안 제269조는 다음과 같이 규정하였다. "국가비밀의 문서·자료 또는 기타 물품을 절취한 경우, 7년 이하의 유기징역 또는 구역에 처한다." 1997년 2월 17일의 개정초안(개정안) 제280조에서 입법기관은 상기 내용에 대하여 두 곳의 개정을 하였다. (1) 제1항에 규정된 구성요건에서 범죄수단을 명확히 하였다. 즉 국가비밀 불법획득죄를 구성하려면 행위자가 "절취·지탐·매수의 방법"으로 불법획득할 것을 요구한다. (2) 제2항 규정의 구성요건에서 불법소지한 국가비밀의 등급을 명확히 하였는데 즉 "국가극비·기밀의 문서·자료 또는 기타 물품"을 불법소지하여야 본죄를 구성할 수 있다. 제2항에 대한 동 초안의 개정은 최종적으로 1997년 형법전에 의하여 채택되었다.

그전의 두 개의 초고에서 국가비밀 불법획득죄에 대하여 규정한 법정형이 너무 간단하고 폭이 크다는 점을 감안하여 1997년 3월 1일의 개정초안에서 입법기관은 본죄의 법정형을 개정하여 그 적용성을 제고하였다. 즉 국가비밀 불법획득죄의 기본범에 대하여 3년 이하의 유기징역·구역 또는 관제에 처하고 정상이 중한 경우, 3년 이상 7년 이하의 유기징역에 처한다. 본죄는 국가비밀을 침해하는 범죄이기때문에 본죄에 정치권리박탈을 규정하면 이러한 행위에 대하여 부정적인 정치평가를 실현할 수 있을 뿐만 아니라 행위자가 그가 향유하고 있는 정치권리를 이용하여 이러한 범죄를 다시 범하는 것을 예방하는 데 유리하다. 그리하여 입법기관은 1997년 3월 13일의 개정초안에서 본죄 제1등차의 법정형에 정치권리박탈을 증설하였다.

이상의 개정과 조정을 거쳐 최종적으로 형성된 1997년 「형법」 제282조의 규정은 다음과 같다. "절취·지탐·매수의 방법으로 국가비밀을 불법획득한 경우, 3년 이하의 유기징역·구역·관제 또는 정치권리박탈에 처한다. 정상이 중한 경우, 3년 이상 7년 이하의 유기징역에 처한다. 국가극비·기밀의 문서·자료 또는 기타 물품을 불법소지하여 그 출처와 용도를 설명하지 않을 경우, 3년 이하의 유기징역·구역 또는 관제에 처한다."

(7) 간첩전용기재 불법생산·판매죄(제283조)

본죄는 1997년 형법전에 의하여 신설된 범죄이다. 국가는 간첩전용기재의 생산과 판매에 대하여 줄곧 엄격한 관리를 해왔다. 하지만 일부 불법자들은 불법적인 동기에서 간첩전용기재를 불법생산·판매하여 이 영역의 관리질서를 침해하였을 뿐만 아니라 사회에 유입하여 일부 불법자들에게 사용되어 국가와 인민의 이익에 중대한 손실을 초래하였기에 법으로 엄격히 금지하여야 한다. 1993년에 통과한「국가안전법國家安全法」제21조는 "그 어느 개인과 조직도 도청·몰카 등 전용간첩기재를 불법소지·사용하여서는 안된다"라고 규정하였다. 형법개정검토과정에서 형법의 최후사단의 작용을 발휘하기 위하여 입법기관은 1997년 1월 10일의 개정초안 제270조에 본죄를 규정하였다. 즉 "도청·몰카 등 전용간첩기재를 불법생산·판매하는 경우, 3년 이하의 유기징역·구역 또는 관제에 처한다." 동고의 이 내용은 최종적으로 1997년「형법」제283조에 의하여 채택되었다.

「형법개정안 (9)」은 본조를 다음과 같이 개정하였다. "전용간첩기재 또는 도청·몰카 전용기재를 불법생산·판매하는 경우, 3년 이하의 유기징역·구역 또는 관제에 처하고 벌금을 병과하거나 단독으로 부과한다. 정상이 중한 경우, 3년 이상 7년 이하의 유기징역에 처하고 벌금을 병과한다. 단위가 전항의 죄를 범한 경우, 단위를 벌금에 처하고 직접 책임을 지는 주관자와 기타 직접 책임자를 전항의 규정에 따라 처벌한다."

(8) 도청·몰카 전용기재 불법사용죄(제284조)

본죄는 1997년 형법전에 의하여 신설된 범죄이다. 도청·몰카 전용기재는 국가공안·안전기관에서 특수임무를 수행할 때 사용하는 도구이다. 이러한 도구를 사용하는 목적은 국가의 안전과 이익을 수호하는 데 있다. 하지만 그 사용은 반드시 국가법률, 법규의 규정에 부합되어야 한다. 그렇지 않으면 사회의 정상적인 관리질서와 공민의 합법적 권익을 침해할 수 있기에 이에 대하여 형법은 규정을 둘 필요가 있다. 1997년 3월 13일의 형법개정초안 제284조는 다음과 같이 규정하였다. "도청·몰카 전용기재를 불법사용하여 심각한 결과를 초래한 경우, 2년 이하의 유기징역·구역 또는 관제에 처한다." 1997년「형법」제284조는 최종적으로 본죄에 대한 동 초안의 규정을 그대로 사용하였다.

(9) 컴퓨터 정보시스템 불법침입죄, 컴퓨터 정보시스템 데이터 불법획득·컴퓨터 정보시스템 불법조종죄, 컴퓨터 정보시스템 침입·불법조종 프로그램·도구 제공죄(제285조)

컴퓨터 정보시스템 불법침입죄는 1997년 형법전에 의하여 신설된 범죄이다. 본죄의 내용이 최초로 나타난 것은 1996년 10월 10일의 개정초안(의견청취고)이고 동고 제254조는 다음과 같이 규정하였다. "규정을 위반하여 국가사무·국방건설·첨단과학기술영역의 컴퓨터 정보시스템에 침입한 경우, 3년 이하의 유기징역 또는 구역에 처하고 벌금을 단독으로 부과하거나 병과할 수 있다." 그 후의 검토과정에서 이 내용에 대하여 선후하여 두 차례의 개정과 조정을 하였다.

그 후「형법개정안 (7)」은 기존의 제285조에 두 개의 조항을 보충규정하여 컴퓨터 정보시스템 데이터를 불법획득하는 행위, 컴퓨터 정보시스템을 불법조종하는 행위, 컴퓨터 정보시스템 침입·불법조종 프로그램·도구를 제공하는 행위를 범죄로 규정하였다.

「형법개정안 (7)」의 개정을 거친「형법」제285조의 규정은 다음과 같다. "국가규정을 위반하여 국가사무·국방건설·첨단과학기술영역의 컴퓨터 정보시스템에 침입한 경우, 3년 이하의 유기징역 또는 구역에 처한다. 국가규정을 위반하여 전항에 규정된 이외의 컴퓨터 정보시스템에 침입하거나 기타 기술적 수단으로 그 컴퓨터 정보시스템에 저장·처리 또는 전송하는 데이터를 획득하거나 또는 그 컴퓨터 정보시스템을 불법조종하여 정상이 중한 경우, 3년 이하의 유기징역 또는 구역에 처하고 벌금을 병과하거나 단독으로 부과한다. 정상이 특별히 중한 경우, 3년 이상 7년 이하의 유기징역에 처하고 벌금을 병과한다. 컴퓨터 정보시스템에 침입하거나 컴퓨터 정보시스템을 불법조종하는 전용프로그램, 도구를 제공하거나 또는 타인이 컴퓨터 정보시스템에 침입하거나 컴퓨터 정보시스템을 불법조종하는 위법범죄행위를 실시하는 것을 알면서 그에게 프로그램・도구를 제공하여 정상이 중한 경우, 전항의 규정에 따라 처벌한다."

「형법개정안 (9)」은 본죄에 제4항을 증설하였다. "단위가 전 3항의 죄를 범한 경우, 단위를 벌금에 처하고 직접 책임을 지는 주관자와 기타 직접 책임자를 각 해당항의 규정에 따라 처벌한다."

(10) 컴퓨터 정보시스템 파괴죄(제286조)

본조에 규정된 죄는 1997년 형법전에 의하여 신설된 범죄인데 그 취지는 컴퓨터 정보시스템의 관리와 보호를 강화하고 컴퓨터 정보시스템의 기능의 정상발휘를 보장하며 컴퓨터 정보시스템의 안전한 운행을 수호하는 데 있다. 입법초고의 내용을 보면 본죄의 내용이 최초로 나타난 것은 1996년 10월 10일의 개정초안(의견청취고)이고 동고 제255조는 다음과 같이 규정하였다. "규정을 위반하여 컴퓨터 정보시스템의 기능에 대하여 삭제・개정・증가・교란을 하여 컴퓨터 정보시스템이 정상적으로 운행할 수 없도록 하여 결과가 심각한 경우, 5년 이하의 유기징역 또는 구역에 처하고 벌금을 병과하거나 단독으로 부과할 수 있다. 규정을 위반하여 컴퓨터 정보시스템중 저장・처리 또는 전송하는 데이터・응용프로그램을 삭제・개정・증가하여 결과가 심각한 경우, 전항의 규정에 따라 처벌한다. 고의로 파괴성 프로그램을 제작・전파하여 컴퓨터시스템의 정상적인 운행에 영향을 미쳐 결과가 심각한 경우, 제1항의 규정에 따라 처벌한다."

1996년 12월 중순의 개정초안 제261조는 상기 내용에 대하여 일부 세부적인 개정을 하였다. 1997년 3월 13일의 개정초안 제286조에 이르러 다시 본죄의 법정형을 보완하여 '결과가 특별히 심각한 경우, 5년 이상의 유기징역에 처한다'의 규정을 증설하였다. 이에 이르러 최종적으로 형성된 1997년「형법」제286조의 규정은 다음과 같다. "구가규정을 위반하여 컴퓨터 정보시스템의 기능에 대하여 삭제·개정·증가·교란을 하여 컴퓨터 정보시스템이 정상적으로 운행할 수 없도록 하여 결과가 심각한 경우, 5년 이하의 유기징역 또는 구역에 처한다. 결과가 특별히 심각한 경우, 5년 이상의 유기징역에 처한다. 국가규정을 위반하여 컴퓨터 정보시스템중 저장·처리 또는 전송하는 데이터·응용프로그램을 삭제·개정·증가하여 결과가 심각한 경우, 전항의 규정에 따라 처벌한다. 고의로 컴퓨터 바이러스 등 파괴성 프로그램을 제작·전파하여 컴퓨터시스템의 정상적인 운행에 영향을 미쳐 결과가 심각한 경우, 제1항의 규정에 따라 처벌한다."

「형법개정안 (9)」은 본죄에 제4항을 증설하였다. "단위가 전 3항의 죄를 범한 경우, 단위를 벌금에 처하고 직접 책임을 지는 주관자와 기타 직접 책임자를 제1항의 규정에 따라 처벌한다."

(11) 컴퓨터를 이용하여 실시한 관련 범죄(제287조)

본조의 규정은 1997년 형법전에 의하여 신설된 조항인데 그 취지는 관련 법규의 경계를 명확히 하고 사법실무에서 컴퓨터 관련 범죄를 처리할 때 의거를 제공하는 데 있다.

입법개정의 과정을 보면 동조의 내용은 최초로 1997년 2월 17일의 개정초안 (개정안)에서 나타났는데 동고 제284조는 다음과 같이 규정하였다. "컴퓨터를 이용하여 금융사기·절도·횡령·공금유용·국가비밀 절취 또는 기타 범죄를 실시하는 경우, 본 법의 관련 규정에 따라 죄명을 정하고 처벌한다."이 내용은 최종적으로 1997년「형법」제287조에 의하여 그대로 사용되었다.

(12) 무선통신 관리질서 교란죄(제288조)

본조에 규정된 죄는 1997년 형법전에 의하여 신설된 범죄로 그 취지는 무선주파수 자원에 대한 국가의 관리를 강화하고 국가의 무선통신질서를 수호하는 데 있다.

형법개정초고의 내용을 보면 1997년 2월 17일의 개정초안(개정안)에서 최초로 본죄를 규정하였는데 동고 제285조는 다음과 같이 규정하였다. "국가규정을 위반하여 무선전신국(소)를 무단설치·사용하거나 또는 주파수를 무단점용하여 사용정지를 명령받았음에도 불구하고 사용정지를 거부하여 무선통신의 정상운행을 교란하여 심각한 결과를 초래한 경우, 3년 이하의 유기징역·구역 또는 관제에 처하고 벌금을 병과하거나 단독으로 부과한다. 단위가 전항의 죄를 범한 경우, 단위를 벌금에 처하고 직접 책임을 지는 주관자와 기타 직접 책임자를 전항의 규정에 따라 처벌한다." 이 내용은 최종적으로 1997년「형법」제288조에 의하여 그대로 사용되었다.

「형법개정안 (9)」은 본조 제1항을 다음과 같이 개정하였다. "국가규정을 위반하여 무선전신국(소)를 무단설치·사용하거나 또는 무선주파수를 무단사용하여 무선통신의 정상운행을 교란하여 정상이 중한 경우, 3년 이하의 유기징역·구역 또는 관제에 처하고 벌금을 병과하거나 단독으로 부과한다. 정상이 특별히 중한 경우, 3년 이상 7년 이하의 유기징역에 처하고 벌금을 병과한다."

(13) 집단적으로 "폭행·파괴·약탈"하는 행위의 처리(제289조)

1979년 형법전은 "공민 인신권리侵犯公民人身權利·민주권리 침해죄民主權利罪"의 장의 제137조 제1항에 "집단적으로 '폭행·파괴·약탈'하는 행위을 엄금한다. '폭행·파괴 약탈'로 인하여 사람을 상해·불구·사망에 이르게 한 경우, 상해죄·살인죄로 논한다. 공사재물을 훼손·약탈한 경우, 반환과 배상을 판시하는 외에 수괴는 강도죄로 논한다"라고 규정하였고 제2항에 "전항의 죄를 범한 경우, 정치권리박탈을 단독으로 부과할 수 있다"라고 규정하였다.

형법개정검토과정에서 1996년 8월 8일과 8월 31일의 개정초고는 동조의 규정을 "사회관리질서 방해죄"의 장에 이동하였고 구체적 내용은 1979년 형법전의 상기 내용을 그대로 사용하였다. 1996년 10월 10일의 개정초안(의견청취고)은 본죄의 내용에 대하여 일부 개정을 하였는데 즉 제258조에 "집단적으로 '폭행·파괴·약탈'하는 경우, 수괴와 적극 참가자를 3년 이하의 유기징역·구역 또는 관제에 처한다."는 규정을 증설하였다. 이로부터 볼수 있듯이 이 규정에는 구성요건도 있고 법정형도 있기에 독자적인 범죄로 볼 수 있다. 즉 집단적으로 "폭행·파괴·약탈"하는 죄이다. 그 후의 일부 초고에서 입법기관은 집단적으로 "폭행·파괴·약탈"하는 규정을 한 동안 삭제하였는데 그 후 집단적으로 "폭행·파괴·약탈"하는 범죄행위가 현재 사회에서 일정 범위내에서 여전히 존재한다는 점을 고려하여 1997년 형법전에 "폭행·파괴·약탈"의 구체적 범죄행위에 대하여 기본적인 규정이 있는 상황에서 형법개정시 집단적으로 "폭행·파괴·약탈"하는 범죄조문을 규정하면 사법기관인원에게 주의를 제시하는 작용을 할 수 있기에 1997년 3월 1일의 개정초안에 이르러 입법기관은 다시 집단적으로 "폭행·파괴·약탈"하는 규정을 회복하였다. 하지만 1979년 형법전의 규정을 기초로 일부 개진도 하였다. (1) 제1항의 "집단적으로 '폭행·파괴·약탈'하는 행위을 엄금한다"라는 문자를 삭제하였는데 이는 형법 구성요건 기술용어의 규범화를 보장하기 위함이다. (2) 규정에서 원용하는 조문을 명확히 하였고 원용하는 조문에 따라 죄명을 정하고 처벌한다고 명확히 규정하였는데 이러한 용어는 기존 규정한 "…으로 논한다"보다 더 과학적이고 규범적이다. 1997년 3월 13일의 개정초안은 기존의 제2항 "정치권리박탈을 단독으로 부과할 수 있다"의 규정을 삭제하였다.

이상의 개정과 조정을 거쳐 최종적으로 형성된 1997년「형법」제289조의 규정은 다음과 같다. "집단적으로 '폭행·파괴·약탈'하는 행위로 사람을 상해·불구·사망에 이르게 한 경우, 본 법 제234조, 제232조의 규정에 따라 죄명을 정하고 처벌한다. 공사재물을 훼손·약탈한 경우, 반환과 배상을 판시하는 외에 수괴는 본 법 제263조에 따라 처벌한다."

(14) 집단적으로 사회질서를 교란하는죄·집단적으로 국가기관을 습격하는 죄(제290조)

1979년「형법」제158조는 다음과 같이 규정하였다. "그 누구도 어떠한 수단으로도 사회질서를 교란하여서는 안된다. 사회질서를 교란하여 정상이 중하여 사무·생산·영업과 수업·과학연구의 진행에 영향을 주어 국가와 사회에 중대한 손실을 초래한 경우, 수괴를 5년 이하의 유기징역·구역·관제 또는 정치권리박탈에 처한다."

　　1997년「형법」제290조 제1항에 규정된 것은 집단적으로 사회질서를 교란하는 죄인데 이는 1979년 형법전의 상기 규정을 기초로 개정하여 형성된 것이다. 1997년「형법」제290조 제2항이 규정한 것은 집단적으로 국가기관을 습격하는 죄인데 본죄는 1997년 형법전에 의하여 신설된 범죄이다. 본죄가 최초로 나타난 것은 1996년 10월 10일의 개정초안(의견청취고)이고 동고 제256조 제2항은 다음과 같이 규정하였다. "국가기관을 습격하여 국가기관의 업무에 영향을 끼쳐 중대한 손실을 초래한 경우, 수괴를 7년 이상의 유기징역에 처하고 기타 적극참가자는 7년 이하의 유기징역, 구역, 관제 또는 정치권리박탈에 처한다." 1997년 2월 17일의 형법개정초안(개정안) 제286조 제2항은 상기 내용에 대하여 미세한 조정을 하였는데 즉 "국가기관을 습격하여"의 앞에 "집단적으로"를 증가하였다. 1997년 3월 1일의 형법개정초안 제288조 제2항은 그전의 초고에 기초하여 본죄 법정형의 폭을 조정하여 수괴에 대한 처벌을 "5년 이상 10년 이하의 유기징역"으로 개정하였고 기타 적극참가자의 최고형을 "5년"으로 개정하였다. 이렇게 형성된 1997년「형법」제290조 제2항의 규정은 다음과 같다. "집단적으로 국가기관을 습격하여 국가기관의 업무에 영향을 끼쳐 중대한 손실을 초래한 경우, 수괴를 5년 이상 10년 이하의 유기징역에 처하고 기타 적극참가자는 5년 이하의 유기징역·구역·관제 또는 정치권리박탈에 처한다."

　　「형법개정안 (9)」은 본조 제1항을 다음과 같이 개정하였다. "집단적으로 사회질서를 교란하여 정상이 중하여 사무·생산·영업과 수업·과학연구·의료의 진행에 중대한 손실을 초래한 경우, 수괴를 3년 이상 7년 이하의 유기징역에 처하고 기타 적극참가자는 3년 이하의 유기징역·구역·관제 또는 정치권리박탈에 처한다." 두 항을 증설하여 제3항, 제4항으로 하였는데 그 내용은 각각 다음과 같다. "국가기관의 업무질서를 수차례 교란하여 행정처벌을 받은 후 여전히 시정하지 않아 심각한 결과를 초래한 경우, 3년 이하의 유기징역·구역 또는 관제에 처한다." "타인의 불법모임을 수차례 조직·경제원조하여 사회질서를 교란하여 정상이 중한 경우, 전항의 규정에 따라 처벌한다."

(15) 집단적으로 공중장소질서·교통질서를 교란한 죄(제291조)

1979년「형법」제159조는 본죄를 규정하였는데 그 내용은 다음과 같다. "집단적으로 역전·부두·민용공항·쇼핑몰·공원·영화관·전람회·운동장 또는 기타 공중장소질서를 교란하거나 집단적으로 교통정체를 야기하거나 또는 교통질서를 파괴하여 국가치안관리인원이 법에 따라 직무를 집행하는 것을 항거·저애하여 정상이 중한 경우, 수괴를 5년 이하의 유기징역·구역·관제 또는 정치권리박탈에 처한다."

1997년 형법전은 1979년 형법전의 상기 내용에 대하여 큰 개정을 하지 않았고 단지 법정형중의 정치권리박탈를 삭제하였지만 형법개정검토과정에서 입법기관은 이에 대하여 개정의 시도를 한 적도 있었다. 1996년 및 그 후의 형법개정 초고를 보면 본죄의 내용은 기본적으로 1979년 형법전의 규정을 그대로 사용하였고 1997년 3월 13일의 개정초안에 이르러 입법기관은 본죄 법정형중의 "정치권리박탈"를 삭제하여 최종적으로 1997년「형법」제291조의 규정을 형성하였다.

(16) 허위의 위험물질 방출죄, 허위의 테러정보 날조·고의전파죄

(제291조의 1)

본조의 죄는 2001년 12월 29일 전국인민대표대회 상무위원회에서 통과한「형법개정안 (3)」제8조에 의하여 1997년 형법전에 보충규정된 새 범죄이다.「형법개정안 (3)」은 이 두 범죄를 증설하였다. "허위의 폭발성·독해성·방사성·전염병 병원체를 방출하거나 또는 폭발위험·생물화학위험·방사위협 등 테러정보를 날조하거나 또는 날조한 테러정보임을 알면서 고의로 전파하여 사회질서를 심각히 교란한 경우, 5년 이하의 유기징역·구역 또는 관제에 처한다. 심각한 결과를 초래한 경우, 5년 이상의 유기징역에 처한다."

「형법개정안 (9)」은 본조에 한항을 증설하여 제2항으로 하였다. "허위의 위험발생 상황·재난발생 상황·전염병발생 상황 치안상황을 날조하여 정보인터넷 또는 기타 매체에서 전파하거나 상술한 허위의 정보임을 알면서 고의로 정보인터넷 또는 기타 매체에서 전파하여 사회질서를 심각히 교란한 경우, 3년 이하의 유기징역, 구역 또는 관제에 처한다. 심각한 결과를 초래한 경우, 3년 이상 7년 이하의 유기징역에 처한다."

(17) 집단적으로 패싸움을 한 죄(제292조)

본조에 규정된 죄는 1979년 「형법」 제160조가 규정한 건달죄에서 분리되어 나온 범죄이고 그 내용은 최초로 1996년 8월 8일의 형법각칙개정초안에 나타났는데 동고는 다음과 같이 규정하였다. "집단적으로 패싸움을 한 경우, 수괴와 기타 적극참가자를 3년 이하의 유기징역·구역 또는 관제에 처한다. 이하의 경우 중 하나가 있을 경우, 수괴와 기타 적극참가자를 3년 이상 10년 이하의 유기징역에 처한다. (1) 수차례 집단적으로 패싸움을 한 경우, (2) 집단적으로 패싸움을 하여 인수가 많고 규모가 크며 사회영향이 악질적인 경우, (3) 공중장소 또는 교통요로에서 집단적으로 패싸움을 하여 사회질서의 심각한 혼란을 초래한 경우, (4) 집단적으로 무기를 소지하여 패싸움을 한 경우. 전항의 죄를 범하여 사람을 중상, 사망에 이르게 하거나 또는 기타 심각한 결과를 초래한 경우, 수괴와 범행이 중대한 자는 10년 이상의 유기징역, 무기징역 또는 사형에 처한다." 1996년 8월 31일의 개정안은 본죄의 구성요건에서 동기를 한정하였다. 즉 "개인원한·제패의 동기에서'라는 규정을 증가하였고 기타 내용은 상기 초고와 같다.

집단적으로 패싸움을 한 죄에 대하여 사형을 규정하여야 하는지에 대하여 관련 좌담회에서 일부 전문가는 사형을 규정하지 말아야 하고 사람을 중상·사망에 이르게 한 경우 고의상해죄·고의살인죄로 처벌하여야 한다고 하였다.[1] 입법기관은 연구를 거쳐 이 건의를 채택하였다.

---

1 全國人大常委會法工委刑法室1996년9월6일정리, "法律專家對'刑法總則修改稿'和'刑法分則修改草稿'的意見",「新中國刑法立法文獻資料總覽(下)」, 北京, 中國人民公安大學出版社, 1998, p.2143.

수 차례의 개정과 조정을 거쳐 최종적으로 형성된 1997년「형법」제292조의 규정은 다음과 같다. "집단적으로 패싸움을 한 경우, 수괴와 기타 적극참가자를 3년 이하의 유기징역·구역 또는 관제에 처한다. 이하의 경우 중 하나가 있을 경우, 수괴와 기타 적극참가자를 3년 이상 10년 이하의 유기징역에 처한다. (1) 수차례 집단적으로 패싸움을 한 경우, (2) 집단적으로 패싸움을 하여 인수가 많고 규모가 크며 사회영향이 악질적인 경우, (3) 공중장소 또는 교통요로에서 집단적으로 패싸움을 하여 사회질서의 심각한 혼란을 초래한 경우, (4) 집단적으로 무기를 소지하여 패싸움을 한 경우. 전항의 죄를 범하여 사람을 중상·사망에 이르게 한 경우, 본 법 제234조·제232조의 규정에 따라 죄명을 정하고 처벌한다."

(18) 트집을 잡아 소란을 피우는 죄(제293조)

본조에 규정된 죄는 1979년「형법」제160조가 규정한 건달죄에서 분리되어 나온 범죄이고 그 내용은 최초로 1996년 8월 31일의 형법개정초안에 나타났는데 본죄의 내용에 대하여 동 초안은 1996년 7월 공안부의「건달죄의 분해에 관한 건의關於分解流氓罪的建議」에서 제공한 방안을 채택하였다. 즉 "이하의 트집을 잡아 소란을 피우는 행위 중 하나가 있어 사회질서를 파괴한 경우, 7년 이하의 유기징역·구역 또는 관제에 처하고 벌금을 병과할 수 있다. (1) 사람을 때리는 것으로 심심풀이하고 마음대로 사람을 구타하여 정상이 악질적인 경우, (2) 인신·차량·주택에 돌·오물을 수차례 던지는 경우, (3) 공사재물을 강제로 가져가거나 함부로 훼손하는 경우, (4) 행패를 부리고 공중장소를 차지하거나 공공시설을 더럽혀 정상이 중한 경우, (5) 타인 또는 차량을 뒤쫓거나 가로막아 정상이 악질적인 경우, (6) 공중장소에서 떠들어 대며 소란을 피워 공중장소질서의 심각한 혼란을 초래한 경우"[2] 1996년 10월 10일의 개정초안(의견청취고)에서 본죄 법정형의 규정은 앞의 초고와 비하여 변화가 없지만 구성요건은 삭제와 개정을 거쳐 기존 규정한

---

2 高銘暄·趙秉志,「新中國刑法立法文獻資料總覽(下)」, 北京, 中國人民公安大學出版社, 1998, p. 2682.

6호에서 4호로 변하였다. 즉 "(1) 마음대로 사람을 구타하여 정상이 악질적인 경우, (2) 타인을 뒤쫓거나 가로막거나 욕하여 정상이 악질적인 경우, (3) 공사재물을 강제로 가져가거나 함부로 훼손·점용하여 정상이 중한 경우, (4) 공중장소에서 떠들어 대며 소란을 피워 공중장소질서의 심각한 혼란을 초래한 경우" 이 네 가지 내용은 그 후의 1997년 형법전에 의하여 그대로 사용되었다.

신형법전 반포시행 후, 사회의 발전에 따라 사법실무 중 본죄 조문의 적용에 어느 정도의 곤혹이 생겼기에 「형법개정안 (8)」은 트집을 잡아 소란을 피우는 죄의 규정을 보완하였다. "이하의 트집을 잡아 소란을 피우는 행위 중 하나가 있어 사회질서를 파괴한 경우, 5년 이하의 유기징역·구역 또는 관제에 처한다. (1) 마음대로 사람을 구타하여 정상이 악질적인 경우, (2) 타인을 뒤쫓거나 가로막거나 욕하거나 공갈하여 정상이 악질적인 경우, (3) 공사재물을 강제로 가져가거나 함부로 훼손·점용하여 정상이 중한 경우, (4) 공중장소에서 떠들어 대며 소란을 피워 공중장소질서의 심각한 혼란을 초래한 경우. 타인을 규합하여 수차례 전항의 행위를 실시하여 사회질서를 심각히 파괴한 경우, 5년 이상 10년 이하의 유기징역에 처하고 벌금을 병과할 수 있다."

(19) 마피아성 조직을 조직·지도·참가하는 죄, 입국하여 마피아성 조직을 발전시키는 죄, 마피아성 조직을 비호하거나 방조한 죄(제294조)

본조 제1항에 규정된 것은 "마피아성 조직을 조직·지도·참가하는 죄"이다. 형법개정검토과정에서 일부 부문에서는 근년에 우리 나라의 조직범죄는 마피아적 범죄로 발전변화하는 추세가 선명하고 마피아성 성질을 띤 범죄가 날로 많아지고 있다고 지적하였는데 이는 조직범죄 수량의 증가와 범죄자 경험누적의 필연결과라고 할 수 있다. 현재 우리 나라 내지에는 이탈리아의 마피아, 우리 나라 홍콩지역의 삼합회와 같은 대규모의 마피아조직은 존재하지 않지만 일부 범죄조직은 이미 이러한 마피아조직들이 갖고 있는 전형적인 범죄수법의 특징을 완전히 구비하고 있다. 뿐만 아니라 개혁개방이래 우리 나라 내지에 대한 해외 마피아조직의 침투성범죄도 계속 늘어나고 있다. 이에 대하여 우리 나라의 형사정책도 마피아성질을 띤 범죄를 타격의 중점으로 한 적이 있었고 당과 국가지도자도 마피아세력을 참담게 연구하고 중점적으로 타격함과 동시에 선전기관을 통하여 이에 관한 형사정책을 선전할 것을 수차례 지시하였다. 그리하여 이러한 상황에서 마피아범죄는 이미 위해성이 뚜렷하고 당과 정부 그리고 국민들이 몹시 관심하는 범죄현상이 되었다. 그러므로 형법에서 이에 대하여 명확하고 겨냥성이 있는 규정을 둘 필요가 아주 크다.[3]

연구를 거쳐 입법기관은 상술한 건의를 채택하여 1996년 10월 10일의 개정초안(의견청취고)에서 처음으로 본죄를 규정하였는데 제261조는 다음과 같이 규정하였다. 즉 "위법범죄활동을 조직적으로 실시하여 폭력·협박 또는 기타 수단으로 한 지역을 제패하고 군중을 위압하는 경우, 수괴와 기타 범행이 중대한 자를 5년 이상의 유기징역에 처한다. 검토과정에서 일부 부문에서는 조직범죄에 관한 의견청취고 제261조의 규정은 마피아범죄를 포섭할 수 없기 때문에 마파이조직을 조직·지도·참가죄의 규정을 증설할 것을 제안하였다. 즉 '마피아조직을 조직, 지도하는 경우, 5년 이상 10년 이하의 유기징역에 처한다. 기타 적극참가자는 5년 이하의 유기징역에 처한다."

입법기관은 상술한 건의를 기본적으로 채택하였고 동시에 현재 우리 나라에서 나타난 것은 마피아성질을 띤 범죄단체이고 명확하고 전형적인 마피아조직범죄는 아직 나타나지 않았다는 점을 고려하여 1996년 12월 중순의 개정초안 제266조가 규정한 것은 "마피아성질의 조직을 조직·지도·참가죄"이고 마피아조직범죄가 아니다. 1997년 형법전 반포시행 후, "마피아성질의 조직범죄를 타격하고 악한 세력을 척결"하는 전국적인 전문투쟁이 순조롭게 진행되고 최고사법기관이 전문 투쟁에서 "마피아성질의 조직"의 판단에 있어서의 의견의 대립을 해소하기 위하여 2002년 4월 28일 전국인민대표대회 상무위원회는 『「중화인민공화국형법」제294조 제1항에 관한 해석』을 특별히 통과하여 "마피아성질의 조직"의 의

---

[3] 公安部修改刑法領導小組辦公室, "關於增設有組織犯罪和黑社會犯罪的設想(1996년7월)", 「新中國刑法立法文獻資料總覽(下)」, 北京, 中國人民公安大學出版社, 1998, pp. 2661~2662.

미에 대하여 설명을 하였다.

　1997년 형법전 반포시행 후, 마피아성질의 조직범죄의 처벌과 예방에 대한 사법실무의 수요에 적응하고 이 유형의 범죄를 정확히 판단하기 위하여「형법개정안 (8)」은 본조 규정에 대하여 비교적 큰 개정과 보충을 하였다. 이렇게 개정을 거친「형법」제294조의 규정은 다음과 같다. "마피아성질의 조직을 조직, 지도하는 경우, 7년 이상의 유기징역에 처하고 재산몰수를 병과한다. 적극참가자는 3년 이상 7년 이하의 유기징역에 처하고 벌금 또는 재산몰수를 병과하거나 단독으로 부과할 수 있다. 기타 참가자는 3년 이하의 유기징역・구역・관제 또는 정치권리 박탈에 처하고 벌금을 병과할 수 있다. 해외의 마피아조직 인원이 중화인민공화국 국내에 와서 조직구성원을 배양하는 경우, 3년 이상 10년 이하의 유기징역에 처한다. 국가기관공무원이 마피아성질의 조직을 비호하거나 마피아성질의 조직이 위법범죄활동을 하는 것을 방임하는 경우, 5년 이하의 유기징역에 처하고 정상이 중한 경우, 5년 이상의 유기징역에 처한다. 전 3항의 죄를 범하고 다시 기타 범죄행위가 있을 경우, 병합죄의 규정에 따라 처벌한다. 마피아성질의 조직은 이하의 특징을 동시에 구비하여야 한다. (1) 비교적 안정적인 조직을 형성하고 인수가 비교적 많고 명확한 조직자・지도자가 있고 핵심 구성원이 상대적으로 고정되어 있다. (2) 조직적인 위법범죄활동을 통하여 또는 기타 수단으로 경제이익을 획득하고 일정한 경제실력으로 조직의 활동을 유지한다. (3) 폭력・협박 또는 기타 수단으로 조직적으로 수차례 위법범죄활동을 하고 악한 짓을 하여 군중을 위압, 박해한다. (4) 위법범죄활동을 통하여 또는 국가공무원의 비호와 방임을 이용하여 한 지역을 제패하고 일정한 지역 또는 업계에서 불법적인 통제 또는 중대한 영향을 형성하여 경제, 사회생활질서를 심각히 파괴한다."

(20) 범죄방법 전수죄(제295조)

　본조 규정의 죄는 1983년 9월 2일 전국인민대표대회 상무위원회에서 통과한「사회치안을 심각히 해치는 범죄자의 엄벌에 관한 결정」제2조에 의하여 1979년 형법전에 보충규정된 범죄이다. 동 결정 제2조는 다음과 같이 규정하였다. "범죄

방법을 전수하여 정상이 경한 경우, 5년 이하의 유기징역에 처한다. 정상이 중한 경우, 5년 이상의 유기징역에 처한다. 정상이 특별히 중한 경우, 무기징역 또는 사형에 처한다."

형법개정검토과정에서 본죄를 신형법전에 도입해야 하는지에 대하여 부정적인 태도가 비교적 일치한 의견이였다. 1996년 12월 중순의 개정초안은 본죄의 구성요건에 대하여 10월 10일 의견청취고의 개정내용을 남겼지만 본죄 법정형에 대한 동 의견청취고의 규정을 포기하였고「사회치안을 심각히 침해하는 범죄자의 엄벌에 관한 결정關於嚴懲嚴重危害社會治安的犯罪分子的決定」의 내용을 기본적으로 회복하였는데 그 구체적 내용은 다음과 같다. "범죄방법을 전수하는 경우, 5년 이하의 유기징역 또는 구역에 처한다. 정상이 중한 경우, 5년 이상의 유기징역에 처한다. 정상이 특별히 중한 경우, 무기징역 또는 사형에 처한다." 1997년 3월 1일의 개정초안 제293조는 이 내용의 기초위에 본죄의 제2등차 법정형에 관제형을 증설하여 최종적으로「형법」제295조의 규정을 형성하였다.

1997년 형법전 반포시행 후의 사법실무를 보면 본죄의 사형의 규정은 기본적으로 적용한 적이 없었기에 이번에 입법상 사형을 엄격히 제한하고 삭제하는 수요에 적응하기 위하여 우리 나라 입법기관은「형법개정안(8)」을 통과하여 본죄의 사형규정을 삭제하였고 그 법정형을 다시 조정하였다. 이번 개정을 거친 조문 규정은 다음과 같다. "범죄방법을 전수하는 경우, 5년 이하의 유기징역·구역 또는 관제에 처한다. 정상이 중한 경우, 5년 이상 10년 이하의 유기징역에 처한다. 정상이 특별히 중한 경우, 10년 이상의 유기징역 또는 무기징역에 처한다."

(21) 불법집회·시위행진죄(제296조)

본조의 죄는 1997년 형법전에 의하여 신설된 범죄이다. 1989년 10월 31일에 통과한「중화인민공화국 집회시위법中華人民共和國集會遊行示威法」(이하「집회시위법」으로 약칭함) 제29조 제3항은 "본 법의 규정에 따라 신청하지 않거나 신청하였지만 허가를 받지 못한 경우, 또는 주관기관이 허가한 개시시간과 종료시간·지점·노선에 따라 진행하지 않고 퇴산명령에 복종하지 않아 사회질서를 심각히 파괴한 경우, 집회·시위행진의 책임자와 직접 책임자를 형법 제158조의 규정에 따라 형사책임을 추궁한다"라고 규정하였다. 형법개정검토과정에서「집회시위법集會遊行示威法」의 상기 규정은 최초로 1996년 8월 8일의 형법각칙개정초고에 도입되었는데 동고는 다음과 같이 규정하였다. "집회·시위행진을 거행하여 법률규정에 따라 신청하지 않았거나 허가를 받지 못했거나 또는 주관기관이 허가한 개시시간과 종료시간·지점·노선에 따라 진행하지 않고 퇴산명령에 복종하지 않아 사회질서를 심각히 파괴한 경우·집회·시위행진의 책임자와 직접 책임자를 5년 이하의 유기징역, 구역 관제 또는 정치권리박탈에 처한다." 1996년 8월 31일의 개정초고는 상기 내용에 대하여 한 곳의 미세한 조정을 하였는데 즉 그전 초고중의 "법률규정에 따라 신청하지 않았거나 허가를 받지 못했거나"를 "법률규정에 따라 신청하지 않았거나 신청이 허가를 받지 못했거나"로 개정하여 1997년「형법」제296조의 규정을 형성하였다.

불법결사를 범죄로 규정할 것인지에 대하여 형법개정검토과정에서 일부 학자는 본죄를 규정할 것을 제안하였다. 하지만 많은 학자들은 공민의 권리를 보장하는 차원에서 본죄을 규정하지 않은 것이 마땅하다고 하였다. 그리고 불법결사의 상황이 비교적 복잡하기에 단지 등기관리를 위반한 경우, 행정처벌을 하면 족하고 불법결사후, 위법범죄활동에 종사하면 법에 따라 처리할 수 있고 인민민주전제정권과 사회주의제도의 전복과 국가분열, 통일의 파괴를 도모하는 집단의 범죄를 조직, 지도하는 경우는 이미 "국가안전침해죄"의 장에 규정을 두고 있다고 하였다.[4] 입법기관은 연구를 거쳐 다수설의 견해을 채택하여 형법개정초고에 종시 불법결사죄를 규정하지 않았다.

4　全國人大常委會法工委刑法室1996년9월6일정리, "法律專家對'刑法總則修改稿'和'刑法分則修改草稿'的意見",「新中國刑法立法文獻資料總覽(下)」, 北京, 中國人民公安大學出版社, 1998, pp. 2143~2144.

(22) 무기·관제하는 칼·폭발물을 불법휴대하여 집회·시위에 참가하는 죄
(제297조)

본조의 죄는 1997년 형법전에 의하여 신설된 범죄이다. 1989년 10월 31일의 「집회시위법」 제29조 제1항은 "집회·시위행진을 거행하여 범죄행위가 있을 경우, 형법의 관련 규정에 따라 형사책임을 추궁한다"라고 규정하였고 제2항은 "무기·관제하는 칼 또는 폭발물을 휴대하는 경우, 형법 제163조의 규정을 참조하여 형사책임을 추궁한다"라고 규정하였다. 형법개정검토과정에서 「집회시위법」 관련 규정의 취지는 1996년 8월 8일의 각칙개정초고에 의하여 계승되어 동고는 다음과 같이 규정하였다. "무기·관제하는 칼 또는 폭발물을 휴대하여 집회·시위행진에 참가하는 경우, 3년 이하의 유기징역 또는 구역에 처한다." 동고의 내용에 대하여 그 후 검토한 초고는 선후하여 일련의 개정과 조정을 하여 최종적으로 1997년 「형법」 제297조의 규정을 형성하였다. "법률규정을 위반하여 무기·관제하는 칼 또는 폭발물을 휴대하여 집회·시위행진에 참가하는 경우, 3년 이하의 유기징역·구역·관제 또는 정치권리박탈에 처한다."

(23) 집회·시위행진 파괴죄(제298조)

본조의 죄는 1997년 형법전에 의하여 신설된 범죄이다. 「집회시위법」 제30조는 "교란·습격 또는 기타 방법으로 법에 의하여 거행되는 집회·시위행진을 파괴하는 경우, 공안기관은 경고 또는 15일이하의 구류를 처할 수 있다. 정상이 중하여 범죄를 구성하는 경우, 형법의 관련 규정에 따라 형사책임을 추궁한다"라고 규정하였다. 「집회시위법」의 관련 규정과 확실하게 조화를 이루고 형법의 최후수단성을 충분히 발휘하기 위하여 1996년 8월 8일의 형법각칙개정초고는 다음과 같이 규정하였다. "교란·습격 또는 기타 방법으로 법에 의하여 거행되는 집회·시위행진을 파괴하여 정상이 중하고 공공질서의 혼란을 초래한 경우, 5년 이하의 유기징역·구역·관제 또는 정치권리박탈에 처한다." 실무에서 "정상이 중하고"와 "공공질서의 혼란을 초래한 경우"사이의 관계에 대하여 이해상의 대립이 생길 수 있다는 점을 고려하여 입법기관은 1996년 10월 10일의 개정초안(의견청취

ㄱ) 제265조에서 본죄중의 "정상이 중하고"라는 기술을 삭제하여 1997년「형법」제298조의 규정을 형성하였다. "교란·습격 또는 기타 방법으로 법에 의하여 거행되는 집회·시위행진을 파괴하여 공공질서의 혼란을 초래한 경우, 5년 이하의 유기징역·구역·관제 또는 정치권리박탈에 처한다."

(24) 국기·국장國徽 모욕죄(제299조)

본조에 규정된 죄는 1990년 6월 28일 전국인민대표대회 상무위원회에서 통과한「중화인민공화국 국기·국장 모욕죄의 처벌에 관한 결정中國人民共和國國旗國徽的決定」의 규정을 개정하여 형성된 것인데 동 결정은 다음과 같이 규정하였다. "공중장소에서 불태우거나 훼손하거나 마구 그리거나 더럽히거나 짓밟는 등 방식으로 중화인민공화국 국기·국장을 모욕하는 경우, 3년 이하의 유기징역·구역·관제 또는 정치권리박탈에 처한다."

국가國歌를 모욕하는 범죄행위를 처벌하고 국가를 연주하고 부르고 사용하는 엄숙성과 국가國家존엄을 확실히 수호하기 위하여 2017년 11월 4일 제12기 전국인민대표대회 상무위원회 제30차 회의에서 통과한「형법개정안 (10)」은 본조에 대하여 개정을 하였는데 한 항을 증가하여 제2항으로 하였다. "공중장소에서 중화인민공화국 국가의 가사·곡보를 고의로 개찬하여 왜곡·훼손하는 방식으로 국가를 연주하고 부르거나 또는 기타 방식으로 국가를 모욕하여 정상이 중한 경우, 전항의 규정에 따라 처벌한다."

(25) 종교조직·사교조직을 조직·이용하거나 미신을 이용하여 법률실시를 파괴하는 죄, 종교조직·사교조직을 조직·이용하거나 미신을 이용하여 사람을 치사한 죄(제300조)

1979년「형법」제99조는 다음과 같이 규정하였다. "봉건미신·종교조직을 조직·이용하여 반혁명활동을 한 경우, 5년 이하의 유기징역·구역·관제 또는 정치권리박탈에 처한다." 1983년 9월 2일 전국인민대표대회 상무위원회가 통과한「사회치안을 심각히 해치는 범죄자의 엄중처벌에 관한 결정」은 이에 대하여 보충결정을 하였다. "반동적인 종교조직을 조직하거나 봉건미신을 이용하여 반혁명활동을 하여 사회치안을 심각히 해한 경우, 「형법」제99조에 규정된 최고형 이상에서 처형할 수 있고 사형선고에까지 이를 수 있다." 이 규정을 1997년 형법 전에 도입하는 과정에서 입법기관은 본죄 법익의 성질을 개변하였을 뿐만 아니라 범죄의 객관면과 법정형에 대하여서도 비교적 큰 상응한 조정을 하였다.

1997년 「형법」제300조 제1항이 규정한 것은 "종교조직·사교조직을 조직·이용하거나 미신을 이용하여 법률실시를 파괴하는 죄"이고 제2항이 규정한 것은 "종교조직·사교조직을 조직·이용하거나 미신을 이용하여 사람을 치사한 죄"이며 제3항은 강간죄·사기죄를 원용하여 죄명을 정하고 처벌하는 규정이다.

이 내용에 대하여 그 후의 검토과정에서 입법기관은 선후하여 두 번의 개정을 하였다. (1) 1997년 2월 17일의 개정초안에서 입법기관은 기존 규정한 "사교단체"를 "사교조직"으로 개정하였고, (2) 1997년 3월 1일의 개정초안에서 입법기관은 종교조직·사교조직 등을 이용하여 부녀를 간음하거나 재물을 사기하는 규정을 증설하였다. 이렇게 형성된 1997년 「형법」제300조 제3항의 규정은 다음과 같다. "종교조직·사교조직을 조직·이용하거나 미신을 이용하여 부녀를 간음하거나 재물을 사기하는 경우, 각각 본 법 제236조·제266조의 규정에 따라 죄명을 정하고 처벌한다."

「형법개정안 (9)」은 본조를 다음과 같이 개정하였다. "종교조직·사교조직을 조직, 이용하거나 미신을 이용하여 국가법률·행정법규의 실시를 파괴하는 경우, 3년 이상 7년 이하의 유기징역에 처하고 벌금을 병과한다. 정상이 특별히 중한 경우, 7년 이상의 유기징역 또는 무기징역에 처하고 벌금 또는 재산몰수를 병과한다. 정상이 경한 경우, 3년 이하의 유기징역·구역·관제 또는 정치권리박탈에 처한다. 종교조직·사교조직을 조직·이용하거나 미신을 이용하여 사람을 기만하여 중상·사망에 이르게 한 경우, 전항의 규정에 따라 처벌한다. 제1항의 죄를 범하고 다시 부녀를 간음하거나 재물을 사기하는 범죄행위가 있을 경우, 병합죄의 규정에 따라 처벌한다."

(26) 집단적으로 음란행위를 하는 죄, 미성년자를 유인하여 집단적으로 음란행위를 하는 죄(제301조)

본조의 죄는 1979년「형법」제160조가 규정한 건달죄에서 분리되어 나온 후 개정되어 형성된 것이다.

1997년「형법」제301조 제1항이 규정한 것은 "집단적으로 음란행위를 하는 죄聚衆淫亂罪"이고 본죄가 독자적인 범죄로서의 내용이 처음 나타난 것은 1996년 8월 8일의 각칙개정초고이다. 즉 "집단적으로 음란행위를 하는 경우, 수괴와 수차례 훈계하여도 고치지 않은 자를 7년 이하의 유기징역 또는 구역에 처한다." 1996년 8월 31일의 형법개정초안은 이 내용에 대하여 두 곳의 개정을 하였다. (1) 기존 규정한 "몇 번 훈계하여도 고치지 않은 자"를 "수차례 참가한 자"로 개정하였다. (2) 본죄의 법정형을 기존 규정한 "7년 이하의 유기징역 또는 구역"에서 "5년 이하의 유기징역 또는 구역"으로 개정하였다. 1996년 10월 10일의 개정초안(의견청취고)에 이르러 입법기관은 본죄의 구성요건을 다시 조정하였는데 기존의 "집단적으로 음란행위를 하는"을 "집단적으로 음란활동을 하는"으로 개정하였다. "집단적으로 음란활동을 하는 경우, 수괴와 수차례 참가한 자를 5년 이하의 유기징역 또는 구역에 처한다." 이 규정은 그 후의 여러 초고에 의하여 사용되었고 1997년 3월 1일의 개정초안에 이르러 입법기관은 본죄의 법정형에 다시 관제형을 증설하였다. 이렇게 최종적으로 형성된 1997년「형법」제301조 제1항의 규정은 다음과 같다. "집단적으로 음란활동을 하는 경우, 수괴와 수차례 참가한 자를 5년 이하의 유기징역·구역 또는 관제에 처한다."

1997년「형법」제301조 제2항이 규정한 것은 "미성년자를 유인하여 집단적으로 음란행위를 하는 죄"이고 본죄가 처음 나타난 것은 1996년 10월 10일의 개정초안(의견청취고) 제269조 제2항인데 즉 "미성년자를 유인하여 집단적으로 행하는 음란활동에 참가하게 하는 경우, 전항 규정에 따라 중하게 처벌한다." 이 규정은 "의"라는 하나의 글자를 증가한 후 최종적으로 1997년「형법」제301조 제2항에 도입되었다. 즉 "미성년자를 유인하여 집단적으로 행하는 음란활동에 참가하게 하는 경우, 전항의 규정에 따라 중하게 처벌한다."

(27) 시체 절도·모욕죄(제302조)

본죄는 1997년 형법전에 의하여 신설된 범죄이다. 형법개정검토과정에서 일부 부문에서는 실무에서 무덤을 도굴하는 사건이 자주 발생하고 어떤 것은 영향이 아주 나쁘고 위해성이 크다고 지적하였다. 특히 무덤을 발굴하는 과정에서 또는 기타 장소에서 시체를 모욕, 파괴하는 현상은 사자 친족의 감정을 심각히 상해할 뿐만 아니라 그 지역 사회질서의 혼란을 조성하고 있는데 형법이 본죄를 단독으로 규정하고 있지 않아 형사책임을 추궁할 수 없기에 개정 형법이 이런 행위를 범죄로 규정할 것을 제안하였다.[5] 입법기관은 이 건의를 채택하여 1996년 10월 10일의 개정초안(의견청취고)에서 이에 대하여 규정하였다. 즉 제270조는 다음과 같이 규정하였다. "시체를 절도·모욕하는 경우, 3년 이하의 유기징역 또는 구역에 처한다." 1996년 12월 중순의 개정초안 제275조는 이 내용 중의 형벌에 관제형을 보충규정하여 최종적으로 1997년 「형법」 제302조의 규정을 형성하였다. "시체를 절도·모욕하는 경우, 3년 이하의 유기징역·구역 또는 관제에 처한다."

「형법개정안 (9)」은 본조를 다음과 같이 규정하였다. "시체·유골·뼛가루를 절도·모욕·고의로 훼손한 경우, 3년 이하의 유기징역·구역 또는 관제에 처한다."

(28) 도박죄·도박장 개설죄(제303조)

본조의 죄는 1979년 「형법」 제168조의 규정을 기초로 「형법개정안 (6)」의 개정을 거쳐 형성된 것이다. 1979년 「형법」 제168조는 다음과 같이 규정하였다. "영리의 목적으로 집단적으로 도박하거나 도박을 업으로 하는 경우, 3년 이하의 유기징역·구역 또는 관제에 처하고 벌금을 병과할 수 있다."

형법개정검토과정에서 도박죄에 관한 1988년 9월 개정안의 내용은 1979년 형법전과 비하여 비교적 큰 변화가 있었다. 기존 규정 중 "영리의 목적으로"라는

---

5 最高人民檢察院刑法修改小組, "修改刑法研究報告(1989年10月12日)", 「新中國刑法立法文獻資料總覽(下)」, 北京, 中國人民公安大學出版社, 1998, pp. 2509~2510.

주관요건을 삭제하였을 뿐만 아니라 도박에 조건을 제공하는 행위도 범죄화하였고 동시에 가중정상의 법정형을 증가하였다. 1996년 이후, 입법기관은 본죄에 대한 1988년의 3개 초고의 기초내용을 기본적으로 포기하였고 여전히 1979년 형법전의 내용을 기초로 개정하였다. 1996년 8월 8일의 각칙개정초고는 두 항으로 본죄에 대하여 규정을 하였고 1996년 12월 중순의 개정초안에서 입법기관은 본죄의 구성요건에 "도박장을 개설하는" 규정을 증설하였다. 입법용어를 더 명확히 규정하려는 수요에서 1997년 3월 1일의 개정초안에서 입법기관은 기존 규정한 "벌금을 병과할 수 있다"를 "벌금을 병과한다"로 개정하였는데 동고의 이 내용은 최종적으로 1997년「형법」제303조의 규정이 되었다. "영리의 목적으로 집단적으로 도박하거나 도박장을 개설하거나 또는 도박을 업으로 하는 경우, 3년 이하의 유기징역·구역 또는 관제에 처하고 벌금을 병과한다."

1997년 형법전 반포시행 후, 도박범죄의 사회위해성이 날로 심각해 지고 특히 도박장을 개설하는 범죄행위가 날로 창궐해져 2006년 6월 29일 전국인민대표대회 상무위원회가 통과한「형법개정안 (6)」은 "도박장을 개설하는" 행위를 별도로 도박죄에서 분리하여 독자적인 범죄로 규정하였고 도박장 개설행위의 처벌을 강화하였다.

이상으로 개정을 거친「형법」제303조의 규정은 다음과 같다. "영리의 목적으로 집단적으로 도박하거나 또는 도박을 업으로 하는 경우, 3년 이하의 유기징역·구역 또는 관제에 처하고 벌금을 병과한다. 도박장을 개설하는 경우, 3년 이하의 유기징역·구역 또는 관제에 처하고 벌금을 병과한다. 정상이 중한 경우, 3년 이상 10년 이하의 유기징역에 처하고 벌금을 병과한다."

(29) 우편물 고의 연체배달죄(제304조)

본죄는 1997년 형법전에 의하여 신설된 범죄이고 그 내용은 최초로 1997년 2월 17일의 형법개정초안(개정안)에 나타났는데 동고 제301조는 다음과 같이 규정하였다. "우편기관인원의 무책임으로 인하여 고의로 우편물 배달을 연체하여 공공재산·국가와 인민의 이익에 중대한 손실을 초래한 경우, 3년 이하의 유기징역

· 구역 또는 관제에 처한다." 1997년 3월 1일의 형법개정초안 제302조는 본죄의 법정형에 대하여 삭감을 하여 기존 규정 중의 관제를 삭제하였다. 1997년 3월 13일의 형법개정초안은 본죄의 형벌을 다시 개정하여 본죄의 최고형을 2년으로 개정하여 1997년 「형법」 제304조의 규정을 형성하였다. "우편기관인원의 무책임으로 고의로 우편물 배달을 연체하여 공공재산·국가와 인민의 이익에 중대한 손실을 초래한 경우, 2년 이하의 유기징역 또는 구역에 처한다."

2. 사법방해죄

(1) 위증죄(제305조)

본조에 규정된 죄는 1979년 「형법」 제148조가 규정한 위증죄를 기초로 개정되어 형성된 것이다. 1979년 「형법」 제148조는 다음과 같이 규정하였다. "수사·심판에서 증인·감정인·기록인·통역인이 사건과 중요한 관련이 있는 정상에 대하여 고의로 허위의 증명·감정·기록·통역을 하여 타인을 모함하거나 범죄증거를 은닉하려고 의도한 경우, 2년 이하의 유기징역 또는 구역에 처한다. 정상이 중한 경우, 2년 이상 7년 이하의 유기징역에 처한다."

형법개정검토과정에서 일부 학자와 부문에서는 본죄를 실시하는 시간조건이 완정하지 않아 완전한 형사소송과정을 완정하게 반영하지 못하고 있기에 본죄를 실시하는 시간조건을 개정할 것을 제안하였다. 입법기관은 이 건의를 채택하여 1988년의 3개 개정안에서 기존의 "수사·심판에서"의 규정을 "수사·공소제기·심판에서"로 개정하였고 기타 내용은 1979년 형법전과 일치하였다. 하지만 1996년 8월 8일의 형법각칙개정초고에서 입법기관은 본죄에 대하여 다시 1979년 형법전의 내용을 완전히 회복하였다. 위증죄 조문검토에 관하여 의견을 청취하는 과정에서 일부 학자는 위증죄를 형사소송에 한정하는 것은 분명히 타당하지 않고 민사, 행정소송에서 위증을 하는 행위도 형사책임을 추궁하여야 한다고 하였다. 입법기관은 한때에 이 건의를 채택한 적이 있었지만 1997년 1월 10일의 형법개정초안 제288조 제2항에서 "민사, 행정소송에서 증인·감정인·기록인·통역인이 사건과 중요한 관련이 있는 정상에 대하여 고의로 증거를 은닉하거나 허위의 증명·감정·기록·통역을 하여 정상이 중한 경우, 3년 이하의 유기징역 또는 구역에 처한다. 정상이 중한 경우, 2년 이상 7년 이하의 유기징역에 처한다"라고 보충규정하였다. 그러나 1997년 2월 17일의 형법개정초안(개정안)에 이르러 이러한 행위는 증명방해죄 및 증거인멸·위조 방조죄의 입법규정에 의하여 포섭될 수 있다는 점을 고려하여 입법기관은 최종적으로 이 내용을 삭제하였다.

(2) 변호인·소송대리인 증거인멸·증거위조·증명방해죄(제306조)

본조에 규정된 죄는 1997년 형법전에 의하여 신설된 범죄이고 그 내용이 최초로 나타난 것은 1996년 8월 31일의 형법개정초고인데 동고 제6장 제2절 제3조는 다음과 같이 규정하였다. "변호인이 사건을 담당하는 과정에서 범죄혐의자·피고인이 증거를 은닉·은멸·위조하거나 공모하여 허위진술을 하거나 증인이 증언을 개변하거나 위증을 하도록 위협, 유인하거나 사법기관의 소송활동을 방해하는 기타 행위를 하는 것을 방조하는 경우, 5년 이하의 유기징역에 처한다." 1996년 10월 10일의 개정초안(의견청취고)은 본죄의 구성요건을 개정하여 "형사소송에서 변호인이 고의로 허위의 증거를 제출하거나 증거를 은닉·인멸하는"라는 내용을 증가하였고 구성요건 중의 "범죄혐의자·피고인"을 "당사자"로 개정하였으며 "사법기관의 소송활동을 방해하는 기타 행위를 하는 것"을 삭제하였다. 동시에 본죄의 형벌도 개정하였는데 "기본범에 대하여 3년 이하의 유기징역 또는 구역에 처하고 정상이 중한 경우, 3년 이상 10년 이하의 유기징역에 처한다." 1996년 12월 중순의 개정초안은 제278조는 의견청취고의 내용에 대하여 세 곳의 조정을 하였다.

최종적으로 형성된 1997년「형법」제306조의 규정은 다음과 같다. "형사소송에서 변호인·소송대리인이 증거를 인멸·위조하거나 또는 당사자가 증거를 인멸·위조하거나 증인이 사실을 위반하여 증언을 개변하거나 위증을 하는 것을 방조하는 경우, 3년 이하의 유기징역 또는 구역에 처한다. 정상이 중한 경우, 3년 이상 7년 이하의 유기징역에 처한다. 변호인·소송대리인이 제출·개시·인용한 증인의 증언·또는 기타 증거가 사실과 부합하지 않지만 일부러 위조한 것이 아닌 경우, 증거위조에 속하지 않는다."

(3) 증명방해죄, 증거 인멸·위조 방조죄(제307조)

본조에 규정된 죄는 1997년 형법전에 의하여 신설된 두 가지 범죄이다. 1997년「형법」제307조 제1항이 규정한 것은 증명방해죄인데 본죄의 내용이 최초로 나타난 것은 1996년 8월 8일의 형법각칙개정초고이고 1997년 2월 17일의 형법개정초안(개정안)에서 입법기관은 본죄 구성요건의 기술에 대하여 개정을 하여 기존의 "타인이 위증을 하도록 지시·뇌물로 매수·협박하는" 규정을 "타인이 위증을 하도록 지시하는"으로 개정하여 기존 규정 중의 "뇌물로 매수"와 "협박"을 삭제하였다. 1997년 3월 1일의 형법개정초안에 이르러 입법기관은 형법각칙에서의 관제형의 분포에 대한 종합적인 고려에 입각하여 제305조에서 그전 초고가 본죄에 규정한 관제형을 삭제하여「형법」제307조 제1항의 규정을 형성하였다. "폭력·협박·뇌물로 매수하는 등 방법으로 증인이 증언하는 것을 저지하거나 타인이 위증을 하도록 지시하는 경우, 3년 이하의 유기징역 또는 구역에 처한다. 정상이 중한 경우, 3년 이상 7년 이하의 유기징역에 처한다."

1997년「형법」제307조 제2항이 규정한 것은 증거 인멸, 위조 방조죄인데 본죄의 내용이 최초로 나타난 것은 1996년 8월 8일의 형법각칙개정초고이고 동고 제6장 제2절 제3조 제2항은 "범죄혐의자가 중요한 증거를 위조·은닉 또는 은멸하도록 교사·방조하여 사건의 수사·심리를 방해하여 정상이 중한 경우, 3년 이하의 유기징역 또는 구역에 처한다"라고 규정하였다. 1996년 8월 31일의 개정초고에서 입법기관은 상기 내용 중의 "수사·심리를 방해하여"라는 기술을 삭제하였고 기타 내용은 상기 내용과 같다. 그 후의 검토과정에서 입법기관은 8월 31일고의 내용을 둘러싸고 일련의 개정을 하여 최종적으로「형법」제307조 제2항의 규정을 형성하였다. "당사자가 증거를 인멸·위조하는 것을 방조하여 정상이 중한 경우, 3년 이하의 유기징역 또는 구역에 처한다."

1997년「형법」제307조 제3항은 사법기관인원이 본죄를 범할 경우, 중하게 처벌하는 규정인데 이 내용이 최초로 나타난 것은 1996년 12월 중순의 개정초안이고 동 초안 제279조 제3항은 "사법인원이 전 2항의 죄를 범한 경우, 중하게 처벌한다"라고 규정하였다. 형법용어 규범화의 고려에서 입법기관은 1997년 2월 17일의 형법개정초안(개정안)에서 동항의 "사법인원"을 "사법기관인원"으로 개정하여 1997년「형법」제307조 제3항의 규정을 형성하였다.

(4) 증인 타격보복죄(제308조)

우리 나라 1979년 형법전은 증인 타격보복죄를 단독으로 규정하지 않았지만 일부 단행형법에서 증인을 타격보복하는 범죄행위에 대하여 언급하였다.

개정형법 기초검토과정에서 상기 규정의 취지는 일부 형법개정안에 흡수되었다. 예컨대 1988년 11월 16일의 형법개정초고 제198조는 "집법인원·고소인·고발인 또는 증인에 대하여 타격보복을 하는 경우, 2년 이하의 유기징역에 처한다. 정상이 중한 경우, 2년 이상 7년 이하의 유기징역에 처하고 벌금을 병과한다"라고 규정하였다. 1996년 12월 중순의 개정초안 제280조는 증인을 타격보복하는 행위에 대하여 단독적인 규정을 두었다. 즉 "증인에 대하여 타격보복을 하는 경우, 3년 이하의 유기징역에 처한다. 정상이 중한 경우, 3년 이상 7년 이하의 유기징역에 처한다." 1997년 3월 1일의 형법개정초안 제306조는 본죄 기본범 법정형중의 관제형을 삭제하여 1997년「형법」제308조의 규정을 형성하였다.

(5) 법정질서 교란죄(제309조)

본조에 규정된 죄는 1997년 형법전에 의하여 신설된 범죄이고 그 내용이 최초로 나타난 것은 1996년 8월 8일의 형법각칙개정초고인데 동 초고는 "집단적으로 법정에서 떠들어대고 법정을 습격하며 사법기관인원 또는 소송참가자를 모욕·비방·모함·구타하여 법정질서를 심각히 교란하는 경우, 3년 이하의 유기징역, 구역 또는 벌금에 처한다"라고 규정하였다. 동고의 이 내용에 대하여 그 후의 검토과정에서 다시 조정을 하여 최종적으로 1997년「형법」제309조의 규정을 형성하였다. "집단적으로 법정에서 떠들어대고 법정을 습격하며 사법기관인원을 구타하여 법정질서를 심각히 교란하는 경우, 3년 이하의 유기징역·구역·관제 또는 벌금에 처한다."

「형법개정안 (9)」은 본조를 다음과 같이 개정하였다. "법정질서를 교란하는 이하의 경우 중 하나가 있을 경우, 3년 이하의 유기징역·구역·관제 또는 벌금에 처한다. (1) 집단적으로 법정에서 떠들어대고 법정을 습격하는 경우, (2) 사법기관인원 또는 소송참가자를 구타하는 경우, (3) 사법기관인원 또는 소송참가자를 모욕·비방·위협하여 법정의 제지에 따르지 않아 법정질서를 심각히 교란하는 경우, (4) 법정시설을 훼손하고 소송문서·증거를 강탈·훼손하는 등 법정질서를 교란하는 행위가 있어 정상이 중한 경우"

(6) 은닉·비호죄(제310조)

본조는 1979년「형법」제162조의 규정을 기초로 개정을 거쳐 형성된 것이다. 1979년「형법」제162조는 다음과 같이 규정하였다. "반혁명분자를 은닉하거나 가짜 증명으로 비호하는 경우, 3년 이하의 유기징역·구역 또는 관제에 처한다. 정상이 중한 경우, 3년 이상 10년 이하의 유기징역에 처한다. 기타 범죄자를 은닉하거나 가짜 증명으로 비호하는 경우, 2년 이하의 유기징역·구역 또는 관제에 처한다. 정상이 중한 경우, 2년 이상 7년 이하의 유기징역에 처한다. 전 2항의 죄를 범하여 사전에 공모한 경우, 공범으로 논한다."

관련 전문가좌담회에서 일부 전문가는 국가안전침해죄의 범죄자를 은닉·비호하는 행위에 대하여 단독으로 한 항을 규정하지 말고 은닉죄·비호죄의 법정형이 경하다면 최저형을 모두 3년 이하로 규정하면 된다고 하였다.[6] 입법기관은 연구를 거쳐 1996년 10월 10일의 개정초안(의견청취고)에서 이 건의를 채택하여 은닉·비호하는 죄의 성질에 따라 따로 규정하는 입법모델을 취소하였는데 그 구체적

6　全國人大常委會法工委刑法室1996년9월6일정리, "法律專家對'刑法總則修改稿'和'刑法分則修改草稿的意見",「新中國刑法立法文獻資料總覽(下)」, 北京, 中國人民公安大學出版社, 1998, p.2145.

내용은 다음과 같다. "범죄자임을 알면서 그에게 은닉장소·재물을 제공하여 그가 도주·은닉하는 것을 방조하거나 가짜 증명으로 비호하는 경우, 3년 이하의 유기징역·구역 또는 관제에 처한다. 정상이 중한 경우, 3년 이상 10년 이하의 유기징역에 처한다. 전항의 죄를 범하여 사전에 공모한 경우, 공범으로 논한다." 이 내용은 최종적으로 1997년 「형법」 제310조에 의하여 그대로 사용되었다.

(7) 간첩범죄증거제공 거부죄(제311조)

본죄는 1997년 형법전에 의하여 신설된 범죄이고 그 취지는 1993년 2월 22일 전국인민대표대회 상무위원회에서 통과한 「국가안전법國家安全法」의 관련 규정과 조화를 이루고 형법의 최후수단성을 충분히 발휘하는 데 있다. 「국가안전법」 제26조는 "타인이 간첩범죄행위자임을 알면서 국가안전기관에서 관련 상황을 조사하고 관련 증거를 수집할 때 제공을 거부한 경우, 그가 소속한 단위 또는 상급주관부문에서 행정처분을 가하며 또는 국가안전기관에서 15일이하의 구류에 처한다. 정상이 중한 경우, 형법 제162조[7]의 규정을 참조하여 처벌한다." 형법개정 검토과정에서 1996년 8월 8일의 형법각칙개정초고는 「국가안전법」의 관련 규정의 취지를 흡수하였다.

지적하고 싶은 것은 형법개정 검토과정에서 일부 지방과 부문에서는 "타인이 간첩범죄행위가 있음을 알면서 증거제공을 거부하는" 규정을 기타 범죄에까지 확장할 것을 제안하였는데 주된 이유는 다음과 같다. 형사소송법은 증인의 증명방식을 개혁하였기에 형사소송에서의 증인의 지위와 의의는 더 중요해졌고 일부 관건적 증인이 출정하여 증명하지 않으면 증인의 증언에 대하여 대질할 수 없어 법정심리활동의 진행을 확보할 수 없기에 본죄의 포섭범위를 확장하여 기타 범죄에 관하여 증명을 거부하는 행위도 범죄로 규정할 것을 제안하였다. 일부 지방에서는 증인이 증명을 거부하는 원인은 아주 복잡하고 우리 나라 현재의 실제상황을

---

7 1979년 「형법」 제162조가 규정한 것은 은닉·비호죄이다.

감안할 때 증인의 안전을 확보할 수 없는 상황에서 증명거부죄의 범위를 확장하는 것은 타당하지 않다고 하는 지방도 있었다. 입법기관은 최종적으로 후자의 의견을 채택하였고 증명거부죄의 범위를 일체 범죄에까지 확장하지 않았고 국가안전과 관련한 간첩범죄에 한정하여 이로써 형사제재의 한도를 합리적으로 통제하였다.

「형법개정안 (9)」은 본조를 다음과 같이 개정하였다. "타인이 간첩범죄 또는 테러리즘·극단주의 범죄행위가 있음을 알면서 사법기관에서 그한테 관련 상황을 조사하고 관련 증거를 수집할 때 제공을 거부하여 정상이 중한 경우, 3년 이하의 유기징역·구역 또는 관제에 처한다."

(8) 범죄소득·범죄소득의 수익을 위장·은폐한 죄(제312조)

1979년 「형법」 제172조는 장물 은닉·장물 판매죄를 규정하였는데 동조는 "범죄소득으로서의 장물임을 알면서 은닉하거나 대신하여 판매하는 경우, 3년 이하의 유기징역·구역 또는 관제에 처하고 벌금을 병과하거나 단독으로 부과할 수 있다"라고 규정하였다.

형법개정검토과정에서 본죄 조문의 내용은 변화의 과정을 거쳤다. 1988년 9월의 개정안은 1979년 형법전의 내용을 기초로 두 곳의 개정을 하였다. (1) 본죄의 구성요건에 장물을 "매수"하는 행위를 증가하였다. (2) 본죄 법정형중의 관제형을 삭제하였다.

1997년 형법전 반포시행 후, 입법기관은 사법실무 및 형법조문사이의 조화의 수요에 근거하여 선후하여 본죄의 규정에 대하여 두 번의 개정을 하였다. (1) 2006년 6월 29일 「형법개정안 (6)」 제19조는 본죄의 구성요건과 법정형을 개정하였다. (2) 2009년 2월 28일에 통과한 「형법개정안 (7)」 제10조가 본죄에 대한 개정은 「형법」 제312조에 단위 범죄의 규정을 증설한 것이다.

(9) 판결·결정 집행 거부죄(제313조)

본죄에 규정된 죄는 1979년 「형법」 제157조의 규정을 기초로 개정하여 된 것이다. 1979년「형법」제157조는 "폭력·협박의 방법으로 국가공무원이 법에 따라 직무를 집행하는 것을 방해하거나 또는 효력이 발생한 인민법원의 판결·결정을 집행하지 않은 경우, 3년 이하의 유기징역·구역·벌금 또는 정치권리박탈에 처한다"라고 규정하였는데 본 조항은 공무방해죄와 판결·결정 집행 거부죄 두 개의 범죄를 규정하였는데 형법개정검토과정에서 본죄를 분리하여 단독적인 조문으로 규정하였다.

1997년 형법전 발효후, 1997년「형법」제313조의 규정에 대하여 일부 부문에서는 본조에 규정된 "결정"에는 인민법원이 법에 따라 지불명령·발효한 조정서·중재결정·채권공증문서 등을 집행하기 위하여 한 결정을 포함하는지에 대하여 실무에서 부동한 의견이 있고 동시에 일부 국가기관공무원은 지방보호주의 사상의 영향하에 직권을 이용하여 인민법원의 집행업무를 심각히 방해하여 법원의 결정이 집행되지 못하고 있는데 이러한 행위에 대하여서도 법적 책임을 명확히 하여야 한다고 반영하였다. 이를 감안하여 입법기관은 연구를 거쳐 2002년 8월 29일에『「중화인민공화국형법」제313조에 관한 해석』을 통과하였는데 동 해석은「형법」제313조에 규정된 "인민법원의 판결·결정"은 "인민법원에서 법에 따라 내린 집행내용이 있고 이미 발효한 판결·결정을 말한다. 인민법원이 법에 따라 지불명령·발효한 조정서·중재결정·채권공증문서 등을 집행하기 위하여 한 결정은 동조에 규정된 결정에 속한다"라고 하였다. 동시에 동 해석은 이하의 경우가 형법 제313조에 규정된 "집행능력이 있음에도 불구하고 집행을 거부하여 정상이 중한 경우"에 속한다고 하였다. (1) 피집행인이 재산을 은닉·이전·고의로 훼손하거나 또는 재산을 무상으로 양도하거나 현저히 불합리한 저가로 재산을 양도하여 판결·결정이 집행되지 못하도록 하는 경우, (2) 담보인 또는 피집행인이 재산을 은닉·이전·고의로 훼손하거나 또는 담보로 인민법원에 제공한 재산을 양도하여 판결·결정이 집행되지 못하도록 하는 경우, (3) 집행협력의무인이 인민법원의 집행협력통지서를 받은 후, 집행협력을 거부하여 판결, 결정이 집행되지 못하도록 하는 경우, (4) 피집행인·담보인·집행협력의무인이 국가기관공무원과 공모하여 국가기관공무원의 직권을 이용하여 집행을 방해함으로써 판결,

결정이 집행되지 못하도록 하는 경우, (5) 기타 집행능력이 있음에도 불구하고 집행을 거부하여 정상이 중한 경우.

「형법개정안 (9)」은 본조를 다음과 같이 개정하였다. "인민법원의 판결·결정을 집행할 능력이 있음에도 불구하고 집행을 거부하여 정상이 중한 경우, 3년 이하의 유기징역·구역 또는 관제에 처한다. 정상이 특별히 중한 경우, 3년 이상 7년 이하의 유기징역에 처한다. 단위가 전항의 죄를 범한 경우, 단위를 벌금에 처하고 직접 책임을 지는 주관자와 기타 직접 책임자를 전항의 규정에 따라 처벌한다."

(10) 차압·압류·동결한 재산을 불법처리한 죄(제314조)

본죄는 1997년 형법전에 의하여 신설된 범죄인데 그 내용이 최초로 나타난 것은 1996년 8월 8일의 형법각칙개정초고이고 동 초고 제6장 제2절 제10조는 다음과 같이 규정하였다. "이미 사법기관에 의하여 차압·압류·동결된 재산을 은닉·이전·환금·훼손하여 정상이 중한 경우, 3년 이하의 유기징역·구역 또는 벌금에 처한다." 본죄에 관한 1996년 8월 31일의 형법개정초고 제6장 제2절 제13조는 "훼손"앞에 "고의로"라는 문자를 증가하여 훼손행위의 주관적 고의성을 강조하였다. 그외에 1996년 12월 중순의 형법개정초안은 본죄의 법정형을 개정하여 관제형을 보충규정한 적이 있었지만 1997년 3월 1일의 형법개정초안 제312조는 보충규정한 관제형을 다시 삭제하였다. 이상의 개정을 거쳐 최종적으로 형성된 1997년「형법」제314조의 규정은 다음과 같다. "이미 사법기관에 의하여 차압·압류·동결된 재산을 은닉·이전·환금·고의로 훼손하여 정상이 중한 경우, 3년 이하의 유기징역·구역 또는 벌금에 처한다."

(11) 감금관리질서 파괴죄破壞監管秩序罪(제315조)

본죄는 1997년 형법전에 의하여 신설된 범죄인데 그 내용이 최초로 나타난 것은 1988년 9월의 형법개정안이고 동고 각칙 제6장 제9조는 다음과 같이 규정하였다. "감금관리법규를 위반하고 감금관리질서를 파괴하여 정상이 중한 경우, 5년 이하의 유기징역 또는 정치권리박탈에 처한다." 1988년 11월 16일의 형법개정안 제195조는 개조를 항거하는 범죄를 규정하였고 감금관리질서를 파괴하는 기타 행위를 범죄로 규정하지 않았다. 1988년 12월 25일의 형법개정안 제208조는 본죄를 주체를 규정하였는데 그 구체적 내용은 다음과 같다. "수감한 범죄자가 감금관리법규를 위반하고 감금관리질서를 교란하여 정상이 악질적인 경우, 5년 이하의 유기징역에 처한다."

1994년 12월 29일 전국인민대표대회 상무위원회는「중화인민공화국 감옥법 中華人民共和國監獄法」을 통과하였고 동법 제58조는 감금관리질서 파괴문제의 처리를 규정하였는데 1996년 8월 8일의 형법각칙개정초고 제6장 제2절 제11조는 바로「감옥법」의 상기 규정에 근거하여 삭제, 개정하여 형성된 것이다. 1996년 8월 31일의 형법개정초고는 이 건의를 채택하였고 동시에 전고에 열거된 감금질서를 파괴하는 행위를 개정하였다. 즉 "기타 피감금관리자를 조직 또는 선동하여 감금관리질서를 파괴하는"을 "기타 피감금관리자를 조직하여 감금관리질서를 파괴하는"으로 개정하였고 "흉기를 제조하거나 몰래 숨겨두는"라는 호를 삭제하였다. 구체적으로 다음과 같다. "법에 따라 수감된 범죄자가 감금관리질서를 파괴하는 이하의 경우 중 하나가 있어 정상이 중한 경우, 3년 이하의 유기징역에 처한다. (1) 감독관리인원을 구타하는 경우, (2) 기타 피감금관리자를 조직하여 감금관리질서를 파괴하는 경우, (3) 집단적으로 소동을 일으켜 정상적인 감금관리질서를 교란하는 경우, (4) 기타 피감금관리자를 구타, 체벌하거나 타인을 지시하여 기타 피감금관리자를 구타, 체벌하게 하는 경우" 동고의 이 내용은 최종적으로 1997년 형법전에 도입되었다.

(12) 탈주죄·피압송인원 겁탈죄(제316조)

1979년「형법」은 탈주죄를 규정하였다. 즉 "법에 따라 체포·감금된 범죄자가 탈주한 경우, 그의 기존 범한 죄에 따라 형벌을 선고하거나 기존 선고한 형벌을 집행하는 외에 5년 이하의 유기징역 또는 구역을 추가선고한다. 폭력·협박의 방법으로 전항의 죄를 범한 경우, 2년 이상 7년 이하의 유기징역에 차한다." 1981년 6월 10일 전국인민대표대회 상무위원회에서 통과한「탈주하거나 재범한 노동

개조법과 노동교양인원의 처리에 관한 결정」은 탈주죄를 개정하였는데 동 결정 제2조 제1항은 "노동개조범이 탈주한 경우, 기존 선고한 형기를 집행하는 외에 5년 이하의 유기징역을 추가선고한다. 폭력·협박의 방법으로 탈주한 경우, 2년 이상 7년 이하의 유기징역에 차한다"라고 규정하였다.

형법개정검토과정에서 주로 이하의 문제를 둘러싸고 탈주죄 조문의 기초에 대하여 연구와 개정을 하였다. (1) 형벌의 추가선고의 문제, (2) 본죄 범죄주체의 문제, (3) "폭력·협박의 방법으로" 탈주한 문제의 처리.

최종적으로 형성된 1997년「형법」제316조 제1항의 규정은 다음과 같다. "법에 따라 감금된 범죄자·피고인·범죄혐의자가 탈주한 경우, 5년 이하의 유기징역 또는 구역에 처한다."

1997년「형법」제316조 제2항에 규정된 것은 피압송인원 겁탈죄인데 그 내용이 최초로 나타난 것은 1996년 8월 8일의 형법각칙개정초고이다. 개정과 조정을 거쳐 최종적으로 형성된 1997년「형법」제316조 제2항의 규정은 다음과 같다. "압송도중의 범죄자·피고인·범죄혐의자를 겁탈한 경우, 3년 이상 7년 이하의 유기징역에 처한다. 정상이 중한 경우, 7년 이상의 유기징역에 처한다."

(13) 조직탈옥죄·폭동탈옥죄·집단적으로 무기를 휴대한 탈옥죄(제317조)

1979년「형법」제96조는 집단적으로 겁옥한 죄와 조직탈옥죄를 규정하였고 이 두 범죄를 형법전 각칙 제1장 "반혁명죄"에 배치하였는데 제96조는 "집단적으로 겁옥하거나 조직하여 탈옥한 수괴 또는 기타 범행이 중대한 자는 무기징역 또는 10년 이상의 유기징역에 처한다. 적극참가자는 3년 이상 10년 이하의 유기징역에 처한다." 1979년 형법전에서 이 두 범죄는 반혁명죄이고 반혁명죄의 성립은 행위자가 "반혁명목적"을 갖고 있을 것을 요구하지만 실무에서 집단적으로 겁옥하거나 조직탈옥하는 범죄자는 꼭 반혁명목적을 갖고 있는 것이 아니고 실무에서 어떤 경우에는 행위자에게 반혁명목적이 있는지를 확정하기 어려운 때가 있기 때문에 입법기관은 1996년 8월 8일의 형법각칙개정초고부터 이 두 범죄를 "사회질서관리 방해죄"의 장으로 이동하였다.

개정과 조정을 거쳐 최종적으로 형성된 1997년 「형법」 제317조의 규정은 다음과 같다. "조직탈옥한 수괴와 적극참가자는 5년 이상의 유기징역에 처하고 기타 참가자는 5년 이하의 유기징역 또는 구역에 처한다. 폭동탈옥하거나 집단적으로 무기를 휴대하고 탈옥한 수괴와 적극참가자는 10년 이상의 유기징역 또는 무기징역에 처한다. 정상이 특별히 중한 경우, 사형에 처한다. 기타 참가자는 3년 이상 10년 이하의 유기징역에 처한다."

3. 국(변)경관리 방해죄

(1) 타인을 조직하여 밀입국 하는 죄(제318조)

1979년 「형법」 제177조는 타인을 조직, 운송하여 밀입국 하는 죄를 규정하였다. 즉 "영리의 목적으로 타인을 조직, 운송하여 밀입국 하는 경우, 5년 이하의 유기징역, 구역 또는 관제에 처하고 벌금을 병과할 수 있다." 1994년 3월 5일 전국인민대표대회 상무위원회는 「타인을 조직, 운송하여 밀입국 하는 범죄의 엄벌에 관한 보충결정」(이하 「밀입국 하는 범죄의 보충결정」으로 약칭함)을 통과하여 1979년 형법전의 상기 규정에 대하여 보충과 개정을 하였다. 1994년 전국인민대표대회 상무위원회에서 「밀입국 하는 범죄의 보충결정」을 통과한 후, 입법기관은 이 보충결정의 내용을 둘러싸고 본죄 조문을 검토하였다. 보충결정 제1조 제1항의 규정은 직접 1996년 8월 8일의 형법각칙개정초고 제6장 제3절 제1조 제1항[8]에 도입되었기 때문에 그 후의 검토는 주로 본죄 제2항 규정의 내용에 대하여 개정과 조정을 하였다. 예컨대 1996년 8월 31일의 형법개정초고는 본죄 기존의 제2항 "법률규정에 따라 사형을 선고할 수 있다"의 규정을 개정하여 이러한 경우, 법률규정에 따라 사형을 선고할 수 있는 것이 아니라 형법의 관련 규정에 따라 처벌할 수 있

---

8 해당 조항의 내용은 개정되지 않았으며, 결국 1997년 「형법」 제318조 제1항으로 되었다.

다고 규정하였다. 1997년 2월 17일의 형법개정초안(개정안)에서 입법기관은 본죄에 대한 처리를 가일층 명확히 하여 "본 법의 관련 규정에 따라 처벌한다"를 "본 법의 관련 규정에 따라 죄명을 정하고 처벌한다"로 개정하였다. 1997년 3월 13일의 개정초안에 이르러 입법기관은 "본 법의 관련 규정에 따라 죄명을 정하고 처벌한다"의 규정은 실무에서 병합죄로 처벌하여야 하는지에 관한 논쟁이 쉽게 나타날 수 있다는 점을 고려하여 기존의 "본 법의 관련 규정에 따라 죄명을 정하고 처벌한다"를 "병합죄의 규정에 따라 처벌한다"로 명확히 개정하였다. 이렇게 1997년 「형법」제318조의 규정은 다음과 같다. "타인을 조직하여 밀입국 하는 경우, 2년 이상 7년 이하의 유기징역에 처하고 벌금을 병과한다. 이하의 경우 중 하나가 있을 경우, 7년 이상의 유기징역 또는 무기징역에 처하고 벌금 또는 재산몰수를 병과한다. (1) 타인을 조직하여 밀입국 하는 단체의 수괴, (2) 수차례 타인을 조직하여 국(변)경을 몰래 넘거나 또는 타인을 조직하여 밀입국 하는 인수가 많은 경우, (3) 피조직자가 중상・사망한 경우, (4) 피조직자의 인신자유를 박탈 또는 제한한 경우, (5) 폭력・협박의 방법으로 검사에 항거한 경우, (6) 위법소득액수가 거대한 경우, (7) 기타 특별히 중한 정상이 있을 경우. 전항의 죄를 범하여 피조직자에 대하여 살해・상해・강간・유괴매매 등 범죄행위를 행하거나 또는 검사인원에 대하여 살해・상해 등 범죄행위가 있을 경우, 병합죄의 규정에 따라 처벌한다."

(2) 출경증명서 편취죄(제319조)

본죄의 죄는 기존 「밀입국 하는 범죄의 보충결정」에 의하여 1979년 형법전에 보충규정된 범죄인데 동 보충결정 제2조는 다음과 같이 규정하였다. "용역수출・경제무역왕래 또는 기타 명의로 사기를 쳐서 여권・비자 등 출경증명서를 편취하여 타인을 조직하여 밀입국 하는 데 사용한 경우, 본 결정 제1조의 규정에 따라 처벌한다. 단위가 전항에 규정된 범죄행위가 있을 경우, 단위를 벌금에 처하고 직접 책임을 지는 주관자와 기타 직접 책임자를 본 결정 제1조의 규정에 따라 처벌한다."

입법기관에서 상기 규정을 신형법전에 도입하는 과정에서 1997년 3월 13일의 개정초안은「밀입국 하는 범죄의 보충결정」의 규정에 대하여 실질적인 개정을 하였는데 동 초안은 기존의 원용법정형의 규정을 독자적인 법정형으로 개정하였다. 즉 기본범에 대하여 3년 이하의 유기징역에 처하고 벌금을 병과하며 정상이 중한 경우, 3년 이상 10년 이하의 유기징역에 처하고 벌금을 병과한다. 이번 개정을 거쳐 최종적으로 형성된 1997년「형법」제319조의 규정은 다음과 같다. "용역 수출·경제무역왕래 또는 기타 명의로 사기를 쳐서 여권·비자 등 출경증명서를 편취하여 타인을 조직하여 밀입국 하는데 사용한 경우, 3년 이하의 유기징역에 처하고 벌금을 병과한다. 정상이 중한 경우, 3년 이상 10년 이하의 유기징역에 처하고 벌금을 병과한다. 단위가 전항의 죄를 범한 경우, 단위를 벌금에 처하고 직접 책임을 지는 주관자와 기타 직접 책임자를 전항의 규정에 따라 처벌한다."

(3) 위조·변조한 출입경증명서 제공죄, 출입경 증명서 매출죄(제320조)

본죄의 죄는 기존「밀입국 하는 범죄의 보충결정」에 의하여 1979년 형법전에 보충규정된 두 가지 범죄인데 동 보충결정 제3조는 다음과 같이 규정하였다. "타인에게 위조·변조한 여권·비자 등 출입경증명서를 제공하거나 또는 여권·비자 등 출입경증명서를 전매하는 경우, 5년 이하의 유기징역에 처하고 벌금을 병과한다. 정상이 중한 경우, 5년 이상의 유기징역에 처하고 벌금을 병과한다."

형법개정검토과정에서 1996년 10월 10일의 개정초안(의견청취고) 제286조는「밀입국 하는 범죄의 보충결정」의 관련 규정에 대하여 한 곳의 개정을 하였다. 즉 기존의 "여권을 전매하는" 규정을 "여권을 매출하는"으로 개정하여 1997년「형법」제320조의 규정을 형성하였다. "타인에게 위조·변조한 여권·비자 등 출입경증명서를 제공하거나 또는 여권·비자 등 출입경증명서를 매출하는 경우, 5년 이하의 유기징역에 처하고 벌금을 병과한다. 정상이 중한 경우, 5년 이상의 유기징역에 처하고 벌금을 병과한다."

(4) 타인을 운송하여 밀입국 하는 죄(제321조)

1979년 형법전에서 본죄의 행위는 타인을 조직하여 밀입국 하는 행위와 병렬하여 "타인을 조직·운송하여 밀입국 하는 죄"의 선택성 구성요건으로 규정되었다. 1994년 전국인민대표대회 상무위원회에서「밀입국 하는 범죄의 보충결정」은 타인을 운송하여 밀입국 하는 행위를 독자적인 범죄로 단독으로 열거하였는데 동 보충결정 제4조는 다음과 같이 규정하였다. "타인을 운송하여 밀입국 하는 경우, 5년 이하의 유기징역·구역 또는 관제에 처하고 벌금을 병과한다. 이하의 경우 중 하나가 있을 경우, 5년 이상 10년 이하의 유기징역에 처한다. (1) 수차례 운송행위를 실시하거나 또는 운송인수가 많은 경우, (2) 사용한 선박, 차량 등 교통수단이 필요한 안전여건을 구비하지 않아 심각한 결과를 초래하기에 족한 경우, (3) 위법소득의 액수가 거대한 경우, (4) 기타 특별히 중한 정상이 있을 경우. 타인을 운송하여 밀입국 하는 과정에서 피운송자를 중상, 사망케 하거나 또는 폭력·협박의 방법으로 검사에 항거하는 경우, 7년 이상의 유기징역에 처하고 벌금을 병과한다. 피운송자에 대하여 살해·상해·강간·유괴매매 등 범죄행위가 있거나 또는 검사인원에 대하여 살해·상해 등 범죄행위가 있을 경우, 법률의 규정에 따라 사형에 처할 수 있다…"

개정과 조정을 거쳐 최종적으로 형성된 1997년「형법」제321조의 규정은 다음과 같다. "타인을 운송하여 밀입국 하는 경우, 5년 이하의 유기징역·구역 또는 관제에 처하고 벌금을 병과한다. 이하의 경우 중 하나가 있을 경우, 5년 이상 10년 이하의 유기징역에 처하고 벌금을 병과한다. (1) 수차례 운송행위를 실시하거나 또는 운송인수가 많은 경우, (2) 사용한 선박, 차량 등 교통수단이 필요한 안전여건을 구비하지 않아 심각한 결과를 초래하기에 족한 경우, (3) 위법소득의 액수가 거대한 경우, (4) 기타 특별히 중한 정상이 있을 경우. 타인을 운송하여 밀입국 하는 과정에서 피운송자를 중상·사망케 하거나 또는 폭력·협박의 방법으로 검사에 항거하는 경우, 7년 이상의 유기징역에 처하고 벌금을 병과한다. 전 2항의 죄를 범하고 피운송자에 대하여 살해·상해·강간·유괴매매 등 범죄행위가 있거나 또는 검사인원에 대하여 살해·상해 등 범죄행위가 있을 경우, 병합죄의 규정에 따라 처벌한다."

(5) 밀입국 죄(제322조)

본죄의 죄는 기존 1979년「형법」제176조의 규정이다. 즉 "국경출입관리법규의 규정을 위반하여 밀입국의 정상이 중한 경우, 1년 이하의 유기징역, 구역 또는 관제에 처한다." 1994년「밀입국 범죄의 보충결정」은 본조의 규정에 대하여 두 곳의 개정을 하였다. (1) 1979년 형법전 중의 "국경출입관리법규의 규정을 위반하여"의 기술을 삭제하였고, (2) 본죄의 법정최고형을 "1년"에서 "2년"으로 개정하였고 기존 규정한 관제형을 삭제하였으며 벌금을 병과하는 규정을 증가하였는데 그 구체적 내용은 다음과 같다. "밀입국을 행한 정상이 중한 경우, 2년 이하의 유기징역 또는 구역에 처하고 벌금을 병과한다."

1996년 8월 8일의 형법각칙개정초고에서 입법기관은 본죄 구성요건에 관한「밀입국 하는 범죄의 보충결정」의 내용을 기초로 "국(변)경출입법률·법규를 위반하여"라는 내용을 증가하였고 그 법정형은「밀입국 하는 범죄의 보충결정」이 본죄에 규정한 법정형과 같았다. 1996년 8월 31일의 형법개정초고에서 입법기관은 상기 각칙개정초고의 내용을 기초로 기존의 "국(변)경출입법률·법규를 위반하여"라는 기술을 "출입경관리법규를 위반하여"로 간략화하였고 1996년 10월 10일의 개정초안(의견청취고)에 이르러 입법기관은 구성요건과 법정형 두 개의 방면으로부터 본죄에 대하여 비교적 큰 조정을 하였다. 구성요건을 보면 밀입국 하는 수단을 한정하였고 기존의 "정상이 중한"의 기술을 삭제하였다. 즉 "위조·변조한 출입경증명서를 사용하여 밀입국 하는 경우" 본죄를 구성한다. 법정형을 보면 동 초안은 본죄의 법정최고형을 인하하여 8월 31일고의 "2년"유기징역에서 "1년"유기징역으로 개정하였다. 그 후 1996년 12월 중순의 개정초안 제294조는 10월 10일의 개정초안(의견청취고)의 내용을 개정하였다. 즉 "국(변)경관리법규를 위반하여 밀입국을 행한 정상이 중한 경우, 1년 이하의 유기징역·구역 또는 관제에 처하고 벌금을 병과한다." 동 초안의 이 내용은 그 후의 1997년「형법」제322조에 의하여 그대로 사용되었다.

「형법개정안(9)」은 본조를 다음과 같이 개정하였다. "국(변)경관리법규를 위반하여 밀국입의 정상이 중한 경우, 1년 이하의 유기징역·구역 또는 관제에 처하고 벌금을 병과한다. 테러활동조직에 참가하거나 테러활동훈련을 받거나 테러활동을 실시하기 위하여 밀입국 하는 경우, 1년 이상 3년 이하의 유기징역에 처하고 벌금을 병과한다."

(6) 경계비·경계 말뚝 파괴죄, 영구성 측량표 파괴죄(제323조)

본죄의 죄는 기존 1979년「형법」제175조의 규정이다. 즉 "국가변경의 경계비 · 경계 말뚝 또는 영구성 측량표를 고의로 파괴한 경우, 3년 이하의 유기징역 또는 구역에 처한다. 국가배반을 목적으로 한 경우, 반혁명죄로 처한다"라고 규정하였다.

형법개정검토과정에서 본죄 조문내용에 대한 검토는 주로 상기 제2항 규정의 삭제여부를 둘러싸고 전개되었고 검토과정에서 본죄의 법정형도 일부 개정을 한 적이 있었다. 이상의 조정을 거쳐 1979년「형법」제175조 제1항의 규정은 1997년「형법」제323조의 규정이 되었다.

4. 등록문화유산관리 방해죄

(1) 등록문화유산 고의훼손죄·명승고적 고의훼손죄, 등록문화유산 과실 훼손죄(제324조)

1997년「형법」제324조에 규정된 "등록문화유산 고의훼손죄"와 "명승고적 고의훼손죄"는 1979년「형법」제174조에 규정된 "진귀등록문화유산 · 명승고적 파괴죄"를 기초로 분해되어 형성된 것이다. 1979년「형법」제174조는 "국가가 보호하는 진귀한 문물, 명승고적을 고의로 파괴하는 경우, 7년 이하의 유기징역 또는 구역에 처한다"라고 규정하였다."

형법개정검토과정에서 본죄에 관한 1988년의 3개의 형법개정초고는 기본적으로 1979년 형법전의 규정을 둘러싸고 내용을 검토하였다. 1996년 8월 8일과 8월 31일의 개정초고에서 입법기관은 본죄의 내용에 대하여 비교적 큰 조정을 하였고 1996년 12월 중순의 개정초안에서 입법기관은 상술한 내용에 대하여 아래와 같이 개정을 하였다. (1) 상기 제1항에 규정된 제1등차 법정형에 관제형을 증설하였고 이 등차 법정형중의 벌금을 기존의 "벌금을 단독으로 부과하거나 병과한다"를 "벌금을 병과하거나 단독으로 부과할 수 있다"로 개정하였다. (2) 기존 제2항에 규정된 법정형중의 "벌금을 단독으로 부과하거나 병과한다"를 "벌금을 병과하거나 단독으로 부과한다"로 개정하였다. 명승고적 고의훼손죄에 대한 동고의 개정은 최종적으로 1997년「형법」제324조 제2항의 규정을 형성하였다.

1997년 2월 17일의 형법개정초안(개정안)에 이르러 입법기관은 등록문화유산 고의훼손죄의 구성요건을 개정하여 1997년「형법」제324조 제1항의 규정을 형성하였다.

1997년「형법」제324조 제3항에 규정된 "등록문화유산 과실훼손죄"는 1997년 형법전에 의하여 신설된 범죄이고 개정과 조정을 거쳐 최종적으로 형성된 1997년「형법」제324조의 규정은 다음과 같다. "국가가 보호하는 진귀한 등록문화유산 또는 전국중점등록문화유산보호단위·성급등록문화유산보호단위로 확정된 기관의 등록문화유산을 고의로 훼손한 경우, 3년 이하의 유기징역 또는 구역에 처하고 벌금을 병과하거나 단독으로 부과한다. 정상이 중한 경우, 3년 이상 10년 이하의 유기징역에 처하고 벌금을 병과한다. 국가가 보호하는 명승고적을 고의로 훼손하여 정상이 중한 경우, 5년 이하의 유기징역 또는 구역에 처하고 벌금을 병과하거나 단독으로 부과한다. 국가가 보호하는 진귀한 등록문화유산 또는 전국중점등록문화유산보호단위·성급등록문화유산보호단위로 확정된 기관의 등록문화유산을 과실로 훼손하여 심각한 결과를 초래한 경우, 3년 이하의 유기징역 또는 구역에 처한다."

(2) 외국인에게 진귀한 등록문화유산을 불법판매·증여한 죄(제325조)

본죄는 1997년 형법전에 의하여 신설된 범죄이다. 1991년 6월 29일에 개정된「중화인민공화국 등록문화유산보호법中華人民共和國文物保護法」(이하「등록문화유산보호법」으로 약칭함) 제31조 제4항은 "그 어느 조직과 개인이 소장하고 있는 국가가 수출을 금지하는 진귀한 등록문화유산을 외국인에게 사사로이 판매하거나 사사로이 증여하는 경우, 밀수로 논한다"라고 규정하였다. 1996년 12월 중순의 개정초안은 상기 내용 중의 구성요건에 대하여 세 곳의 개정을 하였다. (1) 진귀한 등록문화유산의 성질을 한정하여 국가가 수출을 금지하는 진귀한 등록문화유산만이 본죄의 대상이 될 수 있다. (2) "증여"의 기술에 "사사로이"라는 제한을 증가하였다. (3) 본죄의 단위 범죄의 규정을 증설하였다.

1997년「형법」제325조의 규정은 다음과 같다. "등록문화유산보호법규를 위반하여 소장하고 있는 국가가 수출을 금지하는 진귀한 등록문화유산을 외국인에게 사사로이 판매하거나 사사로이 증여하는 경우, 5년 이하의 유기징역 또는 구역에 처하고 벌금을 병과할 수 있다. 단위가 전항의 죄를 범한 경우, 단위를 벌금에 처하고 직접 책임을 지는 주관자와 기타 직접 책임자를 전항의 규정에 따라 처벌한다."

(3) 등록문화유산 전매죄倒賣文物罪(제326조)

본죄는 1997년 형법전에 의하여 신설된 범죄이고 그 내용이 최초로 나타난 것은 1996년 8월 8일의 형법각칙개정초고인데 동고는 "국가가 매매를 금지하는 등록문화유산을 전매하여 정상이 중한 경우, 5년 이하의 유기징역 또는 구역에 처하고 벌금을 병과한다. 정상이 특별히 중한 경우, 5년 이상 10년 이하의 유기징역에 처하고 벌금을 병과한다." 1996년 10월 10일의 개정초안(의견청취고)에서 입법기관은 본죄의 구성요건에 대하여 두 곳의 개정을 하였다. (1) 본죄 조문의 앞에 "영리의 목적으로"라는 규정을 증가하였다. (2) 본죄의 범죄객체를 개정하여 그전의 "국가가 매매를 금지하는 등록문화유산"을 "국가가 자유매매를 금지하는 등록문화유산"로 개정하였다. 1997년 2월 17일의 형법개정초안(개정안)에 이르러 입법기관은 1996년 10월 10일의 개정초안(의견청취고)의 내용을 기초로 본죄의 범죄객체를 가일층 명확히 하여 의견청취고의 "국가가 자유매매를 금지하는 등록문화유산"을 "국가가 매매를 제한하는 등록문화유산"으로 개정하였고 단위 범죄의 규정을 증설하였다. 1997년 3월 13일의 개정초안에 이르러 "국가가 매매를 제한하는 등록문화유산"은 "국가가 경영을 금지하는 등록문화유산"로 개정되었고 이렇게 1997년 「형법」 제326조의 규정을 최종적으로 형성하였다. "영리의 목적으로 국가가 경영을 금지하는 등록문화유산을 전매하여 정상이 중한 경우, 5년 이하의 유기징역 또는 구역에 처하고 벌금을 병과한다. 정상이 특별히 중한 경우, 5년 이상 10년 이하의 유기징역에 처하고 벌금을 병과한다. 단위가 전항의 죄를 범한 경우, 단위를 벌금에 처하고 직접 책임을 지는 주관자와 기타 직접 책임자를 전항의 규정에 따라 처벌한다."

(4) 등록문화유산소장품을 불법판매·사사로이 증여한 죄(제327조)

본죄는 1997년 형법전이 「등록문화유산보호법文物保護法」과 연결하기 위하여 신설한 범죄이고 「등록문화유산보호법」 제31조 제2항은 "전민소유제의 박물관·도서관 등 단위에서 등록문화유산소장품을 비전민소유제의 단위 또는 개인에게 판매하거나 사사로이 증여하는 경우, 주관자와 직접 책임자를 형법 제187조[9]의 규정을 참조하여 형사책임을 추궁한다"라고 규정하였다.

형법개정검토과정에서 입법기관은 「등록문화유산보호법」 관련 규정의 취지를 먼저 1996년 8월 8일의 형법각칙개정초고에 도입하였고 동고는 다음과 같이 규정하였다. "전민소유제의 박물관·도서관 등 단위에서 등록문화유산소장품을 비전민소유제의 단위 또는 개인에게 판매하거나 사사로이 증여하는 경우, 단위를 벌금에 처하고 직접 책임을 지는 주관자와 기타 직접 책임자를 3년 이하의 유기징역 또는 구역에 처하고 벌금을 병과하거나 단독으로 부과할 수 있다." 이 내용을 기초로 1996년 8월 31일의 형법개정초고는 두 곳의 개정을 하였다. 하나는 본죄 조문의 앞에 "등록문화유산보호법규를 위반하여"라는 내용을 증가하였고 다른 하나는 본죄 구성요건 중의 "전민소유제"의 기술을 "국유"로, "비전민소유제"의 규정을 "비국유"로 개정하였다. 1997년 3월 13일의 개정초안에 이르러 입법

---

9 1979년 형법 제187조가 규정한 것은 직무해태죄이다.

기관은 본죄 법정형중의 "벌금을 병과하거나 단독으로 부과할 수 있다"의 규정을 삭제하여 최종적으로 1997년「형법」제327조의 규정을 형성하였다. "등록문화유산보호법규를 위반하여 국유박물관・도서관 등 단위에서 국가가 보호하는 등록문화유산소장품을 비국유기관 또는 개인에게 판매하거나 사사로이 증여하는 경우, 단위를 벌금에 처하고 직접 책임을 지는 주관자와 기타 직접 책임자를 3년 이하의 유기징역 또는 구역에 처한다."

(5) 고대문화유적·고분 도굴죄, 고대인류화석·고대척추동물화석 도굴죄
(제328조)

본조 제1항에 규정된 고대문화유적・고분 도굴죄는 1991년 6월 29일에 통과한「고대문화유적, 고분 도굴범죄의 처벌에 관한 보충결정」의 규정을 개정하여 형성한 것인데 동 보충결정은 다음과 같이 규정하였다. "역사・예술・과학가치가 있는 고대문화유적, 고분을 도굴하는 경우, 3년 이상 10년 이하의 유기징역에 처하고 벌금을 병과할 수 있다. 정상이 경한 경우, 3년 이하의 유기징역 또는 구역에 처하고 벌금을 병과할 수 있다. 이하의 경우 중 하나가 있을 경우, 10년 이상의 유기징역, 무기징역 또는 사형에 처하고 벌금 또는 재산몰수를 병과한다. (1) 전국중점문물보호단위・성급문물보호단위로 확정된 단위의 고대문화유적, 고분을 도굴하는 경우, (2) 고대문화유적, 고분을 도굴하는 단체의 수괴, (3) 고대문화유적, 고분을 수차례 도굴하는 경우, (4) 고대문화유적, 고분을 도굴하고 진귀한 문물을 절취하거나 또는 진귀한 등록문화유산의 심각한 파괴를 초래한 경우"

이 내용에 대하여 형법개정검토과정에서 선후하여 두 차례의 조정을 하였다. (1) 1996년 12월 중순의 개정초안은 본죄의 정상이 경한 경우의 법정형에 관제형을 증설하였고, (2) 1997년 3월 1일의 개정초안은 기존의 "벌금을 병과할 수 있다"를 "벌금을 병과한다"로 개정하였다. 상술한 개정을 거쳐 최종적으로 1997년「형법」제328조 제1항의 규정을 형성하였다.

신형법전 반포시행이래 사법실무에서 본죄의 사형은 기본적으로 적용된 사례가 없었다는 점을 감안하여 입법차원에서 사형을 엄격히 제한하고 감소하는 수요에 적응하기 위하여 전국인민대표대회 상무위원회에서 통과한「형법개정안 (8)」은 본죄의 사형규정을 삭제하였다.

본죄 제2항에 규정된 고대인류화석, 고대척추동물화석 도굴죄는 1997년 형법전에 의하여 신설된 범죄이다.

(6) 국유문서 강탈·절취죄, 국유문서 무단매출·양도죄(제329조)

전국인민대표대회 상무위원회에서 1987년 9월 5일에 통과하고 1996년 7월 5일에 개정한「중화인민공화국 문서법中華人民共和國檔案法」은 문서의 관리·이용·공포 및 법적 책임 등에 대하여 명확한 규정을 하였다. 형법은 최후수단으로서 국유문서의 보호에 대하여 특별히 규정하였다.

국유문서 강탈·절취죄와 국유문서 무단매출·양도죄는 1997년 형법전에 의하여 신설된 범죄이고 그 내용이 최초로 나타난 것은 1997년 3월 13일의 형법개정초안인데 동 초안 제329조는 다음과 같이 규정하였다. "국가가 소유한 문서를 강탈·절취하는 경우, 5년 이하의 유기징역 또는 구역에 처한다. 문서법의 규정을 위반하여 국가가 소유한 문서를 무단매출, 양도하여 정상이 중한 경우, 3년 이하의 유기징역 또는 구역에 처한다. 전 2항의 행위가 있고 동시에 본 법에 규정된 기타 범죄를 구성하는 경우, 처벌이 중한 규정에 따라 죄명을 정하고 처벌한다." 상기 규정은 한 글자도 개정하지 않고 1997년「형법」제329조의 규정이 되었다.

5. 공중위생 위해죄

(1) 전염병 예방, 치료 방해죄(제330조)

본조의 죄는 입법기관에서 1989년 2월 21일에 통과한「중화인민공화국 전염병예방치료법」[10](이하「전염병예방치료법」으로 약칭함)의 관련 규정과 연결하기 위하여

---

10 동 법은 2004년 8월 28일에 개정되었다.

1997년 형법전에 신설된 범죄이다. 1989년「전염병예방치료법」제35조는 "본 법의 규정을 위반하여 이하의 행위 중 하나가 있을 경우, 현급이상의 정부위생행정부문에서 기한내의 시정을 명하고 과태료를 부과할 수 있다. 전염병유행의 위험을 조성한 경우, 위생행정부문에서 동급 정부에 강제조치를 취할 것을 보고신청할 수 있다 (1) 급수단위에서 공급하는 음용수가 국가가 규정한 위생표준에 부합하지 않은 경우, (2) 위생방역기관에서 제기한 위생요구에 따라 전염병 병원체에 오염된 오수, 오물, 분변에 대한 소독처리를 거부한 경우, (3) 전염병환자, 병원체 보유자, 의사 전염병환자가 국무원위생행정부문에서 금지하는 등 전염병이 쉽게 확산될 수 있는 직업에 종사하도록 허가 또는 방임하는 경우, (4) 위생방역기관에서 본 법에 의하여 제기한 기타 예방, 통제조치의 집행을 거부한 경우"라고 규정하였고 제37조는 "본 법 제35조에 열거된 행위 중 하나가 있어 갑류전염병의 전파 또는 전파의 중대한 위험을 야기한 경우, 형법 제178조[11]의 규정을 참조하여 형사책임을 추궁한다."

형법개정검토과정에서 1996년 8월 8일의 형법각칙개정초고는 전염병 예방·치료를 방해하는 구체행위를 열거하지 않았고 원용 구성요건의 입법방식으로 본 죄의 구성요건을 기술하였다. 그 후 상기 내용에 대하여 또 일련의 삭제·개정과 조정을 하여 1997년「형법」제330조의 규정을 형성하였다. "전염병예방치료법의 규정을 위반하여 이하의 경우 중 하나가 있어 갑류전염병의 전파 또는 전파의 중대한 위험을 야기한 경우, 3년 이하의 유기징역 또는 구역에 처한다. 결과가 특별히 중대한 경우, 3년 이상 7년 이하의 유기징역에 처한다. (1) 급수단위에서 공급하는 음용수가 국가가 규정한 위생표준에 부합하지 않은 경우, (2) 위생방역기관에서 제기한 위생요구에 따라 전염병 병원체에 오염된 오수·오물·분변에 대한 소독처리를 거부한 경우, (3) 전염병환자·병원체 보유자·의사 전염병환자가 국무원위생행정부문에서 금지하는 등 전염병이 쉽게 확산될 수 있는 직업에 종사하

---

11 1979년「형법」제178조에서 규정한 국경위생검역방해죄이다.

도록 허가 또는 방임하는 경우, (4) 위생방역기관에서 전염병예방치료법에 의하여 제기한 예방, 통제조치의 집행을 거부한 경우. 단위가 전항의 죄를 범한 경우, 단위를 벌금에 처하고 직접 책임을 지는 주관자와 기타 직접 책임자를 전항의 규정에 따라 처벌한다. 갑류전염병의 범위는「중화인민공화국 전염병예방치료법」과 국무원의 관련 규정에 따라 확정한다."

(2) 전염병 균종·바이러스종 확산죄(제331조)

본조의 규정은 1989년 2월 21일에 통과한「전염병예방치료법」제385조의 규정에서 유래되었다.

개정과 조정을 거쳐최종적으로 형성된 1997년「형법」제331조의 규정은 다음과 같다. "전염병 균종·바이러스종의 실험·보관저장·휴대·운수에 종사하는 인원이 국무원위생행정부문의 규정을 위반하여 전염병 균종·바이러스종의 확산을 초개하여 결과가 심각한 경우, 3년 이하의 유기징역 또는 구역에 처한다. 결과가 특별히 중대한 경우, 3년 이상 7년 이하의 유기징역에 처한다."

(3) 국경위생검역 방해죄(제332조)

본조의 규정은 1979년「형법」제178조의 규정을 기초로 개정된 것이고 1979년「형법」제178조는 "국경위생검역규정을 위반하여 검역전염병의 전파 또는 검역전염병 전파의 중대한 위험을 야기한 경우, 3년 이하의 유기징역 또는 구역에 처하고 벌금을 병과하거나 단독으로 부과할 수 있다."

형법개정검토과정에서 본죄를 어떻게 형법전에 도입할 것인가에 관하여 변화와 반복의 과정을 거쳤다.

1996년 8월 8일의 형법각칙개정초고에서 입법기관은 본죄 조문의 내용에 대하여 비교적 큰 개정을 하였다. (1) 우리 나라는 1986년 12월 2일 전국인민대표대회 상무위원회에서「중화인민공화국 국경위생검역법」(이하「국경위생검역법」으로 약칭함)을 통과하였고 이 점을 감안하여 입법기관은 1979년 형법전중 기존의 "국경위생검역을 위반하여"라는 기술을 "국경위생검역법의 규정을 위반하여"로 개정하였고 (2) "국경위생검역법의 규정을 위반하여"의 뒤에 "국경위생검역을 도피하여"라는 내용을 증가하였으며 (3) 본죄에 단위 범죄의 조항을 증설하였다. 즉 "단위가 전항의 죄를 범한 경우, 단위를 벌금에 처하고 직접 책임을 지는 주관자와 기타 직접 책임자를 전항의 규정에 따라 처벌한다." 본죄의 법정형에 관하여 동고는 1979년 형법전의 내용을 그대로 사용하였다. 1996년 8월 31일의 형법개정초고는 8월 8일고의 단위 범죄의 규정을 남기고 본죄의 법정최고형을 그전 규정의 "3년"에서 "5년"으로 개정한 것을 제외하고는 그 구성요건의 기술은 1979년 형법전의 내용을 그대로 사용하였다. 1996년 10월 10일의 개정초안(의견청취고)에서는 단위 범죄에 관한 그전 초고의 조항을 남긴 것을 제외하고는 본죄의 구성요건과 법정형에 관한 1979년 형법전의 내용을 그대로 사용하였다.

그 후의 검토과정에서 의견청취고의 내용을 기초로 일부 조정과 개정을 하여 최종적으로 1997년「형법」제332조의 규정을 형성하였다. "국경위생검역규정을 위반하여 검역전염병의 전파 또는 검역전염병 전파의 중대한 위험을 야기한 경우, 3년 이하의 유기징역 또는 구역에 처하고 벌금을 병과하거나 단독으로 부과한다. 단위가 전항의 죄를 범한 경우, 단위를 벌금에 처하고 직접 책임을 지는 주관자와 기타 직접 책임자를 전항의 규정에 따라 처벌한다."

(4) 매혈 불법조직죄·매혈 강제죄(제333조)

본조의 규정은 1997년 형법전에 의하여 신설된 두 가지 범죄이고 입법기관은 1996년 10월 10일에 본죄를 최초로 형법개정초안에 도입하였는데 동 초안 제298조는 다음과 같이 규정하였다. "타인을 불법조직하여 혈액을 매출한 경우, 5년 이하의 유기징역에 처하고 벌금을 병과할 수 있다. 폭력·협박의 방법으로 타인을 강제하여 혈액을 매출한 경우, 5년 이상 10년 이하의 유기징역에 처하고 벌금 또는 재산몰수를 병과한다. 전항의 행위가 있고 타인에 상해를 초래한 경우, 상해죄의 규정에 따라 처벌한다." 그 후 이 내용에 대하여 개정과 조정을 거쳐 최종적으로 1997년「형법」제333조의 규정을 형성하였다. "타인을 불법조직하여 혈액을 매출한 경우, 5년 이하의 유기징역에 처하고 벌금을 병과한다. 폭력·협박의 방법으로 타인을 강제하여 혈액을 매출한 경우, 5년 이상 10년 이하의 유기징역에 처하고 벌금을 병과한다. 전항의 행위가 있고 타인에 상해를 초래한 경우, 본 법 제234조의 규정에 따라 죄명을 정하고 처벌한다."

(5) 혈액 불법채취·공급, 혈액제품 불법제조·공급죄, 혈액 채취·공급, 혈액제품 제조·공급 사고죄(제334조)

본조의 규정은 1997년 형법전에 의하여 신설된 범죄이다. 1996년 10월 10일의 개정초안(의견청취고) 제299조에서 입법기관은 세 개의 항으로 이 두 가지 범죄를 규정하였고 그중 동조 제1·2항에 규정한 것은 "혈액 불법채취·공급, 혈액제품 불법제조·공급죄"이다. 즉 "혈액을 불법채취·공급하거나 또는 혈액제품을 불법제조·공급하여 인체건강을 위협하기에 족한 경우, 5년 이하의 유기징역 또는 구역에 처한다. 혈액을 불법채취·공급하거나 또는 혈액제품을 불법제조·공급하여 인체에 심각한 위해를 초래한 경우, 5년 이상 10년 이하의 유기징역에 처한다. 특별히 심각한 결과를 초래한 경우, 10년 이상의 유기징역 또는 무기징역에 처한다." 제3항에 규정된 것은 "혈액 채취·공급; 혈액제품 제조·공급 사고죄"이다. 즉 "국가주관부문의 허가를 받고 혈액을 채취·공급하거나 또는 혈액제품을 제조·공급하는 부문에서 규정에 따라 검사측정을 하지 않거나 또는 기타 조작규정을 위반하여 국민의 신체건강에 위해결과를 초래한 경우, 단위를 벌금에 처하고 직접 책임을 지는 주관자와 기타 직접 책임자를 7년 이하의 유기징역 또는 구역에 처한다." 동조의 내용에 대하여 그 후의 개정검토과정에서 선후하여 일부 개정과 조정을 하여 최종적으로 1997년「형법」제334조의 규정을 형성하였다. "혈액을 불법채취·공급하거나 또는 혈액제품을 불법제조·공급하여 국가가 규정한 표준에 부합하지 않아 인체건강을 위협하기에 족한 경우, 5년 이하의 유기징역 또는 구역에 처하고 벌금을 병과한다. 인체건강에 심각한 위해를 초래한 경우, 5년 이상 10년 이하의 유기징역에 처하고 벌금을 병과한다. 특별히 심각한 결과를 초래한 경우, 10년 이상의 유기징역 또는 무기징역에 처하고 벌금 또는 재산몰수를 병과한다. 국가주관부문의 허가를 받고 혈액을 채취·공급하거나 또는 혈액제품을 제조·공급하는 부문에서 규정에 따라 검사측정을 하지 않거나 또는 기타 조작규정을 위반하여 타인의 신체건강에 위해결과를 초래한 경우, 단위를 벌금에 처하고 직접 책임을 지는 주관자와 기타 직접 책임자를 5년 이하의 유기징역 또는 구역에 처한다."

(6) 의료사고죄(제335조)

현실에서 의료사고가 자주 발생한다. 1979년 형법전은 의료사고죄를 규정하지 않았는데 그것은 주로 이러한 행위를 범죄화 하는 데 충분한 확신이 없었기 때문이였다. 1987년 6월 29일에 국무원은「의료사고처리방법」을 반포하였고 제24조는 다음과 같이 규정하였다. "의료인의 무책임으로 환자를 사망케하여 정상이 악질적이여서 범죄를 구성하는 경우, 사법기관은 법에 따라 직접 책임자의 형사 책임을 추궁한다." 1987년 8월 31일 최고인민검찰원에서 반포한「직무태만죄의 정확한 인정과 처리에 관한 몇 가지 의견(시행)」제3조는 중대한 의료사고를 직무태만 범죄행위로 인정하였다. 상기 규정은 입법기관이 본죄를 규정하는 데 확고한 기초를 제공하였다. 본죄를 최초로 기초한 것은 1996년 10월 10일의 개정초안(의견청취고)이고 동고 제300조는 "의료인의 무책임으로 인하여 환자를 사망케 하거나 환자의 신체건강을 심각히 침해한 경우, 3년 이하의 유기징역 또는 구역에 처한다." 이 내용에 대하여 그 후의 검토과정에서 선후하여 세 차례의 개정을 하여 최종적으로 1997년「형법」제335조의 규정을 형성하였다. "의료인의 무책임으로 인하여 진료를 받는 자를 사망케하거나 진료를 받는 자의 신체건강을 심각히 침해한 경우, 3년 이하의 유기징역 또는 구역에 처한다."

(7) 불법의료행위죄·산아제한수술을 불법으로 행한 죄(제336조)

1997년「형법」제336조 제1항에 규정된 불법의료행위죄는 1997년 형법전에 의하여 신설된 범죄이고 그 내용이 최초로 나타난 것은 1996년 10월 10일의 개정초안(의견청취고)인데 동고 제301조는 다음과 같이 규정하였다. "의사자격을 취득하지 않은 자가 의료행위를 불법으로 행하여 정상이 중한 경우, 3년 이하의 유기징역 또는 구역에 처하고 벌금을 단독으로 부과하거나 병과할 수 있다. 환자를 사망하게하거나 환자의 신체건강을 심각히 침해한 경우, 상해죄의 규정에 따라 처벌한다." 1996년 12월 중순의 개정초안에서 입법기관은 상기 내용을 기초로 본죄 기본범의 법정형에 관제형을 증설하였고 기타 내용은 기본적으로 의견청취고의 규정을 그대로 사용하였다.

1997년「형법」제336조 제2항에 규정된 산아제한수술을 불법으로 행한 죄도 1997년 형법전에 의하여 신설된 범죄이다. 1988년 9월의 형법개정안에서 입법기관은 계획출산파괴죄를 규정한 적이 있었다. 즉 "영리의 목적으로 계획출산을 파괴하여 정상이 중한 경우, 2년 이하의 유기징역, 구역 또는 관제에 처한다." 1997년 3월 1일의 형법개정초안에 이르러서야 입법기관은 동 초안 제333조 제2항에 "의사자격을 취득하지 않은 자가 무단으로 타인을 위하여 산아제한조치를 제거하는 수술·가짜 산아제한수술 또는 자궁내 피임기구를 적출하는 행위를 행하여 진료를 받는 자를 사망하게하거나 진료를 받는 자의 신체건강을 심각히 침해한 경우, 본 법 제234조의 규정에 의하여 죄명을 정하고 처벌한다"라고 규정하였다. 최종적으로 형성된「형법」제336조 제2항에 규정은 다음과 같다. "의사자격을 취득하지 않은 자가 무단으로 타인을 위하여 산아제한조치를 제거하는 수술·가짜 산아제한수술·임신중지수술 또는 자궁내 피임기구를 적출하는 행위를 행하여 정상이 중한 경우, 3년 이하의 유기징역·구역 또는 관제에 처하고 벌금을 병과하거나 단독으로 부과한다. 진료를 받는 자의 신체건강을 심각히 침해한 경우, 3년 이상 10년 이하의 유기징역에 처하고 벌금을 병과한다. 진료를 받는 자를 사망케한 경우, 10년 이상의 유기징역에 처하고 벌금을 병과한다."

(8) 동식물 방역·검역 방해죄(제337조)

본조가 기존 규정한 것은 "동식물검역도피죄"인데 이는 1997년 형법전에 의하여 신설된 범죄이고 그 내용이 최초로 나타난 것은 1996년 8월 8일의 형법각칙 개정초고이다. 동고는 "수출입동식물검역법의 규정을 위반하여 수출입동식물검역을 도피하여 중대한 동식물역병을 야기한 경우, 3년 이하의 유기징역 또는 구역에 처하고 벌금을 병과하거나 단독으로 부과할 수 있다. 단위가 전항의 죄를 범한 경우, 단위를 벌금에 처하고 직접 책임을 지는 주관자와 기타 직접 책임자를 전항의 규정에 따라 처벌한다"라고 규정하였다. 1996년 10월 10일의 개정초안(의견청취고)는 8월 8일고의 "수출입동식물검역을 도피하여"를 "동식물검역을 도피하여"로 간략화하였고 "직접 책임을 지는 주관자"앞에 "그"라는 한 글자를 증가하였다. 1997년 3월 1일의 개정초안은 상기 규정 중의 "벌금을 병과하거나 단독으로 부과할 수 있다"를 "벌금을 병과하거나 단독으로 부과한다"로 개정하여 1997년「형법」제337조의 규정을 형성하였다. "수출입동식물검역법의 규정을 위반하여 수출입동식물검역을 도피하여 중대한 동식물역병을 야기한 경우, 3년 이하의 유기징역 또는 구역에 처하고 벌금을 병과하거나 단독으로 부과한다. 단위가 전항의 죄를 범한 경우, 단위를 벌금에 처하고 직접 책임을 지는 주관자와 기타 직접 책임자를 전항의 규정에 따라 처벌한다."

사법실무를 보면 중대한 동식물역병을 야기할 수 있는 것은 수출입동식물검역을 도피하 행위뿐만 아니라 법에 의하여 경내에서 실시하는 수출입동식물방역·검역을 도피하는 행위도 있기에 중대한 위해를 초래하는 후자의 위법행위에 대하여서도 형사책임을 추궁하여야 한다. 그리하여 전국인민대표대회 상무위원회는 2009년 2월 28일에「형법개정안 (7)」을 통과하여 1997년「형법」제337조 제1항에 대하여 개정을 하였다. 즉 "동식물방역·검역에 관한 국가규정을 위반하여 중대한 동식물역병을 야기하거나 중대한 동식물역병을 야기할 수 있는 위험이 있어 정상이 중한 경우, 3년 이하의 유기징역 또는 구역에 처하고 벌금을 병과하거나 단독으로 부과한다." 이 개정에 의하여 본죄의 죄명도 "동식물 방역·검역 방해죄"로 변하였다.

6. 환경자원보호 파괴죄

(1) 환경오염죄(제338조)

본조가 기존 규정한 것은 "중대환경오염사고죄"이고 이는 1997년 형법전에 의하여 신설된 범죄이다. 그 내용이 최초로 나타난 것은 1996년 8월 8일의 형법 각칙개정초고이고 동 초고는 세 개의 조문으로 각각 "토지오염", "수질오염", "대기오염" 등 세 가지 범죄를 규정하였다. 그 후 오염대상의 성질로 구분하여 규정하는 이런 입법모델이 너무 번거롭다는 점을 고려하고 그 범죄구성요건도 아무런 실질적 구별이 없기에 1996년 10월 10일의 개정초안(의견청취고)에서 입법기관은 이들을 합병하여 함께 규정하였다. 1997년 형법전 반포시행 후의 실무상황을 보면 상기 규정의 범죄성립기준이 비교적 높기에「형법개정안 (8)」은 본죄의 구성요건을 조정하였고 개정후의 조문은 다음과 같다. "국가규정을 위반하여 방사성이 있는 폐물, 전염병 병원체가 들어있는 폐물, 유독물질 또는 기타 위해물질을 배출하거나 쏟아 버리거나 또는 처리하여 환경을 심각히 오염하는 경우, 3년 이하의 유기징역 또는 구역에 처하고 벌금을 병과하거나 단독으로 부과한다. 결과가 특별히 심각한 경우, 3년 이상 7년 이하의 유기징역에 처하고 벌금을 병과한다."「형법개정안 (8)」이 본죄의 구성요건에 대하여 비교적 큰 조정을 하였기 때문에 기존의 죄명은 개정후의 구성요건의 본질적 특징을 더 이상 정확히 구현할 수 없기에 죄명은 기존의 "중대환경오염사고죄"에서 "환경오염죄"로 개정되었다.

(2) 수입한 고체폐기물 불법처리죄·고체폐기물 무단수입죄(제339조)

본조에 규정된 죄는 1997년 형법전에 의하여 신설된 범죄이다. 1996년 4월 1일에 시행한「중화인민공화국 고체폐기물 환경오염 예방퇴치법」(이하「고체폐기물 환경오염 예방퇴치법」으로 약칭함) 제66조는 다음과 같이 규정하였다. "본 법의 규정을 위반하여 중국 경외의 고체폐기물을 입경하여 쏟아붓거나 쌓아 놓거나 처리하거나 또는 국무원 관련 주관부문의 허가없이 고체폐기물을 수입하여 원료로 할 경우, 세관에서 그 고체폐기물을 반환할 것을 명하고 10만 원 이상 100만 원 이하의 과태료를 부과할 수 있다. 세관의 감독관리를 도피하여 밀수죄를 구성할 경우, 법에 따라 형사책임을 추궁한다. 원료이용의 명의로 원료로 사용할 수 없는 고체폐기물을 수입할 경우, 전항의 규정에 따라 처벌한다."

상술한 규정과 서로 연결하고 형법의 최후수단성을 충분히 발휘하기 위하여 1996년 10월 10일의 개정초안(의견청취고)은 상기 규정의 취지를 흡수하였고 1997년 3월 1일의 개정초안에 이르러 입법기관은 본조에 대하여 비교적 큰 개정과 조정을 하여 최종적으로 1997년「형법」제339조의 규정을 형성하였다. "국가규정을 위반하여 경외의 고체폐기물을 입경하여 쏟아붓거나 쌓아 놓거나 처리하는 경우, 5년 이하의 유기징역 또는 구역에 처하고 벌금을 병과한다. 중대한 환경오염사고를 초래하여 공사재산에 중대한 손실을 초래하거나 또는 인체건강에 심각한 위해를 초래한 경우, 5년 이상 10년 이하의 유기징역에 처하고 벌금을 병과한다. 국무원 관련 주관부문의 허가없이 고체폐기물을 무단수입하여 원료로 하여 중대한 환경오염사고를 초래하여 공사재산에 중대한 손실을 초래하거나 또는 인체건강에 심각한 위해를 초래한 경우, 5년 이상 10년 이하의 유기징역에 처하고 벌금을 병과한다. 원료이용의 명의로 원료로 사용할 수 없는 고체폐기물을 수입할 경우, 본 법 제155조의 규정에 따라 죄명을 정하고 처벌한다."

1997년 형법전 반포시행 후, 입법기관은 고체폐기물을 밀수할 경우 응납세액을 계산할 수 없고 적용할 법정형이 없어 사법기관은 이에 대한 양형에서 일정한 곤란이 있다는 점을 감안하고 동시에 액체폐기물과 기체폐기물을 밀수하는 경우에도 폐기물 밀수의 규정을 적용해야 한다는 점을 고려하여 입법기관은 2002년 12월 28일에 통과한「형법개정안 (4)」에서「형법」제152조에 한 항을 증설하여 본조 제2항으로 한다는 규정을 단독으로 두었다. 즉 "세관의 감독관리를 도피하여 경외의 고체폐기물·액체폐기물과 기체폐기물을 경내로 운수하여 정상이 중한 경우, 5년 이하의 유기징역에 처하고 벌금을 병과하거나 단독으로 부과한다. 정상이 특별히 중한 경우, 5년 이상의 유기징역에 처하고 벌금을 병과한다." 이 개정과 호응하기 위하여「형법개정안 (4)」은 1997년「형법」제339조 제3항의 규정을 상응하게 개정하였다. "원료이용의 명의로 원료로 사용할 수 없는 고체폐기물, 액체폐기물과 기체폐기물을 수입할 경우, 본 법 제152조 제2항, 제3항의 규정에 따라 죄명을 정하고 처벌한다."

(3) 수산물 불법어로죄(제340조)

본조의 죄는 1979년「형법」제129조에서 유래되었다. 즉 "수산자원보호법규를 위반하여 금어구·금어기 또는 사용을 금지하는 도구·방법으로 수산물을 체포하여 정상이 중한 경우, 2년 이하의 유기징역·구역 또는 벌금에 처한다." 형법개정검토과정에서 본죄 조문의 검토과 보완은 주로 본죄의 위치와 법정형의 개정을 둘러싸고 전개되었다.

본죄의 위치에 관하여, 1988년 9월의 형법개정안에서 본죄는 "사회주의시장경제질서 파괴죄"의 장에 규정되었고 1988년 11월 16일과 12월 25일의 개정안은 본죄를 단독으로 설치한 "자연환경 파괴죄"에 배치하였다. 1996년 8월 8일과 8월 31일의 개정초고에서 입법기관은 "사회주의시장경제질서 파괴죄"의 장에 단독으로 "환경과 자연자원 파괴죄"의 절을 설치하여 본죄를 그중에 배치하였다. 1996년 10월 10일의 개정초안(의견청취고)에 이르러 입법기관은 "환경과 생태환경 파괴죄"의 절을 "사회관리질서 방해죄"의 장에 설치하였고 절의 명칭은 "환경파괴죄", "환경보호파괴죄", "환경자원보호파괴죄" 등 변화를 거쳤지만 본죄의 위치는 변하지 않았고 1997년 형법전이 통과될 때까지 유지되었다.

법정형의 변화에 관하여, 1996년 12월 중순의 개정초안 제311조는 본죄의 법정형에 관제형을 증가하여 1997년「형법」제340조의 규정을 형성하였다. "수산자원보호법규를 위반하여 금어구·금어기 또는 사용을 금지하는 도구·방법으로 수산물을 체포하여 정상이 중한 경우, 3년 이하의 유기징역·구역·관제 또는 벌금에 처한다."

(4) 진귀한 야생동물·멸종위기에 처한 야생동물 불법포획·살해죄, 진귀한 야생동물, 멸종위기에 처한 야생동물 및 진귀한 야생동물·멸종위기에 처한 야생동물제품 구입·운수·판매죄, 불법수렵죄(제341조)

1997년「형법」제341조 제1항에 규정된 것은 진귀한 야생동물 · 멸종위기에 처한 야생동물 불법포획 · 살해죄, 진귀한 야생동물 · 멸종위기에 처한 야생동물 및 진귀한 야생동물 · 멸종위기에 처한 야생동물제품 구입 · 운수 · 판매죄이다. 본항의 규정은 1988년 11월 8일 전국인민대표대회 상무위원회에서 통과한「국가가 중점적으로 보호하는 진귀한 야생동물, 멸종위기에 처한 야생동물 포획, 살해의 처벌에 관한 보충결정」을 기초로 개정, 보충하여 형성된 것이다.

1996년 8월 8일의 형법각칙개정초고에서 입법기관은「국가가 중점적으로 보호하는 진귀한 야생동물, 멸종위기에 처한 야생동물 포획, 살해의 처벌에 관한 보충결정」의 내용을 기초로 두 곳의 개정과 조정을 하였다. (1) 본죄 제1등차 법정형중의 벌금을 개정하여 기존의 "벌금을 병과하거나 단독으로 부과할 수 있다"를 "벌금을 병과한다"로 개정하였다. (2) 가중정상의 법정형을 증설하였다. 즉 "정상이 중한 경우, 7년 이상의 유기징역에 처하고 벌금을 병과한다." 동시에 국가가 중점적으로 보호하는 진귀한 야생동물, 멸종위기에 처한 야생동물 및 그 제품을 전매하는 행위를 범죄로 규정하였다.

(5) 농업용지 불법점용죄(제342조)

우리 나라는 일인당 농경지 면적이 비교적 작은 나라이기에 한치의 토지라도 아끼고 보호하는 것은 우리 나라의 기본국책이다. 토지의 관리와 보호를 강화하기 위하여 국가에서는 선후하여 일련의 토지보호 관련 법률과 법규를 반포하였지만 여전히 토지를 불법점용하는 행위를 효과적으로 저지할 수 없었다. 때문에 농업용지를 불법점용하여 정상이 중한 행위를 범죄로 규정할 필요가 있었다.

본조에 규정된 죄는 1997년 형법전에 의하여 신설되고 2001년 8월 31일 전국인민대표대회 상무위원회에서 통과한「형법개정안 (2)」에 의하여 개정되어 형성된 것이다.

1988년 9월과 11월 16일의 형법개정안에서 입법기관은 두 개의 조문으로 농경지와 초원식생을 파괴하는 범죄행위를 규정하였다. 그 후의 검토과정에서 일부 초고에 토지를 오염하여 사고를 초래하는 행위를 범죄로 규정한 외에 토지자원범죄의 관한 기타 규정은 없었다. 1997년 3월 1일의 형법개정초안에 이르러 입법기관은 비로소 농경지를 불법점용하는 행위를 범죄로 개정초안에 규정하였다. 동 초안 제339조는 다음과 같이 규정하였다. "토지관리법규를 위반하여 농경지를 불법점용하여 다른 용도로 변경하여 양이 비교적 크고 농경지를 대량으로 훼손한 경우, 5년 이하의 유기징역 또는 구역에 처하고 벌금을 병과하거나 단독으로 부과한다." 이 내용은 그 후의 1997년 「형법」 제342조에 도입되었다.

1997년 형법전 반포후, 사회의 발전과 더불어 실무에서 새로운 상황과 문제가 나타났기에 「형법개정안 (2)」은 본죄 구성요건을 보충개정하였는데 개정후의 조문은 다음과 같다. "토지관리법규를 위반하여 농경지·임지 등 농업용지를 불법점용하여 피점용토지의 용도로 변경하여 양이 비교적 크고 농경지, 임지 등 농업용지를 대량으로 훼손한 경우, 5년 이하의 유기징역 또는 구역에 처하고 벌금을 병과하거나 단독으로 부과한다." 입법기관에서 본죄의 객체를 "농경지"에서 모든 농업용지로 확장하였기에 그 죄명도 기존의 "농경지 불법점용죄"에서 "농업용지 불법점용죄"로 개정되었다. 동시에 법률을 정확히 적용하고 사법실무에서의 부동한 이해를 해소하기 위하여 전국인민대표대회 상무위원회는 2001년 8월 31일『「중화인민공화국형법」 제228조, 제342조, 제410조에 관한 해석』을 반포하였는데 동 해석은 "형법 제228조, 제342조, 제410조에 규정된 "토지관리법규를 위반하여"는 토지관리법·삼림법·초원법 등 법률 및 관련 행정법규중 토지관리와 관련된 규정을 가리킨다"라고 규정하였다.

(6) 불법채광죄·파괴성 채광죄(제343조)

1997년 「형법」 제343조 제1항에 규정된 불법채광죄는 신설된 범죄이다. 일찍이 1988년에 입법기관에서는 불법채광죄를 개정초고에 규정하였고 1996년 8월 29일 전국인민대표대회 상무위원회에서는 「중화인민공화국 광산자원법」(이하

「광산자원법」으로 약칭함)을 개정하였는데 개정후의 「광산자원법」 제39조는 다음과 같이 규정하였다. "본 법의 규정을 위반하여 채광허가증을 취득하지 않고 무단채광하거나 국가가 기획한 광구, 국민경제에 중요한 영향이 있는 광구에 무단진입하여 채광하거나 국가가 보호성 채굴을 하도록 규정한 특정 광물을 무단채굴하는 경우, 채굴정지를 명령하고 손해를 배상하며 채굴한 광산물과 위법소득을 몰수함과 동시에 과태료를 병과할 수 있다. 채굴정지를 거부하여 광산자원을 파괴한 경우, 형법 제156조[12]의 규정에 따라 직접 책임자의 형사책임을 추궁한다. 단위와 개인이 타인이 법에 따라 설립한 국유광산기업과 기타 광산기업의 채광범위에 진입하여 채광한 경우, 전항의 규정에 따라 처벌한다." 그 후의 검토과정에서 입법기관은 상기 규정의 내용을 기초로 불법채광죄의 조문을 기초하여 1997년 「형법」 제343조 제1항의 규정을 형성하였다. "광산자원법의 규정을 위반하여 채광허가증을 취득하지 않고 무단채광하거나 국가가 기획한 광구, 국민경제에 중요한 영향이 있는 광구와 타인의 광구범위에 무단진입하여 채광하거나 국가가 보호성 채굴을 하도록 규정한 특정 광물을 무단채굴하여 채굴정지를 명령하였음에도 불구하고 채굴정지를 거부하여 광산자원을 파괴한 경우, 3년 이하의 유기징역, 구역 또는 관제에 처하고 벌금을 병과하거나 단독으로 부과한다. 광산자원을 심각히 파괴한 경우, 3년 이상 7년 이하의 유기징역에 처하고 벌금을 병과한다." 그 후 「형법개정안 (8)」은 본죄의 조문을 개정하였는데 개정후의 조문은 다음과 같다. "광산자원법의 규정을 위반하여 채광허가증을 취득하지 않고 무단채광하거나 국가가 기획한 광구, 국민경제에 중요한 영향이 있는 광구와 타인의 광구범위에 무단진입하여 채광하거나 국가가 보호성 채굴을 하도록 규정한 특정 광물을 무단채굴하여 정상이 중한 경우, 3년 이하의 유기징역·구역 또는 관제에 처하고 벌금을 병과하거나 단독으로 부과한다. 정상이 특별히 중한 경우, 3년 이상 7년 이하의 유기징역에 처하고 벌금을 병과한다."

---

12 1979년 「형법」 제156조에서 규정한 공사재물 고의훼손죄이다.

(7) 국가가 중점적으로 보호하는 식물 불법 채벌·훼손죄, 국가가 중점적으로 보호하는 식물·국가가 중점적으로 보호하는 식물제품 불법 구입·운수·가공·판매죄(제344조)

국가가 중점적으로 보호하는 식물 불법 채벌, 훼손죄는 2002년 12월 28일 전국인민대표대회 상무위원회에서 통과한「형법개정안 (4)」과 1997년「형법」제344조에 규정된 진귀수목 불법 채벌, 훼손죄를 개정하여 형성된 것이다.

입법초고의 변화과정을 보면 진귀수목 불법 채벌, 훼손죄는 처음으로 1996년 10월 10일의 개정초안(의견청취고)에 나타났는데 동고 제308조는 다음과 같이 규정하였다. "삼림법의 규정을 위반하여 진귀수목을 불법 채벌, 훼손하는 경우, 3년 이하의 유기징역 또는 구역에 처하고 벌금을 병과할 수 있다. 정상이 중한 경우, 3년 이상 7년 이하의 유기징역에 처하고 벌금 또는 재산몰수를 병과한다." 이 내용에 대하여 그 후의 검토과정에서 선후하여 세 차례의 개정과 조정을 하여 1997년「형법」제344조의 규정을 형성하였다. "삼림법의 규정을 위반하여 진귀수목을 불법 채벌, 훼손하는 경우, 3년 이하의 유기징역 또는 구역에 처하고 벌금을 병과한다. 정상이 중한 경우, 3년 이상 7년 이하의 유기징역에 처하고 벌금 또는 는 재산몰수를 병과한다."

1997년 형법전 반포후 사회의 발전에 따라 본죄의 적용과정에서 새로운 문제가 나타났다.「형법개정안 (4)」은 진귀수목 불법 채벌, 훼손죄의 규정을 국가가 중점적으로 보호하는 식물 불법 채벌, 훼손죄로 개정하였을 뿐만 아니라 국가가 중점적으로 보호하는 식물, 국가가 중점적으로 보호하는 식물제품 불법 구입·운수·가공·판매죄를 증설하였다.「형법개정안 (4)」의 개정을 거친 1997년「형법」제344조의 규정은 다음과 같다. "국가규정을 위반하여 진귀수목 또는 국가가 중점적으로 보호하는 기타 식물을 불법 채벌, 훼손하거나 진귀수목 또는 국가가 중점적으로 보호하는 기타 식물 및 그 제품을 불법 구입·운수·가공·판매하는 경우, 3년 이하의 유기징역 구역 또는 관제에 처하고 벌금을 병과한다. 정상이 중한 경우, 3년 이상 7년 이하의 유기징역에 처하고 벌금 또는 재산몰수를 병과한다."

(8) 임목 도벌죄, 임목 남벌죄, 도벌·남벌한 임목 불법 구입·운수죄(제345조)

1979년 「형법」 제128조는 임목 도벌죄와 임목 남벌죄를 규정하였는데 그 내용은 다음과 같다. "삼림보호법규를 위반하여 삼림 또는 기타 임목을 도벌·남벌하여 정상이 중한 경우, 3년 이하의 유기징역 또는 구역에 처하고 벌금을 병과하거나 단독으로 부과할 수 있다."

형법개정검토과정에서 임목을 도벌하는 범죄와 남벌하는 범죄는 처음에는 줄곧 한 개의 조문에 합병하여 규정하였고 입법기관에서도 임목을 도벌·남벌하여 영득하는 행위에 대하여 단독으로 규정하였다. 1996년 10월 10일의 개정초안(의견청취고)에 이르러 입법기관은 본조의 내용에 대하여 비교적 큰 조정을 하여 총 5항의 규정을 두었다.

수 차례의 개정과 조정을 거쳐 최종적으로 형성된 1997년 「형법」 제345조의 규정은 다음과 같다. "삼림 또는 기타 임목을 도벌하여 양이 비교적 큰 경우, 3년 이하의 유기징역·구역 또는 관제에 처하고 벌금을 병과하거나 단독으로 부과한다. 양이 거대한 경우, 3년 이상 7년 이하의 유기징역에 처하고 벌금을 병과한다. 양이 특별히 거대한 경우, 7년 이상의 유기징역에 처하고 벌금을 병과한다. 삼림법의 규정을 위반하여 삼림 또는 기타 임목을 남벌하여 양이 비교적 큰 경우, 3년 이하의 유기징역·구역 또는 관제에 처하고 벌금을 병과하거나 단독으로 부과한다. 양이 거대한 경우, 3년 이상 7년 이하의 유기징역에 처하고 벌금을 병과한다. 영리의 목적으로 삼림 지역에서 도벌·남벌한 임목임을 알면서 불법 구입하여 정상이 중한 경우, 3년 이하의 유기징역·구역 또는 관제에 처하고 벌금을 병과하거나 단독으로 부과한다. 정상이 특별히 중한 경우, 3년 이상 7년 이하의 유기징역에 처하고 벌금을 병과한다. 국가급 자연보호구내의 삼림 또는 기타 임목을 도벌·남벌하는 경우, 중하게 처벌한다."

1997년 형법전 반포후 「형법개정안 (4)」은 사법실무의 수요에 응하여 제345조 제3항의 규정에 대하여 보충과 개정을 하였다. 즉 "도벌·남벌한 임목임을 알면서 불법 구입·운수하여 정상이 중한 경우, 3년 이하의 유기징역·구역 또는 관제에 처하고 벌금을 병과하거나 단독으로 부과한다. 정상이 특별히 중한 경우, 3

년 이상 7년 이하의 유기징역에 처하고 벌금을 병과한다."

(9) 본절 단위 범죄의 처벌(제346조)

1997년「형법」제346조는 단위가 본절의 죄를 범할 경우의 처벌규정이다. 1996년 8월 8일의 형법각칙개정초고가 본 규정을 개정초고에 도입한 이래, 선후하여 수 차례의 조문 번호와 기술상의 개정과 조정을 하여 최종적으로 1997년「형법」제346조의 규정을 형성하였다. "단위가 본절 제338조부터 제345조에 규정된 죄를 범할 경우, 단위를 벌금에 처하고 직접 책임을 지는 주관자와 기타 직접 책임자를 본절 각 해당 조항의 규정에 따라 처벌한다."

7. 마약 밀수·판매·운수·제조죄

(1) 마약 밀수·판매·운수·제조죄(제347조)

1979년 형법전에서 우리 나라 입법기관은 마약 제조·판매·운수죄만 규정하였다. 즉 171조는 "아편·헤로인·모르핀 또는 기타 마약을 제조·판매·운수하는 경우, 5년 이하의 유기징역 또는 구역에 처하고 벌금을 병과할 수 있다. 일관적으로 또는 대량으로 전항의 마약을 제조, 판매, 운수하는 경우, 5년 이상의 유기징역에 처하고 재산몰수를 병과할 수 있다." 형법개정검토과정에서 1988년의 3개의 형법개정안은 1979년 형법전 및「밀수죄 처벌에 관한 보충결정」을 기초로 본죄의 조문을 기초하였다. 이 3개의 개정안은 마약을 밀수죄의 일종의 대상으로 기타 화물, 물품과 병렬하여 규정하였기에 규정의 방식상「밀수죄 처벌에 관한 보충결정」의 내용과 대체로 같았다. 마약 제조·판매·운수죄를 놓고 말하면 이 3개의 개정안은 기본적으로 1979년 형법전의 규정을 답습하였는데 부동한 것은 입법기관에서 본죄 상습범의 규정에 정상이 중한 경우의 법정형을 보충한 점이다.

1990년 12월 28일「전국인민대표대회 상무위원회 마약금지에 관한 결정」(이하「마약금지결정」으로 약칭함) 통과후, 입법기관은 그 후의 본죄 조문의 기초과정에서 「마약금지결정禁毒決定」의 관련 규정을 기초로 기초하기 시작하였고 선후하여 삭제, 개정과 보충을 거쳐 최종적으로 1997년「형법」제347조의 규정을 형성하였다. "마약을 밀수·판매·운수·제조하는 경우, 양의 다소를 불문하고 형사책임을 추궁하고 형사처벌을 부과한다. 마약을 밀수·판매·운수·제조하여 이하의 경우 중 하나가 있을 경우, 15년의 유기징역·무기징역 또는 사형에 처하고 재산몰수를 병과한다. (1) 아편 1킬로그램이상, 헤로인 또는 메스암페타임 50그램이상 또는 기타 마약의 양이 큰 경우, (2) 마약밀수·판매·제조 조직의 수괴, (3) 마약 밀수·판매·운수·제조를 무장호위하는 경우, (4) 검사·구류·체포를 폭력으로 항거하여 정상이 중한 경우, (5) 조직적인 국제마약판매활동에 참가하는 경우. 밀수·판매·운수·제조한 아편이 200그램 이상 1킬로그램 미만, 헤로인 또는 메스암페타임이 10그램 이상 50그램 미만 또는 기타 마약의 양이 비교적 큰 경우, 7년 이상의 유기징역에 처하고 벌금을 병과한다. 밀수·판매·운수·제조한 아편이 200그램 미만, 헤로인 또는 메스암페타임이 10그램 미만 또는 기타 마약의 양이 적은 경우, 3년 이상의 유기징역·구역 또는 관제에 처하고 벌금을 병과한다. 정상이 중한 경우, 3년 이상 7년 이하의 유기징역에 처하고 벌금을 병과한다. 단위가 제2항, 제3항, 제4항의 죄를 범한 경우, 단위를 벌금에 처하고 직접 책임을 지는 주관자와 기타 직접 책임자를 각 해당 항의 규정에 따라 처벌한다. 미성년자를 이용, 교사하여 마약을 밀수·판매·운수·제조하거나 미성년자에게 마약을 판매하는 경우, 중하게 처벌한다. 마약을 여러 차 밀수·판매·운수·제조하여 처리하지 않은 경우, 마약의 양을 누계한다."

(2) 마약 불법소지죄(제348조)

본조에 규정된 죄는「마약금지결정」제3조의 규정에 대하여 개정과 조정을 거쳐 형성된 것이다.「마약금지결정」제3조는 다음과 같이 규정하였다. "그 누구도 마약을 불법소지하여서는 안 된다. 불법소지한 아편이 1킬로그램 이상, 헤로인 50그램 이상 또는 기타 마약의 양이 큰 경우, 7년 이상의 유기징역 또는 무기징역에 처하고 벌금을 병과한다. 불법소지한 아편이 200그램 이상 1킬로그램 미만, 헤로인이 10그램 이상 50그램 미만 또는 기타 마약의 양이 비교적 큰 경우, 7년 이하의 유기징역·구역 또는 관제에 처하고 벌금을 병과할 수 있다. 불법소지한 아편이 200그램 미만, 헤로인이 10그램 미만 또는 기타 마약의 양이 적은 경우, 제8조 제1항의[13] 규정에 따라 처벌한다."

형법개정검토과정에서 상기 규정의 내용을 둘러싸고 이하의 개정과 조정을 하였다. (1) 1996년 8월 8일의 형법각칙개정초고에서 입법기관은 "그 누구도 마약을 불법소지하여서는 안 된다."의 규정과 소지한 마약이 법정표준에 달하지 못하여 행정처벌을 부과하는 규정을 삭제하였다. (2) 1997년 3월 13일의 개정초안 제348조는 본죄 구성요건에 "메스암페타임"에 관한 규정을 보충하였고 본죄의 법정형을 다시 정리하였다. 동 초안의 이 내용은 최종적으로 1997년「형법」제348조에 의하여 답습되었다. "불법소지한 아편이 1킬로그램 이상, 헤로인 또는 메스암페타임이 50그램 이상 또는 기타 마약의 양이 큰 경우, 7년 이상의 유기징역 또는 무기징역에 처하고 벌금을 병과한다. 불법소지한 아편이 200그램 이상 1킬로그램 미만, 헤로인 또는 메스암페타임이 10그램 이상 50그램 미만 또는 기타 마약의 양이 비교적 큰 경우, 3년 이하의 유기징역·구역 또는 관제에 처하고 벌금을 병과한다. 정상이 중한 경우, 3년 이상 7년 이하의 유기징역에 처하고 벌금을 병과한다."

(3) 마약범죄자 비호죄, 마약·마약범죄로 인한 재물 은닉·이전·은폐죄
(제349조)

본조에 규정된 죄는「마약금지결정」제4조의 규정에 대하여 개정과 조정을 거쳐 형성된 것이다.「마약금지결정」제4조는 다음과 같이 규정하였다. "마약을

---

[13] 「마약금지결정禁毒決定」제8조 제1항은 '마약을 흡입, 주사하는 경우, 공안기관에서 15일 이하의 구류에 처하고 2000원 이하의 과태료를 단독으로 부과하거나 병과할 수 있고 마약과 흡입, 주사도구를 몰수한다.'

밀수 · 판매 · 운수 · 제조한 범죄자를 비호하거나 범죄자를 위하여 마약 또는 범죄로 인하여 획득한 재물을 은닉 · 이전 · 은폐하거나 마약판매로 인하여 획득한 재물의 불법성질과 출처를 위장 · 은폐하는 경우, 7년 이하의 유기징역, 구역 또는 관제에 처하고 벌금을 병과할 수 있다. 전항의 죄를 범하여 사전에 공모한 경우, 마약밀수 · 판매 · 운수 · 제조죄의 공범으로 논한다."

「마약금지결정」의 관련 규정에 대하여 형법개정과정에서 선후하여 개정과 조정을 거쳐 최종적으로 1997년「형법」제349조의 규정을 형성하였다. "마약을 밀수 · 판매 · 운수 · 제조한 범죄자를 비호하거나 범죄자를 위하여 마약 또는 범죄로 인하여 획득한 재물을 은닉 · 이전 · 은폐하는 경우, 3년 이하의 유기징역 · 구역 또는 관제에 처한다. 정상이 중한 경우, 3년 이상 10년 이하의 유기징역에 처한다. 마약단속인원 또는 기타 국가기관공무원이 마약을 밀수 · 판매 · 운수 · 제조한 범죄자를 엄호 · 비호하는 경우, 전항의 규정에 따라 중하게 처벌한다. 전 2항의 죄를 범하여 사전에 공모한 경우, 마약밀수 · 판매 · 운수 · 제조죄의 공범으로 논한다."

(4) 마약제조물품 밀수죄, 마약제조물품 불법매매죄(제350조)

본조에 규정된 죄는「마약금지결정」제5조의 규정에 대하여 개정과 조정을 거쳐 형성된 것이다.

형법개정검토과정에서 본죄 조문에 관한 검토는 주로「마약금지결정」제5조 내용에 대한 개정을 둘러싸고 전개되었다. 1997년「형법」제350조는 다음과 같이 규정하였다. "국가규정을 위반하여 무수초산 · 에틸에테르 · 클로로포름 또는 기타 마약제조에 사용되는 원료 또는 배제를 불법운수 · 휴대하여 국경을 출입하거나 국가규정을 위반하여 국경내에서 상술한 물품을 불법매매하는 경우, 3년 이하의 유기징역 · 구역 또는 관제에 처하고 벌금을 병과한다. 양이 큰 경우, 3년 이상 10년 이하의 유기징역에 처하고 벌금을 병과한다. 타인이 마약을 제조하는 것을 알면서 그에게 전항에 규정된 물품을 제공하는 경우, 마약제조죄의 공범으로 논한다. 단위가 전 2항의 죄를 범한 경우, 단위를 벌금에 처하고 직접 책임을 지는 주관자와 기타 직접 책임자를 전 2항의 규정에 따라 처벌한다."

「형법개정안 (9)」은 본조 제1항과 제2항을 다음과 같이 개정하였다. "국가규정을 위반하여 무수초산·에틸에테르·클로로포름 또는 기타 마약제조에 사용되는 원료 또는 배제를 불법생산·매매·운수하거나 상술한 물품을 휴대하고 국경을 출입하여 정상이 비교적 중한 경우, 3년 이하의 유기징역·구역 또는 관제에 처하고 벌금을 병과한다. 정상이 중한 경우, 3년 이상 7년 이하의 유기징역에 처하고 벌금을 병과한다. 정상이 특별히 중한 경우, 7년 이상의 유기징역에 처하고 벌금 또는 재산몰수를 병과한다. 타인이 마약을 제조하는 것을 알면서 그에게 전항에 규정된 물품을 생산·매매·운수하는 경우, 마약제조죄의 공범으로 논한다."

(5) 마약원식물 불법재배죄(제351조)

본조에 규정된 죄는「마약금지결정」제6조의 규정에 대하여 개정과 조정을 거쳐 형성된 것이다.

형법개정검토과정에서 1988년 12월 25일의 형법개정안 제193조 제3항은 "양귀비 등 마약원식물을 불법재배하여 정상이 중한 경우, 제1항[14]의 규정에 따라 처벌한다"라고 규정한 적이 있었다.「마약금지결정」반포후 입법기관은 동 결정의 규정을 기초로 본죄조문을 기초하기 시작하였다. 1996년 8월 8일의 개정초고에서 입법기관은「마약금지결정」제6조 제3항의 행정처벌의 규정을 삭제하였고 기타 내용은 동 결정의 규정과 같았다. 동 초고의 이 내용은 그 후의 개정초고에 의하여 답습되었고 최종적으로 1997년「형법」제350조에 도입되었다. "양귀비·대마 등 마약원식물을 불법재배하는 경우, 일률로 강제제거한다. 이하의 경우 중 하나가 있을 경우, 5년 이하의 유기징역 구역 또는 관제에 처하고 벌금을 병과한다. (1) 양귀비 500그루 이상 3,000그루 미만 또는 기타 마약원식물의 양이 비교적 큰 경우, (2) 공안기관이 처리한 후 다시 재배하는 경우, (3) 제거에 항거하는 경우. 양귀비 3,000그루 이상 또는 기타 마약원식물의 양이 큰 경우, 5년 이상의 유

---

[14] 동조 제1항에 규정된 것은 마약제조·판매·운수죄이다.

기징역에 처하고 벌금 또는 재산몰수를 병과한다. 양귀비 또는 기타 마약원식물을 불법재배하여 수확하기 전에 자발적으로 제거하는 경우, 처벌을 면제할 수 있다."

(6) 마약원식물 종자·유묘 불법매매·운수·휴대·소지죄(제352조)

본죄는 1997년 형법전에 의하여 신설된 범죄이고 그 규정이 최초로 나타난 것은 1996년 12월 중순의 형법개정초안 제322조의 규정이다. "불활화를 거치지 않은 양귀비 등 마약원식물의 종자 또는 유묘를 불법매매·운수·휴대·소지하여 양이 비교적 큰 경우, 3년 이하의 유기징역·구역 또는 관제에 처하고 벌금을 병과하거나 단독으로 부과할 수 있다." 1997년 3월 1일의 형법개정초안은 본죄의 벌금형부분에 대하여 미세한 조정을 하여 "벌금을 병과하거나 단독으로 부과할 수 있다"를 "벌금을 병과하거나 단독으로 부과한다"로 개정하였는데 이 내용은 1997년「형법」제352조에 도입되었다.

(7) 타인이 마약을 흡입하도록 유인·교사·기만하는 죄, 타인이 마약을 흡입하도록 강제하는 죄(제353조)

본조에 규정된 죄는「마약금지결정」제7조의 규정을 기초로 개정하여 형성된 것이다. 동 결정 제7조는 다음과 같이 규정하였다. "타인이 마약을 흡입 또는 주사하도록 유인·교사·기만하는 경우, 7년 이하의 유기징역·구역 또는 관제에 처하고 벌금을 병과한다. 타인이 마약을 흡입 또는 주사하도록 강제하는 경우, 3년 이상 10년 이하의 유기징역에 처하고 벌금을 병과한다. 미성년자가 마약을 흡입 또는 주사하도록 유인·교사·기만 또는 강제하는 경우, 중하게 처벌한다."

형법개정검토과정에서 1997년 3월 1일의 형법개정초안 제350조 제1항은 타인이 마약을 흡입하도록 유인·교사·기만하는 죄의 법정형을 개정하여 기존의 "7년 이하의 유기징역·구역 또는 관제에 처하고 벌금을 병과한다"를 "3년 이하의 유기징역·구역 또는 관제에 처하고 벌금을 병과한다. 정상이 중한 경우, 3년 이상 7년 이하의 유기징역에 처하고 벌금을 병과한다"로 개정하였다. 이렇게 형성된 1997년「형법」제353조의 규정은 다음과 같다. "타인이 마약을 흡입 또는 주사하도록 유인·교사·기만하는 경우, 3년 이하의 유기징역·구역 또는 관제에 처하고 벌금을 병과한다. 정상이 중한 경우, 3년 이상 7년 이하의 유기징역에 처하고 벌금을 병과한다. 타인이 마약을 흡입 또는 주사하도록 강제하는 경우, 3년 이상 10년 이하의 유기징역에 처하고 벌금을 병과한다. 미성년자가 마약을 흡입 또는 주사하도록 유인·교사·기만 또는 강제하는 경우, 중하게 처벌한다."

(8) 타인을 수용하여 마약을 흡입하게 하는 죄(제354조)

본조의 규정은「마약금지결정」제9조의 규정을 기초로 개정하여 형성된 것이다.「마약금지결정」제9조는 다음과 같이 규정하였다. "타인을 수용하여 마약을 흡입·주사하게 함과 동시에 마약을 판매하는 경우, 제2조[15]의 규정에 따라 처벌한다."

1996년 8월 8일의 형법각칙개정초고 및 그 후의 일부 초고에서 상기 규정을 도입시 그 기술상 실질적인 변화가 없었다. 그것은「마약금지결정」및 이 초고들은 타인을 수용하여 마약을 흡입하게 함과 동시에 마약을 판매하는 행위를 마약밀수·판매·운수·제조죄에 따라 처벌한다고 규정하여 단독적인 범죄행위로 인식하였다. 하지만 1996년 12월 중순과 12월 20일의 개정초고에 이르러 이러한 행위의 처리에 관한 규정은 변화를 보였다. 즉 마약밀수·판매·운수·제조죄로 죄명을 정하고 처벌한다고 규정하였기에 이런 행위는 더 이상 일종의 독자적인 범죄가 아니였다.

개정초안에 관하여 의견을 청취하는 과정에서 일부 부문과 지방에서는 마약을 판매하는 행위는 이미 마약밀수·판매·운수·제조죄의 판매행위에 포함되었기에 "함과 동시에 마약을 판매"의 내용을 삭제하고 타인을 수용하여 마약을 흡입하게 하면 범죄를 구성할 것을 제안하였다.[16] 입법기관은 이 건의를 채택하여

---

15 「마약금지결정禁毒決定」제2조에 규정된 것은 마약밀수·판매·운수·제조죄이다.
16 "中央有關部門、地方及法律專家對刑法修訂草案(徵求意見稿)的意見", 高銘暄·趙秉志,「新中國刑法立法文獻資料總覽(下)」, 北京, 中國人民公安大學出版社, 1998, p.2173.

그 후의 1997년 1월 10일의 형법개정초안 제336조에서 "마약을 판매하는" 행위를 삭제하였고 "타인을 수용하여 마약을 흡입하게 하는" 행위에 대하여 독자적인 법정형을 규정하였다. 즉 "타인을 수용하여 마약을 흡입·주사하게 하는 경우, 3년 이하의 유기징역·구역 또는 관제에 처한다." 1997년3월 1일의 형법개정초안 제351조는 본죄의 법정형에 "벌금을 병과한다"라는 규정을 증설하여 1997년「형법」제354조의 규정을 형성하였다. "타인을 수용하여 마약을 흡입·주사하게 하는 경우, 3년 이하의 유기징역·구역 또는 관제에 처하고 벌금을 병과한다."

(9) 마취약품·향정신성의약품 불법제공죄(제355조)

본조의 규정은「마약금지결정」제10조 제2, 3항의 규정에서 유래된 것이다. 즉 "법에 따라 국가가 통제하는 마취약품·향정신성의약품을 생산·운수·관리·사용하는 인원이 국가규정을 위반하여 마약을 흡입·주사하는 자에게 국가가 통제하는 마취약품·향정신성의약품을 제공하는 경우, 7년 이하의 유기징역 또는 구역에 처하고 벌금을 병과할 수 있다. 마약을 밀수·판매하는 범죄자 또는 영리의 목적으로 마약을 흡입·주사하는 자에게 국가가 통제하는 마취약품·향정신성의약품을 제공하는 경우, 제2조의 규정에 따라 처벌한다. 단위가 제2항에 규정된 위법범죄행위가 있을 경우, 직접 책임을 지는 주관자와 기타 직접 책임자를 제2항의 규정에 따라 처벌하고 단위를 벌금에 처한다."

「마약금지결정」의 관련 규정을 검토제정중의 형법전에 도입하는 과정에서 선후하여 개정을 거쳐 최종적으로 1997년「형법」제355조의 규정을 형성하였다. "법에 따라 국가가 통제하는 마취약품·향정신성의약품을 생산·운수·관리·사용하는 인원이 국가규정을 위반하여 마약을 흡입·주사하는 자에게 국가가 통제하는 사람이 중독될 수 있는 마취약품·향정신성의약품을 제공하는 경우, 3년 이하의 유기징역 또는 구역에 처하고 벌금을 병과한다. 정상이 중한 경우, 3년 이상 7년 이하의 유기징역에 처하고 벌금을 병과한다. 마약을 밀수·판매하는 범죄자 또는 영리의 목적으로 마약을 흡입, 주사하는 자에게 국가가 통제하는 사람이 중독될 수 있는 마취약품·향정신성의약품을 제공하는 경우, 본 법 제347조의 규정에 따라 죄명을 정하고 처벌한다. 단위가 전항의 죄를 범한 경우, 단위를 벌금에 처하고 직접 책임을 지는 주관자와 기타 직접 책임자를 전항의 규정에 따라 처벌한다."

(10) 마약범죄의 재범문제(제356조)

본조의 규정은「마약금지결정」제11조 제2항의 규정에서 유래된 것이다. 1996년 8월 8일의 형법각칙개정초고는 동 규정을 제6장 제6절 제9조 제2항으로 규정하였는데 이는 그 후의 여러 초고에 의하여 답습되었고 최종적으로 1997년「형법」제356조의 규정을 형성하였다. "마약밀수·판매·운수·제조·불법소지죄로 인하여 형벌을 선고 받은 후 다시 본절에서 규정된 죄를 범할 경우, 중하게 처벌한다."

(11) 마약의 개념과 수량의 계산(제357조)

1997년「형법」제357조 제1항의 마약개념에 관한 규정은「마약금지결정」제1조의 규정에서 유래되었다. 1996년 10월 10일의 개정초안(의견청취고)은 이를 제318조 제1항에 도입하였는데 당시 열거한 마약명칭에는 아편·헤로인·모르핀·대마·코카인이였다. 1996년 12월 중순의 개정초안부터 메스암페타인을 증가하여 1997년「형법」제357조 제1항에 의하여 답습되었다. 즉 "본 법에서 말하는 마약이란 아편·헤로인·메스암페타인·모르핀·대마·코카인 및 국가가 통제하는 타인이 중독될 수 있는 마취약품과 향정신성의약품을 가리킨다."

형법개정검토과정에서 주로 두 가지 의견이 있었다.[17]

한 가지 의견은 의견청취고 제318조의 마약의 수량을 순도로 환산하지 않은 규정은 마약범죄를 엄하게 다스리는 데 유리하다는 것이고, 다른 한 가지 의견은 마약의 순도가 다르면 위해성의 정도가 다르고 양형도 마땅히 달라야 한다는 것

---

17 "中央有關部門, 地方及法律專家對刑法修訂草案(徵求意見稿)的意見", 高銘暄·趙秉志,「新中國刑法立法文獻資料總覽(下)」, 北京, 中國人民公安大學出版社, 1998, p.2173.

이다. 사법실무에서 압수한 마약은 그 순도의 차가 크기에 마약의 수량만을 죄명을 정하고 양형하는 근거로 규정하고 마약의 순도를 불문하면 실제 상황에 부합되지 않을 뿐만 아니라 실무 중의 법집행에 실수를 초래할 수 있고 특히 일부 사형적용과 관련된 사건에서 그렇기 때문에 본항의 규정을 삭제할 것을 제안하였다. 입법기관은 최종적으로 첫 번째 의견을 채택하여 1997년「형법」제357조 제2항에 다음과 같이 규정하였다. "마약의 수량은 조사하여 사실로 증명된 밀수·판매·운수·제조·불법소지한 마약의 수량으로 계산하고 순도로 환산하지 않는다."

8. 매음을 조직·강요·유인·수용·소개한 죄

(1) 매음조직죄·매음강요죄·매음조직협조죄(제358조)

1997년「형법」제358조 제1·2항에 규정된 조직매음죄는 1991년 9월 4일 전국인민대표대회 상무위원회에서 통과한「성매매 엄금에 관한 결정」제1조 제2항에서 유래된 것인데 동항은 다음과 같이 규정하였다. "타인을 조직하여 매음하게 하는 경우, 10년 이상의 유기징역 또는 무기징역에 처하고 1만 원 이하의 벌금 또는 재산몰수를 병과한다. 정상이 특별히 중한 경우, 사형에 처하고 재산몰수를 병과한다."

1991년「성매매 엄금에 관한 결정」이 통과된 후 1996년 8월 8일의 형법각칙 개정초고 및 그 후의 일부 초고는「성매매 엄금에 관한 결정」을 그대로 도입하였다. 1996년 12월 20일의 개정초안에 이르러 입법기관은 사형조문의 수량을 감소시키기 위하여 본죄와 매음강요죄를 합병하여 한 개의 조문에 규정하였고 개정과 조정을 거쳐 최종적으로 1997년「형법」제358조 제1·2항의 규정을 형성하였다.

1997년「형법」제358조 제3항에 규정한 것은 매음조직협조죄인데 본죄는 1991년「성매매 엄금에 관한 결정」제1조 제2항의 규정을 기초로 개정되어 형성된 것이다.

1997년 형법전 반포후 일부 부문에서는 근년에 사회에서 매음장소를 위하여 인원의 모집, 운송을 전담하는 조직과 개인이 나타났는데 그들은 매음장소의 조직매음·매음강요에 참여하지 않지만 영리를 위하여 많은 여성을 불행의 경지에 빠뜨리고 있기에 이러한 "방조"행위도 형사책임을 추궁하여야 한다고 제안하였다. 입법기관은 이 의견을 채택하여 2011년 2월 25일에 통과한「형법개정안 (8)」은 1997년「형법」제358조 제3항을 다음과 같이 개정하였다. "조직매음자를 위하여 인원을 모집·운송하거나 또는 타인을 조직하여 매음하는 것을 협조하는 기타 행위가 있을 경우, 5년 이하의 유기징역에 처하고 벌금을 병과한다. 정상이 특별히 중한 경우, 5년 이상 10년 이하의 유기징역에 처하고 벌금을 병과한다."

「형법개정안 (9)」은 본조를 다음과 같이 개정하였다. "타인을 매음하도록 조직, 강요하는 경우, 5년 이상 10년 이하의 유기징역에 처하고 벌금을 병과한다. 정상이 중한 경우, 10년 이상의 유기징역 또는 무기징역에 처하고 벌금 또는 재산몰수를 병과한다. 미성년자를 매음하도록 조직·강요하는 경우, 전항의 규정에 따라 중하게 처벌한다. 전 2항의 죄를 범하여 살해, 상해, 강간, 납치 등 범죄행위가 있을 경우, 병합죄의 규정에 따라 처벌한다. 조직매음자를 위하여 인원을 모집, 운송하거나 또는 타인을 조직하여 매음하는 것을 협조하는 기타 행위가 있을 경우, 5년 이하의 유기징역에 처하고 벌금을 병과한다. 정상이 중한 경우, 5년 이상 10년 이하의 유기징역에 처하고 벌금을 병과한다."

(2) 매음을 유인·수용·소개하는 죄, 유녀를 유인하여 매음하게 하는 죄
(제359조)

우리 나라 1979년「형법」제169조는 부녀를 유인·수용하여 매음하게 하는 죄를 규정하였다. 즉 "영리의 목적으로 부녀를 유인·수용하여 매음하게 하는 경우, 5년 이하의 유기징역, 구역 또는 관제에 처한다. 정상이 중한 경우, 5년 이상의 유기징역에 처하고 벌금 또는 재산몰수를 병과할 수 있다." 1983년 9월 2일 전국인민대표대회 상무위원회에서 통과한「사회치안을 심각히 침해하는 범죄자의 엄중처벌에 관한 결정」제1조는 정상이 특별히 중한 부녀를 유인·수용하여 매음하게 한 행위에 대하여 가중처형하고 사형에까지 처할 수 있다고 규정하였다.

1991년 9월 4일 전국인민대표대회 상무위원회에서 통과한「성매매 엄금에 관한 결정」제3조 제1항은 다시 이 규정에 대하여 보충과 개정을 하였다.

형법개정검토과정에서 1988년 9월의 개정안은 기본적으로 1979년 형법전의 규정을 답습하였다. 1991년「성매매 엄금에 관한 결정」이 통과된 후 입법기관은 그 후의 초고에서「성매매 엄금에 관한 결정」의 내용을 기초로 본죄의 조문을 기초하기 시작하였고 1997년「형법」제359조 제1항의 규정을 형성하였다.

개정과 조정을 거쳐 최종적으로 형성된 1997년「형법」제359조의 규정은 다음과 같다. "타인을 유인·수용·소개하여 매음하게 하는 경우, 5년 이하의 유기징역·구역 또는 관제에 처하고 벌금을 병과한다. 14세 미만의 유녀를 유인하여 매음하게 하는 경우, 5년 이상의 유기징역에 처하고 벌금을 병과한다."

(3) 성병 전파죄, 유녀를 대상으로 한 매춘죄(제360조)

성병 전파죄는 1991년 9월 4일 전국인민대표대회 상무위원회에서 통과한 「성매매 엄금에 관한 결정」제5조 제1항에 규정된 범죄이고 동항은 다음과 같이 규정하였다. "자신이 매독·임질 등 심각한 성병에 걸렸음에도 불구하고 매매춘 하는 경우, 5년 이하의 유기징역·구역 또는 관제에 처하고 5천 원 이하의 벌금을 병과한다." 형법개정검토과정에서 입법기관은 상기 규정을 1996년 8월 8일의 형법각칙개정초고 및 그 후의 일부 초고에 직접 도입하였다. 1997년 2월 17일의 형법개정초안(개정안)에 이르러 입법기관은 본죄의 법정형의 내용에 대하여 미세한 조정을 하였는데 즉 기존의 금액한정형 벌금을 금액무한정형 벌금으로 개정하였고 최종적으로 1997년「형법」제360조 제1항에 도입하였다. "자신이 매독·임질 등 심각한 성병에 걸렸음을 알면서 매매춘하는 경우, 5년 이하의 유기징역·구역 또는 관제에 처하고 벌금을 병과한다."

유녀를 대상으로 한 매춘죄는 1991년 9월 4일 전국인민대표대회 상무위원회에서 통과한「성매매 엄금에 관한 결정」제5조 제2항에 규정된 범죄이고 동항은 다음과 같이 규정하였다. "14세 미만의 유녀를 대상으로 매춘한 경우, 형법 강간죄의 규정에 따라 처벌한다." 1997년 3월 13일의 형법개정초안 제360조 제2항에서 입법기관은 본죄에 대하여 독자적인 법정형을 규정하였다. 즉 "14세 미만의 유녀를 대상으로 매춘한 경우, 5년 이하의 유기징역에 처하고 벌금을 병과한다." 이 내용은 최종적으로 1997년 「형법」 제360조 제2항이 되었다.

「형법개정안 (9)」은 본조 제2항을 삭제하였다.

(4) 본 단위의 조건을 이용하여 본절의 죄를 범할 경우의 처리(제361조)

1991년 9월 4일 전국인민대표대회 상무위원회에서 통과한 「성매매 엄금에 관한 결정」제6조는 다음과 같이 규정하였다. "여관업·음식서비스업·문화오락업·택시업 등 회사의 인원이 본 단위의 조건을 이용하여 타인이 매음하도록 조직·강요·유인·수용·소개하는 경우, 본 결정 제1조·제2조·제3조[18]의 규정에 따라 처벌한다. 전항에 열거한 단위의 주요 책임자가 전항에 열거한 행위가 있을 경우, 중하게 처벌한다."

연구검토를 거쳐 최종적으로 형성된 1997년 「형법」 제361조의 규정은 다음과 같다. "여관업·음식서비스업·문화오락업·택시업 등 회사의 인원이 본 단위의 조건을 이용하여 타인이 매음하도록 조직·강요·유인·수용·소개하는 경우, 본 법 제358조, 제359조의 규정에 따라 처벌한다. 전항에 열거한 단위의 주요 책임자가 전항의 죄를 범한 경우, 중하게 처벌한다."

(5) 본절의 죄를 비호한 경우의 처리(제362조)

본조의 규정은 1991년 9월 4일 전국인민대표대회 상무위원회에서 통과한 「성매매 엄금에 관한 결정」제8조를 기초로 개정되어 형성된 것인데 동조는 다음과 같이 규정하였다. "여관업·음식서비스업·문화오락업·택시업 등 단위의 책임자와 직원이 공안기관에서 성매매를 단속하는 기간에 상황을 은폐하거나 위법

---

[18] 「성매매 엄금에 관한 결정關於嚴禁賣淫嫖娼的決定」제1조·제2조·제3조에 규정된 것은 각각 조직매음죄·매음강요죄·매음조직협조죄 및 매음을 유인·수용·소개하는 죄이다.

범죄자에게 몰래 소식을 알려주는 경우, 형법 제162조[19]의 규정에 따라 처벌한다." 1996년 8월 8일 동조의 규정을 형법개정초고에 도입한 이래 선후하여 이하의 조정을 하였다. (1) 1996년 12월 중순의 개정초안에서 입법기관은 기존의 은닉, 비호죄에 따라 처벌한다의 규정을 은닉, 비호죄로 죄명을 정하고 처벌한다로 개정하여 이로써 사법실무에서 이러한 상황에 대하여 죄명을 어떻게 정하는가에 관한 곤혹과 분기를 해소하였다. 이와 동시에 기존 법조문 중의 "상황을 은폐하거나"라는 기술을 삭제하였다. (2) "위법범죄자에게 몰래 소식을 알려주는 경우, 본 법 제XXX조의 규정에 따라 죄명을 정하고 처벌한다"라는 규정의 범죄성립조건이 너무 광범하다는 점을 고려하여 1997년 2월 17일의 형법개정초안(개정안)에서 "정상이 중하다"라는 제한을 가하였다. (3) 입법용어의 간결화와 규범화를 더 강화하기 위하여 입법기관은 1997년 3월 13일의 개정초안에서 기존의 "책임자와 직원"의 기술을 "인원"으로 개정하였다.

검토와 개정을 거쳐 최종적으로 형성된 1997년 「형법」 제362조의 규정은 다음과 같다. "여관업·음식서비스업·문화오락업·택시업 등 회사의 인원이 공안기관에서 성매매를 단속하는 기간에 위법범죄자에게 몰래 소식을 알려주어 정상이 중한 경우, 본 법 제310조의 규정에 따라 죄명을 정하고 처벌한다."

9. 음란물 제작·판매·전파죄

(1) 음란물 제작·복사·출판, 판매·전파 영리죄, 타인에게 도서 번호를 제공하여 음란 서적과 간행물을 출판하게 한 죄(제363조)

우리 나라 1979년 「형법」 제170조는 음서·음화 제작·판매죄를 규정하였다. 즉 "영리의 목적으로 음서·음화를 제작·판매하는 경우, 3년 이하의 유기징

---

[19] 1979년 「형법」 제162조에 규정된 것은 반혁명분자 은닉, 비호죄와 은닉·비호죄이다. 「성매매 엄금에 관한 결정」이 가리키는 것은 은닉·비호죄일 것이다.

역·구역 또는 관제에 처하고 벌금을 병과할 수 있다." 1990년 12월 28일 전국인민대표대회 상무위원회에서 통과한「음란물을 밀수, 제작, 판매, 전파하는 범죄자의 처벌에 관한 결정」은 1979년 형법전에 대하여 보충과 개정을 하였고 동시에 동 결정은 단독 조문으로 단위가 본 결정의 죄를 범할 경우의 양벌규정을 규정하였다.

그 후 본죄 조문에 대한 입법기관의 검토와 제정은 동 결정의 규정을 기초로 개정과 보완을 하는데로 전향하기 시작하였고 이로써 1997년「형법」제363조의 규정을 형성하였다. "영리의 목적으로 음란물을 제작·복사·출판·판매·전파하는 경우, 3년 이하의 유기징역·구역 또는 관제에 처하고 벌금을 병과한다. 정상이 중한 경우, 3년 이상 10년 이하의 유기징역에 처하고 벌금을 병과한다. 정상이 특별히 중한 경우, 10년 이상의 유기징역 또는 무기징역에 처하고 벌금 또는 재산몰수를 병과한다. 타인에게 도서번호를 제공함으로 인하여 음란서적과 간행물이 출판하게 된 경우, 3년 이하의 유기징역·구역 또는 관제에 처하고 벌금을 병과하거나 단독으로 부과한다. 타인이 음란서적과 간행물 출판에 사용하는 것을 알면서 도서번호를 제공하는 경우, 전항의 규정에 따라 처벌한다."

(2) 음란물 전파죄, 음란음반·영상물 조직방영죄(제364조)

본조의 규정은 1990년 12월 28일 전국인민대표대회 상무위원회에서 통과한「음란물을 밀수, 제작, 판매, 전파하는 범죄자의 처벌에 관한 결정」제3조 제1-4항의 규정에서 유래되었다. 즉 "사회에서 음란한 도서·간행물·영화·녹화 테이프·녹음 테이프·그림 또는 기타 음란물을 전파하여 정상이 중한 경우, 2년 이하의 유기징역 또는 구역에 처한다. 정상이 비교적 가벼운 경우, 공안기관에서 치안관리처벌조례의 관련 규정에 따라 처벌한다. 음란한 영화·녹화 등 음반·영상물을 조직방영하는 경우, 3년 이하의 유기징역 또는 구역에 처하고 벌금을 병과할 수 있다. 정상이 중한 경우, 3년 이상 10년 이하의 유기징역에 처하고 벌금을 병과한다. 정상이 비교적 가벼운 경우, 공안기관에서 치안관리처벌조례의 관련 규정에 따라 처벌한다. 음란한 영화·녹화 등 음반·영상물을 제작·복사하여 조직방영하는 경우, 제2항의 규정에 따라 중하게 처벌한다. 18세미만의 미성년자에게 음란물을 전파하는 경우, 중하게 처벌한다."

형법개정검토과정에서 상기 규정의 내용에 대하여 선후하여 여러 차 개정을 하여 최종적으로 형성된 1997년「형법」제364조의 규정을 형성하였다. "음란한 도서・간행물・영화・음반영상・그림 또는 기타 음란물을 전파하여 정상이 중한 경우, 2년 이하의 유기징역, 구역 또는 관제에 처한다. 음란한 영화・녹화 등 음반・영상물을 조직방영하는 경우, 3년 이하의 유기징역・구역 또는 관제에 처하고 벌금을 병과한다. 정상이 중한 경우, 3년 이상 10년 이하의 유기징역에 처하고 벌금을 병과한다. 음란한 영화・녹화 등 음반・영상물을 제작・복사하여 조직방영하는 경우, 제2항의 규정에 따라 중하게 처벌한다. 18세미만의 미성년자에게 음란물을 전파하는 경우, 중하게 처벌한다."

(3) 음란연출 조직죄(제365조)

본조의 죄는 1997년 형법전에 의하여 신설된 범죄이고 그 내용이 최초로 나타난 것은 1996년 10월 10일의 개정초안(의견청취고) 제327조이다. "음란한 공연을 조직진행하는 경우, 3년 이하의 유기징역 또는 구역에 처하고 벌금을 병과한다. 정상이 중한 경우, 3년 이상 10년 이하의 유기징역에 처하고 벌금을 병과한다." 1996년 12월 중순의 개정초안 제335조에서 입법기관은 본죄 제1등차 법정형에 관제형을 증설하였다. 본죄에 대한 동 초안의 규정은 최종적으로 1997년「형법」제365조의 규정을 형성하였다. "음란한 연출을 조직진행하는 경우, 3년 이하의 유기징역・구역 또는 관제에 처하고 벌금을 병과한다. 정상이 중한 경우, 3년 이상 10년 이하의 유기징역에 처하고 벌금을 병과한다."

(4) 단위 범죄의 처벌(제366조)

본조의 규정은「음란물을 밀수, 제작, 판매, 전파하는 범죄자의 처벌에 관한 결정」제5조의 규정에서 유래되었다. 형법개정검토과정에서 1996년 8월 8일의 형법각칙개정초고는 동 결정 제5조의 단위위법범죄의 규정에 대하여 개정과 조정을 하여 단위위법의 처벌규정을 삭제하였고 기존의 집중적 규정을 각조의 죄에 분산한 적이 있었다. 1996년 8월 31일의 형법개정초고에 이르러 입법기관은 본 절의 단위 범죄를 삭제한 적이 있었는데 이는 단위가 본절의 죄를 구성할 수 없다는 것을 의미하였다. 1996년 10월 10일의 개정초안(의견청취고)은 본절의 죄에 대하여 다시 단위 범죄를 규정하였고 「음란물을 밀수, 제작, 판매, 전파하는 범죄자의 처벌에 관한 결정」의 집중적 규정의 방식을 취하였다. 그 후의 초고는 줄곧 이 방식을 취하였고 신 형법전이 통과될 때까지 유지되었다. 즉 "단위가 본절 제363조 · 제364조 · 제365조의 죄를 범할 경우, 단위를 벌금에 처하고 직접 책임을 지는 주관자와 기타 직접 책임자를 해당 각조의 규정에 따라 처벌한다."

(5) 음란물의 정의(제367조)

본조의 규정은 「음란물을 밀수, 제작, 판매, 전파하는 범죄자의 처벌에 관한 결정」 제8조의 규정에서 유래되었다. 즉 "본 결정이 말하는 음란물이란 성행위를 구체적으로 묘사하거나 또는 포르노를 노골적으로 선양하는 음란한 도서 · 간행물 · 영화 · 녹화 테이프 · 녹음 테이프 · 그림 또는 기타 음란물을 가리킨다. 인체생리 · 의학지식에 관한 과학저작은 음란물이 아니다. 음란물의 종류와 목록은 국무원 관련 주관부문에서 규정한다." 검토과정에서 입법기관은 동 결정 제8조 제4항의 규정을 삭제하였고 결정의 전 3항의 규정을 1996년 10월 10일의 개정초안(의견청취고)에 도입하였으며 1997년 「형법」 제367조에 의하여 유지되었다. "본 결정이 말하는 음란물이란 성행위를 구체적으로 묘사하거나 또는 포르노를 노골적으로 선양하는 음란한 도서 · 간행물 · 영화 · 녹화 테이프 · 녹음 테이프 · 그림 또는 기타 음란물을 가리킨다. 인체생리 · 의학지식에 관한 과학저작은 음란물이 아니다. 포르노내용을 포함한 예술가치가 있는 문학 · 예술작품은 음란물로 논하지 아니 한다."

국방이익위해죄

07

(1) 국방이익위해죄 단독 장의 증설

형법개정검토과정에서 군대부문에서는 형법전 각칙에 단독 장을 설치하여 국방이익을 침해하는 범죄행위를 전문적으로 규정할 것을 제안하였다. 1997년 2월 17일의 형법개정초안(개정안)부터 국방이익위해죄를 단독의 장으로 설치하였다.

(2) 군인직무집행 방해죄, 군사행동 방해죄(제368조)

1997년「형법」제368조 제1항에 규정한 것은 군인직무집행 방해죄이다.「군인직책위반죄의 처벌에 관한 임시조례」제10조는 군인직무집행 방해죄를 명확히 규정하였는데 본죄의 주체는 현역군인이다. 입법기관은 1997년 2월 17일의 형법개정초안(개정안) 제362조 제1항에 본죄를 규정하였고 1997년 3월 13일의 개정초안은 본죄에 벌금형을 증설하여 1997년「형법」제368조 제1항을 형성하였다. 즉 "폭력·협박의 방법으로 군인이 법에 따라 직무를 집행하는 것을 방해하는 경우, 3년 이하의 유기징역·구역·관제 또는 벌금에 처한다."

1997년「형법」제368조 제2항에 규정한 것은 군사행동 방해죄인데 그 내용이 최초로 나타난 것은 1997년 2월 17일의 형법개정초안(개정안) 제362조 제2항이다. "무장부대의 군사활동을 고의로 방해하여 심각한 결과를 초래한 경우, 5년 이하의 유기징역 또는 구역에 처한다." 이 규정은 최종적으로 1997년「형법」제368조 제2항에 의하여 답습되었다.

(3) 무기장비·군사시설·군사통신 파괴죄, 과실로 인한 무기장비·군사시설·군사통신 파괴죄(제369조)

무기장비·군사시설·군사통신설비와 기재는 중요한 국방물자로서 부대 전투력의 중요한 구성부분이고 국방건설의 중요한 내용이다. 입법기관은 1997년 2월 17일의 형법개정초안(개정안) 제363조에 무기장비·군사시설·군사통신 파괴죄를 규정하였다. 즉 "무기장비·군사시설·군사통신을 파괴한 경우, 3년 이하의 유기징역·구역 또는 관제에 처한다. 중요한 무기장비·군사시설·군사통신을 파괴한 경우, 3년 이상 10년 이하의 유기징역에 처한다. 정상이 특별히 중한 경우, 10년 이상의 유기징역, 무기징역 또는 사형에 처한다. 전시에는 중하게 처벌한다." 1997년 3월 13일의 개정초안은 본죄의 구성요건을 간략화하여 기존 규정 중의 "또는 파괴하여"라는 기술을 삭제하여 1997년「형법」제369조에 도입되었다.

과실로 인한 무기장비 · 군사시설 · 군사통신 파괴죄는 2005년 2월 28일「형법개정안 (5)」에 의하여 1997년 형법전에 신설된 범죄이다. 이렇게 형법개정안의 개정을 거친 동조의 규정은 다음과 같다. "무기장비 · 군사시설 · 군사통신을 파괴한 경우, 3년 이하의 유기징역 · 구역 또는 관제에 처한다. 중요한 무기장비, 군사시설, 군사통신 파괴한 경우, 3년 이상 10년 이하의 유기징역에 처한다. 정상이 특별히 중한 경우, 10년 이상의 유기징역 · 무기징역 또는 사형에 처한다. 과실로 전항의 죄를 범하여 심각한 결과를 초래한 경우, 3년 이하의 유기징역 또는 구역에 처한다. 특별히 심각한 결과를 초래한 경우, 3년 이상 7년 이하의 유기징역에 처한다. 전시에 전 2항의 죄를 범한 경우 중하게 처벌한다."

(4) 고의로 저질의 무기장비·군사시설을 제공한 죄, 과실로 저질의 무기장비·군사시설을 제공한 죄(제370조)

무기장비, 군사시설은 국가를 보위하고 국방을 공고히 하는 중요한 물질기초이고 국방자산의 중요한 구성부분이다. 1997년 2월 17일의 형법개정초안(개정안) 제364조는 본죄를 규정하였고 1997년 3월 1일의 개정초안 제367조는 기본적으로 2월17일의 형법개정초안(개정안) 제364조의 규정을 답습하였으며 단 한 곳의 개정을 하였다. 즉 제2항 제1등차 법정형중의 관제형을 삭제하여 최종적으로 1997년「형법」제370조의 규정을 형성하였다.

(5) 집단적으로 군사금지구역을 공격하는 죄, 집단적으로 군사관리구역 질서를 교란하는 죄(제371조)

실무에서 군사금지구역 · 군사관리구역의 질서를 교란하는 범죄활동이 때로 발생하여 군사부문의 군사활동을 심각히 방해하고 파괴하고 있기에 1979년 형법전은 기존 이러한 범죄행위를 제158조 사회질서 교란죄에 포함시켰었다. 하지만 이러한 범죄가 교란한 것은 군사금지구역·군사관리구역의 질서이기에 일반적인 사회질서를 교란하는 것보다 그 성질이 더 심각하므로 단독으로 죄명을 규정하고 중하게 처벌하는 것이 마땅하다. 그리하여 입법기관은 1997년 2월 17일의 형법 개정초안(개정안) 제365조에 본죄를 규정하였다. 1997년 3월 13일의 개정초안에 이르러 집단적으로 군사금지구역을 습격하는 행위의 사회위해성이 더 크기 때문에 엄하게 처벌할 필요가 있다는 점을 고려하여 입법기관은 동 초안에서 상술한 내용을 두 개의 항으로 나누어 규정하였고 1997년「형법」제371조는 최종적으로 이 내용을 답습하였다.

(6) 군인을 사칭하여 공공연히 사기를 치는 죄(제372조)

형법개정검토과정에서 군대부문에서는 실무를 보면 사회의 적지 않은 범죄자들이 군인의 위신을 이용하고 군인을 사칭하여 기업을 설립하고 장사를 하고 있다고 지적하였다. 1997년 2월 17일의 형법개정초안(개정안) 제366조는 군인을 사칭하여 공공연히 사기를 치는 죄를 증설하였다. 즉 "군인을 사칭하여 공공연히 사기를 치는 경우, 본 법 제277조[1]의 규정에 따라 처벌한다." 1997년 3월 13일의 개정초안에 이르러 입법기관은 본죄의 원용형 법정형의 모델을 삭제하였고 독자적인 법정형을 규정하여 최종적으로 1997년「형법」제372조에 도입되었다. 즉 "군인을 사칭하여 공공연히 사기를 치는 경우, 3년 이하의 유기징역·구역·관제 또는 정치권리박탈에 처한다. 정상이 중한 경우, 3년 이상 7년 이하의 유기징역에 처한다."

(7) 군인의 탈영을 선동한 죄, 탈영군인 고용죄(제373조)

「군인직책위반죄의 처벌에 관한 임시조례」에서 입법기관은 비록 이미 군인

---

[1] 동조가 규정한 것은 명의사칭 사기죄이다.

의 탈영행위를 범죄로 규정하였지만 단순히 탈영행위를 처벌하는 것은 이러한 범죄행위의 발생을 효과적으로 방지할 수 없었다. 그리하여 입법기관은 1997년 2월 17일의 형법개정초안(개정안) 제367조에 이 두 가지 범죄를 증설하였다. 즉 "군인이 탈영하도록 선동하거나 또는 탈영한 군인임을 알면서 고용하여 정상이 중한 경우, 3년 이하의 유기징역·구역 또는 관제에 처한다." 1997년「형법」제373조는 이 규정을 답습하였다.

(8) 저질의 병사를 접수하거나 보내는 죄(제374조)

형법개정검토과정에서 군대부문은 징병과정에서 부정을 저질러 허위의 상황을 날조하는 현상이 심각하다고 지적하였다. 그리하여 일부 학자는 징병담당인원이 부정을 저지르는 행위를 형법에 범죄로 규정할 것을 제안하였다.[2] 입법기관은 1997년 2월 17일의 형법개정초안(개정안)에서 이 제안을 채택하였고 동고 제368조는 다음과 같이 규정하였다. "징병업무에서 부정을 저질러 저질의 병사를 보내어 정상이 중한 경우, 3년 이하의 유기징역·구역 또는 관제에 처한다. 특별히 심각한 결과를 초래한 경우, 3년 이상 7년 이하의 유기징역에 처한다." 그 후의 두 초고는 본죄의 법정형과 구성요건에 대하여 두 곳의 미세한 조정을 하였다. (1) 1997년 3월 1일의 개정초안은 상기 내용 중의 관제형의 규정을 삭제하였다. (2) 1997년 3월 13일의 개정초안은 기존의 "보내다"의 기술을 "접수하거나 보내다"로 개정하였다. 이렇게 1997년「형법」제374조의 규정을 형성하였다. "징병업무에서 부정을 저질러 저질의 병사를 접수하거나 보내어 정상이 중한 경우, 3년 이하의 유기징역 또는 구역에 처한다. 특별히 심각한 결과를 초래한 경우, 3년 이상 7년 이하의 유기징역에 처한다."

---

2 中國人民解放軍軍事科學院軍事研究部, "危害國防罪立法研究(徵求意見稿)(1994년9월)", 高銘暄·趙秉志,「新中國刑法立法文獻資料總覽(下)」, 北京, 中國人民公安大學出版社, 1998, p. 2848.

(9) 무장부대 공문서·증서·인장 위조·변조, 매매죄, 무장부대 공문서·증서·인장 절도·강탈죄, 무장부대제복 불법생산·매매죄, 무장부대전용표지 불법제공·불법사용죄(제375조)

1997년「형법」제375조 제1항에 규정한 것은 무장부대 공문서·증서·인장 위조·변조·매매죄와 무장부대 공문서·증서·인장 절도·강탈죄인데 그 내용이 최초로 나타난 것은 1997년 2월 17일의 형법개정초안(개정안) 제369조 제1항이다. 즉 "무장부대의 공문서·증서·인장을 위조·변조·매매하거나 또는 절도·강탈하는 경우, 3년 이하의 유기징역·구역·관제 또는 정치권리박탈에 처한다. 정상이 중한 경우, 3년 이상 10년 이하의 유기징역에 처한다." 그 후의 각 초안과 1997년「형법」제375조 제1항은 모두 이 규정을 답습하였다.

1997년「형법」제375조 제2항에 규정한 것은 군용표지 불법생산, 매매죄인데 그 내용이 최초로 나타난 것은 1997년 2월 17일의 형법개정초안(개정안) 제369조 제2항이고 개정과 조정을 거쳐 최종적으로 형성된 1997년「형법」제375조 제2항의 규정은 다음과 같다. "무장부대제복·차량번호 등 전용표지를 불법생산·매매하여 정상이 중한 경우, 3년 이하의 유기징역·구역 또는 관제에 처하고 벌금을 병과하거나 단독으로 부과한다."

상기 제2항의 규정에 대하여 2009년「형법개정안 (7)」은 사법실무의 수요에 입각하여 동항 규정 중의 "차량번호 등 전용표지"의 기술을 삭제하였고 개정후의 제2항의 규정은 다음과 같다. "무장부대제복을 불법생산·매매하여 정상이 중한 경우, 3년 이하의 유기징역·구역 또는 관제에 처하고 벌금을 병과하거나 단독으로 부과한다." 그 죄명도 상응하게 "무장부대제복 불법생산·매매죄"로 개정되었다.

1997년「형법」제375조 제3항에 규정한 무장부대전용표지 위조·절도·매매·불법제공·불법사용죄는 2009년 2월 28일「형법개정안 (7)」의 개정을 거쳐 규정한 일종의 범죄이고 1997년「형법」제375조 제4항은 단위 범죄의 규정인데 동항의 규정은 1997년「형법」제375조 제3항의 규정을 기초로「형법개정안 (7)」의 개정을 거쳐 형성된 것이다. 그 후「형법개정안 (7)」이 1997년「형법」제375조에 제3항의 규정을 증설하였고 단위도 본죄를 구성할 수 있기에 입법기관은 본조

단위 범죄의 규정에 대하여 상응한 조정을 하여 기존의 제3항을 제4항으로 변경하였고 그 내용은 다음과 같다. "단위가 제2항·제3항의 죄를 범한 경우, 단위를 벌금에 처하고 직접 책임을 지는 주관자와 기타 직접 책임자를 전항의 규정에 따라 처벌한다."

(10) 전시 징소·군사훈련 거부·도피죄, 전시 복역 거부·도피죄(제376조)

1984년 「중화인민공화국 병역법中華人民共和國兵役法」(이하 「병역법」으로 약칭함) 제61조 제2항은 다음과 같이 규정하였다. "전시 예비역 인원이 징소를 거부 도피하거나 또는 군사훈련을 거부·도피하여 정상이 중한 경우, 「중화인민공화국 군인직책위반죄의 처벌에 관한 임시조례」 제6조 제1항[3]의 규정에 따라 처벌한다." 이러한 행위의 사회위해성의 정도를 감안하고 동시에 「군인직책위반죄의 처벌에 관한 임시조례」의 규정도 신 형법전에 도입될 것을 고려하여 「병역법」의 상기 규정과 더 잘 조화를 이루기 위하여 이에 대하여 형법전에 규정을 둘 필요가 있었다. 1997년 2월 17일의 형법개정초안(개정안) 제370조는 이에 대하여 다음과 같이 규정하였다. "예비역 인원이 전시에 징소 또는 군사훈련을 거부 도피하여 정상이 중한 경우, 3년 이하의 유기징역 또는 구역에 처한다. 병역 징집 지원 공민이 전시에 복역을 거부·도피하여 정상이 중한 경우, 2년 이하의 유기징역 또는 구역에 처한다." 1997년 3월 13일의 개정초안은 상기 제2항의 내용에 대하여 미세한 조정을 하였는데 즉 "병역 징집 지원 공민"의 기술을 "공민"으로 개정하여 1997년 「형법」 제376조의 규정을 형성하였다.

(11) 전시에 허위적정을 고의로 제공한 죄(제377조)

「군인직책위반죄의 처벌에 관한 임시조례」에는 군인이 군사상황을 거짓보고하는 행위를 범죄로 규정하고 있지만 비군인이 같은 행위를 실시하는 경우에 대

---

3   동항에 규정한 것은 탈영죄逃離部隊罪이다. 즉 '병역법의 규정을 위반하여 탈영하여 정상이 중한 경우, 3년 이하의 유기징역 또는 구역에 처한다.'

하여 규정하지 않았었다. 전시에 고의로 무장부대에 허위의 적정을 제공하는 것은 국방법률에 규정한 공민의 국방의무를 위반할 뿐만 아니라 군사지휘자와 지휘기관의 전략결정을 교란하고 심지어 잘못된 결정을 초래하여 작전에 위해를 끼칠 수 있고 국방이익을 침해할 수 있다. 이를 감안하여 1997년 2월 17일의 형법개정초안(개정안) 제371조는 다음과 같이 규정하였다. "전시에 고의로 무장부대에 허위의 적정을 제공하여 심각한 결과를 초래한 경우, 3년 이상 10년 이하의 유기징역에 처한다. 특별히 심각한 결과를 초래한 경우, 10년 이상의 유기징역 또는 무기징역에 처한다." 이 규정은 최종적으로 1997년 「형법」 제377조에 도입되었다.

(12) 전시에 요언을 날조하여 군대의 전투의지를 동요시키는 죄(제378조)
「군인직책위반죄의 처벌에 관한 임시조례」에는 군인에 적용하는 전시에 요언을 날조하여 대중을 현혹하고 군대의 전투의지를 동요시키는 범죄가 있었지만 비군인이 같은 행위를 실시하였을 경우의 관련 규정을 두고 있지 않았다. 1997년 2월 17일의 형법개정초안(개정안)은 전시에 요언을 날조하여 군대의 전투의지를 동요시키는 죄를 규정하였는데 동고 제372조는 다음과 같이 규정하였다. "전시에 요언을 날조하여 대중을 현혹하고 군대의 전투의지를 동요시키는 경우, 3년 이하의 유기징역 또는 구역에 처한다. 정상이 중한 경우, 3년 이상 10년 이하의 유기징역에 처한다." 1997년 3월 1일의 개정초안 제375조는 본죄 기본범의 법정형에 관제형을 증가하였고 1997년 3월 13일의 개정초안에서 입법기관은 상술한 법정형중의 관제형을 유지하여 최종적으로 1997년 「형법」 제378조의 규정을 형성하였다. "전시에 요언을 날조하여 대중을 현혹하고 군대의 전투의지를 동요시키는 경우, 3년 이하의 유기징역·구역 또는 관제에 처한다. 정상이 중한 경우, 3년 이상 10년 이하의 유기징역에 처한다."

(13) 전시 탈영군인 은닉죄(제379조)
형법개정검토과정에서 군대부문에서는 실무에서 현역군인이 탈영하여 도주하는 현상이 비교적 심각하지만 1979년 형법은 이런 행위를 범죄로 규정하지 않았고 행위의 사회위해성을 보면 마땅히 이를 단독으로 범죄로 규정하여야 한다고 제안하였다. 연구를 거쳐 입법기관은 이 건의를 채택하였고 1997년 2월 17일의 형법개정초안(개정안) 제373조에 본죄를 규정하였다. "전시에 탈영한 군인임을 알면서 그에게 은닉하는 곳·재물를 제공하여 정상이 중한 경우, 3년 이하의 유기징역 또는 구역에 처한다." 동 초고의 이 내용은 최종적으로 1997년「형법」제379조에 도입되었다.

(14) 전시에 군사물품주문을 거부·고의로 지연하는 죄(제380조)

형법개정검토과정에서 군대부문에서는 시장경제의 발전에 따라 일부 기업, 회사에서는 군사물품주문을 받는 것이 수익성이 낮아 군사물품주문을 받는 의무를 거부하거나 천방백계로 의무를 도피하여 군대의 생존조건을 심각히 위협하고 있다고 지적하였고 전시에 군사물품주문을 받는 것을 거부, 고의로 지연하여 정상이 중한 행위의 사회위해성이 더 크지만 1979년 형법은 이러한 행위를 범죄로 규정하지 않았으므로 그 사회위해성의 정도를 고려하여 형법에 이러한 행위를 범죄로 규정할 것을 제안하였다.[4] 입법기관은 연구를 거쳐 이 건의를 채택하였고 1997년 2월 17일의 형법개정초안(개정안) 제374조에 본죄를 규정하였다. "전시에 군사물품주문을 받는 것을 거부, 고의로 지연하여 정상이 중한 경우, 단위를 벌금에 처하고 직접 책임을 지는 주관자와 기타 직접 책임자를 5년 이하의 유기징역 또는 구역에 처한다. 심각한 결과를 초래한 경우, 5년 이상의 유기징역에 처한다." 동 초고의 이 내용은 최종적으로 1997년「형법」제380조에 도입되었다.

(15) 전시 군사징수·징용 거부죄(제381조)

형법개정검토과정에서 군대부문에서는 군사징용을 거부하고 군사노무를 도

---

[4] 中國人民解放軍軍事科學院軍事研究部, "危害國防罪立法研究(徵求意見稿)(1994년9월)", 高銘暄·趙秉志, 「新中國刑法立法文獻資料總覽(下)」, 北京, 中國人民公安大學出版社, 1998, p.2844.

피하는 범죄활동은 비록 현재 많지 않지만 발생할 현실가능성이 존재한다고 지적하였다. 1997년 2월 17일의 형법개정초안(개정안)은 제375조에 본죄를 규정하였다. 즉 "전시에 군사징용을 거부하여 정상이 중한 경우, 3년 이하의 유기징역 또는 구역에 처한다." 이 내용은 최종적으로 1997년「형법」제381조에 의하여 답습되었다.

사회정세에 변화가 나타남에 따라 2009년 8월 27일 제11회 전국인민대표대회 상무위원회 제10차 회의에서는「일부 법률의 개정에 관한 전국인민대표대회 상무위원회의 결정」을 통과하였고 동 결정 제2부분은 일부 법률 중의 "징용"을 "징수·징용"으로 개정한다고 규정하였고「형법」제381조가 그중에 열거되어 있었기에 본조의 내용을 "전시에 군사징수·징용을 거부하여 정상이 중한 경우, 3년 이하의 유기징역 또는 구역에 처한다"라고 개정되었고 그 죄명도 상응하게 "전시 군사징수·징용 거부죄"로 조정되었다.

횡령 및 뇌물죄

08

(1) 단독의 장으로 횡령 및 뇌물죄를 규정하는 문제

형법개정검토과정에서 단독의 장으로 횡령 및 뇌물죄를 규정하여야 할지에 관하여 비교적 큰 논쟁이 생겼었다. 형법개정초고의 구체적 내용을 보면 1988년의 3개의 초고는 단독의 장으로 횡령 및 뇌물죄를 규정하지 않았고 그 범죄들은 재산침범죄, 독직죄의 장에 분산되어 규정되었다. 1996년 8월 8일의 형법각칙 개정초고에 이르러 입법기관은 비로소 형법각칙에 단독으로 횡령 및 뇌물죄의 장을 설치하였고 이로써 기존 형법각칙의 각 장에 분산되어 있었던 횡령 및 뇌물죄의 범죄들이 단독으로 설치한 횡령 및 뇌물죄의 장에 집중적으로 규정되었다. 그 후의 검토과정에서 이러한 설정에 대하여 여전히 논쟁이 있었지만 최종적으로 통과된 신 형법전은 이러한 구조를 유지하였다.

(2) 횡령죄貪污罪(제382조)

1979년 「형법」 제155조는 "국가공무원이 직무상의 편리를 이용하여 공공재물을 횡령하는 경우, 5년 이하의 유기징역 또는 구역에 처한다. 액수가 거대하고 정상이 중한 경우, 5년 이상의 유기징역에 처한다. 정상이 특별히 중한 경우, 무기징역 또는 사형에 처한다. 전항의 죄를 범할 경우, 재산몰수를 병과하거나 반환과 배상을 판결로 명령할 수 있다. 국가기관 · 기업 · 사업기관 · 인민단체의 위탁을 받고 공무에 종사하는 인원이 제1항의 죄를 범할 경우, 전 2항의 규정에 따라 처벌한다." 1979년 형법전이 횡령죄에 규정한 이 양형기준은 구체적인 액수를 규정하지 않았기에 사법기관의 적용에 곤란을 초래하였다. 이를 감안하고 사법실무의 경험을 근거로 전국인민대표대회 상무위원회는 1988년 1월 21일에 「횡령 및 뇌물죄 처벌에 관한 보충규정」(이하 「횡령 및 뇌물죄 보충규정」으로 약칭함)을 통과하여 1979년 형법전에 대하여 보충과 개정을 하였다.

1996년 이후, 본죄 조문에 대한 검토와 제정은 단독의 조문으로 횡령죄의 개념과 법정형을 규정하였다. 그 후의 검토과정을 보면 각 초고중 횡령죄 정의에 관한 쟁점은 주로 그 주체의 확정에 집중되었다. 본죄의 범죄객체에 관하여 형법개정검토과정에서 형법개정초고의 내용은 다 같은 것은 아니었다.

수 차례의 검토와 개정을 거쳐 최종적으로 형성된 1997년「형법」제382조 제1항, 제2항의 규정은 다음과 같다. "국가공무원이 직무상의 편리를 이용하여 횡령·절취·편취 또는 기타 수단으로 공공재물을 불법영득하는 것이 횡령죄이다. 국가기관·국유회사·기업·사업기관·인민단체의 위탁으로 국유재산을 관리, 경영하는 인원이 직무상의 편리를 이용하여 횡령·절취·편취 또는 기타 수단으로 국유재물을 불법영득하는 경우, 횡령죄로 논한다."

제3항에 관하여 1997년 3월 1일의 개정초안에서 본죄의 주체가 국가공무원으로 확정되었기 때문에 공범조항의 내용은 "국가공무원과 결탁하여 공동으로 횡령하는 경우, 공범으로 논한다."로 변화되었다. 1997년 3월 13일의 개정초안에서 입법기관이 본죄 조문에서 "국가기관·국유회사·기업·사업기관·인민단체의 위탁으로 국유재산을 관리·경영하는 인원"도 횡령죄의 주체가 되었기 때문에 횡령죄 공범에 관한 동 초안의 내용은 "전 2항에 열거된 인원과 결탁하여 공동으로 횡령하는 경우 공범으로 논한다."로 변화되었고 이 내용은 최종적으로 1997년「형법」제382조 제3항에 의하여 답습되었다.

(3) 횡령죄의 처벌(제383조)

전술한 바와 같이 1979년「형법」제155조는 구체적인 액수를 규정하고 있지 않기에 너무 원칙적이어서 파악하기 쉽지 않아 사법실무의 적용에 불편을 초래하였다. 그리하여 1988년 전국인민대표대회 상무위원회는 특히「횡령 및 뇌물죄 보충규정」을 제정하여 이에 대하여 보충과 개정을 하였다.

횡령죄 처형기준의 확정에 관하여 형법개정검토과정에서 부동한 의견이 있었다. 검토를 거쳐 최종적으로 형성된 1997년「형법」제383조의 규정은 다음과 같다. "횡령죄를 범한 경우, 정상의 경중에 따라 이하의 규정에 따라 각각 처벌한다. (1) 개인의 횡령액수가 10만 원 이상인 경우, 10년 이상의 유기징역 또는 무기징역에 처하고 재산몰수를 병과할 수 있다. 정상이 특별히 중한 경우, 사형에 처하고 재산몰수를 병과한다. (2) 개인의 횡령액수가 5만 원 이상 10만 원 미만인 경우, 5년 이상의 유기징역에 처하고 재산몰수를 병과할 수 있다. 정상이 특별히 중한 경우, 무기징역에 처하고 재산몰수를 병과한다. (3) 개인의 횡령액수가 5천 원 이상 5만 원 미만인 경우, 1년 이상 7년 이하의 유기징역에 처한다. 정상이 특별히 중한 경우, 7년 이상 10년 이하의 유기징역에 처한다. 개인의 횡령액수가 5천 원 이상 1만 원 미만이고 범죄후 회개의 표현이 있고 적극적으로 장물을 반환하는 경우, 감경처벌하거나 형사처벌을 면제할 수 있고 그가 소속된 단위 또는 상급주관기관에서 행정처분을 부과한다. (4) 개인의 횡령액수가 5천 원 미만이고 정상이 중한 경우, 2년 이하의 유기징역 또는 구역에 처한다. 정상이 비교적 경한 경우, 그가 소속된 단위 또는 상급주관기관에서 참작하여 행정처분을 부과한다. 여러 차 횡령하여 처리하지 않은 경우, 누계한 횡령액수에 따라 처벌한다."

「형법개정안 (9)」은 본조를 다음과 같이 개정하였다. "횡령죄를 범한 경우, 정상의 경중에 따라 이하의 규정에 따라 각각 처벌한다. (1) 횡령액수가 비교적 크거나 기타 비교적 중한 정상이 있을 경우, 3년 이하의 유기징역 또는 구역에 처하고 벌금을 병과한다. (2) 횡령액수가 거대하거나 기타 중한 정상이 있을 경우, 3년 이상 10년 이하의 유기징역에 처하고 벌금 또는 재산몰수를 병과한다. (3) 횡령액수가 특별히 거대하거나 기타 특별히 중한 정상이 있을 경우, 10년 이상의 유기징역 또는 무기징역에 처하고 벌금 또는 재산몰수를 병과한다. 액수가 특별히 거대하고 국가와 인민의 이익에 특별히 중대한 손실을 초래한 경우, 무기징역 또는 사형에 처하고 재산몰수를 병과한다. 수차례 횡령하여 처리하지 않은 경우, 누계한 횡령액수에 따라 처벌한다. 제1항의 죄를 범하여 공소제기전에 자신의 범행을 여실히 자백하고 진지하게 죄를 뉘우치며 적극적으로 장물을 반환하여 손해결과의 발생을 방지하거나 감소시킴과 동시에 제1항에 규정된 정황이 있을 경우, 경하게 처벌하거나 감경처벌하거나 처벌을 면제할 수 있다. 제2항·제3항에 규정된 정황이 있을 경우, 경하게 처벌할 수 있다. 제1항의 죄를 범하여 제3항에 규정된 정황이 있어 사형집행유예를 선고 받은 경우, 인민법원은 범죄정상 등 상황에 근거하여 사형집행유예가 2년의 기간이 만료되어 법에 따라 무기징역으로 감형된 후, 동시에 종신감금을 결정하여 감형과 가석방을 못하도록 할 수 있다."

(4) 공금유용죄(제384조)

공금유용죄는 기존 1988년 전국인민대표대회 상무위원회에서 통과한「횡령 및 뇌물죄의 보충결정」제3조에 규정된 범죄이다. 즉 "국가공무원・집체경제조직의 직원 또는 기타 공공재물을 취급, 관리하는 인원이 직무상의 편리를 이용하여 공금을 유용하여 개인이 사용하여 불법활동에 종사하거나 또는 공금을 유용하여 액수가 비교적 크고 영리활동에 종사하거나 또는 공금을 유용하여 액수가 비교적 크고 3개월을 초과하여 반환하지 않은 것은 공금유용죄이고 5년 이하의 유기징역 또는 구역에 처한다. 정상이 중한 경우, 5년 이상의 유기징역에 처한다. 공금을 유용하여 액수가 비교적 크고 반환하지 않은 경우, 횡령죄로 논한다. 재난구원・긴급구조・홍수방지・우대위문・구제 자금과 물품을 유용하여 개인이 사용한 경우, 중하게 처벌한다. 공금을 유용하여 불법활동에 종사하여 기타 범죄를 구성할 경우, 병합죄의 규정에 따라 처벌한다."

형법개정검토과정에서「횡령 및 뇌물죄의 보충결정」제3조의 내용을 기초로 수 차례의 검토를 거쳐 최종적으로 형성된 1997년「형법」제384조의 규정은 다음과 같다. "국가공무원이 직무상의 편리를 이용하여 공금을 유용하여 개인이 사용하여 불법활동에 종사하거나 또는 공금을 유용하여 액수가 비교적 크고 영리활동에 종사하거나 또는 공금을 유용하여 액수가 비교적 크고 3개월을 초과하여 반환하지 않은 것은 공금유용죄이고 5년 이하의 유기징역 또는 구역에 처한다. 정상이 중한 경우, 5년 이상의 유기징역에 처한다. 공금을 유용하여 액수가 거대하고 반환하지 않은 경우, 10년 이상의 유기징역 또는 무기징역에 처한다. 재난 구원・긴급구조・홍수방지・우대위문・빈민구제・이민・구제 자금과 물품을 유용하여 개인이 사용한 경우, 중하게 처벌한다."

(5) 수뢰죄受賄罪(제385조)

1979년 형법 제185조 제1항은 "국가공무원이 직무상의 편리를 이용하여 뇌물을 수수한 경우, 5년 이하의 유기징역 또는 구역에 처한다. 뇌물로 받은 돈과 물품은 몰수하고 공금과 공공물은 추징한다"라고 규정하였고 제2항은 "전항의 죄를 범하여 국가와 공민의 이익에 중대한 손실을 초래한 경우, 5년 이상의 유기징역에 처한다"라고 규정하였다. 1982년 3월 8일 전국인민대표대회 상무위원회에서 통과한「경제를 심각히 파괴하는 범죄자의 엄벌에 관한 결정」은 이에 대하여 개정을 하였다. 1988년 전국인민대표대회 상무위원회에서 통과한「횡령 및 뇌물죄의 보충결정」은 본죄에 대하여 다시 가일층의 개정과 보충을 하였다. (1) 수뢰죄의 정의를 명확히 하였는데 즉 "국가공무원·집체경제조직의 직원 또는 기타 공무에 종사하는 인원이 직무상의 편리를 이용하여 타인의 재물을 강요하거나 또는 타인의 재물을 불법수수하고 타인을 위하여 이익을 도모하는 것이 수뢰죄이다." (2) 수뢰죄의 공범을 규정하였다. 즉 "국가공무원·집체경제조직의 직원 또는 기타 공무에 종사하는 인원과 결탁하여 공동으로 수뢰한 경우, 공범으로 논한다." (3) 경제수뢰의 조항을 규정하였다. 즉 "국가공무원·집체경제조직의 직원 또는 기타 공무에 종사하는 인원이 경제왕래에서 국가규정을 위반하여 각종 명의의 리베이트, 수수료를 수수하여 개인의 소유로 한 경우, 수뢰죄로 논한다." (4) 본죄의 법정형을 세분화하였고 뇌물을 강요한 경우, 중하게 처벌한다. 수뢰하고 위법범죄활동에 종사하여 기타 죄를 구성하는 경우, 병합죄의 규정에 따라 처벌한다고 규정하였다.

1997년「형법」제385조의 규정은 상술한 보충규정에서 유래되었고 최종적으로 형성된 1997년「형법」제385조의 규정은 다음과 같다. "국가공무원이 직무상의 편리를 이용하여 타인의 재물을 강요하거나 또는 타인의 재물을 불법수수하고 타인을 위하여 이익을 도모하는 것이 수뢰죄이다. 국가공무원이 경제왕래에서 국가규정을 위반하여 각종 명의의 리베이트·수수료를 수수하여 개인의 소유로 한 경우, 수뢰죄로 논한다."

(6) 수뢰죄의 처벌(제386조)

1997년 형법전의 수뢰죄의 구성요건과 법정형을 나누어 규정하고 횡령죄의 처벌규정을 원용하여 처벌하는 모델은「횡령 및 뇌물죄의 보충결정」에서 유래되었다. 1988년 3개의 형법개정초고에서 입법기관은 본죄에 대하여 규정한 것은 독자적인 법정형이고 본죄에 사형을 규정하였다. 1996년 8월 8일의 형법각칙개정초고에 이르러 입법기관에서는 "뇌물의 액수로 죄를 논하는" 전통과 특성을 고려하여 상술한 보충규정의 내용을 채택하였다. 즉 "수뢰죄를 범한 경우, 뇌물의 액수와 정상에 따라 본장[1] 제2조[2]의 규정에 따라 처벌한다. 수뢰의 액수가 5만원 미만이고 국가이익과 집체이익에 중대한 손실을 초래한 경우, 10년 이상의 유기징역에 처한다. 수뢰의 액수가 5만원이상이고 국가이익과 집체이익에 중대한 손실을 초래한 경우, 무기징역 또는 사형에 처하고 재산몰수를 병과한다. 뇌물을 강요한 경우, 중하게 처벌한다." 동고의 이 내용은 그 후의 일부 개정초안에 의하여 답습되었다. 그 후 본죄에 대하여 횡령죄의 법정형에 의하여 처벌한다고 규정함과 동시에 본조에 별도로 두 개 등차의 법정형을 규정하는 것은 법정형 적용상의 혼란을 초래하기 쉽다는 점을 고려하여 1997년 3월 13일의 개정초안에서 더는 본조에 별도로 두 개 등차의 법정형을 규정하지 않았다. 즉 "수뢰죄를 범한 경우, 수뢰액수와 정상에 따라 본 법 제383조의 규정에 의하여 처벌한다." 이 내용은 최종적으로 1997년「형법」제386조에 의하여 답습되었다.

　"뇌물을 강요한 경우, 중하게 처벌한다"의 규정에 관하여 일부 초고의 내용도 일정의 변화가 있었다. 예하면 1996년 12월 중순의 개정초안 제343조 제2항은 다음과 같이 규정하였다. "국가공무원 또는 기타 공무에 종사하는 인원이 직무상의 편리를 이용하여 타인의 재물을 갈취하는 경우, 전항의 규정에 따라 중하게 처벌한다." 그 후의 일부 개정초안에는 모두 유사한 규정이 있었다. 그 후 뇌물을 강요하여 수뢰죄를 구성하는 경우에도 수뢰죄의 기타 구성요건을 구비해야 하기에 여기에서 기타 구성요건요소에 대하여 중복적으로 기술할 필요가 없다는 점을 고려하여 1997년 3월 13일의 개정초안에서 입법기관은 이에 관한「횡령 및 뇌물죄의 보충결정」의 규정을 유지하여 "뇌물을 강요한 경우, 중하게 처벌한다"의 마지막 구절을 제386조에 규정하였다.

1　제9장 횡령 및 뇌물죄貪污罪賄賂罪를 가리킨다.
2　횡령죄貪污罪를 가리킨다.

그 외에「횡령 및 뇌물죄 보충결정」의 규정에 의하면 수뢰로 인하여 위법활동에 종사하여 기타 범죄를 구성하는 경우, 병합죄의 규정에 따라 처벌하게 되었다. 형법개정검토과정에서 일부 개정초고는 이 내용을 답습하였는데 예하면 1996년 8월 8일의 형법각칙개정초고와 1996년 10월 10일의 개정초안(의견청취고)에는 모두 이러한 규정이 있었다. 그 후 이러한 경우를 형법이론중의 죄로 이론으로 해결할 수 있기에 이에 대하여 단독으로 규정할 필요가 없다는 점을 고려하여 1996년 12월 중순의 개정초안부터 이 규정을 삭제하였다.

(7) 단위수뢰죄單位受賄罪(제387조)

본조의 죄는「횡령 및 뇌물죄의 보충결정」제6조의 규정을 기초로 개정, 보충을 하여 형성된 것인데 동 결정 제6조는 다음과 같이 규정하였다. "전민소유제기업・사업기관・기관단체가 타인의 재물을 강요, 수수하고 타인을 위하여 이익을 도모하여 정상이 중한 경우, 벌금에 처하고 직접 책임을 지는 주관자와 기타 직접 책임자를 5년 이하의 유기징역 또는 구역에 처한다."

형법개정검토과정에서 본죄 조문에 대한 각 형법개정초고의 내용의 변화는 주로 그 주체범위를 둘러싸고 전개되었다. 1997년 1월 10일의 개정초안(개정안)에서 입법기관은 국가기관을 벌금에 처하는 것은 이론과 실무적으로 부적절하므로 국가기관이 본죄 행위를 실시하는 경우를 단독적인 한 개 항으로 규정하였는데 즉 "기관이 전항의 죄를 범한 경우, 직접 책임을 지는 주관자와 기타 직접 책임자를 5년 이하의 유기징역 또는 구역에 처한다." 1997년 2월 17일의 형법개정초안(개정안)에 이르러 입법기관에서는 국가기관의 경우를 단독의 항으로 규정하는 것을 취소하였는데 동고 제381조는 다음과 같이 규정하였다. "국가기관・국유회사・기업・사업기관・인민단체가 타인의 재물을 강요, 불법수수하고 타인을 위하여 이익을 도모하여 정상이 중한 경우, 벌금에 처하고 직접 책임을 지는 주관자와 기타 직접 책임자를 5년 이하의 유기징역 또는 구역에 처한다." 이 내용은 최종적으로 1997년「형법」제387조 제1항에 의하여 답습되었다. 동시에 1997년 3월 1일의 개정초안에서 입법기관은 동 초안 제384조에 국유기관의 경제수뢰의 규정을 증설하였다. 즉 "전항에 열거한 단위가 경제왕래에서 장부외에 암암리에 각종 명의의 리베이트, 수수료를 수수한 경우, 수뢰죄로 논하고 전항의 규정에 따라 처벌한다." 이 내용은 최종적으로 1997년 「형법」 제387조 제2항에 도입되었다.

(8) 알선수뢰(제388조)

형법개정검토과정에서 일부 부문에서는 국가공무원이 기타 공무원의 직무행위를 이용하여 타인을 위하여 이익을 도모하고 본인이 그중에서 뇌물을 강요 또는 수수하는 현상이 사법실무에서 자주 나타나고 있지만 현행 법률의 규정에 의하면 본인의 직권 또는 지위로 인하여 형성된 영향을 이용하여 뇌물을 수수하지 않으면 수뢰죄로 처벌할 수 없다고 지적하였다. 입법기관에서는 이 건의를 부분적으로 채택하여 1996년 8월 31일의 형법개정초고에서 알선수뢰에 대하여 규정하였다. "국가공무원이 본인의 직권 또는 지위로 인하여 형성된 편리조건을 이용하여 기타 국가공무원의 직무상의 편리를 이용하여 청탁자를 위하여 이익을 도모함으로써 그 과정에서 청탁자로부터 재물(또는 기타 재산적 이익)을 강요 또는 수수하는 경우, 수뢰로 논한다." 1996년 10월 10일의 개정초안(의견청취고)은 상술한 내용에 대하여 일부 개정을 하여 최종적으로 1997년 「형법」 제388조의 규정을 형성하였다. "국가공무원이 본인의 직권 또는 지위로 인하여 형성된 편리조건을 이용하여 기타 국가공무원의 직무상의 행위를 이용하여 청탁자를 위하여 부정이익을 도모함으로써 청탁자의 재물을 강요하거나 또는 청탁자의 재물을 수수하는 경우, 수뢰로 논한다."

(9) 영향력을 이용한 수뢰죄(제388조의 1)

근년에 수뢰행위에 새로운 변화가 나타났기에 「형법개정안 (7)」은 이에 대하여 규정을 두어 「형법」 제388조의 뒤에 한 조를 증설하여 제388조의 1로 하였다. "국가공무원의 근친족 또는 동 국가공무원과 관계가 밀접한 타인이 동 국가공무원의 직무상의 행위를 통하여 또는 동 국가공무원의 직권 또는 지위로 인하여 형성된 편리조건을 이용하여 기타 국가공무원의 직무상의 행위를 통하여 청탁자를 위하여 부정이익을 도모함으로써 청탁자의 재물을 강요하거나 또는 청탁자의 재물을 수수하여 액수가 비교적 크거나 또는 기타 비교적 중한 정상이 있을 경우, 3년 이하의 유기징역 또는 구역에 처하고 벌금을 병과한다. 액수가 거대하거나 또는 기타 중한 정상이 있을 경우, 3년 이상 7년 이하의 유기징역에 처하고 벌금을 병과한다. 액수가 특별히 거대하거나 또는 기타 특별히 중한 정상이 있을 경우, 7년 이상의 유기징역에 처하고 벌금 또는 재산몰수를 병과한다. 퇴직한 국가공무원 또는 그 근친족 및 그와 관계가 밀접한 타인이 동 퇴직한 국가공무원의 기존의 직권 또는 지위로 인하여 형성된 편리조건을 이용하여 전항의 행위를 실시할 경우, 전항의 규정에 따라 죄명을 정하고 처벌한다."

(10) 뇌물공여죄(제389조)

1979년「형법」제185조 제3항은 뇌물공여죄와 뇌물소개죄를 한 개의 조문에 규정하였다. 즉 "국가공무원에게 뇌물을 제공하거나 뇌물을 소개한 경우, 3년 이하의 유기징역 또는 구역에 처한다." 1988년 전국인민대표대회 상무위원회에서 통과된「횡령 및 뇌물죄의 보충규정」에서 입법기관은 뇌물공여죄를 단독으로 분리해 내어 그 구성요건과 법정형을 두 조로 나누어 규정하였다.

형법개정검토과정에서 1988년의 3개의 초고는 기본적으로「횡령 및 뇌물죄의 보충결정」의 상술한 내용을 참조하지 않고 뇌물공여죄의 조문을 검토기초하였다. 예하면 1988년 9월의 개정안은 뇌물공여죄의 구성요건을 "부정이익을 도모하기 위하여 국가공무인에게 뇌물을 제공하는 것"으로 정의하였고 1988년 11월 16일과 1988년 12월 25일의 초고는 1979년 형법전의 규정을 그대로 답습하여 뇌물공여죄와 뇌물공여 소개죄를 한 개 조문에 규정하였다. 1996년 8월 8일의 형법각칙개정초고부터 입법기관은 다시「횡령 및 뇌물죄의 보충결정」의 내용을 둘러싸고 본죄 조문을 검토기초하기 시작하였고 주로 뇌물공여죄 대상의 기술에 대하여 참작하고 검토하였는데 뇌물공여죄 대상의 입법변화는 수뢰죄 주체의 변화와 같은 입법배경과 이유를 갖고 있다고 할 수 있다. 입법기관은 그 후의 그 대상을 "국가공무원"으로 한정하였는바 이렇게 1997년「형법」제389조의 규정을 형성하였다. "부정이익을 도모하기 위하여 국가공무원에게 재물을 제공하는 것이 뇌물공여죄이다. 경제왕래에서 국가규정을 위반하여 국가공무원에게 재물을 제공하여 액수가 비교적 크거나 또는 국가규정을 위반하여 국가공무원에게 각종 명의의 리베이트·수수료를 제공하는 경우, 뇌물공여로 논한다. 강요되어 국가공무원에게 재물을 제공하고 부정이익을 획득하지 않은 경우는 뇌물공여가 아니다."

(11) 뇌물공여죄의 처벌(제390조)

1979년 형법전에서 뇌물공여죄의 규정은 비교적 원칙적이고 한 개 등차의 법정형만 설치하였고 뇌물공여, 수뢰의 이익공동체를 분열, 와해시키는 관대처벌의 규정도 두고 있지 않았다. 뇌물공여죄의 법정형에 관한「횡령 및 뇌물죄의 보충결정」의 규정은 그 적용가능성이 더 높은데「횡령 및 뇌물죄의 보충결정」제8조는 다음과 같이 규정하였다. "뇌물공여죄를 범한 경우, 5년 이하의 유기징역 또는 구역에 처한다. 뇌물공여에 의하여 부정이익을 도모하여 정상이 중하거나 또는 국가이익·집체이익에 중대한 손실을 초래한 경우, 5년 이상의 유기징역에 처하고 정상이 특별히 중한 경우, 무기징역에 처하고 재산몰수를 병과할 수 있다. 뇌물공여자가 소추전에 뇌물공여행위를 자발적으로 자백하는 경우, 감경처벌하거나 또는 처벌을 면제할 수 있다. 뇌물을 제공함으로써 위법활동을 하여 기타 범죄를 구성하는 경우, 병합죄의 규정에 따라 처벌한다."

형법개정검토과정에서 1988년의 3개의 초고는 기본적으로「횡령 및 뇌물죄의 보충결정」의 뇌물공여죄의 법정형에 관한 내용을 참조하지 않고 별도로 기초와 제정을 하였다.

1996년 8월 8일의 형법각칙개정초고부터 입법기관은 다시「횡령 및 뇌물죄의 보충결정」의 내용을 둘러싸고 본죄 법정형을 검토기초하기 시작하였고 수 차례의 개정과 조정을 거쳐 최종적으로 1997년「형법」제390조의 규정을 형성하였다. "뇌물공여죄를 범한 경우, 5년 이하의 유기징역 또는 구역에 처한다. 뇌물공여에 의하여 부정이익을 도모하여 정상이 중하거나 또는 국가이익에 중대한 손실을 초래한 경우, 5년 이상 10년 이하의 유기징역에 처한다. 정상이 특별히 중한 경우, 10년 이상의 유기징역 또는 무기징역에 처하고 재산몰수를 병과할 수 있다. 뇌물공여자가 소추전에 뇌물공여행위를 자발적으로 자백하는 경우, 감경처벌하거나 또는 처벌을 면제할 수 있다."

「형법개정안 (9)」은 본조를 다음과 같이 개정하였다. "뇌물공여죄를 범한 경우, 5년 이하의 유기징역 또는 구역에 처하고 벌금에 병과한다. 뇌물공여에 의하여 부정이익을 도모하여 정상이 중하거나 또는 국가이익에 중대한 손실을 초래한 경우, 5년 이상 10년 이하의 유기징역에 처한다. 정상이 특별히 중하거나 또는 국가이익에 특별히 중대한 손실을 초래한 경우, 10년 이상의 유기징역 또는 무기징역에 처하고 벌금 또는 재산몰수를 병과한다. 뇌물공여자가 소추전에 뇌물공여행위를 자발적으로 자백하는 경우, 경하게 처벌하거나 또는 감경처벌할 수 있다. 그 중 범죄가 비교적 경하고 중대사건의 수사해결에 관건적 작용을 발휘하거나 또는 중대한 공로가 있을 경우, 감경처벌하거나 또는 처벌을 면제할 수 있다."

(12) 단위에 대한 뇌물공여죄(제391조)

본조의 죄는 뇌물공여범죄의 처벌체계를 엄밀히 하기 위하여 1997년 형법전에 의하여 신설된 일종의 범죄이고 1997년 3월 13일의 개정초안 제391조에 본죄를 규정하였다. 즉 "부정이익을 도모하기 위하여 국가기관·국유회사·기업·사업기관·인민단체에 재물을 제공하거나 또는 경제왕래에서 국가규정을 위반하여 각종 명의의 리베이트·수수료를 제공하는 경우, 3년 이하의 유기징역 또는 구역에 처한다. 단위가 전항의 죄를 범한 경우, 단위를 벌금에 처하고 직접 책임을 지는 주관자와 기타 직접 책임자를 전항의 규정에 따라 처벌한다." 이 내용은 최종적으로 1997년「형법」제391조의 규정이 되었다.

「형법개정안 (9)」은 본조를 다음과 같이 개정하였다. "부정이익을 도모하기 위하여 국가기관·국유회사·기업·사업기관·인민단체에 재물을 제공하거나 또는 경제왕래에서 국가규정을 위반하여 각종 명의의 리베이트·수수료를 제공하는 경우, 3년 이하의 유기징역 또는 구역에 처하고 벌금을 병과한다."

(13) 뇌물소개죄介紹賄賂罪(제392조)

전술한 바와 같이 1979년「형법」제185조 제3항은 뇌물공여죄와 뇌물소개죄를 한 개의 조문에 규정하였고 뇌물소개에 대하여 3년 이하의 유기징역 또는 구역에 처한다고 규정하였다. 형법개정검토과정에서 본죄를 검토제정중의 형법 전에 규정해야 하는지에 관하여 부동한 견해가 있었다. 1988년 9월의 개정안과 1996년 8월 8일의 형법각칙개정초고에서 입법기관은 뇌물소개죄를 규정하지 않았다. 그 후 뇌물소개는 확실히 뇌물공여 또는 수뢰의 공범과 다른 특성을 갖고 있어 취소하는 것이 적당치 않다는 점을 고려하여 1996년 8월 31일의 형법개정초고에서 입법기관은 다시 뇌물소개죄를 회복하였다. 즉 "타인이 뇌물범죄를 범하도록 소개한 경우, 3년 이하의 유기징역 또는 구역에 처한다. 정상이 중한 경우, 3년 이상 7년 이하의 유기징역에 처한다." 1996년12월 중순의 개정초안에 이르러 입법기관은 상기 내용에 대하여 비교적 큰 개정과 조정을 하였다. 1997년 3월 1일의 개정초안은 다시 본죄 대상을 "국가공무원"으로 회복하였고 본죄의 성립범위를 제한하기 위하여 그 구성요건에 "정상이 중한 경우"의 규정을 증가하였으며 동시에 그전의 초고에서 본죄에 규정한 관제형을 삭제하였다. 이렇게 형성된 1997년「형법」제392조의 규정은 다음과 같다. "국가공무원에게 뇌물을 소개하여 정상이 중한 경우, 3년 이하의 유기징역 또는 구역에 처한다. 뇌물소개자가 소추전에 뇌물소개행위를 자발적으로 자백하는 경우, 감경처벌하거나 또는 처벌을 면제할 수 있다."

「형법개정안 (9)」은 본조 제1항을 다음과 같이 개정하였다. "국가공무원에게 뇌물을 소개하여 정상이 중한 경우, 3년 이하의 유기징역 또는 구역에 처하고 벌금을 병과한다."

(14) 단위 뇌물공여죄(제393조)

본조에 규정된 죄는「횡령 및 뇌물죄의 보충결정」제9조의 규정에서 유래된 것이다.

입법기관에서 최초로 본죄를 1996년 8월 8일의 형법각칙개정초고에 도입해서부터 주로 본죄의 이하의 문제를 둘러싸고 개정과 조정을 하였다. (1) 본죄 주체의 기술에 관하여 입법기관은 기존의 열거식 기술을 개괄적인 "단위"로 대체하였다. (2) 본죄 대상의 기술. (3) 뇌물공여의 위법소득을 개인이 소유하는 것의 처리. 「횡령 및 뇌물죄의 보충결정」의 규정에 따르면 이러한 경우는 뇌물공여죄로 처벌해야 하지만 이렇게 규정하면 도대체 뇌물공여죄로 죄명을 정해야 하는지 단위뇌물공여죄로 죄명을 정해야 하는지에 관한 이해의 불일치를 야기할 수 있기에 이러한 불일치를 해소하기 위하여 1996년 12월 중순의 개정초안부터 뇌물공여죄로 죄명을 정하고 처벌한다고 명확히 하였다.

이상의 개정과 연구검토를 거쳐 최종적으로 형성된 1997년 「형법」 제393조의 규정은 다음과 같다. "단위가 부정이익을 도모하기 위하여 뇌물을 제공하거나 국가규정을 위반하여 국가공무인에게 리베이트·수수료를 제공하여 정상이 중한 경우, 단위를 벌금에 처하고 직접 책임을 지는 주관자와 기타 직접 책임자를 5년 이하의 유기징역 또는 구역에 처한다. 뇌물공여로 인하여 취득한 위법소득을 개인이 소유한 경우, 본 법 제389조·제390조의 규정에 따라 처벌한다."

「형법개정안 (9)」은 본조를 다음과 같이 개정하였다. "단위가 부정이익을 도모하기 위하여 뇌물을 제공하거나 국가규정을 위반하여 국가공무인에게 리베이트, 수수료를 제공하여 정상이 중한 경우, 단위를 벌금에 처하고 직접 책임을 지는 주관자와 기타 직접 책임자를 5년 이하의 유기징역 또는 구역에 처하고 벌금을 병과한다. 뇌물공여로 인하여 취득한 위법소득을 개인이 소유한 경우, 본 법 제389조, 제390조의 규정에 따라 처벌한다."

(15) 공무·외교활동에서의 횡령(제394조)

본조에 규정된 죄는 「횡령 및 뇌물죄의 보충결정」 제10조의 규정에서 유래된 것이다.

형법개정검토과정에서 1996년 8월 8일과 8월 31일의 개정초안은 동 규정의 내용을 답습하였고 1996년 10월 10일의 개정초안(의견청취고)에 이르러 국내의 공무활동에서 선물을 수수하여 관청에 바쳐야 함에도 불구하고 바치지 않은 경우는 역시 횡령의 성질을 갖고 있기에 입법기관은 본조에 "국내공무활동"이라는 규정을 증가하였다. 입법용어의 규범성과 명확성을 확보하기 위하여 1996년 12월 중순의 개정초안에서 입법기관은 기존의 "횡령죄로 논한다"기술을 횡령죄에 따라 "죄명을 정하고 처벌한다"로 개정하여 최종적으로 1997년「형법」제394조의 규정을 형성하였다. "국가공무원이 국내공무활동 또는 대외왕래에서 선물을 수수하여 국가규정에 의하여 관청에 바쳐야 함에도 불구하고 바치지 않아 액수가 비교적 큰 경우, 본 법 제382조·제383조의 규정에 따라 죄명을 정하고 처벌한다."

(16) 거액재산 출처불명죄, 해외저금 은폐죄(제395조)

1997년「형법」제395조에 규정된 거액재산 출처불명죄와 해외저금 은폐죄는「횡령 및 뇌물죄의 보충결정」제11조의 규정에서 유래된 것이다. 즉 "국가공무원의 재산 또는 지출이 합법수입을 현저히 초과하여 차액이 거대한 경우, 그 출처를 설명하도록 명령할 수 있다. 본인이 그 출처의 합법성을 설명하지 못하는 경우, 차액부분을 불법소득으로 논하여 5년 이하의 유기징역 또는 구역에 처하고 그 재산의 차액부분을 몰수하는 것을 병과하거나 단독으로 부과한다. 국가공무원은 해외의 저금을 국가규정에 따라 신고하여야 한다. 액수가 비교적 크고 은폐하여 신고하지 않은 경우, 2년 이하의 유기징역 또는 구역에 처한다. 정상이 비교적 가벼운 경우, 그가 소속된 단위 또는 상급주관기관에서 참작하여 행정처분을 부과한다."

상술한 규정을 형법전 개정초안에 도입하는 검토과정에서 미세한 조정을 한적이 있었고 개정을 거쳐 최종적으로 형성된 1997년「형법」제395조의 규정은 다음과 같다. "국가공무원의 재산 또는 지출이 합법수입을 현저히 초과하여 차액이 비교적 큰 경우, 그 출처를 설명하도록 명령할 수 있다. 본인이 그 출처의 합법성을 설명하지 못하는 경우, 차액부분을 불법소득으로 논하여 5년 이하의 유기징역 또는 구역에 처하고 재산의 차액부분을 추징한다. 국가공무원은 해외의 저금을 국가규정에 따라 신고하여야 한다. 액수가 비교적 크고 은폐하여 신고하지 않은 경우, 2년 이하의 유기징역 또는 구역에 처한다. 정상이 비교적 가벼운 경우,

그가 소속된 단위 또는 상급주관기관에서 참작하여 행정처분을 부과한다."

1997년 형법전 시행과정에서 일부 전국인민대표대회 대표와 중앙사법기관에서는 제395조 제1항에 규정된 형벌이 가벼운 편이므로 반부패투쟁의 수요에 적응하기 위하여 거액재산 출처불명죄의 처벌을 가중할 필요가 있다고 지적하였다. 이에 근거하여 2009년 2월 28일 전국인민대표대회 상무위원회에서 통과한 「형법개정안 (7)」은 「형법」 제395조 제1항을 다음과 같이 개정하였다. "국가공무원의 재산, 지출이 합법수입을 현저히 초과하여 차액이 거대한 경우, 그 출처를 설명하도록 명령할 수 있다. 출처를 설명하지 못하는 경우, 차액부분을 불법소득으로 논하여 5년 이하의 유기징역 또는 구역에 처한다. 차액이 특별히 거대한 경우, 5년 이상 10년 이하의 유기징역에 처한다. 재산의 차액부분은 추징한다."

(17) 국유자산을 사사로이 나누어 가지는 죄, 벌금과 몰수한 재물을 사사로이 나누어 가지는 죄(제396조)

형법개정검토과정에서 최고인민검찰원은 실무에서 국유자산을 사사로이 나누어 가지는 현상이 아주 보편적이고 그 사회위해성은 횡령죄에 비하여 작지 않다고 지적하였다. 국유재산의 보호를 강화하기 위하여 형법에 보충규정을 둘 필요가 있었다.[3] 연구와 논증을 거쳐 입법기관에서는 이 건의를 채택하였고 국유자산을 사사로이 나누어 가지는 범죄를 1996년 10월 10일의 개정초안(의견청취고)에 도입하였다.

1997년 3월 1일의 개정초안은 다시 본조 규정을 범죄대상의 부동한 성질에 따라 두 개의 항으로 구분하여 규정하였다. 즉 "국가기관 · 국유회사 · 기업 · 사업기관 · 인민단체가 국가규정을 위반하여 단위의 명의로 국유자산을 집체적으로 개인에게 나누어 주어 액수가 비교적 큰 경우, 직접 책임을 지는 주관자와 기타

---

[3] 最高人民檢察院刑法修改硏究小組, "關於刑法修改中幾個問題的意見的報告(1996년 9월 13일)", 高銘暄 · 趙秉志, 「新中國刑法立法文獻資料總覽(下)」, 北京, 中國人民公安大學出版社, 1998, p.2625.

직접 책임자를 3년 이하의 유기징역 또는 구역에 처하고 벌금을 병과하거나 단독으로 부과한다. 액수가 거대한 경우, 3년 이상 7년 이하의 유기징역에 처하고 벌금을 병과한다. 사법기관·행정집법기관에서 국가규정을 위반하여 국가에 상납해야 할 벌금과 몰수한 재물을 단위의 명의로 집체적으로 개인에게 나누어 준 경우, 전항의 규정에 따라 처벌한다." 동고의 이 내용은 최종적으로 1997년「형법」제396조의 규정을 형성하였다.

독직죄

09

(1) 독직죄 입법의 공통문제

형법개정검토과정에서 전문가·학자·사법부문 및 기타 일부 입법에 참여한 부문과 기관에서는 독직죄 입법의 이하의 문제들에 관하여 연구와 논증을 전개하였다.

(1) 독직죄의 주체문제. 독직죄 주체의 확정에 관한 1979년 형법전 및 그 후의 일부 형법개정초고의 내용을 보면 일반적으로 모두 독직죄의 주체는 국가공무원이여야 한다고 하였다. 1997년 2월 17일의 형법개정초안(개정안)에 이르러 입법기관은 독직죄 주체의 확정에 대하여 큰 변화를 보였는데 즉 그전 초고가 확정한 "국가공무원"을 "국가기관공무원"으로 개정하였다.

(2) 독직죄의 장의 조문의 설치모델. 1996년 10월 10일의 개정초안(의견청취고) 및 그 후의 개정초고에서 독직죄의 장의 조문설치의 현저한 특징은 바로 독직범죄행위를 부동한 업무부문에 따라 분해하여 규정하였다는 점이다. 독직죄의 장의 조문설치를 보면 개괄적이고 공통점을 지닌 조문이 있는가 하면 각 부문 업무의 내용과 특징과 결부한 조문도 있었다. 법조경합의 원리에 의하여 특별조문은 일반조문보다 우선적으로 적용되며 특별조문에 포섭되지 않고 일반조문의 규정에 부합되는 경우, 일반조문을 적용한다. 그러므로 독직죄의 장의 조문설치모델은 과학적이고 수긍할 만하다.

(2) 직권남용죄·직무태만죄(제397조)

직권남용죄는 1997년 형법전에 의하여 신설된 범죄이고 직무태만죄는 기존 1979년 「형법」 제187조의 규정이다. 즉 "국가공무원이 직무를 태만하여 공공재산, 국가와 인민의 이익에 중대한 손실을 초래한 경우, 5년 이하의 유기징역 또는 구역에 처한다."

형법개정검토과정에서 1988년 11월 16일과 1988년 12월 25일의 형법개정초고에서 입법기관은 직권남용죄와 직무태만죄를 합병하여 한 개의 조문에 규정하였고 동일한 법정형을 공유하도록 하였는데 그 구체적 내용은 다음과 같다.

"국가공무원이 직권을 남용하거나 또는 직무를 태만하여 공공재산·국가와 인민의 이익에 중대한 손실을 초래한 경우, 7년 이하의 유기징역 또는 구역에 처한다."

1996년 이후 입법기관은 직권남용죄와 직무태만죄를 조문상 분리하여 독작적으로 규정하기 시작하였다. 1996년 10월 10일의 개정초안(의견청취고)은 직무태만죄와 직권남용죄의 구성요건과 법정형에 대하여 비교적 큰 개정을 하였고 이 두 범죄의 일반조문의 지위를 명확히 하였다. 1996년 12월 중순의 개정초고에서 입법기관은 상술한 두 개의 범죄를 합병하여 한 개 조문에 규정함과 동시에 법정형에 대하여 비교적 큰 개정을 하였다. 1997년 3월 1일의 개정초안은 본죄에 대하여 두 곳의 보충과 개정을 하였는데 하나는 본죄 기본범 법정형중의 관제형의 규정을 삭제하였고 다른 하나는 제2항에 "사리사욕으로 인하여 부정을 행하다"라는 규정을 증가하였다. 이렇게 형성된 1997년「형법」제397조의 규정은 다음과 같다. "국가공무원이 직권을 남용하거나 또는 직무를 태만하여 공공재산·국가와 인민의 이익에 중대한 손실을 초래한 경우, 3년 이하의 유기징역 또는 구역에 처한다. 정상이 특별히 중한 경우, 3년 이상 7년 이하의 유기징역에 처한다. 본 법에 별도의 규정이 있을 경우, 그 규정에 의한다. 국가기관공무원이 사리사욕으로 인하여 부정을 행하여 전항의 죄를 범한 경우, 5년 이하의 유기징역 또는 구역에 처한다. 정상이 특별히 중한 경우, 5년 이상 10년 이하의 유기징역에 처한다. 본 법에 별도의 규정이 있을 경우, 그 규정에 의한다."

(3) 국가비밀 고의누설죄, 국가비밀 과실누설죄(제398조)

우리 나라 1979년「형법」제186조는 국가기밀누설죄를 규정하였다. 즉 "국가공무원이 국가의 비밀보장법규를 위반하여 국가의 중요기밀을 누설하여 정상이 중한 경우, 7년 이하의 유기징역, 구역 또는 정치권리박탈에 처한다. 비국가공무원이 전항의 죄를 범한 경우, 전항의 규정에 따라 정상을 참작하여 처벌한다." 형법개정검토과정에서 1988년 11월 16일의 개정안은 기본적으로 이 규정을 답습하였다.

1988년 9월 5일 전국인민대표대회 상무위원회에서는 「중화인민공화국 국가비밀보장법」을 통과하였는데 동법 제31조 제1항은 다음과 같이 규정하였다. "본법의 규정을 위반하여 국가비밀을 고의 또는 과실로 누설하여 정상이 중한 경우, 본 법 제186조의 규정에 따라 형사책임을 추궁한다." 1997년 2월 17일의 형법개정초안(개정안)에 이르러 입법기관은 본죄의 주체에 대하여 중요한 한정을 하였는데 즉 기존의 "국가공무원"을 "국가기관공무원"으로 개정하였다. 1997년 3월 1일의 개정초안에서 입법기관은 본죄의 법정형에 대하여 중요한 조정을 하였는데 즉 기존의 한 개 등차의 법정형을 두 개 등차의 법정형으로 개정조정하였다. 동고의 이 내용은 최종적으로 1997년 「형법」 제398조에 의하여 답습되었다. 즉 "국가기관공무원이 국가비밀보장법의 규정을 위반하여 국가비밀을 고의 또는 과실로 누설하여 정상이 중한 경우, 3년 이하의 유기징역 또는 구역에 처한다. 정상이 특별히 중한 경우, 3년 이상 7년 이하의 유기징역에 처한다. 비국가공무원이 전항의 죄를 범한 경우, 전항의 규정에 따라 정상을 참작하여 처벌한다."

(4) 사리사욕으로 인한 위법재판죄, 민사·행정 위법재판죄, 판결·결정집행에서의 직무태만죄, 판결·결정집행에서의 직권남용죄(제399조)

1997년 「형법」 제399조 제1항에 규정된 사리사욕으로 인한 위법재판죄는 1979년 「형법」 제188조의 규정을 기초로 개정되어 형성된 것인데 동조는 다음과 같이 규정하였다. "사법기관인원의 사리사욕으로 인하여 무죄인 자임을 알면서 그로 하여금 소추를 당하도록 하거나 유죄인 자임을 알면서 고의로 비호하여 그로 하여금 소추를 당하지 않도록 하거나 또는 고의로 사실을 왜곡하여 위법재판을 하는 경우, 5년 이하의 유기징역·구역 또는 정치권리박탈에 처한다. 정상이 특별히 중한 경우, 5년 이상의 유기징역에 처한다."

형법개정검토과정에서 1988년 9월의 형법개정안은 본죄의 내용에 관하여 1979년 형법의 내용을 그대로 옮겨왔다. 1996년 10월 10일의 개정초안(의견청취고)에 이르러 입법기관은 1979년 형법전의 규정을 기초로 본죄의 구성요건과 법정형에 대하여 비교적 큰 조정을 하였고 1997년 3월 13일의 개정초안에 이르러 입법기관은 그전 초고에서 본죄 기본법에 규정하였던 정치권리박탈을 삭제함으로써 최종적으로 1997년 「형법」 제399조 제1항의 규정을 형성하였다. 즉 "사법기관인원의 사리사욕과 사사로운 감정으로 법을 위반하여 무죄인 자임을 알면서 그로 하여금 소추를 당하도록 하거나 유죄인 자임을 알면서 고의로 비호하여 그로 하여금 소추를 당하지 않도록 하거나 또는 형사심판활동에서 고의로 사실과 법률을 위반하여 위법재판을 하는 경우, 5년 이하의 유기징역 또는 구역에 처한다. 정상이 중한 경우, 5년 이상 10년 이하의 유기징역에 처한다. 정상이 특별히 중한 경우, 10년 이상의 유기징역에 처한다."

1997년 형법전 반포시행 후, 2002년 전국인민대표대회 상무위원회에서 통과한 「형법개정안 (4)」은 사법실무의 수요에 근거하여 본조의 규정에 대하여 개정과 보충을 하여 본조 제3항으로 "판결 · 결정집행에서의 직무태만죄"와 "판결 · 결정 집행에서의 직권남용죄"를 증설하였다.

(5) 위법중재죄枉法仲裁罪(제399조의 1)

본조의 죄는 2006년 전국인민대표대회 상무위원회에서 통과한 「형법개정안 (6)」에 의하여 1997년 형법전에 새로 증설된 일종의 범죄이다. 본죄에 대하여 실은 일찍이 1997년 형법전이 통과되기 전의 검토과정에서 언급한 적이 있었다.

1997년 형법전 반포시행 후, 사법실무에서 일부 중재인원이 뇌물을 수수하고 사리사욕으로 사실과 법률을 위반하여 위법중재를 하는 현상이 나타났다. 이러한 행위는 법률의 요구를 심각히 위반하였고 중재인원이 준수해야 할 공정 · 공평의 원칙을 위반하였으며 당사자의 합법적 권익에 중대한 손실을 초래하였을 뿐만 아니라 중재의 권위성과 공정성에 악직적인 영향을 초래하였으므로 중대한 사회위해성을 갖고 있다고 할 수 있다. 이를 감안하여 2006년 6월 29일 전국인민대표대회 상무위원회에서 통과한 「형법개정안 (6)」은 1997년 형법전에 특별히 제 399조의 1을 증설하여 위법중재죄를 규정하였다. 즉 "법에 의하여 중재직책을 담당한 인원이 중재활동에서 고의로 사실과 법률을 위반하여 위법결재를 하여 정상이 중한 경우, 3년 이하의 유기징역 또는 구역에 처한다. 정상이 특별히 중한 경우, 3년 이상 7년 이하의 유기징역에 처한다."

(6) 수감자 석방죄 및 직무태만으로 인한 수감자 탈출죄(제400조)

1997년「형법」제400조 제1항에 규정된 수감자 석방죄는 1979년「형법」제190조에 규정된 범인 석방죄를 기초로 개정과 보충을 거쳐 형성된 것이다. 1979년「형법」제190조는 다음과 같이 규정하였다. "사법기관인원이 범인을 석방하는 경우, 5년 이하의 유기징역 또는 구역에 처한다. 정상이 중한 경우, 5년 이상 10년 이하의 유기징역에 처한다."

본죄를 형법전 개정안에 도입하는 과정에서 그 내용은 변화와 반복의 과정을 거쳤다. 1996년 8월 8일의 형법각칙 개정초고에서 입법기관은 1979년 형법전의 내용을 기초로 본죄의 범죄대상을 개정하였는데 즉 1979년 형법전에 규정된 "범인"을 "범죄혐의자 또는 범인"으로 개정하였다. 1996년 8월 31일의 형법개정초고에서 입법기관은 8월 8일의 각칙개정초고의 내용을 기초로 본죄의 대상에 다시 "피고인"을 증가하였다. 1996년 10월 10일의 개정초안(의견청취고)에 이르러 입법기관은 전고에서 증설한 "피고인"을 삭제하고 본죄의 법정형을 조정한 적이 있었는데 1997년 3월 1일의 개정초안에 이르러 입법기관은 다시 본죄의 법정형에 대하여 비교적 큰 조정을 하여 1997년「형법」제400조 제1항의 규정을 형성하였다. 즉 "사법기관인원이 감금중의 범죄혐의자·피고인 또는 범인을 석방하는 경우, 5년 이하의 유기징역 또는 구역에 처한다. 정상이 중한 경우, 5년 이상 10년 이하의 유기징역에 처한다. 정상이 특별히 중한 경우, 10년 이상의 유기징역에 처한다."

1997년「형법」제400조 제2항에 규정된 직무태만으로 인한 수감자 탈출죄는 신설된 범죄이고 그 내용이 최초로 나타난 것은 1996년 12월 중순의 개정초안 제385조 제2항의 규정이다. 즉 "사법기관인원의 무책임으로 인하여 범죄혐의자·피고인 또는 범인이 도주하게 되어 심각한 결과를 초래한 경우, 3년 이하의 유기징역 또는 구역에 처한다. 특별히 심각한 결과를 초래한 경우, 3년 이상 10년 이하의 유기징역에 처한다."

(7) 사리사욕으로 인한 감형·가석방·집행유예죄(제401조)

본조에 규정된 죄는 1997년 형법전에 의하여 신설된 범죄이고 그 내용이 최초로 나타난 것은 1996년 8월 8일의 형법각칙 개정초고이다. 즉 "사법기관인원이 규정을 위반하여 감형·가석방·병보석의 조건에 부합되지 않은 범인에 대하여 감형·가석방·병보석을 하게 하여 정상이 중한 경우, 5년 이하의 유기징역에 처한다." 1996년 8월 31일의 형법개정초고에서 입법기관은 사리사욕으로 인한 감형·가석방·병보석을 하게 한 범죄행위를 사리사욕으로 인한 위법재판죄의 일종의 경우로 규정한 적이 있었다. 1996년 12월 중순의 개정초안에서 입법기관은 상술한 초고중의 "사리사욕으로 인하여 법을 위반하여"를 "사리사욕으로 인하여 부정을 행하여"로 개정함과 동시에 기존의 "병보석"을 집행유예로 개정하였으며 그 법정형의 내용은 의견청취고와 일치하였다. 이 내용은 그 후의 여러 초고에 의하여 답습되었다. 1997년 3월 1일의 개정초안에 이르러 입법기관은 본죄의 법정형에 대하여 비교적 큰 조정을 하였는데 한 개 등차의 법정형을 두 개 등차의 법정형으로 개정, 세분화하여 1997년「형법」제401조의 규정을 형성하였다. "사법기관인원의 사리사욕으로 감형·가석방·집행유예의 조건에 부합되지 않은 범인에 대하여 감형·가석방·집행유예를 하게 한 경우, 3년 이하의 유기징역 또는 구역에 처한다. 정상이 중한 경우, 3년 이상 7년 이하의 유기징역에 처한다."

(8) 사리사욕으로 형사사건 불이행죄(제402조)

본조의 죄는 1997년 형법전에 의하여 신설된 범죄이고 그 내용이 최초로 나타난 것은 1996년 8월 8일의 형법각칙 개정초고인데 동고는 다음과 같이 규정하였다. "행정집법인원의 사리사욕으로 인하여 고의로 사실과 법률을 위반하여 위법결정을 하여 정상이 중한 경우, 5년 이하의 유기징역 또는 구역에 처한다." 1996년 12월 중순의 개정초고에서 입법기관은 본죄의 구성요건에 대하여 조정을 하였는데 "고의로 사실과 법률을 위반하여 위법결정을 하여"와 "법에 따라 사법기관에 이송하여 형사책임을 추궁하여야 하는 것을 이송하지 않아"의 병렬관계를 후자의 앞에 "또는"이라는 기술을 증가함으로써 선택의 관계로 개정하였다.

1997년 2월 17일의 형법개정초안(개정안)에서 입법기관은 본죄의 구성요건과 법정형에 대하여 비교적 큰 개정과 조정을 하였다. (1) 기존 규정 중의 "사리사욕으로 인하여 법을 위반하여"를 "사리사욕으로 인하여 부정을 행하여"로 개정하였다. (2) 기존 규정 중의 "고의로 사실과 법률을 위반하여 위법결정을 하여"라는 기술을 삭제하였다. (3) 본죄의 법정형을 한 개 등차에서 두 개 등차로 개정·세분화하였다. 동고의 이 내용은 최종적으로 1997년 「형법」 제401조의 규정을 형성하였다. "행정집법인원의 사리사욕으로 인하여 법에 따라 사법기관에 이송하여 형사책임을 추궁하여야 하는 것을 이송하지 않아 정상이 중한 경우, 3년 이하의 유기징역 또는 구역에 처한다. 심각한 결과를 초래한 경우, 3년 이상 7년 이하의 유기징역에 처한다."

(9) 회사·증권 관리권한 남용죄(제403조)

본조에 규정된 죄는 1995년 2월 28일 전국인민대표대회 상무위원회에서 통과한 「회사법을 위반한 범죄의 처벌에 관한 결정」 제8조의 규정을 기초로 개정하고 보충하여 형성된 것인데 동 결정 제8조는 다음과 같이 규정하여다. "국가 관련 주관부문의 국가공무원이 법률에 규정된 조건에 부합되지 않은 회사설립·등기 신청 또는 주식·채권발행·상장신청을 허가하거나 등기하여 공공재산·국가와 인민의 이익에 중대한 손실을 초래한 경우, 형법 제187조[1]의 규정에 따라 처벌한다. 상급부문에서 등기기관 및 그 업무인원으로 하여금 전항의 행위를 실시하도록 강요하는 경우, 직접책임을 지는 주관자를 전항의 규정에 따라 처벌한다."

형법개정검토과정에서 상술한 두 항의 규정을 1996년 10월 10일의 개정초안(의견청취고)에 도입할 때 두 가지 방면의 보충과 개정을 하였다. 하나는 본죄 주체의 기술뒤에 "직무태만, 직권남용"의 규정을 증가하였고 다른 하나는 기존의 원용법정형의 규정을 독자적인 법정형으로 규정하였다. 즉 "기본법에 대하여 5년

---

1 1979년 「형법」 제187조에 규정된 것은 직무해태죄이다.

이하의 유기징역 또는 구역에 처한다. 특별히 중대한 손실을 초래한 경우, 5년 이상 10년 이하의 유기징역에 처한다." 그 후 개정을 거쳐 형성된 1997년「형법」제403조의 규정은 다음과 같다. "국가 관련 주관부문의 국가공무원이 사리사욕으로 인하여 부정을 행하고 직권을 남용하여 법률에 규정된 조건에 부합되지 않은 회사설립, 등기신청 또는 주식·채권발행·상장신청을 허가하거나 등기하여 공공재산·국가와 인민의 이익에 중대한 손실을 초래한 경우, 5년 이하의 유기징역 또는 구역에 처한다. 상급부문에서 등기기관 및 그 업무인원으로 하여금 전항의 행위를 실시하도록 강요하는 경우, 직접책임을 지는 주관자를 전항의 규정에 따라 처벌한다."

(10) 사리사욕으로 인한 세금을 징수하지 않거나 적게 징수한 죄(제404조)

본조에 규정된 죄는 1992년 9월 4일 전국인민대표대회 상무위원회에서 통과한「중화인민공화국 세금징수관리법」제54조[2]의 규정을 기초로 개정과 보충을 거쳐 형성된 것이다. 동법 제54조 제1항은 다음과 같이 규정하였다. "세무인원이 직무를 태만하여 징수해야 할 세금을 징수하지 않거나 적게 징수하여 국가세금에 중대한 손실을 초래한 경우, 형법 제187조의[3] 규정에 따라 형사책임을 추궁한다. 범죄를 구성하지 않은 경우, 행정처분을 부과한다."

입법기관은 상술한 규정을 1996년 10월 10일의 개정초안(의견청취고)에 도입할 때 행정처분에 관한 규정을 삭제하였고 본죄에 독자적인 법정형을 규정하여 1997년「형법」제404조의 규정을 형성하였다. "세무기관의 업무인원의 사리사욕으로 인하여 징수해야 할 세금을 징수하지 않거나 적게 징수하여 국가세금에 중

---

[2] 「중화인민공화국 세금징수관리법中華人民共和國稅收徵收管理法」은 1992년 9월 4일에 통과된 후 1995년 2월 8일과 2001년 4월 28일에 전국인민대표대회 상무위원회에 의하여 두 번 개정되어 동법 기존의 제54조의 규정은 현행 동법 제82조 제1항으로 개정되었다. 즉 '세무인원이 사리사욕으로 인하여 부정을 행하거나 직무를 태만하여 징수해야 할 세금을 징수하지 않거나 적게 징수하여 국가세금에 중대한 손실을 초래하여 범죄를 구성하는 경우, 법에 따라 형사책임을 추궁한다. 아직 범죄를 구성하지 않은 경우, 법에 따라 행정처분을 부과한다.'

[3] 1979년「형법」제187조에 규정된 것은 직무해태죄이다.

대한 손실을 초래한 경우, 5년 이하의 유기징역 또는 구역에 처한다. 특별히 중대한 손실을 초래한 경우, 5년 이상의 유기징역에 처한다."

(11) 사리사욕으로 인한 세금계산서 발행, 세액 공제, 불법 수출환급증명서 및 증빙서류 제공죄(제405조)

본죄의 규정은 1995년 전국인민대표대회 상무위원회에서 통과한「부가가치세 전용영수증 허위발급, 위조와 불법판매 범죄의 처벌에 관한 결정」제9조의 규정을 기초로 개정하여 형성된 것인데 동 결정 제9조는 다음과 같이 규정하였다. "세무기관의 업무인원이 법률·행정법규의 규정을 위반하여 영수증 발매·세금·수출환급세금의 공제 등 업무에서 직무를 태만하여 국가이익에 중대한 손실을 초래한 경우, 5년 이하의 유기징역 또는 구역에 처한다. 국가이익에 특별히 중대한 손실을 초래한 경우, 5년 이상의 유기징역에 처한다."

형법개정검토과정에서 상술한 규정은 1996년 10월 10일의 개정초안(의견청취고)에 그대로 도입되었다. 그 후 개정을 거쳐 형성된 1997년「형법」제405조의 규정은 다음과 같다. "세무기관의 업무인원이 법률·행정법규의 규정을 위반하여 영수증 발매·세금·수출환급세금의 공제 등 업무에서 사리사욕으로 인하여 부정을 행하여 국가이익에 중대한 손실을 초래한 경우, 5년 이하의 유기징역 또는 구역에 처한다. 국가이익에 특별히 중대한 손실을 초래한 경우, 5년 이상의 유기징역에 처한다. 기타 국가기관공무원이 국가규정을 위반하여 수출화물 세관신고서, 수출외화수입검사서 등 수출세금환급 증명서를 제공하는 업무에서 사리사욕으로 인하여 부정을 행하여 국가이익에 중대한 손실을 초래한 경우, 전항의 규정에 따라 처벌한다."

(12) 국가기관 공무원이 계약 체결 및 이행 과정에서 직무태만으로 사기당한 죄(제406조)

본조의 죄는 1997년 형법전에 의하여 신설된 범죄이고 그 내용이 최초로 나타난 것은 1996년 10월 10일의 개정초안(의견청취고)인데 동고 제355조는 다음과 같이 규정하였다. "계약의 체결과 이행과정에서 국가기관공무원의 무책임으로 인하여 사기당하여 국가이익에 중대한 손실을 초래한 경우, 그 직접 책임을 지는 주관자와 기타 직접 책임자를 5년 이하의 유기징역 또는 구역에 처한다. 국가이익에 특별히 중대한 손실을 초래한 경우, 5년 이상 10년 이하의 유기징역에 처한다." 1996년 12월 중순의 개정초안은 본죄의 법정형을 조정하였고 1997년 3월 1일의 개정초안에 이르러 입법기관은 상술한 내용에 대하여 미세한 조정을 하여 "그 직접 책임을 지는 주관자와 기타 직접 책임자"라는 기술과 본죄에 기존 규정 중의 관제형을 삭제하였다. 1997년 3월 13일의 형법개정초안에서 입법기관은 "경제무역계약"이라는 기술의 외연이 너무 좁다는 점을 고려하여 기존 규정 중의 "경제무역"이라는 네 자를 삭제하였다. 이렇게 형성된 1997년「형법」제406조의 규정은 다음과 같다. "계약의 체결과 이행과정에서 국가기관공무원의 중대한 무책임으로 인하여 사기당하여 국가이익에 중대한 손실을 초래한 경우, 3년 이하의 유기징역 또는 구역에 처한다. 국가이익에 특별히 중대한 손실을 초래한 경우, 3년 이상 7년 이하의 유기징역에 처한다."

(13) 임목채벌허가증 위법발급죄(제407조)

본조의 죄는 1984년 9월 20일 전국인민대표대회 상무위원회에서 통과한「중화인민공화국 삼림법中華人民共和國森林法」제35조의 규정을 기초로 개정되어 형성된 것이다.

형법개정검토과정에서 입법기관은 상술한 규정을 1996년 10월 10일의 개정초안(의견청취고)에 도입할 때 일부 개정과 조정을 하였고 그 후 수 차례의 개정과 조정을 거쳐 최종적으로 1997년「형법」제407조의 규정을 형성하였다. "임업주관부문의 업무인원이 삼림법의 규정을 위반하여 허가한 연채벌 한도액을 초과하여 임목채벌허가증을 발급하거나 또는 규정을 위반하여 임목채벌허가증을 남발하여 정상이 중하고 삼림에 중대한 파괴를 초래한 경우, 3년 이하의 유기징역 또는 구역에 처한다."

(14) 환경감독관리 직무태만죄(제408조)

본조의 죄는 1997년 형법전에 의하여 신설된 범죄이고 그 내용이 최초로 나타난 것은 1996년 10월 10일의 개정초안(의견청취고)인데 동고 제359조는 다음과 같이 규정하였다. "환경보호부문의 업무인원의 직무 태만으로 인하여 중대한 환경오염사고를 초래하여 공사재산의 중대한 손실 또는 인원사상의 심각한 결과를 야기한 경우, 5년 이하의 유기징역 또는 구역에 처한다. 결과가 특별히 심각한 경우, 5년 이상 10년 이하의 유기징역에 처한다." 1996년 12월 중순의 개정초안에서 입법기관은 본죄 구성요건 기존의 내용 중의 "직무를 태만하여"를 "중대한 무책임으로 인하여"로 개정하였고 1997년 2월 17일의 형법개정초안(개정안)에 이르러 입법기관은 본죄의 구성요건과 법정형에 대하여 일부 개정을 하여 최종적으로 1997년「형법」제408조의 규정을 형성하였다. "환경보호감독관리직책을 담당하고 있는 국가기관공무원이 중대한 무책임으로 인하여 중대한 환경오염사고를 초래하여 공사재산의 중대한 손실 또는 인원사상의 심각한 결과를 야기한 경우, 3년 이하의 유기징역 또는 구역에 처한다."

(15) 식품감독관리 독직죄(제408조의 1)

본죄는「형법개정안 (8)」에 의하여 신설된 범죄이다. 2010년 8월 23일의「형법개정안 (8)」(초안)은「형법」제143조와 제144조에 규정된 식품안전위해범죄의 개정에만 언급하였고 식품감독관리 독직범죄의 조문이 없었다. 의견청취와 심의과정에서 일부 상무위원회의 구성인원·대표·부문과 사회대중은 직무를 태만한 감독관리부문의 인원도 함께 처벌범위에 포함시켜 감독관리직무태만인원의 법률책임을 추궁할 것을 제안하였다. 형법은 제때에 상응한 조정을 하여 식품안전감독관리 직책을 담당하고 있는 인원의 독직행위의 형사책임을 명확히 하여야 한다. 입법기관은 연구와 논증을 거쳐 최종적으로「형법개정안 (8)」에「형법」제408조의 1을 증설하여 식품감독관리 독직죄를 규정하였다. 즉 "식품안전 감독관리직책을 담당하고 있는 국가기관공무원이 직권을 남용하거나 직무를 태만하여 중대한 식품안전사고 또는 기타 심각한 결과를 초래한 경우, 5년 이하의 유기징역 또는 구역에 처한다. 국가이익에 특별히 심각한 결과를 초래한 경우, 5년 이상 10년 이하의 유기징역에 처한다. 사리사욕으로 인하여 부정을 행하여 전항의 죄를 범한 경우, 중하게 처벌한다."

(16) 전염병 방지·치료 직무태만죄(제409조)

본죄는 1989년 2월 21일 전국인민대표대회 상무위원회에서 통과한「중화인민공화국 전염병예방치료법中華人民共和國傳染病防治法」제39조의 규정을 개정하여 형성된 것이다. 1996년 10월 10일의 개정초안(의견청취고) 제360조에서 입법기관은 "행정처분"의 규정을 삭제하였고 동시에 본죄에 독자적인 법정형을 증설하였는데 그 구체적인 내용은 다음과 같다. "전염병의 의료보건 · 위생방역 · 감독관리에 종사하는 인원과 정부 관련 주관인원의 직무 태만으로 전염병의 전파 또는 유행을 초래하여 정상이 중한 경우, 5년 이하의 유기징역 또는 구역에 처한다." 1996년 12월 중순의 개정초안에서 입법기관은 기존의 규정 중의 "직무를 태만하여"를 "중대한 무책임으로 인하여"로 개정하였고 이로 형성된 내용은 그 후의 여러 개정초안에 의하여 답습되었다. 1997년 2월 17일의 형법개정초안(개정안)에 이르러 입법기관은 본죄의 주체와 법정형에 대하여 일부 개정을 하여 최종적으로 1997년「형법」제409조의 규정을 형성하였다. "전염병의 예방과 치료에 종사하는 정부위생행정부문의 업무인원의 중대한 무책임으로 인하여 전염병의 전파 또는 유행을 초래하여 정상이 중한 경우, 3년 이하의 유기징역 또는 구역에 처한다."

(17) 토지 징수·징용·점용 불법허가죄, 국유토지사용권 불법 저가양도죄 (제410조)

본조의 죄는 1997년 형법전에 의하여 신설된 두 가지 범죄이고 그 내용이 최초로 나타난 것은 1997년 2월 17일의 형법개정초안(개정안) 제404조의 규정이다. "국가기관공무원이 사리사욕으로 인하여 부정을 행하여 토지관리법규를 위반하고 직권을 남용하여 토지의 징용 · 점용을 불법허가하거나 또는 국유토지사용권을 불법 저가양도하여 정상이 중한 경우, 3년 이하의 유기징역·구역 또는 관제에 처한다. 국가 또는 집체이익에 특별히 중대한 손실을 초래한 경우, 3년 이상 7년 이하의 유기징역에 처한다." 1997년 3월 1일의 개정초안 제406조는 기존 조문 법정형중의 관제형을 삭제하여 최종적으로 1997년「형법」제410조의 규정을 형성하였다.

(18) 밀수방임죄(제411조)

본조의 죄는 1987년 1월 22일 전국인민대표대회 상무위원회에서 통과한「중화인민공화국 세관법中華人民共和國海關法」제56조의 규정을 개정하여 형성된 것이다. 형법개정검토과정에서 상술한 규정의 정신은 먼저 1996년 10월 10일의 개정초안(의견청취고) 제361조에 흡수되었고 1996년 12월 중순의 개정초안에서 입법기관은 본죄의 법정형에 대하여 일부 조정을 하였고 최종적으로 형성된 1997년「형법」제411조의 규정은 다음과 같다. "세관업무인원의 사리사욕으로 인하여 부정을 행하여 밀수를 방임하여 정상이 중한 경우, 5년 이하의 유기징역 또는 구역에 처한다. 정상이 특별히 중한 경우, 5년 이상의 유기징역에 처한다."

(19) 통상검사 관련 사리사욕을 인한 부패죄 및 직무업무태만죄(제412조)

본조의 규정은 1989년 2월 21일 전국인민대표대회 상무위원회에서 통과한「중화인민공화국 수출입상품검사법中華人民共和國進出口商品檢驗法」제29조의 규정을 개정, 보충하여 형성된 것인데 동법 제29조는 다음과 같이 규정하였다. "국가상품검사부문·상품검사기구의 업무인원과 국가상품검사부문, 상품검사기구에서 지정한 검사기구의 검사인원이 직권을 남용하고 사리사욕으로 검사결과를 위조하거나 또는 직무를 태만하여 검사증명서의 제출을 지연하는 경우, 정상의 경중에 따라 행정처분을 부과하거나 법에 따라 형사책임을 추궁한다."[4]

---

4 「중화인민공화국 수출입상품검사법中華人民共和國進出口商品檢驗法」은 1989년 2월 21일에 통과된 후, 또 전국인민대표대회 상무위원회에 의하여 2002년 4월 28일에 개정되어 동법 기존

형법개정검토과정에서 수출입상품의 검사를 강화하고 수출입상품의 품질을 보장하며 대외무역쌍방의 합법적 권익을 수호하고 대외무역관계의 순조로운 발전을 촉진하기 위하여 입법기관은 상술한 규정의 정신을 1996년 10월 10일의 개정초안(의견청취고) 제362조에 흡수시켜 최종적으로 1997년「형법」제412조의 규정을 형성하였다. "국가상품검사부문·상품검사기구의 업무인원의 사리사욕으로 검사결과를 위조한 경우, 5년 이하의 유기징역 또는 구역에 처한다. 심각한 결과를 초래한 경우, 5년 이상 10년 이하의 유기징역에 처한다. 전항에 열거한 인원의 중대한 무책임으로 인하여 검사해야 할 물품을 검사하지 않거나 또는 검사증명서의 제출을 지연하거나 잘못된 검사증명서를 제출하여 국가이익에 중대한 손실을 초래한 경우, 3년 이하의 유기징역 또는 구역에 처한다."

(20) 동식물검역관련 사리사욕으로 인한 부패 및 직무태만죄(제413조)

본조의 규정은 1991년 10월 30일 전국인민대표대회 상무위원회에서 통과한「중화인민공화국 수출입동식물검역법中華人民共和國進出境動植物檢疫法」제45조의 규정을 개정, 보충하여 형성된 것이다.

형법개정검토과정에서 동물전염병·기생충병·식물위험성병·벌레·잡초 및 기타 위해생물이 국경을 출입하는 것을 방지하고 대외경제무역의 발전을 촉진하며 검사검역업무인원의 책임의식을 제고하고 사리사욕으로 인하여 부정을 행하는 것과 중대한 무책임으로 인한 범죄행위를 처벌하기 위하여 1996년 10월 10일의 개정초안(의견청취고)은 상술한 규정을 흡수하여 동고 제363조에 다음과 같이 규정하였다. "동식물검역기관의 검역인원의 직권 남용으로 검역결과를 위조한 경우, 7년 이하의 유기징역 또는 구역에 처한다. 심각한 결과를 초래한 경우, 7년 이상의 유기징역에 처한다. 전항에 열거한 인원의 직무태만으로 검역증명서의 제출을 지연하여 국가이익에 중대한 손실을 초래한 경우, 5년 이하의 유기징역 또

의 제29조는 이미 현행 동법 제59조로 개정되었다.

는 구역에 처한다. 국가이익에 특별히 중대한 손실을 초래한 경우, 5년 이상 10년 이하의 유기지역에 처한다."

그 후 개정을 거쳐 형성된 1997년 「형법」 제413조의 규정은 다음과 같다. "동식물검역기관의 검역인원의 사리사욕으로 검역결과를 위조한 경우, 5년 이하의 유기징역 또는 구역에 처한다. 심각한 결과를 초래한 경우, 5년 이상 10년 이하의 유기징역에 처한다. 전항에 열거한 인원의 무책임으로 검역해야 할 검역물을 검역하지 않거나 또는 검역증명서의 제출을 지연하거나 잘못된 검역증명서를 제출하여 국가이익에 중대한 손실을 초래한 경우, 3년 이하의 유기징역 또는 구역에 처한다."

(21) 가짜, 불량 상품 제조·판매 범죄 방임죄(제414조)

본조에 규정된 죄는 1993년 7월 2일 전국인민대표대회 상무위원회에서 통과한 「가짜, 저질상품 생산, 판매행위의 처벌에 관한 결정」 제10조 제2항의 규정을 개정하여 형성된 것인데 동 조항은 다음과 같이 규정하였다. "추궁책임을 담당하고 있는 국가공무원이 본 결정에 열거한 범죄행위가 있는 기업·사업기관 또는 개인에 대하여 법률이 규정한 추궁직책을 이행하지 않은 경우, 부동한 정황에 따라 형법 제187조에 의하여 또는 제188조를[5] 참조하여 형사책임을 추궁한다."

형법개정검토과정에서 본조 규정의 내용이 최초로 나타난 것은 1996년 10월 10일의 개정초안(의견청취고) 제364조이고 그 후 개정을 거쳐 1997년 3월 13일의 개정초안에 이르러 입법기관은 본죄 구성요건에 '정상이 중한 경우'라는 제한을 증가하여 최종적으로 1997년 「형법」 제414조의 규정을 형성하였다. "가짜·저질 상품을 제조·판매하는 범죄행위에 대하여 추궁책임을 담당하고 있는 국가기관 공무원이 사리사욕으로 인하여 부정을 행하여 법률이 규정한 추궁직책을 이행하지 않아 정상이 중한 경우, 5년 이하의 유기징역 또는 구역에 처한다."

---

5   1979년 「형법」 제187조와 제188조에 규정된 것은 각각 직무해태죄와 사리사욕으로 인한 위법재판죄이다.

(22) 불법 출입국자의 출입경 증명서 발급 및 허가죄(제415조)

본조에 규정된 죄는1994년 3월 5일 전국인민대표대회 상무위원회에서 통과한「타인을 조직, 운송하여 밀입국 하는 범죄의 엄벌에 관한 보충결정」제6조 제1항의 규정을 개정하여 형성된 것이다.

상술한 규정을 1997년 형법전에 도입하는 개정검토과정에서 일부 개정과 보충을 한 적이 있었다. 1996년 10월 10일의 개정초안(의견청취고) 제365조에서 입법기관은 이 두 범죄의 법정형을 조정하였고 1997년 2월 17일의 형법개정초안(개정안)에 이르러 입법기관은 본장의 죄들의 주체와의 조화와 통일을 고려하여 본죄의 주체를 기존의 "국가공무원"에서 "국가기관공무원"으로 개정하였다. 1997년 3월 1일의 개정초안에서 입법기관은 본죄 제1등차 법정형중의 관제형을 삭제하여 이로써 최종적으로 1997년「형법」제415조의 규정을 형성하였다. "여권·비자 및 기타 출입경 증명서의 처리를 담당한 국가기관공무원이 국(변)경을 몰래 넘으려는 인원임을 알면서 출입경 증명서를 처리해 주거나 통행을 허가하는 경우, 3년 이하의 유기징역 또는 구역에 처한다. 정상이 중한 경우, 3년 이상 7년 이하의 유기징역에 처한다."

(23) 인신매매 피해 여성·아동 구출 불이행죄 및 구출방해죄(제416조)

본조에 규정된 죄는1991년 9월 4일 전국인민대표대회 상무위원회에서 통과한「부녀, 아동을 유괴매매, 납치하는 범죄자의 엄벌에 관한 결정」제5조의 규정을 기초로 개정하여 형성된 것인데 동 결정 제5조는 다음과 같이 규정하였다. "각급 인민정부는 유괴매매, 납치된 부녀, 아동에 대하여 구출직책을 담당하고 있고 구출은 공안기관이 관련 부문과 협력하여 담당하고 진행한다. 구출직책을 담당하고 있는 국가공무원이 유괴매매·납치된 부녀·아동 및 그 가족의 구출요구를 받거나 타인의 신고를 받았음에도 불구하고 유괴매매·납치된 부녀·아동을 구출하지 않아 심각한 결과를 초래한 경우, 형법 제187조의 규정에 따라 처벌한다. 정상이 비교적 가벼운 경우, 행정처분을 부과한다. 구출직책을 담당하고 있는 국가공무원이 직무를 이용하여 구출을 방해하는 경우, 2년 이상 7년 이하의 유기징역에 처한다. 정상이 비교적 가벼운 경우, 2년 이하의 유기징역 또는 구역에 처한다."

형법개정검토과정에서 상술한 규정에 대하여 일부 개정과 보충을 하였고 최종적으로 형성된 1997년「형법」제416조의 규정은 다음과 같다. "유괴매매·납치된 부녀·아동에 대하여 구출직책을 담당하고 있는 국가기관공무원이 유괴매매·납치된 부녀·아동 및 그 가족의 구출요구를 받거나 타인의 신고를 받았음에도 불구하고 유괴매매·납치된 부녀·아동을 구출하지 않아 심각한 결과를 초래한 경우, 5년 이하의 유기징역 또는 구역에 처한다. 구출직책을 담당하고 있는 국가기관공무원이 직무를 이용하여 구출을 방해하는 경우, 2년 이상 7년 이하의 유기징역에 처한다. 정상이 비교적 가벼운 경우, 2년 이하의 유기징역 또는 구역에 처한다."

(24) 범죄자의 처벌회피 방조죄(제417조)

본조에 규정된 죄는 1991년 9월 4일 전국인민대표대회 상무위원회에서 통과한「성매매 엄금에 관한 결정」에서 유래된 것이다.

수 차례의 개정을 거쳐 최종적으로 형성된 1997년「형법」제417조의 규정은 다음과 같다. "범죄활동을 단속하는 직책을 담당하고 있는 국가기관공무원이 범죄자에게 소식을 알려주거나 편리를 제공하여 범죄자로 하여금 처벌을 회피하게 하는 경우, 3년 이하의 유기징역 또는 구역에 처한다. 정상이 중한 경우, 3년 이상 10년 이하의 유기징역에 처한다."

(25) 공무원 채용 및 학생 모집 부정행위죄(제418조)

본조의 죄는 주로 1995년 3월 18일 전국인민대표대회 상무위원회에서 통과한「중화인민공화국 교육법中華人民共和國教育法」제77조의 규정을 개정, 보충하여 형성된 것이다.

상술한 규정을 1997년 형법전에 도입하는 개정검토과정에서 일부 개정과 보충을 하였다. 1996년 10월 10일의 개정초안(의견청취고) 제368조는 다음과 같이 규정하였다. "학생모집업무에서 사리사욕으로 인하여 부정을 행하여 정상이 중한 경우, 교육행정부문에서 모집한 인원을 돌려보내는 것을 명령하는 외에 직접 책임을 지는 주관자와 기타 직접 책임자를 5년 이하의 유기징역 또는 구역에 처한다." 1996년 12월 중순의 개정초안에서 입법기관은 본죄의 적용범위를 확장하였고 1997년 3월 1일의 개정초안에 이르러 입법기관은 기존 법정형중의 관제형을 삭제하여 최종적으로 1997년「형법」제418조의 규정을 형성하였다. "국가기관공무원이 공무원, 학생을 모집하는 업무에서 사리사욕으로 인하여 부정을 행하여 정상이 중한 경우, 3년 이하의 유기징역 또는 구역에 처한다."

(26) 직무태만으로 인한 진귀한 등록문화유산 훼손·유실죄(제419조)

본조의 죄는 1991년 6월 29일 전국인민대표대회 상무위원회에서 통과한「중화인민공화국 등록문화유산보호법」제31조 제3항의 규정을 개정, 보충하여 형성된 것이다.

상술한 규정의 정신을 1997년 형법전에 흡수시키는 개정검토과정에서 일부 개정과 보충을 한 적이 있었다. 1996년 10월 10일의 개정초안(의견청취)제369조는 다음과 같이 규정하였다. "국가공무원이 직무를 태만하여 진귀한 등록문화유산이 훼손·유실되어 정상이 중한 경우, 5년 이하의 유기징역 또는 구역에 처한다." 1996년 12월 중순의 개정초안은 상술한 내용에 대하여 세 곳의 개정과 보충을 하였다. (1) 기존의 규정 중의 "직무를 태만하여"를 "중대한 직무태만으로 인하여"로 개정하였다. (2) 기존의 규정 중의 "정상이 중한 경우"를 "결과가 심각한 경우"로 개정하였다. (3) 기존의 법정최고형을 "5년" 유기징역에서 "3년"으로 개정하였고 관제형의 규정을 증설하였다. 1997년 2월 17일의 형법개정초안(개정안) 제413조에서 입법기관은 본죄의 주체를 개정하여 "국가공무원"을 "국가기관공무원"으로 개정하였다. 1997년 3월 1일의 개정초안에 이르러 입법기관은 본죄 법정형중의 관제형을 삭제하여 최종적으로 1997년「형법」제418조의 규정을 형성하였다. "국가기관공무원이 중대한 무책임으로 인하여 진귀한 등록문화유산이 훼손·유실되어 결과가 심각한 경우, 3년 이하의 유기징역 또는 구역에 처한다."

군인 직책위반죄

10

(1) 군인 직책위반죄를 1997년 형법전에 도입해야 하는지의 문제

1979년 형법전 반포시행 후 군대의 법치건설을 강화하고 군인이 직책을 위반한 범죄행위를 처벌하고 방지하는 수요에 기초하여 1981년 6월 10일 전국인민대표대회 상무위원회에서는「중화인민공화국 군인직책위반죄의 처벌에 관한 임시조례」를 통과하였고 제3조부터 제21조까지 군인직책위반죄의 구체범죄에 대하여 규정하였는데 총 31개의 구체범죄였다. 형법개정검토과정에서 군인의 직책위반죄를 1997년 형법전에 도입해야 하는지에 대하여 치열한 논쟁이 있었는데 입법기관은 최종적으로 긍정하고 도입하여 형법각칙의 한 개 장으로 규정하였다.

(2) 군인 직책위반죄(제420조)

본죄는「군인직책위반죄의 처벌에 관한 임시조례」제2조의 규정을 개정하여 형성된 것인데 동 조례 제2조는 다음과 같이 규정하였다. "군인 직책위반죄는 중국인민해방군의 현역군인이 군인의 직책을 위반하여 국가의 군사이익을 침해하여 법률에 의하여 형벌처벌을 받아야 하는 행위이다. 다만 정상이 현저히 경미하여 위해성이 크지 않은 경우, 범죄로 처리하지 않고 군기에 따라 처리한다." 입법기관은 이 규정을 1997년 1월 10일의 형법개정초안에 도입할 때 범죄주체에 관한 기술을 간략화하였다.

(3) 전시 명령거역죄(제421조)

본조에 규정된 죄는「군인직책위반죄의 처벌에 관한 임시조례」제17조의 규정을 개정하여 형성된 것인데 동 조례 제17조는 다음과 같이 규정하였다. "전투에서 명령을 거역하여 작전에 위해를 초래한 경우, 3년 이상 10년 이하의 유기징역에 처한다. 전투·전역에 중대한 손실을 초래한 경우, 10년 이상의 유기징역, 무기징역 또는 사형에 처한다." 개정과 조정을 거쳐 형성된 1997년「형법」제421조의 규정은 다음과 같다. "전시에 명령을 거역하여 작전에 위해를 초래한 경우, 3년 이상 10년 이하의 유기징역에 처한다. 전투, 전역에 중대한 손실을 초래한 경우, 10년 이상의 유기징역·무기징역 또는 사형에 처한다."

(4) 군사상황 은폐·거짓 보고죄, 군사명령 전달거부·거짓 전달죄(제422조)

본조에 규정된 죄는「군인직책위반죄의 처벌에 관한 임시조례」제18조의 규정을 개정하여 형성된 것인데 동 조례 제18조는 다음과 같이 규정하였다. "군사상황을 고의로 거짓 보고하거나 또는 군사명령을 거짓 전달하여 작전에 위해를 초래한 경우, 3년 이상 10년 이하의 유기징역에 처한다. 전투·전역에 중대한 손실을 초래한 경우, 10년 이상의 유기징역·무기징역 또는 사형에 처한다." 개정과 조정을 거쳐 형성된 1997년「형법」제422조의 규정은 다음과 같다. "군사상황을 고의로 은폐하거나 거짓 보고하거나 또는 군사명령의 전달을 거부하거나 군사명령을 거짓 전달하여 작전에 위해를 초래한 경우, 3년 이상 10년 이하의 유기징역에 처한다. 전투·전역에 중대한 손실을 초래한 경우, 10년 이상의 유기징역, 무기징역 또는 사형에 처한다."

(5) 항복죄(제423조)

본조의 죄는「군인직책위반죄의 처벌에 관한 임시조례」제19조의 규정을 완전히 답습하였는데 동 조례 제19조는 다음과 같이 규정하였다. "전장에서 목숨을 아끼고 죽음을 두려워하여 자발적으로 무기를 내려놓고 적에게 항복하는 경우, 3년 이상 10년 이하의 유기징역에 처한다. 정상이 중한 경우, 10년 이상의 유기징역 또는 무기징역에 처한다. 항복 후 적에게 복무하는 경우, 10년 이상의 유기징역·무기징역 또는 사형에 처한다."

(6) 전시에 전장에 임하여 도주하는 죄(제424조)

본죄는「군인직책위반죄의 처벌에 관한 임시조례」제16조의 규정을 기초로 개정, 보충하여 형성된 것이다. 1996년 8월 31일의 형법개정초고 및 1996년10월 10일의 개정초안(의견청취고)에서 입법기관은 '전투를 두려워 하여'라는 기술을 삭제하였고 '전시에'라는 규정을 보충하였는데 그 구체적 내용은 다음과 같다. "전시에 전장에 임하여 도주하는 경우, 3년 이하의 유기징역에 처한다. 정상이 중한 경우, 3년 이상 10년 이하의 유기징역에 처한다. 전투・전역에 중대한 손실을 초래한 경우, 10년 이상의 유기징역・무기징역 또는 사형에 처한다." 이 내용은 1997년 「형법」 제424조에 의하여 답습되었다.

(7) 군사직무 무단이탈·태만죄(제425조)

본죄는 「군인직책위반죄의 처벌에 관한 임시조례」 제5조의 규정을 기초로 개정, 보충하여 형성된 것인데 조례 제5조는 다음과 같이 규정하였다. "지휘인원과 당번, 당직인원의 직무 무단이탈, 태만으로 인하여 심각한 결과를 초래한 경우, 7년 이하의 유기징역 또는 구역에 처한다. 전시에 전항의 죄를 범한 경우, 5년 이상의 유기징역에 처한다." 개정을 거쳐 형성된 1997년 「형법」 제425조의 규정은 다음과 같다. "지휘인원과 당번, 당직인원의 직무 무단이탈, 태만이 심각한 결과를 초래한 경우, 3년 이하의 유기징역 또는 구역에 처한다. 특별히 심각한 결과를 초래한 경우, 3년 이상 7년 이하의 유기징역에 처한다. 전시에 전항의 죄를 범한 경우, 5년 이상의 유기징역에 처한다."

(8) 군사직무집행 방해죄(제426조)

본죄는 「군인직책위반죄의 처벌에 관한 임시조례」 제10조의 규정을 기초로 개정하여 형성된 것이고 개정을 거쳐 최종적으로 형성된 1997년 「형법」 제426조의 규정은 다음과 같다. "폭력・협박의 방법으로 지휘인원 또는 당번・당직인원이 직무를 집행하는 것을 방해하는 경우, 5년 이하의 유기징역 또는 구역에 처한다. 정상이 중한 경우, 5년 이상의 유기징역에 처한다. 사람을 중상・사망에 이르게 하거나 또는 기타 특별히 심각한 정상이 있을 경우, 무기징역 또는 사형에 처한다. 전시에는 중하게 처벌한다."

(9) 지휘·배치에 있어서의 직책위반죄(제427조)

본조의 죄는 1997년 형법전에 의하여 신설된 범죄이다. 1996년 8월 31일의 형법개정초고와 1996년 10월 10일의 개정초안(의견청취고)은 이에 대하여 단독적인 규정을 두었는데 직권을 남용하여 부대를 무단이동하는 행위도 마찬가지로 심각한 사회위해성을 갖고 있다는 점을 고려하여 입법기관은 1997년 1월 10일의 개정초안 제428조에 본죄 구성요건에 '부대를 무단이동하는'라는 규정을 증가한 적이 있었다. 1997년 2월 17일의 형법개정초안(개정안)에 이르러 입법기관은 기존 규정 중의 "부대를 무단이동하는"라는 규정을 삭제하여 1996년의 두 개 초고의 내용을 회복하였는데 이 내용은 최종적으로 1997년「형법」제427조의 규정을 형성하였다.

(10) 명령위반 및 소극적 전투죄(제428조)

본조의 죄는 1997년 형법전에 의하여 신설된 범죄이다. 1997년 1월 10일의 개정초안 제410조는 본죄를 규정하였고 그 후 개정을 거쳐 1997년「형법」제428조의 규정을 형성하였다. "지휘인원이 명령을 거역하고 작전에 임하여 위축되어 작전에 소극적으로 임하여 심각한 결과를 초래한 경우, 5년 이하의 유기징역에 처한다. 전투, 전역에 중대한 손실을 초래하거나 기타 특별히 심각한 정상이 있는 경우, 5년 이상의 유기징역에 처한다."

(11) 우군과 이웃부대 구원거부죄(제429조)

본죄는 1997년 형법전에 의하여 신설된 범죄이고 입법기관은 1997년 1월 10일의 개정초안 제413조에 이러한 우군과 이웃부대 구원을 거부하는 행위를 범죄로 규정하였다. 즉 "전장에서 우군과 이웃부대가 위급한 경지에 처해있고 구원을 요청하고 있음을 알면서 구원할 수 있음에도 불구하고 구원하지 않아 우군과 이웃부대가 중대한 손실을 입은 경우, 지휘인원을 5년 이하의 유기징역에 처한다." 초안의 규정은 약간의 개정을 거친 후 1997년「형법」제429조에 도입되었다.

(12) 군인 망명죄(제430조)

본조의 죄는 1997년 형법전에 의하여 신설된 범죄이다. 「군인직책위반죄의 처벌에 관한 임시조례」 제7조는 밀입국 하여 외국으로 도망하는 죄를 규정하였고 1996년 8월 31일의 형법개정초고는 본죄를 증설하였으며 개정을 거쳐 최종적으로 1997년 「형법」 제430조에 도입되었다. 즉 "공무이행기간에서 직무를 무단 이탈하고 배반하여 해외로 도망하거나 해외에서 배반하고 도망하여 국가군사이익을 위협, 침해하는 경우, 5년 이하의 유기징역 또는 구역에 처한다. 정상이 중한 경우, 5년 이상의 유기징역에 처한다. 항공기, 함선을 운전하고 배반하여 도망하는 경우, 10년 이상의 유기징역, 무기징역 또는 사형에 처한다."

(13) 국외를 위한 군사 기밀 절취·지탐·매수·불법제공죄(제431조)

본조의 죄는「군인직책위반죄의 처벌에 관한 임시조례」제4조 제3항에 규정된 "군사기밀 절취 · 지탐 · 불법제공죄"를 기초로 개정, 보충하여 형성된 것이다. 수 차례의 개정을 거쳐 최종적으로 형성된 1997년 「형법」제431조의 규정은 다음과 같다. "절취 · 지탐 · 매수의 방법으로 군사비밀을 불법획득하는 경우, 5년 이하의 유기징역에 처한다. 정상이 중한 경우, 5년 이상 10년 이하의 유기징역에 처한다. 정상이 특별히 중한 경우, 10년 이상의 유기징역에 처한다. 해외의 기구 · 조직 · 인원을 위하여 군사비밀을 절취 · 지탐 · 매수 · 불법제공하는 경우, 10년 이상의 유기징역 · 무기징역 또는 사형에 처한다."

(14) 군사비밀 고의누설죄, 군사비밀 과실누설죄(제432조)

본조에 규정된 죄는「군인직책위반죄의 처벌에 관한 임시조례」제4조 제1, 2항의 규정을 기초로 개정, 보충하여 형성된 것이다. 조례의 이 두 항은 다음과 같이 규정하였다. "국가군사비밀보장법규를 위반하여 국가의 중요한 군사기밀을 누설하거나 유실하여 정상이 중한 경우, 7년 이하의 유기징역 또는 구역에 처한다." "전시에 전항의 죄를 범한 경우, 3년 이상 10년 이하의 유기징역에 처한다. 정상이 특별히 중한 경우, 10년 이상의 유기징역 또는 무기징역에 처한다."

그 후 입법기관은 다시 조정을 하였고 이로써 1997년 「형법」제432조의 규정을 형성하였다. "국가비밀보장법규를 위반하여 고의 또는 과실로 군사비밀을 누설하여 정상이 중한 경우, 5년 이하의 유기징역 또는 구역에 처한다. 정상이 특별히 중한 경우, 5년 이상 10년 이하의 유기징역에 처한다. 전시에 전항의 죄를 범한 경우, 5년 이상 10년 이하의 유기징역에 처한다. 정상이 특별히 중한 경우, 10년 이상의 유기징역 또는 무기징역에 처한다."

(15) 전시에 요언을 날조하여 대중을 현혹하는 죄(제433조)

본조에 규정된 죄는 「군인직책위반죄의 처벌에 관한 임시조례」 제14조에서 유래되었는데 조례 제14조는 다음과 같이 규정하였다. "전시에 요언을 날조하여 대중을 현혹하고 군대의 전투의지를 동요시키는 경우, 3년 이하의 유기징역에 처한다. 정상이 중한 경우, 3년 이상 10년 이하의 유기징역에 처한다. 적과 결탁하여 요언을 날조하여 대중을 현혹하고 군대의 전투의지를 동요시키는 경우, 10년 이상의 유기징역 또는 무기징역에 처한다. 정상이 특별히 중한 경우, 사형에 처할 수 있다." 입법개정검토과정에서 관련 개정초안은 이에 대하여 아무런 개정도 하지 않고 그대로 1997년 「형법」 제433조에 도입하였다.

(16) 전시자해죄(제434조)

본조에 규정된 죄는 「군인직책위반죄의 처벌에 관한 임시조례」 제13조에서 유래되었고 형법개정검토과정에서 관련 개정초안은 이에 대하여 아무런 개정도 하지 않고 그대로 1997년 「형법」 제434조에 도입하였다. 즉 "전시에 신체를 자상하여 군사의무를 회피하는 경우, 3년 이하의 유기징역에 처한다. 정상이 중한 경우, 3년 이상 7년 이하의 유기징역에 처한다."

(17) 탈영죄(제435조)

본죄는 「군인직책위반죄의 처벌에 관한 임시조례」 제6조에서 유래되었다. 즉 "법규를 위반하여 탈영하여 정상이 중한 경우, 3년 이하의 유기징역 또는 구역에 처한다. 전시에 전항의 죄를 범한 경우, 3년 이상 7년 이하의 유기징역에 처한다." 이 규정은 최종적으로 1997년 「형법」 제435조에 도입되었다.

(18) 무기장비사고죄武器裝備肇事罪(제436조)

본조의 죄는 「군인직책위반죄의 처벌에 관한 임시조례」 제3조의 규정을 기초로 개정되어 형성된 것이고 최종적으로 1997년 「형법」 제436조에 도입되었다. "무기장비사용규정을 위반하여 중대한 책임사고가 발생하여 사람을 중상・사망에 이르게 하거나 또는 기타 심각한 결과를 초래한 경우, 3년 이하의 유기징역 또는 구역에 처한다. 결과가 특별히 심각한 경우, 3년 이상 7년 이하의 유기징역에 처한다."

(19) 편제에 따라 분배한 무기장비의 배치 용도를 무단변경한 죄(제437조)

본조의 죄는 1997년 형법전에 의하여 신설된 범죄이고 형법개정검토과정에서 1996년 8월 31일의 형법개정초고 각칙 제10장 제2조에 규정되었으며 1997년 2월 17일의 형법개정초안(개정안)에서 입법기관은 비교적 큰 조정을 하였는데 최종적으로 형성된 1997년 「형법」 제437조의 규정은 다음과 같다. "무기장비관리규정을 위반하여 편제에 따라 분배한무기장비의 용도를 무단변경하여 심각한 결과를 초래한 경우, 3년 이하의 유기징역 또는 구역에 처한다. 결과가 특별히 심각한 경우, 3년 이상 7년 이하의 유기징역에 처한다."

(20) 무기장비・군용물자 절도・강탈죄(제438조)

본조의 죄는 「군인직책위반죄의 처벌에 관한 임시조례」 제11조의 규정을 기초로 개정되어 형성된 것이고 수 차례의 개정과 조정을 거쳐 최종적으로 형성된 1997년 「형법」 제438조의 규정은 다음과 같다. "무기장비 또는 군용물자를 절도, 강탈한 경우, 5년 이하의 유기징역 또는 구역에 처한다. 정상이 중한 경우, 5년 이상 10년 이하의 유기징역에 처한다. 정상이 특별히 중한 경우, 10년 이상의 유기징역, 무기징역 또는 사형에 처한다. 총기・탄약・폭발물을 절도・강탈하는 경우, 본 법 제127조의 규정에 따라 처벌한다."

(21) 무기장비 불법매출·양도죄(제439조)

본조의 죄는 1997년 형법전에 의하여 신설된 일종의 범죄이다.「중국인민해방군 무기장비 관리업무조례」는 총참모부의 허가를 거치지 않고는 그 어느 단위 또는 개인도 무기장비를 증여 · 매출 · 교환하는 것을 엄금하고 형법에 저촉되어 범죄를 구성하는 경우, 법에 따라 형사책임을 추궁한다고 규정하였다. 입법기관은 이 점을 고려하여 형법에 무기장비를 불법매출, 양도하는 행위를 범죄로 규정할 필요가 있다고 하였다. 1996년 8월 31일과 10월 10일의 개정초고에서 "군대에서 편제에 따라 분배한 무기장비를 매출한 죄"를 규정하였고 수 차례의 개정을 거쳐 최종적으로 1997년「형법」제439조의 규정을 형성하였다. "군대의 무기장비를 불법매출 · 양도하는 경우, 3년 이상 10년 이하의 유기징역에 처한다. 대량의 무기장비를 매출, 양도하거나 또는 기타 특별히 중한 정상이 있을 경우, 10년 이상의 유기징역 · 무기징역 또는 사형에 처한다."

(22) 무기장비 유기죄(제440조)

본조의 죄는 1997년 형법전에 의하여 신설된 일종의 범죄이고 1997년 1월 10일의 개정초고 제424조는 무기장비를 유기하는 행위를 범죄로 규정하였는데 그 구체적 내용은 다음과 같다. "무기장비를 유기한 경우, 5년 이하의 유기징역 또는 구역에 처한다. 주요한 또는 대량의 무기장비를 유기하거나 또는 기타 중한 정상이 있을 경우, 5년 이상의 유기징역에 처한다." 그 후 개정을 거쳐 형성된 1997년「형법」제440조의 규정은 다음과 같다. "명령을 거역하여 무기장비를 유기한 경우, 5년 이하의 유기징역 또는 구역에 처한다. 주요한 또는 대량의 무기장비를 유기하거나 또는 기타 중한 정상이 있을 경우, 5년 이상의 유기징역에 처한다."

(23) 무기장비 유실죄(제441조)

본조의 죄는 1997년 형법전에 의하여 신설된 일종의 범죄이고 1997년 1월 10일의 개정초고 제425조는 본죄를 규정하였으며 그 후 개정을 거쳐 형성된 1997년「형법」제440조의 규정은 다음과 같다. "무기장비를 유실한 후 제때에 보고하지 않거나 또는 기타 중한 정상이 있을 경우, 3년 이상의 유기징역에 처한다."

(24) 군대의 부동산을 무단매출·양도한 죄(제442조)

본조의 죄는 1997년 형법전에 의하여 신설된 일종의 범죄이고 1997년 1월 10일의 개정초고 제429조는 본죄를 단독으로 증설하였다. 즉 "군대의 부동산을 무단매출, 양도한 경우, 5년 이하의 유기징역 또는 구역에 처한다. 정상이 중한 경우, 5년 이상의 유기징역에 처한다." 그 후 개정을 거쳐 1997년「형법」제442조를 형성하였다. "규정을 위반하여 군대의 부동산을 무단매출·양도하여 정상이 중한 경우, 직접 책임자를 3년 이하의 유기징역 또는 구역에 처한다. 정상이 특별히 중한 경우, 3년 이상 10년 이하의 유기징역에 처한다."

(25) 부하 학대죄(제443조)

본조에 규정된 죄는「군인직책위반죄의 처벌에 관한 임시조례」제9조의 규정을 기초로 개정하여 형성된 것이고 조례 제9조는 다음과 같이 규정하였다. "직권을 남용하여 부하를 학대, 박해하여 정상이 심각하여 사람을 중상에 이르게 하거나 또는 기타 심각한 결과를 초래한 경우, 5년 이하의 유기징역 또는 구역에 처한다. 사람을 사망케 한 경우, 5년 이상의 유기징역에 처한다." 그 후 개정을 거쳐 최종적으로 1997년「형법」제443조의 규정을 형성하였다. "직권을 남용하여 부하를 학대하여 정상이 악질적이고 사람을 중상에 이르게 하거나 또는 기타 심각한 결과를 초래한 경우, 5년 이하의 유기징역 또는 구역에 처한다. 사람을 사망케 한 경우, 5년 이상의 유기징역에 처한다."

(26) 부상·병든 군인 유기죄(제444조)

본조에 규정된 죄는「군인직책위반죄의 처벌에 관한 임시조례」제15조의 규정을 기초로 개정하여 형성된 것이고 조례 제15조는 다음과 같이 규정하였다. "전장에서 부상자를 고의로 유기하여 정상이 중한 경우, 직접 책임자를 3년 이하의 유기징역에 처한다." 그 후 개정을 거쳐 1997년「형법」제443조를 형성하였다. "전장에서 부상·병든 군인을 고의로 유기하여 정상이 중한 경우, 직접 책임자를 5년 이하의 유기징역에 처한다."

(27) 전시에 부상·병든 군인의 구호를 거부한 죄(제445조)

본조의 죄는 1997년 형법전에 의하여 신설된 일종의 범죄이고 입법기관은 1997년 1월 10일의 개정초고 제419조에 "부상·병든 군인의 구호를 거부한 죄"를 증설하였다. 즉 "구호치료직무를 담당하고 있으면서 위중한 부상·병든 군인의 구호를 거부한 경우, 5년 이하의 유기징역 또는 구역에 처한다. 부상·병든 군인의 중도의 불구·사망을 초래하거나 또는 기타 중한 정상이 있을 경우, 5년 이상의 유기징역에 처한다." 그 후 개정을 거쳐 최종적으로 1997년「형법」제445조의 규정을 형성하였다. "전시에 구호치료직무를 담당하고 있고 구호조건을 구비하고 있음에도 불구하고 위중한 부상·병든 군인의 구호를 거부한 경우, 5년 이하의 유기징역 또는 구역에 처한다. 부상·병든 군인의 중도의 불구, 사망을 초래하거나 또는 기타 중한 정상이 있을 경우, 5년 이상 10년 이하의 유기징역에 처한다."

(28) 전시에 주민을 잔혹하게 해치고 주민의 재물을 약탈한 죄(제446조)

본죄는「군인직책위반죄의 처벌에 관한 임시조례」제20조의 규정을 기초로 개정하여 형성된 것이고 조례 제20조는 다음과 같이 규정하였다. "군사행동지역에서 무고한 주민을 약탈하고 잔혹하게 해한 경우, 7년 이하의 유기징역에 처한다. 정상이 중한 경우, 7년 이상의 유기징역에 처한다. 정상이 특별히 중한 경우, 무기징역 또는 사형에 처한다." 1997년 1월 10일의 개정초고 제416조에서 본죄의 법정형을 다시 정리하였다. "전시에 군사행동지역에서 무고한 주민을 잔혹하게 해치거나 또는 무고한 주민의 재물을 약탈한 경우, 5년 이하의 유기징역에 처한다. 정상이 중한 경우, 5년 이상의 유기징역에 처한다. 정상이 특별히 중한 경우, 10년 이상의 유기징역 무기징역 또는 사형에 처한다." 동 초안의 이 내용은 최종적으로 1997년「형법」제446조에 의하여 답습되었다.

(29) 포로 석방죄(제447)

본죄는 1997년 형법전에 의하여 신설된 일종의 범죄이고 입법기관은 1997년 1월 10일의 개정초고 제414조에 포로를 석방하는 행위를 범죄로 명확히 규정하였다. 수 차례의 개정과 조정을 거쳐 1997년「형법」제447조의 규정을 형성하였다. "포로를 석방하는 경우, 5년 이하의 유기징역에 처한다. 중요한 포로를 석방하거나 또는 수많은 포로를 석방하는 등 심각한 정상이 있을 경우, 5년 이상의 유기징역에 처한다."

(30) 포로 학대죄(제448조)

본죄는 「군인직책위반죄의 처벌에 관한 임시조례」제21조의 규정에서 유래되었다. 즉 "포로를 학대하여 정상이 중한 경우, 3년 이하의 유기징역에 처한다." 형법개정검토과정에서 입법기관은 이에 대하여 아무런 개정과 보충도 하지 않고 그대로 1997년「형법」제448조에 도입하였다.

(31) 전시 집행유예제도(제449조)

본죄는 「군인직책위반죄의 처벌에 관한 임시조례」제22조의 규정에서 유래되었다. 즉 "전시에 3년 이하의 유기징역을 선고받고 현실적 위험이 없어 집행유예를 선고 받은 군인은 공을 세워 속죄하게 할 수 있고 확실히 입공표현이 있을 경우, 기존 선고한 형벌을 폐기하여 범죄로 논하지 않을 수 있다." 이 내용은 최종적으로 1997년「형법」제449조에 도입되었다.

(32) 본장의 적용범위(제450조)

1996년 8월 31일 및 1996년 10월 10일의 개정초안에서 본장의 죄의 적용범위를 명확히 하였다. 즉"본장의 죄는 중국인민해방군의 현역군관, 문직간부, 병사 및 병적을 갖고 있는 학원과 중국인민무장경찰부대의 현역경관·문직간부·병사 및 병적을 갖고 있는 학원 그리고 군사임무를 집행하는 예비역인원과 기타 인원에 적용한다." 1997년 1월 10일의 개정초고에 이르러 입법기관은 "군사임무를 집행하는 예비역인원과 기타 인원"을 단독의 항으로 설치하여 "군인으로 논한다"로 규정한 적이 있었지만 1997년 2월 17일의 형법개정초안(개정안)에서 입법기관은 1996년의 두 개의 초고의 내용을 다시 회복하여 최종적으로 1997년「형법」제450조의 규정을 형성하였다.

(33) 전시의 정의(제451조)

'전시에'는 본장의 규정에서 나타나는 빈도가 비교적 높은 용어이다. 1996년 8월 31일 및 1996년 10월 10일의 개정초안에서 입법기관은 이에 대하여 정의하였다. 즉"본장에서 말하는 전시란 국가가 전쟁상태에 진입하였다고 선포하거나 부대가 작전임무를 받았거나 또는 불의의 습격을 당하였을 경우를 가리킨다." 그 후 개정을 거쳐 최종적으로 형성된 1997년「형법」제451조의 규정은 다음과 같다. "본장에서 말하는 전시란 국가가 전쟁상태에 진입하였다고 선포하거나 부대가 작전임무를 받았거나 또는 불의의 습격을 당하였을 경우를 가리킨다. 부대가 계엄임무를 집행하거나 또는 돌발성 폭력사건을 처리하는 경우, 전시로 논한다."

부칙

본 법의 시행일 및 관련 입법의 폐지와 보존(제452조)

본조의 규정은 형법의 시간적 효력 및 1997년 형법전과 그전의 전국인민대표대회 상무위원회에서 통과한 23개의 단행 형법사이의 관계를 해소하기 위하여 신설한 것이다. 그러므로 본 조항의 내용은 1997년 3월 1일의 개정초안 제449조에서 처음으로 신설하였다. 즉, "본 법은 1997년 10월 1일부터 시행한다. 본 법 부속문건1에서 열거한 전국인민대표대회 상무위원회의 제정 조례, 보충결정과 결정은 본 법 시행일로부터 폐지된다. 본 법 부속문건2에서 열거한 전국인민대표대회 상무위원회의 보충결정과 결정은 그대로 유보한다. 그중 행정처벌과 행정조치에 관한 규정은 계속 유효 한다. 형사책임에 관한 규정은 이미 본 법에서 도입된 이유로, 본 법 시행일부터 본 법의 규정을 적용한다." 초안의 내용은 결과적으로 1997년 「형법」 제452조의 규정으로 수용되었다.

지은이

고명훤 高銘暄

인민교육가
현 중국인민대학교 명예1급교수, 현 중국인민대학교 형사법률과학연구센터 명예주임
현 북경사범대학교 형사법률과학연구원 명예 학장, 현 중국 법학회 학술위원회 부주임
현 중국 형사법학회 명예 회장, 현 국제형사법학회 명예 부주석 및 중국 분회 명예 주석
현 북경시 법학회 명예 회장

옮긴이

남옥매 南玉梅

우한대학교 법학 박사 후, 고려대학교 법학 박사, 고려대학교 법학 석사
중국 정법대학교 법학 학사, 현 중국 우한대학교 부교수, 현 중국 상업법학회 이사
현 중국 후베이성 상사법학회 상무이사, 현 중국 최고인민검찰원 민사행정사건자문
현 중국 우한시 검찰원 기업컴프라이언스 평가전문가, 현 중국 우한시 중급인민법원營商環境 감독원

논문 및 저서
「주식회사 신주발행제도에 관한 연구」, 고려대학교 출판 문화원, 2016
「중국 회사법」, 박영사, 2018(자본조달부분 집필)
「최근 중국 회사법 개정안의 주요 내용 및 쟁점에 관한 평석」, 『법과기업연구』(제13권 제2호), 2023
「중국 데이터안전법에 대한 법적 검토」, 『제4자산업혁명 법과정책』(제4호) 2021 겨울
「중국 사채시장의 시장화 개혁 및 법적 과제」, 『고려법학』(제77호), 2015
「자금조달수단으로서의 중국 우선주 제도에 관한 연구」, 『법학연구』(제17권 제3호), 2014

이영봉 李穎峰

우한대학교 철학학원 박사 후, 우한대학교 법학 박사, 우한대학교 법학 석사
우한대학교 경제학, 법학 학사, 일본 와세다대학교 공동육성박사, 한국 고려대학교 방문학자
현 중국 우한대학교 법학원 부교수, 현 중국 후베이성 법학회 형법학연구회 이사
전 한국형사정책연구원 인턴연구원

논문 및 저서
이영봉저, 「의료형법시각에서의 의료과실에 관한 연구」, 법률출판사, 2020
김일수저, 이영봉역, 「형법질서에서 사랑의 의미」, 원조출판사(대만), 2021
「중국 뇌물범죄에서의 '뇌물'범위의 재정립 및 관련 실무문제에 관한 검토」,
『법학논총』, 2021, 제45권제2호.
「빅데이터 시대 중국 개인정보보호에서의 사전동의에 관한 예비적 고찰」,
『4차산업혁명: 법과 정책』, 2021, 제1권 제3호
「'후기노동교양시대'에서의 중국 경범죄제도의 수립에 관한 성찰」, 『법학논총』, 2018, 제42권제2호.
「중국 '반테러리즘' 형사입법과 보완구상—형사실체법 시각에서」, 『비교형사법연구』, 2009,
제11권 제2호.

중국학총서
18

중화인민공화국
형법의 탄생과 발전

초판 1쇄 발행 2025년 4월 30일

지은이 고명훤高銘暄
옮긴이 남옥매南玉梅·이영봉李穎峰

주간 조승연
편집·디자인 오경희·조정화·오성현
　　　　　신나래·박선주·정성희
관리 박정대

펴낸이 홍종화
펴낸곳 민속원
창업 홍기원
출판등록 제1990-000045호
주소 서울시 마포구 토정로 25길 41(대흥동 337-25)
전화 02) 804-3320, 805-3320, 806-3320(代)
팩스 02) 802-3346
이메일 minsokwon@naver.com
홈페이지 www.minsokwon.com

ISBN 978-89-285-2111-1　94820
S E T 978-89-285-1595-0

ⓒ 남옥매·이영봉, 2025
ⓒ 민속원, 2025, Printed in Seoul, Korea

이 책은 저작권법에 따라 보호를 받는 저작물이므로 무단전재와 복제를 금지하며,
이 책의 전부 또는 일부를 이용하려면 반드시 저작권자와 출판사의 서면동의를 받아야 합니다.